한국 종교학

: 성찰과 전망

12
종교문화비평총서

한국 종교학

성찰과 전망

정진홍 김태연 장석만 이진구 임현수 지음

'종교학'은 타 학문과 비교하여 그 정체성이 다양하게 읽힌다. 종교학 밖
에서는 종교에 대한 논의가 이미 철학이나 역사학이나 사회학 등에서 충분
히 이루어지고 있다고 판단하여, 종교학이 하나의 학문으로서 독자적인 인
식체계를 구축할 수 있을 것인지를 회의한다. 그런가 하면 종교의 울 안에
서는 종교학을 이른바 세속화된 인문적 지성의 반종교적 태도로 구축한 종
교 담론이라고 여겨 학문적 순수성을 승인하려 하지 않는다.

그러나 이러한 종교학 밖의 반응은 비단 종교학에 대한 것만이 아니다.
학문분과에 대한 비판적 논의는 언제 어디에나 있다. 종교계의 반응도 다
르지 않다. 스스로 자신을 거룩함의 범주 안에서 실재하는 것으로 의식하
는 한, 자기에게 비판적인 어떤 것도 신성모독으로 간주할 수밖에 없음은
당연한 것이기도 하다. 그러므로 이 맥락에서 우리가 더 주목할 것은 '종교
학 안'에서 보이는 종교학에 대한 거의 혼란스러운 다른 이해의 공존이다.

종교에 대한 '학문적 관심'이 등장한 서양에서 이 새로운 지적 탐구를 지
칭한 Religionswissenschaft, The Scientific Study of Religion, The History of
Religions. Comparative Religions, Religious Studies 등의 다양한 명칭이 이
를 시사한다. 명칭의 상이성은 연구 주제와 방법론은 물론 종교학의 '소임'
과 학문적 '이념'에서의 갈등조차 드러낸다. 하지만 그러한 차이에도 불구

하고 '종교학'이 지닌 공통의 '자리'가 있다. 종교학의 종교에 관한 관심은 '비봉헌적(Non-Devotional)이고 비고백적 연구(Non-Confessional Study)'라는 것이 그것이다.

한국의 경우, 종교학은 우리가 겪은 '근대성'과 밀접한 연관이 있다. '종교'라는 어휘는 물론 그 개념은 우리의 경험에서 축조된 것이 아니다. 그런데도 우리는 근대화를 겪으면서 그 언어를 불가피하게 수용하고 활용할 수밖에 없었다. 타 문화권에서의 경험이 축조한 개념으로 우리의 경험을 인식하고 재단해야 하는 '굴곡진 현실'을 일상화해야 했다.

종교학이 우리 학문의 장에서 자리를 잡은 지 적지 않은 시간이 흘렀다. 서울대학교에 종교학과가 설치된 것에서 그 단서를 찾는다면, 한국의 종교학도 그 역사를 70여 년으로 계상할 수 있다. 그간 우리는 서양 종교학이 축적한 온갖 것을 압축하여 소화하면서, 또한 우리 나름의 독특한 문제와 과제를 안고, 이제까지 이어왔다. 그렇다면 이제 한국의 종교학이 과연 '어떤 학문'인지 스스로 묻는 것은 종교학도가 가질 수 있는 당연한 관심이다.

이미 한국의 종교학사를 다듬은 저술은 꽤 축적되어 있다. 우리는 종교학에 대한 기존의 수많은 논의, 종교학사에 대한 진지한 기술을 존중한다. 그 모든 것은 오늘 우리의 종교학이 현존하게 하는 생태계이다. 그럼에도 불구하고 또 하나의 학문사가 될 수도 있을 저술을 우리는 의도했다. 본서의 집필자들은 지난 2년 동안 한국 종교학의 태동과 전개를 심층적으로 살펴보았다. 기존의 것을 교정하거나 비판적으로 넘어서기 위해서가 아니다. 한국의 종교학을 규정하고, 그 발전의 자취를 정식(程式)화하며, 미래를 특정한 과제로 현실화하려는 것도 아니다. 그렇다고 단순히 '한국의 종교학사'를 우리 나름으로 정리하려는 것은 아니다. 우리의 지술이 기존의 획사(學史)에 또 하나의 학사를 첨부하는 것과 다르지 않을 수도 있는 한계를 스스로 지양하고 싶었다. 대체로 학문적 주장은 자칫 배타적인 성격을 지니게 된다. 주장은 자체의 완결성을 함축하기 때문이다. 그러나 그렇게 머물 수는 없는 일이다. 열리지 않은 학문적 주장은 실은 비학문적인 것이다. 그래서 과거를 살피는 일도 실증을 통한 귀결을 지향하면서도 그것이 가지는 한계를 드러내고 싶었고, 미래에의 전망도 당위가 아닌 상상을 기반으로 하여 구축해 보고 싶었다.

이를 위해 집필자들은 한국의 종교학이 자리하고 있는 '경관(景觀, landscape)'을 그리려 노력하였다. 한국에서의 종교학의 처음과 펼침을 이미 이전에 종교학을 구축했던 문화권과 견주어 보는 일, 현존하는 종교학의 실천과 더불어 미래에의 전망 속에서 한국의 종교학이 스스로 모색하고 구축해야 할 정체성을 구체적으로 상상해 보는 일을 두 축으로 삼아 이를 '성찰과 전망'으로 구체화하였다.

요약하면 이 책의 저술 목적은 한국에서 종교학이 성립되는 과정과 그 배경을 살피고, 한국의 종교학의 특징을 찾아보고, 그 현재의 의미를 파악하는 한편, 한국의 종교학에 대한 전망을 검토하여 한국의 학문의 장은 물론 사회-문화 전반에서 종교학의 위치와 의미, 그리고 효용에 관한 논의를 활발하게 진작시키고자 하는 의도에서 기획된 것이다. 그리고 이러한 자리에서 ① 종교학의 출현과 전개 ② 세계 종교학의 현황 ③ 한국 종교학의 등장 ④ 한국 종교학의 전개 ⑤ 한국 종교학의 미래를 '내용(contents)'으로 구체화하였다. 나아가 단일 개인이 아니라 공동연구를 수행해 온 모두가 참여하는 다수의 공저가 되도록 이를 기획하였다. 한국의 종교학의 과거를 성찰하고 미래를 전망하는 일이 특정한 학자나 학문공동체의 '자리'나 '인식'에 한정되는 것을 넘어서려는 의도에서다. 김태연, 정진홍, 장석만, 이진구, 임현수가 위에서 언급한 내용의 항목에 각기 상응하는 주제를 맡았다.

우리는 각기 다른 주제를 다른 자리에서 접근했지만, 그것이 '산만한 연구'이지 않기를 바랐다. 연구자 상호 간에 개념을 공유하는 일, 자료에 대한 비판적 인식을 공유하는 일, 각 집필 영역 간의 연계와 중첩을 효과적으로 조정하는 일, 그리고 일관하는 서술의 논리를 구축하는 일 등이 요청되었다. 그리고 우리는 이 일을 실천하려 노력하였다. 그러나 이 일이 실제로 실현되지는 않았다. 처음부터 그러한 필요를 절감한 것 자체가 문제일 수도 있다. 열린 학문의 장은 그러하기를 바라면서도 그것을 실천하는 일은 삼가야 하는 역설을 살 때 유지되는 것임을 새삼 터득했다. 현실적인 어려움도 있었다. 적어도 그러한 우리의 희구를 조금이라도 실현하기 위해서는 집필자들의 지속적인 연구모임이 절실하다. 그러나 코로나19 사태 때문에 온라인 토론(한국 종교학 리뷰 카페 오픈, 화상회의)으로 이를 수행할 수밖에 없이 이를 실천했지만, 비대면 모임은 한계가 있었다. 이러한 과정에서 우리는 공동연구에서의 개인의 연구는 일회적으로 끝나지 않는다는 사실을 새삼 실감했다. 상호 연구에 교차적으로 참여하면서 무수한 질정(質正)과 질정(叱正)이 마지막 단계에 이르기까지 끊임없이 이어진다. 그러나 그 끝도 실은 끝이 아니다. 이런 자의식 안에서 우리는 각자 최선을 다하고자 노력하였다.

이 자리에서 연구 내용을 요약하는 것은 무의미하다. 그러나 흐름을 조망하기 위한 안내는 요청되리라는 기대에서 각 장에서 기술된 바를 소개한다.

김태연이 집필한 「'종교학'이라는 학문의 탄생 배경」이 서구으로 등장한다. 오랫동안 독일에서 종교학을 공부한 그의 시각은 우리가 관심하지 않았던, 그리고 알지 못했던 '학문의 구석'들을 펼쳐 보여준다. 우리가 상식적으로 이해하던 것과 상당히 다른 '종교학의 가계도(家系圖)'를 그려보게 된다.

그는 religion과 관련된 역사를 16세기에서 19세기에 이르는 기간과 그 이후 종교학이 등장한 근대를 축으로 하여 이른바 '종교학의 학문적 계보'를 훑는다. 주목할 것은 Religionswissenshaft가 그것이 일컬어진 역사에서 결코 새로운 용어로 특정한 시대에, 특정한 학자에 의해서 만들어진 것이 아니라는 사실이다. 특정한 용어의 두드러짐이 곧 그 용어가 지칭하는 학문의 출현과 직접적인 연계가 없다는 것은, 흔히 학사(學史)에서 특정한 용어의 출현과 그 학문의 등장을 동시적인 것으로 파악하는 '관행적 인식'을 단단히 되살피게 한다. 가장 역사적인 기술인 것 같지만 가장 비역사적인 기술이기 때문이다.

그의 논의를 통해 또 하나 두드러지는 것은 근대성의 문제와 종교학의 태동을 기술하면서 그가 이를 '세계관의 갈등과 지식 권력의 재편성'으로 이해한다는 사실이다. 유물론, 신칸트주의, 종교사, 진화론 등이 제각기 하나의 학문적 천착의 소산으로 머무는 것이 아니라 종교 연구와 관련하여 그것이 '힘의 판도'로 현실화되어 비로소 종교학의 학문적 이론을 구축하는데 적극적으로 기여한다는 사실을 기술한다. 진지하게 유념해야 할 대목이다.

우리는 이렇게 태동한 종교학을 받아 우리의 종교학을 정초했고 발전시켰다. 우리의 문제를 그렇게 다루었다. 이와 관련하여 그는 이렇게 기술되는 종교학이라는 학문의 탄생 배경을 끝내면서 우리가 해야 할 과제를 다음과 같이 다듬는다. "18세기의 비서구의 '종교' 개념에 관한 연구가 필요하다. 초기 종교학이 태동하여 성립되어 가던 때의 'religion' 개념이 비서구의 '종교' 개념과 일치하지 않던 역동적 시기에 관한 조사, 연구가 필요하다."

이를 위해 "해당 시기의 비서구권의 종교사, 종교학사가 기술되어야 한다." 방법론으로는 "글로벌 종교사적 관점을 비롯하여 다양한 관점을 타진해볼 수 있을 것이다." 이는 우리 종교학계에 주는 이미 익숙한, 그러나 새로운 시각에서의 과제이다. 그는 서구에서의 종교학의 탄생을 서술한 자신의 방법론을 좇아 이 일이 새롭게 이뤄지기를 바란다. 그러면서 다음과 같이 말을 맺는다. "이는 단지 한국의 학계만을 위한 작업만은 아닐 것이다. 서구중심주의의 문제점을 고민하는 모든 종교 연구자들이 우리의 자료를 참조하는 토대를 놓을 수 있는 것이며, 종교와 관련된 서구 근대성의 문제를 해명하는 데 기여할 수 있을 것이다."

다음에 이어지는 장은 정진홍의 '세계 종교학의 현황'이다. 이를 그는 「서양 종교학의 미로」라는 글과 「세계 종교학 조망」이라는 글로 담당한다. 이때 일컬은 '세계'라는 표상이 김태연의 '글로벌한 종교사적 관점'과 일치하는 것은 아니어도 적어도 시야를 글로벌하게 넓힌 맥락에 한국 종교학을 위치 지우고자 하는 의도에서는 무관하지 않다고 판단된다. 김태연의 글은 마지막에서 '내면으로서의 종교'가 어떻게 이해되고 있으며 확산하고 있는가 하는 데 대한 서술로 마감한다. 종교학과 종교의 갈등이 어떻게 새로운 현대의 과제로 종교학을 '흔들고' 있는지를 새삼 주목한 것이다. 정진홍의 글은 이를 집중적으로 살핀다. 처음부터 서양 종교학사는 이 긴장을 축으로 살피지 않으면 그들이 짓는 종교 정의나 종교를 인식하기 위한 방법론의 모색이나, 궁극적으로 종교학의 '사명'이 무엇인지, 곧 종교학의 성체성에 대한 어떤 진실도 드러나지 않을 거라는 전제를 좇아 논의를 진행한다. 서양의 종교학은 종교적이기를 지양하는 데서 언제나 심각한 긴장을 지닌다는 사실을 살피는 것이다. 그리고 그것은 곧 그러한 전통에서 형성된 종교학을 수용한 우리의 경우에도 다르지 않은 거라고 판단한다.

곳곳에서 정진홍의 글은 김태연의 글과 겹친다. 그러면서 상당한 인식의 차이를 드러내기도 한다. 그러나 전체적으로 후자의 글이 그 자료의 천착이나 논의의 치밀성에서 두드러진다. 전자는 다만 조망의 자리에서 자기 과제를 수행한다. 그러므로 정진홍의 글은 김태연의 글에 의해서 단단히 보정될 필요가 있다. 그러나 이 장에서도 지향하는 것은 이러한 서양의 종교학의 긴장과 갈등, 그래서 '미로'라고밖에 달리 표현할 수 없는 내용을 살피면서 부닥치는 우리 한국의 종교학의 경우다. 그는 한국의 종교학이 서양의 종교학처럼 그렇게 두드러지게 종교와 종교학의 갈등을 겪는 것은 아니라고 판단하는 것 같다. 한국에서의 최초의 종교학 교수인 장병길 교수가 '종교학은 종교를 통한 인간의 이해'라는 주장에 선뜻 공감하는 것이 그 예다. 그럼에도 불구하고 그도 여전히 종교학이 실존적 동기에서 말미암지 않으면 자칫 지적 호기심을 충족하는 '언어유희'에 머물 수도 있음을 지적한다.

이어지는 「세계 종교학의 조망」은 온전히 자료이다. 그러므로 이는 전혀 담당자의 연구 결과가 아니다. 알레스(Alles)가 편집한 Religious Studies: A Global View를 요약한 것이다. 글 내용 중에 여러 번 인용되고 또 소개한 것이기에 그 책에 관한 언급은 하지 않기로 한다. 주목할 것은 이른바 잘 정리되어 전범이 되고 마땅히 이를 좇아 학문적 노작을 수행해야 하는 '종교학'이란 존재하지 않는다는 사실이다. 그것을 역사-문화적인 것이라 하든, 기억과 풍토의 맥락이라고 하든, 종교도 종교에 대한 지적 관심도 모두 '삶의 경험자리'에서 비롯한다는 사실을 이 자료는 충분히 밝혀준다. 서로 다르지만, 만나고 교류하고 공동으로 추구해야 할 과제가 없는 것은 아니지만, '배워 비로소 현실성을 지닌 이론이나 개념이나 범주'는 사실상 없는 것과 다르지 않다는 사실도 명료하게 드러난다. 이러한 자리에서 본다면 우리의 종교학은 비록 그것이 식민지적이거나 도제적(徒弟的)이거나 예속적인 것은 아니라 할지라도 서양과 북미의 종교학에 우리의 자의식을 넘어서는 깊은 '유대'를 짓고 있는 것은 아닌가 하는 회의가 지워지지 않는다.

우리는 이 세 장을 통해 한국의 종교학이 자리하고 있는 주변의 경관을 살펴보는 것으로 했다. 우리의 위치를 지리학적으로 지적하지는 않았어도, 그것을 우리를 둘러싸고 있는 경관의 역사와 이어 천착하는 박물관적인 전시를 하지는 않았어도, 그래도 이 정경과 우리의 경험을 교차하는 어떤 감성이 자신의 자리를 어림해 보는 낌새는 마련할 수 있지 않을까 하는 예상을 해 본다. 이러한 예감은 앞으로 이어질 한국 종교학의 처음과 지금, 그리고 미래를 다룬 2부에서 더 구체화할 것이다.

「한국 종교학의 처음」을 맡은 것은 장석만이다. 그는 이미 자기의 저서 『한국 근대종교란 무엇인가?』에서 14편의 논문을 통해 비록 직접적으로 한국에서의 종교학의 등장을 다루는 것은 아니지만 그렇게 가름할 수 있는 문제들을 치밀하게 분석한 바 있다. 그러나 이 연구를 위해 그는 상당히 다른 모습을 보인다. 일제강점기 40년 가까운 세월을 훑으면서 그는 '이야기'를 한다. 그것도 '사람들'의 이야기다. 그 이전을 왜 언급하지 않는가 하는 물음이 일 수 있다. 이에 대한 대답은 두 가지로 다듬을 수 있다. '그 이전'에 대한 논의는 이미 다른 곳에서 필자에 의해, 또는 다른 학자들에 의해 상당히 다뤄졌기 때문에 이를 이곳에서 재론하는 것은 자료적인 가치는 있어도 인식의 지평을 넓히는 일과는 무관할 것이라는 판단이 하나이고, 또 다른 하나는 '한국 종교학'의 등장을 식민 시대 그리고 이와 겹치는 계몽기를 새롭게 주목하는 계기로 삼고 싶은 필자의 의도적인 기획 때문이다. '이전' 논의와의 잠정적인 단절은 방법론적으로 불가피하다.

그도 앞에서 다룬 김태연과 정진홍의 문제를 그대로 이어간다. 그의 경우는 그 문제가 '종교학'이라는 용어로 집약된다. 당연히 그것은 더 구체적으로 말하면 '종교와 종교학'의 문제다. 그런데 그는 이 '비교와 구획'이라는 두 틀이 교차하고 교직하는 현상으로 재편하여 문제를 살핀다. 그런데 그 틀에 담는 것은 '사건'이 아니라 '사람'이다. 사람에 관한 이야기 안에 사건은 담긴다. 그 역(逆)이 아니다. 그러나 그렇다고 해서 그 균형이 깨지는 것은 아니다. 사람을 이야기한다 해서 사건이 지워지지 않기 때문이다. 그러므로 고개를 돌려 '되 들으면' 그대로 사람의 이야기는 사건의 이야기가 된다.

중요한 것은 누가 이야기의 주인공이 되느냐 하는 것이다. 장석만은 '비교'의 항에 최병헌과 이능화를 담는다. 그 두 사람의 이야기는 무척 흥미롭다. 전자는 유교에서 개신교로 개종한 사람이고 후자는 적어도 그의 부친이 개신교도라는 것을 유념한다면 그러한 배경을 안고 불교에 입문한 사람이다. 주목할 것은 이 이야기가 다만 이 두 사람의 이야기만으로 끝나지 않는다는 사실이다. 이 이야기는 당대의 많은 사람의 이야기다. '우리'의 이야기인 것이다. 그런데 바로 이들의 이야기가 종교학의 비롯함을 담은 것이라면 우리의 종교학은 우리의 이야기 안에 이미 담겼던 것과 다르지 않다. 견줌을 통한 종교라는 현상에 대한 지적 관심의 전개는 이식된 문화에 의해서 비로소 비롯한 것은 아니다.

장석만의 '구획'에 동원된 이야기에 '선택'된 주인공은 식민 시대를 아우르는 데서 그 의도가 더 두드러진다. 경성제국대학에 있던 아카마츠 지조(赤松智城)에 대한 긴 이야기는 장석만이 왜 그를 선택했을까 하는 의문과 그 이야기 다음에 이어지는 최남선에 대한 이야기를 한데 놓고 그 둘이 서로 반향(反響)하는 바를 감지하지 못하면 지루하기조차 하다. 그러나 그 둘의 이야기는 각기 상호 항목별 대비표를 만들어도 좋을 만큼 서로 메아리를 친다. 식민지 종주국의 학자들이 아무리 학문적인 치밀함과 이론의 정교화를 통해 경험적으로 종교학을 실행했다 하더라도 결국 헌병을 대동한 현지답사의 산물이라는 사실은 학문하는 사람들의 자괴감을 억지하지 못하게 한다. 종교학을 넘어서는 과잉하는 국가주의가 학문을 온전히 채색한 것이다. 그러나 생각해 보면 최남선의 경우에도 우리는 흥미로운 사실을 확인한다. 애니미즘, 애니머티즘에서 단군신화에 이르고, 그것이 동양에 대한 관심으로 집약되면서 마침내 불함문화론으로 귀착하는 것도 과잉하는 국가주의의 다른 모습일 수 있다. 문제는 바로 이러한 사람들의 이야기로부터 우리의 종교학이 그 태동의 모습을 구현했다는 사실이다.

　　이야기는 김효경과 김태흡으로 이어진다. 둘 다 불교인이지만 전자는 무속을, 후자는 불교의 현실참여를 초점으로 했다는 데서 다름을 보인다. 이에 이어지는 이야기는 채필근과 박형룡에 관한 것이다. 그 둘은 개신교도이다. 그러나 이 둘의 차이는 서로 가교가 불가능할 만큼 크고 이질적이다. 종교에 관해서, 그리고 종교학과 관련해서 그렇다. 여기서 장석만은 자신의 글을 마무리한다. 비교와 구획을 축으로 한 이러한 '이야기'는 1950년대에 들어서면서 '이야기'이기를 그친다. 서울대학교 종교학과의 경우, 이 이야기의 지속은 불가피했지만 1960년대에 들어서면서 제도가 종교학으로 구조화되어 정착하면서 이제는 '사람 이야기'가 아니라 종교학이라는 학문의 제도적 정착이 낳는, 이제까지와는 다른 이야기가 전개된다.

「한국 종교학의 펼침」은 이진구가 담당했다. 그는 한국의 개신교사에 관심을 가진 학자다. 그는 개신교 신학자들의 개신교사 연구와 자신이 수행하는 종교학자가 보는 개신교사의 다름이 무엇일까를 고민한다. 『한국 개신교의 타자인식』은 그러한 문제의식이 낳은 소산이다. 『한국 근현대사와 종교자유』도 그러한 문제의식이 확장되고 더 구체화된 것이다.

그가 이 연구에서 관심을 기울이는 것은 두 가지다. 장석만의 기술을 이어 그는 우선 한국 종교학이 '어떻게 어떤 모습으로 정착'했는지를 살핀다. 대학에서의 자리 잡기, 학회의 구성, 연구소의 출현, 출판, 논문집의 발간 등이 그 살핌의 대상이다. 그는 지난 60년을 20년 단위로 나누어 기술하면서 이를 단순한 편의가 아니라 의미 있는 마디라고 주장한다. 의외로 그간의 사정은 복잡하고 다양하다. 그러나 그가 묘사하는 사실들은 한국의 종교학이 예상 외로 풍요로웠음을 시사한다. 연구 인력이나 학계에서의 관심 등을 고려하면 그 성취는 더 흥미롭다. 그는 많은 자료를 집적하고 분류하고 정리하는 작업을 통해 이를 기술한다.

그러나 그가 관심을 가지는 것은 그러한 '제도적' 측면보다 두 번째로 서술하는 이른바 '학술적 차원'이다. 무엇이 학문적 관심이었고, 어떻게 그것이 주제화되어 연구되었으며, 사회적 요청이나 필요에 얼마나 기여했는가를 살피는 일이 그것이다. 이를 서술하기 위해 그는 다시 이 주제를 둘로 나눈다. 하나는 지적 학문적 차원의 일, 다른 하나는 사회-문화적 요청과 연계된 일이다.

지적 학문적 차원에서는 앞의 필자들이 모두 다뤘던 문제를 이진구도 다시 거론한다. 종교학 정체성의 문제가 그것이다. 그러나 그는 이를 원론적으로 다루는 것이 아니라 실제로 이 문제가 지난 60년 동안 어떻게 부침했는가를 실증적으로 검토한다. 이를 위해 그는 실제로 일었던 방법론에 관한 논의, 한국 종교사를 어떻게 기술할 것인가 하는 물음과 부닥친 실제적인 일의 경험, 그리고 '종교'라는 용어의 혼미를 벗어나기 위한 '종교문화'라는 용어의 등장이 지닌 실험적 노작들을 분석한다. 그는 이러한 천착을 통해 종교학은 결국 '비교'라는 개념을 포기할 수 없을 뿐만 아니라 이를 다시 재 개념화하고 현장에서 경험적으로 다시 다듬어야 할 과제라는 사실에 귀착하면서, 그러한 일이 현실적으로 담긴 연구 사례들을 찾아 '비교이론과 비교방법'이라는 주제로 이를 다듬는다.

이진구는 다시 종교학의 현실적 효용에 관한 논의가 그간 구체적으로 제기되었고, 이를 위해 종교학이 어떤 일을 수행했는지를 검토한다. 이를 그는 종교 밖과의 관계에서 일어난 일과 종교 간의 관계에서 일어난 일로 나누어 전자의 예를 '공교육과 종교'에 관한 종교학의 태도, 그리고 후자의 예를 '종교 다원주의 논쟁과 종교 대화의 문제와 연계된 종교학의 태도'로 주제화하여 다룬다. 학술적인 차원에서의 담론이 갖는 긴장과는 달리 현실적인 문제와 직결된 이러한 차원에서의 문제는 '힘의 갈등'을 함축하는 긴장이 지속되기 때문에 현실적으로 많은 문제에 봉착한다.

현실과 마주한 연구자의 제언은 언제나 구체적이고 직접적이다. 한국 종교학이 어떻게 있어 왔는지를 살핀 이진구는 그 결론에서 '소통의 문제를 푸는 일'이 긴요한 것임을 지적하면서 이러한 제언을 한다. "이번 연구를 통해 한국 종교학 사전의 필요성을 절감하였다. 지금까지 우리는 서구나 일본에서 나온 종교학 사전에 주로 의존하였다. 현재 한국 종교학에서 사용하는 주요 용어나 개념이 서구에서 형성되고 일본을 통해 수용되었기 때문이다. 그러나 앞으로 한국 종교학이 자신의 목소리를 내기 위해서는 한국인의 종교경험과 한국종교사 연구에 기초한 새로운 용어나 개념, 범주의 창출을 시도해야 한다. 이렇게 창출된 개념과 범주를 가지고 한국종교사를 새롭게 서술할 수 있어야 한다. 이렇게 될 때 한국 종교학의 기반이 좀 더 탄탄해지고 그 지평도 확장될 수 있을 것이다." 이 제언이 어떤 반응을 도출할 것인지는 흥미롭다.

그러나 「한국 종교학의 미래를 위한 오늘의 과제」를 담당한 임현수로부터는 이에 대한 아무런 반응을 찾아볼 수 없다. 그는 중국의 고대종교를 중심으로 연구하면서 신화에 관한 관심을 폭넓게 가지고 있다, 『신화, 신화담론, 신화 만들기』는 그의 주도로 그가 편찬하여 펴낸 책이다. 그러나 그는 신화가 고대의 이야기라는 제한적 이해를 넘어선다. 그렇기 때문에 어쩌면 그는 미래를 이야기하는 현재의 이야기가 이미 신화라는 사실, 그리고 그렇기 때문에 신화는 과거에도 현재에도 미래에도 현존하는 것임을 승인하는 자리에서 한국 종교학의 내일을 서술했는지도 모른다.

임현수의 기술에서 우선 주목할 것이 그가 주장하는 '미래'의 개념임은 이 때문이다. 그가 저어하는 것은 미래를 '이래야 한다'는 당위적인, 또는 규범적인 것으로 이해하는 일이다. 그는 미래란 '앞으로 추구해 볼 가치가 있는 하나의 가능성'으로 여긴다. 그렇지 않으면 당위로서의 미래가 과거를 지워버린다. 이와 더불어 또 주목할 것은 그가 현재 벌어지고 있는 '학문의 변화'를 미래의 전망을 위한 낌새로 여기고 있다는 점이다. 그는 학문 분과의 해체와 재편성, 새로운 앎이 우리에게 도전하는 내용, 학문이 지닌 소통기능과 대중성이 그 변화의 내용이라고 말한다. 그러나 더 중요한 것은 이러한 변화의 내용이 아니다. 그것을 낳게 한 '기반의 바뀜'이다. 근대화에 대한 회의, 그의 표현을 따르면 '근대의 덮개'를 벗으려는 일련의 변화가 그것이다. 그런데 종교학은 근대의 산물이다. 그렇다면 이 바뀜 안에서 종교학이 자신의 모태를 어떻게 '처리'해야만 하는 것일까? 그러나 이러한 물음의 도식 안에 머무는 한 우리는 해답을 찾을 수 없다. 이미 모더니즘을 제거하려는 포스트모더니즘에 근거해서 종교학이 스스로 해답을 모색하는 동안 세상은 포스트휴머니즘의 자리에 이르러, 전통적인 언어로 말한다면, 인간과 문화를 고민하고 있기 때문이다. 그렇다면 아예 포스트휴머니즘의 자리에서 종교학을 묻는 것이 더 정직하지 않은가 하는 것이 그의 자리라고 이해하는 것이 좋을 듯하다. 어쩌면 그것은 '종교학을 벗어난 자리에서 종교학에 대한 물음'을 묻는 것이라고 해야 할지도 모른다.

이 계기에서 직면하는 두드러진 문제는 앞의 모든 필자와 다르지 않다. 종교학의 정체성의 문제가 그것이다. 그런데 그는 종교학의 정체성의 문제가 그간 한국의 종교학에서 상당한 정도 다듬어졌었다고 판단하면서 이를 담당한 것이 종교현상학이었다고 주장한다. 그렇게 그가 판단하는 것은 종교현상학과 근대성과의 미묘한 동질성 때문이다. 이러한 견해는 독특하다. 우리는 그의 진술을 진지하게 추적할 필요가 있다. 문제는 앞에서 언급한 '기반의 변화'를 좇아 종교현상학으로부터의 벗어남과 근대로부터의 벗어남이 아울러 이루어져야 우리는 현대를 거쳐 미래를 향해 나아갈 수 있다는 사실이다. 임현수는 이를 위해 인지종교학과 물질종교학을 거론한다. 이들이 근대성의 덮개를 돌파하는 가교 역할을 하리라고 생각하기 때문이다.

흔히 물질종교학이니 인지종교학을 운위하면 그것은 시류를 좇는 지적 호기심의 발로라든지 우리 현실에서는 거리가 먼 부적합한 관점이나 방법이라는 판단을 한다. 그러나 임현수는 이 문제가 '수입'된 것이거나 '모방'한 것이 아니라 이미 우리 현실의 한복판에서 현실적으로 다뤄지는 '현상'이라고 말한다. 그러므로 그것에 대한 관심은 한국의 종교학을 성찰한 논리적 필연일 뿐만 아니라 지금 이 자리에서 실제로 겪는 현실이기에 미래를 향한 과제로 선정되는 것이다.

그러나 그는 이 두 새로운 흐름의 다름을 간과하지 않는다. 그가 강조하는 것은 인지종교학보다는 물질종교학이다. 그 까닭을 그는 다음과 같이 기술한다. "한국 종교학의 미래로 선택한 물질종교학과 인지종교학은 유사성과 차이를 함께 지닌 것이었다. 본 연구는 포스트휴머니즘의 종교학으로 물질종교학만을 지칭한 바 있다. 인지종교학을 미래의 범주에 포함하면서도 물질종교학과 구분한 배경은 후자처럼 탈 근대적이지만 여전히 인간중심성에서 탈피하지 못한 것으로 판단하였기 때문이다. 그렇지만 양자는 물질에 대한 진지한 관심을 통해서 종전의 종교학과 다른 노선과 경향을 보여주고 있음은 분명하다. 이처럼 물질성에 대한 강조는 물질종교학과 인지종교학을 한국 종교학의 미래로 설정하게 만든 주요 요인이었다."

거듭 밝히는 것이지만 우리가 이 연구를 통해서 의도한 것은 한국의 종교학을 글로벌한 경관 안에서 찾아 그 모습을 그려 보려는 것이었다. 그 의도가 실현되었는지 여부를 판단하는 일은 우리 몫은 아니다. 우리는 다만 우리의 발언이 '열린 논의'를 위한 계기를 마련해 주리라는, 그리고 그때 우리의 발언이 '논의를 위한 자료'일 수 있기를 기대할 뿐이다.

2023년 12월

정진홍

차례

한국 종교학

I 부
종교학 경관

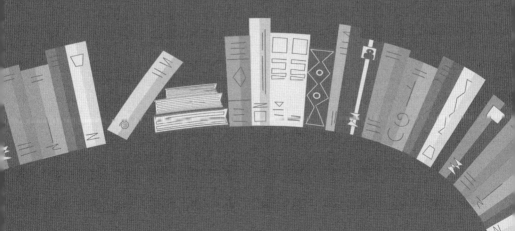

1. '종교학'이라는 학문의
탄생 배경

김태연

머리말

종교학은 종교(들)를 비고백적, 비종교적 관점에서 역사적, 조직적, 비교의 방식으로 연구하는 학문이다. 종교학적 접근은 각 종교 및 다양한 종교적 수행과 신앙적 대상과 표상, 현상 등에 대해 연구하고 서술하는 다학제를 포괄하기에 종교학은 다학제적으로 수행된다.[1] 한편으로 종교학은 학문 분과의 장벽을 허무는 급진적 성격을 지니지만, 다른 한편으로 그 성격때문에, 그리고 종교에 대한 다양한 관점과 정의로 인해 학문분과로서의 경계는 늘 불안정하다. 종교학의 역사에 대한 성찰은 따라서 '종교' 정의의 문제와 종교학의 정체성에 대한 고민으로부터 출발한다.

종교 개념 문제에 관해 종교사회학자 귄터 케러(Günter Kehrer, 1939~)는 "그 어떠한 학문에서도 종교학과 종교학 관련 학제에서처럼 학제의 이름이 되는 대상을 놓고 이렇게 지속적으로 논쟁하며 다투고 있지는 않을

---

1 에릭 샤프, 유요한, 윤원철 옮김, 『종교학의 전개』, 시그마 프레스, 2017, xiii; Klaus Hock, *Einführung in die Religionswissenschaft*, Darmstadt: WBG, 2006. p.7; Kocku von Stuckrad, "Religionswissenschaft", *Enzyklopädie der Neuzeit 10*, Stuttgart, Weimar: J. B. Metzler, 2009, p.1137.

것"이라고 지적했다.[2] 20여 년이 지난 지금의 상황은 어떠한가? 종교학의 연구 대상이 되는 'religion/종교' 개념에 대한 학자들의 논의는 여전히 현재 진행형이다. 이러한 상황과 관련하여 종교사 및 종교학의 발전과 관련한 그 전통과 역사에 대한 관심을 갖는 것이 현대 종교학의 학문적 발전과 그 전개에 기여할 것임을 강조한 대표적 학자는 한스 키펜베르크(Hans G. Kippenberg, 1939~)이다. 그는 『종교사의 발견: 종교학과 근대』(1997)의 서문에서 20세기 초 근대 사회에서 종교의 중요성이 점점 더 망각되고 있음을 지적한 막스 베버(Max Weber, 1864~1920)의 발언을 언급한다.[3] 베버는 『프로테스탄트 윤리와 자본주의 정신』을 마무리하며 당시 종교에 대해 무지한 상황을 비판했다. 문화와 민족적 특성이 종교에 담겨 있음에도 불구하고 역사적으로 그것이 인간의 삶에 어떠한 실질적 영향력을 행사했는지 그 중요성에 대해 사람들이 관심을 기울이지 않는다는 것이다. 키펜베르크는 베버 당대와 현재를 비교해 볼 때, 종교의 중요성에 대한 인식이 90여 년

---

2 Günter Kehrer, "Definitionen der Religion," Hubert Cancik, Burkhard Gladigow, Matthias Samuel Laubscher (ed.), *Handbuch religionswissenschaftlicher Grundbegriffe, Bd. IV*, W. Kohlhammer, 1998, pp.418-419.

3 키펜베르크는 마르부르크에서 개신교 신학, 종교사, 셈어 및 이란어를 전공했고, 신학박사 학위를 취득했다. 그는 브레멘 대학의 종교학과 교수로서 독자적 분과인 '문화학으로서의 종교학'을 정립하는 데 중요한 기여를 했다. 제자 중 한 사람으로 슈툭라드(Kocku von Stuckrad)(네덜란드 그로닝엔대 종교학과)를 들 수 있다. 독일의 경우, 영미권에서 종교학과 신학의 첨예한 갈등 상황과는 달리 학문적 협업이 가능한 긴장상태가 존재한다. 이는 영미권과 달리 국립대학 운영체제라는 점, 완고한 신앙의 정립보다는 타학제와의 협업을 추구하는 신학의 열린 분위기에서 기인한다. Hans G. Kippenberg, *Die Entdeckung der Religionsgeschichte: Religionswissenschaft und Moderne*, München: C. H. Beck, 1997, p.9, 이 책은 영문으로도 번역되었다. Barbara Harshav(trans.), *Discovering Religious History in the Modern Age*, Princeton N.J.: University of Princeton Press, 2002.

전과 비교하여 달라졌는지를 자문한다. 일상에서뿐만 아니라 타 학문분과에서도 종교라는 주제의 중요성이 간과되며 "종교에 대해 말하는 이는 자신이 신학자로 간주되지 않도록 많이 애를 써야" 하는 상황이다.

종교에 대한 인식, 종교학, 종교학자의 위치에 대한 비판적 언급 후, 키펜베르크는 학문분과로서 종교학이 자기 정체성을 확고히 하기 위한 성찰로서 종교학사 문제를 주목한다. 1980년대와 90년대, 'religion' 개념과 관련하여 주요하게 다루어진 문제는, 라틴어 'religio'에서 유래한 'religion'이 전적으로 서양에 뿌리를 두고 있으며 종교학의 연구 대상인 'religion'은 서양 종교학자들의 발명(invention)에 불과하다는 것이었다. 이러한 조너선 스미스(Jonathan Z. Smith, 1938~2017)의 예리한 통찰이 담긴 논쟁적 테제에 힘입어 종교학계에서는 그동안 얼마나 서구 보편주의에 매몰되어 종교연구가 이루어져 왔는지 반성할 수 있는 획기적 전환점이 마련되었다.[4] 키펜베르크는 서구 근대성을 비판적으로 성찰한 스미스의 논의를 적극 수용하면서,[5] 동시대적으로 긴밀하게 연관되어 있는 헤이든 화이트(Hayden White,

---

4 "서구인이 종교(religion)를 상상해 온 것은 지난 몇 세기에 지나지 않는다. … 종교는 단지 학자들의 연구에서 만들어진 것일 뿐이다. 종교는 분석적 목적을 이루기 위해 학자가 비교와 일반화라는 상상적 행위를 하면서 창출된 것이다. 종교는 학문세계를 떠나 독자적으로 존재하지 못한다. 이런 이유로 종교 연구자, 특히 종교학자는 가혹할 만큼 자기 의식적이어야 한다. 사실 이러한 자의식은 종교학자의 일차적인 자질이며, 가장 주요한 연구 대상이 되는 것이다." 조너선 Z. 스미스, 장석만 옮김, 『종교 상상하기』, 청년사, 2013, 22쪽; Jonathan Z. Smith, *Imagining Religion: From Babylon to Jonestown*, Chicago: Chicago Uni. Press, 1982, p.11.

5 Hans G. Kippenberg, "Rationality and the Study of Religion," Jeppe Sinding Jensen; Luther Martin(eds.), *Rationality and the Study of Religion*, New York: Routledge, 2003, pp.163-164. 슈툭라드와 공저로 출간한 『종교학 입문』(2003)은 "문화학으로서의 종교학"을 지향한다. 제1장 서문의 가장 첫 부분에 스미스의 『지도는 영토가 아니다』로부터 발췌

1928~2018)의 허구(fiction)로서의 역사와 학제로서의 역사학에 대한 비판을 환기한다.[6] 'religion'이 '발명'된 것에 불과하다는 전제하에 종교학은 어떠한 작업을 수행할 수 있는가? 근대 학문적 종교연구에서 이루어진 접근법과 기획, 그 해석학적 배경과 관련한 전통과 역사를 이해할 필요가 더 이상 없는 것인가?[7]

키펜베르크는 '발명'이라는 표현과 "종교는 단지 학자들의 연구에서 만들어진 것일 뿐"이라는 표현에 얽매여 종교학이 형성된 시기의 종교연구 이론과 접근 방법의 문제점을 비판하는 데 머물러서는 안 된다는 입장이다. 오히려 그러한 'religion' 개념에 대한 논의와 종교학의 자기 이해를 발전시키기 위해 과거 종교학이라는 학문에 대한 관심이 시작되고 형성된 계기와

한 구절이 모토로 등장하는데, 스미스가 'human science'로 쓴 부분이 'Kulturwissenschaft'로 번역/변화되어 있는 점이 특이하다. 'human science'는 인문학, 사회과학, 자연과학까지를 포괄할 수 있지만, Kulturwissenschaft에는 자연과학이 포함되지 않는다. 정확한 의도는 번역자에게 문의해 보아야겠지만, 키펜베르크가 지향하는 종교학적 방법론이 잘 드러나고 있다. Hans G. Kippenberg, Kocku von Stuckrad, *Einführung in die Religionswissenschaft: Gegenstände und Begriffe*, München: C. H. Beck, 2003, p.11.

6 사료를 분석하고 서술하는 내러티브에는 역사가의 관점과 해석의 틀이 반영되기에 역사는 동시에 메타역사이다. 역사학자는 자신의 관점에서 신빙성 있는 자료를 선택하고 구조화시켜 문학적 재현, 수사학적 장치로 역사를 서술하기 때문이다. 역사학에서와 마찬가지로 "상상의 장(field)과 픽션"이 종교연구에서도 학문적 장치(apparatus)의 범주에 속한다.

7 키펜베르크가 자신의 글에서 주목한 책들은 다음과 같다. 테일러와 맥커천은 스미스의 종교 정의에 입각하여 종교 개념을 문제시하며 서구 종교학 출발 시기부터 이어진 전통과 역사에 대한 회의적인 입장을 급진적으로 밀고 나갔다. Mark C. Taylor(ed.), *Critical Terms for Religious Studies*, Chicago/London, 1998; W. Braun, R. T. McCutcheon(eds.), *Guide to the Study of Religion*, London/New York, 2000. 그러나 2000년대 후반 즈음에 이러한 입장에도 변화가 보이기 시작한다. 맥커천은 2007년, 종교학 입문서에서 'religion' 개념의 역사와 그 활용에 대해 관심을 갖고 나아간다는 점을 언급하고 있다. 러셀 T. 맥커천, 김윤성 옮김, 『종교연구 길잡이』, 한신대학교 출판부, 2015, 53쪽, 146-147쪽; Russel T. McCutcheon, *Studying Religion: Introduction*, New York: Routledge, 2007.

과정, 그 해석학에 대한 역사적, 문화적 이해가 필요하다는 것이다. 종교학의 필요성이 대두된 시기가 근대화 시기였기에 초기 종교학적 연구에 대한 성찰은 근대화와 근대성 문제에 관한 이해를 위해 필수불가결한 과정이 된다.[8]

과거 종교연구의 역사에서 드러나는 오류와 관점의 편협함을 비판하는데 머무르기보다 종교연구를 추동한 당대의 맥락과 종교 연구가들의 문제의식에 주목하는 키펜베르크의 관점은 우리에게 유용하다. 그러나 이때 'religion'과 종교학은 비서구 혹은 식민지에서 수집한 자료를 통한 서구의 재현으로서의 종교연구이다.[9] 실질적으로 그는 유럽 종교사에 집중하고 있으며, 'religion'을 전적으로 유럽적 개념으로 간주한다. 스미스의 'religion' 개념에 대한 비판적 성찰 또한 서구 종교학자들의 학문적 논쟁에 초점을 맞추고 있다.[10]

우리의 상황과 관련하여 제기될 수 있는 의문은 서구의 'religion'이 과연 비서구권에 그대로 이식되어 수동적으로 유통되고 사용되었는가 하는 점이다. 'religion' 개념이 서구의 제국주의와 식민주의 정책하에서 선교사, 식민 통치자, 식민지 지식인 등에 의해 자발적으로건 강제적으로건 번역과

---

8 Hans G. Kippenberg, "Rationality and the Study of Religion," p.164; Kippenberg, "Introduction to the American Edition," *Discovering Religious History in the Modern Age*, p.xi-x; Kippenberg, "Constructing Modernity by Writing Religious History," Nederlands Theologisch Tijdschrift 57, 2003, pp.281-282; Kippenberg, *Journal of the American Academy of Religion*, December 2003, 71(4), pp.913-914.

9 이에 대해서는 이 장의 후반부 참조.

10 두 학자가 비서구인과 관련된 문제를 배제하고 있다는 의미가 아니다. 그들의 작업이 주요하게는 '서구' 근대성 비판이라는 점이다.

수용의 과정을 거쳐 비서구 문화권에 확산되는 역사가 존재한다.[11] 키펜베르크가 주목한 서구 종교학의 성립과 형성의 시기는 1850년대에서 1920년대 사이이다. 서구에서 이루어진 'religion'의 개념사에서도 아직까지는 심도 있게 다루어지지 않은 시기이다. 동아시아를 포함한 비서구권에서는 어떠한 담론의 순환과 교류 하에서 'religion' 개념과의 씨름이 있었으며, 그 번역어가 어떠한 방식으로 이해되고 채택되었으며 적극적으로 활용되었는지를 고찰해야 할 시기이기도 하다.[12]

본 장에서는 따라서 다음의 두 가지 사항을 유념하며 논의를 진행한다.

---

11 이때 흥미로운 것은 담론의 글로벌한 순환과정을 통해 서구의 종교연구의 역사, 즉 종교학사가 다시금 종교사에 편입될 수 있다는 점이다. 서구 종교 연구자들은 각 지역의 선교사나 정보원 등을 통해 수집된 자료를 통해 종교의 기원이나 신화, 언어, 각 지역의 종교문화를 연구할 수 있었다. 그들의 연구 결과는 다시금 해당 지역에 수용되어 새로운 담론이 생산되었으며, 그 담론은 다시금 서구로 수용되었다.

12 31년간 이루어진 에른스트 파일의 개념사 연구의 역작, 『렐리기오』(Religio) 시리즈 마지막 권은 19세기 초반까지를 다룬다. 그는 맺음말에서 계몽주의와 낭만주의 시대에 성립된 '감정'으로서의 'religion'이해가 20세기까지 면면히 이어지는 것으로 결론짓고 만다. Ernst Feil, *Religio Bd. IV: Die Geschichte eines neuzeitlichen Grundbegriffs im 18. und frühen 19. Jahrhundert*, Göttingen: Vandenhoeck & Ruprecht, 2012, p.879, pp.889-890. 탈식민주의적 관점에서 이 시기의 제국의 비교종교와 피식민지 경영시스템, 그리고 현지 종교시스템 성립의 긴밀한 연관관계에 대한 연구 성과들이 나오고 있다. 데이비드 치데스터, 심선영 옮김, 『새비지 시스템: 식민주의와 비교종교』, 경세원, 2008; David Chidester, *Savage Systems: Colonialism and Comparative Religion in Southern Africa*, Charlotteville & London: The Uni. Press of Virginia, 1997; Andreas Nehring, *Orientalismus und Mission: die Repräsentation der tamilischen Gesellschaft und Religion durch Leipziger Missionare 1840-1940*, Wiesbaden: Harrassowitz Verlag, 2003. 종교 개념이 동아시아에 성립된 시기는 19세기 말에서 20세기 초 무렵이었다. 한국에서는 1883년 『한성순보』에서 '종교'라는 용어가 처음으로 등장한다. 장석만, 『한국 근대종교란 무엇인가?』, 모시는사람들, 2017, 73, 77쪽. 일본의 경우, 'religion'이 처음으로 번역된 계기는 1858년 미일수호통상조약에서였으며, 'religion'이 宗教라는 표준적 번역어로 정착하게 되는 시기는 1870년대 말이었다. Isomae Junichi, *Religious Discourse in Modern Japan; Religion, State, and Shintó*, Leiden: Brill, 2014, pp.31-34.

첫째, 19세기 말에서 20세기 초의 서구 종교학의 역사를 다룰 때, 그 종교학은 비서구의 문화와 언어를 연구한 서구의 학문이자 서구적 재현이다. 둘째, 서구 종교학이 그 지역의 특수한 맥락에서 출현했으며, 당시 제국주의와 식민주의하에서 비서구와 서구가 상호 작용하는 역동적 종교 담론장의 영향을 수용한 사실을 유념한다. 서구의 종교학 또한 글로벌 수준의 종교사에서는 단지 한 부분을 차지하며 비서구의 종교학과 긴밀하게 얽혀 있기 때문이다.

먼저, 개념사의 방대한 성과를 압축적으로 정리함으로써 19세기 이전까지의 'religion/s' 개념의 변화에 대한 이해를 도모한다. 종교학(Religionswissenschaft)이라는 학문 명칭의 기원 또한 간단히 살핀다. 이는 'religion' 개념의 서구적 맥락과 그 변화를 이해하기 위한 선행 작업으로서 의의가 있을 것이다.[13] 이후 서구 종교학 출현의 배경이 되는 역사적 맥락을 살펴보되, 독일 지역에 초점을 맞춘다. 지배적 세계관으로서의 유물론의 확산 및 과학과 종교의 문제를 둘러싼 지식의 재편성, 종교사의 발견, 내면으로서의 종교 개념과 그 확산 문제를 조명한다. 마지막으로 심리적 내면성으로 종교를 이해하는 방식이 글로벌한 층위로 확산되었다 해도 그것이 단지 유럽적 'religion'의 이식과 번역, 일의적 수용 과정으로 간주될 수 있을지를 생각해본다. 이후 비서구의 전근대적 '종교' 관련 개념들의 의미망에 관한 연구가 적극적으로 이루어져야 할 필요성에 대해 살펴본다.

---

13 'religion' 이라는 표기는 개념사적 정리에만 적용한다.

1) 19세기 초반까지 서구의 '종교'와 '종교학' 개념

(1) 'religion/s'(단수, 복수)의 개념 문제

일반적으로 'religion' 개념은 개신교의 내면으로서의 'religion' 이해 방식이 19세기와 20세기로 이어져 세계적으로 확산되었다고 이해된다. 하지만 이러한 이해 방식은 좀 더 세심한 접근을 통해 분화되어 고찰될 필요가 있다. 마치 18세기 이래로 서구 개신교적 종교 개념이 세계적으로 확산되었다는 단선적 이해 방식을 더욱 공고히 할 수 있기 때문이다. 일단 서구가 그리스도교 단일 종교 문화권이었나 하는 문제가 있다. 유대교와 그 신비주의 또한 그리스도교와 매우 긴밀한 영향관계에 있었으나 그리스도교사에서는 이에 대해 별로 다루지 않았다. 이 문제와 관련하여 2000년대를 전후로 '비의'(秘儀, esotericism), 즉 그동안 서양에서 철저히 억압되고 배제되어 잊힌 역사였던 신비주의와 주술, 점성술 등에 대한 연구가 활발히 진행되고 있다.[14]

둘째, 서구 종교 개념에 대한 단선적 이해 방식은 서구역사와 문화의 특수한 산물인 'religion'이 결국 비서구 지역에 번역되어 주로 서구 개신교 방식대로 수용되었다는 주장으로 비약될 가능성이 있다. 셋째, 서구의 발명품으로서의 종교 개념에 대한 주장의 문제점은 그것이 서구 종교학자들의 'religion' 개념을 둘러싼 학적 논쟁을 배경으로 도출된 것이라는 점이다. 여기에서 추가되어야 할 것은 현실을 기반으로 한 생활세계에서의 'religion'

---

14 대표적 예를 한 가지 들자면 2001년에 창간된 *Aries: Journal for the Study of Western Esotericism*을 들 수 있다.

에 대한 고려이다. 서구를 벗어난 타문화권에서 'religion'이 어떻게 이해되고 번역, 수용되었는지 세심하게 연구하여 'religion'과 그 번역어에 관한 근거를 마련할 필요성이 있다.[15] 'religion/종교' 개념은 종교학 외부에서 학문적 논쟁과 무관하게 일상에서 널리 사용되고 있기 때문이다.

서구의 생산물인 'religion'이 비서구 지역에 번역되어 서구가 이해했던 방식대로 이해되었다는 전제, 'religion/종교'가 종교 연구자들의 활동의 산물에 불과하다는 가정에서 출발한다면 종교학의 연구 대상은 과연 무엇일까? 그러한 가정하에서 비서구의 종교연구와 종교학 성립의 역사는 모두 서구라는 원류로 귀속되어 버릴 것이다. 에릭 샤프(Eric J. Sharpe, 1933~2000)에 따르면, 한 사람이 자신이 속한 신앙 전통으로부터 거리를 두면서, 혹은 타인의 종교적 신앙과 행위에 관심을 갖는 입장에서 이루어진 종교연구, 종교학의 기원은 고전 그리스 로마에서도 발견된다.[16] 이는 서구 내적 시선 속에서 오늘날의 'religion' 개념을 과거로 투사해서 'religion' 개념이 일직선 상으로 이어져 왔다는 이해를 기반으로 한 서술이다.

'종교' 개념은 규정하기 어려울뿐더러 '종교'는 종교학자의 '구성적 활동'의 결과물이기도 하다. '종교' 정의를 시도하고 개념을 규정하는 종교학자들의 자의식이 그 고유한 연구 대상을 구성할 수 있다.[17] 만약 근대에 도입된 'religion' 개념의 번역어로서의 '종교'가 성립된 역사적 과정에 대한 성찰을 생략하면 우리의 전통 속에서도 삼교(三敎)에 대한 논의 등을 충분히 우

---

15 Michael Bergunder, "What is Religion? The Unexplained Subject Matter of *Religious* Studies," *Method and Theory in the Study of Religion* 26, 2014, 제1장 참조.

16 에릭 샤프, 2쪽.

17 Hock, p.189.

리의 '종교학'의 역사로 서술할 수 있다.[18] 종교 연구자가 'religion' 개념과 그 번역어인 '종교'를 어떻게 규정하느냐에 따라 종교학의 역사 또한 달라질 것이기 때문이다. 그러므로 종교학사의 성찰을 위해서는 '종교' 개념의 성찰이 선행되어야 한다. 다음에서는 서구 'religion'의 개념사적 성과를 기반으로 '종교' 개념과 '종교학' 성립의 역사적 배경을 살펴보자.

① 16세기의 'religion' 개념: 중세적 이해의 연속

서구 'religion' 개념은 16세기 종교개혁 시기에 내면적 의미의 'religion' 개념이 등장하고 종교전쟁과 18세기를 결정적 전환점으로 발전, 정립된 것일까?[19] 종교개혁 시기에 등장한 개신교적 'religion' 개념은 17~18세기를 거쳐 심화되고, 18세기 말 19세기 초, 슐라이어마허(Friedrich E. D. Schleiermacher, 1768~1834)에 이르러 분수령을 이룬 후 글로벌한 확산 과정을 거쳐 우리에게까지 이른 것인가? 계몽주의, 낭만주의 시기인 17~18세기에 종교 개념의 확고한 변화가 있었다는 일반적 이해 방식이 있지만, 이에 대해 좀 더 자세히 짚어보도록 하자.

에른스트 파일(Ernst Feil, 1932~2013)에 따르면 15세기에서 16세기를 거쳐

---

18 예를 들어 후지와라는 이러한 방식으로 8세기에서 18세기에 이르기까지 현재의 입장에서 비교종교 연구로서 간주될 만한 역사를 일본의 종교학의 전사로 서술한다. Satoko Fujiwara, "Japan," Gregory Alles (ed.), *Religious Studies: A Global View*, London & New York: Routledge, 2008, pp.193-195.

19 16세기부터 'religio' 개념이 점점 더 신앙적 의미에 상응하게 되어 로마 시기의 정확한 의례 수행을 의미하는 이해 방식이 사라지고 내면적 태도나 감정이 종교개혁의 결과로서 자리 잡게 되었다는 의견에 대해서는 다음을 참조. Kocku von Stuckrad, "Religionsbegriff," Friedrich Jaeger (eds.), *Enzyklopädie der Neuzeit 10*, Stuttgart, Weimar: J. B. Metzler, 2009, p.1062.

가면서도 'religion' 개념의 명확한 발전과 변화 양상은 드러나지 않는다. 16세기 말까지 고전 로마 시기의 의미가 유지되어 중세의 연장선에 놓여 있었다.[20] 종교개혁자들이 'religio' 개념을 사용하는 상황은 외적 행위를 통해 쌓는 '공로(Werke)'를 옹호하는 로마 가톨릭을 비판할 때였으며, 신학적 차원에서 'religio'에 관심을 기울이지 않았다. 따라서 각자의 신앙을 포괄하는 집합명사로서의 'religion' 개념은 존재하지 않았다.[21]

이 시기 'religion' 용례는 여기저기 흩어져 있는 방식으로만 확인될 뿐이며 일반적으로 신에 대한 숭배, 그리스도교 수도회와 관련되어 사용되었다. 내용적으로는 신성(Gottheit)보다는 행위와 연관된 것이었다. 스콜라철학에서 'religio'는 사추덕(四樞德, Kardinaltugend) 중 하나인 정의에 근거하여 신에 대한 채무행위를 극도로 정확하고 신중하게 수행함을 의미했다. 키케로(Cicero)의 사추덕은 토마스 아퀴나스(Thomas Aquinas, 1225~1274)에게로 이어졌다. 그는 'religio'를 '정의'에 귀속된 것으로 간주하며 신에 대한 채무를 그때마다 갚아야 한다고 가르쳤다. 'religio'는 구원을 위해 필수불가결한 신학적 덕(virtutes theologicae)이 아닌, 자연적 덕 곧 도덕적 덕(virtutes morales)을 의미했다. 'religio'는 내면적 의미가 아닌, 전적으로 외면적 수행이 강조된 의미로 사용된 것이다. 그리스도교 수도회 회원을 '신을 숭배하는 특별한 계급'의 일원이라는 의미에서 'religiosi'로 칭한 것도 수행적 의미

---

20 Ernst Feil, *Religio II: Die Geschichte eines neuzeitlichen Grundbegriffs zwischen Reformation und Rationalismus (ca. 1540-1620)*, Göttingen: Vandenhoeck & Ruprecht, 1997, pp.73-74, 337.

21 Ernst Feil, *Religio I: Die Geschichte eines neuzeitlichen Grundbegriffs vom Frühchristentum bis zur Reformation*, Göttingen: Vandenhoeck & Ruprecht, 1997, pp.271-273.

에 기반을 둔 것이었다. 이 중세적 의미는 16세기에도 이어졌으나 시간이 지나며 점점 희박해졌고 '정의'에 종속되는 의미 또한 점차 사라졌다.[22]

② 복수형 'religions': 종교에 대한 사(四)분류 체계

16세기를 지나며 복수형 'religiones' 사용이 점차 확장되었고, 19세기와 20세기에 이르러서도 'religiones'의 사분류 체계가 널리 사용되었다. 이러한 사분류 방식은 'religio'가 아닌, 'secta'(추종자 무리)와 'lex'(법) 개념을 중심으로 이루어진 것이었으며, 외부세계에 대한 서구인의 관심 속에서 점성술적으로 구성된 체계였다.

영국의 수도승 로저 베이컨(Roger Bacon, 1219~1292)은 신학뿐 아니라 수학과 과학, 점성술까지 섭렵한 인물이었다. 그는 근동지역과 인도, 타타르인들에 관한 여행보고서들을 입수하여 다양한 신들과 그 표상에 대한 점성술적 사변작업을 하여 육분류 체계를 세웠다. 히브리인, 칼데아인, 이집트

---

22 개신교 신학에서 'religio'가 주요한 주제가 되기까지는 오랜 시간이 걸렸다. 그 기초를 다진 인물은 개신교 신학자 칼릭스트(Georg Calixt, 1586-1656)이다. 인문주의적 신학자였던 그는 30년 전쟁의 여파 속에서 진정으로 'religio'를 이해하기 위해서는 자연종교(religio naturalis)에 대한 이해가 필요하다고 촉구했다. 이로 인해 그는 정통 루터교 신학자들의 공분을 샀다. Michael Bergunder, "Religionen," Friedrich Jaeger (eds.), *Enzyklopädie der Neuzeit 10*, Stuttgart, Weimar: J. B. Metzler, 2009, pp.1048-1049. 혹(Hock)은 종교개혁 시기의 'religion'의 용례에 대해 18세기에 이르기까지의 관련 사항을 다음과 같이 간략하게 요약한다. 아쉽게도 이에 대한 참고자료는 제시되어 있지 않다. "종교개혁 시기 'religio' 개념에서의 강조점은 두 가지 방향으로 변화한다. 인문주의자들은 이를 민간어로서 단순한 그리스도교 신앙이나 고백을 가리키는 데 사용했다. 'religion'은 주술이나 미신에 대해 비판적 기능을 갖게 되는데, 종교개혁자들의 입장에서 부적절하게 보이는 의례 방식, 즉 로마 가톨릭의 미사 행위를 반대하는 의미로 사용되었다. 다른 한편으로 'religion'은 개별 종교들의 다양성의 배후가 아닌 그에 관한 개념적 사고의 형태를 띠게 되었다. 흄이 종교를 자연종교로 이해한 것에서 이러한 경향을 볼 수 있다." Hock, p.11.

인, 사라센인, 그리스도인, 적그리스도라는 여섯 가지의 '섹타'(secta)와 '법' (lex)을 구분했다. 이때 '섹타'는 부정적 함의로서의 '분파'가 아닌 '추종자 무리 전체'를 뜻했다. 베이컨에게 그리스도인의 법(lex Christiana)이 가장 우월하며 구원적 '섹타'임은 자명한 사실이었다.[23]

16세기에 들어서면서 '섹타' 대신 'religio'가 더 많이 사용되는 경향이 나타났다. 이와 관련하여 확인할 수 있는 최초의 문서는 15세기 후반 이탈리아의 인문주의자 미란돌라(Pico della Mirandola, 1463~1494)의 것이다. 그는 베이컨의 분류 체계를 중세 프랑스 신학자인 피에르 다이(Pierre d'Ailly, 1351~1420)를 경유하여 수용했다. 미란돌라는 베이컨의 '섹타', '렉스' 체계가 성좌(星座) 관련 점성술에 기반을 두었다며 비판했다. 그러나 'religio'가 '렉스'와 혼재되어 사용될 때도 그 중세적 의미는 유지되었으며 지배적인 용례는 드러나지 않았다.[24]

베이컨의 육분류 체계는 수학자, 의사, 점성술사인 이탈리아의 카르다노(Gerolamo Cardano, 1502~1576)에게 계승되는데, 그는 이를 네 범주로 재편성하여 사분류 체계를 확립했다. 네 가지 법은 우상의 법, 유대인의 법, 그리스도인의 법, 무함마드의 법이다(Leges autem quatuor, Idolorum, Iudaeorum, Christianorum, et Maumethanorum).[25]

사분류 체계는 레싱(Gotthold Ephraim Lessing, 1729~1781)에게로 이어졌다. 신학적-철학적 비판서인 『히에로니무스 카르다누스를 구출하기』(Rettung

---

23 Ernst Feil, *Religio I*, (1986), pp.116-118.
24 Ernst Feil, *Religio I*, (1986), pp.208-212.
25 히에로니무스 카르다누스는 카르다노의 라틴어 이름이다. 파일은 레싱을 통해 카르다노의 사분류 체계의 중요성을 파악했다.

des Hieronymus Cardanus, 1754)를 집필하기도 한 레싱은 카르다노의 저술을 통해 이슬람에 관한 정보를 얻었다. 그의 희곡 『현자 나단』(*Nathan der Weise*, 1779)에 이러한 영향이 잘 드러나고 있다. 유대인 나단과 무슬림 왕 살라딘의 대화에는 신앙(Glaube), 법(Gesetz), 'Religion'이 동의어로 사용되었다. 이 작품의 사분류 체계에서는 추종자 무리(sectae), 법(leges), 'religions'(religiones)가 모두 사용되었다.[26] 당시 사분류 체계는 학문적일 뿐 아니라 대중적으로도 널리 알려진 종교 체계로서 기능하며 그 영향력이 지대했고, 그 영향력은 19세기까지 이어졌다.[27] 그러나 18세기 말, 19세기 초 서구사회에서 문헌학적 연구가 본격적으로 발전하면서 비교문학적 종교 이해가 진행되었고, 사분류 체계는 더 이상 학문적이지 않은 단순한 도식 체계로 취급되기 시작했다. 시간이 지나며 사분류 체계는 차츰 사라져 가게 되었다.

③ 17~18세기의 'religion' 이해

16세기 말부터 '자연종교'(religio naturalis)에 대한 논의가 본격적으로 시작되었다. 종교개혁 시기, 프랑스의 위그노 법학자 보댕(Jean Bodin, 1530~1596)의 글에 '자연종교'라는 표현이 처음 나오는데, 이때 '자연종교'는 아담에서 노아에 이르는 시원적 시기의 종교를 뜻했다. 그러므로 이때의 '자연종교'는 계시종교에 대립되는 개념은 아니었다. 이탈리아 도미니코회 수도승이자 철학자 캄파넬라(Tommaso Campanella, 1568~1639)는 종교

---

26 Ernst Feil, *Religio I*, pp. 275-276.
27 Bergunder, "Religionen," pp. 1049-1051.

를 '자연종교', '동물종교', '이성종교', '초자연종교'(religio naturalis, animalis, rationalis, supernaturalis)의 네 단계로 구분하여 이해하기도 했다.

'자연종교'에 대한 새로운 이해 방식은 이신론자들이 주도했다. 일반적으로 이신론은 신이 세계와 그 법칙을 창조한 이후 세상에 더 이상 간섭하지 않는다는 믿음으로 알려져 있다. 그러나 이러한 이해 방식은 이신론을 더욱 모호하게 만든다. 17세기에 본격적으로 전개된 이신론은 사제 중심의 교회가 아닌 인간의 삶에 도움이 되는 국가적 시민종교로서 이성종교를 내세우는 부르주아적 종교철학이었다.[28] 이신론자들은 계몽주의적 이성을 그리스도교에 적용시켜 그리스도교를 합리화된 근대적 종교로 재탄생시키려 했다.

영국 이신론의 대표적 인물인 서버리의 허버트(Herbert of Cherbury, 1583~1648)는 'religion'을 철저히 이성에 종속시켜 이해했다. 모든 합리적 인간에게 계시나 믿음과 관계없이 '이성종교'가 존재하는 것이 자연스럽다는 전제하에서, '이성종교'는 곧 '자연종교'로 이해될 수 있었다. 허버트는 '이성종교'의 특징을, 신 존재에 대한 동의, 신에 대한 숭배, 덕과 경건의 예배, 악행을 피하는 것, 종말에 상과 벌이 있음에 대한 기대라는 다섯 가지 내용으로 요약했다.[29]

17세기 말 영국 이신론자들은 그리스도교 분열의 해결책을 찾는 데에 관심을 쏟기보다, 철학적 무신론 입장에 맞서 그리스도교의 핵심이 이성임을

---

28 Christopher Voigt-Goy, "Vernunftsreligion," Friedrich Jaeger (eds.), *Enzyklopädie der Neuzeit 14*, Stuttgart, Weimar: J. B. Metzler, 2011, pp.183-184.

29 Ernst Feil, "II. Religion und Geschichte," Hans Dieter Betz u. a. (eds.), *Religion in Geschichte und Gegenwart, Bd. 7*, Tübingen: Mohr Siebeck Verlag, 2004, p.268.

주장하는 데에 주력했다.[30] 존 로크의 제자 틴들(Matthew Tindal, 1657~1733)은 그리스도교적 이신론자였다. 그는 '이성적 자연종교'가 '계시종교'와 구별되지 않으며 서로 다른 방식으로 인간에게 매개될 뿐이라고 주장했다. 태초부터 그리스도교(Christian religion)가 존재해 왔고 신은 인간이 'religion'이 없이 사는 것을 결코 원하지 않으니 세상에는 오직 하나의 참된 'religion'이 존재한다. 그는 로마서 12장 1절의 '이성적 예배'(reasonable service)를 근거로 '이성종교'와 '자연종교'의 동일성을 주장했다.[31] 틴들에게 '자연종교'는 엄격하게 도덕적인 의미로서 도덕과 신에 대한 복종을 뜻했다.

18세기에 들어서며 영국에서는 점점 더 '자연종교' 개념의 사용빈도가 늘었으며 도덕적 의미 또한 더욱 명확해졌다. 이신론에 근거한 '도덕으로서의 종교'는 당대 'religion'을 비판하는 글을 통해 그 의미가 발전하게 되었다. 『자연종교에 관한 내화』(1750년대 초)에서 흄(David Hume, 1711~1776)은 'religion'에 합당한 임무란 도덕과 정의로의 동기를 강화시키는 것이라고 보았다. 그는 희생과 무엇인가를 구하는 기도, 찬양과 같은 외적 행위를 미신으로 간주하며 거부했다.

프랑스에서는 역사적 정황상 훨씬 더 격렬하게 제도종교를 비판하는 방식으로 도덕적 '자연종교'에 대한 논의가 전개되었다. 디드로(Denis Diderot, 1713~1784)는 도덕을 장려하는 'religion'을 논하며 계몽된 종교는 이웃사랑을 가르친다고 주장했다. 볼테르(Voltaire, 1694~1778)는 예식과 희생제물, 교의학적 사변을 철저히 거부했으며, 신을 숭배하며 행실이 올바른 사

---

30 Bergunder, p.1054.
31 헬라어 본문은 'logikē latreia'이며, 한국어로는 이 부분이 "합당한 예배"(표준새번역)로 번역되어 있다.

람이 되게 하는 것이 최고의 'religion'이었다. 루소(Jean-Jacques Rousseau, 1712~1778)는 내적 감정에 기반을 둔 '자연종교'를 주장했는데, 이 또한 도덕과 연관된 의미에서 그러했다. 그는 예배란 형식적 수행에 불과하다고 보았다. 이로써 신에 대한 숭배라는 외면적 수행의 의미였던 'religion' 개념은 약화되고 도덕적 의미의 'religion'이 지배적 이해 방식이 되었다.

도덕으로서의 'religion'이라는 사유가 철학적으로 체계화되어 영향력을 갖게 되는 계기는 18세기 말 칸트(Immunel Kant, 1724~1804)에 이르러서였다. 칸트는 도덕이야말로 'religion'의 근거와 기원이기에, 비도덕적인 방법을 통해 신적 구원에 이를 수 있다고 주장하는 'religion'이 있다면 그것은 반드시 우상숭배라고 주장했다.

그렇다면 'religion'을 내면적 숭배로 이해하는 사유는 어떻게 발전하게 된 것인가? 파일에 따르면 그와 관련한 중요한 변화의 계기를 마련한 것은 개신교의 정통주의적 흐름에, 계몽주의를 적극적으로 수용한 신학의 흐름, 소위 신신학(新神學, Neologie)에 속하는 신학자들이었다.[32] 에르네스티(Johann August Ernesti, 1707~1781)는 내면적 숭배(cultus internus)와 외면적 숭배(cultus externus)를 명확히 구분했다. 그는 내면적 숭배는 외면적 숭배 없

---

32 Ernst Feil, "II. Religion und Geschichte," p.270. 신신학은 "새로운 가르침"이라는 뜻으로서 "계몽주의의 온건하고 교회적인 양식에 해당된다. … 신신학의 옛 대변자들(슈팔딩(Spalding), 작크 (A. F. W. Sack), 예루살렘(Jerusalem))은 이성에 맞서, 계시에는 지원하고 지시하며 교육적인 기능이 있음을 인정하였다." 볼프강 게릭케, 이은재 옮김, 『KGE 교회사 전집: III/2-계몽주의 시대의 신학과 교회』, 호서대학교 출판부, 2015, p.187. 신신학에 속하는 신학자들은 종교적 경험을 중시했으며 역사적이고 비판적인 성서학을 도입했다. 또한 이들은 신앙의 전승과 당대 의식을 전통과 시대에 맞게 연결시키고자 노력했다. Albrecht Beutel, "Theologische Richtungen," Friedrich Jaeger (ed.), Enzyklopädie der Neuzeit 13, Stuttgart/Weimar: J. B. Metzler, 2011, p.525.

이 가능하지만 외면적 숭배는 내면적 숭배 없이 불가능하다고 주장했다. 내면적 숭배에 비해 외면적 숭배가 부차적 위치를 차지하더라도, 내면적 숭배가 외면적 숭배로 정당화할 수 있었기에 이는 외부의 공격으로부터 교회를 효과적으로 방어할 수 있는 근거가 되었다.[33]

내면적 'religion' 이해 발전에 중요한 영향을 끼친 대표적 인물들은 주류전통에서 벗어나 이단적 사상으로 취급받던 흐름 속에서 등장했다. 경건주의 신앙을 배경으로 하는 철학자 에델만(Johann Christian Edelmann, 1698~1767)은 스피노자(Baruch Spinoza, 1632~1677) 사상에 깊은 관심을 기울였으며 이전의 'religion' 논의와 전혀 다른 주장을 펼쳤다. 그는 "'religion'들의 무차별성"(Gleichgültigkeit der Religionen)을 주장하며 'religion'을 신과의 "재합일", "재결속"으로 묘사했다. 특히 "홀로 구원하는 참된 종교에 있어 신앙보다 더 분노케 하는 적(敵)은 없다"는 언급은 개신교 전통에 대한 도전으로 간주되었다. 에델만은 'religion'을 신앙도 불신앙도 아닌 사랑 그 자체로 정의했다. 이처럼 계몽주의가 실정종교(positive religion)인 그리스도교에 가한 비판과 그 비판에 대한 계몽주의적 신학계의 반응에 힘입어 그리스도교는 내면적 'religion'이라는 이해로 점차 이행하게 되었다.

계몽주의적 신학자 슈팔딩(Johann Joachim Spalding, 1714~1804)과 헤르더(Johann Gottfried Herder, 1744~1803)에 이르면서 '감정'은 주요한 범주로 격상되고, 그리스도교 신앙은 '감정적인 신앙'으로 간주된다. 슈팔딩은 풍부한 감정을 강조하며, 감정은 이성과 모순되지 않으며 오히려 신에게로 더 가까이 다가가도록, 또 덕의 길로 이끄는 것임을 주장했다. 헤르더는

---

33 Bergunder, p.1054.

'religion'을 도덕성 및 덕과 연결된 것으로서 교리와는 상관없는 인간의 내면적 신념으로 간주했다.

슐라이어마허의 『종교론』(Über die Religion, 1799)에서는 'religion'이 개별자의 '감정'으로 이동했다. 그는 'religion'을 도덕이나 철학과 혼재시키지 않고 세 영역으로 명확히 분리했다. 'religion'은 "사유도 행위도 아닌, 직관과 감정"이기에 "심성의 고유한 영역"(eigene Provinz im Gemuethe)을 차지한다. 논리적으로 선행하는 직관에 힘입어 감정은 더욱 깊어지고 예리해지는데, 이러한 과정에서 인간의 "종교적 소질"(religiöse Anlage)이 비로소 깨어나게 된다. 슐라이어마허는 신에 대한 모든 이념과 상을 인간 환상의 산물로 보았으며 "지고의 본질"을 대상화하는 것을 부정했다. 이러한 종교 정의는 당대에 중요한 영향력을 끼쳤으며, 19세기 말 『종교론』이 재발견, 재수용되는 계기가 된다.[34]

지금까지 파일의 개념사 연구를 주요하게 참조하여 서구 'religion'의 개념사를 살펴보았다. 'religion' 개념은 일직선적이거나 일관적으로 발전하지 않았다. 'religion' 개념 이해 방식은 단절과 재수용의 복잡한 관계 속에서 변화되었으며 그 의미가 반드시 정통 그리스도교나 계몽주의 중심으로 형성되었던 것은 아니었다. 그렇다면 슐라이어마허를 기점으로 하여 소위 자유주의 개신교 중심의 내면적 'religion' 개념이 현재까지 지배적이 되었다는 이해 방식을 어떻게 바라보아야 할까?

이는 19세기 말에서 20세기 초에 이루어진 슐라이어마허 수용사로 인한

---

34 슐라이어마허, 최신한 옮김, 『종교론』, 한들, 1997; 김태연, 「슐라이어마허 종교론의 수용사적 의미」, 『신학연구』 74, 2019, 65-94쪽.

결과물로서, 슐라이어마허 이래로 면면히 계승되어 온 것이 아니다. 슐라이어마허의 'religion' 이해가 결정적 구심점으로 작동하게 된 첫 번째 계기를 마련한 이는 막스 뮐러(Friedrich Max Müller, 1823~1900)이다. 그는 슐라이어마허에 의거하여 'religion'이란 "인간을 다양한 이름과 가장 변화무쌍한 형태 속에서 파악할 수 있게 하는 일반적인 정신적 소질"이라고 주장했다. 또한 'religion' 발전 단계에 대한 아이디어는 레싱으로부터 얻었다. 그러므로 'religion' 개념은 서구 근대에서 비롯된 의미가 변화하며 전승되었다기보다는, 중요한 역사적 국면과 전환점, 개별 학자의 삶의 중요한 사건 속에서 새롭게 구상되었다고 보아야 할 것이다. 오토(Rudolf Otto, 1869~1937)의 슐라이어마허의 『종교론』 초판 재출간을 비롯하여 슐라이어마허의 'religion' 이해에 관한 새로운 관심과 관련 서적의 출판 등에 관한 수용사적 의의에 대해서는 뒤에서 다시 언급할 것이다.

(2) 19세기 전후의 '종교학' 개념

현대 종교학의 시발점과 관련한 논의에서 늘 첫 번째로 거론되는 인물은 독일 출신으로서 영국에서 언어학자, 인도학자로 활동한 막스 뮐러이다. 'science of religion'이 'Religionswissenschaft'와 동의어로 취급되게 된 계기는 막스 뮐러에 힘입은 것이었다. 그렇다면 막스 뮐러가 최초로 Religionswissenschaft/종교학 이라는 용어를 사용했을까?

종교(Religion)와 학문(Wissenschaft)이 결합된 'Religionswissenschaft'는 18세기 말 철학과 신학 영역에서 이미 사용되고 있었다. 여러 용례 중 대표적인 경우 몇 가지는 다음과 같다. 루터교 신학자 니트함머(Friedrich Immanuel Niethammer, 1766~1848)는 칸트의 종교 관련 저술을 옹호하는 글에서 'Religionswissenschaft'라는 표현을 썼다.[35] 이때 'Religion'은 칸트적 의미에서 이성종교를 의미했다. 앞서 살펴보았듯이 칸트는 종교를 도덕 영역에 종속시켜 이해했기에 신적 계명으로서의 모든 도덕적 의무에 대한 인식이 종교라고 생각했다.[36] 이때의 'Wissenschaft'는 19세기 중후반 자연과학에 무게중심을 둔 과학/학문의 의미와 달리, 지식(Wissen)을 알고 행할 수 있다는 의미로 사용되었다.[37] 합성어인 'Wissenschaft'를 '학문이란 지식을 창출하는 것이다'(Wissenschaft ist das, was Wissen schafft)라는 뜻으로도 이해할 수 있다. 그러므로 니트함머가 말하는 종교학이란 인간의 도덕적 삶을 위해 이성종교의 필수불가결성에 대한 지식을 신학적, 철학적, 형이상학적 논의를 통해 창출한다는 뜻이었다.

보헤미아 왕국의 프라하에서 활동한 가톨릭 신학자이자 수학자이며 철학자인 베른하르트 볼차노(Bernhard Bolzano, 1791~1848)의 『종교학 교본』(Lehrbuch der Religionswissenschaft, 1843)과 볼차노에 적대적이었던 오스트리아의 가톨릭 신학자 야콥 프린트(Jakob Frint, 1766~1844)의 『철학 지원자를 위한 종교학 요람』(Handbuch der Religionswissenschaft für die Candidaten der Philosophie, 1806~1808)에서의 '종교학' 또한 현재와 다른 의미로 쓰였다.

---

35 니트함머는 특히 교육개혁가로서 중요한 인물로 기억되는데 교육과 관련하여 휴머니즘(Humanismus)이란 개념을 최초로 사용했다. Niethammer, *Über Religion als Wissenschaft zur Bestimmung des Inhalts der Religionen und der Behandlungsart ihrer Urkunden*, Neu-Strelitz: Verlag der Neuprivilegirten Hochbuchhandlung, 1795; Sigurd Hjelde, "Das Aufkommen der Idee einer *Religio*nswissenschaft," *Zeitschrift für Religionswissenschaft* (2014/1), pp.163-164 참조.

36 『실천이성 비판』(1788), 『판단력 비판』(1790).

37 Martin Gierl, "Wissenschaft," Friedrich Jaeger (eds.), *Enzyklopädie der Neuzeit 15*, Stuttgart, Weimar: J. B. Metzler, 2012, p.61.

'종교'란 종교적 명제와 신념의 총괄을 의미했다. 종교적 명제는 도덕적 명제에 귀속되었고 종교학은 이에 대한 철학적 논의였다.[38] 볼차노와 프린트 모두 종교학 교수직을 맡았다는 서술이 있지만 그것은 당대적 의미의 종교철학을 뜻했다. 당시에는 종교학과 종교철학이라는 명칭이 혼용되고 있었으며 그 논의 또한 그리스도교 내부 담론에 한정되었다. 그러므로 이는 유럽이라는 지역에 한정되어 있는 유럽의 종교논의로서 현대 종교학과 연장선상에 있는 것으로 간주하기는 어렵다.

　유럽적 관점에서는, 계몽주의 시대 칸트 비판철학의 체계화와 확산 이래로 종교에 관한 '비판적', 학문적 연구가 본격적으로 이루어졌으며 이것이 근대적 의미의 종교학의 출발이라고 주장할 수 있을 것이다.[39] 그러나 이는 서구사적으로만 의의가 있는 주장이다. 칸트는 신 존재와 영혼의 불멸, 인간 행위의 자유를 인정했는데, 이러한 입장으로부터 세계관의 근거인 신 관념을 실천적 행위의 근거로 변형시켰다. 종교적 세계상이 이성적이고 공적인 행위의 기초가 될 수 있다고 본 칸트의 종교이해를 통해, 역사적 신앙과 종교에 대한 비판과 검증의 자리에는 신학이 아닌 사회의 성숙한 공

38　Edgar Morscher(ed.), *Bernard Bolzanos geistige Erbe für das 21. Jahrhundert, Academia: Beiträge zum Bolzano-Symposium der Österreichischen Forschungsgemeinschaft im Dezember 1998 in Wien*, Österreichische Forschungsgemeinschaft Academia, 1999, pp.323-324; Johann Figl, "Einleitung: Religionswissenschaft-Historische Aspekte, Heutiges Fachverständnis und *Religions*begriff," Johann Figl(ed.), *Handbuch Religionswissenschaft: Religionen und ihre zentralen Themen*, Innsbruck, Wien: Tyrolia-Verlag, 2004, p.21.

39　칸트는 철학부에 속한 '철학적 신학' 분야의 완전한 자유를 강조했다. 그는 "순수한 철학적 종교론에 관한 특별강좌를 하나 더 추가하는 게 좋지 않을까 제안"하며 자신의 『이성의 한계 안에서의 종교』와 같은 입문서를 신학부 성서신학 전문교과 졸업자가 필수로 들어야 할 과정으로 제시했다. 임마누엘 칸트, 백종현 옮김, 『이성의 한계 안에서의 종교』, 아카넷, 2011, 160-162쪽.

공성이 들어서게 되었다.[40]

이는 대학의 학문적 차원으로도 연결되었다. 칸트는 만년 저작, 『학부들의 논쟁』(Der Streit der Fakultäten, 1798)에서 이성을 근거로 한 공적 시험의 장소로서의 대학과, 시험관의 역할을 담당하는 철학부에 대해 논했다. 신학, 법학, 의학부에서는 정부가 규정한 문헌을 기반으로 하는데, 신학자는 성서, 법학자는 성문법, 의학자는 의료 규정을 근거로 활동한다. 특정 문헌의 진리와의 연관 여부를 이성을 근거로 조사하는 역할은 기초학부인 철학부가 담당한다. 이전까지는 윤리가 종교의 시험대에 올라 평가받았다면 이제 역사적 형태로 드러나는 각각의 계시 형태인 신앙이 이성 앞에서 공적으로 평가되어야만 윤리적이라고 인정받을 수 있다.[41]

칸트는 자신의 시대를 "모든 것이 비판에 부쳐져야" 하는 "진정한 비판의 시대"로 일컬었으나, 자유롭고 공명한 시험 하에서 '신' 개념은 인식론적으로 모든 가능한 경험을 넘어서기에 증명될 수 없는 선험적 관념이었다. 그는 이 관념을 환영으로 바라보지 않았으며 증명 불가능한 요청들이 인간의 사회적 삶 속에서 규제적 기능들을 충족시킨다고 보았기에, 인간의 실천이

---

40 "우리 시대는 진정한 비판의 시대요, 모든 것은 비판에 부쳐져야 한다. 종교는 그 신성성에 의거해서, 법칙 수립(입법)은 그 위엄을 들어 보통 비판을 면하고자 한다. 그러나 그럴 때 종교와 법칙 수립은 당연히 자신들에 대한 혐의를 불러일으키는 반면, 꾸밈없는 존경을 요구할 수는 없을 것이다. 이성은 오직, 그의 자유롭고 공명한 검토를 견뎌낼 수 있는 것에 대해서만 꾸밈없는 존경을 승인한다." 임마누엘 칸트, 백종현 옮김, 「머리말」, 『순수이성비판』 A판, 1781, 168쪽; Immanuel Kant, "Erste Vorrede zur Kritik der reinen Vernunft," Kritik der reinen Vernunft, 1781, 1956, p.7, 칸트가 이슬람을 비롯한 여러 종교를 언급한다 하더라도 그에게 그리스도교는 상대화될 수 없는 절대적 기준점이었다.

41 Kippenberg, Entdeckung der Religionsgeschichte, p.27; Discovering Religious History in the Modern Age, p.11.

성을 위해 '하느님 나라' 상정을 포기할 수 없었다. 그러므로 이 시기의 종
교 개념은 중립적으로 설정될 수 있는 여지가 없었으며 학문/과학적 사유
에서도 서구의 종교 문화적 배경이 뚜렷했다.[42]

우리가 일반적으로 생각하는 종교학 탄생 시기는 19세기 중반을 넘어서
며 과학의 의미가 보편적이고 엄밀한 의미의 자연과학적 방향으로 변화하
고 종교 개념도 확장된 때이다. 그러나 비서구권에 속한 우리의 경우, 종교
학의 진정한 출발점을 이 시기로 인정하기 전, 다음의 두 가지 사항을 고려
해야 할 필요가 있다. 먼저 이때의 종교학은 여전히 서구 중심적이다. 비
서구에서의 종교학의 존재 가능성과 종교 관련 지식의 축적과 그 활용의
전통에 대해서는 전혀 고려하지 않고 있다.[43] 또한 서구 근대 종교학의 형
성 과정에서 19세기 후반부 종교학 성립 배경에는 선교사와 식민지인들과
의 교류와 공동작업, 서구학자들의 비서구 지역의 지식인들과의 직접 교류
를 통해 형성된 혼종적 지식이 중요한 역할을 담당했다. 서구의 식민주의
와 제국주의적 팽창으로 인해 비서구의 식민지 지식인들이 서구를 방문하

---

42 예를 들어 스웨덴의 신비주의자 스베덴보리의 사유에 대한 관심 속에서 칸트가 1766년
   익명으로 출판했던 『영시자(靈視者)의 꿈: 형이상학의 꿈을 통한 해석』(Träumen eines
   Geistersehers, erläutert durch Träume der Metaphysik)은 칸트 연구자들에게는 잊혀 왔거
   나 완전히 무시되어 왔었다. 이에 대한 재평가 작업은, 2000년대 이래 이소테리시즘 연구
   가 활발해지면서 유럽 계몽주의 시대를 재조명하려는 움직임 가운데 시작되었다. 칸트적
   계몽주의와는 상극으로 알려진 스베덴보리(Emanuel Swedenborg, 1688-1772)의 사유가
   칸트와 어떠한 영향관계에 있었는지에 대해 철학, 문학, 종교학, 신학 등의 학제간 연구가
   활발히 진행되고 있다. 이에 대해서는 다음을 참조. Friedemann Stengel(eds.), Kant und
   Swedenborg: Zugänge zu einem umstrittenen Verhältnis, Tübingen: Niemeyer, 2008.
43 물론 이때의 비서구의 '종교' 개념이란 서구의 것과는 전혀 다른 무엇으로서 질서 개념을
   뜻한다. 혹은 이미 비서구의 각 지역의 고유한 방식의 '학문'(서구의 이해 방식과는 다른)
   이 존재했으나 그것은 19세기 이래 더 이상 과학/학문으로 인정받을 수 없는 것이 되어
   버렸다. 이에 대한 논의는 본 장 후반부에서 이루어질 것이다.

거나 유학하면서 당시 서구학자들과 활발히 교류했기 때문이다. 종교학적 지식 축적과 확장에 대한 이들의 기여는 앞으로 더욱 발굴되고 연구되어야 할 부분이기도 하다.

서구만이 아닌 글로벌한 의미에서의 근대적 종교학의 출발 시기와 종교사에 대한 논의는 이러한 점들에 대한 고려와 연구가 진행되면서 비판적으로 성찰되어야 할 것이다.

2) 근대성 문제와 종교학의 태동

한국이나 미국에서 근본주의적 그리스도교와 신학과의 긴장관계와 투쟁 가운데 학제적으로 독립해 가는 방식으로 종교학을 이해하는 태도는 역사적, 문화적 배경을 고려한 종교학사 서술에서 필요한 성찰 방식일 수 있다. 그러나 이러한 접근 방식을 유럽에 그대로 적용하는 것은 효과적이지 않을 것이다. 종교학이 성립되는 과정이 신학과 얽혀 있었으며, 종교학이 독립 분과로 발전해 가는 과정 속에서 신학과의 긴장은 명확히 존재하지만 전투적 배타적 경향이 두드러지지 않았기 때문이다. 이를 성급히 학제간의 공존과 협업의 예로 판단하기는 어렵다.[44] 다음에서 살펴보겠지만 계몽주의와 근대성의 세례를 받은 자유주의 신학과 초기 종교학의 관계는 긴밀하게 얽혀 있었으며 이는 태생적으로 불가피한 과정이었다.

종교학의 태동이 서구 근대 사회의 형성 및 그 문제점에 대한 성찰과 긴

---

44 언젠가 이에 대해 당대 문화적, 역사적 상황을 충분히 이해한 속에서 따로 평가해 볼 필요가 있다.

밀하게 관련되어 있다는 문제의식 속에서, 이 장에서는 종교학 탄생의 계기가 된 역사적, 사상적, 문화적 변동과 그 배경을 주요하게 고찰한다. 그리고 당대의 사회적, 문화적 배경의 이해 속에서 왜 종교학이 요청될 수밖에 없었는지를 살펴본다. 그리스도교와 신학은 서구의 문화적 전통으로 다루어질 것이다. 주요하게는 독일을 살펴볼 것이며 기존에 알려진 서구 종교학 태동의 배경에서 한 걸음 더 나아간 이해를 도모하는 데 기여하고자 한다. 비록 이 장에서는 지면 제약상 다루지 않으나, 독일 종교학의 형성 과정 속에서 인접하는 북유럽 국가들의 인물과 담론적으로 공명하는 부분은 상당하다. 초기 종교학사에서 주요하게 다루어지는 인물들이 이 지역과 연관된 경우가 많기 때문이다. 서구의 종교 담론에서 지역적 차이, 국가적 차이는 분명히 존재한다. 그러나 앞서 살펴본 바와 같이 어떤 담론이 선택적으로 수용되는지는 각 국가의 한계 내에서만 진행되지 않는다. 언어와 문화, 역사를 공유하는 유럽의 특성상 학자들의 교류와 네트워크는 우리가 생각하는 것보다 훨씬 복잡하고 친밀한 상호연관 관계에 놓여 있었기 때문이다.

(1) 세계관의 갈등과 지식권력의 재편성

① 유물론 논쟁

19세기 말 20세기 초 독일에서는 그리스도교와 정신적인 것에 어떠한 자리도 용납하지 않는 자연과학적 유물론을 둘러싼 논쟁이 있었다. 독일의 경우, 미국과 영국보다 더욱 양극화된 전선 간의 거센 논쟁이 진행되었는데 이를 '유물론 논쟁'(Materialismusstreit, 1854)이라 부른다. 이 갈등은 단순히 '종교와 과학' 사이의 문제가 아니었다. 신적 섭리에 대한 주장과 세계를 자연과학적 방법으로 모두 설명할 수 있다는 주장 간의 갈등은, 두 세계관의 충돌이었을 뿐만 아니라 정치적 투쟁이기도 했다. 유물론 지지자들은 1848/49년 혁명의 시기에 정치적 세력 형성에 실패하였으며, 유물론을 반대하는 세력은 이들을 그리스도교 기반의 문화와 도덕을 뒤흔드는 국가 위험 세력으로 간주했다. 정치적으로 수세에 몰린 자유주의와 민주주의 세력은 학문적 영역에서 과학의 진보를 통해 장기적인 변화를 꾀하는 방향으로 선회하여 급진적 유물론을 전개해 나아갔다.[45]

의사이자 하이델베르크 대학 생리학 교수로서 유물론 논쟁을 주도했던 몰숏(Jakob Moleschott, 1822~1893)은 인간의 모든 것을 물질적으로 환원시켜 설명할 수 있다고 보았다. "인간은 부모와 유모, 장소와 시간, 공기와 날씨, 소리와 빛, 음식과 옷의 총합이다. 인간의 의지는 우리가 현상으로 인식하는 행성이 그 궤도를 따라 돌고 식물이 땅에서 자라는 것과 같은 자연의 법칙에 따른 저 모든 원인들의 필수불가결한 결과이다."[46] 그는 인간의 신경 세포 기능에서 인(燐)의 중요성을 최초로 발견하였으며 "인 없이는 사고도 없다"는 유명한 말을 남겼다. 널리 알려진 포이어바흐(Ludwig Feuerbach, 1804~1872)의 발언, "인간은 그가 먹는 바에 다름 아니다"는 이러한 유물론적 관점의 단적 표현이었다.[47]

---

45 Kurt Bayertz, Myriam Gerhard, Walter Jaeschke, "Einleitung," Kurt Bayertz, Myriam Gerhard, Walter Jaeschke(eds.), *Weltanschauung, Philosophie und Naturwissenschaft im 19. Jahrhundert: Der Materialismus-Streit*, Hamburg: Felix Meiner Verlag, 2012, p.10.

46 *Der Kreislauf des Lebens* (1854). 1887년까지 5판 인쇄.

47 유물론자들에 대한 정치적 탄압 또한 상당했다. 신 중심이 아닌, 인간의 이성을 중심으로 한 '미래의 철학'을 구상했던 포이어바흐는 1848/49년, 하이델베르크 대학의 강의실이 아닌 시청 앞에서 '종교의 본질에 대한 강의'(Vorlesungen über das Wesen der Religion)

자연과학적이며 급진적인 유물론의 대표자로서 몰숏을 비롯하여 동물학자 폭트(Carl Vogt, 1817~1895), 의사 뷔히너(Ludwig Büchner, 1824~1899)를 들 수 있다. 생리학자 루돌프 바그너(Rudolf Wagner, 1805~1864)는 제31회 '독일 자연과학자 및 의사회' 학회에서 그리스도교를 자연과학의 정신적 기반으로 옹호하며 폭트를 명시적으로 비판했다.[48] 이는 「생리학 편지」(1845~1847)에서 폭트가 주장한 급진적 유물론에 대한 공격이었으며, 이에 폭트는 「맹신과 과학」(Köhlerglaube und Wissenschaft, 1855)이라는 글로 더욱 맹렬히 바그너를 비판했다.[49] 뷔히너의 『힘과 물질』(Kraft und Stoff, 1855)은 1904년 21쇄를 기록하였고 15개 국어로 번역되었다. 이 책에서 그는 그리스도교의 세계관인 창조론, 영혼의 존재와 불멸 등 초월신앙에 문제를 제기하며 '물질의 존엄성'(Würde des Stoffs)을 주장했다.[50] 이들이 제시한 유물

를 해야만 했다. 대학이 강의실 제공을 거부한 것은 차치하고서라도, 그는 새로운 철학은 강의실이 아닌 시장을 매개로 수행되어야 한다고 생각했다. 유물론을 위한 투쟁에서 포이어바흐를 제외하고 대부분의 유물론자들은 의사, 자연과학자들이었다. Kurt Bayertz, Myriam Gerhard, Walter Jaeschke(eds.), *Weltanschauung, Philosophie und Naturwissenschaft im 19. Jahrhundert: Der Materialismus-Streit*, p.XI.

48 Rudolf Wagner, "Menschenschöpfung und Seelensubstanz. Ein anthropologischer Vortrag, gehalten in der ersten öffentlichen Sitzung der 31. Versammlung deutscher Naturforscher und Aerzte zu Göttingen am 18. September 1854," *Der Materialismus-Streit*, pp.67-80.

49 Carl Vogt, "Physiologische Briefe für Gebildete aller Stände: Zwölfter Brief-Nervenkraft und Seelenthätigkeit," *Der Materialismus-Streit*, pp.1-14 참조. "내 생각에 모든 자연과학자들은 논리적으로 다음에 도달할 것이다. 우리가 영혼의 활동이라는 이름 하에서 개념화하는 저 모든 능력은, 모두 뇌물질(Gehirnsubstanz)의 기능에 불과하다. … 거칠게 표현하자면, 사고와 뇌의 연관관계는 간즙과 간, 소변과 신장의 관계와 동일하다."

50 "물질 없는 힘을 생각할 수 없듯이, 힘 없는 물질을 생각할 수 없다!", "물질이 불멸이라면, 힘없는 물질은 없고, 물질 없는 힘이 없다면, 세상이 창조될 수 없고 영원하다는 것을 의심할 수 없을 것이다. 분리될 수 없는 것은 결코 분리되어 존재할 수 없다! 파괴될 수 없

론적 세계관은 기존 세계관과 정치를 개혁하는 강력한 사회 혁신 프로그램으로 기능했다.

대중적 과학 담론의 장에서도 유물론은 큰 호응을 얻었으며, 다윈의 『종의 기원』(1859)의 성공은 유물론이 이데올로기적으로 그 설득력을 강화하는 결정적 계기를 제공했다. 이러한 세계관 투쟁의 결과로 철학부에서 자연과학부가 독립하여 현재와 같은 방식으로 학문 세계가 재편되었다. 이제 자연과학은 공적, 사적 자금의 지원 혜택을 최우선적으로 받는 위치로 격상되었다.

유물론이 추진력을 얻는 과정에서 모든 신학자들이 그 반대 세력에 속했던 것은 아니었다. 개신교 신학자 슈트라우스(David Friedrich Strauß, 1808~1874)의 저서는 과학자들이 유물론의 절대적 타당성을 확신하게 하는 데 기여했다. 사후 출판되었으나 대대적 성공을 거둔 『예수의 생애』(*Das Leben Jesu*, 1835~1836)에는 종교적 표상을 인간이 만들어낸 신화로 해석하는 슈트라우스의 입장이 잘 드러나 있다. 그는 종교란 신화를 창조해내는 무의식적 상상력이며 이로써 기적 신앙이 설명될 수 있다고 주장했다.[51] 생

는 것은 창조될 수 없다!", "물질을 하찮게 여기는 사람은 그 자신과 모든 피조물을 하찮게 여기는 것이다. 자기 몸을 함부로 다루는 사람은 자신의 영혼을 학대하는 것이며 어리석은 망상으로 영혼을 위해 이익이 되었다고 믿는 정도까지 자신에게 해를 입힌다." Louis Büchner, "Kraft und Stoff," *Der Materialismus-Streit*, pp. 181-182. 뷔히너는 해외에서도 자신의 사상을 널리 알렸다. 예를 들어 1874년, 그는 미국의 32개 도시에서 100여 번의 강연을 소화해낼 정도로 열정적으로 활동했다. Michael Bergunder, "Das Streben nach Einheit und Wissenschaft und Religion: Zum Verständnis von Leben in der modernen Esoterik," Eilert Herms(ed.), *Leben: Verständnis. Wissenschaft. Technik-Kongreßband des XI. Europäischen Kongresses für Theologie 15-19. September 2002 in Zürich*, Gütersloh: Gütersloher Verlagshaus, 2005, p. 562.

51 뷔히너는 『힘과 물질』에서 슈트라우스의 책, 『그리스도교 신앙론-그 역사적 발전과 현

전에 대중적으로 크게 성공한 저서인 『옛 신앙과 새 신앙』(Der alte und neue Glaube, 1872)에서는 진화론에 입각한 세계관 하에서 세계에 대한 신의 섭리를 전적으로 부정했다. 신은 머리 둘 곳조차 없어졌으며(Wohnungsnot), 이제 새로운 신앙은 미학적 관점으로 각인된 도덕론이어야 한다는 것이 주장의 요지였다. 당대 지식인들은 그리스도교를 순수한 휴머니즘으로 만들어 심화시켜 나아가야 한다는 논제를 담은 이 책을 '화약통에 던진 불꽃'과 같은 해방적 저술로 인식했다.[52]

영어권에서도 독일의 논쟁 상황을 주목했으나 그곳에서는 정치적 전선의 투쟁으로서보다는 과학과 종교의 양립 불가능성에 대한 논쟁으로 진행되었다. 대표적 인물로 다윈의 불독으로 일컬어진 영국의 헉슬리(Thomas Henry Huxley, 1825~1895), 아일랜드의 물리학자이자 빙하전문가 존 틴들(John Tyndall, 1820~1893)을 들 수 있다. 틴들은 특히 '신학에 대한 망치'

대 과학과의 투쟁 속에서』의 한 구절을 인용하고 있다. "세계통치란 세계 외적 지성을 통해 세계의 행보를 규정하는 것이라기보다는 우주적 힘과 그 관계에 자체적으로 내재하는 이성으로 여겨진다." David Friedrich Strauß, *Die christliche Glaubenslehre in ihrer geschichtlichen Entwicklung und im Kampfe mit der modernen Wissenschaft*, Bd. 1, Tübingen: C. F. Osiander, 1840, p.384. 슈트라우스는 이때 스피노자의 『신학정치론』을 인용하며 이 구절을 언급한다.

52 책의 부제는 '고백'(ein Bekenntnis)이었는데 내용은 다음과 같이 매우 급진적이었다. 우리는 더 이상 그리스도인이 아니며 더 이상 되고 싶지도 않다. 원죄, 칭의, 구속, 인격의 신, 이 모든 것이 우리 시대 사람들에게는 중요하지 않다. '종교'는 우주에 의존하는 경건한 감정으로서만 갖고 있을 뿐이며, 세계를 이해하는 방식은 다윈, 인과론, 물질의 무한한 진화, 초월 없는 내재 등을 통해서이다. 앞으로 일요일은 정치적 대화나 자연사, 역사 연구, 문학, 과학- 및 예술-종교(Wissenschafts- und Kunst-religion)로 가득할 것이다. Nipperdey, *Religion im Umbruch: Deutschland 1870-1918*, p.124. 이 책은 1885년까지 14쇄를 기록했으며 1873년에 영어로, 1876년에는 프랑스어로 번역되었다. *Ibid*, p.563. 칼 뢰비트, 강학철 옮김, 『헤겔에서 니체로; 19세기 사상의 혁명적 결렬』, 민음사, 2006. 416-417쪽.

(hammer of theology)로 불릴 정도로 신학을 맹렬히 공격했다. 1874년, 틴들은 벨파스트에서 영국협회(British Association) 회장으로 추대되어 종교와 과학에 대해 연설했는데, 이를 계기로 전 유럽에서 명성을 얻게 되었다. 연설에서 그는 모든 생명에 대한 약속과 능력이 물질(matter)에 있으며 과학자들이 종교로부터 우주론의 모든 영역을 탈취하리라 단언했다.[53] 그의 연설은 당시 유럽의 교양 있는 시민계층에게 자연과학적 인식에 대한 낙관론이 확산되는 데에 기여했으며, 그리스도교와 그 신학에 대한 반박의 상징이 되었다.[54]

과학자이자 저술가로서 활동한 드레이퍼(John William Draper, 1811~1882)의 『자연과학과 종교 간의 갈등의 역사』(History of the Conflict Between Religion and Science, 1875), 독일 대사로 활동했으며 코넬대 초대 총장을 역임한 앤드류 화이트(Andrew Dickson White, 1832~1918)의 『과학의 그리스도교 신학과의 전쟁의 역사』(A History of the Warfare of Science with Theology in Christendom, 1896)는 역사 속에서 과학과 종교가 어떻게 갈등해왔는지를 명쾌히 설명한 대중서적으로 큰 인기를 얻었다. 이 책들은 수십 쇄에 이를 정도로 대성공을 거두었으며 다양한 언어로 번역, 확

---

53 Owen Chadwick, *The Victorian Church Part 1: 1829-1859*, New York: Oxford University Press, 1966, p.12. 그러나 과학과 종교의 갈등에 대한 역사에서 주의해서 바라보아야 할 점은, 각 전선의 대립이 뚜렷해 보인다 하더라도 역사적 개체로서 각 지식인들의 활동과 작업을 보면 현재의 인식처럼 꼭 그렇게 뚜렷하게 구분되지 않는다는 것이다. 예를 들어 틴들의 경우, 막스 뮐러와 서신을 주고받는 교우관계였다. 본 장의 신칸트주의와 관련한 다음의 서술에서도 그의 이름이 등장한다.

54 Bergunder, "Das Streben nach Einheit und Wissenschaft und Religion: Zum Verständnis von Leben in der modernen Esoterik," p.561.

산되었다.[55] 우리 시대에서도 여전히 유효한 종교와 과학의 갈등 모델은 바로 이 시기에 확고해진 것이었다.

당대 상황을 통해 확인할 수 있는 점은 먼저 반그리스도교적 무신론이 지식인들에게 큰 호응을 얻었다는 점이다. 산업화와 과학의 발전 가운데 인간과 그 삶의 의미를 더 이상 그리스도교를 통해 발견할 수 없다는 의식이 확산되었으며, 구 정치세력과 연합하여 인민혁명에 반대하는 정통 교권에 대한 반감은 거세어졌다. 대중적 차원에서도 유물론이 성행했으며 다윈의 진화론이 상식으로 자리매김하게 되었다.[56] 둘째, 그리스도교와 신학 내부에서도 유물론적, 반그리스도교적 경향에 동조하는 구성원이 생겼다. 이들은 기존 그리스도교와 신학의 한계를 누구보다도 절감하고 있었으며 시대적 변화에 따라 그리스도교가 개혁되기를 원했다. 셋째, 종교에 대한 학문적, 과학적 접근으로서의 종교학 발전은 신학의 쇠퇴와 자연과학의 발전으로 추동되었다고 볼 수 있겠으나, 종교와 종교성이 존재한다는 것을 부정할 수 없는 종교학의 위치를 고려한다면 오히려 자연과학의 도전으로 얻은 충격을 수용하면서도 반종교적 태도로 인해 야기된 사회적 문화적 긴장을 극복하기 위한 노력에서 종교학이 출현했다고도 볼 수 있다. 온건한 과학자들도 있었으나 극단적 유물론을 추구하는 과학주의자들에게 종교는 그 어떠한 의미도 없었으며 척결되어야 할 미신이었기 때문이다. 다음

---

55 *Ibid.*..
56 지면상 언급하지 못했으나 핵켈의 과학과 종교를 통합시킨 일원론적 종교는 반그리스도교적이며 반종교적인 주장이었으며 이에 대한 호응 또한 엄청났다. 『세계의 수수께끼』(*Die Welträtsel*)(1899)를 비롯한 그의 저작들은 노동자들 또한 많이 읽는 베스트셀러에 속했다. 정작 핵켈 자신은 보수 우파에 속했다. Thomas Nipperdey, *Religion im Umbruch: Deutschland 1870-1918*, München: C. H. Beck, 1986, p.129.

에서는 반종교적 상황을 극복하기 위한 노력으로서, 칸트의 인식론적 비판을 새롭게 이해하기 위한 시도를 살펴본다.

② 신칸트주의와 불가지론의 확산

19세기 이래 학문의 분화 과정에서 위기에 처하게 된 것이 신학뿐 만은 아니었다. 철학의 입지 또한 흔들렸다. 헤겔 사후, 관념론은 사변적 독단이라는 비판 속에서 급속히 침체되어 갔고 자연과학과 유물론적 사유의 발전은 이에 힘입어 더욱 가속화되었다. 새로운 과학적, 합리적 세계관 하에서는 자연뿐 아니라 인간과 문화 또한 특별히 취급될 수 없는 자연과학적 분석의 대상에 불과해졌다. 인간이 자신의 의식과 사유, 인격성을 내적인 자기 경험으로 확증하는 것은 사변적, 형이상학적 근거에 기반을 둔 것이기에 더 이상 신뢰될 수 없다. 과거 철학에서 당연시되어 오던 인간 존재의 특수한 위치에 대한 믿음이 흔들리게 된 것이다. 인간의 정신적 삶에 대한 실증주의적 접근은 인간의 마음에 주목하는 심리학 분과에 도전이 되었으며 새로운 방향으로의 발전을 촉진했다.[57]

철학에 종속되어 있던 심리학은 두 가지 방향으로 발전했다. 하나는 인간의 영적, 정신적 부분을 물질로 환원시켜 설명하는 유물론적 심리학(materialistische Psychologie), 다른 하나는 인간의 정신적 삶의 고유성을 인정하며 연구 대상으로 삼되, 정신의 내용을 표상, 충동(Trieb)의 한계 내에서 일어나는 기계론적 과정으로 설명하는 연상심리학

---

57 심리학은 당시 철학에 종속된 분과였다. 생리학적/실험 심리학을 정립시킨 빌헬름 분트(Wilhelm Wundt, 1832-1920)는 라이프치히 대학 철학과 교수였다.

(Assoziationspsychologie)이다.[58] 여기에서 의식의 흐름은 자연법칙에 따라 등장하는 것으로서 독특한 영적 과정, 즉 특정한 삽입 규칙에 따라 상호 연관되고 촉진, 방해받는 과정을 의미했다. 심리학 분과는 실증주의의 한계 내에서 영적 삶을 직간접적으로 다루는 자연과학적 학문으로 자리매김하게 되었다. 심리학은 사회적, 문화적 삶의 현상을 연구 대상으로 삼아 심리학적 과정으로 뇌기능과 병행하여 설명하고 해답을 제시하는 학제로 간주되었다. 19세기 말의 심리학은 심리주의(Psychologismus)로 일컬어졌으며 20세기에 이르러서도 영향력을 발휘했다.

철학은 역사학과 사회학의 등장으로 더 큰 도전에 직면했다. 역사학은 인류의 과거가 각 시대마다 어떠했는지를 정밀하게 보여줌으로써 기존 철학보다 더 엄격한 학문으로 간주되었다. 인간의 사회적 삶은 철학적, 사변적으로 탐구할 수 있는 주제가 아니었다. 그것은 사회과학적이며 사연과학적이고 역사적으로 정향된 사회학의 연구 대상이 되어야 했다. 실증주의적 고찰 방식이 확산되며 인간의 역사와 사회는 가치중립적이고 객관적으로 역사적 상대주의의 의미에서 오로지 사실만을 수집하여 파악되어야 하는 것이 되었다. 철학의 공적 입지와 영향력은 미미해져 가며 대학에서도 학과로서의 명맥만을 유지하는 상황에 직면했다.[59]

그러나 실증주의적이고 심리주의적인 협소한 이해 방식에 대한 비판적 성찰이 시작되었다. 유물론과 진화론을 선두로 하는 자연과학적 사유가

---

58 분트학파가 발전시킨 연상 실험(Assoziationsexperiment)은 실험을 통해 인간 심리의 보편적 법칙성을 발견하려는 시도였다.

59 Kurt Wuchterl, *Bausteine zu einer Geschichte der Philosophie des 20. Jahrhunderts*, Bern, Stuttgart, Wien: Verlag Haupt, 1995.

모든 학문을 주도하며 무한한 진보 사관이 대세인 상황 속에서, '인간 정신과 과학(학문)의 근간을 어떻게 바라보아야 하는가'라는 공백을 철학적으로 고찰할 필요성이 대두한 것이다. 철학자들이 주목하게 된 것은 헤겔 이전, '물자체'를 통해 이성의 한계를 비판적으로 고찰한 칸트의 비판철학이었다. 대략 1830~40년대 이래 칸트 철학에 대한 새로운 고찰의 움직임이 시작되었다.[60] 막스 뮐러가 『순수이성비판』(1881)을 영역, 출판한 동기 또한, 개인의 학문적 관심의 영역을 넘어 이러한 시대적 분위기를 통해 좀 더 깊이 이해할 수 있다.[61]

유물론과 실증주의의 대안으로서, 의식이 물질의 기능에 불과한 것이 아니며 반대로 물질이야말로 의식의 '현상'이라는 신칸트주의(Neukantianismus)적 입장이 1860년대에서 1880년대에 확산되었다. 이는 물질로 환원될 수 없는 정신의 고유한 영역을 확보하기 위한 비판적 인식론의 흐름이었으며 19세기 후반부터 20세기에 이르기까지 철학적으로 영향력이 상당했다.[62] 철학자 립만(Otto Liebmann, 1840~1912)은 '칸트로 돌아

---

60 칸트 사상에 대한 재고찰의 필요성이 대두된 데에는 헤겔 식의 사변적 관념론 체계 속에서 헤겔 이전의 사상가인 칸트의 '이성에 대한 비판' 논의가 충분히 조명되지 않았다는 반성이 있었다.

61 서문에서 막스 뮐러는 칸트 철학에 대한 입장을 숨김없이 드러내고 있다. 그는 칸트의 비판철학이 자신에게 "평생 동안의 신실한 동반자"라며, 칸트를 맹목적으로 숭배할 필요는 없지만 철학적 문제를 해결하기 위해 "우리 세기"에 칸트 철학의 입장을 취해야 한다고 주장했다. 칸트의 언어가 근대철학의 공용어(lingua franca)이기 때문이다. 막스 뮐러는 라이프치히대 재학시절, 초기 신칸트주의의 대표적 철학자들로부터 수학했으며, 립만과는 교우관계였다. 그는 랑에의 『유물론사』 또한 언급하고 있다. Immanuel Kant, *The Critique of pure reason as illustrated by a sketch of the development of occidental philosophy*, F. Max Müller(trans.), London: Macmillan & Co., 1881, pp.xiii-xiv.

62 칸트 재해석의 흐름을 비롯하여 신칸트주의적 흐름 또한 다양하고 범위가 넓었으나, 사

가자'(zurück zu Kant)라는 모토를 제시했으며,[63] 랑에(Friedrich Albert Lange, 1828~1875)의 『유물론사』(Geschichte des Materialismus, 1866)는 유물론을 학문적 방법으로 수용하되 정신과 종교에 대해 환원주의적으로 접근하지 않는 학문적/과학적 철학의 가능성을 제시하고자 한 시도로서 당대에 가장 많이 읽힌 신칸트주의적 저술이었다.[64]

신칸트주의는 자연과학적이며 대중적인 유물론적 세계관이 얼마나 현실을 협소하게 이해하는지 각성할 것을 촉구하는 데 기여했으나, 유물론처럼 대중적으로 광범위한 영향력을 발휘하기보다는 주로 학문적 영역에서 논의되었다.[65] 전투적 유물론자들과 그들의 지나치게 낙관적인 자연과학적 인식론에 비판적 거리를 두는 과학자들은 신칸트주의적 성찰로부터 비롯된 불가지론적(Agnostizismus) 입장을 취했다.[66] 이는 자연을 인식하는 데

상사적으로 신칸트주의는 빈델반트와 리케르트로 대표되는 두 갈래의 흐름으로 서술되는 것이 일반적이다.

63 *Kant und die Epigones* (1865).

64 축약하여 『유물론사』로 일컬음. 원 제목은, 『유물론의 역사와 그 현재적 의미에 대한 비판』이며 1870년에 총 2권으로 개정판이 나왔다. Albert Lange, *Geschichte des Materialismus und Kritik seiner Bedeutung in der Gegenwart*, Iserlohn: Verlag von J. Baedeker, 1866. 이 책은 영어권에서 또한 토마스 헉슬리와 틴들 등을 비롯한 지식인들에게 크게 환영받았다. *The history of materialism and criticism of its present importance vol. 1-3*, Ernest Chester Thomas (trans.), Boston: James R. Osgood and Company, 1877.

65 신칸트주의처럼 생철학(Lebensphilosophie)과 현상학도 대학철학으로 머물렀다. Wuchterl, p.19.

66 전기 생리학으로 유명한 드 부아 레이몽(Emil Du bois-Reymond, 1818-1896)의 경우, 유물론적 입장을 취하되 의지와 자유에 대한 문제는 근본적으로 해결 불가능하다는 불가지론적 입장을 천명했다. 그의 주장이 널리 알려지게 된 계기는 1872년 8월, 라이프치히에서 제45차 독일의 자연연구자 및 의사 회의가 개최되었을 때 그가 두 가지의 '자연 인식의 한계'를 제시한 연설 때문이었다. 첫 번째 한계는 물질의 본질에 대한 것이며, 둘째는 뇌의 상태와 그로부터 비롯되는 주관적 경험 사이의 연관관계에 대한 것이었다.

에 한계가 있다는 성찰이었을 뿐 그리스도교와 그 신학에 대한 유화적 태도와는 무관했다. 과학자들의 불가지론적 태도는 종교에 대한 전투적 자세보다도 종교에 더욱 거리를 두는 입장이었다. 결과적으로 신칸트주의는 칸트의 비판적 인식론을 새롭게 이해함으로써 유물론적 과학주의의 절대적 타당성에 의문을 제기할 수 있는 학문적/과학적 토대를 일구는 데 기여했다. 다수의 학자가 신칸트주의적 학문론(Wissenschaftslehre)을 수용하여 윤리와 종교에 대해 자연과학적 한계를 인식하는 불가지론적 입장을 지지했기 때문이다.[67]

칸트 철학의 재해석과 신칸트주의의 지류 및 전개의 복잡한 내용 중 상기할 만한 내용은 자연과학과 정신과학의 영역 구분에 관한 것이다. 남서독 학파를 이끈 빈델반트(Wilhelm Windelband, 1848~1915)는 자연과학을 "법칙정립적"(nomothetisch) 과학으로, 정신과학을 "개성기술적(개별사례 기술적)"(idiographisch) 과학으로 구분함으로써 학문적으로 새로운 근간을 놓는 데에 기여한다.[68]

이 두 가지 문제는 원칙적으로 해결 불가능한 것임을 단언하며, 라틴어 단어 '이그노라비무스(ignorabimus, 우리는 알 수 없을 것이다)'로 연설을 끝마쳤다. 이 연설은 과학이나 철학의 영역을 넘어 종교적이거나 정치적인 입장 표명에서는 물론 문학의 영역에서도 큰 반향을 일으켰다. 드 부아 레이몽은, 물리학자이자 생리학자인 헬름홀츠(Hermann von Helmholz, 1821-1894)와 더불어 1870-80년대에 이러한 입장을 대표하는 과학자였다. Kurt Bayertz, Myriam Gerhard, Walter Jaeschke, "Einleitung der Herausgeber," Kurt Bayertz, Myriam Gerhard, Walter Jaeschke(eds.), *Der Ignorabimus Streit*, Hamburg: Felix Meiner Verlag, 2012, p. VII.

67 Nipperdey, pp. 128-129.

68 Hans Kraus-Kristof, *Kultur, Bildung und Wissenschaft im 19. Jahrhundert*, München: R. Oldenbourg Verlag, 2008, p. 30. 당대에 칸트사상에 대한 다양한 사유가 신칸트주의라는 표제어로 묶인 것이므로, 각 종교학자들이 어떠한 방식으로 비판철학을 전개하는 지에

개신교 자유주의 신학 측은 신칸트주의적 인식론을 적극적으로 수용했다. 자유주의 신학자들은 신학과 자연과학의 명확한 영역 설정을 주장했는데 이는 불가지론적 과학자들의 입장과 호응했다. 신의 존재에 대한 개인의 신앙 고백 등, 종교적 믿음은 더 이상 학문의 근간이 될 수 없었다. 1900년경에는 과학과 종교와의 갈등 문제를 종결된 것으로 간주하는 분위기가 지배적이게 되었다. 신앙과 관련하여 사람들은 과학 그 자체보다는 텍스트 비평과 그리스도교 경전의 권위 문제에 관심이 많았다. 종교는 물리적 세계에 대한 진리 주장을 포기했으며 과학과 분리된 독자적 영토로 나아가게 되었다.[69]

신칸트주의는 제1차 세계대전 전까지 독일 학계에서 지배적인 사상이었다. 그러나 자연과학과 정신과학의 영역 구분과 관련하여 그 영향력은 현재까지 지속되고 있다. 그 단적인 예로서 과학과 종교의 대화를 들 수 있다. 이 대화에 임하는 과학자들은 불가지론적 입장을 취하며 종교 영역을 침범하지 않기 때문이다.

③ 종교사의 발견과 확산

유럽에서 종교사를 이해하는 방식의 배후에는 타문화권과의 조우가 있었다. 그러나 이는 주로 식민 지배의 확장과 선교를 통한 것이었다. 독일의 경우, 최대 식민지 보유국이었던 영국과 그 뒤를 이은 프랑스처럼 현지 수집 자료와 직접적 경험을 통해 식민지 경영을 위한 실용적이며 현장적 지

대해서는 따로 살펴야 할 것이다. 예를 들어 루돌프 오토는 빈델반트의 분류방식에 동의하지 않았다.

69 Chadwick, p.35.

식을 축적할 수 없었다.[70] 주로 언어와 경전 문헌 연구를 통해 타문화를 이해하고자 한 독일식의 타자 인식은 여타 유럽 국가들의 오리엔탈리즘적 사고방식에 비해, 각 민족의 고유한 언어와 문화의 고유성을 존중하고 그에 대한 연구를 추동한 것으로 이해되기도 한다. 대표적 인물로 헤르더를 들 수 있다. 그러나 독일 출신 지식인들이 긍정적 태도로 타종교를 역사적으로 고려하고 그 특성을 이해하려 했다 하더라도, 근본적으로는 그것은 자기 방식대로 타자를 규정하고 자기중심적 지식을 생산하는 독일식 오리엔탈리즘이었다.

독일 역사주의의 선구자로 일컬어지는 헤르더는 역사 발전 속에서 언어를 이해하며 각 민족, 문화의 성장과 시대에 따라 발현되는 특수성을 강조했다. 계몽주의적 신학자였던 그는, 문법의 논리적 완전성과 수많은 상징이 보여주는 것은 언어가 인간의 이성으로부터 비롯된 것이 아니라 신으로부터 기원한다는 것이라는 당대 신학자들의 형이상학적 이해 방식을 거부했다. 언어가 자연에서 비롯되었다는 합리주의적 이해 방식 또한 수용하지 않았다. 인간의 자유로운 사고와 행위를 강조하는 계몽사상을 계승하되 이성에 대한 신뢰와 역사적 종교에 대한 불신을 전제하는 칸트 사상을

---

70 사이드(Edward Said, 1935-2003)의 『오리엔탈리즘』에서는 독일의 낭만주의적 경향의 오리엔탈리즘은 다루어지지 않고 있다. 이에 대해서는 다음을 참조. Hans G. Kippenberg, "Religionswissenschaft," Friedrich Jaeger, Wolfgang Knöbl, Ute Schneider (eds.), Handbuch Moderneforschung, Stuttgart, Weimar: J. B. Metzler, 2015, p.234. 그러나 독일식 낭만주의적 오리엔탈리즘을 18세기 이래 독일의 모든 역사에 적용하기는 어려울 것이다. 19세기에 유럽의 식민주의, 제국주의 정책이 더욱 팽창하면서 식민지 지배와 정복을 정당화하는 담론은 더욱 확산되었기 때문이다. 그럼에도 불구하고 지식인들 중에는 이러한 과거의 오리엔탈리즘적 향수를 지닌 이들이 적지 않았음은 사실이다.

비판적으로 고찰했던 것이다.[71] 헤르더는 기계화, 합리화된 유럽인들을 비판적으로 바라보면서 비유럽인과 그 문화를 이상화했다.

헤르더에 따르면 언어는 인간의 감정에서 기원하여 수천 년의 시간을 통해 문명화되고 인간화된 것이다. "언어가 오래되고 근원적일수록" 명료하고 규범적으로 파악되기 어려운 불분명한 감정, 자연적 느낌을 담고 있다. 고대적이고 빈곤한 언어야말로 사실상은 가장 풍요롭고 근본적인 언어다.[72] 그는 언어를 통해 인간의 전통과 문화, 종교를 이해해야 한다고 보았다. 전통을 계승하며 인간의 역사가 이루어지고 그 언어와 문화의 전통이 집약된 것이 바로 종교이다. 인간이란 계몽된 인간만이 아닌 고대인으로부터 당대 인류까지, 식민주의와 선교를 통해 접하게 된 민족까지 포함하는 보편적 인류를 뜻했다. 그는 각 민족의 고유한 역사와 발전을 존중했기에 낯선 문화가 폄훼의 대상이 될 수 없었다. 이로서 문화상대주의적 시각에서 종교사를 바라볼 수 있는 토대가 마련되었다.

18세기 계몽주의와 낭만주의적 사유를 흡수한 막스 뮐러는, 19세기 후반부 새로운 시대적 맥락에서 종교사적 인식을 발전시키며 새로운 분과인 '비교종교학'의 토대를 구축했다.[73] 『동방의 성전』(Sacred Books of the East,

---

71 칸트에게 역사종교의 가치는 시민의 도덕적 삶을 위한 시민종교의 목표를 달성시키는 수단이라는 점에 있었다.

72 요한 고트프리트 헤르더, 『언어의 기원에 관하여』, 22-23쪽, 65쪽, 제1부 2장 참조. 헤르더는 인간의 자유로운 사고와 행동을 인정하되, 사유와 성찰이 언어로 이루어지기에 인간은 "언어의 피조물"이라고 보았다. 언어의 기원을 인간이지만 그 정신의 근원은 신으로부터 부여받은 것이다. 119쪽.

73 독일 관념론, 낭만주의, 비판철학과 막스 뮐러의 종교학적 사유의 연관성에 대한 상세한 논의는 다음을 참조. Vsevolod V. Zolotukhin, "Friedrich Max Müller und die idealistische Wurzel der Religionswissenschaft," *Zeitschrift für Religionswissenschaft*, 26(2), 2018,

1879~1910)은 '인류의 성전(聖典)' 번역을 위한 대형 프로젝트로서, 당대 저명한 동양학자들이 대거 참어하여 힌두교, 불교, 조로아스터교, 이슬람, 중국의 경전을 영역하여 탄생했다.[74] 이는 그리스도교 문화권에서의 종교사적 발견을 학문적으로 적용하기 위한 시도였다. 애초의 기획에서 막스 뮐러는 그리스도교의 경전인 신구약을 포함시키려 했으나 그리스도교 경전을 타종교의 경전과 나란히 둘 수 없다는 의견에 밀려 무산되고 말았다.[75] 정통신학과의 긴장관계를 잘 보여주는 사건이었다. 동시에 막스 뮐러가 그리스도교의 우월성을 포기하지 않았으며 영국을 방문했던 인도의 힌두교 개혁가들에게 그리스도교로 개종을 권유한 일은 잘 알려진 사실이다. 자신이 길들여진 문화적 맥락을 인지하지 못했다 하더라도 당대 막스 뮐러의 종교적 개방성과 종교학적 기획의 의의는 분명하다.

1870년대의 이 기획에서는 종교사적 인식에 대한 극명한 변화가 드러났다. 이전보다 종교사가 더욱 확장되었으며, 그리스도교가 타종교와 더불

---

pp.264-282, 막스 뮐러는 이 프로젝트에 집중하기 위하여 옥스퍼드대 비교 문헌학 교수직을 내려놓았다. Klimkeit, "Friedrich Max Müller(1823-1900)," Axel Michaels(ed.), *Klassiker der Religionswissenschaft*, p.31, Arie L. Molendijk, *Friedrich Max Müller and the Sacred Books of the East*, Oxford: Oxford Uni. Press, 2016. p.1.

74 이는 옥스퍼드 대학 출판부와 영제국 인도공사(India Office of the British empire)로부터 자금지원을 얻어 진행된 프로젝트였다. 시리즈의 출판이 그리스도교 신앙에 대한 불신과 저해를 초래하리라는 공격도 있었으나 영국 국교회 엘리트는 이러한 의견에 동조하지 않았다. 빅토리아 시기 중반, 세간의 경향은 종교 그 자체에 대한 관심과 그리스도교 선교와 종교적 변증론에 대한 관심이 혼재된 양상이었다. 『동방의 성전』 기획이 그리스도교 선교에 오히려 도움이 되리라는 생각 또한 존재했다. 동방에 대한 연구가 필수불가결하다고 촉구하는 연설에서 그는 프랑스보다 더 많은 수의 식민지를 경영했던 대영제국의 시대적 분위기에 적합한 군사적, 정복적 발언 또한 서슴치 않았다. Chadwick, pp.37-38.

75 Molendijk, pp.87-88; Hans-Joachim Klimkeit, "Friedrich Max Müller(1823-1900)," Axel Michaels (ed.), *Klassiker der Religionswissenschaft*, p.30.

어 인류 종교사의 일부분을 차지할 뿐이라는 인식 말이다. 프로젝트가 현실화될 수 있었던 데에는 또한 이러한 종교사적 인식과 타종교에 대한 관심이 학문적 영역에서뿐만 아니라 당시 부르주아 시민사회에 널리 확산되고 있었기 때문이었다. 막스 뮐러가 영미권의 유명한 강연(Lectures) 시리즈에 초청받아 '종교학'을 소개하고 그 필요성을 주장했을 때, 교양 있는 시민계급의 관심과 참여로 강연이 성황리에 이루어졌다는 사실 또한 이를 반증한다.[76]

종교사 백과사전인 『과거와 현재의 종교』(Religion in Geschichte und Gegenwart: 이하 RGG) 기획의 역사도 종교사적 세계관 확산에 대한 당시의 사회문화적 담론을 잘 보여준다.[77] 종교사학파로 일컬어지는 괴팅엔 대학 신학자들은 독일 북부에서 그들의 종교사적 학술 성과를 교회와 지역사회에 알리기 시작하고, 종교적 인식의 확장을 위해 대중에게 이를 널리 알리고자 노력했다. 목사와 종교교사를 위한 잡지 창간은 물론, 1903년부터는 교양 있는 평신도 계층을 위한 출판사를 설립했다.[78] 출판사와 편집자는 시민계급의 교양 향상을 목표로 당시 널리 유통되던 『브록하우스』

---

76 막스 뮐러는 저명한 기포드 강연(Gifford Lectures), 히버트 강연(Hibbert Lectures) 등 다수의 강연에 초청되었으며 강연은 늘 성황리에 이루어졌다. 입장료를 내고 그의 강연을 들으려는 청중이 매우 많아 동일한 내용의 강연을 수차례 행하기도 했다. 강연 내용의 해적판이 널리 유통되고 타언어로 번역되어 확산되기까지 하자 막스 뮐러는 서둘러 강연을 정리하여 출판하기도 했다. Arie L. Molendijk, *The Emergence of the Science of Religion in the Netherlands*, Leiden, Boston: Brill, 2005, p.11.

77 *Religion in Geschichte und Gegenwart: Handwörterbuch für Theologie und Religionswissenschaft*(과거와 현재의 종교: 신학과 종교학 사전)는 현재까지 제4판이 출간되었으며 영역본은 *Religion Past and Present: Encsyclopedia of Theology and Religion*이다.

78 괴팅겐의 Vandenhoeck & Ruprecht, 튀빙겐의 J.C.B. Mohr (Paul Siebeck) 출판사.

(*Brockhaus*)와 같은 "모든 이를 위한 학술적 참고서"를 만들려 했다. 여러 학자의 장기간 고된 작업을 거쳐 *RGG*[1](1909~1913, 5권)가 출간되었다. 사전의 표제어로는 공공 담론의 장에서 신앙인의 용어나 신학적인 개념, 지나치게 전문적 학술 용어가 아닌 당대의 생생한 종교 관련 용어가 선정되었다. 이러한 작업을 통해 마침내 공공의 영역에서 종교와 관련된 의사소통의 권위 있는 근거 자료가 마련되었다.[79]

종교사학파의 연구와 그 활동에서 발견할 수 있는 흥미로운 점은, 자유주의 신학자들이 그리스도교 문화와 전통을 종교사 속에서 재발견했다는 사실이다.[80] 이러한 발견은 19세기 말에서 20세기, 그리스도교 외 불교, 힌두교, 이슬람 등 타종교의 지식인들 사이에서도 이루어졌다. 각 문화권의 전통이 'religion/종교'로서 재발견되는 과정이 진행되었기 때문이다. 서구 그리스도교의 이러한 변화 과정은 그동안 제대로 주목받지 못했던 것이

---

79 Kippenberg, "Religionswissenschaft," p.235. 괴팅겐에서 소규모의 사강사 그룹으로 시작되어 종교사학파로 불리게 된 학자들은 엄격한 역사학적 접근 방식을 통해, 초기 자유주의 신학적 성서 해석 방식을 갱신했다. 이들은 그리스도교를 따로 취급하던 방식을 탈피하여 보편적인 정신사, 문화사적 맥락에서 바라보며 타종교의 종교적 요소를 흡수하며 역사적으로 발전해 왔다고 보았다. 종교사학파는 그리스도교가 타종교에 비해 유일한 초자연적 종교임을 부인하여 많은 비판과 불이익을 경험했음에도 불구하고 자신들은 여전히 그리스도교에 속한다고 보았다. 이들은 종교란 신에게서 온 것이기에 신의 존재에 의문을 제기할 필요가 없다고 보았다. 그리스도교가 최고 형태의 종교인지에 대해서는 종교사가들 사이에서도 논쟁이 있었다. Gerd Lüdemann, Alf Özen, "Religionsgeschichtliche Schule," Gerhard Müller, Horst Balz, Gerhard Krause (eds.), *Theologische Realenzyklopädie XXVIII*, Berlin: Walter de Gruyter, 1997, pp.618-624.
80 대표적인 예로서 세계종교의회를 생각해 볼 수 있다. 식민주의와 선교를 통해서뿐만 아니라 1893년 시카고 세계 박람회 때 최초로 개최된 '세계종교의회'(Parliament of the World's Religions)에서 각 종교의 대표자로 초대된 이들은 자신이 속한 전통을 종교사 속에서 자리매김하는 연설을 했다.

다. 그리스도교에 관한 교조적 해석에 근거하여 바라본다면 불변의 진리를 담지한 그리스도교는 세계 어디에서나 동일하다. 이러한 고백적 이해 방식 외에도, 서구의 충격과 비서구의 반응이라는 과거의 이분법적 역학 구도로 역사를 이해한다면, 과학뿐 아니라 그리스도교도 서양의 고유한 정신문화로 이해될 것이다.[81]

그러므로 샤프의 종교사학파에 대한 평가 또한 당대에 대한 이해 속에서 분화해서 바라보아야 한다. 오토, 죄더블룸 등의 학자들이 종교사학파의 성과를 토대로 독자적인 종교학적 사유를 개척해 나아가기 때문이다. 샤프의 견해가 정당한지 부당한지의 문제를 따지는 것은 아니다. 그가 이해하는 종교학의 관점은 그 나름의 의의가 있다. 그럼에도 불구하고 독일과 북유럽에서 역사적, 문화적으로 초기 종교학과 신학이 얽혀 있는 특징은 그 자체로 평가될 필요가 있다.[82]

인류를 시간의 흐름 속에서 파악하는 역사주의적 태도는 인류 문명이 축적, 발전하여 표출되는 각 종교를 그 역사 속에서 이해하려 하는 종교사적

---

81 그리스도교와 갈등을 빚은 타종교들도 정태적으로 이해되었다.
82 독일적 정황 속에서 산출된 자료들은 한국의 종교학적 상황에서는 그 명칭부터 혼란과 오해를 초래하기도 한다. *RGG*의 경우 일본에서는 『종교역사사전』으로 불린다. 한국 개신교 신학 측에서는 간단히 『신학사전』으로 언급해 버리는 경우가 많다. *RGG*의 필진은 종교학과 신학 외 역사학, 사회학 등 다양한 분과의 학자들을 망라한다. 학제 간 협업이 활발한 상황과도 관련이 있을 것이다. *RGG*가 중형 사전류라면 *TRE*(Theologische Realenzyklopädie, 신학백과사전)는 36권에 달하는 대형사전 시리즈이다. 신학이라는 수식어가 붙었으나 다수의 종교학자들이 필진으로 참여하고 있으며 내용상 서구 종교문화를 총망라한다. *RGG*가 *TRE*의 축약본격으로 이해되는 경우도 이 때문이다. 이러한 초기 종교학적 유산을 배경으로 종교학 분과를 개척하며 나아가는 독일 종교학자들의 활동, 그리고 신학과의 관계에 대한 성찰과 거리두기, 협업 등에 대해서는 우리의 입장에서 관찰하고 평가할 필요도 있을 것이다.

접근 방식의 발전을 추동했다. 일직선상으로 흘러가는 시간 속에서 각 민족의 고유한 종교문화의 발전과 특성을 이해하려는 사유의 방식은 학자들에게만 한정되지 않고 시대의 역사인식으로 자리 잡아가게 되었다. 종교사는 종교들에 관한 역사였으며 그리스도교가 인류 역사 속에서 예외적인 위치를 차지한다는 신학적 정당화는 더 이상 유지되기 어려웠다. 그리스도교적 진리와 경전의 권위를 약화시키는 강력한 움직임은 계몽주의의 세례를 받은 신학 내부에서도 시작되었다. 그리스도교 경전 속의 모든 기적을 과학적 인과법칙으로 설명했던 슈트라우스처럼, 이번에도 성서신학자들이 보편사의 틀 속에서 경전 해석을 시도했다.

이들이 타종교에 대한 그리스도교의 우월성을 포기하지 않았다 하더라도, 인류 종교사의 한 부분으로 그리스도교를 역사화한 연구 성과는 종교학적 기여로서 간주할 수 있을 것이다. 신학으로부터의 독립과 해방을 종교학의 탄생으로 간주할 경우 이러한 인식이 용인되기는 어려울 것이다. 그럼에도 불구하고 일단 그 유산이 현시대에도 이어지고 있으며 활용되고 있다는 점을 감안할 때 그러하다. 자유주의 신학으로 일컬어지는 흐름에서 종교학적 사유가 중첩되는 이유도 이 때문이다. 역사화 된 그리스도교 이해 방식은 그리스도교를 인류 역사의 종교 중 '한 종교'로 자리매김하는 것이었으며 동시에 타종교를 '종교'로 인정하는 것이었다.[83]

---

83 한국 신학계에서는 자유주의 신학이라 하면 보수주의 신학의 반의어로서 미국 신학사 담론을 그대로 적용하는 경향이 있다. 사실 '자유주의'는 이 용어가 적용되는 측보다는 사용하는 측의 입장으로부터 더 잘 이해될 수 있다. 그 단적인 예로서 개신교 근본주의의 대표자인 형룡의 간략한 정의를 옮겨본다. "신학적으로 이것은 근대 서양문명에서의 사상의 자유, 관용, 인본주의 동기들의 가치들을 기독교 신학에 편입하기를 추구한 자들의 정신과 태도를 지시한다. …정통주의에 대항하여 이성의 주장들을 단언하였으며 교회 안에 신

④ 진화론과 종교학

샤프는 제1차 세계대전의 트라우마로 인해 종교 단선진화론(unilinear evolution of religion)이 종교의 본질에 관한 온전한 이해에 도달하는 데 방해물로 여겨지기 시작했다고 지적했다. 다수의 이질적 가치판단이 개입되기에 신자들의 표현 기회가 박탈당한다는 이유에서였다.[84] 인간의 삶과 사회에서 종교의 역할에 관한 객관적 평가를 위해 단선진화론과 결별하며 종교현상학적 방법론이 발전한다는 것이 샤프의 설명이다. 이에 대해 키펜베르크는 진화론적 종교사 이해 방식으로부터 종교현상학이 단절한 적이 없다는 반론을 제기했다. 종교학의 세 학파(종교현상학, 종교사회학, 종교인류학) 모두, 종교가 정령신앙보다 선행하는 '힘'에 대한 경험으로부터 기원한다고 가정했다는 것이다. 이러한 '힘', '권능', '세력'에 관한 진화론을 펼친 인물은 매릿으로서 그가 초기 종교학 발전에 끼친 영향력은 결정적이었다.[85]

매럿(Robert Ranulph Marett, 1866~1943)은 19세기 말에서 20세기 초까지 타일러(Edward B. Tylor, 1832~1917), 랭(Andrew Lang, 1844~1912), 프레이저(James Frazer, 1854~1961)와 같은 영향력 있는 영국의 인류학자였다.[86] 타일

넘의 다양을 위한 자유를 추구했다." 박형룡, 「한국 교회에 있어서의 자유주의」, 『신학지남』 31(1), 1964, 4쪽. 한국의 자유주의 신학 이해를 위해 그 연원을 추적하는 신학서적들의 경우, 슐라이어마허는 늘 등장하며 심지어는 칸트까지 거슬러 올라가는 경우도 있다.

84 E. Sharpe, *Comparative Religion: A Story*, p.220.

85 Hans G. Kippenberg, "Rivalität in der Religionswissenschaft: Religionsphänomenologen und Religionssoziologen als kulturkritische Konkurrenten," *Zeitschrift für Religionswissenschaft* 1, 1994, pp.69-89.

86 매럿은 옥스퍼드대 인류학과 타일러의 후임이었다.

러와 프레이저의 이론에 의문을 제기하며 주장한 전애니미즘(preanimism), 마나(mana) 개념 등은 종교학을 비롯하여 구미 사회학, 민족심리학, 민속학 분과에 널리 수용되었으나 1920~30년대 이후에는 주변적으로만 다루어지게 되었다.[87]

매럿의 인류학 이론은 진화론에 근거하지만, 진화의 생물학적 원칙을 진보에 대한 철학적 원칙과 분리시키는 사유방식을 택했다. 당시 야만으로 분류된 사회를 선사시대의 원형으로 처리해 버리는 주지주의적 방식에도 동의하지 않았다. 그는 종교의 초기 단계에서 주요한 것은 지적인 것이 아니라 감정적인 것이라는 종교 감정기원설을 주장했다. 초자연적 대상에 대한 경외(awe)의 감정을 통해 인간은 대상과 실존적 관계를 맺게 된다. 감정으로부터 정신이 출현하여 반성(reflection)으로 나아가는 진화를 강조하는 매럿의 진화 심리학적 인류학은 사회심리학으로 이행하는 데 전환점을 마련하였다고 평가받는다. 힘/권능에 대한 이해 방식은 질서와 통합론으로 종교를 해석하는 기존 방식에 대한 대안으로서 우리 시대에도 여전히 고찰할 만한 가치가 있다.[88]

---

87 타일러의 애니미즘에 따르면 원시 민족의 근본적인 종교경험이란 영육 이원론이다. 매럿은 정령숭배보다 더 이른 종교 형태로서 영육의 구분이 아닌 힘/권능(power)의 경험에서 종교가 시작된다는 의미에서 전애니미즘, 역본설(dynamism)을 주장했다. Detlef Pollack, "Evolution: II. Religionswissenschaftlich," *Religionen in Geschichte und Gegenwart 4. Auflage, Bd.* 7, Tübingen: Mohr Siebeck, 2007, pp.1752-1753. 그의 이론이 주변부화 된 이유로서는, 자신의 이론을 단언하기보다는 잠정적, 가설적인 방식으로 제시하는 스타일이 당대의 제국주의적 설명 방식에 부합하지 않았다는 점, 현지 탐사 연구를 진행한 기능주의 인류학 이전의 진화론적 인류학 마지막 시기에 속하는 인물이었다는 점이 거론된다. Martin Riesebrot, "Robert Ranulph Marett, 1866-1943," pp.171-173.

88 Ibid..

특히 초기 종교학의 발전에서 매럿이 중요한 이유는 종교사적으로 주요하게 진행되던 종교학에 합리주의적, 주지주의적 설명 방식이 아닌 인간 실존의 경험적 차원을 제공했다는 점이다. 마나, 애니머티즘(animatism), 역본설 등은 자연에서의 초자연적 경험, 일상에서의 비일상적인 것의 경험을 강조한다. 이는 세계와 인간의 실존적 관계가 곧 꿈, 트랜스 경험, 질병, 죽음과 같은 현상을 해석할 수 있는 장이라는 가능성을 일깨워준 계기이기도 했다. 종교사적 접근에서 늘 새로운 체계를 세워 폭증하는 연구 대상을 분류하는 작업에 몰두해야 했던 종교학자들에게 매럿의 이론은 돌파구를 마련해주었다.[89]

서구 초기 종교학의 출현 맥락에서 주지할 만한 것은 종교학이 처해 있던 양가적 상황이다. 초기 종교학자들은 학문적/과학적 종교연구 방법을 추구했으나, 유물론과 과학주의적 관점에서는 일상의 종교적 경험이 인정될 수 있는 공간이 허락되지 않는 문제에 봉착했다. 이들은 기성 교회의 경직된 신학과 도그마를 거부했으나 인간의 삶 속에서 종교성, 종교경험을 포기할 수 없었다. 초기 종교학자들의 학문적 활동뿐만 아니라 사회적, 정치적, 문화적 활동 또한 살펴보아야 하는 이유가 여기에 있다. 서양의 종교학 이론을 순수한 이론으로 바로 수용하고 우리 실정에 적용하기 어려운 것도 이러한 까닭이다. 그럼에도 불구하고 서양의 이론을 주요하게 참조

---

89 Hans G. Kippenberg, "Nachwort," Max Weber, *Religiöse Gemeinschaften, MWS I/22-2*, Hans G. Kippenberg(ed.), Tübingen: J.C.B Mohr(Paul Siebeck), 2005, p.176. 죄더블룸, 오토, 반 델 레우, 베버, 뒤르껭을 비롯하여 마르셀 모스, 말리놉스키, 에반스-프리차트 등이 매럿의 이론을 주요하게 참조했다. Kippenberg, *Die Entdeckung der Religionsgeschichte*, pp.179-182; Riesebrot, pp.171-172.

할 수밖에 없는 상황은 우리의 삶뿐 아니라 글로벌한 상황으로 모든 방면에서 서구 근대 체계가 관철되었기 때문이다. 분명한 것은 서구 근대 지식인 중에서도 근대성 문제를 심각하게 인식하는 이들이 있었다는 것이며 특히 종교와 씨름하는 이들에게는 더욱 그러했다는 점이다.[90]

(2) '내면으로서의 종교' 이해의 확산

슐라이어마허는 종교를 개별자의 '감정'으로 개념화했다.[91] 파일은 18세기에서 19세기 초반까지 성립된 슐라이어마허 식의 근대 프로테스탄트 내면적 종교 개념이 현대에까지 이어진다고 보았다.[92] 앞서 우리는 자연과학과 유물론적 사유, 종교사의 '발견'이라는 새로운 시대적 도전에 대한 반응 속에서 자유주의 신학이 형성되고 있음을 확인할 수 있었다. 시대에 적응하려는 자유주의 신학자들의 움직임 속에서 서구 그리스도교에 대한 이해 방식의 변화가 촉진되는데, 이는 서구 종교 개념의 새로운 의미화 작업에 기여하는 결과를 낳았다. 현대적 의미로서의 '내면'이 성립되는 것은 19세기 후반이며 이때에서야 내면으로서의 '종교'가 관철된다고 할 수 있다. 19세기 전반부까지 학문론의 차원에서 과학과 종교는 완전히 분리되지 않았었기 때문이다. 그러므로 슐라이어마허의 종교 개념이 19세기 말이라는 새로운 맥락 속에서 재발견, 수용되었음을 주목하면서 '내면으로서의 종

---

90 잘 알려진 오토의 정치 참여, 죄더블롬의 에큐메니컬 운동에의 기여, 베버의 서구의 정치, 경제, 종교에 대한 비판적 작업 등은 서구 근대성 문제에 봉착하여 이에 대한 진단, 극복을 위한 실천으로 이해할 수 있다.
91 본 장의 II, 1.3절 참조.
92 파일은 가톨릭 신학적 입장에서 교회의 전통이 아닌 오직 '믿음'만을 강조한 프로테스탄트적 의미의 'religion' 이해를 비판적으로 바라보았다.

교' 개념에 대한 논의가 필요하다.

19세기 후반, 제도교회의 권위는 약화되었으나 과학적 사고와 종교사적 지식이 시민계층에 확산되면서 교회적 권위와는 별개로 내면으로서의 종교이해와 개인의 경건성의 길이 자유롭게 열리게 되었다. 신칸트주의는 유물론을 시대적 요청 속에서 필수불가결한 학문적 방법론으로 승인하되 그것의 절대성만은 부정했다. 이로써 비가시적, 정신적, 종교적 힘에 대한 논의가 이루어지는 별도의 영역이 열리게 되었다. 자유주의 신학은 이러한 명확한 경계 설정 방식을 수용하며 어떠한 물리적 외부와 전혀 상관없는 내면적 종교 개념을 기반으로 감정과 가치의 영역으로 물러났다. 앞서 언급했다시피 자연과학 측에서도 신학과 종교의 영역을 침범하지 않음으로써 이러한 종교이해의 방식을 수용한 셈이 되었다.

한 예로서 마르부르크 내학의 조직신학자 빌헬름 헤르만(Wilhelm Hermann, 1846~1922)을 들 수 있다.[93] 마르부르크(Marburg)의 신칸트주의를 수용한 그는 신학적 전통과 교리에 대한 비판적 성찰 속에서 종교를 개인의 "고유한 내면적 삶"의 영역으로 정의했다. 슐라이어마허의 종교론에 의거하여 헤르만은 종교를 인간의 정신적 삶에서 독립적 실체로 보았다. 종교는 그 자체로 고유한 것이기에 형이상학이나 도덕으로 환원 불가능하다. 그렇다면 종교는 세계와 어떠한 관계를 맺는가? 종교와 세계의 관계는 신앙과 도덕성 간의 관계이며 이는 자유주의 신학에서의 그리스도론과 연관된다. 신과 이웃에 대한 사랑을 실천한 예수는 종교적, 도덕적으로 온전

---

93 루돌프 오토는 1917년, 헤르만의 후임으로 마르부르크대학에서 활동했다. 헤르만의 사상에 영향을 받은 이들로는 신정통주의 신학자인 칼 바르트와 루돌프 불트만을 들 수 있다.

한 인격의 이상적 모범이자 그리스도교의 전형이다. 예수의 경험은 유일회적으로 닫혀 버린 것이 아니라 경건한 신자에게도 그 경험의 가능성이 열려 있다.[94] 여기에서 그리스도교 전통과 교리가 부정되는 것은 아니지만, 종교 개념의 무게중심은 전적으로 개인의 주관적 의식으로 이동하게 되었다. 내면의 종교에서 신앙인은 경건으로의 부단한 노력을 통해 인격의 완성을 추구하는데, 저세상이 아니라 바로 이 세상의 문화 속에서 이루어지는 것이다.

슐라이어마허는 계몽주의적 종교이해를 비판적으로 고찰하며 교양인들을 향해 제도교회에 실망하기보다는 그리스도교의 내적 본질을 재발견할 것을 호소했다. 19세기 후반의 맥락에서 그의 종교이해는 과학과 종교의 영역이 명확히 분리된 상황에 적합한 종교 정의로 간주될 수 있었다. 더 나아가 종교사 속에서 드러나는 역사적 종교를 평가하는 새로운 기준으로서 내면, 의식, 고양된 정신성에 초점을 맞추는 데에도 적합했다. 종교적 진리는 물리적이고 현상적인 외면으로부터 평가될 수 있는 것이 아니다. 그것은 오직 정신적인 내면으로부터만 보증될 수 있다. 종교학의 시발점을 막스 뮐러로 잡는다면, '내면으로서의 종교'는 '비교'라는 학문적 방법을 적용한 종교학의 출발 시점부터 이미 전제되어 있었다. 슐라이어마허의 종교이해를 소환하여 이에 의거하여 종교를 정의하기 때문이다.[95] 이러한 종교이해는 철학, 해석학의 영역에도 수용되었으며 단지 유럽에만 한정되지 않

---

94 Matthias Wolfes, *Protestantische Theologie und moderne Welt*, Berlin, New York: Walter de Gruyter, 1999, pp.62-63.
95 막스 뮐러의 슐라이어마허 사상의 직접적 수용에 대한 평가는 다음을 참조. Theodore M. Vial, *Modern Religion, Modern Race*, Oxford: Oxford Uni. Press, 2016, pp.118-123.

았다.

사적이고 내면적이며 초월적인 무엇인가에 대해 갖는 심리적 상태로서의 종교이해 방식이 서구의 경계를 넘어 글로벌한 층위로 확산되는 것에 대해서는 조심스러운 접근이 필요하다. 18세기부터 식민주의 팽창 정책으로 유럽 세력이 확장되면서 그리스도교, 개신교적 의미의 종교 개념이 권력적 지식으로 작동했다. 서구인들은 그리스도교 종교 개념을 잣대로 삼아 비유럽적 관습이나 의례, 관념 등을 자신들이 이해 가능한 일관된 체계로 구성했다. 그들은 식민지에 과연 종교가 존재하는지 아닌지조차 나름대로 규정했다. 그렇다면 이 국가들이 군사적으로뿐만 아니라 유럽의 지식권력 체계에 전적으로 종속되었던 것인가?

키펜베르크는 '종교'를 서구적 개념으로 전제한다. 그리고 종교학은 1850년에서 1920년 사이, 역사학과 동시적으로 성립된 것으로 본다. 그는 서구 입장에서 새롭게 '발견'된 타문화가 자신들의 역사에서 어떠한 의미가 있는지를 가늠하면서, 힌두교, 불교 등이 인도와 티벳 등의 지역에서 개념적으로 '종교'로 통용되었으나 정작 그 지역에는 서구에서처럼 문화와 분리된 일반적 '종교' 개념 자체가 전혀 존재하지 않았다고 주장한다.[96] 콜마-파울렌츠(Karénina Kollmar-Paulenz, 1958~)는 이에 대해 비판적 견해를 피력한다.[97]

---

96 Hans G. Kippenberg, Kocku von Stuckrad, *Einführung in die Religionswissenschaft*, pp.41-43.

97 Karénina Kollmar-Paulenz, "Außereuropäische Religionsbegriffe," Michael Stausberg(ed.), *Religionswissenschaft*, Berlin, Boston: Walter de Gruyter, 2012, pp.81-94. 스위스 베른대학의 종교학자이자 몽골, 티벳 불교 연구자인 콜마-파울렌즈는 17-19세기 불교, 샤머니즘, 세속 몽골어 개념들을 고찰하며 서구 문화에서 발생하여 발전한 '종교' 개념처럼 현실

탈식민주의 논쟁에서는 유럽적 '종교' 개념이 그 외 지역에 일방적으로 적용되어 타종교가 그리스도교적 종교이해의 틀에 맞추어져 새롭게 형성되었다고 보았다. 유럽적 종교 개념을 비유럽의 맥락에서 사용하는 것은 유럽중심주의적이자 유럽의 학문권력에 기여하는 것이며 인위적 구조 틀이 해체되어야만 유럽 외 지역의 문화적 지식 체계를 발굴할 수 있다는 주장이다.[98] 서구의 종교 개념 사용을 지양하거나 폐기하려는 관점은 이러한 반성에 의거한다. 그러나 이미 본 장의 서두에서 언급했듯이 키펜베르크의 관점은 이러한 논지의 연장선에 서 있다. 스미스가 종교를 학자들의 발명품으로 간주하는 것 또한 이와 마찬가지이다. 스미스적 의미로는 종교 정의가 전적으로 학자들의 임의에 맡겨지게 된다. 그렇다면 현재처럼 종교학의 참조점은 학문적 헤게모니를 장악하고 있는 구미로 귀결될 가능성이 높다.

콜마-파울렌츠는 서구적 '종교' 개념이 글로벌 수준에서 관철되었다는 주장에 도전하는 작업이 아직 체계적으로 수행되지 않고 있다고 주장한다. 종교가 무엇인지에 대해서는 늘 문화적 이해가 전제되는데, 연구자의 문화적 이해는 텍스트 선택과 분석, 비교의 진행 방향마저 결정한다. 유럽 외 문화의 종교 관련 용어에 대한 질문이 비록 이러한 순환구조를 벗어날 수

들을 하나로 묶어주는 질서개념들(Ordnungsbegriffe)이 역사적 맥락 속에서 어떻게 기능하고 변화하는지를 살핀다. 그의 작업이 특이할 것이 없는, 이미 다른 곳에서도 많이 이루어지는 연구 작업이라는 반론이 있을 수 있을 것이다. 그러나 그가 서구 '종교' 개념을 비롯하여 자신이 사용하는 언어, 용어의 한계와 문제점을 지속적으로 주의 깊게 살피고 몽골어 개념들을 역사화하며 정밀하게 논의를 전개해 가는 학문적 성찰의 측면은 높이 평가되어야 할 것이다.

98 *Ibid.*, pp.80-81.

없을지라도, 종교 관련 용어로 식별될 수 있는 유럽 이외 문화의 용어에 대한 연구의 시도가 포기되어서는 안 된다. 유럽 종교 개념에 근접하는 비유럽 용어를 종교 개념으로 식별하는 것도 문제이며 개념들을 통시적으로 비교하는 것, 즉 시간적으로 비대칭적인 비교 방식은 지양되어야 한다. 유럽의 개념사에서 복잡한 역사적 의미론들이 드러나는 것처럼, 유럽 외 지역의 개념들이 개념사적으로 규명되고 역사적으로 맥락화되어야 한다. 또한 그 문화에서 타종교를 지칭하는 용어 또한 주의 깊게 연구되어야 한다.[99]

우리의 입장에서는 콜마-파울렌츠의 주장이 당연하거나 식상하게 여겨질 수 있다. 그러나 유럽적 종교 개념이 부분적이고 그들의 맥락에서 탄생한 것으로서 구체적인 역사적 맥락 속에서 보편화되었음을 충분히 인식하면서, 과거로부터 현대에 이르기까지 우리의 '종교' 관련 개념망에 대해 세밀하게 진행된 연구의 축적이 부족하다는 점은 부인하기 어렵다. 이와 관련하여 다음에서는 콜마-파울렌츠를 중심으로 독일에서 아시아를 비롯한 비서구 분과 종교를 다루는 연구자들의 '글로벌 종교사'(globale Religionsgeschichte) 논의를 소개한다. 이를 통해서 우리에게 주는 시사점과 앞으로 우리의 종교학 발전을 위해 요구되는 것이 무엇인지에 대해 생각해 본다.

---

99 *Ibid.*.

맺음말

이 장에서는 서구의 'religion' 개념사를 살펴본 후 독일권을 중심으로 종교학이 태동하는 역사적 맥락을 고찰했다. 종교학의 필요성과 '내면으로서의 종교' 이해의 공감대가 형성되는 과정은 당대 서구의 정치적, 문화적, 사회적 맥락과 떼어 놓고 생각될 수 없었다. 독일 지식인 일부는 정신사적 특성뿐 아니라 산업혁명과 식민주의, 제국주의적 팽창의 후발주자로서 영국과 프랑스를 비롯한 서유럽과 합리주의적 이성에 편향된 과학문명을 비판적으로 바라보는 경향이 있었다. 제1차 세계대전의 패전국으로서 이러한 경향은 더욱 두드러졌다.[100] 이들의 서구 근대성에 대한 비판은 종교적인 것에 대한 성찰과 공명하는 것이기도 했다. 과학기술의 급속한 발전과 계산 가능한 합리화를 통해 재편된 세계관 속에서, 종교에 관심을 갖는 지식인들은 오히려 이성적으로는 포착될 수 없는 정신성과 종교성이 여전히 세상 속에 개입하고 있다고 보았으며, 종교에서 인간과 역사를 새롭게 하는 가능성을 발견하고자 했다. 이번 연구에서는 미처 다루지 못했으나 종교현상학과 종교사회학 발전에 기여한 종교학자들이 서 있던 맥락에 대해서도 점검했다면, 그래서 삶의 현장에서 실존적 고민과 활동이 이들의 종교학적 사유에 어떻게 결부되어 있었는지를 살폈다면 초기 종교학의 서구적, 즉 보편적이기보다는 당대의 상황에서 비롯된 특수한 맥락이 더 입체적으

---

100 세계 제1차 대전을 계기로 이 경향은 심화되며 슈펭글러(Oswald A. G. Spengler, 1880~ 1936)의 『서구의 몰락』(Der Untergang des Abendlandes: Umrisse einer Morphologie der Weltgeschichte)(1918, 1922)과 같은 비관적 전망을 담은 책을 이러한 분위기를 대표하는 예로 들 수 있다.

로 그려질 수 있었을 것이다. 초기 종교학 이론들은 이제 더 이상 쓸모없는 것으로, 낡은 것으로 취급된다. 그러나 종교에 대한 학문적 연구의 출발점으로서 간주되어 왔기에 살펴볼 만한 의의가 있었으며, 이 시기에 대해 여전히 독일에서는 과거의 시각과 다른 각도에서 읽어내고자 하는 연구가 진행되고 있다.

독일의 경우 본래 종교사적 연구가 활발했으나 1990년대 말 이래 종교사를 새롭게 전개해야 할 공감대가 더욱 확산된 것으로 보인다. 종교학자들에게 중요한 도전을 안겨준 스미스의 급진적 테제가 종교 개념에 대한 비판적이고 분화된 시각이 확산되는 데 이바지했기 때문일 것이다. 더불어 그에 관한 논의에 개입한 키펜베르크의 종교사의 '발견'이란 테제도 종교사 연구의 전환이 모색되어야 한다는 필요성을 추동했을 것이다. 이러한 흐름 속에서 비서구 학문 분과 특히 아시아 종교사 분과에서 연구를 진행하는 종교 연구자들은 '종교'가 서구의 고유하고 독특한 개념이라는 전제 속에서 기술되는 "유럽적 종교사"에 대해 의문을 제기한다. 앞서 언급한 콜마-파울렌츠의 논쟁적 발표문이 이를 대표한다.[101] 비서구의 학자로서 우리가 고민해 오는 문제, 즉 서구 학문에의 종속성 문제와 중첩되기에 앞의 짤막한 논의에 이어 상세히 살펴볼 가치가 있다.

---

101 Karénina Kollmar-Paulenz, "Lamas und Schamanen: Mongolische Wissensordnungen von frühen 17. bis zum 21. Jahrhundert. Ein Beitrag zur Debatte um au βereuropäische Religionsbegriffe," Peter Schalk (ed.), *Religion in Asien?: Studien zur Anwendbarkeit des Religionsbegriffs*, Uppsala: Acta Universitatis Upsaliensis, 2013, pp.151-200. 독일 종교학회의 분과 중 하나로서 1998년에 결성된 아시아 종교사 연구팀(Arbeitskreis Asiatische Religionsgeschichte: AKAR)은, 2010년 「*Religion*은 유럽의 발명인가? 아시아 종교사에서 의미론적, 기능적 등가(Äquivalenten)를 찾아서」라는 주제로 학술대회를 열었다. 콜마-파울렌츠는 여기에서 '글로벌 종교사'에 대한 프로그램을 제시하였다.

콜마-파울렌츠의 서문은 역사학자 차크라바르티(Dipesh Charkrabarty, 1948~)의 책에서 인용한 다음 구절에서 시작된다.

슬픈 일이긴 하지만, 유럽의 남아시아 식민지배의 한 결과는 한때 중단되지 않고 살아 있던 산스크리트어, 페르시아어, 아랍어의 지적 전통들이 이제는 그 지역 대부분의 - 어쩌면 모두라고 해야 할 - 근대적 사회과학자들에게 역사적인 조사의 사안에 불과한 것이 되었다는 점이다. 그들은 이 전통들을 정말 죽은 것으로, 즉 역사로 취급한다. 한때는 상세한 이론적 성찰과 연구의 대상이었던 범주들이 이제 실천적 개념으로, 즉 그 어떤 이론적 계통도 다 잃어버리고 남아시아에서의 일상적 실천들 속에 박힌 개념으로 존속하고 있음에도 불구하고, 남아시아의 현대 사회과학자들은 이 개념들을 원천으로 삼아 현재에 관한 비판적 사유를 할 수 있는 훈련을 거의 받지 못했다.[102]

그는 여기까지 인용하지만 다음의 문장도 우리의 학문적 고민과 직접적으로 연관된다. 서양의 최신 이론들이 탈맥락화되어 우리 현실에 유용한 분석틀로 활용되는 것에 대한 언급이다.

하지만 과거의 유럽 사상가들이나 이들이 구사한 범주들은 우리에게 동일한 방식으로 아주 죽은 것이 결코 아니다. 남아시아 사회과학자나 남아시아학을 하는 사회과학자는 맑스 또는 베버 같은 이들을 역사화하거나 또는 유럽의 지적 맥락에 놓아야 할 필요를 전혀 느끼지 못한 채로 이들을 열정적으로 논

---

102 차크라바르티, 『유럽을 지방화하기: 포스트식민 사상과 역사적 차이』, 48-49쪽.

의할 것이다. 때로는 - 드물다고 해야겠지만 - 심지어 이 유럽 이론가들의 고대 또는 중세 또는 근대 초기의 선구자들을 논하기도 할 것이다.[103]

차크라바르티는 유럽 학자들이 비서구 역사에 무지하면서도 자신들의 저술의 질적 문제에 대해 별 고민이 없을 뿐만 아니라 도전받지 않는 상황을 말한다. 반면, 대칭적으로 비서구 학자가 서구 역사에 무지를 드러내는 순간 그는 바로 "구식"으로 간주되고 진지하게 받아들여지지 않을 위험을 감수해야만 한다. 이것이 학계의 '비대칭적 무지'(asymmetric ignorance) 상황이다.[104] 콜마-파울렌츠는 유럽 학계의 '비대칭적 무지' 문제를 최근 종교학에서 비서구에 관해 단정하는 언급들을 통해 보여준다. 주요 논지에 대해서는 이미 설명했기에 우리가 참고할 만한 가치가 있는 논의만을 소개해본다.

키펜베르크/슈툭라드는 'religion'과 같은 일반적 개념이 인도에 없었고, 19세기 초 인도의 상황 속에서 수많은 종교전통과 공동체가 존재했기에 종교적으로 "통일된 정체성"에 대해서는 말할 수 없다고 단언한다. '힌두교'가 인도의 '종교'이고 '불교'가 티벳과 일본의 '종교'라는 것은 유럽적 구성물이 그곳에 정착된 것이기에 결국 유럽을 배경으로 해야만 설명 가능하다. 이에 대해 콜마-파울렌츠가 지적하는 문제점은 두 가지로 요약된다. 첫째, 그곳에서의 '힌두교', '불교' 용어가 쓰이게 된 이유를 유럽적 구성물에 대한 비서구의 반응으로 축소시키고 있는 점, 둘째, 유럽의 식민지 담론은 아시

---

103 *Ibid.*.
104 88-89쪽.

아의 담론에 직접적으로 연관되기보다는 지역을 다루는 실천적 취급 방식과 연관되었기에 이들의 주장은 방법론적으로도 오류라는 점이다. 식민자들이 그들을 취급하는 방식에 대해 식민지에서 어떠한 에믹(emic) 담론이 확산되었는지에 대해 전혀 질문하지 않으니 이것이 '비대칭적 무지'의 단적인 예가 된다. 그는 다음과 같이 제안한다. 우리가 'religion' 개념의 문제, 즉 학문적 언어가 문화적으로 제한되어 있다는 통찰을 얻었다면, 공통의 학문적 어휘를 포기하는 방식으로 나아가기보다 일단 그 학문적 언어를 통제적이며 반성적으로 사용하도록 노력하자는 것이다.[105]

'비대칭적 무지'를 극복하기 위해 유럽중심주의적 학문 용어에 대한 성찰의 구체적 발걸음으로서 그는 차크라바르티의 테제에서 출발한다. 이 테제에 따르면 현실을 사회적으로 구성된 범주인 질서 개념으로 접근하는 지식문화가 매우 다양하고 동시적으로 존재하며 그것들은 모두 동등하다. 이러한 기본적 전제 하에서 유럽의 'religion'처럼 의미론적으로나 기능적으로 작동하는 질서 개념들을 비서구 담론 속에서 추적하려 한다. 'religion'이 유럽문화와 결합된 개념이기에 결국 'religion'과 동일한 의미와 기능을 찾는 셈이 아니냐는 반론이 그에게 제기될 수 있을 것이다. 실제로 자신들이 이해하는 'religion'의 등가어와 등가 현상 찾기를 시도한 19~20세기 서양의 학자와 선교사들의 무수한 작업이 이미 존재한다. 콜마-파울렌츠의 주장에는 과거 작업을 반면교사 삼아 동일한 실수를 반복하지 않도록 하는 연구자의 특별한 각성이 요청되고 있다.

종교연구에서 끊임없는 성찰과 각성을 통한 비서구 종교사에 관한 성과

105　Kollmar-Paulenz, p.154.

축적은 개별 학자들의 노력만으로는 불충분하다. 종교학의 연구 대상으로서의 '종교' 개념 문제와 연동되기에 집단지성이 작동해야만 기존의 학문적 패턴과 관성에 변화가 시작될 수 있기 때문이다. 콜마-파울렌츠는 '글로벌 종교사' 연구 프로젝트를 제안하는데, 과거 연구에서 얻은 성찰과 필요한 연구작업에 대한 요청을 토대로 이제는 구체적으로 다함께 힘을 합쳐 실천해 보자는 제안이라는 점에서 높이 평가할 수 있다.[106]

글로벌 종교사는 최근 역사학에서 발전해 온 '글로벌사'(global history)의 이론적 초안을 참조한다. 핵심은 역사적 사건들에서 유럽을 탈중심화시켜 서술하는 것이다. 역사적 행위자들이 글로벌하게 서로 연관되어 진행된 전 지구적 상호의존성에 초점을 맞춰 다중심적 역사적 서술을 지향하며 유럽 외 지역의 역사적 개념들을 이론적 관점에서도 포함시킨다.[107] '글로벌

---

106 처음에는 아시아종교사 연구팀을 향한 제언으로 시작하였으나 독일 종교학에서의 한 분과 작업으로서 자리 잡아 가고 있다. 각 대학의 연구자들의 참여로 지역적 관점(local perspectives)에서 이루어지는 근대 시기 관련 글로벌 종교사 작업은 박사과정을 육성하는 프로그램으로서도 진행되고 있다.

107 한국 역사학계에서도, 2000-2010년대에 '지구사', '글로벌 히스토리'에 관한 논의가 이루어졌다. 대표적인 역사가로서 조지형을 들 수 있다. 여러 글 중 간단한 개요가 담긴 글로서는 다음을 참조. 조지형, 「지구사(Global History)란 무엇인가?」: http://webbuild. knu.ac.kr/~gchistory/rb/?r=home&m=upload&a=download&uid=29 트랜스내셔널사도 해당될 수 있을 것이다. 글로벌사의 발전적 경향에서도 미국과 유럽의 차이가 드러나는 점은 유념할 만하다. 또한 그 적용에 있어 동아시아적 차원에서의 문제점 또한 논의되고 있다. 권내현/이정일, "Global History and East Asia: A Late Chosŏn Perspective," *International Journal of Korean History* 17(2), 2012, pp.77-108. https://ijkh.khistory.org/journal/view.php?number=414 콜마-파울렌츠는 글에서 글로벌사에 대한 구체적 예를 들고 있지 않다. 그러나 독일 종교 연구자들이 많이 참고하는 글로벌사의 대표적 예로 크리스토퍼 베일리(Christopher A. Bayly, 1945-2015)의 『근대세계의 탄생 1780-1914: 글로벌 관계와 비교』(*The Birth of the Modern World 1780-1914: Global Connections and Comparisons*)(2004)를 들 수 있다. 베일리는 이 책에서 '종교'에 큰 무게중심을 부여했으며 메마의 '탈구축화된 세계'라는 근대 세계에 관한 서구 중심적 기존 체계를 뒤집었

종교사' 개념은 '종교' 관련 이차 지식 질서들의 발전이 유럽만의 것이 아니며 세계 여러 지역에서 다양한 분석 도구와 지식 분류 시스템이 발전했다는 다중심적 가정에 기반을 둔다. 글로벌 종교사는 '종교'에 대한 유럽 중심의 이론적 관점을 탈피하는 것을 목표로 하며, 종교 연구자 킹(Richard King)이 언급했던 것을 실행에 옮기되 과거 식민화된 곳을 다루는 데 머물지 않는다.[108] 이렇게 글로벌 종교사는 '종교' 연구에 있어 유럽의 패권에 도전한다.[109]

이 역시 유럽의 주장이자 독일어권 학계에서 논의된 것이기에 좀 더 주의 깊게 거리를 두고 살펴볼 필요가 있을 것이다. 다만 번역의 과정을 통해 일상에 확산된 'religion'을 폐기하자는 주장은 사실상 실현 가능성이 없다. 폐기하자는 주장도 결국 서양학계에서 시작되었다. 콜마-파울렌츠의 주장은 매우 현실적 인식일 뿐만 아니라, 서구 종교 연구자들이 더욱 성찰적으로 종교연구에 임해야 하는 의무를 부과한다. 그들의 학문적 책임감의 향

다. 이 책은 2008년에 독일어로 번역되었다.

108 "탈식민주의적 연구가 유럽 중심의 이론적 기반을 극복하고 식민주의적 조우에서 일어난 인식적 폭력에 이의를 제기하려 한다면, 내 생각에는 토착민의 인식론적 전통의 다양성을 소개하는 것이야말로 유일하고도 가장 중요한 발걸음이다. 이러한 도전은 서구가 식민지화한 저 문화들의 지식형태와 역사에 대한 참여를 요구한다." Richard King, *Orientalism and Religion: Post-Colonial Theory, India and 'The Mystic East'*, Abingdon and New York: Routledge, 1999, pp.198-199; Kollmar-Paulenz, "Lamas und Schamanen: Mongolische Wissensordnungen von frühen 17. bis zum 21. Jahrhundert. Ein Beitrag zur Debatte um außereuropäische Religionsbegriffe," p.185.

109 글로벌 종교사의 연구 대상으로, 지역 문화적 관점에서 '종교' 관련 담론의 장에서 일어난 개념화 과정, 세계 다양한 지역 간 역사적 상호작용, 글로벌 관점에서 종교 담론의 장기적 발전과 지역적 발전에 대한 미시적 연구, 지역 간 그리고 초문화적인 역사적 비교, 비유럽과 유럽 사회에서 '종교', '과학', '문학' 등과 같은 다양한 지식문화간의 네트워크화, 상호의존성, 전이효과 등을 제안하고 있다. *Ibid.*, 187.

상을 기대하는 요청이라는 점에서도 의의가 크다. 유럽의 아시아 연구자들이 아시아의 '종교' 의미론과 그 기능의 고유한 장에 관심을 갖는 이유는, 그들의 학문적 사유의 한계와 그로 인해 빚어지는 현실적 문제에 경각심을 느끼기 때문이 아닌가 하는 생각도 든다. 18세기 비서구의 '종교' 개념에 관한 연구가 필요하며, 초기 종교학이 태동하여 성립되어 가던 때의 'religion' 개념이 비서구의 '종교' 개념과 일치하지 않던 역동적 시기에 관한 조사, 연구가 필요하다. 이를 해명하기 위해 해당 시기에 관한 비서구권의 종교사, 종교학사가 이루어져야 하며, 방법론적으로 앞서 살펴본 글로벌 종교사적 관점을 비롯하여 다양한 관점을 타진해 볼 수 있을 것이다. 이러한 문제점을 인식하고 공유하며 함께 고민하고자 하는 종교 연구자들이 긴밀한 협업을 통해 연구 성과가 축적된다면 좋을 것이다. 이는 단지 한국의 학계만을 위한 작업만은 아닐 것이다. 서구중심주의의 문제점을 고민하는 모든 종교 연구자가 우리의 자료를 참조하는 토대를 놓을 수 있는 것이며, 종교와 관련된 서구 근대성의 문제를 해명하는 데 기여할 수 있을 것이다. 필자가 이 장을 유럽의 '종교' 개념과 그 역사가 일관되게 역사화되고 맥락화된 연구성과들을 참조하여 쓸 수 있었던 것처럼 말이다.

2. 서양 종교학의 미로

정진홍

머리말

한국 종교학을 성찰하고 전망하는 일을 기획하면서 우리가 관심을 기울인 것은 한국의 종교학이 이른바 글로벌한 지평에서 어디에 자리를 잡고 있는지를 간과할 수 없다는 것이었다. 더구나 우리의 종교학은 '전래된 학문'으로 일컬어질 뿐만 아니라 지금도 거의 전적으로 서양, 그것도 북미 종교학의 영향을 받고 있다는 사실은 이러한 관심을 충동한 직접적인 자극이기도 하다.

그러나 그 풍경을 그리는 일은 용이하지 않다. 하나의 학문을 세계를 단위로 조감한다는 것은 비록 충분히 의미 있는 일이라 할지라도 현실적으로는 수행 불가능한 작업이기도 하다. 현대적인 기법이 자료의 수집, 분류, 심지어 해석을 위한 통계적 수단마저 제공해준다는 이점을 피할 수는 없다. 실제로 그러한 노력이 없었던 것도 아니며, 그 결과가 출간되기도 했다. 이를테면 그레고리 알레스(Gregory Alles)가 편집한 저술이 그러하다.[1] 그는 이 책에서 전 세계를 10개 지역으로 나누고, 그 지역 또는 국가의 종

---

[1] Gregory D. Alles, *Religious Studies: A Global view*, London and New York: Routledge, 2008. 이 내용은 이 책 다음 장인 「세계의 종교학을 조망하다」에 요약되어 있다.

교학자에게 자기네 형편을 편자가 제시한 몇 가지 항목을 통해 기술하게 하는 방법으로 이 작업을 수행했다.

그러나 이러한 자료의 집적은 많은 문제를 안고 있다. 특정한 지역의 특정한 연구 주제에 대한 논의는 그 지역 밖의 연구자들에게는 아예 소통 불가능한 것이어서 '무엇을 왜 종교학의 이름으로 연구하는지'를 가늠할 수가 없다. 종교 연구기관의 성쇠나 존폐가 정치-경제적 조건에 의해 결정된다는 사실도 그 실태를 투명하게 파악하기는 거의 불가능하게 한다. 결과적으로 이 저서를 통해 얻을 수 있는 것은 각 지역이나 국가에서 실행되고 있는 종교학의 '내용'보다 그 '외양'을 도식적으로 정리한 정보 이상일 수가 없다. 실제로 '종교학을 하는 풍토'를 살피는 데는 한계가 있다. 그럼에도 그러한 작업은 그 나름의 충분한 의미가 있다. 정보의 수집은 지식을 획득히는 일에 우선하는 작업이기 때문이다. 우리도 우리 나름의 그러한 작업을 수행하고 싶다는 생각조차 갖게 했다. 우리가 묻고 그들이 우리의 물음에 응답하게 하고 싶었다. 하지만 '서양의 종교학사'를 우리 눈으로 묘사하는 일이 우리의 의도에 더 적합할 수도 있겠다고 판단했다. 그러한 '비판적 관심'은 우리 종교학계에서 비교적 충분하지 않다고 여겨지기 때문일 뿐만 아니라, 그들에게 우리가 물을 수 있는 물음도 그 이후에 마련될 것이라 판단했기 때문이다.[2]

그렇다고 해서 서양의 종교학사를 총체적으로 다룬다는 것도 용이한 일은 아니다. 문제는 무엇을 초점으로, 또는 주제로 삼아 이를 서술할 것인가

---

2   이 책에 포함된 김태연의 '서양 종교학의 탄생'에 관한 장은 이 글과 상호보완적인 역할을 할 것이다. 아울러 임현수가 서술한 '한국종교학의 미래'의 장도 이 글의 여백을 채워줄 것이다.

하는 것이다. 그들에게 중요한 문제와 우리에게 중요한 문제가 반드시 상응하는 것은 아니기 때문이다. 많은 주제가 떠올랐지만, 우리가 선택한 것은 '종교학과 종교'의 관계이다. 역사-문화적 맥락에서 이 문제는 헤어 나올 수 없는 그들의 숙명 같은 것이다. 왜냐하면 이른바 '신학으로부터의 탈출'이 그들의 종교학의 출현을 묘사하는 가장 적합한 서술이기 때문이다. 우리의 종교학계는 어떨까? 학(學)으로서의 종교학을 밖으로부터 들여온 우리의 경우는 이들과 역사-문화적으로 다르기 때문에 그러한 문제는 현실적이지 않으리라고 예측할 수도 있다. 그러나 실제는 그렇지 않다. 종교에 대한 학문적 관심이라 할지라도 이는 종교에 대한 '실존적 관심'과 상당한 유기적인 관계 속에서 비롯하는 경우가 많기 때문이다. 종교학에 참여한 종교인의 종교적 동기, 그리고 많은 경우, 종교학자 개인의 종교적 배경이 이를 보여준다. 그렇다면 이 문제는 우리의 경우에도 간과할 수 없는 일이다. 우리는 이를 주제로 삼았다.

이 주제는 인식 주체와 객체, 사물의 안과 밖, 학문과 일상 등의 소박한 문제들에서 비롯하여 그것의 정의(定義), 기능, 의미 등의 본질적인 문제에 이르기까지, 그리고 이들이 상호 중첩되고 연계된 일련의 망(網) 속에서 이는 봉헌과 비봉헌적 태도 간의 긴장에까지 광범위하게 널려있다. 이를 우리는 대략적이지만 두루 살펴보려 한다. 당연히 다양한 주장들을 일별하는 것으로 그 일이 구체화될 것이지만 가능하다면 종교학이 처음부터 이제까지 수행한 바를 '물음 주체에의 재귀(再歸)'라고 할 '성찰'이라는 통로를 통해 살펴보고자 한다. 그러면서 전통적인 물음과 현대적인 물음을 아우르고, 그러는 과정에서 우리의 그러한 성찰에 종교학의 '전망'이 깃들기를 바라고자 한다.

그러나 이렇게 의도한 서술이 완결적인 것일 수는 없다. 특정한 측면만 부각하도록 주제를 제한한 것이 우선하는 제약이다. 비록 의도적인 것이었다 할지라도 간과한 부분이 자연스레 제기할 '부분적인 것의 전체화 오류'는 피할 수 없기 때문이다. 서술을 위한 자료의 선택도 다르지 않다. 역사를 기술하는 주체는 역사가 아니다. 역사가 스스로 자료를 선택하여 자기 모습을 거기 담아 보여주는 것이 아니다. 역사를 기술하는 자가 선택한 자료가 역사의 흐름을 짓는다. 선택된 자료가 역사의 흐름을 짓는다. 그런 한, 특정한 학자, 특정한 저술 의존적인 방법 자체가 자의적(恣意的)임을 피할 도리는 없다. 그럼에도 이를 수행하는 것은 우리의 본디 탐구 주제인 '한국의 종교학'을 되살피는 '효율적인 도구'를 마련하고자 하는 것이기 때문이다. 그러므로 이곳에서의 서술과 주장은 이를 활용하는 과정에서 보완되기도 하고 수정되기도 할 것이며, 종래 폐기되기도 할 것이다.

1) 종교학에 대한 비판적 논의

'종교학'은 타 학문과 비교하여 그 정체성이 다양하게 읽힌다. 학문의 자리에서는 종교에 대한 논의가 이미 철학, 역사학, 사회학, 인류학, 심리학 등에서 충분히 다루어진다고 판단하여 종교학이 종교에 대한 독자적인 인식 체계를 구축할 수 있을 것인지를 회의하는 의견도 있다. '종교'는 단일한 주제로 설정되기에는 지나치게 복합적인 현상이라는 이해가 그러한 비판의 기저를 이룬다. 그런가 하면 종교의 자리에서는 종교학이 종교의 고유한 본질인 신성(神聖)이라든지 초월이라든지 절대라든지 하는 것을 의도적으로 머물든가 간과한다고 여기는 이도 있다. 이른바 인본적 서성의 반송교적 태도가 구축한 종교 담론이 종교학이라고 이해한다. 따라서 종교의 입장에서는 종교학의 학문다움을 승인하려 하지 않는다. 특정한 현상에 대한 부정적 판단을 이미 전제하고 접근한다고 여기기 때문이다.

이에 대한 종교학의 자기주장은 분명하다. 종교란 그 나름의 독자성을 지닌 실재이기 때문에 여타 학문과 나란히 이에 대한 인식을 기하는 하나의 학문이 종교학이라는 이름으로 현존하는 것은 자연스럽고 당연하다고 주장한다. 또한 종교학은 종교가 실재한다는 사실뿐만 아니라 그 현존이 함축한 모든 것, 곧 이념이나 실천이나 공동체 등을 부정하거나 간과하는 것이 아니라 그것이 지닌 모든 것을 그대로 승인하면서 다만 이를 인식의 객체로 설정하는 것이기 때문에 종교학의 태도가 비종교적인 것은 분명하지만 그것이 결코 반종교적인 것은 아니라고 주장한다.

그러나 학계나 종교계에서 종교학과 관련하여 제기하는 이러한 비판적 담론이 유독 종교학의 경우에 한한 것은 아니다. 학문의 분과에 대한 비판적 논의는 학문 상호간에, 그리고 개개 학문의 당해 현장에서, 언제든 어디에서나 있어 왔고 지금도 다르지 않다.

'~학'이라는 이름으로 분류되고 종합되면서 학계를 형성하는 개개 학문은 물음 대상에 따라, 그것에 이르는 방법의 차이에 따라, 나뉜 것이다. 또한 그러한 '학문의 편제(編制)'는 특정한 역사-문화적 조건 아래에서 구축되는 것이기도 하다. 이는 학문이란 그것이 처한 상황 또는 맥락에 따라 가변적임을 뜻한다. 따라서 개개 학문은 자기 변모를 지속할 뿐만 아니라 기존의 특정한 '~학'은 당대의 '필요'에 따라 다른 '~학'과 연계되면서, 또는 종횡으로 다른 '~학'과 중첩되면서, 바뀌기도 하고 아예 사라지기도 하고 이제까지 없던 새로운 '~학'이 등장하기도 한다. '학문의 편제'는 항구적이지 않다. 잠정적인, 언제나 과정 안에 있는, 역사적 현상이다. 현존하는 모든 학문은 이렇게 출현했고, 이러한 과정을 거치는 도중에 있다. 그러므로 만약 특정한 학문이나 학자가 그 학문이나 자기 학문의 영구성을 주장한다면 이는 학문다움에 반하는 것일 수밖에 없다. 그러한 학문과 그러한 학자가 없지 않다. 하지만 이를 학문이나 학자의 범주에 담는다는 것은 상당히 불안하다. 그것은 '인식의 구축 과정'을 '신념의 실천'으로 착각했든가, 아니면 인식을 신념의 강화 수단으로 이해하지 않았다면 가능할 수 없는 일이기 때문이다.[3]

특정한 학문을 비롯하게 하는 현장에 초점을 맞추어 살펴보면 학문의 이러함을 분명하게 확인할 수 있다. 인간의 삶은 일상에의 몰입을 불가피하게 한다. 생존은 그만큼 절실하다. 그 과정에서 삶의 주체는 끊임없이 무지나 한계나 무력감을 절감한다. 이를 지양하려는 의지가 자기를 포함한 사물에의 지적 관심을 충동한다. 학문은 바로 이 계기에서 출현한다. 학문은 실증적이고 분석적이고 비판적인 탐구를 통해 그러한 상황을 벗어나는 낌새를 마련한다. 묻고 대답하면서 무지를 지양하고 한계의 울을 넓혀 가며 무력감을 던다. 새롭게 자아를 인식하게 하고 막힌 현실을 열어 삶의 출구를 마련한다.

하지만 삶이 학문이 구축한 인식에 의하여 비로소 지어지는 것은 아니

---

3 우리의 경우, '학(學)'이 담고 있는 중첩된 의미, 곧 '기존의 인식 내용을 배워 익혀 아는 일'과 '미지의 사실에 대한 설명을 기해 실증적 탐구를 펴는 일' 간의 뒤섞인 이해는 이러한 혼효를 학에 대한 우리의 상식에서 상당히 지속적이게 하는 요인이 되고 있다. 후자를 분명히 한 것은 근대 이후의 '과학'(science)이라는 용어의 등장이다. 하지만 우리의 '정서'에서는 여전히 둘의 혼란스러운 이해를 공유하고 있는 것이 현실이지 않을까 하는 생각이 든다.

다. 현장은 언제나 인식을 앞선다. 학문이 구축한 인식으로 마련한 출구는 분명히 닫힌 성황을 열어주지만 그렇게 열려진 현실은 곧 새로운 정황을 빚으며 닫힌다. 현실과의 관계에서 드러나는 인식의 지체 현상은 구조적으로 불가피하다. 이는 역설이다. 그런데 이것이 학문의 현실이다. 따라서 학문은 스스로 도달한 종국에서 현실의 요청에 따라 자기를 다시 지어나아가지 않으면 안 된다. '열림에 의하여 닫힌 정황'을 다시 열기 위한 새로운 물음을 물어야 하는 것이다. 그런데 만약 학문이 자기가 축적한 인식을 근거로 하여 자기를 '규범적 권위'의 자리에 올려놓고 현실에서 벌어지는 일들에 대한 '규범적인 판단'만을 흩뿌린다면 그것은 이미 학문일 수 없다. 새로운 현장을 간과한 채 이미 자기가 형성한 인식체계를 준거로 현실을 재단하는 것인데, 그렇게 해서 비로소 그려질 현실은 이미 없다. 그런데도 이를 수행한다면 그것은 '지난 인식'에 의하여 구축된 '힘을 자행하는 일'일 뿐이다. 그렇다면 종교학에 대한 이러저러한 비판적 담론은 특이한 일이 아니다. 학계의 일상적인 풍토이다. 더구나 종교학이 새로 등장한 학문이라면 이러한 비판적 담론이 야기되는 것은 필연적이다.

그러나 분명히 종교학에 대한 비판적 논의는 다른 학문과 견주어 '미묘한 데'가 있다. 주목해야 할 문제는 바로 이 점이다. 종교와 종교학이 선명하지 않은 채 '함께 있다'고 여기는 것이다.[4] 만약 종교에 대한 이러한 미묘

---

4   이를테면 길희성은 종교학을 '종교적 전통과 세속적 지성의 만남'으로 규정한다. 여기에는 이중적인 인식의 굴절이 논리적 구조를 이루고 있다. 흔히 일컫는 '믿음'은 '종교적 전통'으로, '지성'은 '세속적 지성'으로 묘사된다. 전자가 전통적인 '종교'를 묽게 하는 대신 후자는 '지성'을 '세속적'인 것으로 울 지음으로서 전자의 묽음을 다시 보완적으로 짙게 한다. '종교'와 '지성'의 단절을 저어하는 자리에 종교학을 위치지우는 것이다. 그 자리가 빚는 '역할'을 그는 종교학의 역사적 사명으로 규정한다. 길희성, 「대학과 종교연구: 종교학

함이 사실이라면 이는 '종교는 실재'라든지 이른바 '종교에 대한 객관적인 인식'이라든지 하는 종교학의 주장이 종교학의 울 밖에서 충분한 소통을 이루지 못하고 있음을 뜻한다. 따라서 종교학은 그 처음의 동기, 곧 어떤 필요가 종교에 대한 '학문적 관심'을 충동했는가를 더 명료하게 해야 할 의무가 있다.

2) 종교학의 모호성

(1) 이원적인 구조

현재 우리가 일컫는 종교학은 서양에서 '전래'된 것이다. 서양에서의 종교학사는 종교학이 대체로 19세기 말에서 20세기 초에 출현했다고 기술한다.[5] 그러면서 그들의 경험이 전승된 기억에 더해 르네상스와 계몽주의, 이에 더해 낭만주의를 종교학을 태동하게 한 '사조'(思潮)라고 설명한다. '하늘에서 땅으로'의 관심의 전환이라고 할, 또는 '신에서 인간에로'라는 준거의 변화라고 할, 이러한 사조를 '종교를 연구하는 학문'(Religionswissenschaft)[6]

의 역사적 위치와 사명」, 『종교연구』 2, 1986, 11-20쪽.

5 서양종교학사에 관한 논의는 의외로 단순하다. 에릭 샤프의 저술은 아직도 고전에 속한다. 필자도 그의 논의를 좇아 종교학의 비롯함을 서술하였다. Eric J. Sharpe, *Comparative Religion: A History*, New York: Charles Scribner's Sons, 1975. 앞의 2부 1장의 김태연의 논문은 필자의 이 부분을 교정하고 보완해준다.

6 이는 막스 밀러가 이 용어를 처음 사용하기 시작했다는 주장에 근거한 것이다. 그는 때로 종교학의 비조로 일컬어진다. 하지만 본디 언어학자인 그는 종교에 대한 학문적 연구가 마땅히 학(Wissenschaft)으로 성립되어야 한다는 주장을 했고, 그것이 자리를 잡으면 종교를 인식하는 장을 넘어 세계이해에서 엄청난 변화가 이뤄지리라는 것을 기대했지만 스스로 종교학을 수행했다는 평가는 받지 못한다. 정진홍, 『종교문화의 인식과 해석: 종교현상학의 전개』, 서울대학교 출판부, 1996. 27-97쪽 참조.

의 모태라고 지적하고 있는 것이다.

그러나 그러한 '전환'이나 '변화'를 기획할 수 있는 가능성은 그 문화권에서 언제나 있어 왔던 일이다. 당해 문화는 이원적 구조의 세계관을 지니고 있기 때문이다. 하늘과 땅, 그리고 신과 인간의 '대립적 긴장'은 그 풍토에서는 항존하는 것이었다. 주목할 것은 그러한 구조에서는 갈등하는 양자가 상대방을 온전히 배제하거나 소거하지 못한다는 점이다. 자기 확인은 상대방을 준거로 해서만 기술된다. 그러므로 비록 당대의 그러한 사조가 하늘이나 신을 끌어 내리고 땅이나 인간을 들어 올리는 정도가 다른 어느 때보다 짙었고, 그것이 더 강해지는 경향을 드러내었다 할지라도 그렇게 '아래'와 '인간'의 자리에서 정착할 수는 없는 것이었다. 그 현상은 견고하게 전승되어 온 '위'나 '신'에 대한 '저항'이었지 그것의 '제거'는 아니었다. 어쩌면 신과 인간, 하늘과 땅을 이제까지와는 다른 방식으로 재확인하거나 서로 상대의 관계를 재설정해야 한다는 요청이 그러한 사조로 드러났다고 해야 할지도 모른다. 그렇다면 그러한 사조가 '종교에 대한 종교 밖의 자리에서의 인식'을 충동했다는 기술은 충분하지 않다. 그러한 인식을 위한 종교 밖으로의 탈출이 그 구조 안에서는 사실상 불가능하기 때문이다. 종교학이 종교를 객관적으로 천착하는 거라는 선언은, 그렇기 때문에, 비록 그렇게 언술할 수는 있을지언정 실제로는 그것이 완전하게 가능할 수 없는 한계를 내장하고 있다.

(2) 다름과의 만남

이와 더불어 종교학사는 또 다른 사실을 종교학 출현의 계기로 서술한다. 당대는 기술의 발전과 자기 확장의 욕망이 중첩되면서 새로운 '지역'을 발견했고 그곳에 있는 '다른 사람들의 삶'과 만나던 때였다. '다름의 발견', 또는 '타자와의 만남'은 놀라움과 당혹을 일게 한 '사건'이었다. 미처 몰랐고 상상하지도 못했던 세계와 인간이 있다는 것을 확인한 것이기 때문이다. 종교학사는 이 일이 자기를 성찰하는 계기가 되면서 아울러 종교를 되묻는 종교학의 출현을 충동했다고 주장한다.

이 설명은 상당한 설득력이 있다. 그들은 일정한 지역에서 머물렀고, 그곳의 문화를 호흡하고 있었다. 중요한 것은 그 '문화'가 그들에게는 '전부'였다는 사실이다. 자기들의 삶을 타자를 상정한 '우리'라고 부른다든가 자기네 문화를 '그리스도교적'이라고 서술하는 일은 생각할 수조차 없는 일이었다. 당연하여 물음조차 아예 없었던 '자기'를 그렇게 기술한 것은 실은 이때 겪은 타자와의 직면 이후의 일이었다. 자기를 유일하고 절대적인 것으로 기술한 것도 타자와의 만남 이후에 비로소 가능한 것이었다.

'서양'이라는 서술 범주가 단순하지는 않다. 그것은 지정학적인 긴 역사를 지닌 개념이다. 그런데도 여전히 그 용어는 실용성을 지닌다. 서술을 위해 단순하고 명료하다고 판단되기 때문이다. 그러나 그런 이해에 근거해서 서양이 또한 그러하다고 여긴다면 그것은 조심스럽다. 서양은 민족이나 풍습이나 자연이나 역사가 서로 이질적인 것으로 구성된 하나의 단위를 지칭하기 때문이다. 그런데 오랜 세월을 거치면서 이 복합적이고 다양한 이질성은 하나의 문화로 여겨질 만큼의 변화를 겪었다. 흔히 일컫는 중세에서부터 이러한 현상은 두드러졌다. 이를테면 히브리 문화나 그리스 문화와의 만남에서 비롯한 변화가 그러하다. 역사 진전 과정에서 서양은 그 '다른' 흐름을 수용하고 용해하여 자기 나름의 문화를 구축한 것이다. 그리스도교는 그러한 과정에서 구현된 문화의 표상이었고, 일정한 세계관을 지으면서 당해 문화권 안에서 일상을 가늠하고 가름하는 절대적인 준거로 자리를 잡았다.

그렇다면 서양이 근세에 이르러 처음으로 '다름'과 만났던 것은 아니다. 그러나 이때의 만남은 그 이전의 만남과 달랐다. 이전의 만남에서의 '다름'은 '힘에 의해 결정되는 잠정적인 실재'였다. 상황에 따라 주체와 타자가 바뀌면서 서로 지우고 지워졌다. 타자는 결국 지워야할 실재였다. 결과적으로 그렇게 탄생한 것이 이른바 서양문화권이었다. 그러나 당대의 경험은 달랐다. 타자를 실재로 인식했다. 없애거나 지워야 하는 객체가 아니라 현실적으로 그럴 수 없는 실재라는 것을 승인한 것이다. 이를테면 당대의 서양문화는 '다른 세계'에서 다양한 신의 실재를 확인했다. 일정한 의례와 이를 축으로 한 공동체의 삶도 확인했다. 그 나름의 신념을 설명하는 이야기를 만났고, 그들 나름대로 자기네의 전승된 기억을 보존하고 있다는 것도 알았다. 타자의 현존은 이렇듯 구체적이고 직접적이었다. 마침내 서양 이외의 '다른 나머지 세계'를 지워야 할 대상이 아니라 '관계를 지어야 할 대상'으로 여기게 된다.

그런데 그 모든 것은 '우리'의 것과 엄청나게 달랐다. 그러나 이 '다름'을 설명한다는 것은 불가능했다. 언어의 한계는 가장 구체적인 장애였다. 무엇보다도 '그들'의 경험을 담을 '우리'의 언어가 없었다. 언어를 통한 전달 이전에 그들의 경험을 공감적으로 이해하는 일이 현실적이지 않았다. 다름이 상상을 넘어서는 것이었기 때문이다. 그런데도 '다름'의 실재는 간과할 수도 없고 피할 수도 없는 거였다. 종교학사는 이러한 계기에서 다른 신과 그 신을 정점으로 한 그들의 삶을 알기 위해 '종교'란 과연 어떤 것인가 하는 물음을 '학문적'으로 묻기 시작했다고 말한다. 그러한 문제가 종교학이라는 학문을 낳게 한 것이라고 설명한다. 이러한 주장은 일련의 인문적 사상의 계보가 종교에의 학문적 관심을 구현한 기반이라는 앞의 주장을 보완하면서 더 분명하게 종교학의 출현을 설명하는 것으로 보인다. 그러나 이 설명도 아직 충분하지 않다. 다음과 같은 사실을 유념하면 그렇다.

서양은 그 관계를 '힘의 틀' 안에서 설정했다. 지배와 예속이 그 관계의 축을 이뤘다. '힘'은 이를 가능하게 했다. 이러한 관계의 구현은 식민지 경영으로 귀결했다. '다름'을 소멸시킬 수 없는, 그러나 이용할 수 있는 '대상'으로 여긴 것이다. '다른 세계'는 자기를 위한 자원이 되었다. '다른 사람'은 물화되어 시장에서 매매되는 데 이르렀다.[7]

그런데 이 계기에서 관심을 기울여야 할 것이 있다. 인식론적인 도식에 맞춰 말한다면 타자의 실재를 승인한다는 것은 자신도 그 타자에 의하여 타자로 인식된다는 것을 승인하는 일이기도 하다. 그리고 이는 자신의 절대성이나 보편성을 이전과 같이 유지하려면 이제는 새로운 타자는 물론 자신에게도 그 타당성을 설득 가능한 논리에 담아 진술하지 않으면 안 되는 새로운 과제와 직면하게 되었음을 의미하는 것이기도 하다. 그러나 그러

---

7 오래전이지만 윌프레드 캔트웰 스미스는 1959년에 쓴 글에서 '인간의 종교에 대한 전통적인 서양 학계'의 기본적인 태도는 다른 종교를 '그것(it)'으로 여겼던 것이었다고 지적하면서 '최근의 엄청난 변화'는 '그것'이 '그들(they)'로 바뀐 것이라고 말한다. 이는 타 신앙을 '인격화'했기 때문에 가능한 것이고, 이는 점차 '우리(we)'와 '너희(you)'의 대화로 나아가면서 종내는 '우리 모두'가 '너희 모두'와 '더불어(with)' '우리를(us)' 일컫는 데 이를 것이라고 전망한다. 이 진단은 논리적이고 기대는 감동적이다. 그러나 그는 서양이 다른 세계와 만난 경험이 어떻게 '실제로 전개되었는지'에 대해서는 아무런 언급도 하지 않았다. Wilfred Cantwell Smith, "Comparative Religion: whither-and why?", in Eliade and Kitagawa, eds., *The History of Religions: Essays in Methodology*, Chicago: University of Chicago Press, 1959, p.34.

한 과제를 수행하는 자리에서 이제까지의 주체는 이전에 없던 다른 현상을 수반한다. 새로운 자기인식에는 자신의 '현존'에 대한 위기의식이 아울러 깃든다는 사실이 그것이다. 그리고 그것은 새로운 자기인식을 구축하는 일과 그로부터 비롯하는 위기로부터의 탈출을 병행하게 한다. 결과적으로 새로운 자기인식은 현실적으로 자기의 해체와 재구성을 통해 이루어지기 보다 기존의 자기를 새삼 강화하는 것으로 이를 수행하게 한다.

실제로 그러했다. '다름'은 서구의 이질성과 우월성을 실증하는 자료가 되었다. 아울러 다름을 설명하는 준거는 '우리'일 수밖에 없다. '다름'도 '우리'를 만나 자기를 우리를 판단하는 준거로 삼으리라는 것을 예상한 흔적은 뚜렷하지 않다. 그러므로 '다름'과의 만남에서 우선한 것은 소통보다 그 '다름'에 대한 평가적 판단이었다. 결국 '다름'은 그것 자체로 '우리' 앞에 현존하는 것이 아니라 '우리'의 평가가 지어낸 실재로 우리 앞에 현존하는 그러한 대상이 되었다. '다름'에 대한 설명은 그러한 자리에서 그러한 방법으로 이뤄졌다. 우열의 준거는 인식을 위한 엄정한 준칙으로 전제되었고, 이에서 비롯하는 결과는 우열을 확정짓는 것으로 다듬어졌다. '다름'과의 만남이 '우리'를 확인하는 분명한 실증적인 기반을 제공하는 것이었지만 위기의식을 내장한 새로운 자기 확인의 작업은 자기 확인이 아니라 열(劣)을 넘어선 우(優)로 자기강화를 시도하는 것과 다르지 않았다.

(3) 진화론의 지지

이러한 자기 확인을 지지한 거대한 힘이 있었다. 진화론이 그것이다. 최초의 종교학이 관심을 기울인 탐구 주제가 종교 기원의 문제였다는 사실은 이를 잘 드러내준다. 진화론의 맥락에서 보면 '처음'은 가장 '불완전한 범주'

에 속한다. 새로 발견한 '다름'은 바로 그러한 처음을 드러내는 것으로 판단되었다. 비록 동시대를 살지만, 그것은 '원시, 곧 살아 있는 처음'으로 일컬어졌다. 진화론이 없었다면 원시라는 개념은 없었을지도 모른다. '우리'는 타자의 현존을 '원시'의 범주에 담아 '아직 덜 된' 것으로 설명하였다. 이렇게 하여 서양의 지금은 당당하게 '이미 완전하게 된' 진화의 정점에 놓일 수 있었다. 진화론은 뜻밖에도 타자와의 만남에서 서양의 우월성을 실증하는 척도로 작용했다. 그러한 서술 범주의 설정은 당연하게 종교에도 적용되었다. '원시종교'가 일컬어진 것이다. 그리고 그러한 종교는 미개한 것, 미신적인 것과 등가화 되었다. '종교이되 아직 종교가 아닌 것'이어서 종교라고 일컬을 수 없는 것이었다.

이러한 '인식'은 자연히 종교의 기원을 탐색하는 과정에서 '우리'의 문화적 실제인 그리스도교를 배제하게 했다. 종교의 기원을 탐색하는 자리에서 그리스도교는 자료적 가치조차 갖지 않았다. 그리스도교 문화는 '현존하는 원시'와의 비교에서 온전함을 제시하는 준거로만 있었다. 이러한 '우리' 문화의 준거성은 종교에 대한 학문적 관심이 '비교종교학'(Comparative Religions)이라고 불리는 경우에 더 구체적이고 현실적으로 드러났다. 이른바 '세계종교'(World Religions)라는 '위대한 종교'(Great Religions) 문화의 전승들과의 만남에서 그들에 대한 인식을 구체화하겠다는 비교종교학에서는 그 준거를 '우리'의 문화에 두었다. 그리하여 '우리와의 같음과 다름'이 기술되고, 그것은 곧 타자의 종교성에 대한 승인 여부로 기능했다.[8]

---

8 당대 서양의 경험을 이렇게 단정적으로 서술하는 것은 무리한 판단일 수도 있다. 그 경험이 후에 종교를 이해한다는 일에서 어떤 '도움'을 주었느냐 하는 데 대한 많은 긍정적 서술들이 이루어지고 있기 때문이다. 예를 들면 만남이 빚은 '서로 밝혀주기'의 경험을 일컫

진화론이 이러한 기능을 수행할 수 있었던 것은 그것이 자연을 설명하는 실증적인 이론으로만 머물지 않았기 때문이다. 그것은 새로운 세계관을 구축하는 이념 체계로 기능했다. 물론 이때 진화론이 논쟁을 불러일으키지 않은 것은 아니다. 그것은 서양문화 일반에서 양날의 칼처럼 작용했다. 그리스도교는 진화론에 대한 격한 부정적 반응을 드러냈다. 그것은 당연한 것이었다. 창조에 그늘을 드리웠기 때문이다. 그런데 이러한 반응이 그리스도교 신학에서만 일어난 것은 아니다. 문예부흥이든, 계몽이든, 낭만이든 그러한 새로운 사조들에서조차 그리 쉽게 받아들이지 않았다. 과학의 반인간적 주장이라고 여겼기 때문이다. 신성모독이라는 판단에서 인간모독이라는 데 이르기까지 이에 대한 저항은 다양하고 폭이 넓었다. 그런데도 진화론은 타자와의 만남에서 자기의 현존에 대한 위기를 경험하는 주체를 지탱하도록 하는 하나의 이념으로 정착할 수 있었다. 비록 논리적으로는 상대적이지만 '우리'의 우월성과 보편성과 절대성을 여전히 일컬을 수 있게 해주었기 때문이다. 그런데 이러한 사실을 유념한다면 '다름'과의 만남에서 종교학의 출현이 이뤄졌다는 주장, 곧 타자에 대한 인식을 위한 것이라는 설명은 충분하지 않으며, 비현실적인 주장이라고 판단할 수도 있다. 그리스도교는 종교의 범주에 들지도 않았을 뿐만 아니라, 그러한 이유로 인식의 객체이지도 않았기 때문이다.

이제까지의 논의를 종합해 보면 종교학이 스스로 '종교라는 실재에 대한 학문적 연구'라고 자기를 천명하고 있음에도 불구하고 그것이 여전히 모호

는 일이 그것이다. Arvind Sharma, *Religious Studies and Comparative Methodology: The Case for Reciprocal Illumination*. Albany: State University of New York Press, 2005.

할 수밖에 없음을 짐작하기 어렵지 않다. 하늘과 신에서 땅과 인간으로의 전환이라는 구조적 한계를 벗어날 수 없다는 점, 타자와의 만남에서 오히려 타자를 자기를 준거로 하여 빚고 있다는 사실의 현실적인 한계를 벗어날 수 없다는 점이 우리가 앞에서 지적한 종교학에 대한 학문적 논의의 '미묘'함의 내용이었다. 이 같은 사실은 아직 미숙했던 초기 종교학에 한한 판단이며 지금은 그렇지 않다고 반론을 펼 수 있다. 이 반론의 타당성에 대하여 우리는 언술의 논리로 논의를 펼치기보다 실제로 종교학이 '실천'되는 현장을 살펴 이를 검토해 볼 필요가 있다.

3) 종교학의 다른 '결'

(1) 종교학과 종교

종교학은 종교를 탐구하는 학이다. 그런데 그 대상인 종교는 정태적인 사물이 아니다. 살아 있는 문화이다. 주목할 것은 종교도 자기를 설명하는 소통 가능한 인식 체계를 스스로 구축하고 있다는 사실이다. 두 가지 면에서 그러하다. 개개 종교는 밖의 세계를 향해 자기를 설명하기 위하여 자기주장을 소통 가능한 명료한 개념과 일관하는 논리로 다듬는다. 그 나름의 지적 체계를 구축한다. 이것이 그 하나이다. 또 다른 하나는 종교에 봉헌하는 신도들의 경험을 더 순화하고 심화시켜 자기 성숙을 도모하도록 믿음을 앎과 더불어 온전하게 하려는 지적 체계를 구축하는 일이다. 그리스도교의 전문적인 술어라는 이해를 유보하고 일반화한다면 이를 '변증학'이라든지 '교리학'이라고 일컬을 수 있다. 총칭하면 개개 종교의 '신학'이 그것이다.

그러나 종교학은 개개 종교의 이러한 '지적 탐구'가 있다는 사실은 인정하지만 그 주장을 '공감적'으로 승인하지 않는다. 그 탐구가 어떻게 이루어지든 그것은 종국적으로 당해 종교를 '위한 것'이기 때문에 그 종교에 대한 비판적 인식을 결할 수밖에 없다고 판단하기 때문이다. 종교학이 출현한 저간에서부터 지금에 이르기까지 이를 지칭하는 용어가 이를 잘 드러내준다. 독일어권에서는 Religionswissenschaft, Allgemine Religionswissenschaft, Religionsgeschichte 등으로 불리고, 영어권에서는 The Scientific Study of Religion, The Study of Religion, Academic Study of Religion, Comparative Religions, The History of Religions, Phenomenology of Religion, World Religions, Religious Studies, Cultural Studies of Religion, The Study of Religion in Culture 등의 다양한 명칭으로 불린다. 그러나 독어나 영어의 구분이 뚜렷한 것은 아니다. 이 용어들을 포함하면서 여타 서양의 언어들에서도 이와 같은 이름들이 제각기 자기 언어로 사용되고 있다.[9]

학문에서의 명칭의 상이성은 연구주제와 방법론은 물론 자신의 '소임'과 '이념'에서의 다름을 드러낸다. 그러나 이 이름들은 그 다양성에도 불구하고 하나같이 지니는 공통점이 있다. 자기의 관심이 종교에의 '봉헌'이나 '고백'을 위한 것이 아님을 뚜렷하게 보여준다는 사실이 그것이다. 당연히 이러한 맥락에서의 종교학은 이를테면 그리스도교 신학도 아니고, 불교학도 아니며, 이슬람학도 아니다. 특정 종교를 옹호하거나 지지하지 않는다는

---

9 예를 들어 철학이나 사회학이나 인류학이나 심리학 등은 고유한 당해 명칭을 유지하면서 이에서 비롯한 다양한 분과영역을 포괄한다. 그러나 종교학에서는 그러한 명칭이 없다. 동일한 지향을 제각기 다르게 부른다. 하지만 어떻게 기술하든 그것이 '종교를-연구하는-학문'이라는 데는 다름이 없다.

의미에서 그러하다. 종교학은 종교라고 일컬어지는 모든 현상에 대한 비판적 인식을 도모하려는 것, 곧 '종교를-연구(학)하는 것'이다. 그러므로 종교학을 일컫는 이름은 다양하지만, 그것들이 서로 다른 것은 아니다. 그 다름은 '종교'라는 용어나 '학'이라는 용어의 관습적 용례가 드러내는 차이에서 비롯한 것일 뿐이다. 우리말로 바꾸면 이러한 명칭들을 '종교를 과학적(학문적)으로 연구하는 일', '종교 일반을 한데 아울러 과학적(학문적)으로 연구하는 일', '종교가 역사적으로 어떻게 진전되어 왔는지 살피는 일', '서로 다른 종교를 비교해서 알아보는 일', '종교를 (믿는 것이 아니라 그것이 무언지) 연구하는 일', '종교가 드러내는 현상을 좇아 그것을 알고자 하는 일', '세계의 (위대한 또는 커다란) 종교들 알아보기', '종교적 정서를 차단하지 않으면서 종교를 연구하기', '종교를 문화로 전제하고 연구하는 일', '문화현상인 종교를 연구하는 일' 등으로 읽을 수 있다. 종교를 신앙의 대상이 아니라 인식의 객체로 설정한다는 데서는 조금도 서로 다르지 않다. 그렇다면 이를 우리말로 '종교(를 연구하는)-일(學)', 곧 '종교-학인 종교학'이라고 단순화해도 별문제가 없어 보인다. 이렇게 보면, 비록 '종교'라는 말이 우리의 고유한 언어가 아니고 근대화 이후에 밖에서 이입된 서양언어 religion의 번역어인 채 자리 잡은 낯선 용어라 할지라도 우리가 현재 사용하는 우리말로 '종교를 연구하는 학문', 곧 '종교-학(종교학)'이라는 용어가 어쩌면 가장 포괄적이고 분명하고 보편적인 것일 수도 있다.[10] 이러한 자리에서 보면 개개 종교의 자기탐구라고 할 일련의 논의는 아무리 그것이 지적 관심을 축으로 한 학문적 전개라 할지라도, 그것이 일정한 규범적 귀결을 전제하고

---

10 한자(漢字)문화권인 중국이나 일본에서도 종교를 연구하는 일을 '宗敎學'이라 일컫는다.

이루어지는 논의의 펼침인 한, 종교학은 그것이 '학문다움'을 지닌 것이라고 여기지 않는다.

하지만 종교학의 자리에서 펼치는 이러한 주장도 현실적으로는 모호성을 면하지 못한다. 개개 종교가 펼치는 지적 담론이 자기 확인이나 정당화를 위해 펼치는 논의에 머물고, 타자와 소통하기 위해 수행하는 자기 종교와 타 종교에 관한 일정한 논의가 결과적으로 배타적인 판단에 이르며, 종교 일반에 대한 지적 관심이 자신의 우월성이나 절대성을 확보하기 위한 것이라고 해서 그것이 필연적으로 객관성이 결여된, 또는 분석적 인식을 도모하지 않는 비학문적인 것으로 여기는 것은 현실적이지 않다. 그러한 논의, 그러한 판단, 그러한 규범적 귀결에 도달하기 위해 수행된 것도 '지적 논의'이다. 그리고 그것은 분명히 '일어난 사실'이다. 그러므로 이를 학문다움으로 여기지 않는 것은 그것이 지적 논의도 아니며 일어난 사실도 아니라는 이중적인 부정적 판단을 하는 것인데 이러한 태도야말로 독선이나 신념을 전제한 전형적인 비학문적 태도와 다르지 않다. 개개 종교가 가꾼 지적 체계는 이미 인식의 범위를 넘어섰다고 판단되는 '봉헌'이나 '고백'을 객체로 삼아 이를 냉정하게 서술하고 인식하고 판단하면서 마침내 이를 실천적 규범으로 삶의 현장에서 알고 익히고 행하는 내용이 되도록 스스로 마련한 것이다. 그 지적 체계는 이를 언표하기 위한 개념과 논리, 그리고 해석을 수반하는 의미체계를 그 나름으로 구축하고 있다. 종교학이 만나는 종교라는 객체는 그러한 개개 종교의 자기진술을 위한 지적 구조물을 내포하고 있는 실재이다. 그러므로 개개 종교의 '학문적 담론'은 종교학이 필연적으로 만나는 종교의 실체이기도 하다. 종교학이 종교에의 '비봉헌적이고, 비고백적인 연구'를 지향한다고 해서 종교가 지닌 그러한 현상을 배제할 수 있는 것은 아니다. 거듭 말한다면, 그들이 지닌 봉헌의 논리나 고백의 언어는 종교학이 알기를 원하는 바로 그 종교를 구성하는 요소들이다. 종교학의 탐구 대상인 '자료'인 것이다.

더 나아가 개개 종교가 펼치는 그러한 지적인 차원에서의 자기 전개와 종교학이 만난다는 것은 다만 '자료로 범주화된 정태적인 실재'와 만나는 것이 아니다. 일방적으로 탐구 객체와 만나는 것이 아니다. 그것은 화석화된 자료가 아니라 '살아 있는 자료'와의 만남이다. 달리 말하면 종교의 그러한 지적 서술이 현존하고, 이것이 지속적으로 발언되는 한, 종교학이 이를 만난다는 것은 자기의 인식 객체를 빚는 주체와의 '살아 있는' 만남을 경험하는 것이기도 하다. 그 만남 자체가 '종교학 함'의 내용인 것이다. 그러므로 종교학은 개개 종교의 지적 노작을 자기가 탐구하는 인식의 객체에 담지 않으면 안 된다. 그렇다고 해서 종교학이 개개 종교가 함축한 그러한 지적 진술을 종교학을 위한 어떤 규범적 틀로 여긴다거나 기본적인 이념적 지향으로 간주하는 것은 아니다. 그러한 의미에서 종교학은 여전히 봉헌적이지도 않고 고백적이지도 않다. 이 점이 종교학을 이른바 신학이나 경학(經學)이나 교학(敎學)과 차별 짓는 경계이다.

하지만 이러한 경계를 설정하는 일이, 다시 말하지만, 개개 종교가 자기를 주장하는 지적 체계를 종교학이 배제하거나 부정해야만 한다는 것은 아니다. 더구나 종교학이 설정하는 경계는 선명하고 불변하는 것이 아니다. 상당히 유동적이고 모호하다. 오히려 그 경계는 잠정적인 것이라고 해야 옳다. 무릇 학문함은 그것 자체로 '과정'이기 때문에 그렇기도 하지만 그렇게 일반화할 수 없는 어떤 '낌새'가 종교학의 태도 속에서 읽히기 때문이다. 종교인들처럼 봉헌하고 고백할 수 없는 어떤 절실한 필요에 의례서 충동된 것이 종교학이지만 실제 종교학을 수행함에서는 종교학의 학문다움을 위하여 단행한 그 인식 객체와의 단절 또는 금 긋기를 통한 이른바 '객관화'가 그리 선명하지 않은 채 여전한 중첩을 보여주고 있다.

다음과 같은 사실을 유념해 보자. 앞에서도 지적한 바 있듯이 종교학을 일컫는 용어는 다양하다. 그러나 영어권에서는 종교학이 점차 The Studies of Religion이라는 명칭으로 일반화되어 왔다. 그런데 이와 더불어 근자에는 Religious Studies로 불리는 경우가 점차 늘고 있다.[11] 이 용어를 처음 주창한 사람은 미국의 종교학자 마가렛 마일스(Margaret Miles)이다. 그는 1999년에 미국종교학회(American Academy of Religion)의 회장 취임사에서 다음과 같이 주장한다. "신학연구(theological studies)와 종교연구(the study of religion)[12]는 다르지 않은 데 구분된 것이다. 신학연구를 종교전승을 내부에서 탐구하는 것으로 생각한다면 그 전승에 대한 비판적인 물음을 물어야 하는 것은 당연한 일이다. 종교연구는 때로 '객관적'인 자리 또는 유리된 시각의 자리를 취하고 있다고 하지만 연구하는 당해 전승이나 주체가 지닌 독특한 역사적인 정황 안에 있는 힘과 아름다움에 대한 이해 없이 연구하고 가르친다는 것은 불가능한 일이다. 종교연구는 종교현상에 초점을 맞추는 한 신학-신도들이 자신을 봉헌하고 있는 세계관, 믿음, 실천-을 피할 수 없다. 신학연구와 종교연구는 둘 모두 비판적으로 통합되어야 하고, 열정적으로 학문적인 관계를 맺어야 한다. 그래서 나는 잘못 양극화된 용어

---

11 서울대학교 종교학과의 영어 명칭도 1989년에 Department of *Religion*에서 Department of *Religious* Studies로 바뀌었다.
12 우리의 맥락에서는 이를 '신학'과 '종교학'으로 번역하는 것이 더 타당할 것이지만 본래의 발언 의도를 유지하려 의도적으로 '신학연구'와 '종교연구'로 번역하였다.

인 '신학연구'와 '종교연구'를 통합하기 위하여 천우신조로 마련된 모호한 용어인 '종교적인 연구'(religious studies)를 사용한다."[13]

　이러한 그의 주장은 종교학이 스스로 천명한 이른바 '탈신학적 자리'라는 것이 실은 자기네 문화권인 서양 또는 미국의 경우에서는 현실적으로 거의 불가능하다는 것을 뜻하는 것이기도 하다. 앞서 우리는 종교학의 출현이 '하늘에서 땅으로, 신에게서 인간으로'라는 일련의 사조의 변화에서 말미암은 것이라는 주장을 했다. 그러면서 그 문화권이 지닌 이원적 구조에서 볼 때 그러한 사조로 인해서 야기될 상호간의 변위(變位)나 단절이 현실적으로 불가능하리라고 예상한 바 있다. 이러한 사실을 유념하면 그의 주장이 지닌 현실성을 짐작하기 어렵지 않다. 이에 대한 맥커천(Russell McCutcheon)의 견해는 이를 다른 측면에서 강조하고 있어 흥미롭다. 그는 다음과 같이 언급하고 있다. "그의 주장은 아주 매혹적이지만 문제를 담고 있는 것이기도 하다. 만약 우리가 두 담론이 역사적으로 위치 지어진 것이고, 교묘한 방법으로 특권과 힘을 타협한 것임을 전제한다면 나는 마일스의 주장에 동의할 것이다. 그러나 명백한 것은 그가 그 둘의 유사성을 그렇

13　Margaret Miles, "Becoming answerable for what we see," *Journal of the American Academy of Religion*, 68(3), 2000, p.472. Religious Studies라는 용어를 '종교적인 연구'라고 번역하여 마치 '종교를 종교적으로 연구한다'고 읽는 것은 비영어권에서나 가능한 이해일지도 모른다. 영어사용권에서는 religious라는 형용사가 거의 명사화되어 the religious studies를 the religion studies나 a study of religion, 곧 '종교연구'라고 관행적으로 사용할 수도 있을 것 같기 때문이다. 그러나 아주 그런 것 같지는 않다. a study of religion과는 달리 그 형용사가 거의 부사적이게 되어 '~을 종교적으로 연구한다'고 읽힐 수 있다는 것을 충분히 예상하면서, 바로 그렇기 때문에 그 용어가 오히려 자신들의 문화적 맥락에서는 a study of religion보다 적합성을 지닌다고 판단하는 것으로 짐작되기 때문이다. 결국 마일스의 주장은 적어도 미국의 경우, '종교학을 한다'는 것은 '종교적으로 종교를 연구한다'는 함축을 지닐 때 종교학의 '학(學)다움'이 더 선명해진다고 여기는 것으로 보인다.

게 이해한 것은 아니라는 사실이다"[14] 그의 견해는 마일스의 입장과 상치하는 것으로 보인다. 하지만 '만약 그 두 담론이 역사-문화적 현상임을 승인한다면'이라는 조건을 주목하면 그의 의견도 결국 적어도 서양문화권 안에서는 그 둘이 실질적으로 '단절'된 적이 없다는 것을 함축한다. 그의 주장과 그의 입장은 근본적으로 다르지 않다.

이와는 전혀 다른 맥락에서 religious studies를 선호한다는 주장이 제기되기도 한다. 알레스는 Religious Studies라고 제(題)한 그의 편집서 머리말에서 다음과 같은 견해를 밝히고 있다. "이 책의 초점은 종교연구(the study of religions)이지 신학이나 그와 동류(同類)의 학문이 아니다. 그러면서도 우리가 사용한 용어에 대해서는 설명을 해야 할 것 같다. 막상 글을 쓰려면 '종교연구'(the study of religions)는 좀 모호하다. 예를 들어 '일본에서의 종교연구'(the study of religions in Japan)라고 하면 이는 '일본인 학자들에 의한 종교연구'라고 이해할 수도 있고, 세계의 어디에 있는 학자에 의해서 이뤄지든 '일본 종교에 관한 연구'라고 이해할 수도 있기 때문이다. 이를 유념한다면 '일본에서의 종교연구'(religious studies in Japan)가 훨씬 낫다. 이 경우는 '일본 학자들에 의한 연구'라는 사실이 뚜렷하기 때문이다. 물론 마일스의 'religious studies'도 모호하기는 마찬가지다(그 모호한 다양한 의미에 관해서는 Wiebe의 2005년 논문을 참고할 것).[15] religious라는 형용사는 종교적인 사물에 대한 연구를 지칭할 수도 있고, 종교적인 태도를 가지고 종교를 연구하는

---

14 Russell T. McCutcheon, *The Discipline of Religion: Structure, Meaning, Rhetoric*, New York: Routledge, 2003. pp.186-187.

15 알레스가 참고하라고 한 위베의 2005년 논문은 "Religious Studies", in Hinnels, J. R.(ed.), *The Routledge Companion to the Study of Religion*, London: Routledge, pp.98-104이다.

것을 의미할 수도 있기 때문이다. 이 책에서는 'religious studies'를 일반적으로 비-신학적 종교연구와 동의어로 사용하였다. 그러나 내용에서 볼 수 있듯이 세계의 어떤 지역에서는 '종교연구'(the study of religions)가 언제나 신학과 뚜렷하게 구분되는 것은 아니다."[16]

이러한 서양학자들의 주장과 직면하면서 주목할 것은 특정한 용어가 선택되는 것은 전승된 또는 일상적인 언어의 용례나 그러한 용례가 지닌 소통의 편의성 때문이 아니라는 사실이다. 언필칭 그렇게 말한다. 그러나 그것은 드러나는 '정당한 구실'이기는 해도 그 '정당화'의 표상 뒤에 있는 어떤 의도를 가리려는 '재치 있는 구실'처럼 들리기 때문이다. 영어권 밖에서 보면 더욱 그러하다. 마일스가 굳이 religious studies를 'providentially ambiguous term'이라고 부른 것도 마찬가지다.[17] 알레스의 언급도 실은 적어도 자기 문화권 안에서는 신학과 종교학이 단절되지 않는다는 사실을 지적하는 것과 다르지 않다. 오히려 상당한 중첩을 암묵적으로 승인하고 있

---

16 Alles, *op. cit.*, pp.4-5. 필자는 편집자의 요구에 응하여 the study of religion 대신에 religious studies라는 용어를 사용한 적이 있다. 예를 들면 다음 책에서의 경우이다. Chung Chin-Hong, "The Dialectic of the Sacred and Creative Hermeneutics," in Bryan Rennie (ed.), *The International Eliade,* Albany: State University of New York Press, 2007, pp.187-206. 그러나 그러한 요청이 특별히 없는 경우에는 The study of religions나 a study of religion이라는 용어를 선호했다. 앞에서 언급한 알레스의 책, 6. Continental East Asia의 Korea 항목(pp.159-190)에서 그렇게 했다. 최근에는 the study of religious culture나 the study of religion in culture라는 용어를 자주 사용하고 있다. 예를 들면 "The Grammar to Read 'Religion in Culture': An Interview with Chin-Hong, Chung by Sukman Jang", in Fukuzawa et al (eds.), *Global Phenomenologies of Religions: An Oral History in Interview,* 2021, pp.147-167에서의 경우가 그렇다.

17 Miles, *op. cit.* p.472. 필자는 이를 앞에서 '천우신조로 마련된 모호한 용어'라고 번역하였다. 적절한 번역이 아님을 알지만 그의 '섭리가 있어~'라는 의미의 함축이 우리 독자들에게 일으킬 갈등을 최소화하려 그렇게 했다.

는 것으로 읽힌다. 그렇다면 끝내 종교학은 스스로 신학을 인식의 자료로 삼겠다고 천명한 선언을 감당하지 못하는 모호성 안에 머물 수밖에 없는 것인가? 흥미로운 것은 이러한 '사정'이 비서양문화권에서도 나타난다는 사실이다.

우리의 경우에 한해서 살펴보자. 강돈구 교수는 종교학을 Religious studies 라고 언표하는 데 대하여 지지를 표하고 있다. 그러나 그가 그렇게 하는 이 유는 서양과 상당히 다르다. 그는 종교학은 "하나의 학문분과(a discipline) 라기보다는 연구 분야(a field of studies)의 성격을 지닌다."고 말한다. 따라 서 종교에 관한 학문적인 관심은 '연구 분야'에 상응하는 명칭이 부여되 어야 한다고 주장하는 것으로 보인다. "과거에는 종교학을 'Comparative Religions'나 'the History of Religions', 'Religionswissenschaft' 등으로 표기하 였으나 최근에는 'Religious Studies'로 표기하는 것이 일반적이다."라고 말 하면서 그는 그렇게 되는 것이 타당하다는 예로 여성학(Women's Studies) 과 흑인학(Black Studies)을 들고 있다. 그의 주장을 좇는다면, 우리의 경우, '종교학'이라는 용어를 사용하는 것은 아예 온당치 않다. 그것은 '학문분과' 의 이름인데 그런 것은 실재하지 않기 때문이다. 그는 한국어로 종교에 대 한 학문적 탐구를 어떻게 칭해야 하는지에 관한 구체적인 의견을 제시하지 는 않는다. 그의 저술이 『종교이론과 한국종교』인 것을 보면 혹 '종교이론' 이라는 용어가 종교학을 대치할 만한 것이라고 주장하는 것은 아닐까 하는 추측을 하게 할 뿐이다. 그렇다고 해서 종교에 대한 우리의 학문적 관심을 영어로 the study of religion으로 옮기는 것도 그의 주장에 상응하는 것일지 조심스럽다. 그는 그보다 religious studies를 선호하고 있기 때문이다. 주목 할 것은 이러한 주장에는 religious가 지닌 형용사적 함의를 가지고 씨름한

서양의 자의식이 온전히 간과되고 있다는 사실이다.[18]

종교학은, 소박하게 말하면, 종교를 '객관적'으로 인식해야 하지 않겠느냐는 어떤 당위를 선포하는 것이 그 발단이었다. 단순하게 도식화한다면 그것은 종교를 '주관적'으로 이해한 오랜 전승에 대한 저항에서 비롯한 것이다. 종교란 본래 주관적인 경험이 표상으로 드러난 것이므로 이에 대한 인식이란 실은 비현실적이고 불가능하다는 '정착된 전제에 대한 반 전제'라고 할 수도 있다. 그럼에도 불구하고 종교학은 그러한 자기의 자리를 선명하게 드러내지 못하는 어떤 한계를 보여준다. '종교적인 그림자'를 자기로부터 떼어내지 못하고 있기 때문이다. 종교학에 대한 회의가 이는 것은 현실적으로 불가피하다.

(2) 종교학과 타 학문의 종교연구

그렇다면 여타 학문과의 관계에서는 어떠한가? 모든 사물이 그렇듯이 종교도 순수하게 단순하지 않다. 그러므로 개개 학문의 자리에서 종교가 제

---

18 강돈구, 「한국종교학의 회고와 전망」, 『종교이론과 한국종교』, 박문사, 2011, 69-70쪽. 일반적으로 학문의 성격을 규명하기 위해 서양, 특히 영어권에서 그 학문을 어떻게 호칭하느냐 하는 것에 민감한 것은 비서양권의 경우, 불가피한 것 같다. 세계화가 현실이 된 오늘의 현실에서 소통을 위해 우선 그럴 수밖에 없을 것이기 때문이다. 그러나 그것만은 아닌 것 같다. 비서양권의 학계에서는 자기가 수행하는 학문이 얼마나 '제대로 정립되어 있는지'를 판단하기 위해 서양권에서 비롯한 당해 학문에 얼마나 자신이 수행한 학문이 근접해 가는지, 상응하는지, 또는 적합성을 지니고 전개되는지를 준거로 삼는 경향이 있다. 이러한 '태도' 때문에 영어권의 표현에 민감한 것 아닌가 하는 짐작을 해볼 수도 있다. 근대학문이 서구에서 생겨나 비서양권에 이입되었다는 역사적 사실을 간과할 수는 없다. 그러나 어떤 학문도 자신의 경험의 전승과 지역적 시대적 특성을 담아 자기를 전개하기 마련이다. 세계와의 연대도 그러한 기반에서 이루어져야 할 것이다. 그렇지 못한다면, 그것은 학문이라기보다 학문이라는 이름의 '닫힌 이념'이나 '지배 권력'에의 예속과 다르지 않다. 학문도 '힘'의 실체이기 때문이다.

각기 다른 것으로 서술되고 인식되는 것은 자연스러운 일이다. 예를 들면 종교는 변화를 축으로 한 기술이 가능한 현상이기도 하고 공동체를 직조하는 실이기도 하다. 사물의 본질을 사유하는 자리에서는 결코 놓칠 수 없는 내용이기도 하고, 인간의 마음을 다루는 데서는 아예 그 안에 내재해 있는 속성으로 다뤄지기도 한다. 인간의 몸짓과 그것이 드러내는 삶의 양태로 다듬어지기도 하고, 인간의 삶에서 의미나 가치를 낳는 준거로 전제되기도 한다. 사물의 관계를 실증적으로 분석하여 설명하는 지적 관심에서는 그 실재성 여부가 논의의 내용이 되기도 하며, 인간의 상상력 안에서는 그것이 늘 극적(劇的)인 이미지를 짓는 것으로 간주되기도 한다. 이처럼 역사학, 사회학, 철학, 심리학, 인문학, 자연과학, 예술 등 제각기 자기 나름의 '주제'를 천착한다고 여기는 여러 학문의 어느 것도 종교를 간과하거나 이에 대한 그 나름의 이해를 펼치지 않는 학문은 없다. 종교는 이미 모든 학문에서 그것이 지닌 복합성이 충분히 드러날 만큼 다뤄지고 있다.

그렇다면 종교학은 없어도 좋다. 그런데도 종교를 묻는 학문이 출현했다. 문제는 어떤 '필요'가 있어 여타 학문에서 다루지 않은 지적 관심을 종교에 대해 가지게 했고, 그것이 마침내 하나의 학문으로 등장하게까지 되었는가 하는 것이다. 이를 밝히려면 당연히 역사를 살펴 당대의 사회-문화적 변화의 흐름을 기술해야 한다. 주목할 것은 이 출현이 역사가 '근대'를 획하는 계기였다는 사실이다. 그렇다면 논의해야 하는 것은 이른바 '근대성'이다.[19] 그런데 이와 관련하여 우리가 살필 것은 근대를 기점으로 학문

---

19 '근대'와 '한국의 근대', 그리고 '한국의 종교' 및 '한국의 종교학'에 대한 자상한 논의는 다음 저서를 참고할 것. 장석만, 『한국 근대종교란 무엇인가?』, 모시는사람들, 2017. 특히 저자는 근대와의 관계를 구체적인 사례를 들어 밝히고 있다. 이를테면 '초기 개신교신자

전체가 '재편'되었다는 사실이다. 그렇게 재편된 '근대학문'들은 거의 모두 종교에 대한 인식을 의도했다. 더 정확하게 말하면 종교를 봉헌이나 고백의 대상이 아니라 지적 인식의 대상으로 이해하고자 한 것이다. 그렇다면, 결과론적인 기술이지만, 그 학문들은 종교학이 지향하는 의도를 이미 제각기 수행하고 있다고 해도 좋다. 그런데도 이 계기에서 종교학이 하나의 학문으로 등장하였다는 것은 종교학의 출현을 충동한 어떤 '필요'가 상당히 '심층적'인 데서 말미암은 것이고, 또 설명에 잘 담기지 않는 어떤 '모호한 경험'에서 비롯한 것임을 짐작하게 한다. 이러한 물음 자리에서 이 필요가 무엇일까를 찾아보자.

우선 개개 학문의 종교 논의는 결과적으로 종교를 종교이게 하지 않기 때문에 이에 대한 저항으로 종교학이 출현했다는 주장을 살펴볼 수 있다. 무릇 개개 학문은 자기의 영역을 지닌다. 자기가 추구하는 인식의 객체가 선명하고, 이에 이르는 방법도 분명하다. 종국적으로 지향하는 인식을 위한 이념도 제각기 다르다. 그런데 하나의 학문은 자기가 추구하는 인식 객체만 직면하지 않는다. 그 객체와 더불어 그것이 현존하는 무수한 실재들의 얼개 안에서 그것과 만난다. 그러므로 다른 실재들과 만나는 것은 불가피하다. 하지만 그때 개개 학문은 자기가 만난 '다른 실재'를 자기가 추구하는 객체와 동일한 실재로 여기지 않는다. 자기의 주제와 병존하는 것으로 승인하지 않는 것이다. 오히려 이를 해체하여 자기가 탐구하는 실재에 귀속시키는 것이 그 현상을 이해하는 바른 길이라고 주장한다. 무릇 개개 학

의 개종이 지닌 성격'이라든지 '동학에서 천도교로의 변화', '조선 총독부의 문화통치', '기순점으로서의 3.1운동' 등의 논의가 그러하다.

문은 자신이 부닥치는 모든 현상을 이러한 자리에서 자신의 개념 울안에 담아 자기의 방법으로 이를 천착하고 천명한다.

종교도 예외가 아니다. 개개 학문이 자기가 탐구하는 주제를 천착해 나아가는 과정에서 '종교'라고 불리는 현상을 만난다. 당연히 종교에 대하여 묻는다. 그런데 이 과정에서 종교는 그 실체를 뚜렷하게 드러내기보다 오히려 개개 학문이 추구하는 실재 안으로 해체되어 수용된다. 그럴 수밖에 없다. 개개 학문은 자기의 인식 객체를 추구하는 과정에서 만난 주된 관심이 아닌 부차적인 관심의 대상으로 종교와 만났기 때문이다. 결국 일반적으로 일컫는 종교는 당해 학문의 인식 객체의 한 측면이나 요소로 해체되어 버리고 더 이상 '종교'로서 현존하지 못하게 된다. 종교라고 일컫는 '여타 현상'은 각기 자기 학문의 탐구 대상의 부수현상이 되는 것이다. 종교학은 이러한 것이 개개 학문에서 이루어지는 종교연구라고 판단한다. 종교 그것에 대한 인식은 이뤄지지 않았다고 판단하는 것이다. 이를테면 사회학이나 심리학에서는 종교를 '종교'라고 일컬어지는 현상이 아니라 사회현상이나 심리현상으로 바꾸어 천착한다. 종교는 사회현상이나 심리현상의 표상 중의 하나이거나 부수현상으로 환원되는 것이다. 무릇 학문의 학문다움은 당해 학문이 인식의 객체로 범주화하고 개념화한 실재로 모든 현존하는 것들을 환원하여 수용하는 데서 이루어진다고 생각하기 때문이다. 그러므로 비록 개개 학문이 자기 나름의 종교 논의를 전개한다 할지라도 결국 종교는 사회현상이나 심리현상인데 종교라는 다른 이름으로 불린 것에 지나지 않는다. 종교는 실재가 아니게 되는 것이다.

그러나 이 계기에서 주목할 것은 더 이상 종교가 실재가 아니게 된다는 사실이 아니다. 실제로 일어나는 일은 개개 학문에서 이뤄지는 제 나름의

'종교이해'가 더 논구할 필요가 없는 완결적인 것으로 다듬어진다는 사실이다. 따라서 각기 다른 학문에서 수행된 종교에 대한 논의는 '동일한 현상에 대한 다른 이해'이기를 넘어 결과적으로 다른 자리에서 구축된 제각기 '다른 실재에 대한 담론'이 된다. 달리 말하면 서로 다른 실재인데 동일한 언표로 이를 표상화한 과오를 제각기 절감하는 자리에 이르게 되는 것이다. 이는 종교의 해체, 그리고 그것이 초래하는 '종교라는 이름으로 잘못 호칭된 상이한 실재의 현존'을 확인하는 것과 다르지 않다.

이른바 학제간의 연구가 학문 간의 벽을 넘어 상호 공동의 탐구를 실현하고 있는 현실을 감안하면 이러한 판단은 그릇된 것이다. 범학문적 접근을 모색하면서 통합학문의 출현을 기대하는 작금의 사태를 유념한다면 이러한 이해는 역사-문화적으로 지체된 '도식적인 학문이해'라는 비난을 면치 못할 것이다. 그러나 기존의 학문체계의 '융합'은 그리 쉽지 않다. 그래야 한다는 당위는 승인할 수 있다. 기존의 학문 편제를 '융합'하는 일이 오늘의 현실에서 규범적인 이념이어야 한다는 주장도 수용할 수 있다. 우리가 직면하는 새로운 물음은 기존의 인식체계를 근원적으로 재구축해야 한다는 것을 실감하게 하기 때문이다. 그러나 그러한 당위가 곧 현실로 이어지는 것은 아니다. 개개 학문의 자기 확신은 새로운 인식을 위해 자기를 여는 일을 훼방할 만큼 정태적이기 때문이다. 학문도 신념을 수반하는 '힘의 현실'이라는 것을 유념하면 그 현실성을 짐작하기가 그리 어렵지 않다.

개개 학문은 자기의 고유한 영역을 주장하면서 그 '영역주권'을 선포한다. 자기가 추구하는 인식의 객체를 명료하게 하려는 것이다. 그것이 필연적으로 배타적일 까닭은 없다. 하지만 그것이 모호하면 자기상실을 초래한다는 것을 개개 학문은 알고 있다. 따라서 이러한 자기의 영역주권을 주장하는 일은 자기의 정체성에 대한 물음과 늘 함께한다. 그런데 자기 영역을 분명히 하는 것은 자기의 정체성에 대한 회의를 지양하게 하지만 그것은 동시에 자기를 정태적이게 하고 틀에 갇힌 한계 안에 머물게 한다. 따라서 이에 이어지는 자기 정체성에 대한 물음은 불가피하다. 학문의 학문다움이 자기성찰을 수반하는 것은 이 때문이다. 현장에서의 그러한 계기의 경험은 개개 학문으로 하여금 소박하게 처음 자리로 되돌아가게 한다. '내가 무엇을, 왜, 어떻게 탐구하고 있나?'를 스스로 추궁하게 되는 것이다. 이러한 물음은 단순한 호기심이나 상상력의 발현이 아니다. 호기심이 인식을 위한 단초라 하더라도, 그리고 상상이 인식의 진전을 위한 계기를 마련한다 할지라도, 거기에 머무를 수 없는 절박함을 실제로 겪으면서 이뤄지는 것이다.

학문은 그러한 자기 확인이나 자기 영역의 선포, 그리고 이를 아우르는 인식 객체의 명료한 제시를 포함한 자기성찰이 역사-문화적인 맥락에서 구축된 것이라는 것을 알고 있다. 그러므로 학문은 물음 자리에 쌓인 문화와 이를 싣고 흐르는 역사의 맥락을 유념하면서 자신이 설정한 전제들의 타당성을 이를 준거로 하여 끊임없이 되살핀다. 이러한 성찰은 간헐적이거나 주기적인 것이거나 어떤 갑작스러운 충격으로 일어나는 것이 아니다. 그러한 자의식은 스스로 지닌 속성이다. 학문의 진전은 자기성찰의 점철을 일관하는 데서 이뤄진다. 그리고 그때 일컫는 자기성찰은 내가 묻는 현상이나 실재의 범주를 되살피게 하고, 이를 언표하는 개념을 다시 추슬러 선명하게 하며, 이에 다가가는 방법을 세심히 가늠하게 한다. 학문이 신념의 체계가 아니라 인식의 체계인 한 그렇다. 학제간의 연구나 통합학문에의

지향이나 기대를 충동한 것은 이러한 자기성찰에서 비롯한 것이다.[20]

그런데 그러한 자성이 학문함의 속성이라 할지라도 이를 '사건화'할 만큼 충동하는 현실적인 계기는 무엇인가 하는 것을 더 구체적으로 주목할 필요가 있다. 아마도 탐구대상에 대한 인식 내용이 현실적 합성을 가지지 못한다는 자의식이 가장 두드러진 까닭일 것이라고 생각해 본다. 인식 내용이 인식대상과의 만남에서 정합성을 드러내지 못한다면 그것은 불완전한 인식일 수밖에 없다. 그것은 결과적으로 자신이 물음을 제기했고 이에 대한 좀 더 진전된 인식을 경험하고자 했던 현실과의 괴리를 짓는다. 그런데도 이를 간과한 채 자기의 '태도'를 지속한다면 당해 학문은 자기전승 안에서 정립된 체계, 곧 이에서 산출된 일정한 '다듬어진 대상'과 보편성을 지녔다고 주장되는 '권위를 지닌 개념'과 거의 동어반복의 논리로 이루어진 '규범적인 문헌(canon)의 주석'에 머물 수밖에 없다.

이것은 현실과 유리된 '다른 세계의 구축'과 다르지 않다. 그러면서도 이를 학문 또는 학문함이라 일컫는다. '학풍'이라는 이름의 '관행의 계승', '정통'(正統)이라는 이름의 '배타적 권위'는 이렇게 이뤄진다. 이러한 태도는 자

---

20 '학문이 신념의 체계가 아니라 인식의 체계'라는 이러한 필자의 서술은 현실성 없는 '고전적 소박함'일 수 있다. Peter Godfrey-Smith는 그의 저서 *Theory and Reality: An Introduction of Philosophy of Science*, Chicago: The University of Chicago Press, 2003에서 '과학적 신념'(scientific belief)이라는 용어를 일관하여 사용하고 있다. 그는 그러한 신념이 우리나 세계에 의해서만 만들어지는 것이 아니라 우리의 심리적 역량, 사회의 조직, 세계의 구조 간의 상호작용의 산물이라고 말한다. 세계는 신념을 우리에게, 과학에, 또는 어떤 것에 각인하지는 않는다고 말하면서도 과학은 여전히 관찰이라는 통로를 통해 세계의 구조에 반응한다고 주장한다. 인식을 위한 신념의 수반은 자연임을 그렇게 역설하고 있는 것이다. 과학철학에서 일고 있는 이러한 주장이 함축하고 있는 바는 고전적인 인식구조를 되살피면서 학문으로서의 종교학을 성찰하는 데도 유의미한 기능을 하리라 생각한다. 논의의 탈선을 저어하여 이곳에서는 이를 유념하는 것으로 그친다.

신의 울을 공고하게 한다. 정체성이 뚜렷해진다. 물론 '학문의 성취'라고 할 일정한 '결과'는 어느 때든 당대의 물음과 해답을 천착한 문화적 감성을 수용한 것이었음에 틀림없다. 그러나 그것에 대한 주석에 머무는 태도를 지속하는 한, 그 학문은 자기 발언에 아무런 메아리도 없는 현실에 직면한다. 이에 이르면 학문은 스스로 몇 가지 양태 중의 어느 하나의 길에 들어선다. 자기의 현실 적합성과는 상관없이 참을 전유하고 있다는 권위에 의지하여 도덕적이고 규범적인 지성으로 자기를 강화하든가, 물음 자리와 물음 대상과 물음 자체를 되물어 자기의 자리와 대상과 물음을 바꾸든가, 아니면 타율적으로, 또는 스스로, 자기해체에 이를 수밖에 없다.

다시 개개 학문의 종교 인식의 문제로 되돌아가 보자. 개개 학문이 자기의 종교 인식을 그 나름의 자기완결성을 지닌 것으로 주장한다는 것은 이미 언급한 바 있다. 그것은 자신의 종교 담론에 어떤 채워지지 않은 '인식의 여백'이 있으리라는 사실을 승인하지 않는다는 것을 뜻한다. 그런데 그것은 종교와 관련하여 스스로 마련한 담론이 자기 영역 안에서 제기되고 다시 자기 영역 안으로 되돌아온 것이라는 사실의 한계를 예상하지 않는 것과 다르지 않다. 그만큼 그 인식체계는 견고하다. 재귀의 논리는 그러하다. 혹 개개 학문의 한계가 지적된다 할지라도 이는 각 학문 간의 상호보완이나 융합을 통해 메워질 수 있는 것이라고 생각한다. 그러므로 개개 학문이 지닐지도 모르는 '인식의 여백'을 지적하는 일은 그들에게는 별로 대수롭지 않은 도전이다. 늘 겪는 일이기 때문이다.

문제는 그럼에도 불구하고 종교학이라는 이름의 다른 학문이 출현했다는 사실이다. 이는 개개 학문이 펼치는 종교 담론의 체계화나 종합으로는 충분하지 않은 '다른 물음'이 제기된 것이다. 기존의 개개 학문 간의 '통합적인 지양'이 감당할 수 없는 '새 물음'이 출현한 것과 다르지 않다. 그렇다면 그 학문은 '새 물음'을 기반으로 한 새 인식론을 구축하지 않으면 안 된다. 종교학은 그렇게 비롯한 것이라고 할 수 있다. 그렇다면 종교학을 출현하게 한 새 물음이란 어떤 것인가?

종교학은 자신의 인식 객체인 종교가 단순하지 않은 현상임을 알고 있다. 종교는 앞서 언급한 바와 같이 역사현상이면서 사회현상이고, 철학적 사유의 내용이면서 심리현상이며, 자연과학이 간과할 수 없는 '다른 실재론'이며 인문적이고 예능적인 상상에 깃든 현상이다. 종교학은 이런 모든 학문 제 분과의 범주를 종교학의 범주 안에 수용한다. 이러한 종교학의 '입장'은 개개 학문과 구조적으로 전혀 다르지 않다. 종교학이라 해서 학문 일반에서 결코 예외이지 않다. 하나의 학문으로 자신을 정립하는 순간 모든 여타 학문에서 탐구하는 주제들은 자기가 설정한 인식의 객체에 귀속되는 부수현상으로 여기게 된다. 그렇게 하지 않으면 자신의 인식체계가 총체성을 갖춘 온전한 것이라고 할 수 없기 때문이다. 따라서 개개 학문이 종교를 해체하여 이를 실재하지 않게 하는 데 대한 반작용으로 종교학이 출현한 것이라는 주장은 충분하지 않다. 종교학도 마침내 여타 학문의 인식 객체를 해체하는 것으로 자기를 완성할 것이기 때문이다. 그렇다면 종교학이 개개 학문의 종교 담론이 '인식의 여백'으로 남겨 놓았다고 주장하는 그 공간이란 도대체 어떤 것인가? 그것이 종교학의 출현을 가능하게 했다면 그것은 과연 무엇일까? 이에서 주목해야 할 것은 앞서 언급한 개개 학문의 영역에서 종교가 유실된 채 그 실재성이 모호해진다고 하는 사실에 대한

종교학 또는 종교학도의 '민감한 반응', 그것 자체이다.[21]

우선 지적할 수 있는 것은 '종교'라는 현상과의 만남에서 사람들은 '저항하거나 유보할 수 없는 독특한 느낌'을 갖는다는 사실이다. 직면한 현상의 실재성 여부에 관한 논의 이전에 아예 그 현상에 대한 거의 무조건적인 '실재감'을 가지는 것이다. 이를 '종교란 아득한 때부터 언제 어디에서나 인간에게 있은 고유한~~'이라는 거의 무의식적인 선입감이 현존한다고 묘사해도 좋다. 그러한 사실을 되묻지 않고 당연한 사실로 여겨 온 '누적된 문화'가 그러한 느낌을 익숙하게 했고, 그 익숙함이 그러한 느낌을 당연한 일상이게 한 것이라고 해도 좋다. 그러나 그러한 느낌은 거기에서 머물지 않는다. '느낌'은 이에 이어지는 직면한 사물에 대한 인식을 의도하는 '생각을 펴는 과정'에서 일정한 준거의 역할을 한다. 인식은 느낌을 충족시키는 앎을 구축하려 한다. 이러한 맥락에서 보면 '개념'은 논리적 형식으로 구성된 '심리적인 객체'라고 하는 이해가 무리하지 않다.[22]

---

21 종교를 인간으로 하여금 감성이나 기억이나 이미지를 떠올리게 하는 상응환기문화 (evoked culture)로 범주화한 다운스의 주장은 이 맥락에서 유념할 내용이라 생각한다. William Downes, *Language and Religion: A Journey into the Human Mind*, Cambridge: Cambridge University Press, 2011. p.14.

22 필자는 자켄도프(Ray Jackendoff)의 언어와 의미를 축으로 한 인지적 인식론을 주목하고 싶다. 그가 제기하는 '문제'에 공감하기 때문이다. 최근의 그의 저서 *User's Guide to Thought and Meaning*. Oxford: Oxford University Press, 2012에 의하면 그는 '우리는 어떻게 세계를 경험하는가, 또는 아는가?' 하는 물음보다 '우리는 세상을 이야기하기 위해 언어를 어떻게 사용하는가?'에 관심을 기울인다(pp.151-155). 그러므로 그가 주목하는 것은 '세상에 존재하는 것은 무엇인가?'가 아니라 '세상에 대한 우리의 이해를 형성하는 데에 포함된 것은 무엇인가?'이다(p.171). 이러한 입장에서 그는 '무의식적인 의미 가설' (UMH, Unconscious Meaning Hypothesis)을 주장한다. 이 가설에 의하면 '우리가 의식적인 사유라고 경험하는 것은 그 형식을 의미에서 얻는 것이 아니라 내적인 소리, 그리고 발음이 지닌 음성적 이미지에서 얻는 것'이다(p.103). 그가 이를 뇌(brain)/마음(mind)과 연

따라서 사람들은, 그가 종교인이든 종교학도든 일반인이든, 종교라고 일 컬어지는 현상은 '본연적인 실재'이며 이에 대한 인식은 그 '본질'에 이르는 것이라는 '생각'을 한다. 어쩌면 그것은 종교에 대한 '실재감'에서 비롯한 것일지도 모른다. 이미 앞에서 언급한 바 있지만 종교와 관련된 전통적인 개념은 신성(神聖), 초월, 절대 등이다. 그런데 그 개념들이 현존하는 것은 그렇게 개념화된 실재가 그러한 개념 이전에 '이미 있던 것'이기 때문에 가능한 것이라고 주장한다. 그 실재를 검증 이전의 실재로 전제하는 것이다. 그러므로 그 실재는 사색의 논리적 과정에서 등장한 개념적 실재를 일컫는 것이 아니다. 경험적 실재를 지칭한다. 지금 여기를 넘어선, 그래서 결국 이 땅을 넘어선, 그리고 인간을 넘어선, 이와 대칭되는 '다름의 겪음'을 말하는 것이고, 그렇기 때문에 그것은 실증이 요청되지 않아도 되는 실재이다. 일상의 경험에 빗대어 말한다면 삶 속에서 겪는 모든 실재나 현상이 무상한데도 그러한 개념들로 서술되고 수식되는 현상은 그렇지 않다고 여기는 것이다.

종교가 우리의 경험 안에서 드러내는 이러한 '독특한 무늬' 때문에 실은 종교에 대한 학문적 관심, 곧 종교학이 비롯했는지도 모른다. '실재한다는 사실이 실증되지 않는 것을 실재한다고 하는 주장이 빚는 온갖 현상'을 비판적 인식의 틀 안에서 확인하고자 하는 것이 종교학이기 때문이다. 그런데 흥미로운 것은 실재한다는 사실이 실증되지 않는 것을 실재한다고 하는

계하여 설명하고 있는 것을 유념하면서 필자는 앞에서 느낌이라고 지칭한 것의 함축을 그의 주장과 병행하는 것으로 사용하고 싶다. 또한 그에 의하면 이 세상에 있는 사물을 우리가 이해할 수 있는 것은 그것이 우리가 설정한 범주 안에 드는 것인 경우에 한해서이다. 그런데 그럴 수 있는 것은 우리가 그 범주를 구축했기 때문이다(p.132).

그 '주장의 실재성'이다. '주장의 실재성'을 인식의 객체로 설정하는 것은 그 주장이 담고 있는 '실재의 실재성'을 승인하는 일과 다르지 않다. 그렇다면 종교학이 종교에 대한 관심을 갖는다는 것은 결과적으로 여타 학문의 종교에 대한 관심과 근원적으로 다를 수밖에 없다. 종교라고 일컫는 현상은 어떤 관점에 의해서도 해체될 수 없는, 또는 어떤 특정한 현상의 부수현상일 수도 없는, 그것 나름의 실재성을 처음부터 승인해야 하는 '다른 현상'으로 여기기 때문이다. 그러므로 종교는 다른 현상으로 환원될 수 없는 스스로 자족적인 독특한(sui generis) 실재라고 일컬어진다.

그런데 이에 이르면 종교학의 그러한 입장은 종교현상에 대한 '비판적 인식'을 스스로 제한하거나 부정하는 것이 된다. 종교를 객관화한다든지 여타 학문의 종교에 대한 인식이 오히려 종교를 무산시킨다고 비판한다든지 하는 종교학의 자기천명이 무의미해질 만큼 스스로 종교와 학문이 중첩하는 자리에 자기가 있게 되기 때문이다. 고전적으로 말하면, 종교학의 종교학다움을 드러내는 징표로 여겼던 종교에 대한 반 독단적 태도와 여타 학문에 대한 반 환원론적인 태도가 그것이 언표하는 바와 같이 실제적이지 않음을 드러내는 것이다. 반 독단적이면서도 그 독단과 단절되지도 않고, 반 환원적이면서도 그 환원을 부정하지도 않기 때문이다. 그러한 종교학에 대한 인상적 판단을 요청한다면 그것은 당연히 '종교적인' 것이라고 사람들은 반응할 것이다. 종교학은 그가 스스로 선언한 본래의 모습을 스스로 지우는 것으로 비치는 것이다. 이를 우리는 여타 학문에서의 종교 담론과 상이한 종교학만의 '결'이라고 말할 수 있다.

4) 정의(定義)의 늪

위에서 논의한 바를 더 진전시켜 보자. 인식의 장에서 언제나 등장하는 것은 사물을 정의(定義)하는 일이다. 학문의 장에서 이 문제는 인식의 출발이기도 하고 종착이기도 하다. 사물을 정의하지 않으면 물음의 적(的)을 설정하지 않는 것과 다르지 않고, 사물을 명료하게 정의하는 데 이르지 않으면 그것은 물음의 소임을 다하지 못한 것과 다르지 않다. 몰라 묻지만 알아야 물을 수 있고, 그 물음은 전제된 앎을 승인하는 데서 완결될 수 있다. 그러므로 정의는 전제이면서 귀결이고, 귀결이면서 전제이다. 이러한 의미에서 정의는 그것 자체가 역설이다. 이를 지양하기 위해 전자를 '작업 가설적 전제'라 칭하기도 한다. 대상을 일정한 범주를 설정하여 그 안에 담는 것을 방법론적인 맥락에서 정의라고 이해하는 것이다. 마찬가지 맥락에서 후자는 다양한 총체를 넘어선 '본질에의 도달'이라고 칭하기도 한다. 존재론적인 맥락에서 현존을 아우르는 것을 정의라고 이해하는 것이다.

모호성과 독특한 '결'로 요약한 종교학에 대한 학계의 비판적 논의가 귀결하는 곳은 이러한 문제가 어린 곳이다. 실제 물음은 종교학은 도대체 '무엇을 하는 학문인가?'하는 것이지만 정작 그 물음은 종교학이 전제한 '종교'란 무엇을 일컫는가를 묻는 데 이른다. 학문의 학문다움은 물음 대상의 명료성과 비례한다고 흔히 말한다. 종교학 스스로도 그렇게 여긴다. 그리고 이때 종교학은 '종교'를 자기네 물음의 객체라고 말하면서 그것은 시공을 망라한 보편적인 실재라고 주장한다. 하지만 실제에서는 차마 드러내지 못하는 당혹을 늘 안고 있다. 왜냐하면 종교에 대한 물음을 묻는 순간 종교학이 부닥치는 것은, 적어도 그가 정직하다면, '종교'라는 실재가 이를 당인

하느냐 마느냐 하는 문제를 야기할 만큼 뚜렷하게 '있느냐' 하는 것이 아니라 우리가 일컫는 '종교'라는 언어 자체가 지극한 다의어(多義語) 또는 동철이의어(同綴異義語)라는 사실과 직면하기 때문이다. 그래서 누구에게나 언제나 동일한 객체이리라고 상정한 '종교'는 아예 서로 다른 실재이거나 아니면 다른 이름들로 불리는, 또는 그럴 수밖에 없는, 실재라는 사실에 직면하게 된다. 그런데도 여전히 종교라는 용어는 그 모든 이른바 '다른 어휘'에 의한 '다른 실재'들을 아우르면서 그 나름의 특정한 범주의 울안에서 보편적으로 일컬어지고 있다. 공감을 불러일으키는 소통 매체의 기능을 수행하고 있는 것이다. 이 불가해한 현상이 종교학이 스스로 종교를 묻는다는 자의식을 지니는 순간 부닥치는 현실이다. 따라서 그럴수록 정의의 문제는 종교학을 위해 '기술적으로' 해결하지 않으면 안 되는 불가피한 과제일 수밖에 없다. 이는 정체성을 운위하는 데서 더 이상 이를 진전할 수 없도록 하는 개념적 위기이기 때문이다.[23]

이미 너무 국지적이어서, 그리고 충분히 논의된 바 있으므로, 이 계기에서 'religion'의 어원을 찾아 종교를 '연계'(religare)를 통해 추적한다든지, 신

---

23 그것을 위기로 인식하는 것은 정의를 전제해야 한다는 당위를 의식하는 경우에 한한다는 주장도 있다. 이를테면 '만약 우리가 모든 종교는 인간의 마음 안에서 자연스럽게 솟는 상황적응구조의 맥락적인 변주들이라고 이해하면(William Downes, op. cit., p. 236) 굳이 언어에, 곧 불가피하게 서술 범주와 개념으로 이어지는 정의의 다양성에, 직면하여 당혹할 까닭은 없지 않은가?'하는 경우가 그렇다. 필자는 이 주장에 공감한다. 이러한 주장은 결코 정의의 문제를 우회적으로 탈출하고자 하는 것도 아니고, 정의의 필요성이 상존한다는 것을 부정하는 것도 아니다. 달리 말하면 정의를 하지 말자는 것이 아니라 정의 자체를 재규정하자는 것인 까닭이다. 필자는 이를 정의를 '명사화'하기보다 '동사화'하는 것이 이 딜레마를 극복하는 길이라고 서술하고 싶다. 정의의 문제는 '정의를 찾아 거기 안주하기'가 아니라 '물음-정황에 적합성을 지닌 정의를 수시로 짓기'라고 이해하고 싶은 것이다.

과 인간과의 관계를 봉헌적으로 기술한 '신에의 예배'(cultus Deorum)를 거론하며 이를 규정한다든지, 아니면 인간의 실존적 절규가 다듬어진 '믿음'(belief)이 곧 종교라고 한다든지, 이에 문화적 함축을 더해 '궁극적 관심'(ultimate concern)이라고 한 주장을 불러온다든지 하는 일은 삼가고자 한다. 누가 보아도 이러한 논의들은 특정 종교, 그것도 그리스도교의 신학 전통을 토양으로 한 것이다. 그뿐만 아니라 그 다양한 귀결에도 불구하고 이러한 논의들은, 주창자들이 직접 그렇게 서술하고 있는 것은 아니지만 지금 여기에서 일상적인 용어로 사용하고 있는 religion에 대한 지금 여기에서의 이해를 정당화하려는 의도의 다양한 변용과 다르지 않기 때문이다.

브렌트 농브리(Brent Nongbri)는 최근 이에 대해 매우 공감적인 발언을 하고 있다. 그의 주장은 다음과 같이 간추릴 수 있다. "이러한 작업은 그 용어가 처음에 어떤 함의를 지니고 사용되었는지를 알면 지금 우리가 일컫는 종교가 무엇을 지칭하는지를 밝힐 수 있으리라는 기대에서 비롯하는 것이다. 이러한 방법은 그럴듯하다. 하지만 그 일은 우리가 지금 여기에서 사용하는 종교 개념을 옛날 문헌에 삽입하여 이에 상응하는 것이 무엇이 있을까 하는 것을 찾는 일과 다르지 않다. 이러한 일이 지금의 종교를 명확히 정의하는 데 기여하는 바는 실은 없다. 오히려 그러한 작업은 자칫 지금 여기에서 우리가 겪는 종교마저 상실해 버리고 마는 무의미하고 허무한 작업에 지나지 않을 수도 있다."[24] 이러한 맥락에서 그는 브루스 링컨(Bruce

---

24 Brent Nongbri, *Before Religion: A History of a Modern Concept*, New Haven: Yale University Press, 2013. pp.25-34. 그는 본문에서 언급한 그러한 주장을 아예 직설적으로 다음과 같이 기술하기도 한다. "특정한 종교 정의를 시도하는 데에 어떤 이해관계가 개입하는 것은 아닌지? 누가 왜 종교를 정의하려고 하는지? 오늘날 종교를 연구하려는 자는

Lincoln)의 주장을 들어 오히려 종교 정의는 '다원적이고 융통성이 있는 것' 이어야 하며, 그렇기 위해서는 '사람들이 본능적으로 종교라고 부르고 싶어 하는 사물'을 기술해야 하지 않겠느냐고 말한다.[25]

　종교학사는 종교학이 이 문제에 이르기까지의 궤적을 보여준다. 처음 종교학은 종교 기원의 문제에 집착했다. 그러나 그것이 난망한 것임을 알아가면서 점차 종교 기능의 문제를 초점으로 삼았다. 그러나 이도 단순하지 않았다. 기능의 개념적 단순성은 그것이 실현되는 다양성을 감당하지 못했다. 이에 이르면서 종교학은 종교가 현존하는 의미에 대한 물음으로 그 관심을 선회했다는 것이 종교학의 전개였다는 것이다. 탐구 주제의 이러한 전환을 종교를 정의하는 일과 직접 관련짓는 것은 무리한 것처럼 보인다. 하지만 그 주제의 전환은 당해 주제에 대한 논의가 앞으로 더 나아가지 못하는 한계에 부닥치면서 이루어진 불가피한 정황에서 일어난 일이라는 것을 유념하면 결국 그 전환은 '종교를 어떻게 범주화할까?'라든지 '이를 위해 종교에 대한 어떤 물음을 제기해야 하나?' 하는 문제에 이를 수밖에 없

종교를 정의하려는 행위, 그리고 어떤 것은 종교이고 어떤 것은 아니라고 하는 말하는 행위를 주목해야 한다(p.155)." 필자는 이러한 주장과 공명하는 경험을 연구현장에서 한 바 있다. 삶의 현장에서는 종교가 그것을 만나는 주체의 실제적인 이해관계에 의하여 수시로 유동적으로 정의되고 있었다. 정진홍, 이창익, 「종교/문화/종교문화: 한국종교의 '종교 공간 만들기'와 관련하여」, 『학술원 논문집』 55(1), 대한민국학술원, 2020, 1-68쪽 참조.

25 Brent Nongbri, *op. cit.* p.17. 그는 누구나 익히 아는 1966년에 기어츠(Clifford Geertz)가 주장한 "분위기와 동기를 독특하게 현실적이게 하는 사실성의 후광을 지니고…강력하고 보편적이며 지속적인…상징체계"라는 종교 정의(C. Geertz, "Religion as a Cultural System," in *Anthropological Approaches to the Study of Religion*, ed by Michael Banton, New York: Frederick A. Praeger, 1966, pp.1-46)는 상당히 포괄적으로 타당하다는 판단을 받아왔음에도 그것조차 비서구적 경험을 유념한 것은 아니라고 하면서 이러한 주장을 편다.

다는 것을 드러내는 것과 다르지 않다. 그렇다면 그 전환은 마땅한 일이다. 부연하면 기원의 자리에서도, 기능의 자리에서도, 의미의 자리에서도 종교가 뚜렷하게 정의되지 않는다는 것을 실감한 일련의 과정을 종교학사는 그렇게 기술하고 있는 것이다.[26]

(1) 기원

이를 좀 더 부연해보자. 앞에서도 지적한 바 있지만 초기 종교학이 자기의 토양으로 삼았던 '다름의 승인'과 진화론이 이념적으로 지배했던 풍토에서 비롯한 토테미즘(totemism), 애니미즘(animism) 등을 비롯해서 원유일신론(urmonotheismus)에 이르기까지 다양한 종교 기원론이 주창되었다. 그

---

26 이곳에서 유념하는 종교학사는 앞에서 언급한 바 있는 샤프의 저술(Eric Sharpe)(1975)이다. 이 저서의 핵심 용어를 필자는 Darwinism, Experience, Culture, Phenomenology 등이라고 생각한다. 비록 반세기 전의 저술임에도 이 책이 가지는 문제의식은 지금도 절실하다. 그는 학문에서 일어나는 끊임없는 주제의 등장과 소멸의 순환을 마치 음악의 카덴스(cadence)와 같다고 기술하면서 다음과 같이 말하고 있다. "(학문의)종말은 학자들이 서로 다른 방법이 근본적으로 보완적인 것임을 깨닫지 못한 채 언제나 방법을 마치 택일적인 엄격한 것으로 여기고 자기를 거기 가두어두는 바로 그 시기에 일어난다. 무엇이 이 끝을 이을지를 알 수는 없다. 다만 새로운 시작이 일 것을 바라면서 학문을 해나갈 뿐이다." 그리고 다음과 같은 발언도 첨부한다. "하나의 방법론만을 주장하는 것은…교조주의다. 그것은 과거의 일이다.(p. 290-291, 293)". 필자는 그가 운위하는 '방법'은 인식 객체를 설정하는 일을 포함한다고 판단한다. 또 그가 일컫는 방법은 정의의 문제도 포괄한다고 이해한다. 이러한 자리에 서면 그가 '종교학의 과거가 교조주의적이었다'고 밝히 지적하면서 앞으로는 그렇지 않기를 바란다고 한 언급은 현실적인 무게를 지닌다. 물론 학문이 교조주의적이게 되는 것은 종교학의 경우에 한한 것은 아니다. 학문이 지닌 일상적인 위험이다. 학문의 계보적 추종을 정통성으로 주장한다거나 특정한 방법의 관행적 반복을 대상과 상관없이 지속한다거나 하는 경우 학문은 교조주의적인 풍토에서 벗어날 수 없다. 하지만 필자는 그의 이 발언이 이러한 학문에 적용되는 일반론을 편 것은 아니라고 생각한다. 그가 의도하는 것은 종교학이 종교에 대한 인식을 의도하면서도 종교에의 봉헌의 정서에서 벗어나지 못하고 있음을 지적하려는 것이라고 이해한다.

러나 주목할 것은 그러한 주장의 어느 하나도 실증적으로 확인된 것이 아니었다는 사실이다. 그 이론들이 당대의 서양의 종교들, 더 구체적으로 그리스도교를 변증하는 데는 효과적이었지만 그것이 하나의 이론으로 정리된 것은 아니었다. 문제는 그 이론들의 사실성보다 기원에 대한 관심이 가지는 인식의 차원에서의 본래적 한계였다.

이를테면 기원은 실제로 실증이 불가능하다. 우리는 기원 이후에 속해 있기 때문이다. 그러므로 종교가 어떻게 비롯했는가 하는 것에 대한 어떤 기술이나 인식도 그것은 실재하는 어떤 것에 대한 실증적인 인식일 수 없다. 그런데도 종교학이 기원을 일컫는다면 그것은 실증적인 귀결이기보다 인식 주체가 '믿고 바라는 설명'일 뿐이다. 그렇다면 설명된 기원은 '직관적인 신념'이 낳은 산물 이상일 수 없다. 이는 '처음'을 고백하는 종교의 태도와 다르지 않다. 그런데 종교학은 종교의 그러한 태도를 비판적으로 인식의 차원에서 다루겠다는 거였다. 따라서 기원에 관한 논의에 종교학이 집착하는 것은 결국 '종교적인 태도'를 지속하는 것과 마찬가지라는 판단에 이르지 않을 수 없다. 종교학이 스스로 자기딜레마에 빠진 것과 다르지 않은 것이다. 이를 자각한 종교학은 이에서 머물 수가 없었다. 종교학은 종교기원론을 통해 종교가 무엇인지를 설명하려는 태도를 포기하지 않으면 안 되었다. 기원이 아닌 다른 주제를 통해 종교가 무엇인지 규명해야 하는 과제에 직면한 것이다.

그렇다고 해서 기원의 문제가 종교학의 현장에서 사라진 것은 아니다. 종교학의 전개과정에서 기원의 문제가 벽에 부닥치면서 다른 주제를 통한 종교인식의 계기를 지은 것은 분명하다. 하지만 기원에 관한 관심은 인간의 지적 욕구가 스스로 설정하는 본연적인 문제의 하나다. 그렇기 때문에 그것은 쉽게 포기할 수 없는 지속적인 문제로 인식의 장에서 항존한다. 종교학도 다르지 않다.

하지만 현재의 종교학에서는 이 문제를 이전처럼 다루지는 않는다. 시점(視點)이 확산되고 물음의 차원이 다층적으로 심화되었다. 기원을 역사적 맥락에서만 논의하는 것은 인간의 '의식'(意識)을 충분히 고려하지 않은 데서 비롯한 협소한 이해임을 지적하는 경우가 하나의 예다. 이를테면 토모코 마츠자와(Tomoko Masuzawa)는 무릇 사물의 기원에 대한 관심은 그것의 현존을 시간을 따라 소급하고 추적하여 도달하는 역사적 기원에 관한 것이라기보다 오히려 지금 여기에 있는 사물을 그렇게 현존하게 한 '힘'이 어디에서 비롯했는가에 대한 것이라고 말한다. 그래서 그는 종교의 기원에 대한 탐색은 삶의 일상적인 경험 안에서 야기되는 온갖 사물의 처음에 대한 관심과 다르지 않은 것이라는 자리에서 비롯해야 한다고 주장한다. 이러한 주장을 그는 오스트레일리아 원주민의 '꿈 시간'(dream time)을 언급하면서 편다. 기원과 전승이 지금 이곳에서의 삶의 주체들에 의해 어떻게 표상으로 드러나는지를 살펴 부연하고 있는 것이다.

그러나 이러한 접근이 역사적 기원을 실증하려는 태도와 근원적으로 다른 것은 아니다. 여전히 종교학의 본연적인 자리, 곧 종교라는 현상에 대한 학문적인 탐구가 지향한 비봉헌적 태도를 온전히 유지할 수 있는 자리는 아닌 것이다. 왜냐하면 이 경우 종교학은 '설명할 수 없는 어떤 힘'을 상정하게 되는데 그 힘을 전제할 뿐 그것의 실재를 묻지는 않기 때문이다. 이는 그러한 힘이 실재한다는 사실을 전제해야만 비로소 종교학은 종교에 대한 논의를 펼칠 수 있다고 여기는 것과 다르지 않다. 그렇다면 종교학의 자리

와 신학의 자리는 근원적으로 다르지 않다.[27]

(2) 기능

종교학사는 기원의 문제가 기능의 문제로 선회했음을 지적한다. 그리고
이를 서술하기 위해 서두에 등장하는 것은 대체로 뒤르켐(Émile Durkheim)
이나 베버(Max Weber)의 이론이다. 그리고 경우에 따라 마르크스(Karl Marx)

---

27 마츠자와의 이러한 견해는 기존의 문제의식을 답습하지 않고 지금 여기에서의 문제의식
을 정직하게 드러냈다는 의미에서 참신하다. 그러나 초기 종교학이 역사적 기원에만 매
몰되었다는 부정적 평가에는 온전히 동의할 수는 없다. 오늘의 시각에서 보면 그렇게 평
가할 수도 있다. 하지만 그들이 선택 가능한 다른 시각들을 간과하면서 역사적 기원에 집
중한 것은 당대의 문제의식에 충실하고자 했던 것으로 이해되기 때문이다. 이와 아울러
필자는 그가 주장하는 이른바 '의식의 차원에서의 기원의 문제'에 접근하는 '방법론'에도
주목하고 싶다. 그는 기원의 문제를 제기하고 이를 서술하면서 1936년에 벤야민(Walter
Benjamin)이 발표한 '기계적인 재생산 시대의 예술작품'이라는 논문을 준거로 하고 있다.
심미적 경험에 내재해 있는 '원형적 회상의 재연'에서 등장하는 '아우라'를 종교학의 기원
론과 연계하고 있는 것이다. Tomoko Masuzawa, *In Search of Dreamtime: The Quest for
the Origin of Religion*, Chicago: The University of Chicago Press, 1993. pp.16-17. 이보다
12년 후에 출간된 '세계종교' 담론에 관한 저술에서도 그는 '이론의 시대에 어떻게 역사
를 기술할 것인가' 하는 문제를 다루면서 벤야민이 크라우스(Karl Kraus)를 언급하는 데
서 출발하고 있다. Tomoko Masuzawa, *The Invention of World Religions: Or, European
Universalism Was Preserved in the Language of Pluralism*. Chicago: The University of
Chicago Press. 2005. p.29. 이런 사실들은 그의 담론이 '전통적인 과학적 실증에 의한 인
식체계'와는 거리가 있는 것으로 판단하게 한다. 그는 '직관적 추론'을 통해 자신의 주장을
펴고 있다고 해야 옳을 것 같다. 그는 그 논의의 준거를 '역사'에서 '의식'(意識)으로 바꿨을
뿐 그것이 지닌 '직관적 인식 또는 신념을 통한 인식에의 귀결'은 그대로 지니고 있지 않
나 하는 생각이 들기 때문이다. 그의 이러한 '역사와 의식의 자리바꿈'이 종교학을 위한 방
법론으로 적합한 것인지 여부에 대한 판단은 '기원에 대한 관심'이 어떤 문제에서 말미암
은 것인가에 따라 다를 수 있다. 그러나 학문적 노작도 하나의 'opus'라면, 그리고 '합리성
이란 언어에 의하여 고양된 직관'이라는 이해의 자리(Jackendoff, 2012, p.243)에 선다면,
그의 주장은 앞으로의 종교학의 펼침을 위해 매우 의미 있는 작업이라는 판단을 하게 한
다. 특히 그가 학문에 대한 신랄한 비판을 통해 이른바 학문함이란 '수사적인 일'(rhetorical
events)임을 알아야 한다고 주장하고 있음(pp.29-30)을 유념하면 더욱 그러하다.

의 주장이 첨가된다. 그 뒤로는 종교공동체의 속성과 규모에 관한 논의, 새 종교의 출현에 관한 관심, 이른바 세속화를 중심으로 한 종교의 쇠락 현상에 관한 논의 등이 기능을 초점으로 하여 종교를 탐구하는 주제들로 등장하였다. 극단주의나 신비주의적 현상에 대한 논의도 이에 포함된다. 대체로 논의의 내용은 종교가 공동체를 통합하는지, 해체하는지, 매개하는지 하는 사회적 기능에 대한 서술로 이뤄졌다. 이러한 관심과 아울러 의례에 대한 기능적 관심은 개인 및 공동체의 실존적 존재 양태와의 관계에서 일정한 변화를 획 한다는 사실을 지적하는 내용도 포함하여 펼쳐졌다.

앞에서 예거한 학자들을 종교학자로 여기는 것은 무리다. 그들은 사회를 설명하려는 틀 안에서 종교를 다뤘을 뿐만 아니라 '거룩함'이나 '초월적인 힘'이나 '반전제로서의 신'을 실재로 상정했기 때문이다. 그 이후에 전개된 기능으로서의 종교에 대한 탐구도 크게 다르지 않다. 그러한 기능을 작동하게 하는 것은 초월이나 신성이나 절대타자가 실재한다는 사실을 전제할 때 비로소 가능한 것이라는 주장을 하나같이 담고 있기 때문이다. 그렇다할지라도 이러한 연구들이 종교를 기능의 측면에서 살핀 것은 분명하고, 학문적인 자리에서 이뤄졌음도 확실하다. 그러나 기능의 문제도 그 실상은 기원의 경우와 다르지 않다. 초월과 신성으로 개념화될 이러한 실재를 종교학이 승인하는 것은 종교가 스스로 실재라고 선포하고 지지하며, 나아가 규범적인 것으로 전제하는 것을 그대로 승인하는 것과 다르지 않다. 그러한 '다름의 실재'를 승인하지 않으면 종교의 기능에 대한 설명은 스스로 자기주장의 바탕을 잃을 수밖에 없다. 달리 말하면 종교 기능에 대한 설명은 종교적인 주장에 공감적으로 참여할 때만 가능한 것이다.

그런데 종교학은 그러한 실재가 전제되어야만 비로소 종교의 기능이 사회적 차원에서든 개인의 실존적 차원에서든 이루어진다는 사실에 대한 회의에서 비롯한 것이다. 그렇다면 종교학이 '초월의 범주'를 종교의 기능을 설명하면서 전제하고 승인하는 것은 이율배반적인 태도와 다르지 않다. 그런데 그렇다는 것을 알면서도 종교학은 이에서 벗어나지 못한다. 그 '다름'을 실재가 아니라고 부인하는 것은 종교학이 종교를 아예 지워버리는 것과 다르지 않기 때문이다. 결국 종교학은 스스로 설정한 객관적이고 분석적이고 비판적인 종교인식이라는 자기 정체성을 유지하는 한, 기원의 문제와 다르지 않게, 기능의 문제에서도 딜레마에 빠질 수밖에 없다.

　기능을 초점으로 한 종교에의 접근이 이러한 사정을 의식하면서 사라진 것은 아니다. 기능이 우선해야 하는 중요한 주제라는 사실을 주장하는 입장은 여전히 뚜렷하다. 이를테면 '다름'과 연계되어 있는 '힘의 실재'가 종교의 기능을 특징짓는다는 것을 종교학이 승인하는 것은 종교의 자기 서술을 종교학이 '종교적으로 승인하는 것'과 다르지 않다는 주장은 논리적으로는 모순일 수 있지만 현실적으로는 종교학이 이 귀결을 피할 수 없다는 데메라스(N. Jay Demerath)의 입장이 그러하다. 그는 이 문제와 관련하여 '기능을 현실화하는 것으로 지칭되는 것들이 과연 실재하느냐의 여부'에 관심을 가질 것이 아니라 '기능 자체'에 집중해야 한다고 주장한다. 그는 사실상 종교의 기능과 종교 아닌 다른 것의 기능의 차이가 뚜렷하게 경계 지어진 것이 아니라고 말한다. 그는, 타 학문과의 관계에서 이미 드러났듯이, 비록 가시적인 기능의 차이를 지적할 수 있다 할지라도, 그것은 어떤 명제를 가지고 그 기능을 보느냐 하는 태도의 문제이고, 기능이라고 표상화한 실재를 어떻게 해석하고 활용하느냐 하는 데 달린 것이라고 보기 때문이다. 이러한 맥락에서 그는 종교의 사회적 기능이나 개인적인 실존의 변화를 서술하는 데서 핵심적인 것이라고 일컬어지는 이른바 '거룩함' 또는 '카리스마' 등은 '실재'가 아니라 오히려 '텅 빈 실체'라고 말한다. 삶의 경험주체가 채우는 데 따라 그것은 적합한 기능 여부로 자기를 드러낸다고 보는 것이다. 그러므로 종교의 기능이라고 해서 어떤 특정한 실재, 곧 신성(神聖)이나 초월이나 절대와의 관계 속에서 작동하는 것으로 일컬어져야 하는 것은 아니다. 그 기능은, 언제나 어디서나 논의되고 탐구되어야 할, 종교의 당연한 표상 중의 하나다. 따라서 그것이 종교를 온전하게 드러내지 않는다거나 자기가 전제한 인식의 규범을 배반한다거나 하는 이유로 종교학이 이에 대한 탐구를 주저한다거나 다른 주제로 서둘러 전환하려는 것은 마땅하지 않다고 주장한다.[28]

(3) 의미

무릇 사물에 대한 학문적 천착이란 '사실'을 기술하고 이를 비판적으로 분석하고 종합하는 데서 시종(始終)한다. 그 최종적인 종합이 함축하는 이른바 '구축된 인식'이 현실적인 규범으로 실제의 차원에서 실천되어야 한다는 것까지 학문함이 감당해야 하는 것인가 하는 문제는 학문의 실용성이

---

28 릴리안 보이에(Lilian Voyé)는 그의 논문 "A Survey of Advance in the Sociology of Religion(1980-2000)", in Peter Antes et al., eds., *New Approaches to the Study of Religion*. Volume 2. Berlin: Walter de Gruyter. 2004, pp.195-228에서 그 기간 동안 출현한 새로운 개념에 주목한다. 이를테면 invisible religion, civil religion, implicit religion, church religion, diffusive religion, religion in values 등을 든다. 그런데 그는 이러한 개념과는 달리 데메라스(Demerath)가 주장하는 category of activity를 주목한다(pp.203-204). 필자는 루크만(Luckmann)이나 벨라(Bellah)나 네스티(Nesti) 등이 주장하는 앞에서 예거한 어쩌면 전통적인 사회학적 개념보다 데메라스가 제기한 종교를, 직접적으로는 거룩함을 '행위범주'로 개념화하는 것이 더 실제적이라고 판단한다.

나 현실 적합성의 문제와 더불어 이념적 지향의 문제까지를 포함하면서 학문을 긴장케 하는 기본적인 '과제'이다. 그런데 달리 서술하면 이는 학문함이 '인식 객체에의 집중'이나 방법론적인 주객 간의 '거리두기'로는 충분하지 않다는 사실을 다르게 서술한 것이기도 하다.

종교를 이해하고자 종교학이 선택한 것이 기원이든 기능이든 그 주제나 이에 이르는 방법이 종교학의 학문다움을 확인하는 데서 어떤 모자람을 드러내는 것은 아니다. 그럼에도 이제까지 살펴본 바와 같이 종교학은 스스로 딜레마에 함몰되어 있다는 회의(懷疑)를 벗어나지 못했다. 이는 종교학이 자기를 '과학 또는 학문'으로 선포한 정체성에 대하여 '불안한 신뢰'를 지니고 있음을 드러내는 것이기도 하다. 달리 말하면 이는 종교학이 '종교학과 종교의 중첩'이 불가피하다는 것을 승인하면서, 이에서 조금도 더 나아가지 못하고, 그 중첩성이 학문의 비학문적 속성을 자체 안에서 일게 하는 딜레마에 자기를 그대로 머물게 하는 것에 대한 자의식에 스스로 얽매여 있는 것과 다르지 않은 것이다.

샤프는 종교학이 종교사나 비교종교학의 흐름을 지양하면서 종교현상학에 관심을 가지게 된 것은 종교학이 이 딜레마를 극복하려는 자연스러운 '선회'라고 여긴다.[29] 종교현상학은 본질 자체에 스미지 않으면서도 드러난 현상을 통해 본질을 직관할 수 있고, 그러한 자리에서 그것이 자연스레 귀결하는 '의미'를 기술할 수 있을 것이라 기대했기 때문이다. 종교현상학이 종교학을 '해석을 수행하는 것'으로 새롭게 규정하면서 이제까지의 딜레마

---

29 Eric Sharpe, *op. cit.*, pp.220-250.

를 벗어나리라고 판단한 것이다.[30] 만약 의미의 산출이 학문함에서의 당연한 귀결이라면 의미 자체에 대한 관심을 강화함으로써 객체에의 집착이나 거리두기에서의 실패라고 할 자괴감을 종교학은 지양할 수 있지 않을까 하는 새로운 문제의식을 가지게 한 것이 '의미의 문제'를 직면하게 한 계기라고 판단하고 있는 것이다. 무릇 학문에서 사실을 기술하는 일은 필연적으로 그 기술된 현상의 의미를 운위하게 한다는 것, 그것은 의미를 의도적으로 찾지 않아도 현상 자체의 잉여로 현상과 더불어 있다는 것, 그러므로 현상의 분석적 기술에만 집착하는 것은 그렇게 하도록 한 본래의 실존적 동기를 망각하거나 상실하게 한다는 것 등이 종교학이 의미에로의 선회로, 구체적으로는 종교현상학에의 관심으로 구체화된 것으로 보는 것이다.[31]

---

30 캡스는 Walter Capps, *Religious Studies: The Making of a Discipline*, Minneapolis, MN: Augsburg Fortress, 1995. (김종서 외 옮김, 『현대종교학 담론』, 까치글방, 1999)에서 종교학사의 전개과정을 본질, 기원, 묘사(description), 기능, 언어, 비교 등의 주제로 묶어 서술한다. 이는 각기 종교철학, 종교사학, 종교현상학, 종교사회학, 종교언어학, 비교종교학에 대응한다. 순서와 예거한 학자들이 반드시 같은 영역에 들지는 않지만 전체적인 조망이 샤프와 공감하는 것으로 읽힌다.

31 콕스(James L. Cox)는 현상학이란 용어는 소쌔이(Chantepie de la Saussaye)에 의해 처음으로 종교연구에 적용되었는데 그 까닭은 종교연구와 신학의 관계를 명료하게 하고자 하는 의도에서 비롯한 것이라고 말한다. 이 문제는 한동안 잠잠한 듯했지만 지금도 여전히 간헐적으로 등장한다고 말한다. 왜냐하면 학문적인 종교연구란 비록 학문이라는 이름으로 자기를 가리고 있지만 실은 근원적으로 신학적인 기획이라고 간주하는 의견과 종교현상에 대한 어떤 연구도 그것은 광의의 문화연구의 우산 아래서 이루어져야 하는데 종교학은 그런 것이라고 하는 의견 사이에서 논쟁이 벌어지기 때문이다. James L. Cox, *A Guide to the Phenomenology of Religion: Key Figurers, Formative Influences and Subsequent Debates*, London & New York: T&T Clark International, 2006, pp.2-3. 그의 이 서술에 필자는 공감하고 동의한다. 하지만 이 저서에서 종교현상학을 전개하도록 한 처음 학자들로 리츨(Ritschl), 트륄치(Troeltsch), 베버(Weber), 융(Jung) 등을 거론하는 것에 대해서는 상당한 이견이 있다. 그러나 실제 현장의 문제를 연구하면서 종교현상학적 접근이 어쩌면 앞으로의 종교연구에 새삼 수복해야 할 성찰의 내용이 될 거라는 주장에

물론 의미를 짓는 해석은 '자의적(恣意的)인 사실 짓기'와 다르지 않은 긴장을 내포한다. 그렇게 되면 종교학은 스스로 의미 짓기의 필연성 속에서 과학이기를 멈추고 다시 종교적이게 된다. 그러나 이 딜레마에 빠지지 않는 최소한의 방어벽은 있다. 종교현상학이 도달하는 해석학은 비록 그것이 현상의 의미를 창출하는 것이라 할지라도 개개 종교의 교의적 내용을 추종하는 것은 아니라는 사실이 그것이다.[32] 기원과 기능의 문제를 거쳐 종교학이 의미의 문제에 이르렀다는 주장은 앞에서의 기술의 흐름을 좇는다면 필연적인 귀결이다.

그러나 종교학이 '의미'에로 '선회'한 것에 대한 이러한 기술은 그간 종교학이 현실에서 유리된 도식적인 사유 틀에 얽매였던 탓에 가능했던 것이라고 비판하기도 한다. 학문의 종국적인 해답이 의미에 이르는 것은 당연한 거고, 종교학이라 해서 이에서 예외일 수는 없다는 것을 주장하는 것이다. 아예 '의미를 짓는 일'은 종교학의 당연한 소임이라고 역설하는 것이다. 이른바 '의미 지음'이나 현상에 대한 해석이 종교학의 비학문성을 지칭하는 흠이 될 까닭이 없다고 판단하는 것이다. 물론 이러한 주장이 의미화 과

는 공감한다. 종교현상학은 신학도 아니고, 본질론자의 자리도 아니며, 맥락일탈적인 것도 아니라는 발언을 그가 사변적인 논리를 좇아 하고 있는 것이 아니라 현장에서의 실제 연구 경험(대체로 짐바브웨족의 의례)을 기반으로 하고 있기 때문이다.

32 필자는 샤프의 이러한 주장에 대체로 공감한다. 그런데 더 주목하고 싶은 것이 있다. 그는 지역에 따라, 곧 미국, 북구의 여러 나라, 그리고 이탈리아 등지에서 '해석의 문제'가 다르게 다뤄지고 있음을 언급한다. 이 발언이 비록 비교종교에 관하여 언급하는 계기에서, 종교 간의 대화를 이야기하는 맥락에서 등장한 것이라 할지라도 이는 동일한 사물에 대한 인식에 있어서 '이론의 지역적 특성 또는 지역적으로 다른 이론의 형성'을 지적한 것이기도 하다. 그가 의도한 발언이라고 단정할 수는 없지만 이는 이른바 보편성이 역사주의적 시각에서만 이뤄지는 현상에 대한 보정(補正)의 필요를 함축하는 것으로 읽히기 때문이다. Sharpe, op. cit., pp. 220-250.

정에서 위험이 일 수 있다는 것을 간과하거나 부정하는 것은 아니다. 이를 테면 종교학은 현상을 기술한다. 그 기술은 설명으로 이어진다. 그런데 주목할 것은 현상을 기술하고 설명하는 데서 드러나는 것을 탐구자는 서둘러 범주화하든가 개념화한다는 사실이다. 그것은 사실을 언어에 담는 것을 뜻한다. 이는 소통을 위한 불가피한 일이다. 그런데 이때의 언어화된 개념들은 언제나 어떤 것도 추상화해 버린다. 그렇게 되면 현상은 논리적 형식 안에 담긴다. 그렇게 이뤄진 현상에 대한 서술은 이미 사실 기술을 넘어선다. 그 넘어섬 때문에 설명은 '지향적'이게 된다. 그리고 그 지향성은 의미를 담는다. 이렇게 지어진 의미는 현상에 되갇히지 않는다. 스스로 자신의 현존을 확보한다. 그리하여 다음과 같은 사태를 빚는다. 이를테면 '신의 실재'와 '개념 안의 신의 실재'는 다르게 된다. 실재하는 신은 우리에게 드러난 것, 그래서 '만나는 존재'지만 개념이나 범주로 기술된 신은 추론의 결과일 뿐이다. 그 신은 언어와 체계 안에만 있다. 그러므로 그 안에 있는 신은 늘 지어진다. 신은 다양하고 가변적인 의미의 표상으로 기술된다. 개념 안의 실재는 바로 그 개념을 통해 실재로 지시된다. 그러한 지시 안에만 그 신은 있다. 하지만 '만나는 신'은 신 개념이 지시하지 않을 때도 실재한다.

이를 다시 이렇게 일컬을 수도 있다. 경험과 사유를 나누어 기술한다고 하자. 이때 전자는 후자를 자기 안에 담고 있다고 여긴다. 그러나 후자는 그렇지 않다는 자의식을 지닌다. 그러므로 언어로 표상화된 도식적인 사유 틀에서 빚어진 의미는 사실을 경험하는 데서 말미암은 의미와 같지 않다. 언어화한 추상의 귀결로서의 실재를 의미화하는 것이기 때문이다. 따라서 그 언어가 침묵하면, 또는 삶의 현장에서 적합성을 잃으면, 그것이 지시하는 실재는 그 언어와 사라지거나 더불어 침묵하거나 변형된다. 그리나 경험적 실재는 여전히 있다. 이러한 사태는 일종의 '인식의 도착 현상'이다. 바로 이 '위험'을 인식은 자기의 속성으로 지닌다.[33]

그렇다고 해서 언어를 폐기할 수는 없다. 언어에 의한 의미 짓기는 불가피한 현실이다. 의미를 짓는 것은 언어와 더불어 인간의 일상이다. 달리 말하면 '의미 지음'은 인간의 고유한 기능이다. 인간이 회의(懷疑)를 경험하는 존재인 한 이를 넘어설 길은 없다.[34] 그렇다면 종교학이 낳고 펼치는 의

---

33 제리 포더는 인지과학의 자리에서 이 문제를 다루고 있다. Jerry Fodor, *Concepts: Where Congnitive Science Went Wrong*, Oxford: Oxford University Press, 1998. 그는 '둥근 사각형'을 예를 든다. '저기 둥근 사각형이 있다'는 언표는 '언어의 질서' 안에서 조금도 그르지 않다. 그리고 문장의 연속된 체계 안에서 이 용어의 반복은 이를 실재이게 한다. 그것은 그렇게 일컬어지는 실재로 여타 세모나 네모나 원 등 온갖 모양들과 함께 있게 된다. 이 용어를 어떤 경우든 일단 상용(常用)하게 되면 점차 '둥근 네모'는 사물에 대한 구체적인 묘사에서 비롯한 것으로 승인된다. 둥근 네모는 있는 건데 그것을 발견하거나 경험하지 못하는 좌절을 겪는다. 그것이 언어적 실재일 뿐이라는 것을 터득하는 일은 쉽지 않다. 그의 이러한 주장은 이제까지 우리가 간과한 과오가 얼마나 드러나지 않은 채 지속되었는가를 새삼 살피게 해 준다(pp.163-165). 그는 이와 아울러 '개념 또는 정의의 소멸'을 일컫기도 한다. 이를테면 우리는 때로 사물에 대한 정의가 산만하게 난립하여 인식이 궁경에 처하게 되는 것이라고 판단하면서, 그렇기 때문에 정의를 명료하게 해야 한다고 주장한다. 사물에 대한 다의성의 문제를 정의를 더욱 정치(精緻)하게 하여 해결하려는 것이다. 그러나 이러한 태도는 바로 그러한 문제의식이 비현실적이라는 사실을 모르기 때문에 야기되는 것이라고 그는 말한다. 정의가 필요하다는 전제를 없애면 정의에서 비롯하는 혼란스러움은 모두 사라진다는 것이 그의 주장이다(p.53). 그의 언급을 무관심하게 전승된 인식을 위한 조건들을 관행적으로 반복하는 것에 대한 성찰로 여긴다면 이는 적절한 지적이다. 하지만 기존의 언어나 경험의 자리를 벗어나는 다른 자리를 탐색해야 한다는 의도에서가 아니라면 이러한 충고는 실은 비현실적이다. 단, 로슨(Thomas Lawson)이 말했듯이, 종교가 '인간의 능력'(capacity)에 속한 것임을 전제한다면 이는 현실적인 제안이다. 그가 서 있는 인지과학의 자리에서는 개념의 구축과 제거가 자연스러운 일로 여겨지기 때문이다. Timothy Light et al. eds., *Religion as a Human Capacity: A Festschrift in Honor of E. Thomas Lawson*, Leiden and Boston: Brill, 2004 참조.

34 이미 '잊힌 고전'일지 모르지만 의미의 문제에 직면할 때마다 필자는 Charles Long, *Signification: Signs, Symbols, and Images in the Interpretation of Religion*. Philadelphia: Fortress Press, 1986을 회상한다. 그는 이 책의 서문에서 '의미를 짓는 일은 거짓말보다 고

미가 필연적으로 종교적일 까닭은 없다. 또 그것이 저어해야 할 상황도 아니다. 오히려 의미란 실체적이라기보다 상황적이라는 사실을 유념하면 더욱 그러하다. 종교가 말하는 초월이나 신성도 실은 상황적인 것이다. 그것이 어디에서 자리를 잡느냐 하는 것이 거룩함의 의미를 낳기도 하고 그렇지 않기도 하다. 이러한 사실은 다시 종교를 어떻게 정의할 것인가 하는 문제로 되돌아간다. 왜냐하면 인식의 객체에 초점을 맞추든 인식 주체에 초점을 맞추든 어떻게 자리를 바꿔도 정의(定義)의 문제는 비록 부유(浮遊)할 뿐 정착하지 못한다 할지라도 그 물음은 이어지기 때문이다. 종교학이 처한 지금 여기의 상황은 이렇다.[35]

약하다'는 미국 흑인들의 격언을 소개하면서 이와 아울러 '의미부여자와 의미수용자와의 연계는 자의적이다'라는 소쉬르(Ferdinand de Saussure)의 발언을 언급한다(p.1). 그러나 이는 의미 짓기의 본연적인 '긴장'을 지적하는 것이지 그것의 불필요함을 주장하려는 것은 아니다. 특히 그는 아프리카계 미국인이 미국 대륙에서 의미부여자의 자리에 있지 못하고 의미수용자의 자리에만 있어 왔음을 상기시킨다(p.8). 그렇게 될 수밖에 없음을 그가 단적으로 적시한 것이 개념과 범주의 문제다. 그가 서거 직전에 행한 대담에서 밝힌 바도 그것이다. 그는 범주나 개념과 연관하여 이러한 발언을 한다. "그것을 실재로 여겨 기존의 개념구조에서 새로운 개념구조를 창안해내는 것이 학문함이라면 그것은 그 나름의 발전의 이데올로기를 충족시켜줄지는 몰라도 그것이 과연 인식의 문제에 현실적으로 기여할 수 있을지를 묻지 않을 수 없다. 삶의 현장 안에 있는 물음주체의 절박한 의미에의 회구가 차단되기 때문이다." 그의 비유가 흥미롭다. "물 한잔이 필요한데요? 아냐, 너 지금 물 마실 필요가 없어! 아뇨, 마시려는 것이 아니라 요리를 하려고요"(Satoko Fujiwara et al., ed., *Global Phenomenologies of Religion: An Oral History in Interviews*, Bristol, CT: Equinox, 2021, pp.199, 203). 위에서 지적한 라이트(Timothy Light)가 인용하는 로슨의 일화(p.396)도 아울러 유념하면 이 둘의 사례가 공유하는 문제의식을 확연하게 파악할 수 있다.

35 위브는 이제까지 서술한 '문제'를 '경험'과 '이론'으로 나누고 전자를 종교공동체(신학), 후자를 대학(종교-학)에 맡기는 투로 이를 다듬는다. 필자는 이러한 태도가 전형적인 서구 또는 북미의 경험과 현실을 자료로 한 기술이라고 생각한다. 학문과 사실이 서로 훼손되지 않는 선을 애써 모색하여 확보하면서도 그 둘이 나뉘지만 더불어 있음을 주장함으로써 삶의 현장에서 그 둘이 각기 자기모습으로 살아남기를 바라기 때문이다. 그러나 이

티모시 피츠제럴드(Timothy Fitzerald)의 주장은 이 계기에서 주목할 만하다. 그는 종교를 분석할 수 있는 범주로 설정하는 깃 자체가 과연 타당한 것인지를 묻는다. 그것은 불가능하다는 맥락에서 그는 종교를 개념화하여 정의하려는 시도를 아예 포기해야 한다고 주장한다. 그렇지 않고 계속 그러한 노작(勞作)을 한다면 이는 학문을 위장한 '종교하기'와 다르지 않다. 이를 넘어서기 위한 대안으로 그가 제시하는 것은 종교를 인문학 또는 문화연구의 범주에 담는 길이다. 그래서 그는 이렇게 말한다. "종교연구를 인문학이나 문화연구라고 부른다면 매우 행복할 것 같다.…비신학적으로 우리가 종교를 논의한다는 것은 실은 그것의 가치를 논한다거나 상징체계에 대한 해석을 이야기하는 것으로 이해되기 때문이다."[36] 그러나 이에 대하여 이반 스트렌스키(Ivan Strenski)는 그것은 단지 종교연구를 문화연구로 '환원'하는 것과 다르지 않다면서 자기 자신의 노작이 결과적으로 가장 드높은 수준의 학문적 성취에 이를 것이라는 희망을 주제의 천착을 위한 아무런 정의도 없이 시작한다는 것은 망상이라고 지적한다.[37] 종교학의 현실은 단

는 서양의 경우만이 아니다. 종교와 종교학의 갈등적인 정황에서 벗어나려는 이러한 투의 천착은 여타 문화권에서도 나타나고 있을 뿐만 아니라 타당성을 지닌다고 여긴다. 결과가 초래할 채색은 다를 수 있지만 야기된 문제는 분명하게 공유하기 때문이다. 이런 사실을 감안할 때 "종교가 무엇이든 우리가 그것을 이해하려 한다면, 적어도 그것을 단순하게 경험적으로만 연구할 것이 아니라 이론적으로도 연구해야 한다는 사실에 대체로 동의할 수 있어야 한다."는 그의 마지막 언급은 설득력이 있다. Donald Wiebe, *The Politics of Religious Studies: The Continuing Conflict with Theology in the Academy*, Palgrave, 1999, p.293.

36 Timothy Fitzerald, *The Ideology of Religious Studies*, Oxford University Press, 2000, pp.19-20.

37 Ivan Strenski, "The Proper Object of the Study of Religion: Why It Is Better to Know Some of the Questions Than All of the Answers," in Slavia Jakelić & Lori Pearson ed., *The*

순하지 않다.

5) 종교의 독특성

앞에서 지적한 종교학의 갈등적인 정황은 종교학이 스스로 종교와 거리
두기를 주장하면서 종교라는 사물을 일반적인 객체로 여긴다면서도, 실은
그것을 여타 사물과 다른 '자족적인 독특한 실재'로 전제한다는 사실이었
다. 달리 말하면 종교학은 종교란 '자족적이고 독특한 실재'라는 인식 자체
에 대해서는 묻지 않는다. 그런데 바로 종교의 자리가 그러하다. 따라서 그
러한 전제를 종교학이 하고 있다면 그것은 종교학이 스스로 부정함에도 불
구하고 결국 자신이 '종교적인 자리'에 선다는 판단을 타자들이 가지게 하
는 빌미를 낳게 했다. 더 나아가 이는 종교와 종교학의 중첩은 불가피하다
는 판단을 종교학 안팎에서 하지 않으면 안 되는 자리에 종교학 스스로 이
르게 한 것과 다르지 않았다.

이와 아울러 우리는 그러한 필연성을 암묵적으로 승인하면서도 전혀 다
른 접근을 통해 이를 살피려는 견해들이 병존한다는 사실도 살펴보았다.
어찌 보면 그러한 견해들은 이른바 '정통적인 종교학'에서 일탈한 것으로

Future of the Study of Religion: Proceeding of Congress 2000, Leiden and Boston: Brill,
2004, p.152. 그는 종교를 규정하는 것보다 "문제의 제기가 곧 종교를 종교이게 한다."는
자리에서 실제로 6개의 범주를 마련하고 그 안에 35개 항목의 문제를 담아 이에 대한 해
답을 추구할 것을 요청한다(pp.161-163). 물론 그 문제는 더 늘어날 거라고 말한다. 그리
고 자기가 제시한 문제들이 시대착오적인 것일 수도 있다는 것을 언급하고 있다. 필자는
그가 제기한 문제의 개개 항목에 대한 동의 여부 이전에 '물음이 곧 물음 대상을 드러내
보일 것'이라는 그의 입론(立論)에 공감한다.

비치기도 한다. 하지만 그러한 '다른 시도'는 종교학이 처한 역설적 정황을 지양하기 위하여 물음을 재구성하고 해답을 모색하는 현실적인 '다른 접근'의 구축이기도 하다. 그리고 유념할 것은 '다름'의 출현은 언제나 새 지평의 전개를 함축한다는 사실이다. 이를 좀 더 상술해 보기로 하자.

우리는 하나의 개념을 파악하는 것은 어떤 사물에 대하여 결정적인 이해를 하는 것이라고 여긴다. 그래서 종교학의 경우에도 종교라는 현상을 개념화하고 이를 명료하게 정의하려 애써 왔다. 그리고 이 일을 우선해야 하는 작업으로 여겼다. 그것은 결과적으로 종교학의 탐구 주체, 대상, 방법, 의미, 나아가 현실적 효용까지 담보하는 바탕이 되리라는 기대를 가졌기 때문이다. 그러나 그렇게 이루어진 종교라는 개념이 우리의 기대를 실제적으로 충족시켰는지를 검증하는 일은 쉽지 않다. 그것은 종교라는 개념이 드러내는 표상을 우리가 어떻게, 그리고 얼마나, 지각하고, 그것을 준거로 행동하며, 종교에 관한 담론에서 그것을 소통매체로 활용하는가 하는 실천적인 문제이기 때문이다.

그런데 개념은 그것이 명료할수록 실제 삶의 자리에서는 그 개념이 지시하는 사물에 대한 투명한 인식을 구축하기보다 그 사물을 겪은 경험과의 괴리를 드러내면서 오히려 당혹과 좌절을 느끼게 한다. 개념은 그것이 비롯한 사물과의 직접적인 연계를 단절시키기 때문이다. 이미 앞에서 서술한 바 있지만, 그것은 추상화가 초래하는 불가피한 현상이다. 그렇다는 사실을 충분히 인지하면서도 우리는 학문함의 자리에서 우리가 전제하는 '정의가 온전한가?' 하는 문제에 집착한다. 기존의 '마련된 정의'가 규범적 권위를 행사함으로서 오히려 현장에서 야기되는 자유로운 물음에서 비롯하는 인식을 불투명하게 하는 것은 아닌가 하는 회의에 직면하기 때문이다.

달리 말하면 그것은 기존의 정의가 '현실 적합성'을 지니고 있지 않다는 것을 경험하는 것과 다르지 않다. 정의를 짓는 일과 이의 현실 적합성의 상실이라는 이 순환적인 혼돈은 학문의 장에서 모든 것을 빨아들이는 소용돌이와 비슷하다. 거기에 머무는 한 이른바 학문적 천착은 조금도 진전되지 않기 때문이다.

그런데 바로 이러한 회의에서 우리는 또 다른 사실을 확인한다. 현실 적합성의 문제가 야기되는 까닭은 개념이 불완전해서가 아니라 개념을 낳게 한 현실과 그렇게 생성된 개념, 그 현실과 개념을 인식하려는 주체, 그 주체의 물음과 지향하는 해답 등이 모두 '생동하는 과정 안에 있다'는 사실 때문이라는 것을 새삼 깨닫게 되는 것이다.[38] 이제까지 종교학이 관심하는 바는 귀납적으로 가용한 이른바 자명한 자료들이었다. 그리고 이에 관한 학자의 역할은 그 자료를 분류하고 범주화하고 조직하면서 연역에 기초한 이론들을 마련하는 일이었다. 바로 이러한 학자의 담론체계에 초점을 맞춰 보자는 것이다. 그렇게 되면 우리의 개념화를 동기화한 역사적 조건을 비판적으로 검토하게 될 것이고 우리가 현존하는 역사적 정황을 우리가 지각하도록 할 것이기 때문이다. 달리 말하면 이렇게 초점을 바꿔보면 개념이

---

38 다운스는 이 문제를 '언어의 변화'라는 관점에서 서술한다. 그에 의하면 개념이란 단지 기억이 잠시 머무는 자리와 다르지 않다. 그리고 그것은 상이한 정보를 취합하는 기능을 수행하기 때문에 상이한 방법으로, 상이한 비율로 늘 변화하기 마련이다. 따라서 개념이 머무는 자리는 지속적으로 변화한다. 이에 따라 언어의 의미도 변화하고 논리도 바뀐다. 그는 이러한 자기주장의 정당성을 제시하기 위해 마음이론에 근거한 '표상의 전염학'을 원용한다. 필자는 그가 세월에 따라 단어의 의미, 개념, 나아가 생각이 체계적으로 변화하는 것을 확인하면서 이를 흔히 일컫는 '사회·문화적 맥락'의 변화에 따른 것이라는 주장에 머물지 않고 일상적인 삶을 살아가는 사람들의 언어 활용에 주목하여 이를 일상이라고 설명하고자 하는 것에 공감한다. William Downes, *op. cit.*, pp. 227-228.

란 실은 무상(無常)한 것임을 새삼 인식하게 된다.

우리의 경우를 들어보자. 일상의 생활 속에서 '종교'라는 용어를 사용할 때 우리는 그것이 religion의 번역어라는 사실을 유념하지 않는다. 그 용어의 사전적 의미도 유념하지 않는다. 그런데도 소통에 무리가 없다. 문제가 생기는 경우는 '종교란 과연 무엇인가?'라고 묻는 본질탐구적인 맥락에 자리하고 있을 때이다. 학문, 또는 학자의 자리가 그러하다. 만약 그 물음 대신에 '너는 무엇을 일컬어 종교라 하느냐?'고 한다면 이에 대한 반응은 자유로울 것이다. 개념어가 현존하는 실상은 이러하다.

그렇다면 우리가 인식론적인 문제라고 여겼던 '모호함'은 오히려 존재론적인 것이었다고 해야 옳을지도 모른다. 이러한 자리에서 보면 모든 종교적인 것은, 적어도 그렇게 일컬어지는 현실이 있음을 승인한다면, 인간의 마음 안에서 자연스럽게 일어나는 일종의 '적응구조'라고 할 수 있기 때문이다. 더 구체적으로 말하면 그 구조의 맥락적인 변용이 종교라고 할 수 있는 것이다. 그렇다면 그것을 하나의 정의로 다듬어 이제 그 실재가 명료해졌다고 하는 것은 그 개념의 실제와 무관한 것이다. 우리가 직면하는 종교들은 실제로 서로 다른 의미론적 내용을 지닌 서로 다른 개념을 발전시키기 때문이다. 다시 말하면 종교라는 개념이 함축한 실제적인 의미론적 내용은 제각기 자기 정체성을 확인하도록 하는 상황적응적인 '가변성'을 지니고 표상이 되기 때문이다. 따라서 종교라는 호칭으로 불리는 '기억과 행위와 공동체로 이루어진 전통이라고 일컬어지는 것'도 실은 인간이 자기의 삶의 문제 정황에서 벗어나기 위해 일정한 실천적인 행위를 의도할 수 있는 기반을 마련하려는 지속적인 시도가 전승된 총체와 다르지 않다. 그러므로 종교는 초월적인 실재에 의해서 주어진 것이 아니라 경험 주체에 의하여 '요청되어' 등장한 것이다. 따라서 '종교를 여타 삶의 표상과 다른 독특한 것'이라고 규정하는 것은 학자의 의식 안에서는 가능하지만 일상의 발언 주체에게는 아예 비현실적인 일이다. 종교는 인간의 의식 또는 마음이 자기의 '필요에 의해 빚은 실재'가 드러난 표상이기 때문이다. 따라서 종교를 '본질적 실재'에의 적응이라고 한다면 이러한 주장은 현실성을 확보할 수 없다.

'거룩함'을 실재로 여기고, 이를 준거로 하여 발전한 서구에서의 종교연구의 맥락에서 보면 이는 적절하지 않은 귀결이다. 그래서 지금도 격한 논의가 진행되고 있다. 이를테면 맥커천은 이를 이른바 '종교의 독특성'(sui generis religion)의 문제로 다룬다. 엘리아데가 종교학을 반 독단론과 반 환원론의 자리에 위치 지우면서 주장한 '종교의 독특성'에 대한 논의는 이미 잘 알려진 내용이다.[39] 이에 대하여 맥커천은 신랄한 비판을 가한다. 그렇게 반 독단성과 반 환원성을 지지하기 위해 구축한 것이 '종교는 다른 것과 비견되지 않는 독특한 것'이라는 주장이라면 그것은 결국 이념적으로는 '종교의 지배 전략'이고, 방법론적으로는 '향수의 정치학'이며,[40] 학문의 장

---

39 필자는 엘리아데가 주장한 sui generis religion을 맥커천이 주장한 것과는 다르게 이해한다. 그는 이 개념이 어떤 경험적인 현실에서 비롯한 것인가를 맥락적으로 살펴보기보다 다만 '문자적'으로 수용하고 있는 것으로 보인다. 그런데 실은 그가 주장하는 가장 중요한 것은 사물을 '맥락적'으로 살피자는 것이다. 그리고 이는 옳은 주장이다. 그렇지만 엘리아데에 대한 비판에서는 그러한 자기주장이 현실적으로 기능하지 않는다. 이를테면 엘리아데가 '일상과 비일상의 중복이 삶의 현실임'을 지적한다든지 '인간의 의식은 상상력을 그 안에 지니고 있다'든지 하는 맥락에서 그러한 개념을 사용하고 있음을 그는 간과한다. 개념을 그렇게 읽는 것은 결과적으로 맥락일탈적인 수밖에 없다. 정진홍,『M. 엘리아데: 종교와 신화』, 살림출판사, 2003 참조.

40 nostalgia에 대한 그의 의견은 참신한 안목을 지니게 한다. 그러나 엘리아데가 주장하는 '고대존재론'(archaic ontology)을 이렇게 단정적으로 '향수'(鄕愁)로 치환하는 것은 조심

에서는 '제국주의적 역동성'을 드러내는 것이라고 그는 단언한다. 당연히 그는 '인간은 종교적인 존재'(homo religiosus)라는 주장에 대해서도 같은 맥락에서 공감하지 않는다. '종교'는 그렇게 주장할 수 있지만 '종교학'은 그럴 수 없다고 말한다.[41] 더 나아가 그는 '거룩함의 표상'이니 '거룩함의 양태'니 '종교적인 경험'이니 '종교적인 상상'이니 하는 것 등은 종교를 sui generis한 것으로 전제할 때만 가능한 언표라고 주장하면서 그러한 '종교'란 실은 없다고 말한다.[42]

스럽다. 비록 이를 '향수'로 여긴다 할지라도 그는 '향수'가 인식을 위해 지닌 분석적 기능이 어떤 것인지도 아울러 서술했어야 한다. 그러나 이를 그에게서 선명하게 찾아보기는 힘들다. 필자는 '과거의 역사를 살펴보면~'이라는 것을 역사주의적 태도라고 한다면 향수는 '잊어 잃어버린 것에 대한 기억을 되살펴보면~'이라고 묘사될 수 있는 것이리라 생각한다. 이른바 '향수적 상상력'(nostalgic imagination)을 일컫고 싶은 것이다. 그 상상력은 과거를 실증하려는 것이 아니다. 잊어 잃은 과거의 경험이 지금 어떻게 나도 모르게 현존하는지를 '되살리'는 것이기 때문이다. 그리고 이를 앞의 태도를 보완해줄 수 있는 '자아에 대한 인식이나 사회인식을 위한 지적 반응'이라고 여기고 싶은 것이다.

41 Russell T. McCutcheon, *Manufacturing Religion: The Discourse on Sui Generis Religion and The Politics of Nostalgia*, New York, Oxford: Oxford University Press, 1997는 엘리아데를 공격의 초점으로 하여 격한 논의를 전개하고 있다. 그는 본질론자라고 할 sui generis religion의 주창자들이 왜 그러한 주장을 하는지 그것의 정치-사회적 함의가 무엇인가를 폭로하는 것이 자기가 할 일이라고 한다(p.137, 158). 이러한 주장은 기존의 이론을 새롭게 비판적으로 인식하게 하는 데 매우 효과적이다. '학문적 권위'의 외피를 벗겨내는 작업이기 때문이다. 그러나 그러한 비판은 자칫 자기가 비판한 바로 그 자리에 자기가 서게 되는 '회귀적 논리의 순환구조'를 짓게 한다. 공격이 치열할수록 이를 담은 논리는 더 소박하게 단순화되기 때문이다.

42 *Ibid.*, p.xii. 2007년에 출간한 그의 저서 『*Studying Religion: An Introduction, London, Equinox*』(김윤성 옮김, 『종교연구 길잡이』, 한신대학교 출판부, 2015)는 앞의 저술에 비해 상당히 온건하다. 역자의 말도 이 책과 그의 주장을 비판적으로 이해하는 데 많은 도움을 준다. 그러나 필자는 아직 그가 왜 이런 '안내서(입문서, 개론 등을 포함하여)'를 집필했는지 의아하다. '연구자가 사용할 도구'를 가르쳐주고 싶기 때문이라는 서론에서의 진술은 그의 친절한 의도와는 달리 아예 불편하다. 도구의 선택은 자료와 탐사자의 관계 속에서 출현하는 '자유'에 속한다고 생각하기 때문이다. 종교학이 discipline이기를 그만

그의 주장은 현실적으로 옳다. 앞에서도 언급한 바 있지만 일상의 삶 속에서 사용되는 '종교'가 반드시 독특한 실재를 전제하고 일컬어지는 것은 아니다. 실제 사용에서는 '종교'라는 어휘가 학자들이 생각하듯 그리 '순수하게 자기완결적인 오롯한 종교'를 일컫지 않는다. 그런 종교는 없다. 그렇지 않다면 종교에 대한 그 많은 다른 '이해'들이 공존한다는 사실을 설명할 길이 없다. 그런데도 일상인이 '종교적 경험'이라고 할 때의 그 '종교적'이라는 것을 sui generis한 것을 지칭하는 것이라고 한다면 그 sui generis는 오히려 '맥락 의존적 sui generis'라고 할 수 있는 그러한 것이다. 그렇다면 'sui generis한 종교'란 학자들의 관념이나 상상력이 지어낸 그들의 인식체계 안에서 구축된 개념적 실재로만 있는 것이라는 '선언'은 옳다. 달리 말하면 종교를 일컫는 모든 언표가 종교를 sui generis한 것임을 전제한 것이라고 읽는 것은 학자의 비현실적인 관념임이 틀림없다.[43] 그러나 그것이 지칭하는

두고 field라는 자의식을 가지고 온갖 학문과 '더불어' 종교를 탐색하는 자리에 있기를 바라는 의도가 '현실적'인 것이라는 주장에는 공감한다. 그러나 그 현실성이 앞에서 그가 비판한 종교학의 이념적 지향과 제국주의적 역동성과 정치-사회적 힘의 발휘를 구체적인 규범으로 제시하는 폭력을 과연 피할 수 있을 것인지에 대한 회의에서 필자는 자유롭지 않다. '길잡이'의 제시는 바로 그 폭력의 대명사일 수도 있기 때문이다.

43 그는 "종교 그 자체에 해당하는 자료는 존재하지 않는다. 종교는 단지 학자들의 연구에서 만들어진 것일 뿐이다. 종교는 분석적 목적을 이루기 위해 학자가 비교와 일반화라는 상상적 행위를 하면서 창출된 것이다. 종교는 학문세계를 떠나 독자적으로 존재하지 못한다."는 조너선 스미스의 주장에 동의한다. 사물을 명료하게 규정하려 정의(定義)에 집착한 학자들이 마련한 '종교'로 실제로 일어나는 경험적 현실을 마구 재단하는 과오를 되살피게 해주는 데서 스미스의 발언처럼 직설적이고 충격적인 발언은 없다. 그러나 스미스의 이러한 주장은, 비록 그의 논의에 다양한 비서구적 종교 자료들이 활용되고 있다 할지라도, 철저하게 유신론적, 또는 그리스도교적 문화의 토양을 전제하지 않고는 쉽게 수긍할 수 없는 것이기도 하다. 초월, 거룩함, 절대자의 존재 등을 전제하지 않고는, 적어도 그러한 것들이 문화적 실체임을 전제하지 않고는, 일체의 종교 논의가 찬반 간에 아예 불가능한 것이 그 문화의 특성이라 여겨시기 때문이다. 이러한 맥락에서 보면 맥커천이 스

실재가 없다는 이유로, 그것은 학자의 학문함의 자리에서 형성된 상상의 산물일 뿐이라는 전제에서, '불완전하지만 소통언어로 현존하는 그 어휘'를 수거하여 폐기할 수는 없는 일이다.

그렇다면 이 문제에 대한 다른 접근이 필요하다. 주목해야 할 것은 역시 종교라는 용어의 '일상에서의 용례'이다. 이를테면 우리는 개인이 어떻게 이른바 '객관성'을 경험하는가 하는 것을 살펴봄으로써 이 문제에 접근할 수도 있다. 실제 삶에서의 객관성은 결코 작위적으로 구축되지 않는다. 인식을 위한 거리 짓기에서 비로소 의도적으로 인식 주체에 의하여 어떤 사물이 '저기'에 자리 잡게 되는 것이 아니다. '인식 현상'을 그렇게 분석적으로 기술할 수는 있다. 하지만 그 분석이 객체를 현존하게 하고 그것에 대한 인식을 초래하는 것은 아니다. 일상의 삶 속에서 겪는 객체는 그렇게 '절차적으로' 있게 되지 않는다. 하나의 '사물을 일컫는 행위'가 이미 사물의 객체적 현존을 전제하고 객관성을 구축한다. 그리고 그 틀이 곧 인식 주체와

미스의 그러한 언급이 자신을 직접적으로 지지하는 것이리라고 판단한 것에 대해 필자는 회의적이다. 왜냐하면 스미스의 주장은 종교라고 일컬어지는 현상이 아예 없다는 것이 아니라 학문의 체계 안에서 관념적으로 있어 현실 위에서 부유하고 있음을 지적하는 것이라고 이해되기 때문이다. 이 문제에 관해서는 Jonathan Smith, *Imagining Religion,* Chicago: The University of Chicago Press, 1982의 역서 『종교상상하기』(청년사, 2015)의 옮긴이 장석만이 머리말에서 상세히 다루고 있다. 장석만의 논문, 「인간과 관계된 것 치고 낯선 것은 없는 법이다」, 『현대사상』 7, 1999. 그는 스미스가 일컫는 위 문장에서의 종교란 '이차적인 추상물'이라고 설명한다. 스미스의 주장을 명료하게 해주는 설명이다. 이와 아울러 이창익 「종교는 결코 끝나지 않는다: 조너선 스미스의 종교이론」 『종교문화비평』 33, 2018, 172-247쪽 참조. 이 논문에는 앞으로 우리가 논의할 많은 주제에 대한 스미스의 주장을 일별할 수 있는 내용이 치밀하게 정리되어 있다. 그러나 필자는 의도적으로 스미스의 소론을 근간으로 삼기를 주저했다. 그를 읽는 필자의 이해가 정리되어 있지 않기 때문이다. 스미스에 대한 국내외 연구논문의 자세한 소개도 이 논문의 참고문헌에 소개되어 있다. 국내 학자로는 김윤성, 안신, 유요한, 임현수, 장석만 등의 연구가 있다.

객체가 앎을 확보하는 구조다. 따라서 일상의 삶 속에서 사람들이 종교를 일컫는다면 그것은 그 어휘를 발언하는 화자에게 이미 종교가 객관적인 것으로 경험된 것과 다르지 않다.[44]

그런데 이에 더하여 또 하나의 사실을 유념할 필요가 있다. 이때 종교를 객체로 발언하는 것은 독백이 아니라는 사실이 그것이다. 그러한 발언은 집단 안에서 이뤄지는 행위다. 그렇다면 객관성을 어떻게 경험하는가 하

---

[44] Arie L. Molendijk et al., ed., *Religion in the Making: The Emergence of the Scientific Study of Religion*, Leiden, Boston, Köln: Brill, 1998. 필자는 때로 '과학적'이라는 개념의 현실성을 학문이, 특히 인문학이 가볍게 여기는 것은 아닐까 하는 생각을 한다. 과학에 대한 인문학적인 이해는 대체로 자연과학을 전거로 한다. "코끼리는 세포의 종합이 아니다."에서 비롯하여 '나치의 해부학의 딜레마'라고 일컫는 'Eduard Pernkopf의 *Topographische Anatomie*'(1937)에 관한 논쟁 등이 전형적인 예다. 인문학은 그 종합을 의도하는 것이고 그 행위에 윤리성을 갖추게 하는 것이라는 주장이 그것이다. 그러면서도 인문학은 여전히 과학적이기를 스스로 기하면서 '인문과학'이라는 말을 주저 없이 사용한다. 하지만 '과학'(science)에 대한, 과학적 탐구에 대한 근원적인 성찰은 미진하다. 종교학도 마찬가지다. 이를테면 '종교에 대한 과학적 탐구'가 곧 '종교학'이라고 할 때, 그 '과학'의 현실성에 대한 종교학의 이해는 이른바 '신학'의 배타적 독단성에 대한 비판적 회의를 보정(補整)하는 것으로 여기는 데서 머물고 있다는 생각이 든다. 위의 책에서 필자가 받은 느낌이 그러하다. 그런데 과학이기를 지향하는 종교학은 자신이 추구하는 '인식'을 위해 뜻밖에도 '직관적 통찰'이라고 할 문학이나 예술적 상상력이 사물을 서술하는 데서 많은 빚을 지고 있다. 이러한 사실은 더욱 종교학이 과학을 어떻게 이해하고 있는지를 되묻게 한다. Molendijk의 책은 이러한 문제를 집중적으로 논의하고 있다. 그런데 이 책의 마지막 장에서 키펜베르크(Hans G. Kippenberg)는 '잔존: 발전의 시대에 종교사 연구하기'라는 글을 통해 다음과 같이 주장한다. "역사는 남아 있는 것(survival)이다. 그것은 드러난 것이 아니라 찾아야 하는 것이다(p.303)…그렇다면 그것에 대한 연구는 실증의 범주 안에 드는 것이 아니라 역사적 상상력의 범주에 속한 것이다.…종교이해는 상상력의 장(場)에, 그리고 허구적 실재(fiction)에 속한 것이다(p.307)." 필자는 이 글에서 과학(science)에 대한 비판적 성찰이 도달한 역설적인 비과학적 주장이 마침내 종교학의 과학성은 물론 과학의 과학성에 대한 물음까지 아우르게 됨을 느낄 수 있었다. 그렇다면 언어와 의식과 물질과 문화에 대하여 관심을 기울이는 종교학의 최근의 모습이 어쩌면 자연스러운 현상이기도 하다.

는 물음을 아예 "그가 일컫는 종교는 어떻게 사용될 때 당해 공동체에서 그것이 소통과 지각과 행위의 표상으로 보장받는가?" 하는 물음으로 바꿔볼 수 있다. 이를 다음과 같이 물을 수도 있다. "인간의 모든 지각과 행위, 그리고 소통을 위한 맥락을 형성하는 것은 무엇일까? 그것이 결과적으로 나타나는 제도나 상황적인 유형이나 실천을 상정하는 규범과 틀을 마련하는 것은 무엇인가?" 실제로 우리가 살아가는 삶 속에서는 이를 '상식'이라고 말한다. 그런데 상식은 이른바 학문을 준거로 했을 때 당연히 '피상적'이다. 설명적이기보다는 기술적이다. 그런데도 상식은 상당히 완고하게 유지된다.[45] 이러한 상식이 고정된 것은 아니다. 언제나 변화 과정 안에 있다. 학문에 의해서, 또는 상황에 따라, 아니면 스스로 변모한다. 그럼에도 불구하고 상식은 인간의 공동체 안에 언제나 있으면서 물음과 답변의 상황을 마련한다. 이를 '해석 가능성의 양태'라고 말하기도 한다.[46] 그렇다면 상식을 단순히 비지성적이라거나 반지성적인 것이라고 판단하는 것은 옳지 않다. 학문에 의하여 수정을 요청받을 수는 있어도 오히려 학문 이외의 인식의 구조로 학문과 더불어 일상 안에 자리하고 있는 것이 상식이기 때문이다.

이에 이르면 종교를 운위하는 '삶' 또는 '삶의 자리'에 관심을 기울이지 않을 수 없다. 종교를 발언하는 주체는 종교인만도 아니고 종교를 연구하

---

45 Dan Sperber, *Explaining Culture: A Naturalistic Approach*, Cambridge, Mass.: Blackwell, 1966, p.86.

46 Dan Sperber and Hirschfeld, "The cognitive foundations of cultural stability," *Trends in Cognitive Sciences*, 8(1), 2004, pp.40-48. 필자가 '해석 가능성의 양태'라고 번역한 것은 그의 모듈(module) 이론을 유념할 때만 납득할 수 있는 어휘여서 많은 설명이 필요하다. 그러나 필자는 종교는 모듈이 아니라 문화(culture)라는 다운스(앞의 책, p.13)의 주장, 그리고 그가 '상식'의 현존가능성의 기반으로 일컬은 '직관적 신념(intuitive belief)'이라는 개념을 더 드러내기 위해 그렇게 번역하였다.

는 학자만도 아니다. 그가 누구든 어떤 자리에 있든 누구나 종교라는 언어
의 발언자가 된다. 그렇다는 것은 동시에 누구나 그 어휘를 듣고, 그 어휘
로 일정한 소통을 이룬다는 사실을 의미한다. 따라서 이는 '종교'를 일컫는
언어가 '종교'라고 있는 한, 언제나 그 발언의 맥락 안에 그것은 현존한다는
것을 의미하는 것과 다르지 않다. 종교는 삶의 장 안에 있는 실재인 것이
다.[47] 다시 말하면 종교는 삶의 현장 안에서 일컬어지는 것이고, 그런 한 그
것은 삶의 한 요소이며, 결국 그것은 인간의 삶이 낳은 것, 곧 문화적 소산
이며, 문화를 구축하는 하나의 요소라고 기술할 수 있는 것이다. 그리고 문
화를 삶을 총칭하는 개념이라고 이해한다면 종교는 복합적으로 지어진 그
문화의 틀 안에서 형성된 것임을 승인하지 않으면 안 된다.

　그렇다면 이러한 자리에서 문제가 되는 것은 종교의 개념적 명료성이 아
니다. 하늘과 땅, 신과 인간의 이원적 구조가 빚는 혼효도 아니며, 종교와
종교학의 중첩 현상이 낳는 딜레마도 아니다. 문제가 되는 것은 뜻밖에도

47　이 사태를 '종교/발언자'를 축으로 하여 내부자의 발언과 외부자의 발언으로 구분하기도
　하고, 이를 다시 서술과 재서술로 등가화하기도 하며, 다시 emic한 것과 etic한 것으로 등
　식화하기도 한다. 그러나 어떻게 묘사하든 중요한 것은 '종교라는 어휘의 현존과 그것
　의 활용의 일상성'이다. Russell T. McCutcheon, ed., *The Insider/Outsider Problem in the
　Study of Religion: A Reader*, London & New York: Cassell, 1999, pp.15-17 참조. 필자는
　이러한 주제가 논의되고 있음을 반긴다. 그러나 논의의 전개를 보면 이 담론은 끝내 '하늘
　과 땅'이나 '신과 인간'이라는 이원적 구조의 문화적 전승을 그대로 유지하고 있음을 확인
　한다. 문제를 제기하면서 어휘를 선택적으로 변화시킨 것일 뿐 인식론적 틀의 변화는 보
　이지 않기 때문이다. 농브리는 그의 앞의 책에서(pp.18-22) religion이라는 어휘의 용례를
　셋으로 나누어 사적(私的)이고 영적인 것을 지칭하는 경우, 세계의 여러 전통적인 종교들
　을 일컫는 경우, 그리고 학자들의 담론에서 일컬어지는 경우를 들어 설명한다. 그러면서
　앞의 맥커천의 경우를 세 번째 경우로 한정한다. 세 번째 입장이 앞의 두 경우를 거의 간
　과한다는 사실을 유념할 때 필자는 농브리의 맥커천에 대한 비판적 서술이 중요한 점을
　지적한 것이라고 판단한다.

'종교가 문화 밖에 있는 것'이라는 '전승되고 전제된 인식'이다. 그런데 만약 종교가 문화현상이라는 사실을 승인한다면 그러한 것은 아예 문제가 아니게 된다. 이를테면 '신이 있어 인간이 있다'는 사실을 준거로 종교를 운위한다면 신에 대한 회의조차도 그 범주 안에서 머문다. 그렇지만 "신이 있다고 믿는 인간이 있어 신이 실재한다."는 것을 준거로 종교에 대하여 기술한다면 사태는 달라진다. 인간의 삶 밖에 있는 실재를 전제하지 않고도 이른바 '초월의 경험'을 운위할 수 있기 때문이다. 그렇다고 해서 이러한 주장이 '종교란 문화적 총체'라고 얼버무리려는 것은 아니다. 종교는 문화 안에서 그 나름의 힘, 규칙성, 삶의 형식, 인격의 유형을 짓는 특별한 내용을 지닌 것이다. 따라서 이를 '통합된 문화복합체'라고 기술하기도 한다.[48]

하지만 우리가 이 맥락에서 주목하고자 하는 것은 '종교가 문화를 구축하는 하나의 요소'라는 주장이 아니다. "문화라고 불리는 삶의 총체 안에는 인간의 의식과 경험을 자극하는 다양한 표상이 있는데 그중에서 어떤 것들은 종교라고 지칭된다."는 주장이다. 다시 말하면 인간이 자기의 경험을 드러내는 표상의 하나가 '종교'라는 이름으로 문화를 구성하는 하나의 요소로 있음을 언급하고자 하는 것이다.

이와 관련하여 자켄도프(Ray Jackendoff)가 주장한 '사회적 인지'(social

---

48 Downes, op. cit., p.1-15. 그는 종교를 cultural ensemble이라고 말한다. 그러면서 그것을 다시 인간의 행위의 근저에 있는 특정한 내용을 지닌 일단의 정신적 표상이라고 설명한다. 그리고 종교적인 규범성, 종교적으로 합리화된 내용, 종교적인 정감(情感)과 동기 등을 그 내용으로 지적한다. 이 주장을 그대로 따르면 종교는 문화보다 선재(先在)하는 것으로 읽힌다. 이러한 이유 때문에 필자는 종교를 이 맥락에서 '문화적 총체'라고 일컫는 것에 동의하지 않는다. 이 경우, 종교는 '전제'이지 경험에서 말미암은 귀결이 아니기 때문이다. 종교를 문화현상으로 보면서도 보이어는 이와 달리 '종교'를 '사회적 마음의 추론체계'라고 기술한다(보이어, 앞의 책, 212-213쪽). 필자는 후자에 공감한다.

cognition)에 관한 서술은 상당한 설득력이 있다. 그는 다음과 같이 이를 설명한다. "사회적 인지는 추상적인 개념들(곧 비지각적인)의 상호작용 안에서 일어난다. 예를 들면 신념, 의도적 지향성, 가치, 명성, 권리와 의무, 그리고 집단 구성원으로서의 의식 등이 그것이다. 그런데 이러한 개념들은 개체적 인성(person)으로 되돌아가 뿌리를 내린다. 그런데 그 인성이라는 것도 또 하나의 추상적인 개념이다. 그런데 그 안에서 인성은 다시 자기를 넘어서는 어떤 것으로 개념화된다. 그렇기 때문에 사회-문화적 행위는 이 추상적인 개념들을 한데 꿰어 사회적 의미를 짓는 대상과 행위를 지각할 수 있게 한다."[49] 이를 재서술한다면 다음과 같이 말할 수 있다. "종교는 바로 인간의 이러한 삶이 빚은 문화다. 이를테면 인간은 초월로 개념화되는 실재를 경험하는 것이 아니라 그러한 실재를 개념화하고 이를 통해 그것을 다시 실재로 경험한다." 그러므로 이러한 자리에서의 종교는 철저히 인간의 소산이다. 이를테면 신이 있다고 주장하는 것은 종교의 자리이지만 종교학은 신이 있다고 믿는 사람이 있고 그가 짓는 삶이 종교라는 이름으로 일컬어진다는 사실에 기반하고 있다. 종교학이 종교적이라는 이른바 불가피한 딜레마는 이때 비로소 지양된다.

서구 종교학의 전개를 주목하면 종교를 문화로 접근하고자 하는 논의가 진전되고 있음에도 '종교가 인간의 소산'이라는 주장에는 선명하게 공감하지 못하는 발언이 강하게 산재한다. 그곳의 지적 풍토도 다르지 않다. 가다머(Hans-Georg Gadamer)는 서양에서의 종교 담론이 끝내 서구 형이상학의

---

49 Ray Jackendoff, *Language, Consciousness, Culture: Essays on Mental Structure*, Cambridge, MA: MIT Press, 2007, p.359. 그는 '이것이 인류를 특별한 종(種)이게 한 것이다(p.xx).'라고 말한다.

한계를 넘어서지 못함으로써 결과적으로 자기기만에 이른다는 사실을 승인한다. 그런데 거기에서 벗어날 수 있는 길로 그가 지적하는 것은 뜻밖에도 '신만이 우리를 구해줄 수 있다'고 한 하이데거(Heidegger)의 발언이다. 흥미로운 지적이다. 데리다(Jacques Derrida)는 가다머를 포함한 일단의 학자와 더불어 종교를 논의하면서 다음과 같이 말하기도 한다. "종교를 이야기한다면 우리는 그것 자체를 이야기하는 일에, 곧 그 과제 자체에 자기를 봉헌해야 한다고 생각하곤 한다. 그래서 종교에 대한 발언은 조심스럽고 겸손하며 존경의 염을 지니고 마치 증언하듯이 해야 하며, 일종의 종교-성을 지니고 그 본질을 이야기해야 한다고 생각한다. 감히 다치지 않게 하는, 범하지 않아야 하는 그런 자세로 종교를 이야기해야 한다고 생각하는 것이다. 이것이 종교적인 것 아니겠나?"[50]

흥미로운 것은 맬러리 나이(Malory Nye)의 경우이다. 그는 문화를 '문화함'(culturing)으로 이해한다. 역사를 흐름으로 여기고 문화를 멈춤으로 여기는 대칭적 도식에서 비롯한 잘못된 고정관념을 의식한 것으로 이해된다. 그런데 그는 종교란 '인간이 행하는 어떤 것'이라고 말한다. 인간이 행하지 않는 것은 실재하지 않기 때문이다. 그러므로 종교는 종교이기보다 종교적 행위, 곧 '종교함'(religioning)으로 다루어져야 한다고 주장한다. 이렇게 보

---

50 Jacques Derrida and Cianni Vattimo ed., *Religion: Cultural Memory in the Present*, Stanford, CA: Stanford University Press, 1996, p.207, p.25. 이미 오래전에 출판된(실제 모임은 1992년), 지역적으로 이탈리아의 학자 중심으로 이루어진, 그리고 종교학자가 아닌 철학자들의 발표문을 정리한 것이지만 주제나 발표 형식에서 서구 지성인들이 '자유롭게' 종교를 논의한 전형적인 것이라고 판단되는 흥미로운 글들이다. 전체를 관통하는 것은 종교에 관한 한 그 어떤 학문적인 노작도 관심도 종교적임을 벗어날 수 없다는 정서에 관한 것이다.

면 문화와 종교의 나뉨은 현실적이지 않다. 종교와 문화는 이렇게 '함'의 현실에서 어울려 있는 것이다. 그 둘은 인간이 마련할 수 있는 가장 큰 범주를 함께 지으면서 그 자체가 하나의 '과정'으로 현존한다. 당연히 종교는 sui generis한 범주도 아니고 그러한 실재도 아니다. 종교는 일상 자체이다. 따라서 종교논의란 삶 모두를 아우른다. 종교와 문화는 구분될 수 없는 것이다. 종교연구는 인간의 행위에 대한 연구여야 한다.[51] 그의 이러한 주장을 따른다면 종교학의 딜레마는 더 이상 지속하지 않는 데 이르렀다고 단언해야 한다. 이른바 '신학과 종교학'이라는 고전적인 주제에 더 이상 갇힐 필요가 없기 때문이다. 시점(視點)의 차이는 마주하는 실재를 이렇듯 다른 사물이게 한다.

그러나 그는 이러한 자신의 주장을 펴면서도 '종교학은 신학이 아니라'는 전통적인 이원적 자리에서 온전히 떠나지 않는다. 오히려 이원적인 구조의 틀을 여전히 논거로 활용한다. 그렇지 않다면 굳이 그가 '종교학은 신중심적 접근(신학)을 수행하는 것이 아니라 인간 중심적 접근을 수행하는 것'이라는 발언을 할 까닭이 없다. 그러면서도 그는 종교가 오롯한 실재가 아니라 문화의 범주에 드는 일상의 현상이라는 주장을 여전히 편다. 종교에 대한 단수호칭(religion)과 복수호칭(religions)의 문제, 그리고 문헌종교와 이에 대칭된다고 여기는 보편종교의 문제를 종교-문화론의 출발로 삼는 것은 이 엉킴 때문으로 짐작된다. 그런데 바로 이 계기에서 그는 자기가 종교란 '오로지 인간의 창조물(creation)'이라고 주장하는 것은 아니라는 직설

---

51 Malory Nye, *Religion: The Basics*, London and New York: Routledge, 2003, pp.1-19, 207-209.

적인 발언을 한다. 이에 더해 그의 주장은 종교의 문화적 형태들은 '신적인 영감'(divinely inspired)에 의한 것일 수도 있고 그렇지 않을 수도 있다는 언급마저 담고 펼쳐진다.[52]

종교는 '인간의 활동'이지만 그렇다고 '인간이 지어낸 것'이라고 단언하지 않는 이러한 그의 '자리'를 공감적으로 인정하는 일은 어렵지 않다. 그는 그러한 주제를 운위해야만 하는 문화전승 속에 있기 때문이다. 거기에서 벗어나기는 쉽지 않을 뿐만 아니라 자연스럽지도 않다. 그가 'the study of religion and culture'라고 할 때 이 언표가 함축하고 있는 내용이 '종교=문화'를 연구한다는 것인지 '종교/문화'를 연구한다는 것인지 끝내 분명하지 않은 것도 이 때문이다. 초판에서 그는 책의 부록으로 그 서술을 주제로 하여 한 장(章)을 첨가하면서 다음과 같이 말하고 있다. "종교는 많은 문화적인 문제들의 핵심요소이며 우리가 살아가는 세계와 맥락이 역사적으로 발전해 나아가는 데 있는 의미심장한 요인이기도 하다." 재판에서는 부록을 치워버리고 이 내용을 마지막 장인 '현대종교와 현대문화'의 결론으로 담으면서 이렇게 말한다. "종교는 특정한 사회적, 역사적 발달의 수많은 주요 원인 혹은 산물 가운데 하나로서 수많은 문화적 정치적 사안에서 핵심적인 요소이다." 종교와 여타 문화현상을 견주어 전자를 '핵심'으로 여기는 이러

---

52 맬러리 나이의 위의 진술은(필자의 편의를 위해 재서술한 것임) "종교적인 삶은 문화적인 삶이다. 특정한 사람의 종교가 그가 속한 특정한 문화에서 비롯하는 것임을 주장하는 것만이 아니라 종교가 곧 문화다."라는 자기주장을 강조하는 과정에서 등장한 기술이다 (p.3). 그러므로 이는 반어법이라고 이해할 수도 있다. 그는 2008년에 재판된 당해 저술에서도 이 부분을 여전히 유지하고 있다(맬러리 나이, 유기쁨 옮김, 『문화로 본 종교학』, 논형, 2013). 옮긴이는 그의 역자 후기에서, 저자의 이 언급을 직접 지적하지는 않지만, '믿는 사람에게는 실재하지만 다른 사람에게는 닫혀있는 세계가 바로 종교경험이 지닌 특징이다.'라고 말하면서 이를 오해 없이 읽도록 적절한 설명을 해주고 있다(323쪽).

한 그의 서술은 눈길을 끈다. 하나의 학문이 자기의 인식 객체의 중요성을 주장하는 것과는 결이 다르기 때문이다. 이는 특정한 사물에 대한 '전승된 인식의 관습적 용례'라고 할 수 있다. 그렇기 때문에 그의 주장은 명쾌한 분석적 서술에도 불구하고 그의 종교학이 종교와의 중첩을 함축하고 있으리라는 예상을 현실적이게 한다.

흥미롭게도 종교에 대한 단수호칭과 복수호칭의 문제는 서양 종교사에서 늘 등장한 주제이다. 종교학이 이 영향에서 온전히 벗어나지 못하고 있음을 보여주는 예는 위의 경우에서만이 아니라 데이비드 치데스터(David Chidester)의 탈식민지적 의식에서 비롯한 종교 담론에서도 드러난다. 그는 종교에 관한 이해의 혼란스러운 긴 과정을 살핀 뒤, 그러한 용어(religion과 religions)를 아예 폐기하면 어떨까 하는 물음을 제기한다. 그러나 그는 이어 이 일이 불가능하다고 말한다. 왜냐하면 하나의 사물이 역사적 전승 속에 일단 머물렀다면 사람들은 그 용어에 실질적으로 결박되기 때문이다. 따라서 그는 이 용어들의 역사-문화적 추이를 살피는 것이 오히려 더 긴요한 과제라고 주장한다. 이를 위해 그는 우선 그 두 용어를 사용하는 일이, 그러니까 그 둘을 구분하여 사용하는 일이, 학계의 논쟁만이 아니라는 사실에 주목한다. 그런 다음에 그 용어들은 '만남과 접촉의 역사', 이를테면 법적인 인가 여부, 정치적 권력을 둘러싼 수많은 충돌 등에서 제각기 다른 의도로 선택되고 또 동원된 것임을 지적한다. 식민시대의 경험을 당대와 미래에 대한 자기인식의 준거로 삼는 그는 이 용어들이 단순히 종교의 하나임과 여럿임을 지칭하는 것이 아니라 '소유와 박탈, 포섭과 배제, 그리고 지배와 저항이라는 숱한 역사적 투쟁'과 연루되어 있음을 밝히고 있다.

이러한 인식의 맥락에서 그는 '단수로서의 종교'를 희니의 오집 개념

(cluster concept)으로 읽기를 권한다. 상징적이고 물질적인 교섭을 위한 일련의 담론적, 실천적, 사회적 전략들의 집합으로 이해하자는 것이다. 그렇게 하면 이 용어는 인간의 동일함과 다름을 성찰하는 수렴 렌즈가 될 수 있다. 또한 '복수로서의 종교'는 종교라는 것이 '구획된 닫힌 문화체계'가 아니라 하나의 '관계망', 곧 종교들이 서로 일정한 관계를 구축하는 망을 이루고 있음을 보여주는 것이라고 주장한다. 그러므로 그에 의하면 종교는 '실재'를 지칭하는 것이 아니라 문화 전체를 분석할 수 있는 하나의 '계기'를 마련해 주는 것이다. 그러한 의미에서 '종교'는 '열려진 것', 곧 상시적으로 다시 정의하지 않으면 안 된다. '종교들', 곧 종교와 종교 사이의 관계도 그렇다. 종교들의 현존은 문화 접촉의 다양한 정황에서 의미를 생산하는 일과 권력의 쟁투를 야기하는 역동성을 분석할 수 있는 계기를 제공한다. 이들도 맥락에 따라 자기를 변용의 주체로 언제나 열어 놓는다. 결국 종교든 종교들이든 종교는 분석의 대상이 되는 실재가 아니다. 그것은 그것이 현존하는 세계 또는 문화를 분석할 수 있는 계기를 마련해주는 것이다.[53]

이러한 그의 논의에는 전통적으로 일컬어 온 '종교'는 이미 없다. 현존하는 사물 또는 그 총체인 문화를 설명할 수 있는 계기를 제공해주는 낌새가 종교 또는 종교들이라는 이름으로 있을 뿐이다. 종교학은 종교나 종교들이 그렇다는 사실을 준거로 하여 우리가 '경험한 바'에 대한 '횡문화적 비교'를 통해 역사를 재조명하는 일을 감당하는 지적 훈련이다.

그러나 이러한 그의 주장은, 비록 드러나지는 않지만, 짙은 그림자를 자

---

53 David Chidester, *Savage Systems: Colonialism and Comparative Religion in Southern Africa*, Charlottesville and London: The University of Virginia Press, 1996; 심선영 옮김, 『새비지 시스템: 식민주의와 비교종교』, 경세원, 2008, 440-443쪽.

기 안에 지니고 있다. 그런데 역설적으로 그 그림자는 그의 주장을 지탱해 주는 것이기도 하다. 그는 이것을 알고 있다. 그래서 지워야 할 그늘이 자기의 현존을 오히려 실증한다는 사실을 가리려 애쓴다. 때로는 그늘이 반드시 자기의 뒤로 가기를 바라 자기의 바라봄의 방향을 바꾸기도 하고 빛의 수직 아래에 서서 그림자를 없애려 하기도 한다. 그 그림자는 다른 것이 아니다. 종교와 관련된 기존의 전통적인 개념들이다. 그 그림자를 떨어내려 하지만 오히려 그럴수록 자기의 주장은 그 그림자의 현존을 요청하게 되는 딜레마를 벗어나지 못하는 것이다. 이를테면 '~아니다'로 이어지는 상징, 신화, 제의, 전통에 관한 그의 논의가 그러하다. 그에 의하면 상징은 고정된 지시대상을 갖는 기호가 '아니다.' 그것은 재해석을 기다리는 계기들이다. 신화는 정전(正典)과 같은 닫힌 이야기가 '아니다.' 그것은 횡문화적 관계정황에서 재 기술, 재 해석, 재 전개될 수 있도록 열려 있는 것이다. 제의는 원본을 재연하는 것이 '아니다.' 언제나 하나의 새로운 행위이다. 전통은 현재 안에서 획일적인 것도 '아니며,' 과거와 연속적인 것도 '아니다.' 가변적이고 유동적인 총체이다.[54]

그런데 이러한 그의 주장은 실상 왜곡되고 훼손된 '종교'를 교정하거나 복권하거나 재현하는 일을 추구하는 것과 다르지 않다. 더 직설적으로 말한다면 종교학은 상징과 신화와 제의와 전통을 늘 새롭게 짓는 일을 해야만 한다는 주장과 마찬가지다. 그의 현장을 맥락으로 한다면 이러한 주장이 의도한 것은 식민지 경험에서 벗어나려면 그 경험에 내장된 특정한 상징과 신화와 제의와 전통을 이제는 수정하고 교체하고 보완해야 한다는 당

---

54 위의 책, 443-447쪽.

위를 천명하기 위한 것이다. 그런데 이러한 주장을 통해 오히려 그는 인간이란 상징과 신화와 제의와 전통에서 벗어날 수 없는 존재임을 보여준다. 인간이란 언제나 당대가 요청하는 새로운 상징과 신화와 제의와 전통을 짓고 운위해야 비로소 생존하는 존재임을 주장하는 것이다.

따라서 이러한 그의 주장을 좇으면 결국 종교학은 종교를 지탱하도록 하는 일을 감당해야 하는 학문일 수밖에 없다. 비록 그가 이렇게 언표하지는 않는다고 할지라도 그가 일컫는 이른바 프런티어(frontier)의 현실적 자리에서의 경험이 함축하는 바는 이렇게 이어진다. 다음과 같은 그의 언급이 이를 분명하게 드러낸다. "프런티어는 상충하는 자리였다. 동시에 그것은 호혜적 교환, 창조적 교체, 그리고 의외의 가능성이 살아 숨 쉬던 지대이기도 하였다. 바로 그곳에서 우리는 하나의 프런티어의 미래와 만나게 될지도 모른다. 종교연구에서 뭔가 새로운 일이 일어날 수 있는 하나의 공간—어쩌면 하나의 탈 식민지적, 탈 제국주의적, 혹은 탈 아파르트헤이트적일 수 있는 그런 공간—을 우리는 마침내 확보하게 될지도 모른다." 그의 이러한 최종적인 발언은 '새 하늘과 새 땅'에 대한 묵시적 비전을 떠오르게 한다. 그의 종교학은 그러한 자리에 있다.[55] 그렇다면 종교와 종교학의 중첩은 여전

---

55 위의 책, 453-454쪽. 역서를 인용하면서 본문을 그대로 옮기지 않고 필자가 이해한 대로 번안하곤 했다. 역자 심선영의 후기는 그의 책을 풀이하는 일뿐만 아니라 우리의 식민 경험에 대한 비판적 성찰을 담고 있어 매우 유익하다. 적절한 맥락에서 에드워드 사이드를 언급하고 있고, 중국의 경우와 식민주체인 일본의 주장들에 대해서도 짧지만 명쾌한 사실과 해석을 곁들이고 있다. 그는 더 나아가 이 책에 대한 비판적 서평들도 개관하면서 그의 주장에 대한 물음과 답변도 정리해준다. "나는 내가 옮긴 언어로 『새비지 시스템』을 첫 장부터 다시 읽을 수 있을 것 같다.…인간(그리고 비인간과 초인간)에 대한 의외의 또 다른 놀람과 발견이 기다리고 있을지도 모를 일이다(476쪽)."라고 말한 역자의 마지막 문장은 저자의 마지막 발언을 그대로 되울림하면서 한국에서의 '종교학하기'에 대한 새로운

하다.

종교를 문화현상으로 전제하는 종교학자 중에서도 이에 대한 관심이 '실천적'으로 다듬어진 경우, 종교와 종교학의 '중첩'이 불가피하다는 태도를 보여주는 예는 적지 않다. 이미 치데스터의 경우가 그랬거니와 리타 그로스(Rita M. Gross)의 경우도 그렇다. 그의 기본적인 관심은 불교 페미니즘이다. 그는 불교와 페미니즘이 불가분리적이라는 사실을 직접적으로 주장한다. 그 둘은 모두 관념이 아니라 역사-문화적인 구체적인 현실이기 때문이다. 이러한 맥락에서 그는 가부장제 이후의 불교에서 여성은 어떻게 살았는가를 살핀다.

그런데 이 문제를 천착하기 위해서 그가 우선하는 질문은 종교에 관한 것도 아니고 페미니즘에 관한 것도 아니다. 그는 종교학자들에게 '왜 우리는 종교를 연구하는 학자가 되었나?' 하고 묻는다. 이에서 비롯하여 그는 종교학이 견지한다고 주장하는 '비판적 인식'이라는 것, 곧 '평가적 입장의 유보'라는 것이 도대체 어떤 것인지 되물을 것을 종교학자들에게 촉구한다. 그가 생각하기에는 이른바 가치판단에서 자유로운 학문적 입장이란 처음부터 비현실적이다. 그러므로 자신의 페미니스트의 입장이 가치판단을 간과할 수 없듯이 남성학자들도 그 나름의 가치관이나 세계관에서 떠날 수 없는 것이 현실임을 승인해야 한다. 학문은 그것을 승인해야 하는 현장이다. 그런데도 비판적 성찰을 통한 중립적 위치를 지속적으로 하나의 격률로 삼아 유지한다는 것은 현실을 반하는 일이다. 이 계기에서 그의 물음은 다음의 물음으로 이어진다. 우리가 종교학을 하는 것은 "종교에 대한 지

성찰을 게으르지 않도록 하는 비전을 담고 있어 인상적이다.

식을 얻기 위해서인가, 아니면 낯선 것으로 만난 다원주의적 세계에 적응하여 살기 위해서인가?" 그런데 전자의 자리란 실제로는 없다. 지적 호기심은 그것이 충족된다고 해서 거기 머물 수 있는 것은 아니다. 그것은 필연적으로 그 지식이 의미하는 바가 무엇인가 하는 물음에 가 닿는다. 그러므로 후자일 수밖에 없는 것이 학문의 자리라면 거기에서 해야 하는 일은 다원주의적 현상의 의미와 가치를 찾고, 나아가 그것을 실천하도록 하는 일이지 않으면 안 된다.

이를 위해서는 다원성을 빚은 현상에 대한 '교차 문화적 연구'를 방법으로 선택해야 한다. 그러한 연구는 이미 객관성을 내포한다. 그렇기 때문에 그것은 동시에 비판적이고 분석적이다. 그렇다면 의미와 가치에 대한 탐구가 객관성을 상실하게 하는 것도 아니고, 객관적인 연구가 의미나 가치의 탐구를 차단하는 것도 아니다. 이러한 자리에 서면 개개 종교의 '신학'은 종교학이 자신의 인식을 위해 '담아 놓아야 할 자료'가 아니라 더불어 실제 종교 상황의 의미와 가치를 탐색해야 할 '동역자'가 된다. 그렇다고 해서 종교학자가 신학자가 되어야 한다거나 신학자가 종교학자가 되어야 한다는 것을 주장하는 것은 아니다. 소박하게 말한다면 신학자는 사상가이고 종교학자는 학자이다. 그러나 이 둘을 혼동하지 않으면서 학자 겸 사상가여야 하는 것이 종교학자가 확인해야 하는 자기의 정체성이다. 그런데도 이제까지 종교학자는 종교와의 거리를 두면서 종교학자이길 바라 짐짓 사상가이기를 감추거나 거부했다. 종교학자는 분명히 '은폐된 신학자'(crypto theologian)이면서도 그러한 자기를 가리려 하기만 했다. 이제는 왜 종교학을 하는지 스스로 물으면서 신학과 종교학은 통합적인 종교연구를 수행해

야 한다. 종교는 역사-문화적인 현상이기 때문이다.[56]

미즈루치(Susan L. Mizruchi)가 편집한 책 『종교와 문화적 연구』는 여러 면에서 흥미로운 사실을 담고 있다.[57] 편자를 포함한 다양한 분야의 11명의 필자는 특정한 사회(이 경우는 미국사회)에 관한 논의를 제각기 다른 주제로, 다른 접근을 통하여 기술하고 있지만 상당한 정도 일반화할 수 있는 주제도 있다. 그중의 하나는 학계가 '종교를 기피하는 일'(religion-avoiding practice)을 하는 데 반해 일반인들은 실천적 참여를 통해 '종교를 긍정하는 일'(religion-affirming practice)을 하고 있다는 것을 지적한 내용이다. 종교학은 아마도 전자의 전형적인 모습일 것이다. 왜냐하면 종교학은 종교를 사물화(事物化)하기 때문이다. 따라서 종교학은 실천적인 자리에서나 이론적인 자리에서나 종교를 보편적인 울안에 담지 않는다. 역사적으로 규정된, 그래서 그에 상응하는 특정한 언어로만 파악되는 현상으로 여긴다. 따라서 어떤 종교도 '순수'한 것일 수 없다. 또한 종교가 여타 문화현상과 본질적으로 다른 '독특한 것'일 수도 없다. 종교는 각기 다르게 표상화되는, 그

---

56 Rita M. Gross, *Buddhism After Patriarchy: A Feminist History, Analysis, and Reconstruction of Buddhism*, Albany: The State University of New York Press, 1992; 리타 그로스, 옥복연 옮김, 『불교 페미니즘: 가부장제 이후의 불교』, 동연, 2020, 536-541쪽. 역문의 상당 부분을 필자의 필요의 맥락에 따라 달리 언술하였다. 치테스터의 경우에 필자가 식민지 경험과 탈식민지 이후에 대한 그의 논의를 간과했듯이 여기에서도 필자는 그로스가 주장하는 페미니즘과 종교에 대한 내용을 언급하지는 않았다. 그러나 그의 생애는 유념하고 싶다. 그는 루터교인으로 자랐지만 20대에 유대교로 개종했고, 후에 티벳 불교도가 되어 일생을 살았다. 실존적인 동기가 그의 학문함의 추동력이 되었음을 잘 보여준다. 필자가 이러한 사실에서 주목하고 싶은 것은 종교를 문화현상으로 여기는 종교학의 자리가 의외로 '종교학의 종교적인 태도'를 용인한다고 하는 사실이다.

57 Susan L. Mizruchi ed., *Religion and Cultural Studies*, Princeton N.J.: Princeton University Press, 2001.

러나 역사-문화적인 현상임을 공유하는, 그러한 것이다. 이러한 맥락에서 보면 하나의 종교가 존속하느냐 그렇지 못하느냐 하는 것은 다양성과 위기에 직면하면서 자기 자신을 유지하기 위해 당해 종교가 얼마나 잘 자기를 변용하고 타자와 협조하며 서로 영향을 주고받을 수 있는가 하는 그 능력에 달려 있다. 그러므로 이러한 다양성과 특이성을 지닌 종교를 개념화하기 위한 가장 적절한 방법은 다양한 학문을 동원한 다학제적 연구이다. 종교학은 이러한 자리에 서야 한다. 그렇다면 종교가 자기 나름의 독특한 영역을 지닌 '다른 현상'이라는 주장은 무의미하다. 종교는 복합적인 문화의 구성요소이기 때문이다.[58]

이러한 종교학의 자리는 비종교적인 자리임이 틀림없다. 그러나 비종교적인 자리는 종교를 바라보는 자리이다. 비종교적인 시각이 종교를 비종교적이게 하는 것은 아니다. 종교는 그러한 시각과 상관없이 언제나 있다. 종교가 현존하지 않으면 그 현상에 대한 비종교적 인식을 하는 일은 있을 수도 없고 그러한 시각이 요청되지도 않았을 것이다. 문제는 종교학의 자리가 어떻게 하면 이 긴장을 간과하거나 회피하거나 우회하지 않고도 이른바 학문적 자리, 곧 비종교적인 자리를 유지할 수 있느냐 하는 것이다.

이 책의 필자들은 제각기 자기의 자리에서 이에 대한 답변을 모색하고 있다. 그리고 이들의 주장은 대체로 '비종교적인 자리도 종교적인 현상임을 간과할 수는 없다'는 데 이른다. 부연한다면 '종교적인 현상을 간과할 수 없다'는 것은 비종교적인 자리가 종교적임을 온전히 제거할 수 없음을 함축한 것으로 읽힌다. 예술비평가인 하팜(Geoffrey Galt Harpham)이 이를 잘

---

58 *Ibid.*, pp.ix-xi.

기술하고 있다.

그는 전승되는 인류의 경험 안에서 '금욕'과 '심미'(審美)가 어떻게 다루어지고 있는지를 '욕망의 관리(管理)'라는 관점에서 살핀다. 그러나 여기에서 우리가 방점을 두려는 것은 그가 선택한 주제에 대한 설명이 아니다. 그가 어떤 방법으로 이 문제에 접근하는가 하는 것이다. 그는 금욕이든 심미든 그것을 하나의 교조(教條)나 경건함으로 여기면 이에 대한 논의는 더 이상 진전될 수 없다고 말한다. 이미 그것은 닿을 길 없는 '거룩함'으로 수식되는 실재가 되기 때문이다. 중요한 것은 그러한 주제가 삶의 현실에서 벌어지고 있다는 사실이다. 이를테면 그것들은 예술가에 의해, 예술 형식의 어떤 것으로 자기를 드러낸다. 색깔이든 소리든 조형이든 상상의 이야기든 어디에서나 금욕은 되물어지고 되 지어진다. 심미적인 것도 다르지 않다. 그러나 모든 예술가가 금욕주의자고 심미주의자인 것은 아니다. 그것을 '수행'하는 자리에서는 금욕이나 심미적인 가치가 일상을 넘어서는 '별개'의 것이지만 예술가는 그 일을 '역사적인 일상'으로 여긴다. 그러므로 예술가가 인식하는 금욕이나 심미적인 것은 늘 새롭게 묘사된다. 이는 금욕주의자나 심미주의자에게서는 불가능한 인식이다. 이를테면 예술가는 금욕을 금욕하면서 새 금욕을 짓는다. 그때 비로소 금욕은 역사 속에 실재하는, 삶속에서 구현되는, 하나의 현상이 된다. 우리의 문제 맥락에서 이를 소박하게 대입한다면 종교학이 종교학이면서 종교현상을 간과하지 않는 방법은 종교를 문화현상으로 수용하는 일과 다르지 않다. 그는 이렇게 말한다. "금욕에서 벗어나는 것은 거세를 거세하는 일이고, 억압을 억압하는 일이다. 그런데 학자들은 이미 충분히 스스로 억압의 수용구조 안에 있어 왔다. 그러므로 이제 우리는 우리의 억압이 우리를 신성하게 하려는 진실을 억압할 수는 없다." 그의 지극히 문학적인 묘사를 대체로 풀이하면 이렇다.[59] 학문은 학문의 객체에서 결코 유리될 수 없다. 더구나 우리가 직면하는 인식의 객체가 문화현상으로 범주화될 때면 더욱 그러하다.

종교가 독특한 현상이라는 주장의 주변은 극히 소란하다.

6) 성찰의 숲

이제까지 우리는 종교학에 대한 비판적 논의에서부터 종교는 독특한 현상인가 하는 물음에 이르는 긴 과정을 거쳐 왔다. 과거에 일어난 일을 주로 기술했지만 그 일은 동시에 오늘 우리가 당면한 과제를 새삼 '발견'하는 작업이기도 했다. 그래서 우리의 논의에 미래의 낌새가 드리우는 것이 당연한 것이기도 하다. 그러나 우리가 직면한 어떤 문제도 선명하게 다듬어진 것은 없다. 그것은 미로를 헤맨 것과 다르지 않다. 입구는 분명했는데 출구는 보이지 않았다. 문제는 더 무겁게 짙어졌고, 우리의 과제는 더 산만하게 곤혹스럽기만 하다. 키펜베르크는 서양 종교학사를 되살폈다고 평할 수 있는 그의 저서를[60] 하필이면 레젝 콜라코프스키(Leszek Kolakowski)의 다음

---

59 *Ibid.*, pp.95-109. 그의 논문은 "Ascetics, Aesthetics, and the Management of Desire"이다. 그의 발언 중에서 유념하고 싶은 구절이 있다. 다음과 같은 내용이다. "개종은 (개종하고도 남는)잔여(殘餘)가 없으면 이루어지지 않는다. 앞으로 일어날 개종을 위한 참신한 기회와 필요를 지어낼(잔여가 없으면 안 된다).(p.103)" 괄호 안은 필자가 삽입한 것이다. 그의 주장을 그대로 우리의 경우에 적용한다면 다음과 같이 말할 수 있을 것이다. "종교에 대한 이른바 객관적 자리는 종교가 있어 비로소 가능한 것이다. 그렇다면 종교학은 불가피하게 종교적임을 내장한다."

60 Hans G. Kippenberg, *Discovering Religious History in the Modern Age*, translated from German by Barbara Harshav, *Entdeckung der Religionsgeschichte*, Princeton N.J.:

과 같은 언급을 인용하는 것으로 마치고 있다. "우리가 기억해야 할 두 정황이 있다. 만약 새 세대가 전해진 전통에 대해 거듭거듭 저항하지 않았다면 우리는 여전히 동굴 안에 머물러 있었으리라는 정황이 그 하나이고, 만약 전해진 전통에 대한 반항이 어느 때나 어느 곳에서나 일어난다면 우리는 우리가 동굴로 되돌아가 있음을 발견하게 되리라는 정황이 그 둘이다. 전통을 유지하는 의례와 전통에 거역하는 반항은 사회적인 삶을 위해 불가결한 것이다. 전통에 대한 의례가 전능한 것이 되어 침체에 빠진 사회에서도 그러하고, 전통에 대한 반항이 보편적이어서 절멸에 빠진 사회에서도 그러하다. 사회는 언제나 보존과 반항의 정신 둘 모두를 낳는다. 둘은 다 필요하다. 그러나 이 둘은 언제나 갈등 속에서만 현존한다. 통합 속에서는 결코 존재하지 않는다."[61]

그러나 주목하고 싶은 것은 보존과 반항의 갈등적 공존이 아니다. '갈등적 공존'이라는 당위는 실현되지 않는다. 그럴 수 있다면 그것은 이미 당위로 요청되지도 않는다. 당위란 실은 이상(理想)이다. 더 구체화한다면 그것은 '규범으로 기능하는 이상'이다. 콜라코프스키가 주장하는 '갈등으로서

Princeton University Press, 2002, p.195. 이 저술은 종교학이 어떻게 출현했는가를 치밀하게 살핀다. 다루고 있는 주제들은 매우 흥미롭다. 이를테면 '종교철학에서 종교사로', '미지의 문화 해독(解讀)하기', '유럽 초기 종교사를 이야기하고 있는 언어들', '(종교가 담고 있는) 세계 부정적인 담론이 보여주는 생산적 힘' 등이 그러하다. 그는 근본적으로 역사를 기억에 남은 경험의 목록으로 이해하는 것 같다. 그리고 그러한 생각은 경험의 공간과 기대의 지평이 어떻게 만나는지를 살피는 데 이른다. 이에서 제기하는 그의 물음은 매우 진지하다. '현대 안에서의 종교사의 발견'과 '현대를 종교사 속에' 어떻게 위치지을 것인지를 어떻게 함께 기술할 수 있을 것인지를 고민하고 있는 것으로 이해되기 때문이다.

61 그는 이를 다음 글에서 인용하고 있다. Leszek Kolakowski, "Der Anspruch auf die selbstverschuldete Unmündigkeit," in W. Oelmüller et al., ed., *Diskurs, Sittliche Lebensformen*, Paderborn: Schöningh, 1995, pp.378-379.

의 현존'도 그렇기 때문에 그러한 현존을 유지하기 위한 규범을 제시하려는 당위의 선언과 다르지 않다. 현실은 그렇게 되지 않는다. '갈등'은 스스로 갈등의 정황에 머무르려 하지 않기 때문에 지속되는 것이다. 그리고 그때 갈등이 지향하는 것은 통합이다. 하지만 그 통합은 그가 언급한 그러한 통합은 아니다. 그는 통합을 둘의 조화로운 화합으로 여기고 있지만 그러한 통합은 그의 말대로 실은 없다. 그렇지만 갈등은 지속될 수밖에 없고, 그 갈등을 갈등하면서 현실을 겪는 수밖에 없다는 그의 말은 옳다. 왜냐하면 갈등의 정황에서 의도하는 통합은 실은 보존과 반항이 모두 살아 있는 통합이 아니라 지배와 예속의 구조로 이루어진 통합이기 때문이다. 현실에서 실제로 보존과 반항의 통합이 이루어진다면 그러한 통합은 갈등의 지속이다.

그런데 이러한 서술은 우리가 주목해야 할 또 다른 사실을 함축한다. 둘의 갈등이 자신의 지속을 스스로 거부하면서도 짐짓 통합에의 지향을 실천적으로 의도하지 않고 거기 머물러 갈등을 갈등할 수밖에 없다는 것은 보존이든 반항이든 그 둘이 각기 자신이 펼친 일련의 인식이나 설명이 현실적합성을 획득하지 못하고 실패했다는 것을 드러내는 것과 다르지 않다는 것이 그것이다. 그렇다면 갈등에 머물려는 것은 실은 그 실패를 가리려는 몸짓이라고 할 수 있다. 곧 힘으로 짐짓 자기를 가리려는 하나의 '정치적 행태'이다.

자신의 인식과 판단과 실천이 절대적으로 온전하다고 믿는 이데올로기는 그렇게 출현한다. 이데올로기는 실패에 대한 어떤 순수한 회의(懷疑)도 억압한다. 그 실패가 외부에서 가해져 비롯한 것이든 실제 경험의 현장에서 말미암은 것이든 상관이 없다. 그런데 그러한 억압은 인식의 과오를 수

정해줄 질문을 침묵시키고, 다만 기만적인 데 도달할 수밖에 없는 합리화를 촉진한다. 이렇게 생각해 보면 키펜베르크가 왜 콜라코프스키의 언급으로 종교학사의 기술을 마감했는지 짐작이 된다. 거룩함의 후광을 제하고 말한다면, 혹은 그 후광이 주어진 것이 아니라 지어진 것이라고 전제한다면, 종교도 순수한 이데올로기이다. 그런데 종교학사의 펼침을 살펴보면 종교를 비판적으로 인식하겠다는 종교학도 종교와의 관련에서, 또는 타학문의 종교연구와 관련하여, 이미 강력한 이데올로기로 여겨도 이견을 발할 수 없는 모습으로 현존하고 있는 것은 아닌가 하는 판단을 하게 된다.

그것이 무엇을 뜻하는 것이든 우리는 '종교'라고 일컬어지는 현상을 만난다. 인류는 종교로 표상되는 삶을 살고 있기 때문이다. 그런데 그 종교를 살아갈 뿐 아니라 그러한 삶을 회의의 눈으로 바라보며 그것을 인식의 객체로 삼겠다는 경험도 그 현상 속에 담겨 있다. 종교학이 출현한 것이다. 그런데 종교든 종교학이든 이는 세월의 진전 과정의 어떤 고비에서 등장한 역사적 현상만으로 서술될 수 있는 것이 아니다. 이는 언제나 당대의 구체적인 삶의 주체에 의하여 분출되는 의식의 현상이기도 하다. 그래서 종교는 종교대로, 종교학은 종교학대로, 자기는 인간의 삶 안에서 경험하는 '본래적인 자극'의 표상이라고 주장한다. 그런데 이는 달리 보면 결국 종교도 종교학도 자기의 자리를, 또는 자기를 객관화하지 않는다는 것을 뜻한다. 주체적인 자리를 벗어나지 않기 때문이다. 따라서 자신을 '설명'하는 과정은 둘 모두 직관에 의존할 수밖에 없다. 일정한 추론 체계가 실제로 없는 것은 아니다. 그러나 추론의 과정을 거쳐 도달하는 것은 그것을 바탕으로 한 실증의 논리적 귀결이 아니라 '추론적 직관'이라고 할 비약이다. 여전한

'주체적 판단'을 통해 자신을 설명하는 것이다.[62] 종교나 종교학의 이러한 모습은 콜라코프스키의 주장을 따른다면 이데올로기적인 것이다. 종교도 종교학도 지배와 예속을 가린 채 일컬어지는 통합의 차일 아래서 짐짓 그 것은 바람직하지 않고 오직 그 둘의 갈등을 그대로 승인하는 자리에서 각기 현존해야 한다는 규범적 당위를 이어오고 있는 것이다.

이른바 '세계종교'라는 개념어가 사용되어 온 산만한 역사적 자취와 그 어휘가 비교나 분류의 작업에서 휘저은 상황을 분석한 마츠자와는 이러한 사태를 다른 각도에서 바라본다. '학문의 이데올로기화 현상'이라는 묘사는 하지 않는다. 그러나 그는 우선 현대의 학계는 일상과 분리된 영역 곧 자기를 둘러싼 세계로부터 자의식을 가지고 떨어져 있는, 상대적으로 분리된 제도라고 말한다. 자율성을 습관적으로 선포한다든지, 지치지 않고 자기정체성을 마련한다든지 하는 일이 그 징표라고 지적한다. 스스로 선택한 주제에 다가가는 탐구 과정이 오로지 그 주제만을 구심점으로 한다는 사실도 이에 첨가할 수 있다. 이러한 자리에서 학자들은 엄청난 연구 결과들을 '관행적'으로 생산한다. 그런데 그의 이러한 서술을 유념하면 이른바 학계의 의도적인 고립주의를 액면 그대로 받아들이는 것은 무의미하다. 그들은 고립된 자기 안에 머무는 것이 아니라 스스로 자기가 생산한 연구 결과를 통해 짐짓 자기가 진리의 담지자라는 사실을 드러내면서 자신이 단

---

62 보이어는 앞의 책에서 '종교적 관념이 인간의 마음 안에서 작동하는 방식'은 종교만의 독특한 것이 아니라 인간의 마음 안에서 작동하는 어떤 관념과도 다르지 않다고 하면서 그것은 경험주체가 스스로 자기가 겪은 사물을 '자동으로' 제시하는 일련의 추론체계에 의해서 이뤄지는 '직관'이라고 말한다(p.47). 필자는 그의 이러한 주장에 공감한다. 역사에 관한 관심이 객체를 조망하는 것이라면 이는 주체를 조망하는 것이라 이해되기 때문이다.

절하고 떠난 세계를 영위(營爲)하려는 힘을 휘두르는 것과 다르지 않기 때문이다.

그러나 이 계기에서 마츠자와가 주목하는 것은 '갈등하는 이데올로기'가 아니다. 그가 유념하는 것은 이러한 사태가 벌어진 직접적인 요인이 무엇인지를 찾는 일이다. 그리고 그가 지목하는 것은 이른바 학문이란 한결같이 '잘 꾸려진 언어'(rhetoric)로 이루어져 있다는 사실이다. 이를테면 학문 안에서 이는 논쟁이나 공감에의 호소나 지적 관심을 유도하려는 서술이나 자기방어적인 논리의 전개 등은 모두, 가장 소박한 의미에서, 언어에 의해서, 언어를 도구로 하여 수행된다. 이를 간과하는 것은 이데올로기 비판에 이르는 길을 차단당하거나 학문이 스스로 자기의 정체성을 끊임없이 꾸며가면서 짐짓 자기가 이상론자인 체하는 계략에 속는 것과 다르지 않다.[63]

그의 주장은 매우 현실적이다. 그래서 주목할 필요가 있다. 우리는 학문의 이름으로 수행하는 일들이 사실적인 과오를 범하는 경우를 수없이 겪는다. 그런데 서술이나 설명이 부적합하다는 자의식을 가지면서도 우리는 상투성에 의존하여 이를 스스로 불식한다. 그러다 보면 의도가 신념에 이르고, 그것은 권위를 생성하면서 하나의 이데올로기로 정착한다. 이에 이르면 우리는 그 학문이 완성된 것으로 여긴다. 규범적 당위를 현실화할 수 있기 때문이다. 개인의 실존의 자리에서, 그가 속한 공동체에서, 그리고 축적된 기억의 전승에서, 그것이 함축한 미래의 지평에서 그렇게 이루어진 학문이 어떤 '비용'을 지불하는지는 살피려 하지 않는다. 손실을, 또는 훼손을 예상하는 것은 패배주의의 모습으로 지탄된다. 학문이 기피해야 할 우

---

63 Tomoko Masuzawa(2005), pp. 29-30.

선하는 덕목은 바로 그러한 '자기위축'을 벗어나는 일이라고 가르친다. 그런데 다시 되풀이해서 말한다면 이 모든 '작업'은 언어를 통해 언어현상으로 정착한다. 학계의 이러한 현실을 지탱하는 것은 바로 학문적 수사(修辭)이다.

그렇다면 이를 넘어서는 길은 없을까? 문제는 언어를 포기할 수 없다는 데 있다. 그렇다면 언어를 재조명해야 한다. 마츠자와가 '세계종교'라는 언어 자체를, 그것을 서술하는, 또는 이를 사용하는 맥락을 주목하는 것은 이 때문이다.[64] 그는 '세계종교'라는 개념어의 역사적 현존의 자취를 더듬으면서 '언어에의 성찰'을 주장한 데리다를 충실히 따른다. 그러나 19세기까지였다. 그는 '세계종교'라는 어휘와 이를 이용한 일련의 서술이 근대 이후 급격하게 '산만'해졌다는 사실과 만난다. 그러면서 그는 어휘가, 그러니까 무릇 언어란, 개개 인간의 실존적인 경험과 공동체적인 활용이 그가 속한 역사-문화 속에서 상호작용하는 복합적인 것임을 새삼 확인한다.

언어는 '순수'하지 않다는 이러한 시각은 이미 여타 영역에서 충분히 논의된 것이기도 하다. 다운스는 그가 처해 있는 인지과학의 자리에서 이에 대한 논의를 편다. 그는 인식을 지향하는 이른바 철학적 입장은 그 주체의 경험적인 내용을 담은 언어를 치밀하게 다듬지 않으면 안 된다고 주장한

---

64 그는 이와 관련하여 데리다에게 상당한 빛을 진 것으로 보인다. 앞의 저서에서도 그렇지만 종교학의 '이론과 방법'을 주제로 한 논의에서도 그는 거듭 데리다의 다음과 같은 발언을 인용하고 있다. "언어는 자기 안에 자기에 대한 비판을 담고 있다.…(언어가 직조하는) 투명한 의미망 안에 있는 불투명한 핵을 살펴야 한다." Tomoko Masuzawa, "Theory Without Method," in *Religion and Society: An Agenda for the 21ˢᵗ Century*, ed., by Gerrie ter Haar et al,, Leiden and Boston: Brill, 2007, pp.174-176. 그가 이곳에서 인용하는 저서는 Jacques Derrida, *Writing and Difference*, Chicago: University of Chicago Press, 1978, pp.276-293이다.

다. 그런데 이를 가능하게 하는 것이 언어학이다. 그러므로 그 다듬는 작업
은 언어 의존적일 수밖에 없다. 그러나 그것만으로는 충분하지 않다. 그는
마음의 작용을 실증적으로 제시하려는 실험심리학의 기획을 주목해야 한
다고 말한다. 그런데 이러한 심리학의 실증적 해석도 언어에 담긴다. 따라
서 이도 직접적인 철학적 분석의 자료가 된다. 그러나 더 중요한 것은 이때
활용되는 용어들이 철학이나 심리학의 개념으로만 있는 것은 아니라는 사
실이다. 일상의 소통 언어 체계 안에서 학문적 규정과 상관없이 유통된다.
역사와 문화, 그곳에서 이루어지는 힘의 작용이 모두 함께 어울려 비로소
언어는 자기 기능을 한다. 이 계기에서 그는 언어를 철학, 심리학, 문화연
구, 나아가 경험, 인식 등과 아울러 '마음의 자리'에서 재편해야 한다고 주
장한다.[65]

　그의 이러한 주장은 기술(記述)의 효능을 지상(至上)의 가치로 여기는, 또
는 인식의 성취 여부를 철학이나 역사나 심리-생리적 조건이나 문화적 상
황과 단절시키면서 존재론 자체를 아예 중성화하는 논리적 서술 위주의 태
도에 대한 현실적인 거절과 다르지 않다. 이를테면 논리적 진술을 절대화
하는 자리에서는 수용할 수 있는 물음과 그럴 수 없는 물음이 갈린다. 인식
론적인 물음은 수용 가능하지만 자연스레 솟는 물음은 감당하지 못한다.
경험은 서술 불가능한 '질적인 자료'를 안고 있는데 그것은 실은 물음의 원
자료이기도 하다. 그리고 그것은 어떤 충동이 있어서가 아니라 본연적으
로 드러난다. 그러나 논리적 서술만을 절대화하는 자리에서는 이를 그대

65　William Downes, *op. cit.*, pp.109-162. 필자는 3장 Dissemination and the Comprehension of
　　Mysteries을 이 책의 핵심이라고 판단한다. 논쟁적인 새로운 주제들, 곧 문화라는 개념, 전승
　　의 이어짐, 실제 언어에 대한 이해, 문화의 전염이론 등이 모두 포함되어 있기 때문이다.

로 받아들이지 않는다. 이를 개념화하여 진술 체계 안에서 자리를 잡게 하기까지는 그러하다. 문제를 항목화하여 구축하기는 하지만 그것이 온갖 물음을 향해 자기를 열어 놓는 것은 아니다. 과학적인 엄밀성을 주장하고 실행한다. 하지만 그것이 사색의 치밀함과 일치하는 것은 아니다. 결과적으로 인식의 문제를 논리 위주로 펼치는 탐구의 과정에서 성찰은 방법론적으로 배제된다. 논리 이전의 경험의 장으로 되돌아가는 기회는 그래서 차단된다. 성찰은 논리적 진전을 저해한다고 판단하기 때문이다. 종국적으로 이에서 도달하는 우리의 터득은 실증할 수 있다고 해서 그것이 모두 의미 있는 것은 아니라는 사실이다.

이러한 자리에서 마츠자와가 보여주는 '선회'는 흥미롭다. 그는 언어의 문제에 더 집착하지 않는다. 오히려 그는 '역사적 탐구'에 더 다가가기를 바란다. 그러나 이때 그가 뜻하는 역사적 탐구란 그가 19세기 이전까지를 탐구하던, 또는 그렇게 할 수밖에 없었던, 이른바 역사적 실증주의가 아니다. 인(因)과 과(果)가 상응하는 연계를 찾아 결국 현재를 찬양하는, 또는 미래를 보증하는 이야기에 이르는 그런 것이 아니다. 그는 '역사의식'에 주목한다. 그는 일어난 사실은 일정한 의미의 범주로 전승되며, 그렇다는 것을 전제하고 역사의 의미를 탐구하려는 자의식을 역사의식이라고 이해한다. 그러므로 중요한 것은 '세계종교'가 어떻게 역사적으로 형성되었는지를 탐구하는 일보다 어떤 '역사의식'이 '세계종교'가 지어지고 수용되고 활용되도록 했는지를 되살피는 일이다. 이것이 그가 일컫는 더 강화된 '역사적 탐구'다.

그렇다고 해서 이른바 역사의식이 모든 것을 풀어내는 열쇠가 되는 것은 아니다. 그런데도 역사의식은 서구 지성사에서 그렇게 여겨져 왔다. 우리가 논의해 왔던 기원이나 기능이나 의미의 문제도 역사의식이라는 어휘

에 의하여 수식되는 순간 설명 가능한 것이 되곤 했다. 결과적으로 '역사의
식'은 당대와 당대에 현존하던 학문을 스스로 머물던 늪에서 건져주는 '구
제(救濟)하는 힘'으로 여겨졌다. 삶의 주체만이 아니라 인식의 주체가 확립
되는 것도 그가 역사의식을 지닐 때 비로소 이루어지는 것으로 판단한 것
이다.

그러나 그는 비록 '세계종교'가 그렇게 현존해 왔다 할지라도 근대 이후
의 현실 안에서는 그러한 모습이 더 이상 확인되지 않는다고 말한다. 오늘
우리가 살아가는 현실에서는 역사의식 간의 충돌을 증언할 수 있을 만큼의
다양성이 역사를 경험한 주체들에 의하여 등장하고 있다. 그렇다면 이는
역사의식이란 것이 어떤 보편성을 담보하는 준거일 수 없다는 사실을 보여
주는 것이다. 이 정황에서는 '세계종교'라는 어휘도 자기를 지탱해줄 힘을
잃을 수밖에 없다. 그 용어에 대한 일관하는 의미부여가 이미 비현실적이
게 되었기 때문이다. 그렇다면 이 계기에서 중요한 것은 언어에 대한 관심
도 아니고 역사적 실증을 통해 이를 규명하는 것도 아니다. 진정한 문제는
역사의식이 우리를 풀어 주리라는 '기만적인 믿음'에 어떻게 해야 예속되
지 않으면서 역사적인 사실을 만날 것이냐 하는 것이다.

종교학의 현존에 대한 그의 다음과 같은 발언은 이러한 맥락에서 이루어
지고 있다. "우리가 만약 진정으로 비판적이기를 바란다면 죽지 않는 그리
스도교 절대주의를 내쫓는 축귀의례만으로는 충분하지 않다. 이른바 '역
사의식'은 우리를 '자유롭게 해주는 힘'이라는 믿음에 미신적으로 굴종하
지 않는 치열한 역사 탐구가 요청된다. 그렇기 위해서는 역사(그리스도교 절
대주의) 안에 차곡차곡 겹쌓인 그늘, 질식하게 하는 자욱한 연기, 직조(織造)
된 역사 안에서 겨노히고 있는 시퍼런 내벽(內壁), 우리를 스르르 잠들게 하

는, 우리가 우리에게 하는 이야기 등에 우리가 '참여'하지 않으면 안 된다. 달리 말하면 그것은 우리가 하는 담론 자체에 대한 역사적 분석을 수행하는 일이다. 역사기술은 언제나 이를 포함하지 않으면 안 된다."[66]

이 부분에서의 그의 서술은 운문(韻文)에 가깝다. 그래서 많은 오해를 낳을 수 있다. 하지만 그가 의도하는 것은 분명하다. 진정한 역사 탐구란 '거리두기'가 아니라 '거리 지우기'를 통한 참여라는 주장이다. 그러나 이를 수행하는 일은 인식 주체이기를 그만두고 인식 객체 안에 들어가는 것이거나 인식 주체인 채 인식 객체와 하나가 되는 것이 아니다. 그 '방법'은 이제까지 객체에 대한 관심을 기울여 온 주체가 스스로 자기 안에 '재귀'(再歸)하는 굴절을 통해 이루어져야 하는 것이다.

이를테면 종교학사는 왜 기술되어야 하는가? 그것은 종교학의 발전과 쇠퇴를 기억하려는 것인가? 현재의 자신(自信)을 강화하기 위한 과거의 소환인가? 아니면 미래의 비전을 구축하기 위한 회상인가? 그것도 아니라면 지금 여기에서 종교학의 과거를 모두 용해(鎔解)하여 새 종교학의 처음을 열려는 것인가? 아니면 현실 적합성을 유효하게 펼치기 위한 실용성의 확보를 위한 것인가? 아니면 지금 종교학사의 살핌을 통해 구축되는 종교학의 정체성이 유의미하게 작동할 '정치적' 계기가 인지되었기 때문인가 하는 물음이 그 재귀의 내용이다.

종교학사는 무엇을 기술하는 것인가? 그것을 기술하는 준거는 무엇인가? 이를 위해 다루어야 할 주제는 무엇이어야 하며 자료는 어떤 것인가? 주제의 선택적 변화, 그것을 그렇게 결정하게 한 사회-문화-생태적 조건과

---

66 Masuzawa(2005), p.328.

실존적 동기가 그 자료인가? 아니면 매 당대를 이어 부상(浮上)한 학자들과 그들의 저술들, 그것에 대한 비판적 논의들이 살펴야 하는 자료인가? 힘의 실체로 행세하는 제도화된 학문 공동체의 성쇠(盛衰)를 기록해야 하는 것인가? 서로 다른 지리적 공간에서 제각기 다른 축적된 기억과 행태를 지닌 다양성을 함축한 언어적 차이를 어떻게 다듬어 보편적인 종교학사의 서술에 담을 것인가 하는 내용도 다르지 않다.[67]

그렇다면 이러한 재귀를 종교학이 늘, 그리고 지금, 충실히 하고 있는지를 묻는 것으로 종교학의 펼침에 대한 우리의 기술을 마감할 수 있을 것이다. 이는 동시에 그러한 '자기에로의 되돌아옴'이란 어떤 것인지를 서술하는 일이기도 하다. 우리가 이제까지 서술해 온 '종교학은 종교적인가?'하는 논의를 배음(背音)으로 하고 이를 살펴보기로 한다.

데이비드 허포드(David J. Hufford)는 '성찰'(reflexivity)의 문제를 다루면서 대체로 다음과 같은 언급을 하고 있다.[68] 성찰은 자기에의 되돌아옴이다.

---

67 Gregory D. Alles, op. cit. 참조. 알레스는 종교학이 어떻게 현재 세계 여러 곳에서 현존하는지를 살피려는 야심적인 의도로 이 책을 편집했다. 내용은 해당 지역이나 국가에 속한 학자들이 집필하였다. 결과적으로 이 저술은 상당한 자료를 통해 세계의 종교학을 '개관' 할 수 있게 해주었다. 그가 후기에서 지적한 몇 가지 사항은 유념할 만하다. 종교학은 각기 그것이 속한 국가, 언어, 지역에 따라 제각기 다른 모습을 지닌 것으로 뚜렷한 선을 긋게 한다는 것. 종교학은 당해 국가나 지역의 정치적, 경제적, 제도적 조건에 의하여 절대적인 영향을 받는다는 것. 기존의 종교와의 관계에서 종교학이 온전하게 분리를 유지하는 경우는 어느 지역이나 국가에서도 거의 불가능하다는 것. 서구에서의 종교학이 거의 절대적으로 여타 지역의 종교학을 채색하고 있다는 것. 그런데도 그것을 넘어서는 보편적인 '학'(science)으로서의 종교학이 일정한 유대를 모색하면서 추구되고 있다는 것 등이 그것이다(pp.303-320). 자세한 것은 이 책의 I부 3장 '세계의 종교학 조망'에 담겨 있다.

68 David J. Hufford, 'The Scholarly Voice and the Personal Voice: Reflexivity in Belief Studies', in Russell T. McCutcheon ed., The Insider/Outsider Problem in the Study of Religion: A Reader, pp.295-310. Casell, 1999.

하지만 그 자기는 홀로 있는 자기를 떠난 자아가 자기에게 되돌아오는 것이 아니다. 그때 일컫는 자기는 주체와 객체의 관계정황 안에 있는 주체다. 부연한다면 그 주체는 객체와의 관계에서 드러나는 정체성의 '위기'를 함축한다. 그런데 그가 주체라는 의식을 지니고 있는 한, 그 주체는 행위자이다. 그러므로 자기에게 되돌아온다는 것은 행위자인 주체가 타자와 만나면서 그 만남에서 이루어진 자기의 행위가 궁경에 이르렀다는 것을 감지한 순간에 이루어지는 '반응'이다. 궁경의 경험은 객체와의 만남에서 비롯한다. 그러나 그것에 대한 반응은 객체에 대한 것이 아니라 만남을 실행한 행위자인 나에 대한 것이다. 그러한 의미에서 무릇 성찰은 하나의 주체가 객체와의 관계 안에 있는 주체를 향해 펼치는 주체적 행위이다. 그렇다고 해서 성찰이 낳은 주체성의 정체에 대한 인식이 행위자인 나 자신이 무엇을 갖추지 못했고, 무엇이 넘치느냐 하는 도덕을 운위하는 데 이르는 것은 아니다. 절대자 앞에서의 참회가 갖는 그러한 인식도 정서도 아니다. 여전히 그 주체가 지니는 문제는 타자와의 만남이다. 그 관계성을 배제한 자기에로의 돌아옴이란 비현실적일 뿐만 아니라 불가능하다. 성찰에서 비롯하는 새로운 자기인식은 타자와의 관계 속에 있는 주체의 재설정과 이어질 때 비로소 완성된다.

허포드는 실제적인 사례를 들어 이를 설명한다. 이를테면 의사는 전문가이고 환자는 비전문가이다. 이때 전문가에게 요청되는 것은 냉정한 진단이다. 병리학적인 자료 외에는 어떤 것도 자료적인 가치가 없다. 환자도 다르지 않다. 환자에 대한 자료와 환자는 다르다. 환자의 호소가 자료가 드러내는 것과 다르다고 판단되는 경우, 의사는 환자를 배제할 권리조차 주장한다. 그런데 그 의사가 해야 할 일은 그 환자를 치료하는 일이다. 이 상황에서 주목해야 할 것은 환자를 배제하는 일이 환자를 위한 최선의 일이라는 판단을 현실이게 하는 이러한 '관계'이다. 허포드의 이 대목에서의 서술은 명료하다. "누구나 관심을 가지는 일인데 그것에 대해 객관적이고 냉정한 태도를 지니는 것이 최선이라는 것은 비현실적인 발언이다. 학문의 맥락에서 말한다면 그것은 힘이 센 집단이 덜 힘이 센 집단을 연구할 때나 생성되는 그러한 판단이다."[69] 예를 들어 이제까지 낯선, 타 문화권의, 경전이 없는, 그래서 '종교라는 어휘를 적용하기 힘든 경우'에 대한 종교학자들의 태도가 그랬다. 학자 개인의 종교적 정서에 맞지 않는다고 판단되는 종교들에 대한 관심도 그랬다.[70] 종교에 대한 이른바 객관적인 탐구 의도가 뚜렷할수록 종교학자들은 그 관계를 그렇게 설정한 것이다. 그러나 실제로 종교적인 주제와 관련하여 학문적인 자리가 일정한 거리를 유지할 수 있거나 무관심한 채 이를 탐구할 수 있는 경우란 사실상 없다. 종교학자가 문헌적인 자료를 떠나 현장과 부닥치면 실감하는 현상이다. 현장에서 돌아와 기존의 자료를 준거로 현장에서의 경험을 되살피지 않는 한 그렇다.

그렇다면 성찰의 내용은 종교학과 인식의 객체가 처음부터 '비대칭적'으로 설정되어 있다는 사실을 터득하는 것이어야 한다. 사람들은 종교학자에게 종교에 대해 늘 객관적이기를 바란다. 종교학은 그렇게 출범된 것이라고 하는 주장은 일관하는 종교학의 '정통적' 태도이기도 하다. 그러나 그 '거리'가 인식을 위한 방법론적인 것이라는 설명에도 불구하고 이는 근원

---

69 *Ibid.*, pp. 297-298.
70 학자의 개인의 신앙과 종교연구와의 관계에 대한 허포드의 주장도 주목할 만하다. 그는 재귀적인 분석은 우리로 하여금 학문적 지식, 우리의 개인적인 신앙, 그리고 우리의 직업적인 이념을 구분할 수 있게 해준다고 밀한다. *Ibid.*, p. 306.

적으로 탐구자와 피탐구자 간의 관계가 비대칭적이라는 사실을 가리려는 단순하고 소박한 논리에 지나지 않는다. 그런데 비대칭적이라는 것은 앞에서도 지적했듯이 '힘의 불균형'이다. 그러므로 성찰은 종교학이 학문이라는 이름으로 힘의 작희(作戲)를 수행한 것은 아닌가 하는 데 대한 되돌아봄이어야 한다. '종교학은 인식을 위한 자리를 어떻게 확보해야 할까?'라든지 '인식의 객체를 어떻게 범주화하고 언어의 표상에 담을 것인가?' 하는 일을 모색하는 틈틈이 자기의 서술이나 설명이나 판단이 종교에 대한 힘의 전횡은 아니었는지를 성찰해야 하는 것이다.

그러나 이러한 성찰도 진정한 재귀일 수 없다는 판단은 여전하다. 앞에서도 불러온 바 있지만 키펜베르크의 소론(所論)을 간과할 수 없는 것은 이 때문이다. 20세기의 종교연구 동향을 살핀 그는 철저하게 종교학과 종교사가 어떻게 서로 이어 있는지를 살핀다. 그는 현대의 종교연구가 '종교의 역사'를 간과하든가 상실했다고 주장한다. 요약하면 종교학은 종교사를 지어내고 있지 종교가 실재로 역사 현상으로 있어 온 흔적을 기술하지는 않는다고 말한다. 기술(description)이 아니라 지음(invention)을 종교학은 그 소임처럼 여긴다고 지적한다.[71]

크리스토프 슈뵈벨(Christoph Schwöbel)은 키펜베르크가 한 주장은 "종교사는 종교 연구사로 선회했다. 그래서 종교사는 발견의 역사가 아니라 지

---

71 Hans G. Kippenberg, "The Study of Religions in the Twentieth Century," in *The Future of the Study of Religion: Proceedings of Congress* 2000, ed., by Slavica Jakelić & Lori Pearson, 2004, pp.47-64. 그는 Mark C. Taylor ed., *Critical Terms for Religious Studies*, University of Chicago Press, 1998와 William Braun and Russell T. McCutcheon eds., *Guide to the Study of Religion*, London: Cassell, 2000에서 '역사'와 '전승' 등이 어떻게 가볍게 다뤄졌는지를 서두에서 언급하면서 그의 논지를 펼치고 있다.

음의 역사가 되어 버렸다."라는 말인데 이에 관한 자신의 의견을 제시한다. 만약 그렇다면 종교학사는 종교사의 일부로 이해해야 할 것이고, 그렇게 되면 종교학은 더 이상 종교를 바라보는 자리에 서지 못할 것이다. 종교 밖의 자리를 차지할 수 없기 때문이다. 그렇다는 것은 또한 종교학도는 불가피하게 종교에 자신을 봉헌한다는 것과 다르지 않다. 다만 종교를 고백하는 사람들과 다른 모습으로 그렇게 할 뿐이다. 문제는 이때 종교를 이해한다는 것이 무엇을 뜻하느냐 하는 것이다. 이에 대해 슈뵈벨은 종교 간의 다름을 진지하게 다루고 다른 종교의 '타자성'을 존중하는 것이 그 이해라고 말한다. 그리하여 다음과 같은 말로 자신의 의견을 마무리한다. "만약 종교학이 종교사의 일부라면 종교학은 언제나 당대의 종교적인 상황을 형성하는 책임을 지지 않으면 안 된다."[72]

종교학은 끝내 종교인 것인가? 성찰이 이르는 곳은 이런 색깔로 채색되기도 한다.

---

[72] Christoph Schwöbel, "The History of *Religions* and the Study of *Religions*: A Response to Hans Kippenberg," in Slavica Jakelić et al., ed., *op. cit.*, pp.65-75. 그는 20세기의 종교연구가 '종교전통의 역사에 대한 분석이 종교를 연구하는 고속도로'라는 생각을 온전히 포기했다는 사실을 지적한다. 아울러 그는 그 까닭을 이미 키펜베르크가 조너선 스미스의 언급을 통해 밝히고 있다면서 다음과 같이 말한다. "만약 종교를 축조하는 시각에서 이해한다면, 그래서 종교학도들이 (조너선 스미스와 더불어) 종교자료란 없다. 종교는 다만 학자들의 연구가 지어낸 것이라 하고, 그래서 (마크 테일러와 더불어) 종교는 현대 서양이 지어낸 것이라 한다면 종교사를 탐구한다거나 종교전통의 발전을 천착한다거나 하는 일은 한갓 도로(徒勞)일 뿐이다(p.65)."

맺음말

학문이란 진리를 탐구하는 것이라는 주장은 이제 되물어야 한다. 종교학이 과연 무엇을 위한 학문인가도 되물어야 한다. 후자의 물음은 전자의 물음의 그늘에서 제대로 벗어나지 못했다. 막스 뮐러가 그랬듯이 종교학은 '세상을 바꾸어 놓을 것'이라는 주장을 할 정도로 충격적인 새로운 학문인데도 그렇다. 그렇잖다면 이제까지 우리가 살핀 서양 종교학의 고뇌, 곧 종교와 종교학의 이어짐의 구조에 대한 혼란스러운 묘사와 태도와 판단이 이리 복잡하지 않아도 좋았을 것이다.

그런데 만약 학문을 사물을 새롭게 볼 수 있게 하는, 그래서 예상하지 못한 사물과의 만남으로 '익숙한 것'이 다시 현전(現前)하는 경험을 하게 하는 특별한 유형의 인지 및 사회적 활동이라고 한다면, 그래서 이를 다듬는 이론적 모델의 구축이라고 한다면, 앞에서 언급한 되물음의 당위는 의외로 학문함의 일상이 될 수도 있다. 아니면, 더 적극적으로, 학문함을 충동하는 것은 사물의 익숙함이 낳은 거추장스러움에 대한 되물음이라고 말할 수도 있다. 그렇다면 우리는 '재귀의 당위'를 이야기하면서 '성찰을 현실화하자'는 강령을 우리의 학문함의 풍토 안에 마련할 수도 있을 것이다.

이러한 의미에서 "'종교연구란 무엇인가?'라는 물음은 그것이 어디서, 누구에 의해, 무슨 목적으로 행해지는가 하는 물음을 통해 가장 잘 답변될 수 있다"는 맥커천의 주장은 옳다.[73] 그러나 이는 아직 종교학 또는 학문 일반을 그야말로 학문 안에서 운위하는 전형적인 학자들의 서술이다. 그는 종

---

73 MaCutcheon(2015), p.147.

교학자를 다음과 같이 묘사하기도 한다. "종교학자는 공공의 지성인이기도 하고, 문화비평가이기도 하다. 부유(浮遊)하는 기표(記標)만을 좇아 연구하지도 않고, 종점이 없는 해석학의 소용돌이에 침잠하지도 않는다. 종교학자는 인간의 공동체가 무엇에 의하여 어떻게 역사적으로 정초(定礎)되는지 그 수단을 살피고, 인간과 그 공동체가 시공(時空)을 넘어 자기를 확장하기 위하여 사회적 정체성을 구축하고 경쟁하는 노력을 기울이면서 어떻게 신화를 지어내는 주체로 행동하는지 그 수단을 살피는 도구를 가지고 있다. 한마디로 종교학의 학문성의 표지(標識)는 재기술(redescription)임을 나는 공공연하게 제안한다."[74] 그렇다면 그의 앞의 주장은 다음과 같이 수정되어야 마땅하다. "종교연구란 무엇인가 하는 물음은 종교학이라는 이름으로 수행된 연구의 결과가 어떻게 얼마나 현실 적합성을 가지고 지금 여기에서 유통되는지를 묻는 물음에 대한 대답에서 드러날 것이다."

역사는 복합적인 것이다. 혼란스럽고 뒤죽박죽이고 엉망진창인 게 역사다. 그런데 그것은 인간이 지은 것이다. 그리고 그 안에는 종교도 있고 그것을 연구한다는 종교학도 있다. 하지만 종교도 종교학도 간결하고 명료하게 정의되지 않는다. 인간이 짓고 또 지어지는 역사-문화-생태적인 현상이기 때문이다. 하지만 그렇다고 해서 종교나 종교학이 그 소용돌이의 어떤 데에 자리 잡고 있는지, 아니면 어떤 데서 발견되는지조차 묘사할 수 없는 것은 아니다. 본래적인 자리가 있다고 전제하면 그 일은 '찾아내는 일'일 터이지만 인간의 지어냄이 그 현상의 비롯함이라면 그 자리는 찾기보다 지

---

74 Russell T. McCutcheon, *Critics, Not Caretakers: Describing the Public Study of Religion*, 2001, pp.xiv-xv.

어냄의 의도를 충동한 삶의 현실을 되살피는 일이 그 작업을 수행하는 일이 될 것이기 때문이다.

종교학은 종교학의 내재율이 있어 이를 좇아 자기를 펼치는 것이 아니다. 그렇게 이해되기도 한 것이 이른바 '학문의 자율성'이라고 일컬어지기도 했다. 학문은 현실의 필요에 의해서 있는 것이다. 바야흐로 종교학은 이를 철저하게 실감하고 있다. 그것이 재귀를 뜻하는 성찰이든 기존의 기술을 재기술하는 것이든 그 작업이 도달하는 종국은 필요를 충족시켜 주지 못한다면 그 학문은 있지 못한다는 사실을 확인하는 자리다.

앞에서도 인용한 바 있지만 롱(C. Long)의 쉽고 평범한 발언은 어떤 학문적인 수사도 감당하지 못하는 참을 설파해준다. 종교현상학이 비역사적이거나 반역사적이어서 정직하지 않을 뿐만 아니라 종교학 자체를 오도한다는 비판에 접하여 그가 한 대답은 요약하면 이러하다. "걸상을 알고 싶어 인도나 중국이나 영국의 걸상들을 견주어 보는 사람도 있다. 그는 당장 눈에 보이는 그 다름과 같음을 알고 싶은 것이다. 그런데 영국의 빅토리아 왕조의 걸상을 알고 싶은 사람도 있다. 그는 단순한 비교가 아니라 역사적 탐구를 통해 그 걸상을 알고자 한다. 후자에게 여러 나라 걸상의 다양함을 알아야 한다고 권고한다거나 전자에게 왜 걸상 하나하나의 역사를 추적하지 않느냐고 꾸중하는 일은 아무런 의미도 없는 짓이다. 역사를 알고 싶으면 역사를 살피면 되고 현상을 알고 싶으면 현상에 접근하면 된다."[75] 조너선 스미스의 선언은 그래서 옳다. '종교는 학자의 상상력 안에만 있다.' 그가 이렇게 발언한 의도를 전혀 역으로 이해한 것으로 지탄될지 몰라도 이보다

---

75 Satoko Fujiwara et al., ed., *op. cit.*, p.218.

종교학의 현실을 정확하게 진단한 경우는 없다는 의미에서 그의 발언은 적시에 울린 경고이다. 종교학은 종교를 만들고 있다. 그런데 현장에서는 종교라고 일컫는 현상이 종교학에서 일컫는 종교와 괴리를 이루면서 '겹친 듯 홀로' 자기를 펼치고 있다. 한국의 종교학을 성찰하고 재기술하려는 계제에 눈앞에 보이는 서양 종교학의 한 모습을 우리는 이렇게 그려 보았다.

우리의 종교학은 어떤 모습으로 이 땅 위에서 있어 왔나? 서양을 비롯한 밖의 종교학이 이러한 과정을 거쳐 이러한 문제를 '살아왔고 또 살아가고 있다'고 할 때, 그 종교학이 우리 종교학의 불가피한 '모태'임을 인정한다고 할 때, 우리 종교학의 삶의 모습은 어떻게 흘러 어떤 모습으로 지금-여기에 있나? 이 물음들을 우리는 좀 더 세분해 되물어볼 필요가 있다. 물음은 구체적일수록 현실적이게 되기 때문이다.

우리의 종교학은 서양의 종교학에 무엇을 공감했는가? 새로운 학문에 대한 지적 관심을 넘어선 공감이 가능했다면 그 공감의 비롯함은 왜인가? 우리는 무엇을 배웠는가? 우리는 무엇을 물었는가? 우리는 문제조차 배워 묻고 있는 것은 아닌가? 우리는 그들의 문제가 곧 우리의 문제이고, 우리의 문제는 그들이 이루어놓은 기술과 방법과 해석과 실천의 모색을 적용함으로써 가능하다는 '신념'을 지니고 있는 것은 아닌가? 없던 용어인 '종교'라는 용어가 일상화 된 계기에서 우리는 거의 무의식적으로 서양 종교학의 그늘에서 '지적 식민지의 풍토'를 스스로 짓고 그 안에서 안주하고 있는 것은 아닌가?[76]

---

76 Gregory D. Alles, *op. cit.*, pp.2. 10. 알레스는 종교학계의 범세계적인 형편을 조망하면서 비서양의 종교학자들이 일반적으로 북미나 서구의 종교학의 지도와 안내를 받고자 하는 경향이 보인다고 지적한다. 그러면서 후주(後註)에서 그 예로 한국을 들고 있다. 특별히

그렇다면 아직도 또는 늘 우리는 '배우고 있어야' 하는 것인가? 서양 종교학으로부터의 '배움'이 아니라 그것과의 '만남'은 여전히 비현실적인가? 우리의 종교학이 스스로 종교학다움을 펼치기 시작한 것이 대체로 1960년대로 일컬어지고 있다. 이미 60년 전이다. 그때와 지금의 정황은 엄청나게 다르다. 모든 삶의 요소를 총칭한다는 의미에서의 우리의 문화가 그렇게 바뀌었고 세계의 문화 또한 그렇게 바뀌었다. 그러나 삶의 요소요소에서 드러나는, 그래서 결과적으로 문화적 비대칭 구조라고 일컬을 수 있는 정황은 여전하다. 이를 어떻게 설명할 것인가? 학문의 장에서도 엄연히 현존하는 선진과 후진이라는 이른바 정치적 헤게모니, 곧 힘의 불균형에서 비롯한 도제적(徒弟的) 현상인가? 아니면 영어가 보편화하는 언어적 헤게모니, 곧 자연스럽게 공유할 수 없는 인지적 환경의 한계 현상인가?

때로 우리는 탈식민지 담론이나 오리엔탈리즘 담론에서 비 서양 또는 탈서양을 모색하는 것이 서양 밖 '여타' 지역에서의 학문성의 성숙을 위해 마땅히 이루어져야 하는 일이라고 주창하는 현상을 만난다. 그러나 그러한 태도가 단순한 '반동'(反動)이라면 그것은 조심스럽다. 자칫 그것은 정치적 이념과 뒤섞인 학문적 국수주의에 이를 것이기 때문이다. 그러한 학문이 현존한다면 그것은 망령(亡靈)의 배회와 다르지 않다. 그러나 그러한 위험

한국에서의 서구 및 북미 종교학자들의 저술이 광범위하게 번역된 사실을 지적한다. 그가 이를 적시할 수 있게 해준 자료는 이미 언급한 바 있지만 필자와 이창익이 공동집필하여 그 저술에 실은 논문이다. 한국의 종교학계를 소개하면서 많은 외국의 종교학 서적이 번역되었음을 기술했는데 서양학자의 눈에는 이 사실이 주목할 만한 것으로 간주된 것 같다. 그러나 우리에게 더 흥미로운 것은 그의 마지막 언급이다. '그런데 나는 참으로 궁금하다. 누가 한국학자들의 저작을 영어로 번역하고 있을지.' 물론 연구주제에 따라 사정이 다르겠지만 필자는 그러한 번역이 아직은 현실화되지 않기를 바란다. 우리의 저술의 대부분은 서양학자의 저술을 준거로 자기 정당성을 주장하고 있기 때문이다.

을 인지할 때조차 우리는 우리의 문제를 스스로 묻는 자리에 서지 않으면 안 된다. 그 과정에서, 적어도 문제를 인지하는 차원에서는, 탈 서양적인 자의식이 요청되는 것도 사실이다. 그러므로 자기로부터 비롯한 문제가 없는 학문은 생시(生屍, zombie)의 활보와 다르지 않다. 그렇다면 우리는 망령과 생시를 오가는 정체성 속에서 무엇을 어떻게 물어야 그 허망함을 벗고 진정한 주체가 될 수 있을 것인가?

중요한 것은 우리는 누구나 '한정된 경험'을 지니고 물음을 묻고 이에 대한 해답을 찾는다는 사실을 기억하는 일이다. 그런데 제한된 경험 안에서의 물음에 대한 답변은 그 제한을 열 때 가능하다. 그 제한 안에서는 반복되는 되돌기의 연속일 뿐 출구를 스스로 마련할 '끝내고 다시 시작하는 정지의 계기'가 들어설 수가 없다. 해답을 위해 멈추어 닫힌 경험을 열기 위해서는 '나'를 '타자' 보듯 하는, 곧 '타자인 나'를 사유할 수 있는 내가 내 안에서 일 수 있어야 한다.[77] 우리 종교학은 어떤 '사유'를 하고 있는가?

서울대학교 문리과대학 종교학과에는 종교학이 없었다. 적어도 1960년대까지는 그랬다. 그 종교학과에 종교학을 심어 종교학과이게 한 장병길 교수는 1975년 한국 초유의 종교학 개론서인 그의 저서 『종교학 개론』(宗敎學槪論)에서 다음과 같이 발언한다.

---

77 Paul Ricoeur, *Critique and Conviction: Conversations with Francois Azouvi and Marc de Launay*, translated from French by Kathleen Blamey, New York: Columbia University Press, 1998. p.91. 이 저술은 대담집이다. 저자의 생각이 자유롭게 펼쳐져 있다. 필자가 특히 관심을 가지는 것은 그가 '사유' 자체를 되살피고 있다는 사실, 곧 사유를 사유한다는 사실이다. 그는 코기토(cogito)를 '고양된 cogito', '경멸을 당한 cogito', '상처 입은 cogito'로 나누어 '생각하는 나'가 어떤 '생각하는 나'인지를 되묻는다.

宗教學은 十數世紀 동안 單一 宗敎圈에서 살아오던 歐羅巴人들이 新世界를 發見함에 따라 異敎世界를 觀察하게 됨으로써 誕生하게 된 學問이었다. 神學이 護敎的·規範的인 데에 反해서 宗敎學은 經驗的·記述的 學問이며, 일찍이 막스 뮐러가 말하였듯이 「이 宗敎를 믿을 것이냐? 혹은 참다운 宗敎란 무엇이냐?」 따위를 取扱하는 것이 아니라 宗敎에 관한 知識을 얻는 데에 主眼點을 둔다. 즉 宗敎를 믿고 있는 人間의 現象을 그 研究對象으로 삼는 學問인 것이다.' 그에 의하면 종교는 인간의 현상이다. 그러므로 종교를 연구한다는 것은 인간을 연구한다는 것과 다르지 않다. 다만 인간이 지닌 수많은 표상 중에서 종교라고 일컫는 현상을 통해 인간에 다가가려는 것이 종교학이다. 그는 이어 이렇게 말한다. '宗敎學은 廣義이건 狹義이건 간에 神學的 研究일 수 없었다. 宗敎一般이 共有하고 있는 宗敎的인 思想·體驗·行爲·組織·文化 등의 諸現象을 究明함, 이것이 곧 宗敎學인 것이다.[78]

이 일이 어떻게 가능하고, 어떻게 구체화되며, 어떻게 현실 적합성을 지니도록 할 것인가 하는 것이 종교학의 과제다. 그 일은 저자의 일만이 아니다. 적어도 그가 언급한 종교학이라는 학문에 공감하는 모든 학도의 과제이다. 그런 과정에서 어쩌면 그의 선명한 주장, 곧 '종교학은 인간의 현상을 연구 대상'으로 한다든가 '종교학은…신학적일 수 없다'든가 하는 주장조차 되물어질는지도 모른다. 아마도 그럴 것이다. 이미 그도 그렇게 예상했음이 틀림없다. 그는 잘 다듬어진 종교학을 수행한다는 생각을 하면서 종교학을 하는 것이 아니다. 그는 종교학을 묻는다. 그렇다고 해서 종교학

78 張秉吉, 『宗敎學槪論』, 박영사. 1975, 3쪽.

을 하는 주체인 자기를 타자화하고 그 안에 침잠하여 한껏 조심스러워하는 그런 것이 아니다. 자기가 인식의 객체로 설정한 타자에게 자기를 묻는다. 그 타자의 반응이 메아리치는 소리결의 진동에 의해서 울리는 자기를 스스로 타자화하는 것이다. 그는 그렇게 종교학을 하고 있다. 그리고 그때 비로소 종교학은 종교학으로 현존한다. 그것이 그의 학문하는 '즐거움'이다. 그는 다음과 같이 발언하고 있다. "宗教學이 탄생한지 百餘年만에, 그리고 틸레가 『종교사 강요』(宗教史 綱要)를 세계에 물은 지 꼭 一世紀 만에, 筆者가 拙稿로서 韓國人에게 宗教學을 묻게 된 것을 기쁘게 여긴다."[79]

우리는 시간을 흘러 산다. 기억은 그렇게 이어진다. 그런데 일상은 새로운 기회의 연속이다. 그렇다면 이제 그 기회는 새로운 기억으로 채워야 한다. 그리고 새로운 기억은 우리를 되묻는 데서 비롯한다. 새로운 기억이 우리를 되묻게 한다고 해도 좋다. 의식의 표상은 안팎이 한데 있기 때문이다. 공간화된 시간을 주목하면 우리의 경험은 더 절실해진다. 세상은 늘 그렇듯이 엄청나게 바뀐다. 모더니티를 이야기하는 동안 세상은 포스트모더니티로 바뀌고, 이를 논의하는 동안 포스트휴머니즘과 부닥치고, 그러고 있는데 코로나 사태는 기존의 삶의 질서를 모두 뒤흔든다. 일시적이리라는 희망은 점점 비현실적이게 되어 간다. 거대담론의 효용에 대한 낯선 느낌이 현실화되려는데 어느 틈에 구체적이고 직접적인 디지털 시대가 내 삶의 자리를 온통 바꿔 간다. 기억을 파괴하는 일, 기억으로부터의 탈출이 이 시대에 적응하는 유일한 출구일지도 모른다. 새로운 방법이나 범주의 창안이 문제가 아니다. 그것은 과거의 어떤 '결함'의 보정이다. 그러나 우리가

---

79 뒤의 책, 4쪽.

직면한 지금-여기는 그 일조차 비현실적임을 일깨워주기에 충분하리만큼 근원적인 '단절'을 함축하고 있다.

물론 '연속'은 지워지지 않는다. 우리가 감행하려는 '단절'이 이어짐을 거절하거나 부정하는 것도 아니다. 보편이라고 일컬어지는 '자연'을 간과하려는 것도 아니다. 그것은 배꼽을 부정하는 것만큼이나 어리석은 짓이다. 그러나 중요한 것은 그것조차 기억으로부터의 탈출 이후에 승인되어야 한다는 사실이다. 그렇다면 그것은 어쩌면 스스로 '위기'를 짓는 일이기도 하다. 이 글을 다음과 같은 발언으로 마감하고자 하는 것은 그러한 이유 때문이다. "아직 물어지지 않은 것의 현존을 확인하는 일은 지적 탐구를 자극하는 흥분을 일게 한다. 그러나 더 절실한 것은 이미 수용한 인식의 적합성에 대한 물음이다. 그런 물음은 실존 자체의 긴장을 수반한다."[80]

---

80 정진홍, 앞의 책, 1996, 1쪽.

3. 세계 종교학 조망

정진홍

머리말

'종교'는 전 세계 어디에서나 만나는 보편적인 문화현상이다. 종교가 religion의 번역어여서 그것이 서양의 전통에 기초한 '일방적인 개념'이라는 논의가 없지 않고, 아직도 그것이 공유될 수 있을 만큼의 보편성을 지닌 것으로 여겨지지 않는다 할지라도 소통불가능한 정도로 그 개념이 불투명하지는 않다. 이미 '종교'는 일상어로 활용되고 있고, 그것이 지칭하는 현상도 그 개념이 그리는 범주를 공감하는 데 커다란 무리가 없어 보인다. 종교와 종교 아닌 것을 구분하는 경계도 그 폭이 상당히 넓은 중첩의 공간으로 이루어져 있어 상이한 종교이해가 있다 해도 서로 같음이 서로 다름을 넘어서고 있음을 보여준다.

이에 대한 학문적 관심이 보편적인 것도 당연하다. 어떤 것도 인간의 지적 관심에서 벗어나는 것은 없다. 지구의 어느 지역이나 세계의 어느 나라에서든 종교는 그러한 관심을 수반한다. 종교가 무엇인가라고 묻는 물음, 왜 사람들은 그러한 것을 살고 있는가 하는 데 대한 물음, 그것이 삶의 망(網) 안에서 어떻게 있고 어떤 움직임을 하고 있는지에 대한 물음, 그것은 세월 따라 어떻게 바뀌는지를 묻는 물음, 곧 그것의 본질에 대한 물음에서 기능과 의미, 그리고 역사에 대한 물음에 이르기까지 그 물음의 폭과 깊이는 이른바 학문성의 울안에서 마련된 규범에 상응하는 틀을 짓고 있다. 그렇다면 종교학도 종교와 더불어 현존하는 보편적인 현상이다. 물론 그 물음이 일게 된 연유와 때와 의도와 방법과 그 결과의 현실적 효용은, 마치 개인의 종교경험에서 종교가 개개인의 실존적인 정황에 따라 다르듯이 지역에 따라 나라에 따라 다르게 드러난다. 그러나 상이한 지역이나 국가 간의 이어짐이 또 하나의 현실임을 전제한다면 그 물음들이, 종교가 그렇듯, 서로 '만남'을 빚을 만큼의 연계를 지니고 있음도 충분히 짐작할 수 있다.

종교학이 어떻게 있는지를 세계를 단위로 하여 기술할 수 있을 것이라는 가설은 이래서 가능하다. 기왕에 그런 기획은 학문의 장에서 늘 있어 왔다. 우리는 '문명사'나 '세계사'를 그런 범주를 설정하고 기술해 왔다. 사상사도 다르지 않다. 통시적으로만 그렇게 하지 않았다. 비교를 통한 이른바 교차 문화적인 연구도 상당한 수준에서 온 세계를 아우르는 의도를 지니고 추구해 왔다. 세계종교사도 예외 없이 이 흐름 안에서 기술되었다. 그렇다면 종교가 있는 곳에 종교학이 있을 수밖에 없다는 전제에서 우리는 종교학도 그렇게 기술될 수 있어야 하고 그렇게 해야 한다는 당위조차 발언할 수 있다.

그러나 그러한 기술은 그늘을 지닌 것이기도 하다. 지금도 여전히 그 어둠이 드리우고 있다고 판단할 만한 정도로 그 음지는 짙다. 문명/미개, 선진/후진 등의 옛 용어들은 여전한 개념의 내포를 지닌 채 같은 용어로, 또는 다른 수사(修辭)로 살아 있다. 다양한 차원에서의 '비대칭구조'를 일컫는 것이 그 하나의 예다. 그것은 사실을 기술하는 것 이상의 이념의 무게를 지니고 통용되고 있음이 현실이다. '세계'(world)라는 용어를 사용하면서도 '여타 세계'(the rest of world)라는 표현이 서양에서 예사로운 사태는 이를 잘 보여준다.

'세계화, 또는 지구화'(globalization)라는 어휘의 등장은 이를 상당한 정도 불식하는 것으로 보인다. 지구를 구성하는 다양한 서로 다른 단위들이 상호 연계되어 관계망 안에 있음을 분명하게 의식하고 있기 때문이다. 그러나 사태가 더 나아진 것은 아니다. 힘 또는 권력의 집중현상이 구체적이고 실제적이라는 사실은 부정할 수 없다. 그 힘의 영향이 상호성조차 도안(圖案)한다는 사실도 분명하다. 세계화는 일정한 현상의 지구적 보편성을 지칭하는 데도 이와는 다른 맥락에서 철저하게 서양 중심적인 문화를 급속하게 확장하고 강화한 것 이외에 다른 아무런 '효과'를 가져다준 것이 없다는 판단도 현실성이 있다. 이를 필연성으로 설명할 수도 있고, 지배하려는 제국주의적 힘의 작위적인 발휘로 기술할 수도 있으며, 이에 대한 저항이 새로운 시대를 획하는 현상이라는 이해에서 이제는 그 힘의 힘다움에 대한 분석적 이해가 이루어져야 한다는 새로운 당위를 운위할 수도 있다. 그러나 그것은 한가한 담론일지도 모른다. 문제는 현실이다.

종교학의 경우, 서양, 특히 미국의 종교학은 거의 가부장적인 권위를 지니고 종교학계에 '군림'하고 있다. 세계화는 이 일을 가장 구체적으로 전개하게 한 계기다. 연구의 결과물은 영어로 발표되어야 하고, 그렇게 하지 못할 경우, 그것은 아예 없는 거나 다르지 않다. 이제 영어는 영어권의 언어가 아니다. 그것은 글로벌한 시대의 세계어다. 독일어도, 불어도, 러시아어나 스페인어도, 중국어나 힌두어도 이 자리를 차지하지 못했다. 대체로 국제회의에서는 그것이 정치를 주제로 한 것이든, 경제나 과학이나 예술을 주제로 한 것이든, 당연히 종교학도, 그것이 국제적인 규모인 경우 영어를 공용어로 하는 것을 묻는 일은 없다. 힘의 균형이 바뀌면 이 사태도 달라질 것이지만 지금은 그렇다.

그러나 이 일이 세계화의 산물이라는 사실은 또 다른 기능을 함축한다. 영어로 발표하면 그 결과는 온 세계에 퍼진다. 우리는 수많은 언어를 습득할 필요가 없다. 영어는 그러한 의미에서 영어사용권이 독점한 언어가 아니다. 흥미로운 것은 비영어권의 언어들이 필요하면 영어로 바꾸지 않은 채 영어 문장에 끼어든다는 사실이다. 각 종교의 전문용어들이 그러하다. 이를테면 일본인들이 말하는 Zen(선, 禪)이 영어권에서 그대로 Zen으로 통용되는 사례가 그 예다. 하나의 어휘를 번역하는 것은 불가능하지만 그 어휘를 설명하는 것은 온전히 불가능하지 않기 때문에 한 어휘가 함축한 역사-문화적 개념을 단 하나의 영어 어휘로 바꾸지 않고 기왕에 사용한 언어의 어휘를 그대로 살린 채 이를 설명의 틀에 넣는다. 그렇게 하는 것이 상호이해를 위해 더 이롭다고 판단하는 것이다. 영어는 소통을 위한 기호로 영어다움을 새로 지으면서 현실화되어 있다.

현실이 이러하다는 사실을 승인하면서 그레고리 알레스(Gregory D. Alles)는 종교학의 범세계적 현황을 기술하고자 하는 기획을 했다. 2008년에 간행된 *Religious Studies: A Global View*[1]가 그것이다. 언어는 영어로 하되 집필은 각 지역이나 국가의 당해 학자들이 맡기로 한다. 지역은 서유럽, 동유럽, 북아프리카와 서아시아, 사하라 이남 아프리카, 남아시아 및 서남아시아, 동아시아 대륙, 일본, 오스트레일리아, 뉴질랜드, 퍼시픽 아일랜드, 북아메리카, 라틴아메리카 등 12개로 나눈다. 기재할 사항은 4개 항목으로 대별한다. 종교학 이전의 종교연구, 종교학의 출현, 종교학의 전개(주된 생

1　Gregory D. Alles, ed., *Religious Studies: A Global View*, London and New York: Routledge, 2008.

각과 문제들, 주도적인 학자와 문헌, 제도, 당해 지역 안에서의 종교학의 분화와 타학문과의 관계), 새롭게 등장하는 문제 등이 그것이다. 그러나 모든 보고서가 이러한 내용을 균등하게 처리하고 있지는 않다. 기술 방법도 다양하다. 지역의 구분이 합리적이지 않다는 불만도 없지 않다. 그러나 이러한 시도는 해 볼 만한 작업이고, 그런대로 많은 것을 살피게 하는 계기가 되었다. 문제가 드러났고 출구도 모색할 수 있는 가능성을 보여줬다,

한국의 종교학사를 되살피고자 하는 자리에서 이를 요약하는 것은 사유의 자료를 마련한다는 의미에서 가치 있는 일이라 판단한다. 그러나 요약도 그리 쉬운 문제는 아니다. 각각의 보고가 이미 추릴 만큼 간추려진 요약이기 때문이다. 그래서 우리의 과제를 수행하는 데서 유념할 만한 가치가 있다고 판단되는 것으로 이 자료를 취사선택하고, 이 글을 읽는 이와의 소통을 위해 내용을 오해하거나 곡해하지 않는 한에서 자유로이 기술하기로 한다.

1) 서유럽의 종교학

서유럽의 종교학을 기술하면서 베르겐(Bergen)대학교의 종교학 교수인 미카엘 슈타우스베르크(Michael Stausberg)가 한 첫 발언은 서유럽이 하나의 단위로 묶일 만큼 단조롭지 않다는 것이다. 그렇기 때문에 종교학이라는 학문에 대한 공감대도 형성되어 있지 않다고 지적한다. 현재 이른바 '비고백적인 종교연구'를 가르치는 대학도 전 지역에서 10여 개 국가에 한할 뿐이다. 그는 그러한 연구가 일게 된 경위도 단순하게 기술하기 힘들다고 지적한다. 분명한 것은 '타 종교'에 대한 인식이 비롯하면서 말미암은 '비교종교

학적인 성향'이 종교학(비교백적 종교연구)의 서장을 연 것이라고 언급한다.

그러나 비교종교학적 성향조차도 그 뿌리에 대한 논의는 다양하다. 그 기원을 '고대'로 설정하는 학자도 있고 르네상스에 두는 학자도 있다. 계몽주의도 아울러 일컬어진다. 이러한 요소들은 각기 다른 나라에서, 다른 정도로, 다른 때, 자기들에 상응하는 한에서 선택적으로 주장되었다.

무엇보다도 종교학과 관련해서 주목할 것은 '종교'라는 개념이다. 비서양 문화권에서는 종교라고 구획을 지어 말할 현상이 드러나지 않기 때문에 종교는 오직 서양 문화권에서만 타당하고 기능적이라는 주장이 아직도 강하다. 이와 더불어 종교라는 범주가 '분리된 영역'을 지칭하는 것이라는 것은 서양적인 표상이나 가치체계를 반영하는 것이기 때문에 종교를 다른 이름으로 바꿔야 한다는 주장도 공존한다. 이제는 대체로 종교에 대한 서양적 편견을 서유럽 학자들이 인정하고 있지만 여전히 영국, 네덜란드, 프랑스, 독일, 덴마크, 이탈리아 등지에서는 이 주제가 생동하고 있다. 이를테면 성/속의 범주는 서유럽의 학계나 일상에서 강한 풍토를 조성한 개념이다. 그러나 점차 이 개념의 적합성이 문화권에 따라 다르다는 것이 인식되면서 종교학계에서는 약화되고 있다.

종교학이 학제 안에서 '학문적인 연구'로 자리를 잡은 것은 19세기 초반이다. 최초의 교수직이 설치된 것은 1873년 제네바였고, 1877년에 암스테르담과 라이텐(Leiden)이 뒤를 이었다. 파리에서는 고등연구원(EPHE, École Pratique des Hautes Études) 제5분과에 1886년에 설치되었는데 지금은 그 학과가 유럽 전체에서 종교학의 가장 규모가 큰 연구 및 교육기관이다. 영국에서는 1904년에 비로소 맨체스터대학에 학과와 교수직이 마련되었다. 핀란드의 오보아카데미(Åbo Akademi)에 종교학 교수직이 설치된 것은 1960

년이고, 투르쿠(Turku)에 있는 핀란드 대학에서는 1963년,[2] 헬싱키대학에는 1970년에 종교학 교수직이 마련되었다. 스페인 대학에 종교학과가 설립된 것은 1992년이다. 그러나 이는 이른바 학문적 연구로서의 종교학이 제도로 자리 잡은 것을 이야기하는 것이지 종교에 대한 논의가 그간 학문적으로 없었다는 것은 아니다.

모든 학문이 그렇듯이 종교학도 당대의 정치에 민감하게 영향을 받았다. 이탈리아의 페타조니(Raffaele Pettazzoni)와 독일의 야콥 하우어(Jacob Hauer), 그리고 구스타프 멘싱(Gustav Mensching)의 경우가 그렇다. 전자가 로마대학의 종교학 교수가 된 것은 무솔리니가 집권한 다음 해인 1923년이었다. 페타조니는 파시스트 정권에 동조했지만 종교학을 수행하는 데서 비학문적인 태도는 취하지 않았다. 그러나 하우어는 제3공화국을 위해 종교학을 이용했다. 멘싱은 나치 당원이었고 종교학을 나치의 이념을 정립하는 데 협조하도록 했다. 제2차 세계대전 이후 이들은 모두 종교학자로 다시 활동했다. 그러나 그렇지 않은 학자도 있었다. 쇼엡스(Hans-Joachim Schoeps)는 나치를 피해 스웨덴으로 도피한 뒤에 귀국하여 에어랑엔(Erlangen)대학에서 종교사 및 지성사 교수직을 맡았다. 그러나 전쟁이 종교에 대한 학문적 관심을 전적으로 변질시키지는 않았다.

학회가 창립된 것은 대체로 제2차 세계대전 이후다. 1947년에 네덜란드 종교학회가 창설되었고 국제종교학회(IAHR, International Association for the History of Religion)가 만들어진 것은 1950년이었다. 이탈리아는 1951년, 프랑스에서는 1952년, 영국에서는 1954년에 지금 우리가 종교학회라고 이를

---

2 오보(Åbo)는 투르쿠(Turku)의 스웨덴어 이름이다.

만한 학회들이 세워졌다. 특징적인 것은 대체로 학회의 이름에 '종교사'라는 표현이 있다는 점이다. 종교학이 종교사의 영향에서 벗어난 것은 극히 최근의 일이다.

주목할 것은 그리스도교와 연계된 교육기관의 쇠퇴와 아울러 종교학에 관한 관심이 점차 증가했다는 사실이다. 1960년대 이탈리아 대학들의 종교 강좌는 거의 비고백적 종교연구가 차지했다. 프랑스에서는 1970년, 소르본대학에 종교사와 종교인류학 교수직이 마련되었다. 대부분 대학이 그리스도교 신학강좌의 명칭을 종교연구로 바꾸었다. 영국에서는 랭카스터대학과 개방대학(Open University)에서 각기 1967년과 1970년 신학대학 외부에 종교학과를 설치하였다. 1970~80년대의 스코틀랜드에서도 비슷한 현상이 나타났다. 스웨덴에서는 1990년 이후 대학의 증가와 더불어 종교학과의 수도 늘어났다. 노르웨이에서는 1960년대에 베르겐대학의 종교학과가 유일했는데 1990년에는 두 대학에 종교학과가 개설되었다.

종교학을 공부하는 사람들도 많이 달라졌다. 이전에는 그리스도교와 관계를 짓고 있는 사람이 대부분이었지만 이제는 비종교인이 더 많다. 연구자들은 믿음보다 믿음 현상에 더 강한 지적 호기심을 보인다. 그러나 학생 수나 교수의 수가 많은 것은 아니다. 정부나 민간 차원의 지원은 미미하다. 이는 학문의 발전에 지장을 초래하는 조건이 되고 있다.

종교학의 전개 과정에서 가장 활발한 논의의 대상이 된 주제는 종교학의 한계와 외연의 문제, 현상학 논쟁, 종교교육 문제, 인류학이 제시하는 광범위한 주제, 젠더 담론 등이다. 앞으로의 과제는 지역이나 국가에 따라 우선순위에 차이가 있지만 대체로 다음과 같다. 첫째는 새로운 종교의 출현과 관련된 것이다. 전통 적인 뉴에이지를 비롯하여 매스미디어나 인터넷과 관련한 다양한 현상을 새 종교의 범주에 넣는다. 둘째는 새로운 사조, 곧 페미니즘, 포스트모더니즘, 인지과학, 문화연구 등에 대한 관심이다. 그런데 인지과학에 대해서는 덴마크와 핀란드를 제외하고는 별 관심이 없고, 영국은 문화연구에 관심이 많다. 독일에서는 경제와 종교, 종교와 미학에 관심이 많고, 프랑스에서는 종교지리에 관심이 크다. 기존의 종교사회학적 주제나 종교사의 문제가 간과되지는 않지만 이러한 새로운 연구 경향이 더 두드러진다.

이러한 서술 뒤에 슈타우스베르크는 다음과 같은 의미의 발언을 첨가하고 있다. "학문의 정경(情景)을 축조하는 가장 중요한 요소는 정치적이고 행정적인 영향력이다. 이제 한 학자가 필생의 노작을 낼 수 있는 시대가 아니다. 제기된 문제의 현실적인 해답을 여럿이서 함께 온갖 정보를 공유하면서 단시일 안에 찾아야 한다. 이 일은 개인의 영역을 넘어선다. 이를 굳이 지칭한다면 '연구의 정치화 현상'이라고 할 수 있다. 주제의 선정도, 돈도, 시간도, 기술도, 반포(頒布)도 그렇다. 정해진 시간에 요청된 자료를 양적으로 생산하는 일을 감당하지 못하면 학문은 살아남을 수 없다. 이런 면에서 종교학은 언제나 취약하다."

2) 동유럽의 종교학

이 지역을 조감한 오이겐 시어틴(Eugen Ciurtin)은 부카레스트에 있는 뉴유럽칼리지(New Europe College)의 고등연구원 연구원이다. 루마니아 종교학회 총무이기도 하고 아시아연구 저널의 편집자이기도 하다. 그는 서두에서 엘리아데가 태어난 동유럽의 종교학이 뜻밖에도 저조하다는 것을 지적하면서 이를 '매우 유망하기도 하지만 매우 기만적일 수도 있는' 정황이라고 말한다. 서유럽에서 이룩한 빼어난 종교학의 업적과 비교하면 동유럽의 종교학은 그곳을 떠난 사람들이 다른 곳에서 이룩한 업적 이외에 보잘 것이 없다. 오히려 그런 의미에서 앞으로는 종교학이 충분히 발전될 거라는 기대를 한다. 그래서 유망하다고 말할 수 있다. 하지만 다른 측면도 있다. 그는 동유럽의 종교학자들이 자기네의 종교를 연구하면서도 이를 언제나 서유럽에서 이루어진 성과를 잣대로 측정한다는 사실을 지적한다. 이는 종교학을 스스로 기만적이게 한다는 의미에서 종교학의 미래에 드리운 불안한 조짐이라고 말한다.

그도 서유럽을 조감한 슈타우스베르크와 마찬가지로 이 지역의 복합성을 지적한다. 그러나 시어틴은 정치적인 정황에 더 관심을 가진다. 유럽연합(EU)에 가입한 나라들(그리스, 불가리아, 체코공화국, 에스토니아, 헝가리, 라트비아, 리투아니아, 폴란드, 루마니아, 슬로바키아)과 그렇지 않은 나라들(알바니아, 보스니아, 크로아티아, 마케도니아, 몬테네그로, 세르비아, 슬로베니아, 벨로루스, 몰도바, 우크라이나, 러시아)은 각기 다른 학문적 지향을 드러낸다. 언어의 문제도 이들 국가 간의 소통에 지장을 준다. 게다가 그리스 정교회의 영향이 이 지역에서는 '드러난 덮개'이다. 그러나 더 중요한 것은 소비에트 공산주의의 통치가 이 지역의 다양성을 인위적인 조작을 통해 하나의 단위체가 되도록 한 이른바 통일을 강제한 일이 상당 기간 지속했다는 사실이다. 이런 상황적 요인으로 인해 이 지역은 자유로운 문화 발전의 시기가 매우 드물었다. 한동안 과학적 무신론이 종교 담론의 전부였다.

그러나 더 들여다보면 이들 지역에서도 종교와 관련한 지적 논의가 지속적으로 전개되어 왔던 것이 확인된다. 1460년대에 쓴 여행기는 이란과 인도에서 만난 '종교'를 기술하고 있다. 아시아는 낯설지 않았다. 이는 그리스도교 이전, 또는 그리스도교 이외의 종교에 대한 관심이 학문의 영역에서 간과되지 않았다는 것을 보여준다. 그러나 이런 관심이 종교학을 비롯하게 한 것은 아니다. 그것은 다만 아득한 그림자일 뿐 실제로 종교에 대한 비고백적 연구를 충동한 것은 역설적으로 종교였다. 정교회와 가톨릭과 개신교 간의 논쟁은 종교를 '객관적'으로 보아야 한다는 필요를 자극했다. 이러한 계기에서 인도와 중국, 곧 불교와 유교에 관한 자료들이 들어오기 시작했고 이는 종교를 되묻게 하는 구체적인 계기가 되었다. 그러나 앞에서 언급했듯 이러한 흐름은 공산주의의 과학적 무신론에 의해서 철저하게 그 진전이 차단되었다. 많은 연구서가 출판 배포 금지 처분을 받았다. 동유럽 여러 나라의 형편이 거의 같았다. 이른바 '동구권의 몰락'에 이르기까지 사정은 이랬다.

종교학의 시작은 개개 종교의 역사를 천착하는 데서 물꼬가 트였다. 이슬람 연구, 유대교 연구 등이 그것이다. 그래서 종교학의 처음은 '종교사'였다. 그러나 점차 종교에 관한 학문적 연구, 종교에 관한 과학적 탐구라는 용어가 서양에서의 일반적 용례와 상응하는 것으로 일반화해 갔다. 주제도 방법도 다양화되었다. 모두 공산주의 이념과 사회주의 정치의 몰락 이후의 일이다.

1991년 우크라이나에서는 국립학술원에 종교연구 분과가 설치되고 부카레스트대학에는 2003년 종교사센터가 들어섰다. 2005년에는 부다페스트에 있는 중부유럽대학(Central European University)에 종교학연구 프로그램이 생겼다. 체코공화국에서는 같은 해 마사리크(Masaryk)대학에 종교학과를 개설하였고, 폴란드에서도 야기에우워(Jagellonian)대학에 종교학과가 생겼다. 러시아의 국립상트페테르부르크(St Petersburg)대학에는 종교철학 및 종교학과가 설립되고, 슬로바키아의 브라티슬라바(Bratislava)대학에도 종교학과가 설치되었다. 그러나 종교를 연구하는 학자는 종교학과에만 속해 있지 않고 철학, 인류학, 사회학 등 인접학과에도 속했다. 또는 그 학과의 학자들이 종교에 관심을 가지고 연구했다고 할 수도 있다. 현재는 여러 학회가 국가별 혹은 국제적 모임을 통해 결성되어 상호 교류하고 있으며, 각기의 언어 혹은 영문으로 된 다양한 논집을 내고 있다.

시어틴은 그의 보고서를 마감하면서 동유럽 종교학의 몇 가지 과제를 첨가한다. 그가 주장하는 첫 번째 과제는 소비에트 이후 일고 있는 다양한 연구 주제나 방법을 그대로 밀고 나아가는 일이다. 그는 그 벗어남 자체가 종교로부터의 풀림이고 학문을 향한 지평의 열림이라고 말한다. 그는 수없이 많은 동유럽 학자의 노작을 들면서 동유럽 밖 종교학자들과의 관계를 어떻게 설정하고 유지해야 할 것인가를 끊임없이 성찰할 것을 또 다른 과제로 제시한다. 서두에서 언급한 '기대에 수반하는 기만'을 불안해하고 있는 것이다. 그러면서 마지막으로 이른바 이전의 공산권 국가들에서 종교학이 어떤 모습으로 있었는지를 묻는다면 이제는 이에 응답할 수 있는 준비를 갖추고 있다고 말한다.

3) 북아프리카와 서아시아의 종교학

서양에서는 이 지역을 NAWA(North Africa and West Asia)라고 약칭한다. 사하라사막 이북을 지칭하는 북아프리카에는 이집트, 수단, 리비아, 튀니지, 알제리, 모로고 등이 속해 있으며, 서아시아는 파키스탄에서 지중해 헤

안에 이르는 곳에 있는 파키스탄, 아프가니스탄, 이란, 이라크, 시리아, 레바논, 터키, 요르단, 사우디아라비아, 쿠웨이트, 이스라엘 등을 일컫는다.

이곳의 종교학을 기술한 패트리스 브로듀(Patrice Brodeur)는 캐나다의 몬트리올 대학 신학 및 종교학과의 이슬람 담당 교수이다. 그는 자신이 북미에서 훈련받은 눈으로 이 지역을 볼 수밖에 없다는 한계를 인정하면서도 철저하게 비판적인 자세로 정리한다. 무엇보다 먼저 그는 NAWA라는 지리적 분류 자체에 대한 이해가 이 지역에서의 종교연구 현황을 알게 하는 중요한 낌새라는 사실을 지적한다. 그동안 이 지역은 극동(Far East), 근동(Near East) 등의 명칭과 더불어 중동(Middle East)으로 일컬어 왔다. 그는 이 명칭들이 가진 식민지적 음영이 NAWA라는 호칭에서는 상당히 흐려졌지만 이 지역에서의 학문 일반, 그리고 종교학은 철저하게 정치에 의해 채색된다는 것을 지적한다.

이 지역에서의 종교에 대한 주요 관심은 호교론이나 포교의 맥락에서 이슬람과 관계된 것이었다. 이를 그는 '근대 이전' 곧 유럽에 의한 식민지화 이전의 종교연구라고 말한다. 그러나 이를 종교라는 근대 이후의 개념에 담아 기술하는 것은 조심스럽다. '종교'(religion)라는 용어를 그대로 적용하는 것은 적절하지 않기 때문이다. 예를 들면 타마지트어(Tamazight), 셈어, 페르시아어, 투르크어에는 religion에 상응하는 것으로 짐작되는 여러 용어를 가지고 있었다. 그러나 정확하게 종교에 상응하는 단어는 없다. 그중에서 이 지역에서 서로 공유할 수 있는 어휘는 din이지만 이도 완전히 적합하지는 않다. 그래도 종교 이전의 종교연구를 위해서는 din을 논의할 수밖에 없다. 그러나 din의 역사적 변천이나 각개 언어에 상응하는 용례의 분석을 통해 이를 religion을 준거로 어떤 문화권에 납득하도록 하는 일은 많은 장애를 넘어서야 하는데, 결과적으로 이는 거의 불가능하다.

그러한 의미에서 종교 이전의 상황에서 벌어진 이단논쟁문헌(heresiography)을 종교연구의 범주에 넣어야 할 것인지는 확정하기 어렵다. 그런데 그러한 문헌들은 이 문화권에서 이뤄진 고도의 지적-종교적 논의의 산물이어서 이를 간과할 수 없다. 그래서 브로듀는 이를 이단논쟁문헌이라기보다 '종교적 타자에 관한 문헌'이라고 하면 현대적 맥락에서의 종교 논의와 이어지는 접점이 확보되지 않을까 하는 의견을 제시한다. '종교적 타자'와 '타자의 종교'를 구분하고자 하는 것이다. 주목할 것은 종교학 이전에 이미 이 문화권에는 '원(原)-종교학'(proto-science of religion)이라고 할만한 '학문'이 있었다는 사실이다. 그러므로 현재의 종교학은 '고대종교학'에 대칭되는 '현대종교학'이라고 불러야 한다.

현대종교학은 서양에서 대체로 비고백적이고 비신학적이라는 '부정을 전제한 것'이었다. 그러나 이 지역의 경우, 그러한 부정적인 전제는 적합하지 않다. 서양에서 말하는 '학문적인'(academic)이라는 개념이 이곳에서는 봉헌이나 고백과 상충하는 것이 아니기 때문이다. 그럼에도 근대화를 좇아 대학들이 생기면서 학문은 자유로움을 전제하여 비로소 이루어지는 것으로 이해되었다. 그러나 그러한 자유로움이 이 지역의 정치-종교적 정황과는 조화롭지 않다. 이미 아카데미즘이 봉헌이나 고백과 무관한 것이 아니라는 주장 속에 이러한 갈등은 함축되어 있다.

그러한 긴장과 갈등 속에서도 현대종교학은 확고한 자리를 잡아갔다. 근대화된 교육제도가 발전한 것이 하나의 이유다. 근대 이전의 신학교들이 근대 이후의 틀로 재편되고, 선교사들은 많은 대학을 세웠다. 식민지로부터 독립된 나라들은 국립대학을 설립했다. 이에 이울러 여러 사립대학도 설립되었다. 이들 고등교육기관이 종교에 대한 관심을 구체화했다. 이와 더불어 이 지역 밖에서 활발하게 논의해온 '신학(이슬람의 샤리아, 유대교의 할라카)과 종교에 대한 학문적 연구'가 유입되면서 종교에 대한 학문적 연구에 결정적 영향을 주었다. 이는 이 지역의 지성인들에게 상당히 큰 충격이었다.

그러나 이들 교육기관이 종교학의 발상지나 요람이 된 것은 아니다. 지역에 따라 사정은 크게 다르다. 예를 들어 이집트의 개신교 선교학교인 로버트 칼리지(Robert College)는 1863년에 세워졌지만 1971년 터키 정부가 인수한 뒤 명칭을 보가지치(Bogazici)대학으로 바꾼 다음에는 아예 종교색을 지웠다. 지금은 종교학은 물론 인류학도 개설되어 있지 않다. 모로코에서는 대학에 이슬람 연구는 개설되어 있지만 종교연구는 없다. 시리아에서는 사회주의 정권이 들어서면서 대학을 완전히 '세속화'했다. 하지만 고대종교학은 유지하고 있다. 요르단의 경우는 또 다르다. 1994년에 종교 간의 관계를 연구하는 왕립기관이 생겼다. 터키는 신학과 종교학이 뒤섞인 모습을 보인다. 1990년대 이후 고등교육의 급속한 팽창과 더불어 대학에 속한 신학과(ilahiyat fakültesi)도 늘었다. 1996년에 세워진 이스탄불 대학의 당해 학과에 대한 설명은 이렇다. "신학과의 목적은 학생들로 하여금 이슬람을 더 잘 알게 하려는 것이다.…이와 아울러 이슬람을 학문적으로 다듬어 이슬람문화가 미신에 떨어지지 않고 순수한 형태를 유지하도록 하려는 것이다." 이 지역의 이슬람 관련 대학은 대체로 이슬람학(temel islam belimleri), 철학 및 종교학(felsefe ve din bilimleri), 이슬람의 역사와 예술(islam tarihi ve sanatlan) 등을 종교학의 범주 안에 넣는다. 이스라엘의 히브루 대학에서는 1956년 대학원에 종교학을 개설했다. 그리고 이 과정에 대하여 다음과 같이 설명한다. "대학원생들이 여러 종교 체계와 관련된 주요 문제, 개념, 방법, 문헌에 대해 알게 함과 더불어 여러 종교의 역사학적이고 비교론적인 탐구를 할 수 있는 철학적 방법론을 갖추도록 한다." 그러나 1974년에 개교한 이스라엘의 개방대학(the Open University)에는 종교에 대한 학문적 연구를 할 학과가 없다. 1953년에 세워진 텔아비브 대학에도 종교에 대한 현대의 학문적 연구학과는 없다.

그러나 종교에 대한 근대 이후의 학문적 관심은 점차 늘어나고 있다. 중요한 문제들은 유럽이나 북미에서 제기되는 것과 별반 다르지 않다. 글로벌한 추세 때문이다. 그러나 이 지역에서 당면한 종교학의 과제는 전통적인 봉헌적 연구와 비고백적 연구가 어떻게 균형을 유지하며 펼쳐질 수 있을까 하는 것이다. 근대 이후의 종교학은 반종교적이거나 비종교적인 것이라고 생각하는 경향이 짙은데다 이 학문이 서양의 지지를 통해 현존한다고 여기는 분위기 때문이다. 직접적으로 말한다면 바야흐로 새롭게 강화되는 종교학이 서양의 종교학에 의하여 유도되고 있으며, 또 이를 지향하는 경향을 보인다는 사실을 어떻게 평가할 것인가 하는 것이 이곳 종교학의 과제다.

4) 사하라 사막 남부의 종교학

이곳이 어떤 지역인지 알려면 역사와 지리와 언어와 풍토 등 온갖 것을 헤아리지 않으면 안 된다. 나라 이름을 들라 해도 정확하게 지칭하기 힘들다. 앙골라, 가봉, 나이지리아, 베냉, 잠비아, 르완다, 보츠와나, 가나, 상투메 프린시페, 부르키나파소, 기니, 세네간, 부룬디, 기니비사우, 세이셸, 카

메룬, 케냐, 시에라리온, 카보베르데, 레소토, 남아프리카, 중앙아프리카, 라이베리아, 남수단, 차드, 마다가스카르, 스와질란드, 코모로스, 말라위, 탄자니아, 콩고민주공화국, 말리, 토고, 콩고공화국, 모리타니, 우간다, 코트디브와르, 모리셔스, 잠비아, 적도 기니, 모잠비크, 짐바브웨, 에리트레아, 나미비아, 에티오피아, 니제르 등이 이에 속한다.

짐바브웨대학의 종교현상학 담당 교수인 에즈라 치탄도(Ezra Chitando)는 광범위한 지역과 수다한 국가, 그것도 서양 강국들의 자의적인 금 긋기에 의해서 분할된 곳임을 유념하면 특정한 주제에 대해 전체를 개관하면서 이를 일반화하는 일은 사실상 불가능하다는 것을 지적한다. 그럼에도 이 지역 전체를 아우르는 어떤 조망이 필요한 것도 사실이다. 그래서 그는 우선 이 지역의 종교 현황을 '종교의 무지개'라고 호칭하면서 자기의 작업을 시작한다. 온갖 종교가 다 있다는 뜻이다. 이러한 정황에서 비고백적 학문인 종교학은 대체로 그들이 ATR(African Traditional Religion)이라고 일컫는 아프리카 전통종교에 집중되어 있는데 이것이 다른 지역의 종교학과 크게 구별되는 특징이다. 어떤 종교의 신학이든 신학과 종교학은 다르다는 인식도 보편적이다. 케냐, 남아프리카, 짐바브웨 등에서는 둘 사이의 긴장이 다른 곳보다 높다. 그렇지만 치탄도에 의하면 이러한 분위기는 다분히 서양 종교학의 영향에 의해서 자극된 것일 뿐 실제로 심한 것은 아니다. 종교학에 관심을 가지는 학자가 대부분 신학자이기 때문이다. 그러면서 그는 종교학에 대한 관심이 언어권에 따라 다르다는 사실도 주장한다. 이를테면 영어권에서는 종교학에 대한 관심과 갈등이 불어권이나 스페인어권에 비해 더 높은데 이 사실이 하나의 증거라는 것이다.

ATR과 관련하여 그는 주목할 만한 발언을 한다. 문자 없음을 준거로 우매한 종교라는 판단을 하는 일, 이야기나 몸짓이나 그림이나 도구를 가지고 나름의 '종교'를 살고 있음을 문헌의 유무를 준거로 평가 절하하는 일, 전통 '종교'는 정태적이고 폐쇄적이라는 인식, 이 지역 사람들은 누구나 '종교적으로 산다'고 하는 학설 등은 단단히 되살펴야 한다고 주장한다. 그는 ATR에 대한 이러한 그릇된 인식이 보편화한 것은 종교연구가 서양의 식민치하에서 그들에 의해 주도된 결과라고 말한다. 그러면서 그는 현재의 종교학자들이 아직도 식민지 시대에 수집된 자료나 이론이나 해석에 의존하여 자기 학문을 수행하는 데 대해 유감을 표한다.

현대종교학이 시작된 것은 제2차 세계대전 이후 이 지역에서 대학의 광범위한 설립 현상과 병행한다. 그러나 더 중요한 것은 탈 식민지화를 지향하면서 각 국가가 국립대학을 설치한 일이다. 국립대학은 대부분 종교를 배경으로 한 사립대학과 달리 자국의 정체성을 확립하기 위한 교육의 일환으로 ATR에 대한 집중적 연구를 부추겼다. 이에 따라 사립대학에서도 신학과를 종교학과로 개칭하는 일이 일반화되었다. 그렇다고 해서 특정 종교, 곧 이슬람이나 그리스도교에 관한 신학적 탐구가 사라진 것은 아니다. 오히려 종교학과 안에서 현대적인 학문적 방법으로 개개 종교를 더 정교하게 다듬었다.

치탄도는 이러한 배경 하에 축적된 종교학의 성과와 관심사를 다음과 같이 정리한다. 첫째는 ATR이 인류 역사의 정당하고 당연한 부분임을 승인받는 일이다. 그것이 제자리를 차지하도록 하는 일인데 이는 식민지 아프리카 담론을 지우거나 교정하는 일과 병행한다. 그러나 이를 학문적으로 극복해야 한다. 그래서 사실을 기술하는 방법, 이 자료들을 풀기 위한 해석의 틀을 마련하려는 노력을 경주해야 한다. 이곳 학자들이 '내부자와 외부자'의 문제를 서양학계에 제기한 것은 이러한 노력의 일단을 보여준다. 둘째는 종교가 무엇인가를 되묻는 일이다. religion이 결코 충분할 수 없는 개념이라는 것을 지적하면서 이를테면 '종교는 건강과 복지를 위한 것'이라고 주장함으로써 서양적인 종교 개념에 이견을 제기하는 것이 하나의 예다. 그것은 신으로부터 인간으로의 전회와 다르지 않다. 셋째는 종교연구는 다학제적인 것이라는 점을 실천적으로 증명하는 일이다. 종교자료는 사유 안에 있지 않고 삶의 현장에 있다. 이보다 더 풍부한 자료는 없다. 그러나 그것은 극히 복합적인 현상이다. 따라서 종교를 탐구하려면 타 학문과의 협조가 필수적이다.

그러나 여전히 긴장은 지속한다. 종교학의 정체성의 문제가 그렇다. 특히 신학과 종교학 사이를 자유롭게 넘나드는 현실이 그 문제를 지속적이게 한다. 또한 연구의 적합성이나 타당성을 서양 종교학에 의존하여 판단하려는 '식민지 의식의 잔재 현상'이 실제 문제가 되고 있다. 서양 학계에 대한 거의 전투적인 저항이 없는 것은 아니다. 그러나 어떤 것이든 이 둘은 벗어나야 할 실천적 과제다. 서양과 비교해 거의 간과하는 주제도 있다. 젠더와 종교의 관계 문제다. 이미 이는 서양의 주제만이 아니라는 사실을 인식하면서도 진전되지 못하고 있다. 직접 부닥친 현실인 HIV나 AIDS의 문제도 종교학적으로 접근해야 할 부분임이 분명한데도 현장에서 반응할 만한 성과를 내지 못하고 있다. 종교 간의 평화, 환경 문제 등도 이 지역의 절실한 과제다. 이를 종교학이 간과하는 것은 도피일 뿐이다.

그러나 가장 현실적인 것은 종교학이 처한 경제적 어려움이다. 이를테면 니제르 정부는 그리스도교인과 무슬림 간의 긴장이 격화되는데도 이를 객관적으로 살필 대학의 종교학 예산을 삭감했다. 타 학문에 비해 종교학이 절박하게 필요하다는 감각이 없어 보인다. 정부도 민간기관도 자기와의 이해관계가 직접적이지 않는 한 종교를 철저하게 외면한다. 이러한 상황에서 치탄도는 '지식을 위한 지식은 사치'라고 말하면서 이 지역에서의 종교학의 책무는 현실문제에 직접적으로 참여하는 일이라고 말한다. 그런데 돈이 없다. 학과를 운영하는 일도, 학자를 배출하는 일도 어렵다. 그는 이를 생각하면 '가슴이 터진다'고 기술한다.

5) 남아시아와 동남아시아의 종교학

남아시아에는 인도, 파키스탄, 스리랑카, 네팔, 부탄, 몰디브, 아프가니스탄 등의 여러 나라가 있다. 동남아시아에는 인도네시아, 미얀마, 태국, 베트남, 말레이시아, 필리핀, 라오스, 캄보디아, 동티모르, 브루나이, 싱가포르, 방글라데시 등이 있다. 이 두 지역을 두 학자가 나누어 살펴본다. 남아시아는 인도의 뭄바이에 있는 IIT(Indian Institute of Technology)의 사회학과 교수인 로웨나 로빈슨(Rowena Robinson)이 맡고, 동남아시아는 싱가포르 국립대학의 사회학 교수인 비네타 신하(Vineeta Sinha)가 맡았다. 편의상 두 지역을 나누어 살펴보기로 한다.

로빈슨은 남아시아 지역에서는 종교학을 찾아보기 힘들다고 말한다. 이슬람 연구나 그리스도교 신학이 있고, 다카(Dhaka) 대학의 경우처럼 세계종교학과라는 것이 있기는 하지만 종교는 역사학자, 인류학자, 사회학자들이 제각기 자기의 민족적 배경을 가지고 자기 분야에서 연구하는 것이지 종교학이 따로 있을 필요가 없다고 여기기 때문이다. 따라서 이곳에서의 종교연구의 공통점이 있다면 힌두사상 또는 힌두교에 관한 것이 아니면 모두 종교임에도 불구하고 변두리로 밀어낸다는 점이다. 자이나교나 불교, 그리스도교가 변두리에 속하는 것은 이 때문이다. 그런데 힌두 연구는 결과적으로 인도 연구와 다르지 않다. 힌두 연구도 힌두가 타자에게 '자기 정당성'을 천명하려는 학문임을 벗어나지 않고 있다. 광범위한 종교학은 등장하지 못했다.

이를테면 인도 사회는 커다란 전통과 작은 전통, 문명화된 것과 민속적인 것, 보편적인 것과 국지적인 것, 문헌적인 것과 맥락적인 것이 치밀하게 엉켜 있는 거대한 자료의 더미여서 다양한 학문의 시각에서 이를 기술하고 이해하려는 노력을 기울였는데도 관심은 언제나 카스트에 집중된다. 힌두의 신들이나 의례나 축제 등은 소홀히 다뤄졌다. 달리 말하면 종교는 따로 떼어 놓을 만한 주제가 되지 못한 것이다. 그러나 1960년대에 들어서면서 종교가 선명하게 드러나기 시작했다. 종교의례, 종교상징, 신종교운동, 분쟁과 폭력, 불가촉천민(Dalit)의 자의식과 정체성, 힌두-무슬림 간의 폭동 등이 문제로 부상한 것이다. 이러한 문제와 부닥치면서 종교에 대한 물음이 구체화된 것이다.

그는 이렇게 된 계기를 프랑스의 사회학자 루이 뒤몽(Louis Dumont)이 주장한 주체적 의미와 우주관의 개념이 인류학이나 사회학에 스며들었기 때문이라고 말한다. 1970년대에 이르면 순수와 부정(不淨), 사원의 조직, 축제, 희생과 순례 등이 주제로 등장했고, 1990년대에는 종교변동에 대한 관심이 생기면서 정치와 연계된 종교의 성쇠가 주제가 되기도 한다. 최근에는 델리에 있는 인도사회발전연구센터(CSDS)와 미국의 여러 학회가 협력하여 페미니즘에 관한 연구도 수행하고 국제종교학회(IAHR)에도 가입했다. 대단한 변화다.

인도 사회를 이해하기 위해서는 타 종교의 사회를 이해해야 한다는 논의가 인 것도 이때쯤이다. 이와 더불어 인도에 있는 그리스도교 공동체나 무슬림 공동체가 상당한 정도 힌두화되어 있음을 확인하면서 종교의 정체성과 적응의 문제가 새롭게 대두되었다. 문화적 기억의 범주, 정체성과 전통에 대한 논의가 펼쳐진 것이다. 이 맥락에서 세속화의 문제가 논의된 것은 자연스러운 진전이다.

스리랑카에서는 불교학이 종교에 관한 학문적 관심을 드러내는 유일한 분야인데 주목할 것은 연구자의 대부분이 타국의 학자라는 사실이다. 그 까닭은 뜻밖에도 경제적인 여건이 학자를 배출하지 못할 만큼 열악하기 때문이라고 로빈슨은 말한다. 그럼에도 정치적 불교 담론은 예외다. 종교와 정치가 일치해 있는 방글라데시나 파키스탄에는 이슬람 이외의 종교 일반에 관한 연구가 거의 없다. 변화가 없는 것은 아니다. 아지즈(Aziz)는 2001년 파키스탄에서의 봉헌(pir-murid)의 전통을 연구하면서 역사, 종교, 사회, 정치, 경제의 시각에서 이를 다루고 있다. 파키스탄 출신의 지아우딘 사다르(Ziauddin Sardar)는 2006년에 포스트모더니즘의 자리에서 이슬람과 세계화의 문제를 다루는 저서를 출판하였다. 네팔에서는 힌두교와 불교의 관계가 두드러진다. 그러나 이에 관한 연구에 이 지역의 학자가 참여한 흔적은 없다. 모두 외국의 학자가 자신들의 기준으로 기술하고 설명하고 해석하는데 이를 네팔에서조차 수용하고 있다. 로빈슨은 이 지역에 종교학 그것 자체는 없다고 단언한다. 그러나 여타 학문에서의 종교연구는 다른 곳보다 더 활발하게 이루어지고 있음을 지적한다.

동남아시아의 경우를 기술한 신하(Sinha)는 이 지역에서 종교학을 운위하는 것은 그들에게 두 가지 도전과 다르지 않다고 말한다. 하나는 지적 도전이고, 다른 하나는 실제적 도전이다. 그러나 그는 종교학이 철저하게 북미의 산물이라는 사실, 그리고 그러한 종교학이 실제로 이 지역에서 현실화되기는 어렵다는 주장을 편다. 이 지역의 민족-종교적 다원성, 사회-정치 및 문화적 다양성이 북미가 상상하는 것과는 근본적으로 다르기 때문이다. 그러므로 이 지역의 종교학을 개관하는 작업은 설사 그러한 현상을 묘사할 자료가 있다 할지라도 전혀 현실성이 없는 요청이라고 단언한다.

하지만 그는 이 지역의 모든 대학, 개개 종교에 속한 신학교, 연구기관을 대상으로 종교학이 어떻게 자리 잡고 있는지를 살핀다. 그 결과는 다음과 같다. 50개 대학 중에서 오직 네 대학만이 종교학을 개설하고 있는데 캄보디아대학, 태국의 어섬션대학(Assumption University)과 마히돌(Mahidol)대학, 국립 싱가포르대학이다. 캄보디아대학의 철학 및 종교연구학과의 안내문에는 다음과 같이 기술되어 있다. "이 학과는 학생들이 인간의 사유와 행위의 가장 기본적인 면을 이해하고 받아들이는 기회를 갖도록 노력한다. 인류가 수천 년 동안 물어 온, 그래서 오늘날에도 절실하게 지속되고 있는, 가장 심오한 질문들을 학생들이 치열하게 생각하도록 만든다. 마찬가지로 학생들은 종교의 복합성과 그것이 지닌 인간 삶 안에서의 중요성에 대한 비판적인 인식을 펼쳐야 한다." 설치된 과목 중에는 '중국의 종교', '종교 다가가기', '중동지역의 종교와 정치', '종교와 심리학', '제3세계의 해방신학', '선불교' 등이 있다.

태국의 경우는 좀 다르다. 어섬션대학과 마히돌대학은 모두 가톨릭이 설립한 학교다. 전자의 경우, 대학원 박사과정의 종교학은 동서양의 철학사상 연구, 그리고 종교와 과학의 조화를 지향하며 영어를 공용어로 사용한다. 교과 중에는 '철학 및 종교에 관한 연구 방법론', '과정연구(Process

Studies) 세미나', '현상학', '종교심리학 세미나', '종교간 대화', '선(禪)과 비교연구', '페미니즘과 종교', '불교윤리', '쿠란 연구', '종교와 과학' 등이 있다. 후자의 경우는 1889년 의과대학으로 출발한 뒤 1969년 종합대학으로 개편되었으며 석사과정의 교육목표를 간추리면 다음과 같다. "이 과정은 인간의 근본 문제와 가능성을 탐구하고 가르친다. 이는 인간의 다른 경험처럼 종교도 연구되고 분석되며 비판된다는 신념에 근거하여 태국 고등교육의 체계 안에 종교에 대한 과학적 연구를 도입하려는 것이다. 이는 두 개의 목표를 가진다. 하나는 종교연구에 대한 관심을 증진하는 것이고, 다른 하나는 차후 어떤 직업에 종사하든 학생들이 위대한 종교전통에서 통찰력을 얻을 수 있도록 돕는 것이다." 개설된 몇몇 과정은 다음과 같다. '비교종교 1', '종교사 2', '불교심리학', '그리스도교 신학', '이슬람 신학과 철학', '티베트 종교', '소승 및 대승불교', '이슬람 신비주의: 수피즘'.

싱가포르대학은 2005년에 종교학을 부전공으로 개설했는데 학과 안내서의 내용은 다음과 같다. "종교연구는 종교의 사회적 역할 및 종교전통 간 유사성과 차이에 대한 이해 증진을 목표로 한다. 특별히 남아시아와 동남아시아 사회에서의 종교의 역할에 초점을 두고 강좌를 개설할 것이다."

결론적으로 그는 이 지역에서의 종교학은 이제 첫걸음을 내딛는 것과 같다고 말한다. 그러나 그것이 종교에 대한 학문적인 관심이 없다는 것을 의미하는 것은 아니다. 문제는 종교에 대한 많은 학문적인 관심이 있음에도 그것이 종교학을 수행하는 학문적 제도로서 정착되지 않은 그 사이의 공백이다. 왜 그러한 현상이 벌어지는가? 어떤 구조적인 문제가, 어떤 지성적 풍토가, 어떤 정치-경제적인 요소가 작용한 걸까? 그러나 그는 이에 대한 직접적인 답을 제시하지 않는다. 다만 종교에 대한 좀 더 역동적인 유지임이 제각기 다른 학문과 제도에서 일어나고 학생들이 더 진지하게 흥미를 느끼면 이 지역에서의 종교학은 학계에서 분명하게 자리를 잡을 것이라고 말한다. 왜냐하면 종교는 이 지역에서 결코 새로운 주제가 아닌, 그래서 언젠가는 단단히 다뤄야 할 직면한 문제인 까닭이다.

6) 동아시아 대륙의 종교학

이 지역은 중국과 한국이 자리하고 있다. 한국에 관해서는 정진홍과 이창익이 기술하였는데 이 자리에서는 제외하기로 한다.[3] 중국을 조망한 학자 허광후(河光湖)는 인민(人民)대학의 종교학 교수다. 그는 '종교'(宗敎)의 문자풀이에서 논의를 시작한다. 종(宗)과 교(敎)는 결합될 수 없는 의미를 지닌 것인데 19세기에서 20세기에 이르는 저간에 일본인들이 religion을 그렇게 번역하여 이를 받아들인 이후 사용하게 된 새 용어라는 사실을 지적한다. religion에 상응한다고 여길 만한 어휘가 없었던 것은 아니다. 이를테면 삼교(三敎)가 그렇다.

그러므로 중국에서의 종교연구, 또는 종교학의 처음을 찾는다면 삼교의 어느 하나의 고전적인 가르침과 이론에 대한 해석과 주석, 셋 중의 어느 하나의 자리에서 하는 상대에 대한 비판이나 공격, 또는 그러한 자리에서 셋을 통합하려는 연구를 들 수 있다. 그러나 이러한 서술은 무리다. 삼교가 펼친 종교 담론은 각기 호교론적 자리에 머문 것이어서 학문이 갖춰야 할

---

3   Chung Chin-hong and Lee Chang-yick, "Korea," in *Religious Studies: A Global View*, edited by Gregory D. Alles, London and New York: Routledge, 2008, pp.175-190.

지성적 또는 합리적인 비판적 인식이 거의 담겨 있지 않기 때문이다.

서양에서 말하는 종교학의 수용은 17세기의 서학(西學)을 향한 열림에서 비롯했다. 계몽사상은 지성인들로 하여금 전통종교에 대한 물음을 묻게 했다. 종교에 대한 새로운 생각, 새로운 이론, 새로운 방법론을 모색하도록 한 것이다. 경험적인 방법을 통한 인식의 추구, 실용을 위한 지식의 축적 등이 학문의 지향점이 되면서 종교도 그렇게 되물어진 것이다. 따라서 이러한 경향이 퍼지던 19세기 초를 종교학이 중국에서 태동하던 시기라고 해야 한다. 이 시기를 계기로 경전에 대한 연구도 주석 위주의 천착에서 역사적 맥락에 대한 탐구가 곁들여지고, 이와 더불어 서양의 선교사들이나 학자들과의 '만남'도 이루어졌다. 만약 이러한 시대가 그대로 이어졌다면 학문 일반은 물론 종교학도 서양과 견줄 만한 풍성한 업적을 냈을 것이다. 그러나 사태는 일변했다.

1949년, 중화인민공화국의 세상이 되면서 학문은 물론 문화 및 사회적인 행위는 모두 마르크스-레닌주의와 마오이즘에 종속되었다. 모든 학문이 그랬듯이 종교연구도 당 정책을 수행하는 도구가 되었다. 1950년에서 1960년에 이르는 기간에 중국공산당은 '통일전선'을 형성하여 당이 종교인들을 완전히 장악했고, 동시에 무신론 선전을 확장하고 강조하였다. 비 마르크스-레닌주의는 사상 비판이라는 정치선전에 의해 어떤 제도에도 들어올 수 없게 되었고, 모든 학문은 '부르주아의 사이비 과학'으로 낙인찍혔다. 종교연구는 완전히 사라졌다. 대학에서도 기타 기관에서도 마찬가지였다. 종교는 미신이고 반혁명이었다.

종교연구가 일게 된 흥미로운 사건이 일어난 것은 1963년이다. 런지위(任繼愈) 교수가 마르크스주의의 입장에서 비판 작으로 저술한 불교연구를 본 마오쩌둥(毛澤東)이 그를 불러 "신학에 대한 비판 없이 철학사나 문학사나 세계사를 잘 쓸 수는 없다."고 말한 것이 도화선이 되어 1964년에 세계종교연구소(IWR)가 베이징에 세워졌다. 그러나 그 '비판'은 분석적인 연구를 위한 것이 아니라 종교에 대한 절대적인 부정, 가혹한 공격, 완전한 억압, 극단적인 정화(淨化)를 위한 것이었다. 2년 후에는 그 비판조차 사라졌다. 1966년에서 1976년까지 지속된 '문화혁명'은 종교뿐만 아니라 전통적인 문화를 말살하려는 것이었기 때문이다.

문화혁명은 마오쩌둥의 죽음으로 막을 내렸다. 한동안 가치의 공백, 사유의 혼돈을 겪었다. 그러나 서서히 모든 것이 달라지면서 종교에 대한 관심이 다시 떠올랐고, 종교에 대한 이해는 종교의 자리에서든 마르크스주의의 자리에서든 경직된 교리를 자료로 삼을 수는 없다는 생각에 이르렀다. 1978년, 대학이 정상화되고 세계종교연구소는 새로 생긴 중국사회과학원(CASS)에 흡수, 개편되면서 본래의 임무를 수행하기 시작했다.

이로부터 비롯한 중국 종교학의 펼침은 '종교는 아편이다'에서 '종교는 문화다'로의 이행으로 서술할 수 있다. 종교에 대한 미시적이고 독단적인 이해에서 거시적이고 열린 이해로 나아간 것이다. 1980년대 이후 종교를 문화로 읽고자 하는 노력은 점증한다. 이때부터 1990년대에 이르기까지 중국사회과학원의 9개 지방분원에 종교문화연구기획이 설치되었다. 이에는 내몽고와 티베트도 포함된다.

그러나 '종교문화'(宗敎文化)라는 개념이 투명하게 공유되지는 않았다. 종교문화는 종교를 인간이 만들었다는 것을 지칭하는 것이라는 주장에서부터 종교성(宗敎性)은 문화라는 나무의 뿌리라는 의미에서 그렇게 부른다는 주장에 이르기까지 논의는 지금도 이어진다. 중국 종교학계에서 논의되는 또 다른 주제는 '유교는 종교인가 아닌가?' 하는 것이다. 찬성과 반대, 그리고 중도적인 입장이 있다. 문제는 유교가 중국의 지극한 문화복합체의 표상이라는 점이다. 그것을 인식하는 차원에서 논의는 더 뜨겁게 펼쳐진다. 최근에는 한어신학(漢語神學)이 논의의 초점으로 등장한다. '중국어로 신학하기'라고 할 이러한 '운동'은 중국의 개신교 신학자들을 중심으로 퍼지고 있는데 비록 호소력이 학계에 한정된 것이라 할지라도 의미 있는 현상이다. 종교사회학이나 종교심리학, 그리고 종교철학 등은 서양과 거의 동시적으로 주제와 방법을 공유하면서 발전하고 있다. 종교와 관련된 페미니즘, 종교와 관련된 생태주의 등도 예외가 아니다.

학문은 공평하고 정직하고 객관적인 것이다. 종교학은 그러한 의미에서 중국사회의 종교에 대한 찌든 편견을 수정하는 데 기여하기를 바란다. 그러나 동시에 종교가 지닌 독선을 성찰하게 하는 데서도 기여할 수 있어야 한다. 그러나 현재의 상황에서 보면 종교학은 타 학문에 비해 그리 매력적이지 않다. 젊은 연구자의 수가 많지 않음이 이를 반영한다. 그러나 희망은 있다. 중국은 학문이 얼마나 비참하게 일그러질 수 있는지를 경험했다. 이 경험은 새로운 가능성의 토양이다. 개방성, 관용성, 다양성을 향한 열림을 지속적으로 유지한다면 역사의 가르침을 통해 종교학은 더 나은 미래를 향할 수 있을 것이다.

7) 일본의 종교학

일본의 세계적인 위상은 무척 흥미롭다. 알레스는 세계의 종교학을 개관하기 위해 시역을 나누면서 필요한 경우 그 권역 안의 국가들이 끼기 자기

형편을 서술하도록 했다. 앞에서 서술한 동아시아의 경우가 그렇다. 중국
과 한국을 한 권역으로 묶었지만 두 나라가 각기 자기 나라를 서술하도록
한 것이다. 지구의 남반구나 북미도 그랬다. 많은 나라로 구성된 영역이어
서 그랬을 수도 있지만 서유럽이나 동유럽, 아프리카, 중근동은 한데 조망
하도록 했다. 하지만 일본은 위의 어떤 경우와도 다르다. '독립적'이다. 그
까닭은 이 저서의 어디서도 찾아볼 수 없다. 그렇듯 일본의 종교학이 '독자
적'인지 여부는 독자의 몫이다. 그러나 다른 어떤 지역이나 나라보다 흥미
로운 것은 분명하다. 그 서두부터 그렇다.

　이 글을 집필할 때는 다이쇼(大正)대학의 비교문화 및 종교학 교수였던
후지와라 사토코(藤原聖子)는 지금은 도쿄(東京)대학의 종교학과 교수로 있
으면서 국제종교학회에서도 활약하고 있다. 그는 이렇게 말한다. "일본은
다양한 종교전통을 지니고 있다. 그런데 일본인 대부분은 자기를 비종교
적이라고 한다." 그는 이 현상에 대하여 "일본인들은 자기 나름으로 종교
적이다. 그리고 서양에서 말하는 종교(religion)와 만났을 때만 반-종교적이
다."라고 한 학자의 설명을 첨가한다. 그러면서 일본인들은 제도화된 종교
에 귀속되는 것을 '종교'(宗敎)라 하고, 그렇지 않으면 자기가 새해에 '진자'
(神社)에 참배하면서도 '무종교'(無宗敎)라 한다고 부연한다. 아무튼 그의 결
론은 일본은 '무종교국가'라는 것이다.

　그는 일본에서의 종교연구를 충동한 세 필요를 지적한다. 사회적으로 소
수세력인 종교인들이 현대화하는 세계를 향해 종교의 가치를 주장하기 위
한 학문적 탐구의 필요(호교론적 태도), 합리적인 학자들이 종교를 종교가
아니라 문화유산으로 여겨 이의 가치를 알고자 하는 필요(합리주의적 태도),
그리고 대체로 종교와 무관한 학자들의 경향인데, 종교인과 비종교인이 서

로 '문화적 타자'라는 사실을 통해 사회의 안팎을 알기 위한 필요(이해 위주의 태도)가 그것이라고 말한다. 그러면서 일본의 종교학은 그리스도교 신학의 영향을 덜 받았기 때문에 서양의 종교학보다 더 중립적이고 과학적일 수 있다고 말한다.

후지와라는 이러한 필요가 역사적 사실이었음을 전제하고 일본 종교학의 기원을 메이지시대(1868~1912)까지 소급한다. 이는 religion을 '종교'(宗敎)로 번역한 때이기도 하다. 물론 그 이전에도 종교가 없었던 것은 아니고, 이에 대한 학문적 관심이 없었던 것도 아니다. 그러나 이때부터 종교라는 개념이 구체화되면서 이를테면 실천적인 민속신앙이 미신으로 억압되고, 불교 같은 기성종교는 현대적인 옷을 입기 시작한다. '종교'가 기능하기 시작한 것이다. 그리고 곧 종교학은 대학에 정착한다. 1890년에 이노우에 데쓰지로(井上哲次郞)는 도쿄제국대학에서 '비교종교와 동양철학'이라는 주제로 강연을 한다. 1905년에는 아네자키 마사하루(姉崎正治)가 그 대학의 종교학과 초대교수로 부임한다. 이때 형성된 종교학은 1945년에 이르기까지 대체로 국가신도(國家神道)를 위요한 실제적인 문제에 집중했다. 하지만 종교 자체를 이해하기 위한 사회학적 또는 심리학적 탐구도 지속되었고, 일본의 식민지에 대한 현지 조사를 통해 '타자를 이해하기 위한 노력'도 병행되었다.

최초의 학회는 1930년에 설립된 일본종교학회이다. 18개 대학이 참여했고 처음 모임은 도쿄제국대학에서 열렸다. 다음 모임은 1932년에 불교 관련 사립대학인 다이쇼대학에서 열렸다. 타 학문과의 협동도 활발하게 이뤄졌다. 인도철학, 서양철학, 역사학, 민속학 등이 대표적인 분야다.

1945년의 종전은 엄청난 변화를 가져왔다. 점령국인 미국의 문화적 영향은 절대적이었다. 점령군은 국가신도를 종교로 여겨 해체했고 황족의 뿌리가 지닌 신화적 기반을 무너트렸다. 이어지는 냉전체제 속에서 일본인들과 학자들은 긍정 부정 간에 종교에 대한 회의를 키웠다. 종교학의 중립성에 대한 자각이 높아졌고 순수한 경험과학에 자기를 정치시키려 했다. 이러한 지향은 개개 종교의 경전연구나 엘리트 중심의 학풍과 종교학을 떼어놓았다. 신종교에 대한 관심이 점차 증가했고 종교연구에서 인문적인 색깔이 진해졌다. 학제간 연구가 강화되었고 서양 종교학의 성과나 여타 학문의 이론도 여과 없이 받아들였다. 그러나 이를 추종하지는 않았다.

일반적으로 일본의 종교학에서는 서양과 달리 신화보다는 의례를, 관념적이기보다 실존적이기를, 세속화보다는 근대화를 더 주목했다. 그리고 종교연구의 동기는 은연중에 일본의 정체성, 일본인의 정체론으로 집중되었다. 드러나든 드러나지 않든 일본인론이나 일본문화론은 일본의 종교학 담론에 담겨 있는 중요한 내용이다. 일본 종교학의 사회적 책임을 묻게 한 것은 1995년에 일어난 옴진리교 사건이다. 이 사건 이후 종교학자들은 무책임하게 신종교의 편을 든다는 비난을 받았고, 이는 주요한 성찰의 주제가 되었다. 같은 맥락에서 식민지에 관한 논의도 개진되었다고 지적한다. 그러나 후지와라는 이에 대해 "식민지-이후의 비판도 종교학의 사회적 역할에 대한 문제를 제기했다."고 단 한 줄 언급할 뿐 부연하는 내용은 없다. 이어서 그는 페미니즘의 등장, 새로운 영성의 출현 등을 말하면서 특별히 영성적 지식인(靈性的 知識人)의 개념이 일반으로부터 호응을 받았다는 사실을 지적한다.

21세기에 들어서면서 일본 종교학계에서 가장 활발히 논의되는 주제로 그는 몇 가지를 든다. 첫째 생활의 종교, 둘째 세계화/지역화와 종교, 셋째

종교와 폭력, 넷째 일본에서의 종교 개념과 서양 맥락에서의 종교 개념이다. 그리고 종교연구가 사회와 더 어울려야 하는가에 대한 논의가 새로이 첨가되고 있다고 말한다. 이를테면 일본학술진흥회(JSPS)가 운영하는 21세기COE(21st Century Center of Excellence) 프로그램을 통해 종교학은 생명윤리학 연구지원을 받고 있다. 이러한 연구비 수령은 종교학을 수행하는 데 어떤 영향을 줄 것인가 하는 물음이 한 예다. 그에 의하면 현재 일본 종교학은 비판적인 입장을 잃지 않으면서도 공익과 국익을 위해 봉사해야 하는 새로운 도전 상황에 다시 직면하고 있다.

8) 오스트레일리아, 뉴질랜드, 퍼시픽 아일랜드의 종교학

마젤라 프란츠만(Majella Franzmann)은 오스트레일리아의 뉴사우스웨일즈(New South Wales)에 있는 뉴잉글랜드(New England)대학의 종교학과 교수다. 이 지역에 대한 그의 서술은 처음부터 도발적이다. 현재의 종교학 이전의 종교연구에 관해 서술하면서 그는 그것이 인간이 소통 능력을 가지고 있을 때부터, 그리고 어떤 수단을 통해서든지 ('이 땅 밖의 실재'에 대한 생각을 포함하는) 추상적인 것들에 대하여 타자와 소통하고 싶었던 때부터, 비롯한 것이라고 말한다. 결국 종교학이란 무엇인가 하고 묻는다면, 아니면 신학이란 무엇이냐고 묻는다면 그는 이렇게 대답할 것이다. '이 땅 밖의 실재를 경험한 이야기를 타자에게 또 우리에게 알아듣도록 이야기하는 것'이라고.

이 지역에는 그곳에서 본디 살고 있던 사람들(Aborigines)이 있었다. 그러나 낯선 사람들이 와서 이들의 땅을 차지했다. 프란츠만은 그 정황을 우리가 익숙한 그린 투로 그리지 않는다. 그의 서술은 상당히 낯선다. 서양 서람들은 이들에게 많은 것을 물었을 것이고, 이들은 이 물음에 답변했을 것이다. 그런데 이들은 각기 그 물음에 대한 반응을 스스로 체계화했다. 무엇을 이야기할 것인가? 무엇을 말하지 말고 숨겨야 할 것인가? 이야기의 초점과 우선순위를 구축하는 과정을 어떤 틀에 넣어야 할까? 서양인들은 그들이 상인이든 정치인이든, 선교사든, 어떤 목적으로 왔든, 이들 원주민이 "모든 것의 아버지(All Father)를 일컫고, 땅인 어머니(Mother Earth)를 호칭한다."고 말한다. 그런데 그가 묻는 것은 이런 것이다. 그것은 에보리진과 서양인들이 서로 이야기를 주고받으면서 '소통을 위해 만든 편의'는 아닐까? 그것은 양측이 자기의 이해(理解)를 타인의 이야기에 덧씌운 것은 아닐까? 마침내 서로 만족한 데 이르렀다고 하지만, 결국 외래인은 지배하기 위해, 본토인은 생존하기 위해, 상호 무지를 담은 채 이러한 용어를 현실로 인정한 것은 아닐까?

아무튼 식민 사회와의 밀접한 관계 유지를 위해 종교이해를 증진하려는 노력을 기울이는 것은 필수적인 것이었다. 대학은 이 일을 위한 제도를 갖춰 나아갔다. 이 지역에 대학이 세워진 것은 1800년대이다. 1852년에 시드니에, 1868년에는 두네딘(Dunedin)에 세워졌다. 신학대학의 설립도 대체로 같다. 오클랜드의 세인트존스칼리지(St John's College)가 1843년에 공식적으로 신학교육을 실시한 이래 여러 신학교가 생겼다. 1936년에는 대학에 신학부를 설치하는 일이 이뤄지기도 했다. 종교에 관한 학문적인 연구는 이렇게 비롯하였다.

신학과 결이 다른 종교학이 등장한 것은 뉴질랜드의 캔터베리대학 철학과에 종교학 강좌가 개설된 것이 처음이다. 1962년이다. 1966년에 오타고(Otago)대학에는 종교현상학이 개설되었고, 1970년에는 매시(Massey)대학,

다음 해에는 빅토리아대학에 종교학과가 설치되었다. 1974년에는 퀸즐랜드대학, 그리고 1977년에는 우리가 잘 아는 에릭 샤프를 첫 교수로 초빙한 시드니대학에 종교학과가 생겼다. 이러한 현상은 이 지역에 보편적이다. 거의 모든 대학이 종교학과나 종교학 강좌를 개설하고 있다. 퍼시픽 아일랜드 지역에서는 파푸아뉴기니대학에 1973년 종교학과가 개설되었다. 주목할 것은 이 지역의 종교학은 신학의 확장을 위한 현지 문화의 이해를 의도함과 더불어 본토인이 자신의 경험과 문화를 표현하고 소통하려는 의도를 함께 지니고 있다는 점이다.

이 지역의 종교학이 직면한 우선하는 문제는 종교학과 신학과의 관계다. 충돌이나 갈등보다 정체성이 분명하게 구분되지 않는 것이 문제다. 왜냐하면 여러 대학에서 가르치는 인도 및 중국 철학이나 불교 또는 마오리족의 신화와 종교 등의 강의를 신학자들도 담당하고 있기 때문이다. 비교종교론에 비유할 수도 있지만 그렇지 않게 개개 주제의 전문가를 자처하면서 동시에 신학에 속해 있기도 하다. 종교학과의 규모가 작고 전문가들이 많지 않으며 학과 자체가 신학적 배경에서 개설된 경우가 많기 때문에 그렇기도 하다.

그러나 점차 종교학이 신학으로부터 거리를 두는 경향이 짙어진다. 1988년에 개설된 와이카토(Waikato)대학의 종교학과나 1992년에 개설된 뉴잉글랜드대학의 종교학과는 이전과 확연히 다르게 종교학적으로 다듬어졌다. 앞에서 언급한 퀸즐랜드대학의 종교학과에서 개설하고 있는 과목에는 '불교', '초기그리스도교와 성서연구', '종교심리학', '종교철학', '신종교', '아랍어와 이슬람연구' 등이 있다. 변화가 확인된다. 이렇게 종교학이 현저하게 자기를 드러내면서 종교학이 무엇인가에 대한 공감도 상당히 다듬어졌다. 그 내용은 대체로 다음과 같다. 종교학은 연구하는 자료에 대한 비판적이고 개방적인 태도를 가질 것, 방법론은 역사, 철학, 심리학, 현상학, 사회학, 정치이론, 문학이론 등 광범위한 분야에서 도출할 것, 전통적인 종교와 현대의 종교 모두를 아우를 것, 사회 및 정치 현장에서 종교가 어떻게 어떤 역할을 하는지에 초점을 맞출 것.

오스트레일리아와 뉴질랜드 간의 차이도 간과할 수 없다. 대체로 후자는 전자보다 그리스도교에 더 치중하는 경향이 보인다. 하지만 오스트레일리아종교학회(AASR)와 뉴질랜드종교학회(NZASR)는 활발하게 교류하고 있고, 모두 국제종교학회에 속해 있다. 오스트레일리아 대학들은 파푸아 뉴기니와 퍼시픽 아일랜드에 있는 교육기관과 강한 유대를 지니고 서로 돕고 있다.

최근의 연구 경향은 이전과 상당히 다르다. 연구 주체가 점차 본토인으로 바뀌고 있다. 이를테면 그리스도교에 대한 연구도 자기 종교를 통해 다가가고 있다. 피지(Fiji)의 학자가 자기네 땅의 상징인 바누아(vanua)라는 개념을 통해 그리스도교를 재해석하려는 연구가 한 예이다. 피지에 있는 이슬람이나 사모아에 있는 바하이에 대한 연구도 전에는 없던 주제다.

그러나 이 지역에서의 종교학의 미래는 판단하기 모호하다. 오스트레일리아는 고등학교에서도 종교학을 가르치도록 해서 전망이 밝지만 뉴질랜드에서는 신학 이외의 종교연구에 대한 지원을 중단했다. 백인 위주로 이뤄진 교수진도 불안하고, 인도네시아 등 주변 이슬람 국가의 정치적 영향도 거세다. 그러나 프란츠만은 이 지역의 종교학이 하물의례(Cargo cult) 개념과 같은 불가해한 이론을 낳은 서양의 그늘을 점차 벗어나고 있고, 토착민의 자기 발언이 종교연구에 등장하면서 문헌과 구전문화의 갈등을 서서히 넘어서고 있으며, 나아가 젠더의 문제를 제기하고 있다고 하면서 그 미래를 밝게 평가한다. 그들은 그들 나름의 사회-문화-환경의 맥락에서 자기에게 적합한 주제와 방법론을 모색하고 있다는 것이다.

9) 북미의 종교학

북미는 미국과 캐나다를 지칭한다. 두 나라는 현재 종교학의 종주국이라고 해도 좋을 만큼 연구도 업적도 영향도 세계적이다. 이 지역의 종교학을 개관하는 것은 종교학 자체를 섭렵하는 것과 다르지 않다. 그런데 이를 수행한 학자는 비록 그가 국제종교학회의 기관지 『Numen』의 공동편집자이긴 해도 의외로 아시아 종교 연구자인 빌라노바(Villanova)대학의 신학 및 종교학과 교수 구스타보 베나비데스(Gustavo Benavides)다.

그는 글의 서두부터 편집자의 의도를 거스른다. 도대체 이 과제는 북미의 종교학을 되 추스르라는 거냐(성찰), 아니면 지금 현 상황을 느낀 대로 평가하라는 거냐(반응) 하고 묻는다. 그의 논의는 장황하지만 치밀하다. 앞의 글들이 대체로 종교학의 전사(前史)에서 출현, 전개, 제도, 주요과제 등으로 구성되었는데도 그는 이를 전혀 유념하지 않는다. 그러면서 스스로 선택한 주제들을 항목화하여 개개 학자와 그의 저술을 중심으로 분석적이고 비판적인 서술을 일정한 자기 시각의 일관성을 유지하면서 진행한다. 그가 선택한 주제는 다음과 같다. '이론을 지닌 방법들', '상징화와 인지(認知)', '종교에 대한 사회학적 연구들', '신비주의와 감각', '체현된 종교', '전통들'.

우리가 주목하려는 것은 그가 '성찰'의 내용으로 기술한 개개 학자의 저술과 그 내용에 대한 비판적 언급이 아니다. 그는 이를 상세히 기술하고 있다. 그런데 그 내용은 이미 우리에게 거의 알려진 것들이다. 그래서 경우에 따라서는 그의 이해와 그가 전달하는 내용에 이견을 제기할 수 있는 부분도 꽤 있다. 그만큼 우리는 이미 북미의 종교학을 '친근'하게 접했기 때문이다. 그러나 그가 제시하는 '반응'은 상당히 자극적이다.

그는 엘리아데를 기준으로 해서 기술을 시작한다. 엘리아데를 선택한 까닭은 단순해서 거의 희화적이다. 1963년에 그가 '1912년 이후의 종교학을 되살핀다'는 논문을 발표했기 때문이란 것이 그 이유다. 이를 준거로 해서 현재를 살펴보면 우선 종교학의 업적이 그때에 비해 엄청나게 늘었다. 그는 '엘리아데조차' 이를 감당하지 못할 거라고 말한다. 게다가 인지과학이나 동물행동학 등이 종교학과 무관하지 않다는 사실도, 기독교(Christianity)가 아니라 기독교들(Christianities)을 운위해야 하는 것도, 그래서 결국 현대가 '종교'라는 어휘에 회의의 눈길을 보내고 있다는 것도 '엘리아데는 짐작조차' 하지 못했을 거라고 말한다. 베나비데스의 북미 종교학에 대한 반응은 이런 투다. 그의 반응을 이어가 보자.

'종교'는 이제 광범위하게 그 개념의 타당성이 물어지고 있다. 그것은 서양에서, 그리고 그리스도교 권에서 지어진 개념이어서 그 문화권 밖에서는 실제로 타당성이 없는 개념이라는 것을 누구도 모르지 않는다. 북미의 종교학자들은 이를 잘 알고 있다. 그러나 이들에게는 '종교'라는 어휘나 개념을 버리거나 바꿀 생각이 전혀 없다. 그것을 잘 드러낸 것이 조너선 스미스의 발언이다. 스미스는 이러한 상황에서 종교학자는 누구보다 가차 없는 자의식을 가져야 한다고 주장한다. 그러면서도 누구나 알듯이 "종교에 상응하는 자료는 없다. 종교는 다만 학자의 연구가 창조해낸 것이다." 그러므로 '종교는 학문으로부터 떨어져 있는 독자적인 존재가 아니'라고 말한다.

이는 '종교'가 이미 현실에서 유리되어 사실지칭 개념이 아니라는 것을 언급하는 것이고, 따라서 통용되는 종교라는 범주를 아예 지워 버려야 한다는 주장과 다르지 않다. '종교'라는 개념의 타당성이 충분히 승인되지 못하는 정황에서 제기된 이러한 주장은 이제까지 이 소용돌이에서 출구를 찾던 기존의 접근과는 전혀 다른 답변의 제시이기도 하다. 그것은 기존의 논의를 폐기하는 것이기도 하면서 동시에 우회하는 것으로도 보인다. 새로운 담론이기도 하고 능란한 회피이기도 하다

베나비데스는 이에 대해 거칠게 도전한다. 한마디로 이러한 발언은 개탄스러운 결과를 초래했다고 주장한다. 왜냐하면 사람들은 '종교적'이라고 일컬어지는 어떤 표상을 그것을 자료로 하여 자기 나름으로 연구하고 싶은데 이제는 그래서는 안 된다는 선언으로 스미스의 주장이 받아들여지기 때문이다. 다시 말하면 사건이든 사람이든 발언이든 사물이든 그것을 '종교적인 것'으로 여기려면 학자들의 승인을 받아야 하는 것으로 이해하게 되기 때문이다. 학문의 장에서 이보다 한심한 사태는 흔하지 않다.

그런가 하면 이러한 주장이 불행한 사태를 빚는 또 다른 이유가 있다. 종교를 상상된 것이라 하든, 발명된 것이라 하든, 지어진 것이라 하든, 만들어진 것이라 하든 그것이 중요한 것은 아니다. 개탄스러운 것은 종교학자들이 '종교적'이라는 것에 대한 관심은 결여한 채 '종교는 학자들의 상상에서 만들어진 것'이라는 발언을 체화하면서 아예 종교라고 일컬어 온 것이 현존하던 과거도 현재도 지워 버리고, 그러니까 종교가 일컬어지는 현실은 모두 지워 버리고, 오직 자기 생각에 있는 종교만을 좇아 종교학을 해가게 되기 때문이다. 이러한 태도는 이념적인 데다 신학적임을 더한 것이어서 '이념적인 종교'거나 '종교적인 이념'이지 이미 학문은 아니다. 베나비데스

는 이러한 풍조가 지금 북미를 뒤덮고 있다고 말한다.

그는 이 밖에도 북미의 종교학이 지닌 또 다른 '문제'를 지적하면서 자기의 반응을 이어간다. 학계의 '단일 언어의 풍토'가 그것이다. 그는 미국종교학회지(JAAR)를 들어 이를 설명한다. 1952년까지만 해도 이 논문집에는 영어 이외의 언어로 된 논문이 실리기도 하고 그런 저서들의 서평을 싣기도 했다. 그러나 그러한 일이 1975년과 1983년 사이에 현저하게 줄더니 1996년 이후에는 전무하다시피 되었다. 문제는 종교학이 '다양성'과 '타자'에 대한 논의를 심각하게 펼치면서도 정작 종교학계의 실상은 그것과 상관없이 굳어지고 있다는 것이다. 이는 역설이다. 타국의 문화에 대한 몰이해적 외교 행태에 대한 북미 학계의 신랄한 비판이 끊이지 않는데도 바로 그 학계의 현실은 이렇다.

더 나아가 이론에 관한 논의도 냉정하게 바라보면 심각하다. 하나의 이론이 형성되면 그것을 검증할 충분한 여유가 주어지기도 전에 그 이론에 대한 후-이론이 등장한다. 학계가 마치 이론을 위해 이론을 마련하는 각축장과 다르지 않다. 그것은 마치 학문의 장이 새로운 상품의 생산을 시의적절하게 내놓아야 이득을 올리는 시장과 조금도 다르지 않은 구조로 재편되어 있음을 뜻한다. 그래서 이론을 만들기 위한 튀는 시각, 유려한 화술이나 문장, 매혹적인 재치가 이론의 다른 이름이 되어 있음이 현실이다. 그런데도 그것이 유통되는 한 그것만이 스스로 종교학이라고 자기를 드러낸다.

이러한 '반응'을 기술하면서도 베나비데스는 자기가 설정한 각 주제에 관한 학자와 저술들을 체계적으로 서술하면서 자기의 비판적 '성찰'을 이어간다. 앞에서 언급했듯이 이 내용을 요약하는 일은 여기에서 제외하고자 한다. 그런데 그는 이러한 자기의 반응과 성찰을 마치면서 긍정적이면서도 걱정스럽게 또 '다른 경향'이 있음을 지적한다. 하지만 이는 이제까지 서술한 것과 다른 것이라기보다 이미 기술한 내용이 초래하는 필연적인 '결과'에 대한 서술이라고 해야 더 적합한 것이기도 하다. 다른 것이 아니다. 북미의 종교학계가 서서히 '고백적'으로 되어 간다는 주장이 그것이다. 학자로 하여금 자기가 학문의 주체라는 자각을 강화한다는 의미에서 이 '고백적임'을 받아들인다면 이러한 현상은 긍정적이다. 그러나 그러한 자의식에서 이루어진 학문적 노작은 거기에서 머물지 않는다. 그러한 학자의 주장을 독선적이게 하고 독단적이게 한다. 작금의 종교학계에서 벌어지는 논쟁의 현장에서 우리는 이미 이를 확인한다. 그리고 그러한 학자나 그의 이론은 마치 성공한 연예인처럼 된다. 이미 북미의 종교학계는 몇 개의 두드러진 '연예인의 의례'(the cult of celebrities)로 판이 그려져 있다. 종교학자들을 거명하는 것을 피해 에둘러 예를 든다면 '데리다의 포스트모더니즘으로 종교 읽기'가 그렇다. 이름이 내용을 넘어선다. 아니면 이름의 조명 아래에서 그가 주장한 이론이 무조건 수용된다. 북미 학계는 이러한 컬트를 수행하고 있다.

물론 베나비데스가 부정적인 진술만을 하는 것은 아니다. 다양한 비판과 긍정이 그의 글에 넘치게 담겨 있다. 그러나 주목하고 싶은 것은 내부자의 이러한 비판적 인식을 통해 북미의 종교학을 새롭게 만나는 계기를 우리가 마련할 수 있다는 사실이다.

10) 라틴 아메리카의 종교학

이 지역에서는 아르헨티나, 브라질, 멕시코, 페루의 네 나라를 다루고 있다. 각기 당해 국가의 전문가가 집필하지만 일관성 있는 편집 방향을 공유하고 있다.

전체 서문에서 스티븐 엥글러(Steven Engler)는 이 나라들이 종교학과 관련하여 여러 학회 조직을 통해 서로 협조하고 있음을 이야기한다. 대표적인 것은 라틴아메리카종교학회(ALER)와 남미종교사회과학자협회(ACSRM)이다. 그러나 종교학이 처한 현실은 좋지 않다. 인문학 일반이나 사회과학이 거의 함께 직면하는 문제인데 대학의 프로그램이나 직(職)에 대한 정부의 간섭이 극심하고 재정 지원을 받기도 어렵기 때문이다.

아르헨티나는 몰리나(Anatilda Idoyaga Molina)가 맡고 있다. 그는 아르헨티나국립예술종합학교와 부에노스아이레스국립대학의 교수로서 라틴 아메리카의 샤머니즘이 전공분야다. 아르헨티나에는 아직 종교사나 종교학이 하나의 학과로 개설된 대학이 없다. 1950년에 부에노스아이레스대학의 사회학과와 인류학과에서 처음으로 종교의 문제를 다루기 시작했다. 비교적 발전한 분야는 종교사회학이다. 종교사회학은 제도화된 종교와 비 제도권 종교에 대한 연구로 나뉜다. 전자는 교회, 신종교운동, 가톨릭, 복음교회, 성령운동집단 등을 연구 대상으로 하고, 후자는 경전에 없는 성자를 숭배하는 일을 비롯한 민중가톨릭을 주로 대상으로 한다. 인류학은 1920년대에 크레올(Creole, 식민지 이후 태어난 에스파냐인과 프랑스인 자손들)에 대한 연구에서 시작되었다. 여러 민속자료가 수집되었으나 원주민의 신화, 우주론, 의례, 힘에 대한 관념 등이 본격적인 연구주제가 된 것은 1960년대 말부터다. 이 연구에 현상학 이론이나 해석학이 동원되기도 했다. 토착사회에 대한 광범위한 연구에는 종교가 포함되었다. 특히 민중가톨릭의 영혼 개념, 망자, 악귀, 성자, 지모(地母) 관념이 많이 다뤄졌고, '의료와 종교'가 치밀하게 연구되었다. 종교철학 연구자도 있는데 그들은 종교철학과 인권의 문제를 연계하여 연구한다. 1980년대 이후 활발하게 활동하고 있다. 1984년에는 살바도르(Salvador)대학에 동양학연구소가 설립되었고, 2002년에는 불교 관련 연구업적도 등장했다. 종교와 관련된 주제가 이전보다 더 빈번하게 다양한 학문분야에서 나타나지만 종교학이라고 일컬을 학문은 거의 찾아볼 수 없다.

브라질의 경우는 서문을 쓴 스티븐 엥글러가 살핀다. 그는 캐나다의 마운트로얄(Mount Royal)대학의 인문학과 교수다. 상파울루교황청립대학(Pontifícia Universidade Católica de São Paulo)에서 2년간 머문 적이 있다. 『Numen』에서 발행하는 여러 종교학 관련 총서의 편집인이기도 하다. 그는 서양의 식민지 지배자, 그리스도교의 사제, 여행자, 선교사, 민속학자, 문인들이 토착민과 토착적인 모든 것에 대해 관심을 가지고 전해주고 기록한 것이 이곳 종교학의 처음으로 기술되어야 한다고 주장한다. 그는 후에 이루어진 아프로-브라질리안(Afro-Brazilian) 문화에 대한 관찰과 자료에 이러한 자료도 첨가했다. 이를 정리하고 연구한 데는 1934년 상파울루대학을 세운 프랑스인들의 공헌이 컸다.

종교가 집중적으로 논의된 것은 1960년대 사회과학 분야에서 마르크스주의 연구자들이 종교를 비판하면서부터다. 이때쯤 레비-스트로스를 좇아 종교를 구조적으로 이해하는 학자들도 등장했다, 종교학이라고 할 학문은 1970년에서 1980년 초에 출현했다. 그러나 종교나 종교를 주제로 한 학문적 논의는 군사정권(1964~1985)의 통제를 받았는데 해방신학이 전형적 예다.

이 지역의 종교연구에서 다루는 주요한 주제는 브라질에서 일어나는 천년왕국운동, 민중가톨릭, 성령가톨릭교회, 아프로-브라질리안 종교 등이다. 그런데 아프로-브라질리안 종교의 경우 둘로 나뉜다. 하나는 그 둘의 혼합현상(mestiçagem)인 아프로-브라질리안 종교이고, 다른 하나는 프랑스의 성령운동과 결합된 움반다(Umbanda)이다. 후자는 중산층에 널리 퍼져있다. 그러나 무엇보다도 집중해서 연구하는 주제는 토착문화의 종교적 측면이다. 이는 지속적인 과제다. 1970년대부터 개신교에 대한 관심이 급증했는데 이는 복음주의와 신오순절주의 등이 가톨릭의 움반다 등과 갈등을 일으켰기 때문이다. 유대교, 불교, 일본종교, 힌두교 등이 주목된 것은 그것들이 브라질의 신종교운동(NRMs)과 연계되어 퍼진 1990년대부터다. 이슬람은 극소수였지만 다종교 현상에 대한 관심에 포함되었다. 미디어, 젠더, 종교와 과학, 종교심리학 등에 대한 관심도 점차 높아지고 있다.

종교학(ciências da religiaõ) 박사학위를 수여하는 대학은 상파울루감리교대학, 상파울루교황청립대학, 루이즈데포라연방대학교(Universidade Federal de Juiz de Fora)이다. 종교연구소는 2곳인데 모두 1970년에 설립된 종교연구소(Instituto de Estudos da Religião)와 종교 연구센터(Centra de Estudos da Religião)이다.

대체로 신학은 철학에 속한 것으로, 종교학은 신학에 속한 것으로 여긴다. 점차 종교학은 신학으로부터 벗어나고 있으나 여전히 종교학은 자율성을 지니고 있지 못하다. 그 이유를 엥글러는 다음과 같이 말한다. 종교학은 대부분 종교재단 대학에 속해 있다. 그래서 연구비 배정에서 언제나 신학에 밀린다. 그뿐만 아니라 보수적 신학자들에 의해서 종교학은 모든 일에서 배제되는 압력을 받는다. 그래서 종교학을 연구하는 교수가 실은 없다. 종교를 인류학, 사회학, 심리학을 전공한 학자들이 맡고 있는 것은 이 때문이다. 신학은 예외적으로 대학 안에서 특이한 자율권을 지닌다. 교과 과정 개설이나 학문업적 평가에서 그러하다. 이러한 현실에서 종교학은 종교가 설립한 대학에서는 '위협'으로, 비종교대학에서는 '위장된 신학'으로 간주된다. 그는 마지막으로 이렇게 말한다. 종교학이 자리를 잡으려면 이론적, 방법론적, 제도적 자율성을 확보해야 한다.

멕시코를 살펴본 르네 드 라 토레(Renée de la Torre)는 멕시코의 과달라하라에 있는 사회인류학고등연구원(Centro de Estudios Superiores en Antropología Social del Occidente)의 교수이다. 그는 멕시코 정부의 세속주의, 반가톨릭, 반교권주의 정책에 맞서 가톨릭 사제와 신도들이 봉기하여 3년간(1926~1929) 지속한 크리스테로 전쟁(Guerra Cristera)을 예로 들면서 가톨릭 보수주의와 자유를 주창하는 공화주의 간의 오랜 갈등으로 학문의 자율성이 억압된 역사에서부터 이야기를 시작한다. 이 전쟁에 대한 연구조차 1973에서 1975년에 이르러 이루어졌다. 그는 이 연구를 수행한 장 메이어(Jean Meyer)의 발언을 인용한다. "대중의 삶 속에 종교가 어떻게 자리를 잡고 있는지가 밝혀지기까지 우리는 현대의 세계와 현대사를 알 수가 없을 것이다."

그는 이 지역에서의 종교연구가 종교의 정치적 행태 및 정치와 떨어질 수 없다는 것을 강조한다. 1960년대에 비롯하여 1980년대에 전성기를 구가했던 가톨릭의 해방신학은 자기 행동의 정당성을 확보하기 위한 자료를 사회학적 방법으로 수집하면서 종교사회학의 장을 여는 계기를 마련해주었다. 그러나 그들은 종교를 이해하기 위한 문화적 관심을 평가 절하했다. 이른바 '민중적 경건'이 포함한 일상의 삶이나 축제적 의례나 공물(供物) 등을 간과한 것이다. 지금은 바로 그러한 '가톨릭 장치'에 대한 연구가 활발히게 수행되고 있다. 이를테면 1990년 이후 종교연구의 주제는 멕시코 사회 전체에 미치는 가톨릭의 주도권(hegemony)에 대한 것이고, 이와 더불어 가톨릭 내부에 잠재된 성직/평신도로 묘사되는 힘의 구조에 대한 연구도 두드러진 주제로 등장했다.

개신교에 대한 관심도 차츰 늘고 있다. 1970년 초부터 복음주의 개신교는 전통종교를 해체하는 '양키의 침공'으로 일컬어졌다. 이로부터 비롯하여 이른바 종교의 세속화와 다종교 상황에 대한 주의가 환기되었다. 그러나 1990년대에 이르면서 복음주의 개신교에 대한 관심은 상당히 냉정하게 다뤄지고 있다. 그러한 영향의 '전래'와 이에 대한 '반응'을 아울러 살피면서 그것이 '문화를 재편하는 과정(재문화화 과정)'일 수도 있다는 사실을 분석적으로 탐구한다.

1990년대는 멕시코의 종교연구에서 획을 긋는 시기이기도 하다. 앞에서 언급한 그러한 '냉정한' 태도와 더불어 뉴에이지나 UFO 등의 현상이 종교적인 모습으로 드러나는 것을 확인하면서 종교를 제도적인 개념으로 이해하던 추세에서 벗어난 것이다. 이러한 선회는 종교연구를 '현실적'이게 했다. '민중적 경건'도 변한다는 사실, 토착종교의 드러난 모습만이 아니라 그것이 지닌 종교성을 탐색하는 일, 전통종교와 외래종교가 융합되었다는 사실의 승인, 제도권과 상관없이 등장한 새로운 민중예배(죄수, 성매매자, 약물 복용자, 이민자를 위한 예배), 들어오는 이민자와 떠나는 이민자의 종교 등이 연구주제로 확산되고 있다.

이러한 사실을 기술하면서 르네 드 라 토레는 종교연구란 문화의 복합성과 만나는 일이고, 변화의 핵심에 자리 잡고 있는 지속성을 인지하기 위한 것이라고 말한다. 그러면서 종교학이 절실하게 요청되는 이유를 자기의 지역을 기반으로 다음과 같이 서술한다. "멕시코의 근대사를 이해하기 위해, 그 역사의 근대화를 이해하기 위해, 동질 문화권에서 다문화사회로의 변화를 알기 위해, 대중문화가 적응하고 변화하는 모습을 포착하기 위해, 종교학은 절실하게 요청된다."

페루의 종교학을 개관한 리베라(Paulo Barrera Rivera)는 상파울루감리교대학의 사회학 및 종교학 교수다. 그는 페루의 종교학은 19세기 말 공화국을 건설할 즈음 당대의 엘리트인 정치인들과 지성인들의 과거의 참회에서 비롯한다고 말한다. 그들은 국가의 미래를 생각하면서 그곳의 토착민인 인디오(indigenismo)를 고려할 필요가 있음을 '발견'한 사람들이다. 페루의 정치가이면서 무정부주의자이고 문학평론가인 마누엘 곤잘레스 프라다(Manuel Gonzalez Prada, 1844~1918)가 하나의 예다. 그는 자기의 저술에서 인디오를 이해하려면 그들의 '영혼을 파괴한 삼위일체' 곧 법관과 통치행정관과 성직자를 알아야 한다고 주장한다. 종교를 살펴야 한다는 것이다. 그는 이러한 발언도 한다. "하나의 종교는 기존 종교의 소멸에 의해서 태어난다. 종교는 언제나 어미와 싸운다. 이겨 정점에 이르면 내리막길에 들어선다. 그러면 새 종교에 의해서 이 종교는 사라진다. 개개 종교는 이러한 운명을 경험한다. 이것이 종교사다."

종교에 대한 관심이 이러한 동기의 산물이므로 종교연구는 '종교가 사회의 어느 자리에 있는가?' 하는 물음을 던졌다. 그리고 이에 동원된 이론은 마르크스주의 종교관이다. 이때 논의된 구체적인 주제의 하나는 고대의 신들이 어떻게 해서 축조되었는가 하는 것이다. 하지만 이러한 주제는 매혹적이지만 실제로는 비현실적이었다. 종교에 대한 관심은 직접적으로 겪는 '토착 교회와 기톨릭의 관계'로 옮겨갔다. 가톨릭 수용은 불가항력적이었다. 그 상황에서 절실한 문제는 본래적인 것을 '적당히' 유지하는 일이다. 이를 위해서는 가톨릭의 의례에 스며드는 길 외에 다른 방법이 없다. 이러한 태도는 구호 차원의 저항을 학문적으로 안정시키는 기능을 했다.

이러한 맥락에서 종교연구만을 축으로 살펴보면 괄목할 만한 변화를 볼수 있다. 인류학이 대학에 등장한 것은 1950년대이며 1960년대부터 종교를 내용으로 한 잉카문명에 대한 체계적인 탐구가 시작된다. 잉카 사회의 조직을 그들의 예배, 신앙, 의례, 신화 등을 통해 규명한 것이다. 이를테면 잉카의 가족제도를 이해하려면 정치-사회 조직은 물론 신화와 제의, 시간과 공간 개념을 두루 살펴야 한다. 1970년대에서 1980년대에 이르는 동안에는 근대화와 종교 변화의 관계가 연구주제로 등장한다. 시골에서 도시로의 이주가 초래하는 종교 변동, 자기를 지니며 서양종교를 수용하는 일, 스페인 통치하에 형성된 종교적 요소가 그 이후에도 지속되는 이유 등이 주목할 만한 연구주제이다. 1990년대에 들어서면서 종교는 점점 정치와의 관계 속에서 조명된다. 가톨릭의 성령운동, 종교와 공동체의 문제, 메시아니즘, 신화 등 다양한 주제가 모두 정치에 수렴되고 있다.

그는 이 지역의 종교학이 직면한 과제로 다음과 같은 사항을 지목한다. 제도종교와 정치종교, 도시적 형태의 성령운동 출현, 종교와 인권, 종교와 건강, 여호와증인의 등장, 아마존 지역에서 확장되는 대중적 가톨릭 경건운동, 대학생들의 종교 성향, 빈민과 성령운동의 관계, 개신교 복음주의와 정치, 빈곤과 폭력과 사회적 파편화의 맥락에서의 종교와 정치 연구 등이다.

남미의 종교학을 조망하면서 이 지역을 담당한 학자들은 '젠더와 종교연구'를 주제로 한 별개의 글을 한 부분으로 첨가하고 있다. 이 부분은 실비아 마르코스(Sylvia Marcos)가 담당하고 있는데, 그는 멕시코의 국립인류학 및 역사학교(Escuela Nacional de Antropología e Historia)의 종교 및 사회학 교수다. 그의 서술은 단순 명료하다. 1980년대 이후 성서를 가난과 해방의 자리에서 다시 읽으면서 도시와 시골의 차이 등 새로운 문제들을 떠올리게 되었는데 그중의 하나가 젠더의 문제였다고 한다. 그러면서 젠더의 문제는 민속과 역사가 연계된 맥락에서 분석되어야 한다는 것을 주장한다. 예를 들면 이른바 토착영성이 젠더에 의해 다르게 정착하고 있음을 이해하지 못하면 드러나는 것은 아무것도 없다고 말한다.

이 지역 전체에 대한 서술을 마감하는 일은 브라질을 담당했던 스티븐 엥글러가 맡았다. 그는 특별히 다종교 상황을 지적한다. 종교가 하나가 아니라 여럿이라는 것은 역사적 사실이고 지역적 사실이며 계층 간의 사실이기도 하다. 주목할 것은 그러한 역사, 지역, 계층이 각기 다른 논리로 움직인다는 점이다. 개개 종교들이 그렇게 떨어져 현존하는 것은 아니다. 그것은 일종의 혼합 현상을 빚는다. 그런데 이 현상을 이해하려면 정치-사회-경제적 현실과 관련하여 살피지 않으면 안 된다. 라틴 아메리카의 경험은 이를 위한 실험실 역할을 할 수 있다. 또한 이 지역의 학자들은 이러한 연구를 위한 핵심 자원의 역할을 수행할 것이다. 그러므로 비록 다른 지역에서 아직 주목을 받지 못하지만 이 지역의 종교학은 생동하는 새로운 학문이라는 것을 실증적으로 보여줄 것이라고 그는 주장한다.

맺음말

편자 알레스는 스스로 거의 불가능하다고 예상한 기획을 마치고 무척 분석적인 후기를 쓴다. 후기의 제목마저 닫다. '종교학의 글로벌한 비전을 향하여다. 그 다양한 내용이 그의 분석틀에 고이 담긴다. 구조와 망, 역사, 제도화, 대상/방법/이론 등의 범주가 그렇다. 자료를 정리한 도표조차 보인다.

그러나 그의 이러한 시도가 성공적인지 여부는 여전히 회의적이다. 근본적인 이유는 다른 것이 아니다. 그가 서양의 종교학자라는 것, 그곳의 눈을 가지고 있다는 것, 그 눈이 과거와 미래를 아우르고 있다는 것 때문이다. 그리고 '어떠했다'는 것보다 '어떻다'는 것을 이제는 발언해야 한다고 한 기획인데 그것이 이뤄지지 않고 오히려 '어떠하기를'의 음조가 드세었기 때문이기도 하다. 그렇다면 그가 '비전'을 향한다는 것은 '조망'이 실패했다는 것을 자인하는 것으로 읽을 수도 있다.

그러나 이러한 이해는 그의 후기를 오도하는 것이기도 하다. 중요한 '현실'은, 곧 '어떻다'의 내용은, 거의 '어떠하기를'의 내용으로 채워져 있기 때문이다. 그는 현상을 정확하게 발견하고, 마침내 비전을 이야기한 것임이 틀림없다. 그렇다고 그의 후기를 여기 옮길 필요는 없다. 우리는 우리 나름으로 그 자료를 살폈기 때문이다. 아래의 내용은, 그래서, 그와 더불어 마련한 우리의 부연 서술이다.

우리가 발견한 우선하는 것은 다음과 같은 사실이다. 곧 종교에 대한 학문적인 관심은 우리가 일컫는 이른바 종교학(Religionswissenschaft, the History of Religions, the Study of Religion, Religious Studies)과 상관없이 종교와 더불어 언제나 어디서나 있어 왔다. 지금도 그렇다. 종교학과가 없어도 종교연구는 활발한 경우를 우리는 자료를 통해 확인한다. 그렇다면 왜 하필 종교학이 요청되는가? 도대체 종교학이란 무엇인가? 누가 왜 그것을 지어냈고, 왜 누가 그것을 수용하여 학을 수행하나? 이에 대한 답변이 없지 않다. 객관성, 비고백적 비봉헌적 연구, 비판적 성찰, 문화탐구 등이 그러하다. 그러나 그 답변에 충분한 만족을 표하는 경우는 거의 드물다. 그렇다면 대안은 있는 것인가? 없다면 '타협점'은 어떤 것인가?

'종교'에 대한 이해도 그렇다. 종교연구는 불가피하게 국가/언어/지역의 경계가 있다. 이는 그 경계 안에서 서로 다른 이해의 '종교'가 '기능한다'는 것을 뜻한다. 추상적인 개념으로서의 '종교'는 공유되는데 실제 개념으로서의 '종교'는 서로 다르다. 네모이기도 하고 원이기도 하며, 물이기도 하고 빛이기도 하다. 그런 것이 다 뒤섞인 것이기도 하고, 그 모든 것을 배제한다는 부정의 논리가 도달하는 어떤 것이기도 하다. 그런가 하면 그런 요소들이 부침하면서 때마다 다른 모습을 드러내는 것이어서 일관된 진술이 아예 불가능한 것이기도 하다. 우리는 그렇다는 사실을 이 자료를 통해 확인한다. 그러나 이와 아울러 그 용어가 낯설고 거북하다면 그것을 넘어설 것인지 따를 것인지는 낯섦을 경험한 주체의 몫임도 확인한다.

그럼에도 세계 종교학의 현실은 이러한 문제를 침묵하게 하거나 간과하도록 하는 글로벌한 '힘의 질서'에 의해 체계화된 모습을 보인다. 특정한 개념들, 예를 들면 신이나 거룩함이나 상징이나 신화 등의 개념을 활용하지 못하면 우리는 아무런 진술도 종교와 연관하여 할 수 없다. 이렇게 말하는 지금 이 발언조차 낯설고 불가해한 것으로 여겨지는 것이 우리의 현실이다. 그런데 이는 달리 보면 마치 글로벌한 헤게모니가 엄존하고 그의 지시를 따르는 지역의 대행자가 있는 듯한 모습으로 종교학이 현존하고 있음을 보여주는 것이기도 하다. 문제도 배급되고, 이를 탐구해야 하는 도구도 공급된다. 당연히 그 해답의 이념적 지향도 하나의 목표로 수렴되어야 한다. 그러나 이를 불편하게 여기는 반응이 상당하다. 자기의 문제가 수용되지 않는다고 여기기 때문이다. 그렇다고 해서 이를 맥도날드화 (McDonalization)라든지, 신자유주의적 제국주의라든지, 인식살륙(認識殺戮, epistemicide)이라든지 하는 선동적인 발언으로 다루려는 것은 바람직하지 않다. 스스로 학문성을 파괴하는 행위이기 때문이다.

세계의 종교학을 개관하면서 이른 것은 지식은 언제나 맥락적으로 싹을 틔운다는 사실이다. 그러나 그렇다고 해서 그러한 '자리'의 불가피성이 그 다름으로 인하여 생긴 타자의 지식을 부정해야 한다든가 수용불가능하다고 판단해야 자기 자리의 필연성이 정당화되는 것은 아니다. 내가 이룩한 지식이든 남이 이룬 것이든 학문은 정당한 비판을 수행할 수 있어야 한다. 이를테면 실증되지 않은 사실을 주장하는 데 대한 부정적 판단, 논리적 일관성을 유지하지 않는 기술과 설명에 대한 문제 제기, 규범적 전제를 인식에 앞세워 현실에 적용하려는 이념적 지배 지향에 대한 거절, 자기의 탐구 성과에 대한 지속적인 성찰을 배제한 독단적 완성에의 도취를 드러내는 일은 학문의 장에서 그것이 어떤 주제를 탐구하는 것이든 필수적으로 갖춰야 할 기본적인 태도다.

우리 종교학의 지금의 정황, 그리고 이전의 전개, 또 앞으로 어떤 지향을 지닐 것인지를 살피려는 계기에서 세계 종교학을 개관하는 이유는 다른 데 있지 않다. 우리는 이 글로벌한 공간의 어디에 어떤 모습으로 있는가 하는 것을 확인해 보고 싶은 것이다. 어떤 장애가 현존한다 할지라도 세계는 이전의 어느 때보다 이어져 있고, 서로 영향을 주고받으며 문제를 공유해 가고 있기 때문이다. 그리고 우리는 바로 그 정황을 짓는 구성요소이다. 책임 주체인 것이다.

II부
한국 종교학

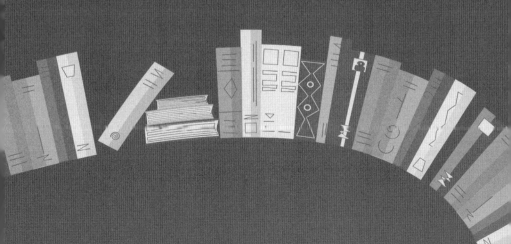

1. 한국 종교학의 처음

장석만

머리말

이 장에서는 19세기 말부터 20세기 전반, 특히 식민 시기(1910-1945) 한국의 종교연구를 검토한다. 이를 위해 우선 '종교학'이라는 용어가 출현한 바를 살펴보고 그러한 이름으로 관심을 기울인 발언의 내용을 '비교'와 '구획'이라는 개념으로 주제화하여 기술한다. 구체적으로 다룰 내용은 다음과 같다.

1) 19세기 후반 이후 불교, 힌두교, 기독교, 이슬람 등의 여러 가지 세계종교가 언급된 상황을 파악하고, 여러 종교를 비교하려는 작업 및 비(非)종교 영역과의 연관성에 대한 논의를 살펴본다.

2) 식민지 시대에 이루어진 종교연구 가운데 1927년에 경성제국대학 교수가 된 아카마츠 지조(赤松智城, 1886-1960)의 『만근종교학설의 연구』(輓近宗教学説の研究)(1929)라는 책을 논의한다. 그는 교토제대와 도쿄제대의 관련 인사들을 모아서 1915년에 종교연구회(宗教研究会)를 설립하고 1916년에 학회의 기관지 『宗教研究(종교연구)』를 창간한 인물이다. 이어서 총독부의 조선민간신앙 조사의 핵심 인물인 무라야마 지준(村山智順, 1891-1968)의 기본 관점을 거론한다.

3) 최남선(崔南善, 1890-1957)의 인류학적 개념에 대한 그의 소개와 불함문화론을 살펴보고, 그의 연구가 종교연구에 어떤 의미를 지니는지 평가한다.

4) 당시 일본 유학생들에 의하여 수행된 종교연구를 김효경(金孝敬, 1904~?)과 김태흡(金泰洽, 1899-1989)을 중심으로 살펴본다. 김효경은 일본 다이쇼대학(大正大學) 종교학과에 입학하였고 1932년 3월에 「무당고」(巫堂考)라는 논문을 쓰고 졸업하였다. 이후, 1934년까지 같은 대학 종교학부 부수(副手), 1935년부터 1942년까지 종교학과 연구실 연구생으로 근무했다. 김태흡은 1926년 니혼(日本)대학 종교연구과를 졸업했고, 「宗敎와 社會事業發達史의 硏究」라는 졸업논문을 써서 발표하였다.

5) 1930년대 개신교 신학자가 파악한 종교학 혹은 종교연구의 성격에 대해 살펴본다. 다루는 신학자는 채필근(蔡弼近, 1885-1973)과 박형룡(朴亨龍, 1897-1978)이다. 채필근은 평양신학교 출신으로 목사로 재직하다가 캐나다 선교회의 도움으로 일본에 유학하여 1925년 도쿄제국대학 철학과를 졸업한 인물이다. 귀국 후, 숭실전문학교와 조선신학교 교수를 역임했으며, 장로교의 중심인물로서, 당시 신학계에서 해박한 지식으로 널리 알려졌다. 검토할 채필근의 글은 1930년 1월 『신학지남』에 발표한 「종교신앙과 종교연구」와 1933년 9월 『신학지남』에 발표한 「종교학이란 무엇인가(What is the science of Religion?)」이다. 박형룡의 글은 1937년 1월부터 1938년 1월까지 6차례에 걸쳐 『신학지남』에 발표한 「종교론」이다. 신학적 성향이 다른 두 개신교 신학자가 종교학을 어떻게 보았는지 논의하고, 그 의미를 평가한다.

1) 종교학이라는 용어

종교학이란 용어가 한국에서 처음 등장한 것은 1895년에 간행된 유길준 (1856-1914)의 『서유견문』인데, 그 내용은 다음과 같다. "종교학이 서양 여러 나라에서 통용되고 있는 야소교와 천주학의 공부(工夫)를 가리키는 것이며 이 학(學)을 전수하는 자는 예배당 교정(敎正)의 자리를 희망하는 사람들"이 다. "만약 서양에 다른 학문은 없고 종교학만 있었다면 오늘날 서양이 이룬 산업과 문명은커녕 커다란 폐해를 끼치게 되어 빈약, 야만의 상태에 빠져 구제할 방책이 없게 되었을지도 모른다."[1] 여기에서 유길준이 말하는 종교 학은 기독교 신학에 해당하는 것이며, 서구문명의 발달을 저해하는 것으로 간주되고 있다. 이러한 유길준의 관점에서 확인할 수 있는 것은 두 가지 점 이다.[2] 하나는 종교를 대표하는 것이 기독교인 것처럼 혹은 종교와 기독교 가 일치하는 것처럼 여기고 있다는 점이다. 또 하나는 학이라는 용어가 '과 학'을 가리키지 않고, 전통적 용법과 비슷하게 사용되고 있다는 점이다.

학(學)에 대한 관점은 크게 두 가지로 나눌 수 있다. 하나는 지식 및 실천 의 체계 일반을 지칭하는 관점이고, 다른 하나는 과학을 나타내는 관점이 다. 조선시대의 성리학, 주자학, 양명학, 그리고 천주학(天主學), 야소학(耶 蘇學) 등이 전자(前者)라면, 후자(後者)는 요새 널리 쓰이는 물리학, 화학, 생 물학, 심리학, 사회학 등이다. 그런데 인문학은 두 가지 영역이 겹치는 경 우이다. 따라서 인문학을 인문과학이라고 칭할 때는 인문보다 과학을 강

---

1   유길준, 『서유견문』, 대양서적, 1978, 444쪽; 장석만, 「개항기 한국사회의 "종교" 개념 형 성에 관한 연구」, 서울대학교 대학원 박사학위 논문, 1992, 66쪽.
2   장석만, 『한국 근대종교란 무엇인가?』, 모시는사람들, 2017, 245쪽.

조하는 경향을 보인다. 인문학이 이러한 자리에 서면 전자(前者)를 실증적이고 객관적인 관점에서 분석하는 대상으로 삼는다.

막스 뮐러가 1867년 "Essays on the Science of Religion"이란 논문에서 사용한 용어, 'Science of Religion'도 여기에 해당한다. 여기에서 막스 뮐러가 주장하는 종교학은 특정 종교집단의 내부자적 관점에 의한 연구를 배제하고 철저한 문헌 비판의 객관적 태도에 근거한 것이다. 종교학에 대한 영어 표현 가운데 'The Scientific Study of Religion'은 뮐러가 사용한 'Science of Religion'과 같은 맥락이다. 이 밖에도 'Academic Study of Religion' 'History of Religions' 'Comparative Study of Religion' 'Comparative Religion' 혹은 'Religious Studies' 등의 여러 가지 용어가 사용되고 있다. 이러한 명칭들은 제각기 연구자 및 연구집단이 강조하는 바를 그 용어에 함축하고 있다. 하지만 어떤 용어를 사용하느냐에 관계없이 종교학이 드러내는 공통적인 태도가 있다. 그것은 특정 신앙집단의 이해에 좌우되지 않고 인간 전반을 이해하기 위한 객관적 연구라는 것이다. 즉 연구자의 특정 신앙의 유무가 중요한 것이 아니라 인간에 대한 보편적 이해를 지향하는 것이 중요한 것이다. 그리고 연구의 객관성과 보편성을 가늠하는 기준을 과학에 두고 있다. 종교학의 관점에 근대과학의 영향이 내재되어 있는 것은 이 때문이다.

하지만 종교연구의 과학성을 이해하는 방향은 단일하지 않다. 자연과학의 모델을 모방하면서 실증적 엄밀성의 측면을 내세우려는 경향이 있는가 하면, 이른바 실증과학의 무(無)전제성을 비판하면서 해석학적 성찰의 중요성을 강조하는 경향도 있다. 예를 들면 인지과학적 종교연구는 전자의 경향을 잘 보여주는 반면 종교 개념에 대한 성찰은 후자의 경향에 속한다고 볼 수 있다.

요즘 한국에서 사용되는 종교학 혹은 종교연구라는 용어는 실증과학을 모델로 하는 관점은 물론이고 그런 관점의 독단성을 비판하는 관점 모두를 포괄한다. 즉 특정 종교집단의 신앙에서 출발하여 그 신앙 노선을 공고히 하는 것으로 마무리되는 신학적, 교학적 태도와는 결별하면서, 근대과학의 인식과 해석에서 작동하는 여러 가지 관점에서 종교를 탐구하는 연구를 일컫는다.

하지만 신학 및 교학과 구별되는 종교학의 그런 관점이 학계에서 확고하게 된 것은 1960~70년대에 이르러 정착된 것이다. 지금 집필하는 부분은 그 시기가 도래하기 이전을 다룬다. 그러므로 이 글에서는 야소교와 천주학의 공부를 종교학이라고 보았던 관점부터 과학으로서의 종교학을 주장하는 관점에 이르기까지 종교에 관한 연구 활동이 어떤 성격을 지닌 것이었는지를 우선 탐구한다. 이를 위해 다음 장에서는 두 가지의 초점을 제시하고 이를 기준으로 살펴보고자 한다. 하나는 종교를 '비교'하는 데 초점을 맞추고자 한다. 여기에는 기독교를 모델로 하여 종교를 파악하는 것, 즉 기독교의 우선성을 앞세우며 이루어지는 상황이 전제되어 있다. 다른 하나는 종교를 '구획'하는 일에 초점을 맞추고자 한다. 종교를 사회 및 문화의 다른 부분과 구분하여 파악하는 것, 즉 종교가 한정(限定)되어 있음을 상정하면서 이로 인해 이루어지는 구획된 여러 영역과의 연결을 설명하는 것이 그것이다.

2) 종교의 비교와 구획성

(1) 종교의 비교

1897년 1월 26일 《독립신문》의 논설에 "죠선과 청국서 공자교가 잇스나…"로 시작하는 기사가 실렸다. 주요 내용은 청과 조선의 공자교, 일본의 신교(神敎), 그리고 구미의 구교, 희랍교, 신교(新敎) 등에 대한 서술이다. 그런데 공자교와 일본의 신교는 '교'라고 할 수 없다고 주장한다.

> 조선과 청국서 공자교가 있으나 공자교는 교라 이를 것이 아닌 것이 다만 정치학과 수신제가 하는 법과 치국하는 법과 행동거지를 말한 학문이라. 공자의 교하는 사람들은 공자님을 큰 선생으로는 대접을 할지언정 공자님을 믿고 공자님께 기도하여 공자님의 덕택으로 하나님께 보호를 받으면 죽은 후에 천당에 간다는 말은 없은즉, 후생 일은 도무지 공자님이 하신 일이 없고 다만 금생에서 어떻게 살라는 학문만 말하였으니 교라 이를 것이 아니요 세상 사람에게 일러 준 학문이라. 공자교 하는 나라들은 마호메트교 하는 사람들과 같이 한 사나이가 여러 계집을 음란히 하는 것을 허락하였고, 공자교하는 나라들은 다만 청국과 조선인데, 지금 세계에 그리 부강한 나라가 아니요 열리기를 다만 반만 열려 세계상에 반 개화국 자리에 있더라. 일본은 불교 외에 신교라는 것이 있는데 이 교에서는 전일에 유명한 장관들과 높은 학문 있던 이들을 위하며 혹 여우를 위하는 데도 있으니 당초에 교라고 하잘 것도 없고 어리석은 풍속일레라.[3]

---

3 「논설」, 《독립신문》, 1897년 1월 26일. 한국역사성보통합시스템

이에 따르면 공자교는 수신제가치국의 처세법을 말하고, 내세에 대한 언급이 없는 현세적 학문이며, 마호메트교처럼 음란을 허용한다. 또한 부강한 나라가 아니라 조선과 청나라처럼 반(半)개화국에서 성행한다. 일본의 신교는 여우를 위하는 경우가 있을 정도로 어리석은 풍속에 불과하다. 반면 유럽은 모두 기독교를 믿는데, 구교, 희랍교, 신교의 세 가지 종류가 있으며, 대동소이하다.

> 같은 하나님을 믿고 같은 예수 그리스도를 세계의 구주요, 십자가에서 예수가 돌아가신 것은 세계 죄인을 위하여 돌아가신 것이라 누구든지 천당을 가려면 예수의 가르치신 것만 본받을 뿐이 아니라, 하나님께 기도하기를 예수의 이름을 빌려서 하면 비는 일이 성취될 것을 믿고야 비는 것이다.[4]

신교와 구교는 다르다. 신교는 '구교 하는 사람의 두목'인 교왕과 상관이 없고, '버진 마리아'를 향하여 기도하는 일도 없다는 것이 구교와 다른 점이다. 하지만 이 글에서는 신교와 구교의 위계를 드러내지는 않는다. 그러면서 기독교의 우월성을 다음과 같이 강조한다.

> 물론 무슨 교를 하든지 교에 가르친 대로만 정성을 다하여 옳고 정직하고 자선한 마음을 가지고 마음을 쓰며 일을 했거드면 복을 받을 터이요. 크리스도의 교를 착실히 하는 나라들은 지금 세계에 제일 강하고 제일 부요하고 제일

---

http://viewer2.nl.go.kr:8080/viewer/viewer.jsp.
4 위의 글.

문명하고 제일 개화가 되어 하나님의 큰 복음을 입고 살더라.

이 글에서 알 수 있는 특징은 '교'가 국가의 부강과 직접 연결되어 있으며, '교'의 조건으로 기도 및 죽은 후의 내세가 강조된다는 점이다. 어떤 '교'가 우월한지는 해당 나라가 부강국인지 여부에 달려 있다는 논지이다. '그리스도의 교'라는 표현은 구교와 신교를 망라해서 사용하기도 하지만, 천주교 혹은 가톨릭의 용어와 구별하여 개신교만을 지칭하기도 한다. 1905년 이후에는 기독교 혹은 야소교(耶蘇教)라는 용어가 그리스도의 교를 지칭하는 데서 독점하는 경향이 나타난다. 이 기사는 여러 가지 종교를 말하고 비교하면서 개신교 중심으로 위계화를 하려는 경향을 잘 보여주고 있다. 이런 점은 최병헌이 저술한 일련의 작품에서 전형적으로 드러나 있다.

탁사(濯斯) 최병헌(崔炳憲, 1858-1927)은 유학의 전통에 속해 있다가 1902년 개신교 목사가 된 인물이다. 1909년에 간행된 『성산명경』(聖山明鏡)은 유교, 불교, 도교의 대표자가 각각 자신의 종교를 주장하다가 결국에는 기독교의 우월성을 인정하고 개종하게 된다는 내용을 담고 있으며, 『신학월보』에 실린 「사교고략」(四教考略) 역시 기독교를 내세우기 위해 불교, 유교, 힌두교, 이슬람교를 서술하고 있다. 그의 기독교 옹호론은 1922년에 간행된 『만종일련』(萬宗一臠)으로 귀결되는데, 한 덩어리 고기(一臠)로 솥 안의 모든 것을 맛볼 수 있다는 뜻의 책 제목에 최병헌의 의도가 함축되어 있다. 그는 유신론, 내세론, 신앙론을 종교의 핵심 요소로 들면서 기독교에는 세 가지 요소가 모두 갖추어져 있는 반면 다른 종교는 결여되어 있다고 주장

한다.[5]

이능화(李能和, 1869-1943)는 이러한 주장에 맞서 불교를 옹호하였는데, 1912년에 간행된 『백교회통』(百敎會通)에 그의 관점이 담겨 있다. 여기서 이능화는 당시 종교가 수십 종에 달하여, 멀지 않아 사람마다 하나씩 종교를 가질 정도이지만, 서로 자기가 옳다고 우기기만 할 뿐이어서 문제라고 주장한다. 이런 분별(分別)심은 "원래 하나의 둥근 원(圓)이 나뉘어져 백 가지 방향(分成百方)이 이루어진 것"[6]임을 망각한 것이다. 이에 이능화는 이 책을 쓴 것이 "여러 종교(宗敎)의 강령(綱領)을 서로 대조하고 견주어 보아서, 같음과 다름을 밝게 드러나게 하고, 경전을 인용하여 증거하면서 회통(會而通之)"[7]하고자 함이라고 하였다.

개신교를 중심으로 다른 종교를 위계화하려는 시도가 공격적인 태도를 나타내는 데 반해, 이능화는 모든 종교의 회통을 주장하면서 불교의 비방에 대처하는 다소 소극적인 태도를 취한다. 이 책에서 그가 불교와 비교하고 있는 종교는 도교, 귀신술수의 교, 신선교, 유교, 기독교, 이슬람교, 바라문교, 태극교, 대종교, 천도교 등인데, 분량으로는 유교가 가장 많고, 이어서 기독교, 도교 순이다. 그의 결론은 제12장 〈모든 종교를 총합하여 불교와 대조함〉에 드러나 있다. 이능화는 종교의 공통점으로 "위에서 정리한 종교들 중에서 도교가 방임자연(放任自然)하는 것을 제외한다면 모든 교가

---

5   최병헌, 『만종일련』, 조선예수교서회, 1922, 50-51쪽; 장석만, 『한국 근대종교란 무엇인가?』, 모시는사람들, 2017, 190-191쪽.

6   이능화, 『백교회통』, 조선불교월보사, 1912, 1쪽; 장석만, 위의 책, 191-192쪽.

7   장석만, 위의 책.

천(天)으로 위주를 삼고 있다"[8]는 것을 지적한 다음, 천(天)의 종류를 4종으로 구분한다. 형체로서의 천, 주재하는 천, 명운으로서의 천, 그리고 의리로서의 천이 그것이다. 그에 따르면, 유교와 불교에는 4가지 천이 다 있는 반면, 기독교, 이슬람교, 바라문교, 대종교, 천도교 등은 주로 주재하는 천이다.[9] 그가 비교의 대상이라고 밝힌 종교의 강령(綱領)은 여러 종교의 경전에 기록된 내용으로 각 종교의 교리에 해당한다. 이런 점은 『조선불교통사』의 자서(自序)에서도 확인할 수 있다.

> 조선 고대의 고유한 신교(神敎)는 물론 후대에 들어온 유교, 도교, 회회교, 기독교 및 요즘 새로 나온 신교(新敎)와 무고(巫瞽) 류(類) 등에 이르기까지 그 본말을 기록하여 종교신앙의 창고가 되게 하였다.[10]

최병헌과 이능화는 서로 옹호하는 점이 달랐지만, 모든 종교의 공통점을 상정하였다는 점, 비교작업을 했다는 점, 그리고 교리를 중요시했다는 점을 공유하고 있다.[11] 그들의 저술은 호교적인 태도를 명백하게 드러내기 때문에 기독교 신학 및 불교 교학에 소속됨이 타당하며, 종교학의 영역에 포함하기 어렵다. 하지만 비교의 작업을 시도하고 있다는 점에서 비교종교학의 전사(前史)로 취급할 수 있다. 특히 이능화의 경우에는 한국의 유교, 기독교, 도교, 무속, 여속(女俗), 신교(神敎) 등 한국의 종교 및 문화 일반에

---

8   위의 책, 56쪽.
9   위의 책. 이능화, 『백교회통』, 강효종 옮김, 운주사, 1989, 174-175쪽.
10   이능화 편, 『역주 조선불교통사1』, 동국대학교출판부, 2010, 59쪽.
11   상석만, 위의 책, 195쪽.

걸쳐 다양한 작업을 남기고 있으므로 종교학 연구에서 충분히 다루어볼 만한 대상이다. 그는 『조선불교통사』(1918), 『조선신교원류고』(1922~23), 『조선무속고』(1927), 『조선기독교급외교사』(1928), 『조선도교사』(1959), 그리고 『조선유교와 유학사상사』 등의 저술뿐만 아니라, 『조선종교사』(1937)라는 강의안을 남겼다. 이런 이유로 최근 "한국종교사는 이능화의 저작에서 비로소 시작된 것이다."라는 주장이 나왔으며, 이능화를 '한국 종교학의 아버지'로 보는 관점도 나타났다.[12] 더구나 자료 집성이라고 해도 좋을 이능화의 작업에서 근대적 전환의 내재적인 논리를 찾아내려는 시도[13]도 제시되고 있어서 깊이 있는 논의를 요청하고 있다.

(2) 종교의 구획성

이 주제는 앞에서 제시한 바와 같이 당대 종교에 관한 연구의 관심이 추동되는 두 가지 방향 가운데 하나이다. 여러 종교를 비교하면서 자기를 옹호하는 것이 앞에서 언급한 내용이었다면, 여기서 다루려는 것은 '종교와 구분되는 다른 영역'과의 관계이다. 교와 도라는 용어가 지배적으로 사용되던 시대와는 달리 종교라는 용어가 사용되는 시대에서는 종교가 한정된 영역에 속한 것으로 인식되었다. 종교는 정치와 분리되며, 사회와 문화와도 구별되는 영역을 지칭하는 것이었다. 그래서 종교 및 다른 구별된 영역과의 관계에 대한 언술이 등장한다. "종교와 무엇"의 언술 양식이 나타나는 것이다. 종교와 정치, 종교와 사회, 종교와 문화, 종교와 문학, 종교와 예술,

---

12   각각 주장자는 윤승용, 신광철, 김종서이다.
13   이민용, 「불교의 근대적 전환: 이능화의 문화론적 시각과 민족주의」, 박헌호 · 류준필 엮음, 『1919년 3월 1일에 묻다』, 성균관대학교출판부, 2009.

종교와 경제 등등으로 그 언술은 확산된다. 그리고 이 언술은 제국, 국민국가 혹은 식민국가의 프레임 안에서 움직인다. 종교의 비교를 다루는 연구가 종교집단 내부에서 움직이는 경향을 보인다면 종교의 구획성을 다루는 연구는 '종교의 외부'라는 맥락을 지니고, 해당하는 권력 장치와 관계를 맺으며 움직인다. 따라서 일제강점기에는 식민권력과의 관계 아래 "종교와 무엇"의 연구가 이루어진다. 우리는 이 문제를 철저하게 다룰 필요가 있다. 이를 서술하기 위해 이 주제에 대한 다음 다섯 가지 사항을 물음으로 제시하고자 한다.

1) 식민시대에 종교와 다른 영역의 관련성을 거론하는 "종교와 무엇"의 학술적 논의는 어떻게 진행되었는가?

2) 총독부의 식민권력은 조선의 종교에 대한 조사 및 연구를 어떤 방식으로 진행하였는가?

3) 종교연구는 민족의 에토스를 찾는 작업에서 어떻게 진행되었는가?

4) 조선인 일본 유학생의 종교연구는 무엇인가?

5) 개신교 신학자들은 종교학을 어떻게 파악하였는가?

이 물음들에 대한 간략한 서술을 시도하면 다음과 같은 기술을 할 수 있다. 첫째 "종교와 무엇"의 학술적 성과를 논의하는 부분은 종교의 독자성 혹은 종교의 자유를 거론하는 언술과 밀접하게 연관되어 있다. 양자의 관계를 논하기 위해서는 우선 분리된 영역, 구별된 영역을 전제해야 하기 때문이다. 그리고 구별된 영역으로서의 종교에 초점을 두고 다른 영역과의 관계를 설정하는 방식으로 이를 논의한다. 유념할 것은 이때 본격적인 하술적 논의뿐만 아니라 이 주제에 관한 잡지 기사도 고려할 필요가 있다는 사실이다. 예컨대 1920년 『현대』에 실린 서상현의 「문화와 종교」, 김낙영의 「예수교와 사회」, 김진목의 「종교와 인생」과 같은 기사[14]가 그것이다.

둘째 총독부 식민권력의 조선종교 연구는 무라야마 지준(村山智順, 1891~1968), 아키바 다카시(秋葉隆, 1888~1954), 그리고 아카마츠 지조(赤松智城, 1886~1960)가 대표적이다. 무라야마는 총독부 촉탁으로 있으면서 한국의 민속종교와 관습을 연구하였는데, 『조선의 귀신』(朝鮮の鬼神), 『조선의 유사종교』(朝鮮の類似宗教) 등 8권의 책을 펴냈다. 무라야마는 조선의 민간신앙 연구가 조선인을 파악하는 데 핵심적이라는 것을 강조한다. 『조선의 귀신』(1929) 서문에 그의 기본 관점이 나타나 있다.

> 조선의 문화를 올바르게 파악하기 위해서는 조선인의 사상을 이해하지 않으면 안 된다. 조선인의 사상을 이해하기 위해서는 민간신앙으로부터 출발하는 것이 순서일 뿐만 아니라, 자연스럽다.… 지(知), 정(情), 의(意)라는 세 가지 작용 중 감정의 작용이 중심을 이룬다는 것은 심리학계의 정설이며, 이런 감정작용이 가장 잘 나타나 있는 것은 신앙 현상이다.… 문화와 민족사상을 이해하기 위해서는 그 민족에 공통된 신앙 현상을 살펴보지 않으면 안 된다. 이런 공통된 신앙 현상이야말로 다름아닌 민간신앙인 것이다.[15]

---

14   서상현, 「문화와 종교」, 『현대』 1, 1920, 29-32쪽; 김낙영, 「예수교와 사회」, 『현대』 3, 1920, 9-14쪽; 김진목, 「종교와 인생」, 『현대』 8, 1920, 16-19쪽. 첫 번째 물음과 관련된 상세한 논의는 다른 기회에 미루기로 한다.

15   村山智順, 『조선의 귀신』, 김희경 옮김, 동문선, 1993, 11쪽. 村山智順, 『조선의 귀신』, 노성환 옮김, 동문선, 1990, 11-12쪽.

무라야마는 민간신앙이 흔히 저급한 것으로 간주되는 경향이 있음을 지적하면서, 고급스럽다는 것이 실상은 저급한 것을 토대로 하고 그것이 축적되어 형성된 것에 불과함을 주장한다. 고급에 속하는 것이 나무의 잎과 꽃이라면 이른바 저급한 것은 줄기이며 뿌리라는 것이다.[16] 또한 무라야마는 나무의 비유를 통해 외래사상이 조선에 접목(接木)되어 제대로 수용되느냐 아니냐의 문제도 기본 줄기인 민간신앙에 달려 있다고 보았다. 이러한 의미에서 조선문화의 근간(根幹)이며, 또 외래사상의 대목(臺木)이고 묘판이기도 한 민간신앙의 연구는 시급히 요청되고 있다. 이러한 분위기에서 조선의 민간신앙 연구는 시작되었다.[17]

『조선의 귀신』이 조선문화의 기반을 파악하여 식민통치에 기여하고자 했다면, 6년이 지나서 간행된 『조선의 유사종교』(1935)는 좀 더 긴박한 분위기를 띠고 있다. 이른바 유사종교가 항상 사회적 동요를 일으키는 동인으로 작용해 왔다고 보았기 때문이다. 무라야마는 유사종교에 대한 연구의 중요성과 함께 총독부의 감시 필요성을 강조했는데, 출간 이후 총독부의 유사종교 탄압령이 내려진 것도 서로 연관성이 있다.[18]

아키바 다카시(秋葉隆)가 경성제국대학 교수로 임명된 것은 1926년으로, 현장조사를 통해 조선이 일본과 언어적, 종교적 전통을 공유한다는 것을 주장하면서 총독부의 식민통치에 기여하였다. 1940년대에 이르러서는 대동아공영권의 주장에 적극 동참하였으며,[19] 1950년에는 『조선무속의 현지

---

16   위의 책, 13쪽.
17   위의 책, 14쪽.
18   장석만, 위의 책, 250쪽.
19   위의 책, 251쪽.

연구(朝鮮巫俗の現地研究)』를 간행하였다.

아카마츠 지조(赤松智城)는 야마구치현 출신으로 1910년(명치 43년) 교토 제국대학 철학과를 졸업하였으며, 종교연구회(宗教研究会)가 1915년에 설립되고, 1916년에 그 기관지인『종교연구』가 발간되는데 주도적인 역할을 하였다. 1920년 10월부터 1923년 6월까지 유럽에 유학한 후에 일본에 돌아와 류코쿠(龍谷)대학의 종교학과 종교사 주임 교수가 되었으며, 1927년(昭和 2)에는 경성제국대학 교수가 되었다. 1928년부터 아키바와 아카마츠는 아카마츠가 1941년 사임할 때까지 같이 현지조사를 하면서 조선 샤머니즘을 공동 연구하였다. 1937년에『조선무속연구』를 공동 저술하였고, 1941년에는 만주와 몽골의 종교에 대해『만몽의 민족과 종교(滿蒙の民族と宗教)』라는 책을 출간하기도 하였다. 두 사람은 1932년에 손진태(孫晉泰, 1900~1950), 송석하(宋錫夏, 1904~1948)와 함께 조선민속학회를 창립하였다.

셋째, 민족의 에토스를 찾는 작업과 종교연구와의 관계는 육당 최남선의 불함문화론을 중심으로 살펴본다.

넷째, 일본에 유학한 조선인의 종교연구는 김효경과 김태흡의 글을 통해 알아본다.

다섯째, 개신교 신학자들이 파악한 종교학은 채필근과 박형룡을 통해 논의한다.

3) 아카마츠의『만근종교학설의 연구』가 지닌 의미

아카마츠 지조가『종교연구』와『민족』등의 저널에 게재한 논문을 바탕으로 만든『만근종교학설의 연구』라는 책은 1929년(소화 4년) 도쿄에서 '종교연구총서'의 하나로 간행되었다. 아카마츠는 「서언」에서 이 책의 내용이 "수십년래(十數年來)의 술작(述作)의 일부(一部)"[20]라고 밝히고 있으므로 1910년대의 일본 종교학 및 1920년대 유럽 유학의 경험이 반영되어 있다고 볼 수 있다. 이 책은 아카마츠가 당대 일본 종교학계에 중심적 인물이었다는 점, 그리고 경성제대 교수로 재직하면서 조선의 종교에 관심을 두고 연구했다는 점에서 일제강점기의 종교학을 살피는 데 포함될 필요가 있다.

이 책은 상편과 하편으로 구분되어 있는데, 상편의 제목은 「종교학설의 제유형」이고 하편 제목은 「종교본질론 상의 제문제」이다. 상편과 하편은 각각 3장으로 이루어져 있는데, 상편은 1. 종교학의 독립과 분파, 2. 종교심리학설과 종교사회학설, 3. 종교의 생물심리학설, 하편은 1. 신성관념론 2. 종교와 주법(咒法) 3. 마나의 관념이다. 그리고 말미의 부록으로 트뢸치 교수에 관한 회상이 첨부되어 있다. 아카마츠는 이 책이 "현대의 종교학을 충실 면밀하게 공구(攻究)하는 학도와 새로운 종교학설의 주요 문제에 관심이 있는 사람들에게 참고가 되고 시사점을 줄 수 있다면 책을 쓴 노고의 보상이 될 수 있을 것"[21]이라고 독자의 반응에 기대를 보인다. 책의 내용 가운데 아카마츠가 파악한 종교학의 윤곽은 상편의 1장인 「종교학의 독립과 분파」에 잘 나타나 있다. 여기에서 종교학은 19세기에 등장한 새로운 과학 가운데 하나라는 것을 지적하면서 시작하는데, 이어서 다음과 같이 좀 더 부연 설명한다.

---

20   赤松智城, 「序言」, 『輓近宗教學說の硏究』, 東京: 同文館, 昭和 4年.
21   위의 책.

종교학은 신학이 변형된 것이 아니고, 종교철학의 별명도 아니며, 종교사와 같은 것도 아니다.… 종교학은 신학의 교의적 방법(dogmatic method)을 탈각하고, 종교철학의 사변적 방법(speculative method)에서도 어떤 의미에서 분화하고, 또 종교사의 역사적 방법(historical method)에만 의거하는 것도 아니다. 이렇게 독립된 하나의 경험과학으로서의 종교학의 제창은 약 1870년대에 이루어진 것으로 막스 뮐러와 에밀 부르누프 등에 힘입은 바가 있다.[22]

이어서 여러 방면으로 이루어진 종교학의 발전을 강조하면서 다음과 같이 네 가지 분파로 나누어 설명한다.

제일(第一)은 언어학적 종교학설(philological science of religion), 제이(第二)는 인류학적 종교학설, 즉 종교인류학파(anthropological science of religion), 제삼(第三)은 심리학적 종교학설 즉 종교심리학파(psychology of religion), 제사(第四)는 사회학적 종교학설 즉 종교사회학파(sociology of religion)이다.[23]

그러면서 네 가지가 엄밀한 의미의 학파라기보다는 연구의 방법이나 추향(趨向)이 다른 유형으로 보는 것이 적절할 수도 있으며, 서로 밀접하게 상호 교섭하고 있기 때문에 명확하게 구별하는 것이 어려울 수 있음을 주장한다. 하지만 네 가지 분파로 구별하여 그 취지를 명료하게 하는 것은 종교학 일반의 의의와 현상(現狀)을 아는 데 필요하기 때문이라고 밝히면서 각

---

22   「宗敎學の獨立と分派」, 위의 책, p. 4.
23   위의 책, pp. 4-5.

각의 관점에 대해 좀 더 구체적으로 서술한다.[24]

아카마츠는 언어학적 종교학설이 비교언어학을 바탕으로 성립하였으며 막스 뮐러가 그 방법을 종교연구에 적용함으로써 두드러지게 되었다고 보았다. 그에 따르면 뮐러는 원시 및 고대 종교가 그 언어에 종속되어 있었고, 종교의 분류와 언어의 분류가 동일할 수밖에 없다고 주장하였다.[25] 이에 대한 아카마츠의 평가는 언어와 종교관념 사이의 밀접한 연관성을 인정한다 하더라도, 복잡 미묘한 종교관념을 단지 언어의 연구만으로 파악하려는 것은 문제가 많다는 것이다. 이런 관점은 "신들이라는 것은 실체가 없는 이름"일 뿐이라는 막스 뮐러의 주장에서 잘 나타나듯이, 언어의 형식만을 지나치게 강조하고 종교관념의 진수인 신비를 포착하는 것은 어렵게 되며, 종교학을 언어학의 한 분과에 불과한 것으로 만들어 버린다.[26] 아카마츠가 언어학적 종교학설에 대해 제안하는 바는 "종교의 본질과 발전은 단순히 언어의 구성과 그 변화보다도 훨씬 복잡하기 때문에 종교학도는 마땅히 적당한 한계 안에서 그 방법을 운용해야 하며, 그 가치를 편중하거나 남용하면 안 된다."[27]는 것이다. 그러면서도 아카마츠는 이 방법이 원시 및 고대 종교연구에 매우 중요한 연구 방법이라는 것을 인정한다. 이런 종교들이 그 언어와 뗄 수 없게 연관되어 있기 때문이다. "왕고(往古)의 종교를 이해하고자 한다면 반드시 먼저 왕고의 언어를 이해하지 않으면 안 된다."[28]

---

24 위의 책, p. 5.
25 위의 책, p. 7.
26 위의 책, pp. 7-8.
27 위의 책, pp. 8-9.
28 위의 책, p. 9.

아카마츠가 마무리하면서 인용한 막스 뮐러의 말이다.

인류학적 종교학설에 대한 아카마츠의 관점은 인류학이 인류문화의 기원에 관한 학문이라는 것을 전제로 한다. 인류학이 인류의 기원 및 발달의 법칙을 연구해서 자연계에서 인류의 지위 및 다른 생물과의 관계를 규정하고자 하는 것이고, 인류의 정신적 역사적 진보를 탐구하는 것이라면 반드시 종교를 다룰 수밖에 없다. 원시 미개사회의 문화를 연구하는 데 그 종교 관념과 의례를 밝히는 것이 매우 필요하기 때문이다. 아카마츠는 1870년 이후 활발해진 종교인류학적 연구에 고고학, 민속학, 인종학, 지리학적 연구도 포함된다고 보며, 이 파의 특색을 "원시 및 고대 종교의 사실(事實)을 모집하고 그것을 적당하게 해석하여 발생론적 설명을 시도하는 것"[29]으로 규정한다. 이런 연구는 종교학에 많은 자료를 제공해 줌으로써 근대종교학의 발생에 커다란 기여를 하였으며, 왕고의 종교와 현재 미개민족의 종교를 연구할 때, 의거하지 않을 수 없는 관점이라고 주장한다.[30] 하지만 약점도 있는데, 연구가 근거하고 있는 자료가 대부분 여행가나 선교사의 여행 보고에서 나온 것이라는 점이다. 아카마츠가 보기에 종교적 사실의 보편성, 종교와 신화 및 주법(呪法)의 관계, 그리고 토테미즘 등을 둘러싸고 끊임없이 계속되는 논쟁은 이런 약점에 기인하는 바가 크다. 종교인류학적 연구의 또 하나의 큰 결점이 심리학적 설명이 매우 불충분한 것이라고 하면서[31] 아카마츠는 종교심리학설에 대한 서술을 이어나간다.

---

29 위의 책, pp. 10-11.
30 위의 책, p. 11.
31 위의 책, p. 12.

종교심리학설은 경험적이고 실험적인 심리학 연구에 영향을 받았으며, 종교인류학설보다도 나중에 등장하였다. 아카마츠는 그 안에 여러 분파가 있음을 지적하고, 종교의 하층(下層)의식설, 실험심리학적 연구, 민족심리학적 연구, 신학적 종교심리학설, 그리고 생물심리학설 등을 열거한다.[32] 그 가운데 우선 신학적 종교심리학설에 대해 언급하면서 시작하는데, 그 학설의 기본 의도는 기독교 신학을 근대심리학의 관점에서 해석하고, 기존 신학과 근대과학을 조화시키려는 것이다. 즉 "신학의 초자연적 원리를 심리학화"하고 "신학을 근대화"[33] 하는 것이다. 아카마츠는 신앙심리학 혹은 초월적 심리학이라고 불리는 이러한 연구가 종교심리학 연구의 완성으로 간주되는 경우도 있지만 기독교 신학에 머물러 있으므로 신학의 한 분과라고 볼 수 있다고 평가한다.[34] 하지만 종교학에서 심리학적 연구는 신학적인 태도와는 달리, 자연과학에서 물리적 법칙을 추구하는 것과 비슷하게 정신과학의 근본 법칙을 추구하고자 한다. 종교현상을 대상으로 그 심리학적 법칙을 추구하는 것이다. 그런데 중요한 점은 이와 동시에 이루어지는 일이 있다는 것이다. 아카마츠는 에밀 코흐(Emil Koch)의 『종교학에서의 심리학』이라는 책에서 다음과 같은 내용을 인용한다.

우리들이 종교현상의 심리학적 법칙을 추구할 때, 그와 동시에 그 법칙을 설정함으로써 종교현상과 다른 현상을 구별할 수 있는 특질을 드러내는 것이

---

32 위의 책, p. 13.
33 위의 책, p. 14.
34 위의 책.

가능해진다. 바꿔 말하면, 이 법칙은 종교와 다른 심리현상과의 근본적 구별을 분명하게 하는 것이고, 이 구별은 다만 그 법칙에 의해서만 가능하게 된다. 여기에서 이 법칙은 반드시 어떤 종교현상에서도 결여될 수 없는 요소이며, 어떤 현상에 종교적 특질을 부여해주는 근거인 것이다.… 요컨대 종교의 심리학적 법칙은 어떠한 종교현상에도 존재하는 필연의 요소이고, 그로 인해 종교적이라고 불릴 수 있는 특수한 의식(意識)과 작용이 되는 것이다.[35]

여기에서 두드러지는 두 가지 점은 종교심리학설이 자연과학과 같은 법칙성을 추구한다는 것과 심리학적 법칙을 파악할 경우에 종교현상과 다른 현상의 구별이 자명해진다고 주장하는 것이다. 종교심리학적 연구는 정신과학의 법칙을 정립하고자 하며, 그로 인해 종교현상이 다른 현상과 근본적으로 구별되는 특질을 저절로 파악할 수 있게 된다는 주장이다. 결국 종교현상은 다른 현상과 근본적으로 다른 성질을 지니고 있으므로 다른 현상으로 환원될 수는 없다는 것이다.

아카마츠는 종교심리학설에 민족심리학설도 포함시키지만, 그것이 종교심리학적 연구의 주된 흐름을 대표한다고 여기지 않는다. 종교심리학의 주류 학설은 아무래도 개인의 심리학에 기반을 둔 것이다. 즉 개인 심리학의 원리, 방법, 법칙을 종교현상에 적용시키려는 것이다. 그런데 종교심리학설과 다른 관점을 제시하는 것이 종교를 하나의 사회현상으로 파악하는 종교사회학설이다.

아카마츠가 종교사회학설에 대해 서술하면서 시작하는 말은 종교의 두

---

35 위의 책, pp. 15-16. (Emil Koch, *Psychologie in der Religionswissenschaft*, 1896, pp. 51-52.)

측면을 지적하는 것이다. 즉 종교는 본래 인간의 내부 생명의 요구임과 동시에 외부 생활의 현상인데, 전자의 방면을 강조하여 주관주의를 채택하는 것이 종교심리학파인 반면 후자의 방면을 중시하여 객관주의를 취하는 것이 종교사회학파라는 것이다.[36] 두 가지 방향은 연구 대상에 따라 달라지는데, 예컨대 신비파의 종교심을 연구할 때에는 개인적 종교의식에 대한 심리학적 관점을 강조하며, 원시종교의 의례에 대한 연구에서는 "객관적 현상으로서의 교회"와 같은 영역을 사회학적으로 연구하는 것이 중시된다는 것이다.[37] 하지만 종교사회학적 연구가 종교심리학적 연구를 경시하거나 배제하는 것은 아니다. 종교사회학설에서 주요한 연구 방법을 사회형태론적 방법과 사회심리학적 방법으로 나눌 수가 있는데, 사회심리학적 방법은 사회형태론적 연구와 함께 개인심리학적 연구를 포섭할 수밖에 없기 때문이다.[38] 사회형태론적 방법은 주로 사회단결의 조건과 형식을 연구한다. 즉 특정 사회를 구성하는 인구수, 인구 성격과 밀도, 지리적 특징 등 형태적 사실을 관찰하고, 그에 기반하여 사회적 사실을 규명하는 "매우 객관적인 방법"으로 아카마츠는 마르셀 모스(Marcel Mauss, 1872-1950)를 대표적인 학자로 간주한다.[39] 아카마츠가 보기에 종교가 외부적 사회 조건에 제약을 받을 수밖에 없다는 것은 분명하지만, 사회형태론과 같은 객관적 방법만으로 종교를 충분하게 설명할 수는 없다. 그래서 집합적 심리현상을 다루는 사회심리학적 방법의 중요성이 나타난다. 사회심리학에서 종교는 개인적 주

---

36 위의 책, p. 20.
37 위의 책, pp. 21-22.
38 위의 책, pp. 23-25.
39 위의 책, pp. 25-26.

관의 차원이 아니라, 사회적 주관 혹은 사회의식의 맥락 안에서 다루어진다. 개인적 종교의식이 아니라, 사회적 종교의식이다.[40] 아카마츠는 사회심리학적 종교연구의 대표학자로 로버트 매럿(Robert Ranulph Marett, 1866-1943)을 내세운다. 사회심리학적 종교연구는 개인심리학과 사회형태론의 중간에 위치하면서 양자를 통해 보충하고 수정한다. 개인적 창의가 내포하는 주관적 심리의 측면을 인정하는 한편 사회의 외부적 형태 및 제도가 종교관념, 감정, 목적에 대해 미치는 영향력도 간과하지 않는다.[41] 종교는 개인심리에 귀속될 수도 없고, 사회조직이나 제도와 동일시될 수도 없다.

아카마츠는 위에서 간략하게 소개한 종교연구 방법, 즉 언어학적, 인류학적, 심리학적, 사회학적 방법이 그 의의의 측면에서 서로 구별될 수 있지만, 실제로는 상호 연관되어 사용된다는 점, 그리고 연구 주제에 따라 좀 더 중시되는 방법이 있다는 점을 다시 언급한다. 이어서 아카마츠가 서술하는 내용은 사회심리학보다도 훨씬 포괄적인 빌헬름 막시밀리안 분트(Wilhelm M. Wundt, 1832-1920)의 민족심리학적 종교연구이다. 민족심리학은 인류 집단의 심리적 발전 단계를 추적하여 그 집단이 만들어낸 심리적 산물, 예컨대 풍속, 신화, 언어, 예술, 종교 등을 연구한다. 민족심리학적 문제로서의 종교는 그 발생 과정의 중요성이 부각되며, 무엇보다 종교사가 중요한 지위를 차지하게 된다.[42] 마지막으로 아카마츠가 다음과 같이 주장하면서 언급하는 내용을 볼 필요가 있다.

---

40 위의 책, p. 30.
41 위의 책, pp. 32-33.
42 위의 책, pp. 36-39.

이상 하나의 경험과학으로서의 종교학에서 인정할 만한 주요한 학설 및 그
방법을 간략하게 서술하였다. 마지막으로 어느 것에도 마찬가지로 공통되고,
사용되고 또 사용될 만한 중요한 하나의 방법을 거론하지 않으면 안 된다. 그
것은 바로 비교법(comparative method)이다.[43]

아카마츠는 비교의 방법이 종교학 유일의 방법이라거나 하나의 독립된
방법이라기보다는 여러 방법에 공통적으로 사용되는 보조적인 것으로 간
주하지만, '비교종교학'이라는 말로 종교학을 일컬었다는 점에서 잘 드러
나듯이 이 방법을 적절하게 운용하는 것이 제대로 된 종교학의 성립을 위
해서 매우 중요하다고 주장한다.[44] 여러 가지 사실을 비교함으로써 일련의
경험적 법칙을 찾아내는 길로 접어들 수 있기 때문이다. 이에 대해 아카마
츠는 다음과 같이 강조한다.

> 비교법(比較法)은 종교의 여러 종류 언어, 의식(儀式), 제도, 전설, 교리 등에 적
> 용되는 것으로 그치지 않고, 여러 가지 종교의식(意識)이나 신앙의 비교에도
> 시도됨으로써 여러 종교 사이의 관계 법칙을 발견하지 않으면 안 된다.[45]

이어서 비교 방법이 종교학에서 중요한 또 다른 이유가 등장한다. 이는
아카마츠가 종교학 본래의 직분(職分)과 관련되어 있으며, 하나의 임무라

---

43 위의 책, pp. 44-45.
44 위의 책, p. 45.
45 위의 책, pp. 45-46.

고 말한 것으로, 하나의 종교만 고찰하는 것이 아니라 가능한 많은 종교를 대상으로 연구하는 것이다. 그에 의하면 비교연구를 행하는 것은 종교학의 전부라고 말할 수는 없어도 종교학을 구성하는 중요한 요건임에는 틀림이 없다.[46]

　이상과 같은 여러 방법이 언어학, 인류학, 심리학, 인류학의 영역에서 취해 종교학에 활용한 것이라면 종교학의 학문적 아이덴티티에 어떤 영향을 미치는 것인가? 이것이 바로 아카마츠가 "종교학의 개념과 조직에 이런 여러 방법이 어떤 관련이 있는 것인가, 즉 이와 같은 방법의 사용이 종교학의 학적 의의(意義)에 어떤 취지를 갖는 것인가"[47]라고 던지는 질문이다. 예컨대 언어학적 방법으로 종교를 연구하는 것은 언어학의 한 부분이고, 심리학적 방법은 심리학에 포섭되는 것이다. 이런 점을 인정한다면 당연히 종교학의 아이덴티티에 대한 질문이 제기된다.

　　종교학은 과연 어떤 성질의 과학인가? 종교학을 관통하는 연구법상의 일반
　　원칙은 없는 것인가? 만일 그러한 것이 없다면 하나의 과학으로서의 종교학
　　의 성립은 심히 의심스럽게 되지 않을 수 없다.[48]

　이는 예컨대 언어학적 방법만으로 종교를 논하면 종교는 단지 하나의 언어 현상에 불과한 것이 되고, 심리학적 방법만으로 연구하면 종교가 하나의

46　위의 책, p. 46.
47　위의 책, pp. 46-47.
48　위의 책, p. 47.

276 | 한국 종교학

심리현상에 지나지 않은 것이 되지 않느냐는 것으로, 종교학이 과연 종교를 언어나 심리 등의 한 부분에 그치지 않고, "그 이상의 것"(noch mehr etwas) 즉 전체로서 파악할 수 있는 일반 원칙이 있는가 하는 물음이다.[49] 이런 질문에 대해 아카마츠가 내놓은 답변은 "종교학의 일반적 방법(allgemeine Methode)은 경험적 방법이고, 그것에 포섭된 특수적 방법(besondere Methode)은 상기(上記)의 제(諸) 방법에 다름 아니다."[50]라는 것이다. 즉 종교학을 관통하는 근본 성격은 "경험과학"이며, 종교학이 사용하는 여러 가지 방법은 경험적이라는 조건에서 모두 인정되고 허용되는 것이다.

하지만 아카마츠가 보기에 종교학의 아이덴티티는 이와 같이 경험적 연구 방법에 의해서만이 아니라 연구 대상에 의해서도 규정된다. 즉 학적 의의(意義)를 통일적으로 확정하는 것은 바로 '종교'를 대상으로 삼는다는 점이다. "저 종교인류학설이나 종교사회학설 등은 모두 그 대상으로 동일한 종교를 표적으로 한다."[51] 여러 가지 학설이 각각 한 방면을 주로 다루지만 결국 종교를 대상으로 하는 연구이므로, 서로 제휴하고 보충하게 된다는 것이다.[52] 이처럼 아카마츠는 연구 방법 및 연구 대상의 측면에서 "전체로서의 통일적 종교학 체계와 조직"[53]이 갖추어져 있음을 주장한다.

앞서 언급한 무라야마의 연구 방법은 총독부의 경찰력을 동원한 강압적인 분위기에서 수집한 자료를 분석하는 것이었다. 반면, 아키바와 아카마

---

49   위의 책, pp. 47-48.
50   위의 책, p. 48.
51   위의 책, p. 49.
52   위의 책.
53   위의 책, p. 50.

츠의 분석은 현지조사를 통하여 그들 자신이 얻은 자료를 대상으로 하였다. 하지만 그들의 현지조사 방법도 통상적인 참여관찰 방법이라고 할 수는 없는 것이었다. 헌병을 동반하고 일시적으로 이루어진 것이었기 때문이다.[54]

아카마츠가 언어학적 종교학설이라고 규정한 내용 및 비판은 바로 최남선의 종교연구에도 해당될 수 있으므로, 이어서 살펴보기로 한다.

4) 육당 최남선의 종교연구

아래의 내용은 최남선이 한국 종교학과 연결될 수 있는 지점이 무엇인지 살펴보고, 그 의미를 논의하려는 시도이다. 우선 최남선이 종교에 대해서 가지고 있는 관점을 필자가 몇 가지로 정리한 것이 있으므로,[55] 그 내용을 검토하면서 시작하고자 한다.

첫째, 종교의 보편성을 내세우는 것으로, 종교는 언제나 어디서나 인간과 더불어 항상 존재할 수밖에 없다는 주장이다. 둘째, 종교가 변화한다는 것으로, 지금의 종교가 이전 종교에서 비롯하였지만, 변천을 거쳐서 지금처럼 나타났다는 주장이다. 셋째, 종교의 기원을 마나 관념 혹은 애니미즘으로 설명한다는 것이다. 최남선은 마나를 종교의 기원으로 강조하기도 하고, 원시신앙에서 '애니미즘'(有靈觀)의 중요성을 주장하기도 한다. 넷째, 고대에는 종교가 압도적인 중요성을 갖고 있다고 주장하는 것이다. 따라

---

54   장석만, 앞의 책, 251쪽
55   장석만, 「민족과 인종의 경계선-최남선의 자타인식」, 『종교문화비평』 7, 2005, 11-24쪽.

278 | 한국 종교학

서 고대를 파악할 경우에 핵심적인 의미를 갖는 것이 바로 종교를 연구하는 것이다. 다섯째, 처음에는 제정일치(祭政一致)였으나, 점차 제사와 정치, 혹은 종교와 정치의 분화가 일어난다는 주장이다. 예컨대 단군(檀君)은 제정일치의 상태이고, 신라의 풍류는 제정 혹은 교정(敎政)의 분리가 일어나나타난 것이다. 여섯째, 한국문화의 기본 성격을 '불함문화'라고 명명하고, 그 성격이 '붉'(Părk 혹은 Părkăn) 사상에 잘 드러나 있다는 것이다. 한국은 불함문화권의 중심지이며, 불함문화의 핵심을 이루는 것이 종교 특히 조선의 고유 신앙에 잘 나타나 있다고 주장한다. 위와 같은 내용에 따르면 최남선의 종교관은 다음과 같이 정리해 볼 수 있다.

최남선에게 종교는 보편적이고 필연적인 성격을 띠며, 역사적으로 변화하는 가운데 계속해서 그 본질을 유지하고 있는 것이다. 종교의 기원에는 비인격적 힘과 인격적 영혼에 대한 관념이 혼재되어 있으며, 이는 종교의 전개과정에서 계속해 나타난다. 처음에는 모든 문화의 요소가 종교에 포함되어 있다가 점차 교정(敎政) 혹은 종교와 정치의 분화가 이루어져 지금에 이른다. 동북아시아 문화의 특징은 이런 분화가 이루어지는 가운데 종교 영역이 두드러지게 나타난다는 점이다. 조선의 종교는 이 문화의 핵심부를 이루는 것으로, 외래문화의 영향으로 본래 모습이 많이 훼손되기는 했지만, 아직 그 순수성을 지키고 있다.[56]

이 글에서 탐구하려는 주제는 최남선의 이러한 종교관이 종교를 연구하는 활동, 즉 종교학에 어떤 의미가 있느냐는 것이다. 우선 최남선은 종교를 연구하는 것이 인류의 공통적 기반을 찾는 일과 뗄 수 없이 연관되어 있다

---

56 위의 글, 24쪽.

고 본다. 하나의 공통된 문화가 원시 혹은 고(古)문화에 나타나 있으며, 고
문화의 핵심이 바로 종교이기 때문에[57] 종교를 연구하는 것은 중요할 수밖
에 없으며, 인류의 보편성에 바탕을 두고 있는 것이다.

> 인류의 문화적 출발은 무엇이던가? 그 최초의 구성과 최대의 업적은 무엇이
> 던가? 원시생활의 최대 의지(依支)는 무엇이며, 고(古)문화의 최고 추축(樞軸)
> 은 무엇이던가? 인류문화의 원두(源頭)를 소구(溯究)하는 이가 한결같이 저달
> (抵達)하는 외골목이 실로 종교(宗敎)입니다. 어떠한 출발점으로서, 어떠한 혜
> 경(蹊逕)을 말미암든지 급기 와서 보면 종교라는 대목에서 서로 얼굴을 마주
> 보게 되는 것이 인류문화의 연원입니다. 고대로 올라갈수록 온갖 문화의 선
> 골(扇骨)이 종교의 축두(軸頭)로 모여들어서 마침내 문화 즉 종교의 광경을 봉
> 착(逢着)하고 마나니, 종교를 앎은 그 문화 급(及) 역사의 전체(乃至 大系)를 앎
> 이라 함이 결코 우연한 말이 아닙니다.[58]

최남선은 종교를 아는 것이 인류문화의 근원을 아는 것이며, 고대 문화
와 역사의 전체를 파악할 수 있는 첩경으로 본다. 그렇다면 종교의 기원
을 묻는 것은 인류문화의 전모와 그 바탕을 파악함에 놓칠 수 없는 바가 될
것이며, 종교를 알고 연구하는 일에서 핵심적 영역을 차지하는 것이 당연
할 것이다. 여기에서 이에 관한 최남선의 글 두 편과 그 글이 실린《괴기(怪
奇)》라는 잡지를 잠시 살펴볼 필요가 있다.

---

57 위의 글, 31쪽.
58 「계명(啓明) 19호 권두언」(1927), 『육당 최남선전집 9: 논설, 논문 Ⅰ』, 고려대학교 아세
   아문제연구소 육당 최남선전집 편찬위원회 편, 현암사, 1974, 590쪽.

《괴기》는 첫 호가 1929년 5월, 그리고 두 번째 호가 같은 해 12월에 간행되고 사라져버린 잡지로서, 최남선이 모든 내용을 집필하였다는 특징이 있다. 잡지의 성격은 자신을 광고하기 위해 밝혀 놓은 다음의 내용에 잘 나타나 있다.

조선(朝鮮)을 중심(中心)으로 하는 철학(哲學) 종교학(宗敎學) 신화학(神話學), 신학(神學) 심리학(心理學) 윤리학(倫理學), 심령학(心靈學) 의학(醫學) 성욕학(性慾學), 천문학(天文學) 지리학(地理學) 생물학(生物學), 인류학(人類學) 민속학(民俗學) 언어학(言語學), 사회학(社會學) 경제학(經濟學) 고고학(考古學), 사학(史學) 연대학(年代學) 천화학(泉貨學), 문자학(文字學) 도서학(圖書學) 금석학(金石學), 문학(文學) 미술(美術) 음악(音樂) 등 일체(一切) 문화(文化)과학(科學)의 통속(通俗) 취미(趣味) 잡지[59]

그런데 새로운 잡지의 출간을 알리는 신문 기사에서 흥미로운 점은 문화과학이라는 용어 대신 인문과학을 사용하고 있다는 것이다.

조선을 중심으로 한 인문과학의 통속 취미잡지 『괴기』는 육당 최남선 씨 편집으로 경성시 종로 육(六)정목 동명사에서 매월 1회씩 발행한다는데 제1호는 이미 발간되었다. 정가(이십전)[60]

---

59   『괴기(怪奇)』 1호, 광고란 1929년 5월.
60   「雜誌 怪奇 出來 崔南善氏編輯」, 《每日申報》, 1929년 5월 24일.

또한 창간호 서문에는 잡지의 이름이 왜 괴기인지 알려주는 내용도 찾을
수 있다.

> 사실이 소설보다 기이(奇異)하다는 말이 있다. 그런데 이 말의 적실함을 가장
> 잘 증명하는 것이 인문에 관한 근대의 과학들이다. 인성의 비오(秘奧)와 인생
> 의 단층(斷層)이 어떻게 괴기(怪奇)와 경이(驚異)에 충만되었는지는 인류문화
> 의 심림(深林)을 치고 들어가는 우리 학도들의 새록새록 발견하고 감입(感入)
> 하는 바로 하지 아니한 신시비극(神詩秘劇)과, 소박(素樸)한 현실 그대로의 위
> 대한 예술이 이르는 곳마다 우리의 안광(眼眶)으로 튀어 들어오며 이타(耳朶)
> 를 스쳐 간다.[61]

잡지 이름 '괴기'는 인류문화에 관해 근대의 인문과학 혹은 문화과학이
밝혀낸 사실이 소설보다 기이하고 경이로운 것이 많아서 잘 부합한다는 것
이며 이런 맥락에서 앞에 거론된 다양한 과학 영역 가운데에서도 종교학은
주목될 수밖에 없는 위치에 있다.

「종교문화의 본원은 이리로부터—원시 종교의 기본적 특질인 마나 관념」
은 창간호에 실린 글인데, "(종교의) 정치한 이론과 고상한 의절(儀節)도…
원시신앙으로부터 장성(長成)해 나온 것에 불외(不外)하다."고 하면서 그
원시신앙이 바로 "멜라네시아 미개인에게 존재한 '마나'란 관념의 류(類)"
일 것이라고 추정한다.[62] 그렇다면 '마나'라는 것은 무엇인가? 이에 대해 최

---

61 「人及朝鮮人에게 소리친다」(서문), 『괴기(怪奇)』 1호, 1929년 5월.
62 「종교문화의 본원은 이리로부터—원시종교의 기본적 특질인 마나 관념」, 『괴기(怪奇)』 1

남선은 "하나의 위력(威力)" "영이(靈異)한 활동력" 혹은 "잠세(潛勢)적인 능력"이라고 규정하면서 "원시의 신비적 관념이라기보다 신비력 또는 주력(Magic Power)이라고 보는 편이 더욱 적절하다"[63]고 주장한다. 바로 앞에서 언급한 마나 관념이라는 말보다는 '힘'의 측면을 강조하는 편이 더 합당하다는 것이다. 하지만 이어지는 내용에서는 "특이한 원시적 신비관념 우(又)는 세력"이라고 관념과 힘의 양 측면에서 마나를 파악하고자 한다. 이와 함께 최남선은 마나의 특징을 도덕적인 선악이나 정사(正邪)와는 관계가 없는 것, 즉 은혜를 발현하는 긍정적 측면과 유해(有害)한 경우를 낳는 부정적 측면을 모두 가지고 있는 것[64]으로 본다. 이런 '마나'의 관점은 어떻게 등장하게 된 것일까? 최남선이 이 점에 관해 다음과 같이 서술한다.

1877년 영국 선교사 코드링턴이 멜라네시아인(人)의 마나에 관해 보고하고, 그다음 해에 막스 뮐러가 그의 『종교론』 중에 인용하여 점차 원시민족 연구자의 주의를 끌다가 1891년에 코드링턴의 명저 『멜라네시아인(人)』이 공포된 뒤에 프레이저, 마레트, 기타의 학자 등이 그 중요한 의의를 거양(擧揚)하게 되며, 일면 다른 원시민족 간에 거의 보편(普遍)히 이 유사한 사실이 있음과 내지 제(諸) 민족 원시시대의 신앙 사실에 이것으로써 비로소 설명되는 예가 많은 점을 인(因)하여 이것이야말로 원시종교의 기본 사실이리라고 학계의 의론(議論)이 크게 귀결점으로 근접하게 되었다. 그리하여 멜라네시아의

호, 1929년 5월, 『육당 최남선전집 9: 논설, 논문 Ⅰ』, 고려대학교 아세아문제연구소 육당 최남선전집 편찬위원회 편, 현암사, 1974, 318쪽.
63 위의 글.
64 위의 글, 319쪽.

토어(土語)인 마나가 차차 일반적 학용어(學用語)를 이루게까지 되었다.[65]

그리고 글 마지막에 괄호를 쳐서 이와 같은 글을 남긴다. "코드링턴의 설은 「민족」, 일(一)의 삼(三), 적송(赤松) 씨의 초(抄)에 의하여 역(譯)하였다."[66] 이는 최남선의 '마나'에 관한 지식이 《민족》이라는 학술잡지에 게재된 아카마츠의 글을 통해 얻어진 것임을 보여준다. 사실 위의 인용문은 아카마츠가 쓴 책의 「마나의 관념」[67]이라는 글에서도 찾을 수 있다. 아카마츠의 글 말미에 있는 다이쇼 15년(1926)이라는 것은 논문의 간행 연도를 나타내는 것으로 보인다.[68]

최남선은 이와 같은 마나의 관점이 종교를 연구하는 학자에게 미치는 영향력을 어떻게 보았는가?

시방 와서는 종교의 문로(門路)도 많고 또 내용과 형식이 복잡을 극(極)하였지마는, 비교(比較)종교학자의 눈에는 세계의 각 종교로가 아니라 인류의 일(一) 종교란 것이 있을 뿐이며, 또 인류학, 민속학, 사회학자의 눈에는 현재의 진보한 종교가 그대로 원시 신앙의 일(一) 연장태(延長態)로 보일 뿐이다. 그런데 어느 민족, 어느 종교의 출발점이고 다 한 가지 단순 소박(素樸)한 마나 관념

65　위의 글, 320쪽.
66　위의 글.
67　赤松智城, 「マナの觀念」, 앞의 책, p. 458.
68　아카마츠의 책은 1929년 3월에 도쿄에서 간행되었고, 최남선의 글은 같은 해 5월에 나왔으나, 이때 최남선이 책을 읽은 것 같지는 않다.

에 있음을 학자들이 신인(信認)하려 한다.[69]

최남선이 마나를 통해 확인할 수 있다고 주장하는 바는 세계 각지의 여러 종교가 있지만 그 바탕은 모든 종교가 공유하고 있다는 점, 그리고 이른바 문명의 종교도 원시신앙을 출발점으로 한다는 것이다.

이 글과 같이 원시신앙을 다루지만, 조금 다른 각도에서 보고 있는 것이 『괴기』 제2호에 실린 「만물을 유생(有生) 유령(有靈) 시(視) 하는 원시인: 애니미즘과 애니마티즘과 영혼관」[70]이다. 여기서 최남선은 두 가지 관점을 구분하는데, 하나는 모든 것을 활물(活物)로 보고 생기와 감각을 가진 것으로 보는 관점이고 다른 하나는 만물에 영(靈)이 있다는 관점이다. 전자는 "종교학(宗敎學)에서 애니머티즘(Animatism)이라고 일컫는데 번역하면 유생관(有生觀)이라고 할 것"[71]이고, 후자는 "애니미즘(Animism)이라고 일컬어, 번역하면 유령관(有靈觀)이라고 할 것"[72]이다. 이 두 가지 관점 가운데 어느 것이 더 앞서서 나타난 것인가? 이에 대해 최남선은 목차에 나타난 제목, "생기(生氣)로부터 영(靈)이란 생각으로"가 잘 보여주듯이 애니머티즘 혹은 유생관(有生觀)이 더 먼저 등장했다는 주장에 기우는 듯하다.

종교의 기원을 이 애니미즘으로써 설명하는 학자가 있으니, 타일러(Sir Edward

---

69 「종교문화의 본원은 이리로부터—원시 종교의 기본적 특질인 마나 관념」, 320쪽.
70 「만물을 유생(有生) 유령(有靈) 시(視) 하는 원시인: 애니미즘과 애니마티즘과 영혼관」
    『괴기』 2호, 1929년 12월, 『육당 최남선전집 9: 논설, 논문 Ⅰ』, 1974, 212-214쪽.
71 위의 글, 212쪽.
72 위의 글.

Tylor)와 그 학파들이다.… 그러나 일반 학자들은 애니미즘이 비교적 진보한 사상이요, 반드시 그보다 유치(幼稚) 소박(素樸)한 종교 형식이 있었으리라 하여 여러 가지 고구(考究)를 거듭하니 이른바 프리애니미즘(Preanimism), 곧 생기이전관(生氣以前觀)이란 것이 그것이다. 코드링턴 씨를 말미암아서 제출된 '마나' 신앙과 같음은 여러 가지 생기 이전에 관한 고설(考說) 중에 가장 두드러진 것으로 많이 학계의 찬동(贊同)을 얻은 바이다.(前號 宗敎文化의 本源 參照) 대저 마나 신앙은 그 내용이 애니머티즘과 거의 같은 것인데, 이러한 원시적 형식의 주위에 미개한 여러 가지 종교적 원칙이 점착(粘着)하여서, 정신적이기도 하고 차차 인태적(人態的)이기도 한 성질을 가져진 것이 애니미즘이리라 한다.[73]

여기까지 최남선은 애니머티즘이 애니미즘보다 앞서서 나타난 것이라는 관점이 학계의 일반적 견해이며, 자신도 이에 동의하는 것처럼 보인다. 바로 이어서 윌리엄 제임스를 거론하며 "마나 신앙 내지 애니머티즘이 애니미즘보다 심리적으로 먼저 존재하였을 것을 증명"[74]하고자 한 예를 서술한 내용, 그리고 『괴기』 창간호에 자신이 쓴 마나신앙에 관한 글을 참조하라고 한 것도 그런 점을 확인하는 듯하다. 하지만 다음과 같은 주장을 보면 시간적 선후의 틀 자체를 부인한다.

그러나 애니머티즘과 애니미즘은 반드시 선후가 분명하게 층위(層位)적으로

---

73   위의 글, 213쪽.
74   위의 글.

진화한 것이 아니라, 사실로 말하면 동시에 발생도 하고 존재도 한 것으로, 대개 애니머티즘은 마나를 가진 비인격적 물건에 관한 현상(現象)이요, 애니미즘은 인류의 심적 성질을 설명할 양으로 생긴 것으로 볼 수도 있다.[75]

최남선이 이런 태도를 취하는 것은 마나 신앙을 부각시킨 창간호의 글과 구별하여 여기서는 애니미즘의 중요성을 강조하기 위함이 아닌가 생각한다. 원시 신앙에는 애니머티즘뿐만 아니라, 인격적인 영에 대한 신앙인 애니미즘도 큰 몫을 담당하고 있기 때문이다. 게다가 최남선은 애니미즘이 원시 신앙에 그치지 않고, 문명의 종교나 철학에도 중요한 영향을 미치고 있음을 강조한다.

> 원시인의 종교뿐만 아니라, 애니미즘이 진보하여 인격신(人格神)의 영(靈), 통일적(統一的) 의지로의 신(神)이 되고, 다시 문명(文明)한 일신교(一神敎) 중에서도 주요한 지위를 보유하였다 할 수 있으며, 또 플라톤 철학 중에서 신체하고 대립한 영리(靈理)로 출현한 이래로 철학적 스피리튜얼리즘(心靈論・唯心論)으로 발달하여 철학적 형이상학, 관념 이상주의적(觀念 理想主義的) 철학의 영구한 근저(根柢)로 시방까지 계속해 온다고 할 수도 있다. 그러므로 베트와 같은 이는 그 「비교종교학(比較宗敎學)」에서 애니미즘은 종교의 시(始)가 아니라, 철학의 시(始)라고 말하기도 하였다.[76]

---

75 위의 글.
76 위의 글, 214쪽.

애니미즘에 초점을 맞추고 있는 이 글에서 최남선은 "애니미즘은 ⋯ 원시적 종교로부터 고급(高級) 종교에 이르기까지 어디서든지 제척(除斥)할 수 없는 것"[77]이라고 하여 애니미즘의 중요성을 주장한다. 또한 간과할 수 없는 점은 애니미즘이 종교 영역을 넘어서 철학에도 커다란 영향을 미치고 있다는 것이다. 최남선이 애니머티즘이든 애니미즘이든 종교의 기원에 관심을 기울이는 까닭은 인류문화의 근원에 종교가 있으며, 종교의 기원을 아는 것이 인류문화를 파악하는 데 중요한 열쇠가 된다고 생각하기 때문이다. 인류문화의 근원을 파헤치려면 종교를 알아야 하며, 종교를 알면 인류의 문화와 역사 전체를 파악할 수 있는 것이다.[78]

그러나 3.1운동으로 감옥 경험을 한 이후, 최남선은 인류문화의 근원을 아는 것보다 더 시급한 것으로 '민족을 완성'하는 작업에 주목하였다. 다음은 1922년 9월에 창간된 주간지 『동명』의 간행사인데, 그 점을 잘 보여주고 있다.

현하(現下)의 조선인은 오직 한 가지 직무(職務)가 허여(許與)되어 있습니다. 무엇인고 하니, 최근에 이르러 새삼스럽게 발견된 '민족'을 '일심일치'로 '완성'하는 일이외다. ⋯ 우리가 '민족'이라는 귀중한 '발견'을 이루기 위하여 어떻게 참담(慘憺)한 도정(途程)을 지냈습니까. 어떻게 거대한 희생(犧牲)을 바쳤습니까. ⋯ 아무런 약진(躍進)적 이상(理想)이라도 이 발견의 완성으로 기점을 삼지 아니하는 것은 곧 허위(虛僞)며, 곧 망탄(亡誕)이며, 곧 공중누각(空中樓閣)이외

---

77 위의 글.
78 「계명(啓明) 19호 권두언」(1927), 『육당 최남선전집 9: 논설, 논문 Ⅰ』, 앞의 글.

다. 아무런 개화(改化)적 운동이라도 이 발견, 이 완성으로 중심을 삼지 아니하는 것은 곧 공각(空殼)이며, 곧 희론(戲論)이며, 곧 포풍착영(捕風捉影)이외다.… 현재의 갈급(渴急)한 모든 것을 민족(民族) 완성(完成) 운동 속에 수득(收得)하려 하며 장래의 요긴한 모든 것을 민족 완성 운동 다음에 기대하자는 소리를 만이(萬耳)에 투철(透徹)하고 만심(萬心)에 향동(響動)하도록 선전(宣傳)하자 함이외다.[79]

"금일 조선인에게 허여(許與)된 유일사(唯一事)는 모처럼 '발견'한 '민족'을 곱다랗게 '완성'함"[80]이라고 주장한 최남선이 '민족 완성' 운동을 이루기 위해 어떤 작업을 했는가? 그 대답은 「불함문화론」에 잘 나타나 있다.

나는 연래(年來)로 조선역사의 출발점에 관하여 고찰을 시도하고 있다. 그 인문(人文)의 기원에 대한 탐구는 필연적으로 동방문화의 기원을 생각하게 하므로 어느 사이에 연구의 대상이 후자로 대체케 되었다. 그리하여 동방문화의 원시상태는 조선을 통하여 비교적 뚜렷이 조망할 수 있으리라고도 생각되며, 또한 이는 전인미답의 경지인만큼 이상한 흥미에 이끌리는 바이다. 아무튼 동양학의 진정한 건립은 조선을 중심으로 하여 조선의 비밀의 옛 문이 열림을 기다려 비로소 시작되리라고 생각된다.[81]

---

79 「'동명' 간행사」(1922), 『육당 최남선 전집』 9권: 논설·논문 Ⅰ, 현암사, 1974, 588쪽.
80 위의 책.
81 「불함문화론」(1925), 『육당 최남선전집 2: 한국사 Ⅱ』, 고려대학교 아세아문제연구소 육당 최남선전집 편찬위원회 편, 현암사, 1974, 43쪽. 1925년에 탈고된 이 글은 1927년 8월, 『조선 급(及) 조선민족』 제1집에 발표되었다.

여기서 최남선은 조선역사의 기원에 관한 탐구가 목표이며, 그 탐구는 필연적으로 동방문화의 기원에 대한 연구로 이어진다고 주장한다. 그런데 동방문화의 연구인 동양학에서 조선학, 즉 조선역사와 조선문화는 단지 한 부분에 그치는 것이 아니라, 비밀의 문을 여는 열쇠와도 같이 중심에 위치한다. 그뿐만이 아니라, 최남선이 보기에 조선학의 출발이자 핵심은 바로 종교 연구가 차지한다.

> 어떻게 일(一) 민족 및 그 문화를 알까, 어떻게 조선민족과 조선문화를 이해할까, 진(進)하여는 어떻게 조선인의 생활, 원리, 경험철학, 신념적 전통생활, 사실(事實)의 정신적 배경을 구명(究明)할까, 이것들도 요컨대 조선역사의 종교적 고찰로써 그 출발점을 삼고, 최고 방편을 삼을 것이 무론이니, 우리가 이것을 적절히 표현하기 위하여, 조선학(朝鮮學)의 건설은 그 종교적(宗敎的) 고고학(考古學) (나는 이런 말을 만들고 싶습니다)으로 비롯하자는 말을 자래(自來)로 창언(唱言)함도 이 의미로부터 하는 것이요, 최근 십년래의 공정(功程)을 오직 이 방면에 주집(注集)하여 지냄이 또한 이 까닭입니다.[82]

조선역사와 조선문화의 구명은 종교 연구가 그 출발점이자 '최고 방편'이 되어야 하며, 종교를 통해 그 연원을 거슬러 탐구한다는 의미에서 '종교적 고고학'이 요청될 수밖에 없다는 것이다. 그리고 조선학 건설은 바로 '종교적 고고학'으로부터 이루어지는 것이다. 조선의 고대와 고문화의 연구가 조선민족을 규명하는데 핵심이라고 한다면, 조선 종교 연구 특히 고대 종

---

82 「계명(啓明) 19호 권두언」(1927), 앞의 책, 590-591쪽.

교 연구는 핵심 중의 핵심이라고 말할 수 있다.

> 무론 조선에도 오랜 종교적 전통이 있습니다. the로의 그것도 있는 동시에 a
> 로의 그것도 있습니다. 인류적 공통 현상의 그것만 있는 것이 아니라, 민족적
> 특수 발달의 그것도 있습니다. 그 뿌리가 깊기도 하거니와, 그 언저리가 넓기
> 도 합니다. 그리하여 시방 민속의 대부(大部)가 그 원(源)을 여기서 발(發)했음
> 도 무론이거니와 이른바 역사적 사실(事實)로 전신(傳信)하는 고대의 그것도
> 실상 조선 고민(古民)의 주관(主觀) 신념(信念)의 객관적 영상(影像)─종교적 전
> 설(傳說)에 속하는 것이 많고 그 약간의 역사적 사실도 다분(多分)으로 종교 색
> 미(色味)의 첨착(添着)을 지내지 아니한 것이 없으니, 종교를 앎이 역사를 안다
> 는 말이 특히 조선에 있어 진리임을 느낄 것입니다. 이리하여 조선 고문화(古
> 文化) 연구는 곧 조선 고교(古敎)의 연구일 밖에 없습니다.[83]

최남선이 말하는 조선 종교 연구의 방법은 여러 가지다. 비교 방법, 역사
적 방법, 토속학적 방법, 게다가 신학적 방법까지 포함한다. 비교 방법도
다양하다. 문화적 계통을 추적하는 것, 주변 맥락을 살피는 것, 언어학적
연구, 인종학적 연구 등 여러 가지 종류가 있다. 최남선이 조선의 학계를
가시덩굴로 비유하는 것은 종교 연구가 어느 방법으로도 제대로 이루어지
고 있지 못하고 있었기 때문이다.

조선 종교 연구도 다른 데서와 같아서 비교적으로도 할 것이요, 역사적으로

---

83 위의 글, 591쪽.

도 할 것이요, 신학적(神學的)으로도 할 것이요, 토속학(土俗學)으로도 할 것이며, 마찬가지 비교적 연구에도 문화계통적으로도 할 것이요, 주위(周圍) 영향적으로도 할 것이요, 언어학적으로도 할 것이요, 인종학적으로도 할 것이니, 그 방법과 혜경(蹊逕)은 무론 다기(多岐) 다단(多端)할 것이요, 이 모든 것에 무론 편경(偏輕) 우중(偶重)을 허락할 수 없을 것입니다. 그런데 이 중의 하나도 실답게 손대어진 것이 없고, 따라서 신통한 단서의 잡힘이 없음은 조선의 지적 형극(荊棘)에 대하여 새삼스럽게 한심(寒心)을 금치 못할 일입니다.[84]

당시의 종교연구 상황을 가시덤불과도 같다고 비판했던 최남선 자신은 이를 극복하기 위해 어떤 방향의 길을 내려고 애썼던 것인가? 「불함문화론」의 부제(副題)에서 그 단서를 찾을 수 있다. '조선(朝鮮)을 통(通)하여 본 동방문화(東方文化)의 연원(淵源)과 단군(壇君)을 계기(契機)로 한 인류문화(人類文化)의 일부면(一部面)'이라는 부제에 나타난 것처럼, 최남선에게 단군은 수수께끼를 푸는 열쇠와도 같은 것이었다.

나의 보는 바로는 단군(壇君)은 조선 고대사의 수수께끼를 해결할 수 있는 유일한 관건(關鍵)이요, 따라서 이를 통하여서만 극동(極東) 문화의 옛 모습을 조망할 수 있을 듯한 지극히 중요한 동양학의 초석(礎石)이라고 생각된다.[85]

최남선이 단군(壇君)을 "조선 급(及) 조선심(朝鮮心)의 구극적 표치(標

---

84   위의 글.
85   「불함문화론」(1925), 앞의 책.

幟)"[86]로 간주하면서 주목하는 것은 바로 단군신화이며, 그 무대가 되는 태백산(太伯山)이다.[87] "이 태백산이 실은 용이치 않은 고문화 천명(闡明)상의 보고"임을 강조한 최남선은 이어서 "조선에는 백(白, Paik) 또는 그와 유사한 음(또는 훈)을 그 명칭에 가지고 있는 산이 매우 많다."[88]는 주장으로 옮겨간다. 그리고 이로부터 '백'(白) 자(字)에 대한 최남선의 긴 언어적 탐구가 이루어진다.

> 백자(白字)의 어형(語形)은 실로 그 시대의 문화의 중심 사실(事實)을 시현(示現)하는 귀중한 증빙(證憑)인 것이다. 나는 오랫동안의 신고(辛苦) 후에 겨우 이 일점(一點)을 파악하여 비로소 조선의 원시문화에 대한 확실한 광명을 얻게 되고, 그 윤곽을 어느 정도까지 묘사할 수 있게 되었다. 실상 조선에는 상당히 오랜 옛날부터 태양을 대신(大神)으로 하는 일종의 성형(成形) 종교가 행(行)하였고, 더욱이 그것은 어느 시대에 이르러서는 약간의 고등(高等) 요소를 포함한 윤리적 종교로 발전하려는 단계에까지 이르렀었다.… 그리하여 '백'(白)자(字)에 함축되어 있는 것은 그 종교 사상(事象) 내지 전(全) 문화 과정의 핵심을 이루었던 것이다.[89]

백(白) 자(字)에 대한 언어적 연구는 Pǎrkǎn, Pǎrk, Pur 등으로 연결되며,

---

86 「壇君께의 表誠: 朝鮮心을 具現하라」(1926), 『육당 최남선 전집』 9권: 논설·논문 Ⅰ, 현암사, 1974, 192쪽.
87 「불함문화론」(1925), 앞의 책, 44쪽.
88 위의 글.
89 위의 글.

'붉' 사상 및 불함문화에 대한 연구로 이어진다. 불함문화에서 특히 부각되는 것은 바로 종교의 영역이다.

나는 가정으로서 이 일대 문화 계통에 불함문화의 이름을 붙여서 종종의 고찰을 시도하고 있는데, 이 문화의 중심임과 동시에 그 거의 전 부면을 이루는 것이 Pǎrk(Pǎrkǎn)이요, 불함은 그 가장 오래된 자형(字形)임에서 취한 것이다. 이 문화의 전 내용을 이루는 종교가 조선에서 Pǎrkǎn(Pǎrk·Pur)의 이름으로 호칭되었음은 명백하다.[90]

최남선은 조선이 "불함(不咸) 신앙(信仰)의 전형적 전통(傳統) 지(地)"[91]이며, 단군은 "동아(東亞) 문화의 비건(秘鍵)"[92]이라고 믿어 의심치 않는다. 하지만 조선에서는 단군이 맹타(盲打) 당하고, 대부분 중국이나 인도 본위로 동아 문화를 바라보는 경향이 있다. 이런 선입관에 그는 개탄을 금치 않지만, 글의 말미에는 희망의 조짐을 피력한다.

근자(近者)에 이르러 차츰 인문과학(人文科學)적·민속학(民俗學)적 연구의 풍(風)이 성행하고, 그리하여 학계에 신생(新生) 면(面)이 열리려 함은 진실로 매몰(埋沒)되어 있는 동방문화의 본지(本地) 진상(眞相)을 위하여 기뻐하여 마지 아니하는 바로서, 금후의 기대는 오직 이 방면(方面)에 있다고도 하겠다. 오인

---

90   위의 글, 61쪽.
91   위의 글.
92   위의 글, 75쪽.

(吾人)이 동방 내지 전(全) 인류 문화의 드러나지 않은 일면이요, 그 종합적 시찰(視察)의 초점(焦點)이라고 보는 이 Park 사상(思想)이 금후에 많은 총명지사(聰明之士)에 의하여 더욱더 그 비유(秘幽)가 개발(開發)되어, 그 체계와 성질이 명백히 된다면 인류문화의 심명(審明)상 다대한 신광명을 재래(齎來)케 될 것이다.[93]

최남선이 언급한 인문과학(人文科學)적 연구에는 종교학이 포함되어 있으며, 그 자신의 연구도 그 가운데 한 부분을 차지한다. 그리고 그의 연구의 성격은 앞서 서술한 아카마즈의 종교학설 중에서 언어학적 종교학설에 해당된다. '백'(白) 자(字)의 어형 분석을 통해 불함 신앙 혹은 불함 사상으로 이끄는 최남선 분석 방법은 아카마즈가 비판한 점, 즉 "복잡 미묘한 종교관념을 단지 언어의 연구만으로 파악하려는 것은 문제가 많다."는 것에서 자유롭지 못하다. 하지만 그런 연구 방법이 "종교학을 언어학의 한 분과에 불과한 것으로 만들어 버린다."는 주장에는 과장된 측면이 있다. 무엇보다 종교학 영역이 독자성을 가져야 한다는 판단을 앞장세워서 사고를 진행하기 때문이다. 앞서 언급한 아카마즈가 최남선 연구를 검토한다면 언어학에 환원될 위험성을 걱정할 수도 있었을 것이다. 하지만 당시 조선에서 종교에 관한 비(非) 고백적인 연구는 그것이 어떤 성격을 지니든 종교학의 영역이 조금이라도 확장되는 측면에 기여하였다. 따라서 최남선의 경우에도 언어학적 방법으로 종교학의 영역을 확장할 수 있는 점에 초점을 맞추

---

93   위의 글, 76쪽.

는 것이 더 바람직하지 않을까 생각한다.[94]

5) 김효경(金孝敬)과 김태흡(金泰洽)의 종교연구

(1) 김효경의 불교와 종교학

김효경(1904~?)과 김태흡(1899~1989)은 일제강점기 일본에서 종교학을 배우고 연구한 유학생이다. 그들이 연구한 종교학의 내용은 무엇이며, 한국에 돌아와서 활동한 바는 무엇인가? 당시 일본 유학생들에 의하여 수행된 종교연구를 김효경과 김태흡을 중심으로 살펴본다. 그들의 연구를 살핌으로써 당시 종교학의 연구 방향과 그 영향의 일단을 알 수 있을 것으로 기대한다.

김효경은 평안북도 신의주 출신으로 1926년 3월 조선불교단(朝鮮佛敎團) 포교유학생에 선발되어 일본 다이쇼대학(大正大學)에 입학하고, 1929년 전문부 불교과를 졸업한 후에, 같은 대학 종교학과에 입학하였고 1932년 3월에 「무당고」(巫堂考)라는 논문을 쓰고 졸업하였다. 이후, 1934년까지 같은 대학 종교학부 부수(副手)로 있다가 1935년부터 1942년까지 종교학과 연구실 연구생으로 근무했다. 한국으로 돌아와서는 1946년에 동국대학 전문부의 문화과(文化科) 주임 교수로 근무했다.[95] 김효경의 무당 연구를 간략하게

---

94   최남선과 함께 거론될 필요가 있는 학자가 손진태이다. 손진태와 종교학의 관계에 관한 서술은 다음 기회에 보완하기로 한다.

95   김효경의 이력과 학문적 배경에 관해서 전경수의 연구가 선구적이다. 전경수, 「宗敎民族學者 金孝敬의 學問訓鍊과 帝國背景」, 『민속학연구』, 36, 2015, 10쪽. 이 글은 다시 『김효경저작집』에 해제로 게재되어 있다. 전경수 엮음, 『김효경저작집 1: 저서편』, 민속원, 2017, 282-344쪽.

소개한 바 있는 김종서는 김효경이 "해방 후에는 서울대학교에서 초기에 종교관계 강좌들을 담당하였다."[96]고 주장하지만 그 근거는 밝히지 않았다.

1926년에 김효경을 장학생으로 선발한 조선불교단은 당시 대표적인 불교계의 친일 단체로서 조선불교의 진흥을 내세워, 기관지『조선불교(朝鮮佛敎)』를 간행하였고, 일본에 시찰단과 유학생을 보내는 등 여러 가지 사업을 활발하게 전개하였다.[97] 유학생 파견은 조선인 포교사의 양성을 목표로 하여 1925년부터 시작되었으며, 재가자와 승적을 가진 자를 구분하여 선발하였다. 재가자로서 선발된 자는 "일본 전문학교에 파견하여 졸업 후 지정한 일본 사원에서 포교사로서 필요한 실습을 해야 하는데 연령은 18~30세, 고등보통학교를 졸업한 대상자"[98]이었다. 신의주고보 졸업생인 김효경은 재가자 8명이 선발된 제2기 유학생으로 1926년 3월 도쿄의 다이쇼대학 전문부에 입학하였다.[99] 다이쇼대학은 1926년에 천태종(天台宗), 진언종 풍산파(真言宗 豊山派), 정토종(浄土宗)이 연합하여 세워졌는데, 1885년에 설립된 천태종대학, 1887년에 설립된 진언종의 풍산대학(豊山大学)과 정토종의 종교대학(宗教大学)을 합병해 만든 불교연합대학(仏教連合大学)이다.[100] 조선불교단의 재가자 유학생은 모두 다이쇼대학에 입학하였고 일체의 경비를 지원받았다.

96   김종서, 「한말-일제하 한국종교 연구의 전개」, 『한국사상사대계 6』, 한국정신문화연구원, 1993, 301쪽.
97   윤기엽, 「일제강점기 朝鮮佛敎團의 연원과 史的 변천: 조선불교단 임원진의 구성과 이력을 중심으로」, 『대동문화연구』, 97, 2017, 295쪽.
98   김광식, 「김효경의 불교에 대한 몇 가지 문제」, 『근대서지』 15, 2017, 345쪽.
99   위의 글, 347쪽.
100   대학 연혁. https://www.tais.ac.jp/guide/outline/history/

다이쇼대학 전문부 불교과에서 김효경이 3년 동안 수강한 과목과 성적은 전경수가 만든 표[101] 덕분에 잘 알 수 있다. 주목할 만한 것은 1927년의 종교학과 1928년의 종교사 강의이며, 성적은 각각 100점 만점에 74점과 84점을 얻었다. 1927년의 평균 성적은 77점으로, 석차가 22명 가운데 5위를 차지하였다.[102] 김효경은 전문부를 마치고 1929년 4월 학부의 종교학과로 입학하여 1932년 3월에 졸업한다. 전경수는 종교학과 수강과목 및 성적 역시 표로 정리해 놓았다.[103]

이에 따르면 김효경의 학부 1학년 수강과목은 13개로서, 종교학개론, 회회교, 근세종교사상사, 종교사, 인도철학, 철학개론, 윤리학개론, 지나철학사 등이고, 2학년 수강과목도 13개 과목인데, 불교학개론, 기독교개론, 근세종교사상사, 인도불교철학, 서양윤리학개설, 화엄학개론, 종교철학, 종교철학특수강의 등이다.[104] 그러나 3학년인 1931-1932년 동안 수강한 것은 영어, 정토대진종일련의 교섭(淨土対真宗日蓮ノ交渉), 사회학개론의 3과목뿐으로,[105] 나머지 시간은 졸업논문, 구술시험 등의 졸업 절차를 행하기 위해 보낸 것으로 보인다. 졸업논문의 제목은 '무당고'(巫堂考)이며, 83점의 논문 평점을 받고, 98명 가운데 4등으로 졸업하였다.[106] 졸업논문의 지도교수는 정토종의 승려인 야부키 케이키(矢吹慶輝, 1879~1939)인데, 그는 정토종

101 　전경수, 「해제: 宗教民族學者 金孝敬의 學問訓鍊과 帝國背景」, 『김효경저작집 1: 저서편』, 338쪽.
102 　위의 글.
103 　위의 글, 337쪽.
104 　위의 글.
105 　위의 글.
106 　위의 글.

장학금을 받고, 도쿄제국대학에서 종교학을 배운 인물이다.[107] 일본종교학의 기반을 마련했다고 평가받는 아네자키 마사하루(姉崎正治, 1873~1949)가 방문학자로서 미국 하버드대학에 체류할 때(1913~1915), 아네자키의 조수 역할을 한 것이 야부키였다.[108] 야부키는 도쿄제국대학 종교학연구실의 첫 번째 졸업생으로 1915년에 일본종교학회가 창설될 때에 핵심적인 역할을 하였으며,[109] 사립불교계 대학에 도쿄제국대학의 종교학 학풍이 도입되는 데 그의 기여가 컸다고 볼 수 있다.[110]

김효경의 졸업논문과 종교학연구실에서의 활동을 논의하기 전에 전경수가 던진 질문, (김효경이 일본에 유학 갈) "당시 조선에서는 종교학을 학문으로서 연마할 기회가 없었는가?"[111]에 관해 잠시 살펴볼 필요가 있다. 전경수는 1926년 5월에 경성제대 법문학부가 만들어지고, 거기에 종교학강좌가 개설되었지만, 담당 교수나 강좌가 실제로 이루어진 것은 1927년 가을에 아카마츠 지조가 부임한 이후이며, 종교학연구실에서 전공한 조선인 학생은 한 명도 없었다고 주장한다.[112] 이런 관점에 의하면 김효경이 일본으로 유학한 것은 재정적인 도움의 측면뿐만 아니라, 종교학 연구를 하기 어

---

107   오사와 코지(大澤広嗣), 「김효경과 다이쇼대학 종교학연구실」(金孝敬と大正大学宗教学研究室), 『근대서지』 15, 2017, 334쪽.
108   전경수, 앞의 글, 324쪽. 여기에서 야부키의 출생년도를 1870년으로 적은 것은 오류이다.
109   위의 글.
110   오사와 코지는 야부키 케이키뿐만 아니라 다이쇼대학 종교학연구실의 전임교원이었던 오시마 타이신(大島泰信, 1874-1952)과 마노 쇼준(真野正順, 1892-1962)도 이런 성격을 공유한다고 주장한다, 모두 정토종 승려인 이들은 정토종의 근대화를 추구하고 있었다. 오사와 코지, 앞의 글.
111   전경수, 앞의 글, 340쪽.
112   위의 글.

려운 당시 조선의 상황도 고려해 볼 수 있다는 것이다.

1924년에 여섯 번째 제국대학으로 설립된 경성제국대학은 일본 밖에서 세워진 첫 번째 제국대학이다. 1924년 예과가 설치되었고, 예과 졸업생이 학부 본과로 진학하는 1926년에 법문학부와 의학부가 설치되었다. 법문학부에 법률학과·정치학과·문학과·사학과·철학과 등 다섯 학과를 두었으나, 이듬해인 1927년 법률학과와 정치학과를 법학과로 통폐합하여, 법학과· 문학과· 사학과· 철학과 등 4학과가 크게 법과(법학과)와 문과(문학과· 사학과·철학과)로 나뉘어 법문학부를 구성하게 되었다. 그리고 문과 학생은 1학년을 마칠 때까지 전공을 정하도록 하였으며, 문과의 세 학과는 다시 세부 전공으로 구분되었다. 철학과에는 철학전공·윤리학전공·심리학전공·종교학전공·미학미술사전공·교육학전공·지나철학전공 등이 있었다.[113] 경성제국대학 강좌령은 "경성제국대학 각 학부의 강좌의 종류 및 그 수는 다음과 같이 한다."라는 문장 아래 철학과에 개설된 강좌를 다음과 같이 보여준다. 철학, 철학사 2강좌, 지나철학 1강좌, 윤리학 2강좌, 심리학 2강좌, 종교학, 종교사 1강좌, 미학, 미술사 2강좌, 교육학 2강좌, 사회학 1강좌.[114] 식민지 시대에 경성제국대학 철학과 종교학전공의 조선인 학생이 배출되지 않은 것이 무엇을 뜻하는지는 앞으로 좀 더 살펴볼 필요가 있다.

김효경의 졸업논문인 「무당고」는 이듬해인 1933년에 다이쇼대학종교학

---

113   문학과에는 국어국문학전공·조선어조선문학전공·지나어지나문학전공·영어영문학전공, 사학과에는 국사학전공·조선사학전공·지나사학전공으로 구분되었다,

114   경성제국대학강좌령 https://www.law.go.kr/%EB%B2%95%EB%A0%B9/%EA%B2%BD%EC%84%B1%EC%A0%9C%EA%B5%AD%EB%8C%80%ED%95%99%EA%B0%95%EC%A2%8C%EB%A0%B9/(00597,19441016)

회가 출간한 『종교학연보』 제1집에 서평이 실려 있어서 그 내용을 알 수 있다. 서평 글은 무당(巫堂)이 조선어로 샤먼을 뜻하며, 동으로는 베링해 서로는 스칸디나비아반도에 걸친 유라시아 대륙의 북부뿐만 아니라, 북미, 아프리카, 남태평양, 그리고 중국 일본에 이르기까지 광범위한 지역에서 행해지는 신앙이라고 지적하며 시작한다.[115] 하지만 논문에서 무당의 발생이나 역사적 발전의 문제는 다루지 않으며, 연구 범위는 조선에만 한정한다고 밝힌다. 그리고 분석한 자료는 1929년부터 3년간 함경북도를 제외한 조선지역에 그가 직접 조사하여 모집한 것이며, 이 자료에 종교학적 이론을 적용하고자 시도하였다고 알려준다.[116] 서평자에 의하면 '무당이즘'이라는 새로운 용어를 사용하며 김효경이 주장한 것은 다음의 일곱 가지이다.[117]

첫째, 조선에는 유교, 그리스도교, 불교 등 '고등문명교'(高等文明教)와 함께 민족 특유의 여러 종교가 신앙되고 있으나, 전체 민중의 통일적인 신앙표식(信仰標識)에 해당할 만한 것은 없다. 그래도 무당이즘은 전 민중에게 뿌리 깊고 광범위하게 스며들어 있다. 무당은 특별한 영적 힘을 가지고 있다고 숭배되며, 신앙 지도자뿐만 아니라, 의술가, 그리고 고대의 문학, 가무, 음악 등을 보존하고 전수해 주는 민족예술가이기도 하다.

둘째, 무당이즘의 우주관은 입체적인 것과 평면적인 것이 있다. 입체적인 것은 천상계, 지상계, 지하암흑계의 세 단계로 이루어졌으며, 평면적인 것은 동남(東南), 중앙, 서, 북의 네 영역으로 구분되어 있다.

---

115 전경수 엮음, 『김효경저작집 3: 논고편』, 민속원, 2017, 52-53쪽. (福泉, 「巫堂考」, 『宗教學年報』, 第1輯, 大正大學宗教學會, 1933).

116 위의 글, 53쪽.

117 위의 글, 53-55쪽.

셋째, 무당은 점무(占巫), 새무(賽巫), 무(巫), 격(覡) 등 여러 종류가 있다. 점무는 의식과 의료를 하지 않고 오직 점만 치며, 순수한 샤먼이라고 할 수 있다. 남성인 격(覡)은 조선 반도의 남부와 서북부에 많이 분포한 반면, 여성인 무(巫)는 중부에 많으며 조선의 무당이즘에서 좀 더 중요한 위치를 차지한다. 입무 연령은 여성이 15~16세, 남성은 18~19세이고 입무식의 형식은 매우 다양하다. 그래도 대체로 푸닥거리(諸神 祓禳), 신주 강림, 제신(諸神) 화락(和樂)의 세 단계 과정으로 이루어진다. 샤먼의 주요 목적이 푸닥거리로 악한 존재[惡精]를 막는 것이므로 그에 적합한 기구가 사용된다. 악귀는 금속성, 빛, 불, 강한 음(音)을 싫어하므로 금속성의 거울, 큰북, 날카로운 칼 등이 사용되며, 복장도 위협적인 분위기를 띠고 있다.

넷째, 교단을 이루고 있는 '문명교'가 경전이 있는 데 반해 무당이즘에서는 경전은 없고 그에 해당하는 것으로 주문이 있다. 물론 통일된 형식이 있지는 않지만, 어느 정도 일정한 내용은 포함하고 있다.

다섯째, 무당이즘에서 귀신은 악신의 의미를 가지지 않으며, 단지 인간 이상의 힘을 나타낸다. 샤머니즘의 원시 형태에서는 귀신에 제를 올리는 사사(社祠)는 없었으나, 사회적 변화와 다른 종교의 영향으로 인해 조선에는 사사가 존재하게 되었다.

여섯째, 성물(聖物)은 동쪽으로 향한 복숭아 가지, 마(麻), 금, 은 등에서 찾아볼 수 있으며, 굿의 전후에 행하는 금기가 있다. 예컨대 성적 행위, 어육 먹는 것, 살생, 굿에서 닭고기 사용하는 것 등이 금기다. 기괴한 행위는 실신하는 것, 칼날 위에 올라 밟는 것, 손으로 불을 쥐는 것 등이다.

일곱째, 샤머니즘에서 제식(祭式)이 핵심이자 전모인 것처럼 무당이즘에서도 마찬가지이며, 새신(賽神)을 행하는 형식도 다르지 않다. 무제(巫祭)는 그 목적과 대상 등에 따라 여러 가지로 분류되며, 새신의 실제도 매우 다양하게 이루어진다. 새신은 보통 주재무(主宰巫), 창부무(倡夫巫), 후전무(後餞巫), 기무(技巫), 악수(樂手), 전악(典樂) 등 여섯 종류의 기능을 하는 이들이 이끌어나가며, 흔히 1~3일 동안 지속하지만, 4~5일 걸리는 것도 있다.

「무당고」이후에도 김효경은 조선의 무당에 관한 논문을 4편 더 발표한다. 같은 해에 간행된 「무당에 대하여」(巫堂に就て)라는 글은 「무당고」를 바탕으로 하지만 좀 더 정리된 내용을 보여준다. 여기서 김효경은 무당이 조선의 샤먼을 일컫는다는 점을 주장하면서 시작한다. 그는 샤먼이나 샤머니즘이 처음에는 동북아시아 혹은 극동아시아 우랄 알타이족의 토착 원시종교라고 보는 관점에서 파악되었으나, 이제 연구가 진보를 이루어 고래(古來) 미개 인류의 전부에서 이런 신앙을 찾을 수 있으며, "종교발달사상의 일단계적 형태라고 말하는 데에 이론이 없다"고 주장한다.[118] 이는 무당을 샤먼의 보편성 속에서 이해하려는 관점으로, 이어지는 논지는 무당을 논의하기 위해서 우선 샤먼 일반의 성격을 살피는 바가 필요하다는 것이다. 그가 주장하는 샤머니즘의 특색 가운데 가장 두드러지는 것은 바로 정령숭배이며, 그런 정령과 교통(交通)하기 위해 특별한 능력을 지닌 인간, 즉 샤먼의 개재(介在)가 있어야 한다고 보는 점이다. 정령은 선과 악의 두 가지로 구분되며, 세계관 및 공간의 파악도 상중하의 세 단계로 나누어 이루어진다. 인간의 모든 생사병재(生死病災)와 천변지이(天變地異)는 모두 정령이 일으키는 것으로 간주되어 정령제일주의[119]라고 말할 만한 것이다. 하

---

118   위의 책, 102-103쪽. (金孝敬, 「巫堂に就て」, 『日本の宗敎學』, 日本宗敎學會編, 1933).
119   위의 글, 103쪽.

지만 김효경은 샤먼과 정령 사이에 주객전도가 일어나서, 실제로는 샤먼이 정령을 부리면서 가장 중요한 위치를 차지하게 된다고 주장한다.[120] 그는 샤먼의 어원도 추적하여, 터키어, 몽골어, 퉁구스어 등의 토착어 기원설과 산스크리트어 등에 뿌리를 둔 불교 영향설의 두 가지 관점을 소개하지만, 모두 감정적 격분 및 고행근로의 의미를 담고 있어서 샤먼의 성격과 일치한다고 주장한다.[121] 그는 샤먼에 대해 다음과 같이 정리한다; 샤먼은 특별한 능력을 지니면서 정령과 교통하며, 인간의 뜻을 정령에게 전달하고, 반대로 정령의 뜻을 인간에게 보여주는 자이다.[122]

샤먼의 보편성을 주장한 후에 김효경이 서술하는 내용은 조선의 샤먼인 무당의 특징을 논의하는 것이다. 그는 "무당에 의해 형성된 신앙 형태를 칭하여 '무당이즘'"[123]이라고 말하면서, '무당이즘'은 '조선의 샤머니즘'임과 동시에 '진보 발달된 샤머니즘'[124]이라고 규정한다. 김효경은 '무'(巫) 혹은 '무당'(巫堂)이라는 단어와 연결될 수 있는 여러 언어의 경우, 즉 몽골어, 터키어, 퉁구스어, 한어, 일본어 등을 살핀 후에 다음과 같이 무당의 특징을 서술한다. 그에 따르면 무당의 가장 두드러진 특색은 샤먼의 경우보다도 의례를 비롯하여 모든 사항에서 매우 진전된 단계를 보여준다는 점이다. 유교, 불교, 도교 등의 영향을 받아 의례의 절차와 구조가 정교해졌으며, 복합적인 의상, 도구 및 음악이 사용되었으며, 특히 경전과 비슷한 무경(巫經)

---

120 위의 글.
121 위의 글, 104쪽.
122 위의 글.
123 위의 글.
124 위의 글.

에서 보이듯이 경전(經典) 종교의 단계에 진입한 것 같다는 것이다.[125] 이어서 그가 덧붙이는 내용은 조선에서 무당이 기생(妓生)처럼 전통을 보존하는 역할을 한다는 것이다. 특히 음악과 문학 부문에서 무당은 가장 중요한 지위를 차지하고 있다고 강조한다. 이후에도 김효경은 무당연구를 계속하여 1935년에 「무당의 굿에 대하여」(巫堂の賽神に就いて) 「무당에서의 사신새신」(巫堂に於ける死神賽神), 그리고 1937년에 「무당의 점복에 대하여」(巫堂の占卜に就いて)라는 글을 쓴다.[126] 또한 무당 연구뿐만 아니라, 조선의 종교 일반, 조선의 미타신앙, 풍수신앙, 조왕신(竈王神) 신앙, 온천신앙, 천주교, 천도교 등 다양한 주제에 관해 글을 발표한다. 김효경이 다이쇼대학 종교학연구실에서 활동한 내용을 좀 더 검토할 필요가 있으며, 일본종교학대회에 참가하고 난 후에 그가 기록한 글도 흥미롭다. 그리고 『조선의 무격』, 『조선의 점복과 예언』, 『부락제』 등의 서평도 간과할 수 없는 내용이다.[127]

김효경은 당시 일본 종교학의 연구 경향을 체득하여 연구활동을 한 학자이고 조선종교에 대한 글을 다수 발표하였기 때문에 일제강점기 종교학의 성격을 파악하기 위해 면밀하게 분석할 필요가 있다. 김효경은 이능화, 최병헌과 같이 특정 신앙에 편향되지 않으며, 최남선처럼 한 가지 방법에만 치중하여 연구하지도 않는다. 문헌 연구뿐만 아니라 현지 조사도 병행하여 수행하였고, 당시 종교학 이론의 학습에 바탕을 두고 연구 주제를 심화

---

125   위의 글, 106-107쪽.
126   위의 책, 93-100쪽. (金孝敬, 「巫堂の賽神に就いて」, 『宗教研究』, 新第十二卷 第一號, 宗教研究編輯部, 1935). 위의 책, 289-295쪽. (金孝敬, 「巫堂に於ける死神賽神」, 『日本の宗教學』, 日本宗教學會 第三回大會紀要, 1935). 위의 책, 119-130쪽. (金孝敬, 「巫堂の占卜に就いて」, 『大正大學學報』, 第二十六輯, 1937).
127   이에 대한 논의는 모두 다음 기회로 미룬다.

하려고 노력했다. 김효경을 통해 1930-40년대 종교학을 이해하는 작업은 쓸모가 있다고 본다.

(2) 김태흡의 불교와 종교학

김태흡은 강화도 출신으로, 철원 심원사에서 출가했고, 법주사 대교과를 졸업했다.[128] 이후 일본에 유학하여 도요(東洋)대학과 니혼(日本)대학에서 공부하였고, 1926년 니혼대학 종교연구과를 졸업했다. 『불교』 24호에는 그에 대해서 다음과 같은 기사가 실려 있다.

> 金泰洽君의 學位獲得. 東京에서 苦學으로 成功한 金泰洽氏는 昨年에 日本大學 종교과(宗敎科)를 卒業하고 今春에 또 동 대학 종교연구(宗敎硏究)과를 졸업함은 一般이 共知하는 바이거니와 昨春에 同大學 硏究科 條例에 依하여 提出한 「宗敎와 社會事業發達史의 硏究」란 論文이 審査를 마치고 大正 十五年 五月 十日 附로 '宗敎學士'의 稱號가 認許되였스니 우리 留學生으로서 文學士 되기는 君이 嚆示이더라.[129]

이 기사에 따르면 김태흡은 1925년에 일본대학 종교과를 졸업하고, 1926년에는 같은 대학 종교연구과를 졸업하였으며, 졸업논문으로 제출된 「종교와 사회사업발달사의 연구」가 심사를 통과하여 '종교학사'의 칭호를 받

---

128 김태흡의 출생 연도는 1899년과 1894년의 두 가지 설이 있다. 논문마다 그의 경력과 연도가 달라서 검토가 필요하다. 일본 유학 시기도 1918년과 1920년의 두 가지 설이 있는데, 김태흡 자신이 언급한 것을 따르면 1918년으로 보는 것이 타당하다.

129 「불교소식(佛敎消息): 김태흡군(金泰洽君)의 學位獲得」, 『불교』, 제24호, 1926년 6월.

았다. 이는 유학생으로서 최초로 문학사 자격을 얻은 것이다. 위에서 언급한 그의 논문의 주요 내용이『불교』25~49호(1926년 7월~1928년 7월)에 걸쳐 「종교와 사회사업발달사의 연구」라는 제목으로 실려 있다. 김태흡은 1928년에 조선으로 귀국하는데, 이 시기의 상황을 이해하는 데 같은 해에 그가 쓴 글이 도움이 된다.

내가 현해탄을 건너서 東京에 나온 지 9년 만에 東洋大學에서 2년간 日本大學에서 6년간 합계 8년간 학교생활을 보내며 처음으로부터 끝까지 아무 장애 없이 마치게 됨은… 佛菩薩의 加被요, 本寺諸德의 愛護라.… 回顧컨대 나는 지금까지 東京에 있을 몸이 아니었다. 벌써 3년 전에 고국으로 들어가서 활동할 몸이었다. 만일 내가 自營自活의 고학 생활이 아니요, 어느 寺院의 금액의 公費生이었다면 아니 들어가라고 하여도 아니 갈 수 없었을 것이다.… 나는 死生이 往還하는 苦楚 속에서 조금도 不屈하고 初志를 일관하여 소위 졸업을 하였으나, 전도가 暗黑하여 고국으로 돌아갈 수 없었다.[130]

여기서 그는 절의 지원을 받지 못하고 어렵게 고학 생활을 했다는 것과 1926년 니혼대학 졸업 후에 곧바로 귀국하지 못하고 남아 있게 된 점을 말한다. 조선에 들어가서 활동의 여지가 별로 없었기 때문에 동경에서 공부하고 있다가 기회가 올 때 움직이는 것이 낫다고 여긴 것이다.[131] 그러나

---

130   金素荷,「學窓을 떠나면서」,『불교』제46·47합호, 1928년 5월, 31-33쪽. 김태흡은 글을 발표하면서 金素荷, 金大隱, 四佛山人, 法雨樓 주인 등 여러 가지 이름을 사용하였다. 김성연,「일제강점기 잡지 '佛敎'의 간행과 그 성격」,『선문화연구』5, 2008, 80쪽.

131   위의 글.

1928년이 되어 김태흡은 귀국을 결심하고 유학 중에 사망한 동료 유학생들을 떠올리며 조선에서 자신이 해야 할 일을 되뇐다.

傳道를 행하든지, 사업을 경륜하든지, 불교주의 잡지를 발간하든지, 어떠한 사업을 勿論하고 一部 사업을 助力하여 주며 數十頁의 空頁을 채워줄 만한 故人을 생각하니 생각할수록 더욱이 胸塞되며 悲哀를 도웁게 한다.… 그러나 萬死一生의 死線을 몇 번씩 當케 하고도 아직까지 生을 有케 함은 此亦 불보살의 三寶加被로 나의 일신에 대하여 응분의 사명을 下託함으로써 자각하고 고인의 尊靈에 대하여 만분의 일이라도 慰코저 하는 신념으로써 어떤 사업이든지 진심진력으로써 행코저 하고 歸道에 臨하여 聊히 感想을 寄하노라.[132]

귀국 후에 김태흡은 이런 각오가 무색하지 않게 불교계에서 왕성한 활동을 하였다. 예컨대 1924년 7월에 창간되어 1933년 7월까지 간행된『불교』 잡지는 당시 조선불교중앙교무원에서 펴내는 기관지로서 명성을 가지고 있었는데, 여기에 30회 이상 글이 실린 필자가 7명으로 권상로(111), 백성욱(43), 허영호(43), 한용운(32) 등이다. 그런데 이들 가운데 압도적인 1위가 바로 158회의 김태흡이며, 그가 편집 겸 발행인으로 있던『불교시보』에 쓴 글의 편수는 더 많으니 그의 활동량을 짐작할 수 있다.[133]
아래에서는 그의 졸업논문인「종교와 사회사업발달의 연구」의 내용을 살펴보기로 한다. 이 논문이 처음 등장하기 시작하는 것은 1926년 7월『불

132　위의 글, 34쪽.
133　김성연,「일제강점기 잡지 '佛敎'의 간행과 그 성격」,『선문화연구』5, 2008, 79쪽.

교』제25호이다. 그 주요 내용은 이 논문의 서언(緖言)으로 여기서 논문을 쓰게 된 동기와 전체 논문의 윤곽을 말하고 있다. 김태흡은 모든 종교가 인간 사회의 부산물인 동시에 사회를 위하여 발생한 것이며, 이는 회회교, 기독교, 불교를 보아도 확인이 가능하다고 주장한다. 종교의 교조가 박애사상과 대자대비 정신을 강조하며 구세(救世)와 중생 제도(濟度)를 표방하지만 실제로 그 종교가 행하는 것은 세간을 떠나 금욕생활하는 것을 고수하고, 혼자 몸만 돌보는 것에 머물고 있다는 것이다.[134] 이어서 김태흡은 자신의 이야기를 하면서, 논문의 동기를 서술한다.

> 여(余)는 ⋯ 유시(幼時)로부터 불교 문중에 입(入)하여 불교를 신앙케 된 일인(一人)이거니와, 십 년간에 여(余)가 학득(學得)한 불교 교육은 대부분이 염세관이었다. 필경(畢竟)에는 보살과 같이, 불타와 같이 구세(救世) 도생(度生)을 하여야 한다고 하면서 실천궁행함은 독경, 염불, 좌선으로써 일과를 삼고, 조석(朝夕) 분수(焚修)로써 일생을 종료할 뿐이다.⋯ 물론 구세 도생의 준비로서 차(此)를 역수(歷修)함은 당연한 일이로되, 오직 이것만으로 구경(究竟) 목적을 삼고 종교적 도취 향락으로써 만족을 느낌은 불타의 본의에 위배함이 아닌가 생각한다.[135]

혼란을 느낀 김태흡은 일련의 질문을 던진다. 종교는 사회구제를 위하여 발생한 것인가? 아니면 천국, 극락만을 추구하기 위해 발생한 것인가? 세

---

134   김태흡, 「宗教와 社會事業發達의 硏究」, 『불교』 제25호, 1926년 7월, 6쪽.

135   위의 글.

간 구제를 하는 것은 그리스도와 석존과 같은 완전한 성인만 가능한 것인가? 평범한 사람은 절대로 불가능한 것인가? 만일 그렇다면 대승불교의 보살사상은 어떻게 이해해야 하는가?[136] 그는 이런 물음에 대한 답변을 찾기위해 노력하며 종교학 공부를 한다.

> 이러한 문제로써 초려(焦慮)하기를 마지아니하였다. 그러므로 다행히 종교과(宗敎科)를 졸업하고 종교연구과(宗敎硏究科)를 전공하게 됨으로부터 종교철학, 종교발달사, 종교심리학 등 중요한 과목을 주의(注意)하여 배우는 동시에 종교신앙과 구제사업이 여하한 관계를 가지고 발달하여 내려왔는가 하는 문제를 연구하게 되었다. 이것이 차(此) 논문을 쓰게 된 동기라 하겠다.[137]

이에 덧붙여 그가 하는 주장이 있다. 모든 종교가 진행하는 방향에 대한 것으로, 그의 기본적 종교관이 어떠한지 보여준다. 그것은 "모든 종교는 극단(極端)의 염세(厭世)주의로부터 출발하여 극단의 구세(救世)주의로 환원(還源)하였다."[138]는 주장이다. 어째서 모든 종교가 극단의 염세주의로부터 출발하는가? 이에 대해 김태흡은 "종교의 본래 목적이 인생 현실의 추악(醜惡)을 초탈하여 완전한 영원(永遠) 정락(淨樂)의 이상경(理想境)을 동경(憧憬)하여 이에 융합코자 하는 까닭"[139]이라고 말한다. 이 세상 현실의 추악함과 무상(無常)함에서 벗어나려고 하기 때문에 처음에는 염세주의의 관점을 취

---

136   위의 글, 7쪽.
137   위의 글.
138   위의 글.
139   위의 글.

할 수밖에 없다는 것이다. 하지만 여기에 머물지 않고, 반드시 구세주의로 '향상 진보'한다는 것이 그의 주장이다. 그는 이 점을 현실 고(苦)를 직관하고 염세를 부르짖는 소승교(小乘敎)와 대비심(大悲心)을 일으키는 대승교(大乘敎)를 구분하며 설명한다. 그에게 염세주의는 구세주의로 나아가기 위한 필연의 경로이다.

> 염세(厭世)의 사상은 구세(救世)의 원인인 동시에 철저한 염세 사상이 없는 자에게는 철저한 향상 진보가 없으리라고 신(信) 한다.… 차(此)는 말하자면 다 철저한 염세관으로부터 구세의 주의를 실현함이라 하겠다.[140]

김태흡이 보기에 염세에서 구세로 나아가지 못하고 염세에 그친 것은 분명 잘못된 것이며, 염세의 사상이 구세의 원인이라고 해서 반드시 염세의 고행을 할 필요는 없다. 이에 대해 그가 드는 비유는 문명 기계이다.

> 예(例)를 거(擧)하여 말할 것 같으면 금일 물질문명의 혜택을 받는 우리가 다 반드시 문명 기계를 발견한 자와 같이 고심할 필요가 없다는 말이다. 우리는 대오(大悟) 대각(大覺)하신 교주(敎主)의 유훈에 의하여 기쁘게 정도(正道)를 향하고, 정진하면서 구제(救濟) 사업에 착수하여 실행하면 이것이 우리의 목적이요, 우리의 의무가 아닐까 하고 생각한다.[141]

---

140   위의 글, 7-8쪽.
141   위의 글, 8쪽.

논문의 윤곽에 대해서 그는 크게 총론과 각론의 두 부분으로 구분될 수 있다고 밝힌다. 제1편인 총론은 다시 3장으로 나뉘는데, 제1장 「종교와 사회사업」에서는 종교와 사회사업의 관계가 어떻게 전개되어 왔는지를 서술하며, 제2장 「사회사업의 개념」에서는 사회사업의 의의와 목적을, 그리고 제3장 「사회사업의 역사적 관찰」에서는 동, 서양으로 나누어 사회사업의 발달 연혁을 서술한다. 그리고 제2편인 각론은 5장으로 나누어 조선의 사회사업에 대해 구체적으로 서술한다.[142] 그 밖에도 김태흡이 밝히고 있는 점은 이 논문이 1925년 여름에 종교연구과의 학위 청구논문으로 제출되었고, 곧 담당 교수의 심사는 빠르게 끝났으나 교수회에서 통과하는 것이 시간이 걸려서 1926년 봄에 마무리되었다는 것, 그리고 『불교』지에 실리게 된 것이 권상로(權相老: 1879-1965)의 종용 때문이었다는 것 등이다.[143]

제1편 총론의 제1장 「종교와 사회사업」에서 첫 번째로 등장하는 내용은 제1절 종교 발생과 사회사업이다. 여기서 김태흡은 종교 발생 혹은 종교 기원에 대하여 언급하고 있다. 그는 학자들 사이에 종교 기원에 관한 다양한 학설이 있다는 점과 역사상 관찰에 의해 종교 기원을 탐구하는 것이 한계가 있음을 말한다. 종교가 유사 이전에 등장했기 때문이고, 인류 발생과 기원을 같이 하기 때문이다.

> 종교는 철학 이전부터 있었다. 어떠한 야만인이든지 종교는 다 가지고 있었다. 이것으로 관찰하면 인생이 주(住)하는 곳에는 반드시 종교가 있었다. 혹

---

142 위의 글.
143 위의 글, 8-9쪽.

은 인류 이전의 고등동물 사이에도 종교가 있었는지 모른다.… 그러나 동물에게 종교가 있다 함은 과장의 억설이라고 할지는 모른다. 하여간 종교는 인류와 같이 오래고 인류와 같이 보편한 것이 사실이다. 그러므로 인간 문명의 최초 붕아(萌芽)가 종교인가 생각한다.[144]

김태흡은 자신의 논문을 종교의 보편성과 원초성에 대한 주장으로 시작한다. 야만인은 물론이고 동물에게도 종교가 있다는 관점까지 거론한다. 종교가 인류와 더불어 등장하였으며, 인류 보편성을 지니고 있음을 강조하려는 것이다. 이 바탕 아래에서 세계 각지의 종교에 관한 내용을 언급할 수 있고, 인류와 함께 하는 종교의 중요성을 주장할 수 있게 된다. 1절에서 이어지는 내용은 종교 기원을 좀 더 구체적으로 탐구하는 것으로, 심리적, 사회적, 역사적 방면으로 구분하여 서술된다.

첫째 심리적 고찰의 내용은 인간의 기본욕구가 식욕, 성욕, 자유욕이라는 지적과 함께 출발한다.[145] 주요 물음은 생명보존의 욕구인 식욕과 성욕, 그리고 자발적 활동에 대한 욕구인 자유(自由)욕으로부터 어떻게 종교의식(宗敎意識)이 나타나는가이다.

인류의 전 생명은 차등(此等) 삼종(三種) 욕망의 지배를 받고 있음이 명약관화(明若觀火)한 일이다. 종교라든가 철학이라든가 과학이라든가 예술 등 하(何)를 물론(勿論)하고 차등은 거개차(擧皆此) 삼종 욕망으로 출발한 것이다. 그러

---

144   위의 글, 9쪽.
145   심태흡, 「宗敎와 社會事業發達의 硏究」, 『불교』 제26호, 1926년 8월, 9쪽.

한 가운데도 종교가 가장 차 욕망을 충전(充塡)코저 하야 발생한 것이다. 하고(何故)오 하면 아등(我等) 인류는 무한한 생명의 욕망을 가지고 있으나 불완전한 개인적(個人的)이다.… 그럼으로… 아등(我等) 인류는 완전한 초개인적 영원한 생명을 얻고자 하는 욕구가 일어난다.… 차(此)의 요구가 필연적으로 인류의 심리상에 나타나서 종교의식(宗敎意識)이 되고 만 것이다.[146]

이와 같은 그의 논의는 원시인의 심리에서 종교신앙이 처음에 나타나는 상황을 추론하면서 구체화하여 다음과 같이 주장한다.

요컨대 원시인의 종교심리는 자기보존의 식욕, 종족보존의 성욕, 유희(遊戱) 자재(自在)의 자유욕 등 차등(此等)의 본능적 생명욕의 충동으로부터 일어났다. 그리하여 차(此)를 일층(一層) 충실케 하기 위하여 인생의 힘이 미치지 못하는 부지(不知)의 세계에 의뢰(依賴)하여 절대적으로 복종하게 되고, 차(此)의 경험으로부터 정령(精靈), 신화(神話), 마술(魔術), 습관, 예배(禮拜), 기도(祈禱) 준수의 관념이 농후(濃厚)하게 되었다.[147]

둘째 사회적 고찰은 심리적인 설명이 개인 차원에 머물고 있다고 지적하면서 개인적 경험뿐만 아니라 사회적 경험의 중요성을 알아야 한다고 주장한다. 인간은 사회성을 지니며 공동생활을 하는 존재이다. 공동생활을 한다는 것은 자기 이외의 다른 생명의 존재를 자각하고 자기와 다른 생명과

---

146   위의 글, 10쪽.
147   위의 글, 11쪽.

의 관계를 유지해 가는 것이다. 김태흡은 이를 개인의 생명과 초개인적 생명이 융합, 감화하여 서로의 생명을 완성하는 것이라고 말하면서, 이것이 사회적 종교의 요구이고, 사회인의 종교의식(宗敎意識)이 된다고 한다. 인류에 대한 사랑이라든지 구제(救濟)의 관념은 바로 이로부터 나타나는 것이다.[148]

셋째 역사적 고찰은 원시 열등(劣等) 종교에서 문명 고등(高等) 종교로 변화 발달하는 과정을 공동생활의 범위가 확대해 가는 관점에서 논의한다. 개인, 가족, 부족, 민족, 인류로 공동생활이 커지면서 각각에 해당되는 신의 관념도 바뀌게 되어, "세계 인류의 평화를 기(祈)하는 신의 관념으로 변(變)하게 되었다."[149] 그것을 대표하는 것이 바로 '세계적 종교'인 기독교와 불교이다. 그런데 불교를 거론하면서 괄호 안에 이런 서술이 첨부되었다; "불교는 숭신(崇神)의 대상은 무(無)하나 세계 인류의 평화를 위함은 동일함."[150] 괄호를 치고 붙인 이런 설명은 불교의 차지하는 자리의 어색함을 보여준다. 김태흡의 서술은 그의 의도와는 상관없이 기독교 중심의 관점에서 이루어졌던 것이고, 여기에서 불교의 위치는 따로 설명을 붙여야 할 만큼 예외적이었던 것이다.

인류의 이상(理想)이 문화 발달과 함께 진전되고, 이와 함께 종교의 이상도 확대됨에 따라 "금일 문명인의 종교의 이상은 구제의 사상이 중요한 위치를 점하게"[151] 되었다. 이런 논의를 바탕으로 종교와 사회사업의 관계가

---

148 위의 글, 13쪽.
149 위의 글.
150 위의 글, 14쪽.
151 위의 글.

서술된다. 양자 사이의 관계를 다루면서 김태흡이 처음에 주장하는 것은 사회사업이 최근에 등장한 것으로, 고래(古來)의 자선(慈善)사업 및 구제(救濟)사업과 다른 맥락을 지녔다는 것이다.[152] 현 사회제도를 부인하고 폭력적으로 새로운 이상적 사회를 건설하려는 사회주의 및 공산주의에 맞서서 현 제도를 긍정하고 결함을 개량하여 유지하려는 온건주의에 의해 그 필요성이 나타났으며, 그 명칭도 '근세 사회과학의 발생에 의(依)한 것'[153]이다. 사회주의 및 공산주의의 과격 관점과 사회개량주의의 온건 관점 가운데 김태흡은 물론 후자 쪽이다. "오인(吾人)은 본래부터 무저항주의요, 종교를 봉대(奉戴)하는 자라. 후자에 공명하고 차(此)를 실현코자 하거니와, 이것이 사회 정책의 근본이요, 사회사업의 원천이라."[154]

이처럼 고대의 자선사업 및 구제사업과 현재의 사회사업의 차이를 거론하며 논의가 시작되었으나, 이어지는 내용은 다음과 같이 양자의 연속성 및 동일성에 대한 것이다; "고대의 종교적 자선사업과 현대의 과학적 사회사업이 연대(年代)의 차(差)는 있고, 그 사업의 내용에 재(在)하여 시행방식의 차(差)는 있을지라도 그 이상과 목적은 동일한 것이다. 그런 까닭으로 구제사업 즉 사회사업을 위하여 발생된 것임을 잊어서는 아니 되리라고 생각한다."[155]

이상의 내용이 그가 논문 「종교와 사회사업발달사의 연구」을 쓰게 된 동기와 논문의 기본적 문제의식, 그리고 대강의 윤곽이다. 논문에 자신의 신

---

152   위의 글.
153   위의 글.
154   위의 글.
155   위의 글.

앙적 관점과 연구 동기를 숨기지 않고 밝히고 있는 점이 잘 나타나므로, 종교연구의 배후를 살피는 데 유용한 점을 제공한다. 이 점은 앞서 살핀 김효경에 비교할 때 특히 두드러진다.

6) 채필근과 박형룡이 본 종교학

1930년대 개신교 신학자 가운데 종교학을 소개하고, 신학의 맥락에서 그 의의를 논의하는 사람이 나타났다. 대표적인 경우가 바로 채필근과 박형룡인데, 그들의 글이 게재된 곳은 평양신학교의 학술지인 『신학지남』이었다. 신학자로서 그들이 이해한 종교학은 어떤 것이었는가? 그리고 당시 그들에게 종교학은 어떠한 의미가 있는 것이었는가? 채필근과 박형룡이 여기에 포함된 이유는 1930년대 한국에서 신학의 프리즘으로 종교학이 수용된 양상을 엿볼 수 있기 때문이다.

(1) 채필근의 개신교와 종교학

채필근(蔡弼近: 1885-1973)은 평양신학교 출신으로 목사로 재직하다가 캐나다 선교회의 도움으로 일본에 유학하여 1925년 도쿄제국대학 철학과를 졸업한 인물이다. 귀국 후, 숭실전문학교와 조선신학교 교수를 역임했으며, 장로교의 중심인물로서, 당시 신학계에서 해박한 지식으로 널리 알려졌다. 그가 남긴 글 가운데 종교학 혹은 종교연구의 성격과 의미에 대해서 언급한 것이 있으므로 살펴보고자 한다.

1930년 1월 채필근은 『신학지남』에 「종교신앙과 종교연구」라는 글을 발표한다. 여기서 그는 다음과 같이 종교학자의 종교 신자의 차이에 대해서 언급하면서 글을 시작한다.

> 宗教學者라고 다 宗教를 信仰하는 者가 아니오 宗敎信者라고 다 宗敎를 理解
> 하는 者가 아니다. 政治學家라고 다 政治家가 아니며 倫理學家라고 다 道德
> 家가 아닌 것과 마치 한가지다. 近年에 와서는 學問의 硏究가 점점 더 專門的
> 으로 되어 가며 分業的으로 되어 가는 同時에 批判的으로 되어 가며 比較的
> 으로 되어 간다. 그 까닭에 內容을 深厚하게 하는 偏도 있고 範圍를 廣大하게
> 하는 偏도 있다. 그런則 學科의 數가 많아지면서도 여러 學科의 相互關係가
> 複雜하여질 것이다. 爲先 宗敎哲學이니 宗敎倫理學이니 宗敎心理學이니 宗
> 敎社會學이니 宗敎歷史이니 宗敎法制니 하는 몇 가지 學問만 列擧하야 보아
> 도 宗敎學 안에 많은 分科가 成立될 수 있고 많은 學科에서 宗敎와 關係하는
> 것이 알려진다.[156]

이에 따르면 종교학자와 종교 신자가 다른 것은 정치학자와 정치가 혹은
윤리학자와 도덕가가 다른 것과 같으며, 종교학의 내용은 다양하며 포괄하
는 범위도 넓어서, 그 안에 종교철학, 종교심리학, 종교사회학, 종교사 등
수많은 분과가 있다. 비록 종교연구와 종교신앙이 "모두 다 인생의 의식을
경유"[157]하기 때문에 관계 없이 따로 있는 것은 아니지만, 서로 다른 것은
연구가 "보통으로 이지(理知)를 근저(根柢)로 하며 신앙은 주장으로 정의를

---

156 채필근, 「종교신앙과 종교연구」, 『신학지남』, 12권 1호, 1930, 7쪽
157 위의 글.

경로(經路)로 하는 까닭"[158]이다. 예컨대 우리가 분노하는 것과 분노에 대한 심리학적 연구가 구별되는 것과 같다. 심리학적 연구는 "주관적 감정의 분노를 객관적 이지(理知)의 대상으로"[159] 삼아서 진행되는 것이다. 이렇듯 이지(理知)와 감정이 병행하기 어렵기 때문에 채필근은 종교연구를 할 때 신앙심의 열기가 줄게 될 수도 있다고 본다. 하지만 그는 "종교에 대한 지식이 도무지 없는 신앙이 성립되기 곤란한 동시에 또 신앙에 아무 관심이 없는 종교연구도 잘 할 수 없을 것"으로 본다. 왜냐하면 "우리가 의식적 통일이 있는 이상"[160] 종교연구와 종교신앙은 분리될 수 없기 때문이다.

종교학은 현재의 여러 종교뿐만 아니라, 과거의 종교도 연구한다. 또한 다음과 같이 좀 더 구체적으로 다양한 분야에 걸쳐 종교연구가 이루어지고 있다고 언급한다.

神聖不可侵의 것이오 絶對價値 所有의 것으로 여기던 經典이라도 縱的으로 橫的으로 解剖하고 部分的으로 全體的으로 비판하야 結論과 斷案을 任意로 내리려 한다. 그 밖에도 考古學과 地質學과 生物學과 人類學에서 取扱하는 여러 가지 材料를 採用하야 宗敎를 硏究하는 偏이 있으며 民族心理學과 個人心理學과 變態心理學과 行動心理學 等의 各種 心理學的 見地에서 宗敎를 硏究하는 偏이 있다. 또 宗敎史와 같은 것은 社會學과 人種學과 土俗學과 함께 文化史의 見地와 質料와를 應用하사 面目을 一新케 하는 感想이 있다.[161]

---

158   위의 글.
159   위의 글.
160   위의 글.
161   위의 글, 8쪽.

채필근은 최근 사상계에서 새롭게 부각되고 있는 중심점이 문화 문제라고 보면서 종교를 "일종의 중요한 문화적 사실"[162]이라고 관찰한다. 더욱이 종교는 "문화의 산출대동모(産出大同母)로 혹은 문화의 지도 원동력"[163]으로서의 중요성을 지니고 있다. 따라서 종교가 "문화의 모든 현상과 어떻게 교섭하였는지 혹은 세력의 소장이 어떻게 변천하였는지 고찰"하는 것은 핵심적 문제이다.

> 크게 구별하야 東洋文化와 西洋文化의 特色에 宗教를 合流시켜 考究하는 歷史的 問題는 同時에 인심의 趨向과 思想의 運動에 關係하는 問題에도 脈格을 通하야 步調를 前進시키는 中이다. 필경 人類文化의 興亡盛衰에 關聯한 思想과 研究에서 宗教 考察은 過去 歷史의 問題가 될뿐만 아니라, 現代에 對한 比評과 將來에 對한 豫想 乃至 指導와도 密接한 關係를 가지는데 이르렀다.[164]

이와 같이 종교연구의 중요성을 서술한 다음, 채필근은 종교연구가 단지 외면적인 것만을 다룰 뿐이며 내면적인 부분은 다루지 못한다는 주장에 대해서도 다음과 같이 답변한다.

> 이러한 비평은 물론 일리가 있지마는 抵評 自體가 역시 그러한 연구의 外面만을 皮相的으로 觀察한 데 지나지 않는 것이다. 왜 그러냐 하면 宗教의 生命은 신앙에 있으며 신앙에는 內心의 經驗으로 他人에게 傳達할 수가 없고 또

---

162   위의 글.
163   위의 글.
164   위의 글, 8-9쪽.

筆舌로는 묘사할 수가 없는 神秘의 點이 있지마는 비록 이런 주관적 방면의 것이라 할지라도 필경 인생의 心理的 産物 됨에는 틀림이 없는 까닭이다. 다시 말하면 外面的 연구라 할지라도 宗教의 內容에는 도무지 關係가 없을 수는 없다. 假令 信仰의 內心的 經驗이 超自然의 靈感으로부터 發生된 것일지라도 그 靈感이 存宿하야 가지고 外部로 發現하는 곳은 人生의 精神인 以上에 필경 廣義로서나마 心理的 研究의 대상이 될 수 있는 것이다. 現今의 宗教研究는 그 精神生活의 實相을 把捉하려하는 點에서 信仰을 오직 특수한 個人이 體驗으로 간주하는 동시에 광범하게 인류 정신 전체에 보편된 문제로 취급하려는 것이다. 다시 말하면 보편적 觀察을 하면서도 個人的 特色을 沒却하지 아니 하고 平等 가운데서 差別을 보며 差別 가운데서 平等을 보려고 하는 것이다. 이와 같이 同에서 異를 찾고 異에서 同을 찾는 것이 外面的 考察에 지나지 않는 것이라고 非難하는 것은 너무 酷評이 될 것이다.[165]

채필근이 보는 종교연구와 종교신앙은 보완적인 관계이므로 서로 배척할 필요가 없다. 그래서 즉 다음과 같은 서술이 이어진다.

宗教에 對한 研究는 理知的 見地에서 出發하는 것이오, 宗教에 對한 신앙은 情意的 見地에서 發現하기 쉬운 것이니 마치 前者는 보편성에 중점을 두고, 후자는 個別性에 重點을 둘 것이다. 따라서 研究의 態度는 일반적 원칙을 定立하려 할 것이오 신앙의 態度는 神秘的 體驗을 중시하는 것이다. 그러나 全體를 떠나서 部分이 없는 것이오, 部分을 無視하고서 全體가 成立되지 못하

---

165   위의 글, 9쪽.

느니만치 硏究家는 신자 個人의 主觀的 內容을 閑却히 하지 말아야 할 것이오, 信仰家는 만인에게 擴布된 大精神의 보편적 發現과 古今에 貫通된 大生命의 永恒的 動作을 顧盧하여야 할 것이다.[166]

종교신자가 종교학자에게 "종교를 신앙하지 아니하면서 종교를 연구하는 것은 비유컨대 물에 들어가 보지도 아니하고 수영을 논하는 것과 한 가지"[167]라고 말하는 것도, 그리고 종교연구가가 신자 보고 "물의 심천(深淺)도 알아보지 아니하고 막 뛰어들어가는 것과 한 가지"[168]라고 말하는 것도 모두 하나만 알고 둘은 모르는 격이다. 고생물학이 석괴사물(石塊死物)을 고구(考究)하는 것 같지만, 그것을 통해 생물의 활약하던 종적을 목표로 삼는 것과 같이, 종교연구도 인간 생명이 발현하는 원칙을 찾고자 하는 것이다.

그와 같이 宗敎의 硏究도 古人의 遺跡과 過去의 記錄을 考察하며 異社會의 風俗과 異宗敎의 內容을 硏鑽하여 그중에서 生命의 充滿한 宗敎의 發現을 알게 되는 것이다. 인류의 여러 가지 生活樣式을 통하여 發現하는 古今東西에 편재한 大生命에 접촉할 수가 있고, 또 그 轉變盛衰에서 進行하며 退步하는 原理公則을 發見할 수가 있고, 다시 變桶하여 가는 差別性과 遺傳하여 가는 共通性을 明瞭하게 할 수가 있는 것이다. 그러므로 연구와 신앙은 彼此에 贊助할 수 있는 것이 分明하다.[169]

---

166 위의 글.
167 위의 글, 10쪽.
168 위의 글.
169 위의 글, 10-11쪽.

이러한 연구를 통해서 얻을 수 있는 점은 자기의 신앙을 되돌아볼 수 있다는 것이다. 자신의 신앙이 원시적 유신(遊信)상태에 가깝다는 것을 발견하기도 하고, 위대한 종교가의 경건한 신앙에 근접해 있다고 여기게도 된다. 그래서 다음과 같은 통찰에 이른다. "야매(野眛)한 사람의 원시적 신앙에서부터 위대한 성자(聖者)의 진정한 신앙에 이르기까지 맥격(脈格)의 관통이 있는 것을 알 수가 있다."[170]

이런 통찰의 결과 다음의 효과가 발생한다. "이 의미에서 유신(遊信)에 염습(染習)된 사람들이 우상(偶像)을 봉사(奉事)하며 굿을 하고 경을 읽는 것을 측은히 여기고 잘 지도하는 것은 가(可)하나 멸시(蔑視)하고 조소(嘲笑)하는 것은 불가(不可)한 일이다. 더욱이 신자 중에서 교육이나 받은 이는 불학무식(不學無識)한 이의 신앙하는 태도를 무가치하다고 비평하는 것은 타당한 일이 아니다."[171]

글을 마무리하면서 채필근은 조선에서 기독교를 포함하여 종교 신자의 수는 상당히 많지만 그에 비해 종교연구자가 너무 적다는 것을 지적한다. 그리고 사회의 건강을 도모함에 의사는 물론이고, 많은 일반사람이 위생사상을 이해하는 것이 필요한 것처럼, 일반신자들이 종교연구에 대한 상당한 이해를 가질 때 신앙에도 좋은 일이 될 것임을 강조한다. 다음은 결론의 마지막 부분이다.

信者 가운데 理知的 研究者와 實際的 信仰家가 彼此에 讓步하며 互相贊助하

---

170 위의 글, 11쪽.
171 위의 글.

야 有終에 美가 있기를 바란다. 우리 朝鮮敎會는 信仰 偏으로는 그만하면 무던하니 이제부터 硏究 偏으로 나아가 보자는 말이 물론 아니다. 종교에서 연구보다는 신앙이 더 근본적인 것이오, 더 決定的인 것임을 나도 잘 알고 있다. 다만 우리 교회에는 아직 신앙도 부족하지마는 연구가 더욱 부족하다는 것을 역설하는 것뿐이다. 연구로써 신앙을 더욱 돈독하게 하며, 신앙으로써 연구를 더욱 精確하게 하여 兩 方面이 모두 완전한 경역에로 나아가게 하는 것을 切望한다. 우리 朝鮮에서 宗敎를 硏究하여 世界的 神學者와 宗敎學家가 다만 1-2인이라도 나며, 가치 있는 書籍이 다만 1-2책이라도 나기를 원한다. 무슨 방면으로든지 우리가 세계에 공헌하는 것이 생겨야 그때부터 우리의 存在가 價値를 發揮하게 될 것이다.[172]

채필근에게 종교연구는 신앙과 갈등을 일으키지 않는다. 신앙의 중요성을 인정하는 가운데 종교연구의 필요성을 주장한다. "신앙도 부족하지마는 연구가 더욱 부족하다."는 구절에서는 당시 상황에서 종교연구의 시급성을 강조하고 있다. 「종교신앙과 종교연구」를 쓴 지 3년 후에 채필근은 「종교학이란 무엇인가?」라는 글을 발표한다. 그는 이 글을 시작하기 전에 다음과 같은 내용을 맨 앞에 적고 있다.

宗敎學은 宗敎를 대상으로 하여 科學的 方法으로 硏究하는 한 가지 學問이다. 宗敎學이 아직도 完成한 學問이라 하기 어렵지마는 宗敎學이 지난 세기에 처음 唱導될 적에는 많은 神學者와 哲學者에게 反對와 潮笑를 받았다. 宗

---

172   위의 글, 13쪽.

教는 科學的 硏究의 對象이 될 수 없는 神聖不可侵의 것으로 여긴 사람도 있었다. 또 宗敎學者들이 그 硏究資料를 많이 考察한 까닭에 誤解를 받은 일도 있었다. 그러나 종교의 신자로 신과 같이 絶對 尊嚴者에게 대하여도 신학적 연구를 하는 것은 벌써 옛적부터 있었던 일이다. 또 原始的 宗敎라 할지라도 그 宗敎를 신봉하는 자의 主觀的 地位에서 볼 것이면 다른 종교의 신도나 大差가 없을 수 있는 것이니만치 종교연구는 버릴 수 없는 한 方面이다. 그러나 저러나 나는 宗敎學에 대하여 別素養도 없는 사람이다. 이제 極히 상식적으로 宗敎學이란 것은 어떠한 것이라고 조금 말하려 할 뿐이다.[173]

짧지만 종교학에 대한 그의 관점이 여기에 잘 드러나 있다. 종교를 과학적 연구 대상으로 하는 종교학이 등장한 지 얼마 안 되었다는 것, 그리고 많은 반대 및 오해를 받았다는 것을 지적한다. 또한 종교를 신성불가침하다고 하여 접근 금지의 영역으로 여길 수 없고, 원시 종교라 하여 배척할 수도 없다는 점을 강조한다. 종교연구는 간과할 수 없을 만큼 중요하며, 버릴 수 없다. 그는 나타난 지 얼마 안 된 종교학에 대해 좀 더 구체적으로 서술한다.

宗敎도 또한 인류의 太古時代에서부터 存在하였지마는 그 事實의 現象과 理法을 科學的으로 硏究하야 宗敎學이 한 가지 學問으로 成立되기는 十九世紀의 後半期였다.… 比較宗敎學의 起源 及 發達과 그 關係資料를 調査하며 整

---

173   채필근, 「종교학이란 무엇인가(What is the science of Religion?)」, 『신학지남』 15권 5호, 1933년 9월, 9쪽.

理하기에 三十年間이나 獻身한 쫄단(L. H. Jordan)氏는 말하기를 "비교종교학을 수립하려는 노력은 19세기 이전에는 흔적도 없었고 宗敎의 科學的 硏究는 十八世紀까지 시작도 하지 않았다."고 하였다. 또 짜스트로(M. Jastrow) 교수는 宗敎硏究史槪說 가운데 "어떤 意味에서 종교의 硏究는 인류의 사상과 마찬가지로 오래되었지마는 다른 의미로서는 종교연구는 모든 과학 중에 가장 近年 學問이라고 할 수 있고 이 의미에서 완전히 성립하였다고 할 수 없다.[174]

채필근은 종교학이라는 말을 처음 사용한 이가 헤겔이라고 주장하지만 그 근거를 제시하지는 않는다. 그리고 헤겔이 과학적 태도를 가진 근대의 종교학까지 연결되지는 않는다고 하면서도 그 의의를 다음과 같이 서술한다.

> 헤겔의 宗敎學은 自己의 論理的 方法과 哲學的 原理에 적응시킨 것이므로 科學的 態度를 가진 近代의 宗敎學까지는 되지 못하고 말았다. 그러나 여러 宗敎의 事實을 한 系統 안에 包容하고 발전의 연쇄에 結連시키어 종합적 연구를 한 것만은 宗敎硏究史上에 記念할 만한 事業이었다.[175]

그럼 근대 종교학의 바탕을 놓은 사람은 누구인가? 채필근은 샹트피 드 라 소세이에(Chantepie de la Saussaye, Pierre Daniel: 1848~1920)를 인용하여 대답한다.

---

174   위의 글.
175   위의 글, 10쪽.

쏘오쎄이氏는 著書 가운데 말하기를 "宗敎學의 成立을 서술하는 자로서 누구든지 그 개척자로 言語學硏究에서 始作한 막스 뮐러(Max Muller)氏와 歷史 硏究에서 始作한 틸레(Tiele)氏를 빼놓을 수가 없을 것"이라고 하였다.[176]

여기서 채필근이 뮐러와 틸레에 관해 다음과 같이 소개하는 내용은 살펴볼 만한 가치가 있다.

그 後에 틸레氏가 宗敎學要領을 著述할 때(1897)에 "지금으로부터 三十五年 前에 맥스 뮐러氏가 聽講者와 讀書者에게 많은 辯明을 하지 아니할 수 없었던 이 宗敎學은 이미 모든 科學中에 영속적 지위를 얻어 이제 과거 25년간의 科學的 硏究의 結果를 發表할 수 있게 되었다."라고 말하였다. 틸레氏의 宗敎學要領도 출간하기 七年前에 에딘바라 大學에서 講演한 것을 편집 發行한 것이었다. 막스 뮐러氏나 틸레氏는 各各當時에 神學者의 많은 反對를 받았다. 그러나 宗敎學이 한 科學으로 成立하는 데는 별다른 影響을 받지 아니하였다.[177]

여기서 언급된 『종교학요령』은 *Elements of the Science of Religion*을 가리킨다. 이 책은 두 권으로 간행되었는데, 채필근은 1897년에 간행된 첫 번

176　위의 글.
177　위의 글.

째 책을 말하고 있다.[178] 책의 바탕이 된 것은 1896년 11~12월 동안 스코틀랜드 에든버러 대학교(University of Edinburgh)에서 행한 기포드(Gifford) 강연이었다.[179] 35년 전이라고 기술된 것은 25년 전의 오기(誤記)이며, 1873년에 간행된 뮐러의 책, *Introduction to the Science of Religion*을 거론한 것이다.[180] 틸레는 1897년의 책 서문에서 자신이 받아들인 기포드 강연의 성격에 대해 언급한다.[181] 기포드 강연을 만든 기포드는 '자연신학'(Natural Theology)이라는 용어를 사용했지만, 지금 거기에 해당하는 것은 'Science of Religion'이다. 이 강연에는 어떤 신념 선언이나 서약 등이 없으며, 교파나 종교 유무를 따지지 않는다. 기포드 강연의 성격은 '무한한 존재'(Infinite being)를 기적적 계시에 의거하여 다루지 않고, 모든 과학 가운데 가장 위대한 과학이자 유일한 과학인 자연과학 관점에서 엄밀하게 다루기를 바라는 것이다.[182] 여기서 자연신학이 종교학과 연결될 수 있음을 시사하며, 특정 종교와 상관없이 과학적인 관점을 유지하는 것이 종교학에서 중요함을 보여준다. 그런 의미에서 "종교학은 종교현상을 과학적으로 연구하는 경

---

178   C. P. (Cornelis Petrus) Tiele, *Elements of the Science of Religion, Part 1: Morphological, Being the Gifford lectures delivered before the University of Edinburgh in 1896*, New York: Scribner, 1897. 두 번째 책은 다음과 같다. *Elements of the Science of Religion, Part 2 Ontological, Being the Gifford lectures delivered before the University of Edinburgh in 1898*, New York: Scribner, 1899.

179   인용문에서 7년 전이라고 말한 것은 1년 전의 오자일 것이다.

180   C. P. Tiele, *Elements of the Science of Religion, Part 1: Morphological*, p. 2.

181   *Ibid*. p. vi.

182   *Ibid*. He further desires the Lecturers to treat their subject "as a strictly natural science, the greatest of all possible sciences, indeed, in one sense, the only science-that of Infinite Being-without reference to, or reliance upon, any supposed exceptional or so-called miraculous revelation."

험과학이다."[183] 혹은 "종교학은 종교의 탄생 발달로부터 그 구성 조직과 그 기능 사실에 이르기까지 모든 현상을 경험적 입장에서 계통적으로 파악하려고 하는 것이다."[184]라는 채필근의 주장과 연결된다.

종교학은 좁은 의미에서 보는 경우와 넓은 의미에서 보는 경우가 있는데, 먼저 채필근은 좁은 의미의 종교학을 다루면서 신학, 종교철학, 종교사, 비교종교학과 다른 점을 지적한다.

> 狹義의 宗敎學은 特殊한 宗敎의 體系 안에 있어서 그 종교에 관한 敎義와 制度를 是認하고 그 合理性을 호교적으로 說明하려 하는 神學과는 같지 아니하다. 또한 일정한 哲學的 體系에 기초를 두고 종교적 관념의 진리성과 宗敎生活의 價値와 목적 같은 것을 비판하려 하는 宗敎哲學과도 그 범위를 달리한다. 종교학은 종교사와도 같지 아니하다. 宗敎史는 어느 特定한 宗敎의 俱體的 個性을 備有한 현실에서 일정한 보편타당적 가치와 일정한 情神的 生活內容의 實現 過程을 了解하게 하는 것이다. 종교학도 역사적 연구를 출발점으로 삼지마는 종교사와 같이 일정한 가치를 그 성립의 조건으로 삼지 아니한다.[185]

또한 채필근은 비교종교학을 종교사와 유사한 학문으로 파악하면서 "모든 종교에 관한 사실을 모집, 분석, 해석, 배열하여 그 이동(異同)을 비교하

---

183 채필근, 앞의 글, 11쪽.
184 위의 글.
185 위의 글.

고 그 종류를 분합(分合)하는 것"[186]으로 본다. 그는 협의의 종교학이 이런 비교종교학에서 발달해 온 것은 인정하지만 이후에 심리학, 사회학, 철학 등의 연구성과를 채용하여 종교의 구조와 기능을 설명하는 경험과학으로 재정비되었기 때문에 비교종교학과는 다르다고 주장한다.[187] 하지만 넓은 의미의 종교학은 여러 분야가 모두 포괄된다. 즉 종교사, 종교심리학, 종교사회학, 종교철학, 종교사, 종교현상학 등이 종교학 영역에 포함되며, 심지어 그가 소개한 도표에는 신학까지 들어와 있어서 가장 포괄적인 종교학 영역을 보여준다.

'종교학의 내용약표(內容略表)'라는 제목이 붙은 이것의 내용은 다음과 같다.[188] 도표는 크게 특수종교 연구와 종교의 일반적 연구 두 부분으로 구분되고, 그 중간에는 비교종교학이 자리하고 있다. 특수종교의 연구는 다시 두 부분으로 나뉘어, 종교사와 신학으로 구분된다.(신학은 역사신학, 조직신학, 실천신학으로 세분된다.) 종교의 일반적 연구는 종교현상학과 종교철학의 두 부분으로 나뉘고, 양쪽에서 대각선으로 점선을 연결하여 중간에 종교심리학과 종교사회학이 배치된다.[189] 복잡하게 만들어진 이 도표에 대하여 자세한 설명은 더 이루어지지 않지만, 그 의미는 분명하다. 넓게 보면 종교학 안에 다양한 연구 분야와 관점을 모두 포괄할 수 있다는 것이다. 하지만 앞에서 종교학이 경험과학임을 강조한 채필근의 논지에서 보면 규범성을 강하게 띠는 신학을 여기에 포함시킨 것은 적합하지 않은 측면이 있

---

186   위의 글.
187   위의 글.
188   위의 글, 12쪽.
189   위의 글.

다. 아마도 종교학과 신학이 분리되어 있지 않기를 바라는 그의 바람이 반영된 것일 수도 있다.

(2) 박형룡의 개신교와 종교학

유연하고 비교적 개방적인 성향의 채필근과는 달리, 박형룡(1897~1978)은 한국의 주류 개신교의 완고한 성격을 잘 보여주는 인물이다. 필자는 「한국 개신교의 또 다른 모색-기독교조선복음교회와 도시산업선교회」라는 글에서 다음과 같이 그의 기본 성향을 서술하였다.

> 박형룡은 개신교 주류노선의 수호자이자, 정통과 어긋나는 이단을 집요하게 추적하고 또 필요할 경우 만들어내기도 한 이단 발명가이다. 1980년대에 탁명환이 생계를 위해 개신교 이단 감별과 이단 폭로를 했다면, 박형룡은 평생 동안 개신교 기득권 세력의 중심적 자리를 차지하면서 현상 유지를 위해 이단을 만들고 정죄했다. 그의 신학적 기준에 따라 이단 판별이 이루어졌으며, 무수한 이단이 생산되었다. 더구나 그는 다소 융통성이 없지도 않았던 초기의 관점을 바꾸어, 해방 후에는 더욱 강경하고 외곬의 보수적 신학 노선을 주장했고, 개신교의 분열에 중요한 역할을 담당했다. 따라서 그의 저술을 통해 주류 개신교의 보수적 관점을 살피는 것은 나름대로 타당성을 지닌다. 보수 개신교의 특징은 다른 신앙에 대한 배타적 자세, 개신교 내부의 다른 신앙 노선에 대한 적대적 태도, 바이블의 내용을 문자 그대로 받아들이는 문자주의적 관점, 정치와 종교를 분리된 영역으로 파악하는 태도, 개인의 초자연적 영혼의 문제에만 관계된다고 보는 신앙관, 외국 선교사에 대한 의존적 태도 등

이며, 이런 점은 모두 박형룡의 저술에서 잘 나타나 있다.[190]

이런 박형룡이 1937년 1월부터 1938년 1월까지 『신학지남』에 여섯 차례에 걸쳐서 「종교론」이라는 제목으로 글을 발표하였다.[191] 여기에서 그가 이해한 종교학의 내용이 나타나므로 이를 살피고자 한다. 그의 글은 다음과 같이 시작한다.

> 유신론을 인수(認受)하여 신의 존재를 믿는 사람은 그 신을 추모(追慕)의 대상으로 하여 전개되는 일반적 의미의 종교에 주의(注意)를 전향(轉向)하게 된다. 종교의 현상을 고찰하고 의의(意義)를 탐지(探知)하는 때에 인(人)의 종교성(宗敎性) 급(及) 기(其) 종교적 의식(意識)의 확실성이 증명되는 것이다. 그는 마치 천체(天體)의 존재가 확실한 동시에 그 성질과 법칙을 이해하는 인심(人心)의 지능의 확실성이 발견됨과 같다.[192]

박형룡은 '일반적 의미의 종교'에 대한 연구라는 용어를 사용하면서 신앙을 전제로 한 연구와의 차이성을 주장한다. 그는 일반적 의미의 종교에 관심을 갖고 종교현상과 그 의의를 고찰하는 것을 천체의 성질과 법칙을 이

---

190 장석만, 「한국 개신교의 또 다른 모색-기독교조선복음교회와 도시산업선교회」, 『역사비평』 70, 2005, 103-105쪽.

191 『신학지남』 19권 1집(제91호), 1937년 1월, 19권 2집(통권 제92호), 1937년 3월, 19권 3집(제93호), 1937년 5월, 19권 5집(제95호), 1937년 9월, 19권 6집(제97호), 1937년 11월, 20권 1집(제98호), 1938년 1월. 이 글은 다음 책에 재수록되었다. 『박형룡박사저작전집 XIII: 신학논문 상』, 한국기독교교육연구원, 1978.

192 『신학지남』 제91호, 1937년 1월, 11쪽.

해하는 것과 같은 선상에서 말하고 있다. 하지만 박형룡에게 일반적 의미의 종교에 대한 연구는 신앙을 강화하기 위한 일종의 '우회' 작업일 뿐이다. 왜냐하면 박형룡은 서두에서 그런 작업이 신의 존재를 믿고 신을 추모의 대상으로 하면서 이루어진다고 강조하기 때문이다. 그에게 종교현상을 연구하는 일은 유신론을 바탕으로 시작해서, 그것을 확인하면서 끝나는 것이다. 그는 글의 처음부터 이 점을 못 박으며 시작한다. 이어서 그는 '일반적 의미의 종교에 대한 연구' 분야에 관해 서술한다. 그 연구 범위와 영역이 매우 방대해서 상세하게 말하는 것이 어렵다고 하면서, 주요한 분야로 그가 구분하는 것은 종교사, 비교종교학, 종교학, 종교심리학, 종교철학이다.

그에 따르면, 종교사는 세계 여러 종교에 대한 역사적 고찰을 통하여 풍속, 의례, 신화, 교리, 제도 등을 사실대로 '보도'(報道)하는 것이며, 비교종교학은 종교사가 '발견'한 제(諸) 종교의 내용 현상을 비교하여 종교 간의 이(異)와 동(同)을 '발견'하며 우(優)와 열(劣)을 지적함으로 정연한 분류를 행하고 마침내 종교의 최고형(最高型)을 제시함을 본령으로 삼는다.[193] 하지만 박형룡은 종교학이 비교종교학과 매우 다르다고 주장한다. 그는 종교학을 거론하면서 종교학(宗敎科學 "Science of Religion")이라고 괄호 안에 부연하고 있는데, 비교종교학이 더욱 철저하게 과학화하여 비교라는 두 글자를 삭제한 것이 종교학이라는 것이다.[194] 삭제한 이유는 비교연구가 모든 과학에 두루 사용되고 있으므로 종교의 과학적 연구에만 '비교'라는 말을 붙일 필요가 없다는 것이다. 박형룡에 의하면 종교학은 종교적 현상의

---

193 위의 글.
194 위의 글.

인적(人的) 방면만을 고찰하고 신앙의 대상인 신, 영생 같은 것의 실재성에 대해서는 간여하지 않는다. 한마디로 종교학이 연구하는 것은 종교 기물(其物)이 아니고 다만 종교의 형태일 뿐이며, 종교의 우열을 드러내는 것도 목적하지 않은 것이다.[195] 또한 종교심리학은 종교를 일종의 심리적 현상으로 보고 종교적 관계로부터 나타나는 개인의 심적 기능을 연구하는 것으로 본다. 종교의식이 어떻게 발현하는지, 종교적 의의(意義)에서 심적 기능은 어떤 상태를 보이는지 등의 물음을 탐구한다.

반면 종교철학은 그 포괄성과 구극성의 측면에서 언급된 학문과 구별된다. 앞의 여러 학문으로부터 논리를 인출하여 종교 및 종교 관념의 구경(究竟)적 근기(根基)와 의의를 탐구하는 것이 바로 종교철학으로, "종교가 무엇인가?", "종교의 진리가 무엇인가?"라는 두 가지 근본적 질문을 중심으로 한다.[196] 이처럼 종교철학은 '일반적 의미의 종교'에 관한 모든 문제에 관여할 만큼 다루는 영역이 방대하다. 이 때문에 박형룡은 다음과 같이 주장한다; "기독교 변증론의 입장에서 인(人)의 종교성 급(及) 그 종교적 의식(意識)의 확실성을 알아보기 위하여 앞의 영역을 직접 교섭하지 않고 종교철학만을 참고해도 충분하다."[197] 그래서 곧바로 이어서 서술되는 내용은 고대에서 근대에 이르는 종교철학의 간략한 흐름이다. 그런데 이에 대한 그의 평가는 "우리는 사상적 혼란이 극(極)한 종교철학에 대하여 많은 기대를 가지는 것은 아니다."[198]라는 말에 잘 요약되어 있다. 그가 종교철학에 대해

---

195   위의 글.
196   위의 글.
197   위의 글, 12쪽.
198   위의 글, 13-14쪽.

이런 유보적 태도를 견지하는 까닭은 자신의 변증론적 입장에 호응하지 않는 연구 경향이 강하게 존재함을 파악했기 때문이다. 그런 연구 경향은 어떤 특정한 종교를 전형이나 표준으로 삼아 다른 종교를 평가하고 규범화하는 것을 거절한다. 자신이 믿는 종교의 진실성을 전제하면서 시작하는 신학과는 달리 특정 종교를 변증하는 것이 종교철학의 목적이 아니라고 주장하는 것이다.[199] 그래서 박형룡은 다음과 같이 자신의 입장을 정리한다.

> 사학(斯學)에 대한 우리의 신임(信任)은 후(厚)한 편이 아니라 박약한 편이다. 다만 그 일부를 참고하고 그 소설(所說)에 취사(取捨)를 행하여 인(人)의 종교성 급(及) 그 종교적 의식(意識)의 확실성을 증명함에 필요한 재료 얼마를 얻으려는 것뿐이다.[200]

이어서 서술되는 내용은 제2장 종교의 심리적 기초, 제3장 종교의 본질, 제4장 종교의 기원과 과정, 그리고 제5장 종교연구의 결론이라는 제목으로 이루어져 있다.[201] 2장에서 그가 애써서 도출하는 내용은 종교와 인성(人性)의 관계가 근본적이며, 인간에게 종교적 본능이 있다는 점이다. 박형룡은 종교심리학의 연구를 통해 종교가 인간의 정신구조의 고유한 작용이며 보편성을 띤다는 점을 확인할 수 있다고 주장했다. 제3장 종교의 본질에

---

199 위의 글, 13쪽.
200 위의 글, 15쪽.
201 19권 3집이 다루는 내용은 제3장 종교의 본질 가운데 '1. 종교는 감정인가'의 부분이다. 19권 5집은 제3장 종교의 본질에서 '5. 종교는 가치판단인가'로 시작하고 있다. 2-4의 부분이 빠져 있다. 이 부분은 제4집에 포함되었다고 보이지만 현재 그 내용은 찾을 수 없다.

서 그가 드러내고 싶은 점은 종교에서 신(神)과 인간의 결속이 핵심적인 중요성을 지니며, 종교의 본질적 요소가 여섯 가지라는 것이다. 그가 드는 종교의 본질 여섯 가지 항목은 신념, 예배, 도덕, 죄의식과 구원의 희망, 내세관, 그리고 실용성인데, 그가 강조하는 것은 개신교 이외의 다른 종교에서는 이런 본질적 요소가 다 구비되어 있지 못하다는 점이다. 제4장의 내용은 "종교는 미망에 기원하여 진화(進化)한 것이 아니라 순수한 신념의 원시적 계시에 기원하여 퇴화한 것"[202]이라는 그의 주장에 잘 나타나 있다. 다음은 결론 부분에서 이에 대해 다시 부연한 내용이다.

종교의 기원과 과정의 고찰에서 제(諸) 이교(異敎)의 실패는 다시 한번 폭로되었다. 종교가 미망(迷妄)에서 기원하여 진리에로 진화하였다면 종교는 자력에 의한 무궁한 발표의 희망을 품을 수 있겠지마는 그것이 순수한 원시적 계시로부터 출발하여 부패 타락에로 퇴화한 것이 판명되는 때에는 그 무능이 여실히 드러남을 누구나 인정치 아니치 못할 것이다.[203]

박형룡은 진화론적 종교관에 대항하며 종교 퇴화론을 주장했는데, 그 근거를 앤드루 랭과 빌헬름 슈미트 등의 원시 유일신교 이론에서 찾았다.[204] 원시 종교도 초월적 유일신의 계시 신앙에서 출발하였으나 교만의 죄로 인해 타락한 결과, 이교(異敎)의 여러 가지 모습이 나타났다는 것이다.

---

202 박형룡, 「종교론 (완)」, 『신학지남』, 제98호(1938년 1월), 14쪽.
203 위의 글.
204 위의 글, 9-10쪽.

박형룡이 파악한 종교학은 넓은 의미와 좁은 의미의 두 가지가 있다. 넓은 의미는 '일반적 의미의 종교에 대한 연구'를 가리키며, 종교철학, 종교심리학, 종교사, 비교종교학 등의 분야를 포괄한다. 반면 좁은 의미의 종교학은 비교종교학에서 비교라는 명칭을 제거하면서 더욱 철저하게 과학화한 종교연구를 일컫는다. 이른바 종교과학으로서의 종교학이다. 박형룡으로서는 이와 같은 좁은 의미의 종교학이 종교의 신적 실재에 대해서는 관심을 두지 않고 오직 인적 측면에만 초점을 두며 종교의 우열을 가리고자 하지 않으므로, 그 가치를 인정하기 어렵다. 그가 수용할 수 있는 것은 넓은 의미의 종교학 가운데, 자신의 보수적 신학적 관점을 정당화하는데 도움이 되는 내용뿐이다. 그가 관심을 보이는 종교학의 내용은 자신의 신앙 및 신학을 강화할 수 있는 것으로, 여기서 취사선택하여 자기주장을 내세우는 데 활용한다. 종교학은 이미 박형룡 자신이 소유하고 있는 결론을 장식하기 위해 동원되는 재료에 불과한 것이다.

반면 채필근은 종교연구, 즉 종교학과 종교신앙이 서로 성격이 다르며, 상호 보완 관계에 있음을 강조한다. 그에 의하면 종교학이 객관적 이지(理知)의 영역인 반면, 종교신앙은 주관적 감정의 영역이다. 물론 두 가지가 모두 인간의 정신 활동이며, 인간 의식(意識)의 통일성에 연결되어 있으므로 서로 분리될 수 없다고 주장한다. 하지만 그가 좀 더 드러내고자 하는 부분은 종교학의 필요성이다. 채필근은 종교와 문화의 긴밀한 관계를 중시하고 종교의 적극적 역할을 기대한다. 신학계에서 흔히 종교학의 한계라고 거론되는 주장, 즉 종교학이 종교에 대한 외면적 파악에 머물기 때문에 신앙의 내면적 심오성에는 접근할 수 없다는 주장에 대해서도 그는 반론을 제기한다. 외면성과 내면성, 지적인 측면과 정서적인 측면, 보편성과 개별성은 양자택일의 사항이 아니라 서로 긴밀히 연관되며 보충 관계에 있는 것이다. 시종일관 그가 주장하는 바는 종교학과 종교신앙이 서로 배척하는 것이 아니라, 양자가 균형을 이루는 것이다. 채필근이 보기에 당시 종교학과 종교신앙 사이의 관계는 균형을 이루었다고 보기 힘들다. 종교연구의 활동이 너무 미미했기 때문이다. 물론 개신교계의 신앙이 충분하다고 볼 수 없지만, 더욱 부족한 것은 종교연구라고 그가 밝히게 된 까닭이다.

1930년대 박형룡이 종교학을 보는 관점은 어느 정도 자신의 관점을 정당화하는 데 쓸모가 있다는 것이었다. 하지만 1950-60년대 개신교계의 분열과 함께 그의 관점은 더욱 폐쇄적으로 되어 종교학은 배척 대상으로 간주되었다. 종교학의 필요성을 인정하고 개방적인 채필근은 해방 후에 친일파로 몰려 거의 아무런 영향력도 발휘하지 못한 반면, 박형룡의 배타적 관점은 개신교계를 장악하고 위세를 떨치게 되었다. 그 결과 종교학이 발전하는 데 좋은 기회가 될 수도 있는 개신교 신학과의 상호 관계가 1960년대에 이르기까지 별로 이루어지지 못하였다.

종교학의 새로운 환경이 만들어지는 것은 가톨릭이 제2차 바티칸공의회를 계기로 근본적으로 탈바꿈을 시도하고, 종교 간 대화 운동의 분위기가 무르익어 가면서 서서히 이루어졌다.

맺음말

이 글은 한국에서 종교학이 본격적으로 전개되는 시기가 1960년대 이후라고 보면서, 그 이전인 19세기 후반과 일제 시기의 종교연구 윤곽을 가늠해 보기 위한 것이다.[205] 이 시기는 종교라는 용어가 새롭게 등장하여 이전과는 다른 방식으로 정리하는 관점이 만들어졌는데, 이런 새로운 상황을 이 글에서는 두 가지 측면에서 간략하게 언급하였다. 하나는 종교 영역이 다른 삶의 영역, 즉 정치, 사회, 문화, 예술 등의 영역과 구분되면서, 자율성을 지니면서 비(非) 종교적 영역과 관계를 맺는 것, 다른 하나는 불교, 힌두교, 기독교, 이슬람 등의 여러 가지 세계종교를 비교하려는 작업이다. 일본 종교학의 영향 아래 이루어진 종교연구 가운데 당시 파급력이 있는 것으로는 아카마츠 지조의 『만근종교학설의 연구(輓近宗教学説の研究)』를 골라서 살펴보았으며, 조선인의 민족주의와 종교연구의 상관관계를 논의하기 위해서는 최남선의 불함문화론을 중심으로 논의하였다. 최남선과 함께 '한국 고대종교의 종교학적, 토속학적 연구'라는 부제(副題)를 지닌 손진태의 『조선상고문화의 연구』(1926)가 같이 검토될 필요가 있지만 다음 기회로 미루었다. 김효경(金孝敬)과 김태흡(金泰洽)을 대상으로 한 일본 유학생의 종교연구를 통해 당시 그들이 종교학에 대해 지니고 있던 관점을 파악할 수 있었으며, 양자의 차이도 드러낼 수 있었다. 즉 자신의 종교적 신앙을 드러내지 않고 객관주의적 태도를 견지하는 김효경에 비해 김태흡은 자신의 불교적 편향성을 숨기지 않는다. 하지만 김효경 종교연구 역시 일본 팽창주의와 대동아공영권의 이데올로기에 조건 지워져 있다. 상이한 성향의 두 개

---

205 일제 시기의 종교연구를 다루면서 선교사 및 여행자들이 간행한 업적에 대해서도 논의해야 한다는 의견이 있었으나, 여기에는 포함시키지 않았다. 한국종교에 관한 주로 영어권의 작업은 당시 한국인에게 별로 파급 효과가 없었던 반면 일본어의 결과물은 당시 상당한 영향력을 지니고 있었다. 서양 선교사의 한국종교연구에 관한 저술은 방원일의 서울대학교 박사학위 논문, 「초기 개신교 선교사의 한국 종교이해」(2011), 김종서의 「서양인의 한국 종교연구」(2010) 등이 있다.

신교 신학자가 보는 종교학은 채필근(蔡弼近)과 박형룡(朴亨龍)을 통해 논의하였다. 채필근이 종교학적 관점의 필요성을 인정하고 적극적으로 신학과 상호관계를 도모하고자 하는 태도를 보인 반면, 박형룡은 미국 유학 당시에 들은 바의 지식을 서술하면서 종교학을 보수신학의 배타적 타자로서 간주하였다.

2. 한국 종교학의 펼침

이진구

머리말

해방 직후 서울대학교에 종교학과가 설치되었지만 종교학이 한국 사회에서 독자적인 목소리를 내기 시작한 것은 1960년대 후반부터이다. 1950년대까지는 커리큘럼이나 강의 내용이 대체로 기독교 신학으로 채워져 있었고 이러한 분위기는 1960년대 전반까지 지속되었다. 그러나 1960년대 후반부터 종교학은 기독교 신학의 입김에서 벗어나 서서히 자신의 목소리를 내기 시작하였고 이는 종교학회의 창립과 학회지 발간을 통해 가시화되었다. 그후 서울대학교 이외의 대학에 종교학과가 설치되고 대학 밖에도 독립적 연구기관이 출범하는 등 종교학의 외연이 크게 확장되면서 지금에 이르렀다. 따라서 한국 종교학의 오늘을 점검하고 내일을 전망하기 위해서는 지난 60여 년의 역사를 되돌아볼 필요가 있다. 이하에서는 당대의 상황적 요인들을 유념하면서 1960년대부터 한국 종교학이 걸어온 길을 살핀다.

1절에서는 한국 종교학의 제도적 발전 과정에 주목하면서 대학, 연구소, 학회와 같은 연구기관과 단체의 설립 및 활동을 주로 살피되 1960-70년대, 1980-90년대, 2000년대 이후로 나누어 검토한다. 20년을 단위로 하여 세 시기로 구분한 것은 서술의 편의를 위한 것일 뿐만 아니라 세대의 변화를 암묵적으로 고려한 것이다. 일반적으로는 30년을 기준으로 세대를 나누지만 한국 종교학의 경우 20년을 단위로 변화의 추이를 살펴보는 것이 더 적절할 것이라는 판단에서이다. 학술지를 비롯하여 종교학 개론 및 입문서, 다양한 종교전통을 소개하는 세계종교 안내서, 자료집, 사전, 연감 등은 종교연구의 기반이자 한국 종교학의 지표가 되므로 이 부분에 포함하여 다룬다.

2절에서는 제도적 변천과 연구 기반의 고찰만으로는 포착하기 힘든 한국 종교학의 성격과 특성을 파악하기 위해 네 가지 주제를 선택하여 집중적으로 살핀다. 첫째, 한국 종교학의 정체성과 관련된 한국적 종교학의 모색과 한국종교사 서술, 그리고 '종교' 개념의 대안으로 등장한 '종교문화' 개념을 중심으로 검토한다. 종교학 방법론과 관련한 논의는 이러한 사안들과 밀접한 관련을 맺고 있으므로 이 부분에 포함하여 서술한다. 둘째, 종교학의 학문적 전제이자 토대가 되는 '비교' 문제를 둘러싼 여러 논의를 검토한다. 이를 위해 서구 종교학계에서 이루어진 비교 이론과 방법론을 둘러싼 논의를 예비적으로 검토한다. 셋째, 한국사회의 공교육과 관련하여 쟁점이 되고 있는 '종교교육'과 종교학의 관계를 검토한다. 특히 한국의 교육제도에서 상당한 비중을 차지하고 있는 종교재단 사립학교에서 학교의 건학이념 구현을 위한 종교교육의 자유와 학생의 종교자유가 충돌하는 가운데 '종교학'이 대안으로 등장하는 과정과 그 의미를 검토한다. 마지막으로 종교간 대화 및 종교다원주의와 종교학이 어떠한 관계를 맺고 있는가를 살핀다. 종교간 대화는 종교계 내부의 문제이자 신학적 이슈이므로 종교학이 개입해서는 안 된다는 주장이 있지만, 일부 종교학자는 종교간 대화에 종교학이 적극적인 관심을 가져야 한다고 주장한다. 종교간 대화와 종교다원주의 자체를 종교현상으로 보고 접근하는 입장도 있다. 따라서 여기서는 서구 종교학사에서 이 문제가 어떻게 다루어졌는가를 간략히 살핀 뒤한국의 종교학자들이 이 문제에 대해 보여 주었던 여러 입장을 검토한다.

이 네 가지 주제는 자의적인 기준에 의해 선택된 것으로 보일 수 있지만한국 종교학의 두 측면을 동시적으로 파악하기 위해 의도적으로 선택한 것이다. 하나는 한국 종교학의 지적 학술적 차원을 파악하기 위한 것이고 다른 하나는 사회문화적 현실 속에 존재하는 한국 종교학의 성격을 파악하기위한 것이다. 한국 종교학의 정체성과 비교 방법을 둘러싼 논의는 전자에해당하고 공교육 하의 종교교육과 종교간 대화를 둘러싼 논의는 후자에 해당한다. 한국 종교학은 종교연구와 관련된 이론적 요구만이 아니라 교육제도나 종교 갈등과 같은 사회문화적 이슈의 도전을 받으면서 자신의 모습을 빚어왔다. 따라서 이러한 주제들을 살피는 작업은 한국 학계와 사회에서 종교학이 어떠한 위상과 의미가 있는지를 파악하기 위한 하나의 통로가될 것이다.

1) 한국 종교학의 전개

(1) 1960~1970년대

일제하 경성제국대학 법문학부 철학과의 전공 과정으로 존재하던 종교학은 해방 후 서울대학교 문리과대학 종교학과로 재탄생하였다. 앞서 상술하였듯이 경성제대에서는 일본 종교학계의 중진인 아카마츠 지조(赤松智城)가 종교학을 주도하고 있었고 그 내용은 민속-인류학적인 것이었다. 해방 후 '국립서울대학교 설립에 관한 법령(1946)'에 따라 종교학과가 설치되기는 하였지만 종교학 전공자가 없었기 때문에 담당 교수의 충원은 어려웠다. 최초로 채용된 교수는 일본 교토대학 철학과 출신으로 개신교 배경을 지닌 김종흡(1946-1951)[1]과 가톨릭 신학대학의 정규만 신부(1946-1950)였고, 1949년 감리교 신학대학의 신사훈 교수가 합류하였다. 한국전쟁기에 앞의 두 교수가 종교학과를 떠나면서 신사훈 교수만 남게 되었다. 이러한 상황은 1957년 가톨릭 신학자 박양운 신부와 서울대 종교학과 출신 장병길 교수가 부임할 때까지 지속되었다.[2] 국립대학인 서울대학교의 초창기 종교학과 교수진이 가톨릭과 개신교 신학자로 채워진 것은 경성제대의 종교학을 유념하면 의외의 일이다. 종교학 전공자의 부재와 종교학에 대한 대학 자체의 무관심이 주된 요인이었을 것이다. 당대의 특수한 정황을 전제하고 미군정 및 1공화국과 기독교 사이의 밀접한 관계가 종교학을 신학화한 요인으로 볼 수도 있지만 이를 실증할 수 있는 자료는 없다. 그것은 다만 추측일 뿐이다.[3]

기독교 신학자 일변도의 교수진 구성은 종교학과의 교과과정에 결정적 영향을 미쳤다. 1950년대까지 종교학과의 개설 과목은 신학교처럼 기독교 관련 과목의 비중이 압도적이었다. 1955년 종교학과 교과과정에는 총 29개 과목이 개설되어 있었는데 그중 기독교 관련 과목이 20개였다.[4] 종교학

---

1   일제하에서는 미션스쿨인 전주신흥학교의 영어 교사와 고창고등보통학교 교장을 역임하였고 해방 후에는 서울대학교에서 종교학과 교수 겸 교무처장을 역임하였다. 은퇴 후 미국에서 『삼위일체론』이나 『기독교강요』와 같은 기독교 고전의 번역에 힘썼다. 전주신흥고등학교90년사편찬위원회, 『전주신흥고등학교90년사』, 전주신흥고등학교, 1990.
2   정진홍, 「종교학과」, 『(1946-1996) 서울대학교 50년사(하)』, 서울대학교50년사편찬위원회 편, 서울대학교, 1996, 43-44쪽.
3   만일 경성제대 시절 일본 종교학의 학풍이 계승되었다면 기독교 신학자보다는 민속학 관련 연구자가 우선적으로 채용되었을 가능성이 크다.
4   기독교 관련 과목은 다음과 같다. 성경원어 및 원전 연구, 외국어 성경, 이스라엘 역사, 구

은 학제로서의 자리를 확보했지만 그 제도 안에서의 교육 및 연구는 종교학이 아니라 그리스도교의 신학이었다. 신사훈 교수는 구미 대학의 기원을 들어 그곳에서의 신학부나 신학대학의 역할을 한국에서는 종교학과가 담당해야 한다는 주장을 폈다. 이는 종교학과 출신들에 의하여 증언되고 또 전해지고 있다.

종교학과 교수로 채용된 최초의 비신학자는 장병길이었다. 1957년에 부임한 장병길 교수는 비고백적 종교학 과목의 비중을 높이는 방향으로 교과과정 개편을 시도하였고 그 과정에서 신사훈 교수와 첨예한 갈등을 빚기도 하였다. 이러한 긴장과 갈등은 1960년대에도 지속되었다. 하지만 교단 신학교의 정착 및 전문적 훈련을 받은 신학자의 증가와 더불어 서울대학교 문리과대학의 학풍이 아카데미즘을 지향하면서 종교학과의 커리큘럼은 신학 위주에서 종교학으로 변화하기 시작했다. 예를 들어 장병길 교수의 종교학개론, 원시종교론, 종교사회학 등이 주요과목으로 등장하면서 종교학에 대한 학생들의 관심이 고무되고 이를 계기로 종교학은 학계에서 하나의 학문 분과로 인정받기 시작하였다. 기독교 이외의 종교전통에 대한 강의를 신학자가 아닌 각 종교의 전문가들이 담당하기 시작한 것도 이즈음이다. 불교를 가르친 이기영과 유교를 가르친 유승국이 대표적인 예다.[5] 이러한 과정을 거치면서 종교학은 학제 안에서 자기의 학문적 자리를 점차 확

약신학, 신약신학, 예수전연구, 원시기독교, 바울연구, 신약주석, 신약신학, 신약연습, 조직신학특강, 기독교윤리, 신학사상연구, 현대신학사상, 신학연습, 교회사, 교리사, 교회사연습, 실천신학. 나머지는 불교 관련 과목 5개(불교학개론, 불교사, 불교사상사, 불교원문연구, 불교특강)와 종교학 관련 과목 4개(종교학개론, 세계종교사, 비교종교학, 종교철학)였다. 『서울대학교 일람 1955』, 서울대학교 디지털컬렉션.

5   정진홍, 『서울대학교 학문연구 50년』(I), 서울대학교, 1996, 243-244쪽.

보해 갔다.

1960년대 후반에 이르면 서울대학교 종교학과는 신학의 덮개를 상당히 벗겨내고 종교에 대한 학문적 연구의 성격을 확실하게 드러낸다. 이와 함께 종교학 공동체가 출현하게 되는데, 이 학문공동체들은 각 종교에 속한 종교전문가의 모임이라고 판단될 수도 있지만 종교학이 특정 종교의 신학을 대변하는 '위장된 명칭'이라는 오해를 충분히 불식할 수 있는 계기가 되었다. 1970년대에 한국종교사학회와 한국종교학회가 거의 동시에 탄생할 수 있었던 배경에는 장차 우리 사회에서 '종교의 발언'만이 아니라 '종교에 대한 발언'이 요청될 것을 예견한 종교학자와 일부 종교전문가의 학문적 통찰, 그리고 이를 자극한 우리 사회와 학계의 암묵적 기대와 요청이 있었다.

1960년은 우리 사회는 물론 학계가 중요한 전환기를 맞은 해였다. 4.19를 계기로 서구문화의 맹목적 수용을 비판하면서 우리 고유의 것과 문화를 강조하는 흐름이 나타났다. 국사학, 국문학, 민속학 등에서 자주 등장한 민족사학, 민족문학, 기층신앙 등이 그 예다. '우리 것'에 대한 관심의 표현이다. 조동일이나 김지하 같은 서울대학교 문리대 학생들이 조직한 '우리문화연구회'도 이러한 시대적 흐름을 탄 것이다.[6] 종교계에서는 천주교의 경우 제2차 바티칸공의회(1962-65) 이후 '전례의 토착화' 운동이 펼쳐졌고 개신교에서는 감리교 신학자들을 중심으로 '토착화 신학'이 논의되었다. 이와는 다른 맥락에서이지만 5.16 군사정권도 '조국 근대화'를 표방하는 동시에 민족문화와 전통을 강조하였다.

'민족의 발견' 또는 '자아의 탐색'이라고 개념화할 수 있는 이러한 당대의

---

6 「특별좌담회: 한국 종교학의 회고와 전망」, 『종교문화비평』 1, 2002, 158-209쪽.

사회·문화적 분위기는 앞서 지적한 종교학 공동체의 출현과 무관하지 않다. 우리 문화의 기층과 뿌리를 찾으려고 하는 민속학자, 전통문화(전통종교)와의 만남을 통해 토착화 신학을 수립하려는 기독교 신학자, 근대적 학문 방법론이 아쉬웠던 유교학자와 불교학자, 서구(근대)종교와 동양(전통)종교의 틈바구니에서 활로를 찾고자 했던 신종교 지식인은 서로 입지가 달랐음에도 '종교학'을 통해 자신들의 '희구'를 충족시키고자 했던 것이다.

한국종교학회는 1969년 11월 1일 한국종교문제연구원[7]에서 창립준비위원회를 열고 1970년 3월 2일 YMCA기도실에서 창립총회를 개최하였다. 초대 회장에는 당시 서울대 종교학과의 박양운 교수가 선출되고,[8] 평의원으로는 김택규(민속·인류학), 유동식(개신교), 유병덕(원불교), 유승국(유학), 서경수(불교), 서남동(개신교) 교수가 위촉되었고 서울대 종교학과의 장병길 교수가 간사로 선임되었다. 학회를 대외적으로 대표하는 회장과 실무를 맡은 간사가 모두 서울대학교 종교학과 소속인 반면, 임원에 해당하는 평의원은 대부분 특정 종교와 관련되어 있다. 종교학을 매개로 개별 종교전통의 학자들이 모인 모양새다. 학회의 영어 명칭은 Korea Association for the Studies of Religion였고, 일본 도쿄대학 종교학과의 호리 이치로(堀一郎) 교수가 창립기념 강연을 하였다. 창립 이후 10회에 걸쳐 월례학술발표회

---

7 1966년 천주교 박양운 신부와 성공회 조광원 신부가 주도하여 설립하였으며 종교대화운동에 힘썼다. 윤이흠, 「종교다원주의에 대한 경험적 접근」, 『종교다원주의와 종교윤리』(나학진교수 정년퇴임기념논문집), 집문당, 1994, 29쪽.

8 1971년 4월 박양운 신부가 일신상의 이유로 사임하고 동국대 부총장이었던 오법안 스님이 취임하였다. 최종성, 「한국종교학회 40년의 길: 학회의 조직과 운영」, 『종교연구』 64, 2011, 5쪽.

가 이어졌고, 1972년 4월 학회지 『한국종교학』이 창간되었다.[9] 그러나 이 학회지는 창간호 발간 이후 지속되지 못했다.

한국종교사학회의 출범일은 분명하지 않다. 1968년부터 세미나를 개최한 것을 보면 그 전후로 짐작된다. 초대 회장은 윤성범(감신대), 부회장은 문상희(연세대 신과), 총무간사는 김태곤(원광대) 교수가 맡았다.[10] 한국종교학회보다 먼저 출발했고 구성원도 유교, 불교, 기독교를 비롯한 개별종교의 전문가 및 정신의학, 국문학, 철학 분야의 학자들이 참여하고 있다. 1968년 3월부터 1972년 1월까지 총 12회에 걸친 '샤머니즘 세미나'와 6회에 걸친 연구발표 모임을 가졌다. 1972년 6월 30일 『한국종교사연구』가 창간되고 1973년 제2호까지 발간되었으나 그 후 지속되지 못했다.[11] 특기할 것은 회칙 제1조에 "국제종교사학회(International Association for the History of Religions, IAHR) 한국지부로서의 소임을 수행함"이라고 명기하고 있다는 사실이다. 학회의 영문 명칭도 Korean Association for the History of Religions 다.[12]

거의 동시에 출범한 두 학회는 유사성과 차이를 보여주고 있다. 먼저 학

---

9 「한국종교학회 일지」, 『한국종교학』 1, 1972, 169-170쪽.

10 연구위원으로는 강위조, 김광식, 김광일, 김태곤, 문상희, 변선환, 서정범, 선윤경, 유병덕, 유승국, 윤성범, 이기영, 이부영, 이신, 홍윤식이 참여하였다. 「한국종교사학회 회칙」, 『한국종교사연구』 1, 1972.

11 일부 인사들이 1995년 속간하여 2005년 제13호까지 내었지만 더 이상 발간되지 않고 있으며 학회활동도 없다.

12 「역대 총장 소개: 제2대 윤성범 총장 경력」란에는 "1960년, 국제종교사학회 실행위원 피선"(1965년 미국 개최 국제종교사학회 참석 및 1975년 영국 개최 국제종교사학회 참석)으로 소개되어 있다. 감리교신학대학교 홈페이지 https://www.mtu.ac.kr/mtu/c1/sub1_5_12.jsp

회 명칭과 관련된 사항에 주목해 보자. 한국종교학회는 종교학(the Studies of Religion)이라는 명칭을 채택한 반면, 한국종교사학회는 종교사학(History of Religions)이라는 명칭을 채택하였다. 주지하다시피 History of Religions는 엘리아데를 비롯한 시카고학파가 지어낸 명칭이다. 'the Studies of Religion'이라는 용어가 신학처럼 종교의 본질에 관한 연구로 오해될 것을 우려하여 새로운 용어를 내세운 것이다. 종교학이 관심을 가지는 것은 종교의 본질이 아니라 종교현상인데 그 현상이 바로 우리가 만나는 역사적 사실임을 환기하기 위해서, 다시 말하면 '종교가 우리에게 경험적으로 드러난 현상(역사)'을 연구하는 것이 종교학이라는 의미에서 그런 명칭을 사용한 것이다. 따라서 우리의 입장에서 보면 단순하게 '종교학'으로 번역하면 된다. 구미의 신학 풍토에서 벌어질 수 있는 문제를 아예 지워 버리기 위해 마련한 용어를 우리가 직역하면서 오히려 그곳에서는 일어나지 않는 문제가 우리 학계에서는 일어난 것이다. 정진홍이나 황필호 등은 History of Religions를 '종교학'으로 번역한 반면, 윤성범이나 문상희 등은 '종교사(학)'으로 번역하였다. 정진홍과 황필호는 시카고학파에서 이 용어가 사용되는 맥락을 파악하고 '종교학'으로 번역한 반면,[13] 한국종교사학회에서 활동한 인사들은 문자 그대로 번역한 것이다. 이후 국내 종교연구자들 사이에서 '종교학'과 '종교사학'이 병용되면서 혼란이 일어났다.[14] 한국종교학회의 경우에도 학

---

13   정진홍, 「종교학의 과제: 그 방법론적인 반성을 중심으로」, 『한국종교학』 1, 1972, 115-116쪽.

14   일본의 종교학자 기시모토 히데오(岸本英夫)와 의견을 같이하면서 황필호는 막스 뮐러가 사용한 Religionswissenschaft를 'religiology'로 번역하는 것이 History of Religions라는 용어가 불러일으킬 수 있는 불필요한 오해를 방지하고 종교학의 성격을 더욱 선명하게 나타낸다고 주장한 적이 있다. 황필호, 「종교학이란 무엇인가? 종교학과 신학의 관계」, 『종

회 명칭은 '종교학회'로 하면서도 설립 목적(회칙 제3조)에서 "종교학과 종교사학 발전"이라고 표기함으로써 혼란을 부추긴 점이 있다.[15]

해외 종교학과의 관련에서도 두 학회의 차이점이 엿보인다. 한국종교학회는 일본 종교학계와 밀접한 관련을 맺었다. 일본인 학자가 학회창립 기념강연을 했을 뿐만 아니라 『한국종교학』 창간호에 일본인 학자의 글이 세 편이나 실렸다.[16] 일본에서 수학한 장병길 교수, 도시샤(同志社)대학에서 공부한 서남동 교수, 그리고 호리 이치로 교수와 샤머니즘을 함께 연구한 유동식 교수의 영향으로 보인다. 반면 한국종교사학회는 앞에서 지적한 바와 같이 IAHR의 한국지부로서의 정체성을 강조하였다.

이처럼 두 학회는 상당히 다른 모습을 드러내고 있지만 실제 운영에서는 크게 다르지 않았다. 전공 학자가 많지 않은 탓이겠지만 회원들이 두 학회에 모두 참여하는 경우가 많았다. 회원 수의 유지나 조직 관리의 측면에서도 두 학회 모두 취약하였다. 양자 모두 의욕적으로 출발했지만 학회지 발간 사업의 중단과 함께 결국 두 학회 모두 구심점을 잃고 표류하게 되었다.

학문공동체를 재구축하려는 노력은 1970년대 후반에서야 나타난다. 정진홍을 비롯한 소장 종교학자들이 '한국종교학연구회'라는 새로운 연구모

교학연구』 1, 1978, 85-88쪽.

15   1986년 개정된 회칙에서는 설립 목적에서 "종교사학"이라는 용어를 삭제하고 단지 "종교학의 발전"으로 표기하였다. 한편 2010년 창립 40주년을 맞이하여 학회의 영문 명칭을 Korean Association for Religious Studies로 바꾸고, 학회지의 영문 명칭도 Korean Journal of Religious Studies로 개칭하였다. 최종성, 「한국종교학회 40년의 길: 학회의 조직과 운영」, 『종교연구』 64, 2011, 18쪽.

16   堀一郎, 「民間信仰의 社會的 役割」; 中島秀夫, 「日本의 宗教와 社會」; 中村元, "Pure Land Buddhism". 한국인의 논문은 총 8편이 게재되었다. 『한국종교학』 1, 1972.

임을 결성하였다. 1977년 10월 29일 창립총회를 연 이 모임은 기독교 신학으로부터 종교학을 독립시키기 위해 노력했던 장병길 교수, 한국종교학회와 한국종교사학회를 출범시키기 위해 애쓴 학자들, 그리고 인접 학문에서 수행해 온 다양한 형태의 종교연구가 종교학 발전에 기여한 점을 인정하면서도 그 한계를 넘어서려는 강한 의지를 드러내었다. 그리고 대체로 바흐(Joachim Wach)에서 엘리아데(Mircea Eliade)로 이어지는 시카고학파의 기조를 유념한 것으로 보인다.[17] 이 연구회는 1978년 5월 학술지『종교학연구』를 창간하였다. 정진홍, 이은봉, 황선명, 금장태, 황필호 등 소장학자가 주요 필진으로 참여하였다. 그런데 이 모임도 오래가지 못했다. 제도권에서 종교학의 자리를 차지하지 못했던 회원들은 한국종교학회의 재건을 주장하는 제도권 학자에 의해 해산을 권유받았고 1981년 4호 발간을 마지막으로 자진하여 이른바 발전적 해산을 하였기 때문이다.[18]

　1970년대에 출범한 한국종교학회, 한국종교사학회, 한국종교학연구회는 모두 단명했다. 그렇지만 그 기간은 종교학의 발전을 위한 중요한 시기다. 장병길은 한국 최초의 종교학 개론서『종교학개론』(1975)을 출간했다. 서구 및 일본학계에서 발전된 종교학 개념들을 사용하면서도 한국의 종교문화에 대한 관심을 지속하면서 서술한 이 저술은 곳곳에서 생경한 용어와 투명하지 않은 표현을 사용하지만 그만큼 독창성을 지녔다.[19] 종교학 입

17　정진홍, 「종교학연구회 창립에 즈음하여」, 『종교학연구』 1, 1978, 91-94쪽.

18　1982년 정진홍이 서울대에 부임한 뒤 『종교학연구』는 '서울대학교종교학연구회'의 이름으로 1985년 제5호가 속간되어 지금에 이르고 있지만 학회지의 성격은 지니고 있지 않다.

19　2003년 한국종교문화연구소는 장병길 교수가 쓴 글들을 모아 『(장병길 교수 논집)한국종교와 종교학』(청년사, 2003)을 발간하였다.

문서의 번역 작업도 이 시기에 있었는데 스트렝의『종교학입문』(1973)[20]이
그 예다. 이와 아울러 엘리아데의『우주와 역사』(1976)[21] 및『종교형태론』
(1979)[22]이 번역되면서 종교학이 발언하는 주제와 폭은 학계와 일반 독자에
게 새삼스러운 충격을 주기도 하였다.

이 계기에서 우리는 엘리아데를 비롯한 시카고학파의 종교학이 한국 종
교학계에 미친 영향을 되살펴 볼 필요가 있음을 주장하고 싶다. 그것이 기
여한 가능성의 지평과 문제의 골을 분석하는 일은 한국 종교학이 반드시
해야 할 과제 중의 하나라고 생각한다. 엘리아데 종교학은 1960년대부터
서울대 종교학과 강의에서 부분적으로 소개되기 시작했고 1970년대 초에
는 신화에 관한 강좌가 그의 주장을 저변으로 개설되기도 하였다. 1980년
대 이후에는 더욱 많은 그의 저서와 소설이 번역되면서 종교학계를 넘어
문학과 예술 영역에까지 영향을 미쳤다. 그러나 이와 아울러 그의 종교학
을 낭만적이라고 비판하는 주장이 강하게 퍼지면서 종교학계에서 그의 논
의는 금기시되는 경향도 나타났다. 그러나 2010년대부터 다시 그에 대한
저술이 이어지고 있다. 엘리아데 종교학의 국내 수용에 대해서는 추후 별
도의 논의가 필요하다.[23]

---

20   Frederic J. Streng, *Understanding Religious Life*, 정진홍 옮김,『종교학입문』, 대한기독교
      서회, 1973.

21   Mircea Eliade, *Cosmos and History: The Myth of the Eternal Return*, 정진홍 옮김,『우주
      와 역사』, 현대사상사, 1976.

22   Mircea Eliade, *Patterns in Comparative Religion*, 이은봉 옮김,『종교형태론』, 형설출판
      사, 1979.

23   동아시아의 엘리아데 수용과 관련된 논의로는「특집: 동아시아 관점에서의 엘리아데 재
      고」,『종교문화비평』11, 2007 참조; 엘리아데 종교학을 검토한 대표적인 국내 저서와 역
      서로는 정진홍,『M. 엘리아데, 종교와 신화』, 살림, 2003; 안진태,『엘리아데·신화·송교』

(2) 1980~1990년대

1960-70년대가 '개발독재'라는 용어로 상징되는 급속한 산업화와 권위주의의 시대였다면 1980~1990년대는 민주화와 시민사회, 탈권위주의, 후기 산업사회와 소비문화의 확산 등을 키워드로 하는 시대였다. 이 시기에는 공산권 붕괴라고 하는 세계적 차원의 지각변동도 일어났다. 국내외에서 일어난 이러한 급격한 사회문화적 변동은 포스트모던 담론의 유행과 맞물리면서 인문사회과학 분야에서 '근대성'에 대한 광범위한 논의를 불러일으켰고 이는 종교학계에도 커다란 영향을 미쳤다. 그 결과 '종교와 근대화' 패러다임에서 '종교와 근대성' 패러다임으로의 전환이라고 할 수 있을 만큼 종교연구 분야에서 커다란 변화가 일어났다. 전자의 패러다임에서는 근대화를 추구해야 할 모델로 설정하고 종교와 근대화의 관계를 논했다면, 후자의 패러다임에서는 근대성에 대한 비판적 성찰을 하면서 종교와 근대화의 관계를 논한다. 이번에는 직접 다루지 못하지만 이 주제는 별도의 논의가 필요할 만큼 방대한 영역이면서 중요하다.[24]

제도적 차원에서 보면 1980-90년대의 한국 종교학은 괄목할 만한 변화와 발전을 보였다. 학제, 연구인력, 연구성과 등 모든 차원에서 그러하다. 우

, 고려대학교출판부, 2005; Douglas Allen, *Myth and religion in Mircea Eliade*, 유요한 옮김, 『엘리아데의 신화와 종교』, 이학사, 2008; Mircea Eliade and Claude Henri Rocquet, *Epreuve du labyrinthe*, 김종서 옮김, 『미로의 시련: 엘리아데 입문』, 북코리아, 2011; 한성숙, 『미르체아 엘리아데, 슨지에네의 밤』, 커뮤니케이션북스, 2016 등이 있다.

24 이와 관련한 논의는 다음의 저작을 참조하라. 조현범, 「'종교와 근대성' 연구의 성과와 과제」, 『근대 한국 종교문화의 재구성: 근대성의 형성과 종교지형의 변동 II』, 한국학중앙연구원 종교문화연구소, 2006, 11-52쪽; 강돈구 외, 『근대성의 형성과 종교지형의 변동 I』, 한국학중앙연구원 종교문화연구소, 2005; 강돈구 외, 『근대 한국 종교문화의 재구성: 근대성의 형성과 종교지형의 변동 II』, 한국학중앙연구원 종교문화연구소, 2006.

선 서울대학교 종교학과에서 국내 박사가 배출되면서 연구자의 층이 두터워지기 시작하였다.[25] 이보다 더 중요한 의미를 지니는 것은 서울대학교 이외의 대학에 종교학과가 설치되었다는 사실이다. 1981년 서강대학교에 종교학과가 설치된 이후 대구효성여대(현 대구가톨릭대학교)와 성심여자대학교(현 가톨릭대학교), 한신대학교에 종교학과가 설치되었다.[26] 정신문화연구원(한국학중앙연구원의 전신) 철학·종교연구실에도 종교학 석박사 과정이 개설되었다. 이 시기에는 종교철학과도 감리교신학대학교와 강남대학교에 설치되고, 원광대학교에는 동양종교학과가 설치되었다. 이러한 흐름 속에서 '한국대학종교학도연합'(1997)이라는 모임이 결성되어 전국의 종교학과 학생들이 다양한 형태의 교류를 하는 현상도 나타났다.

그런데 이 대목에서 먼저 주목할 필요가 있는 것은 1980년대 이후 종교학 관련 학과가 설치된 학교는 모두 특정 종교를 배경으로 한 종교재단 사립대학이라는 점이다. 특히 천주교와 개신교 계통의 대학이 대부분이다. 따라서 이 대학들에 설치된 종교학과는 해당 대학의 건학이념과 무관할 수 없다. 강돈구에 의하면 기독교 계통의 대학에 있는 종교학과는 내용 면에서 종교학과라기보다는 '신학과 종교'학과(Department of Theology and Religion)에 가깝고, 종교철학과는 종교철학과가 아니라 '신학과 철학'(Department of Theology and Philosophy)과에 가까우며, 원광대학교의 동양종교학과는 '동양종교'학과(Department of Oriental Religions)에 가깝다.[27] 이

---

25 1987년 황선명이 『근세한국 종교문화와 후천개벽 사상에 관한 연구』로 최초의 박사학위 논문을 받았다.
26 한신대학교 종교학과는 1999년에 '종교문화학과'로 학과 명칭을 변경하였다.
27 강돈구, 「한국종교학의 회고와 전망」, 『정신문화연구』 18(1), 1995, 43-44쪽.

러한 지적이 타당하다면 이들 대학에서 가르치는 종교학이나 종교학 관련 과목은 신학이나 교학의 보조학문이라는 혐의에서 자유롭지 못할 것이다.[28]

어떻든 대학에 종교학과가 설치되면서 관련 연구소도 증대하였다. 1989년 설립된 서울대학교 인문대학 부설 종교문제연구소는 1995년부터 학술지『종교와 문화』를 발간함으로써 서울대 종교학과는 기존의『종교학연구』를 포함해 두 종의 종교학 학술지를 지니게 되었다.[29]『종교학연구』가 종교학과 교수나 대학원생의 논문으로 주로 구성되는 반면,『종교와 문화』는 좀 더 넓은 연구자층을 확보하고 있다. 서강대학교에서는 1984년 기존의 신학연구소를 확대 개편하여 종교·신학연구소를 설립하였고 1997년 종교연구소로 독립했다. 서강대학교 신학연구소는 가톨릭신학을 기반으로 하는 반면, 종교연구소는 종교학을 배경으로 한다. 그렇지만 종교연구소는 "종교간 대화와 상호 이해의 촉진"을 설립 목적의 하나로 하고 있다는 점에서 신학연구소와 연속성을 지니고 있다. 종교·신학연구소 시절의 학술지는 종교학 논문과 신학 논문이 함께 실리는『종교·신학연구』(1988-1998)였던 반면, 종교연구소로 독립한 후에는『한국종교연구』(1999-2008)라는 독자적인 학술지를 발간하였다. 이와 동시에 종교학 총서 시리즈도 발간하였는데 번역 도서가 대부분이고 기독교 신학의 배경을 지닌 서구 종교학자들의 저서와 불교·도교·이슬람·무교와 같은 종교전통에 관

---

28 '종교문화학과' 혹은 '종교문화재학과'를 설치한 대진대학교나 중원대학교도 증산계열 종단이 운영하는 학교다.

29 http://centerrs.cafe24.com/

한 저서가 주종을 이루고 있다.[30] 한신대학교에서는 1996년 종교문화연구소를 설립하고 1999년부터 학술지 『종교문화연구』를 발간하였는데 신학적 색채는 찾아보기 힘들다.[31] 또한 '한신종교문화총서'라는 이름하에 10여 권의 단행본을 발간하였는데 대부분 종교문화학과 소속 교수의 개인 저서나 번역서다.

1980년대에 들어와 종교학회가 재건되었다. 1982년 10월 학술발표회를 재개하면서 종교학회의 재건을 위한 움직임이 본격화되었고 1986년 학회지 발간으로 결실을 맺었다.[32] 학회지를 발간하면서 과거와의 연속성을 유지하기 위해 창간호가 아니라 '제2호'로 표기하였지만 학회지의 명칭은 『한국종교학』에서 『종교연구』로 변경하였다. '한국종교학'이라는 용어가 자칫 한국종교만을 연구대상으로 삼는다는 오해를 줄 수 있기 때문에 모든 종교현상을 연구대상으로 삼는다는 취지에서 '종교연구'로 제호를 변경한 것이다.[33] 종교학회의 재건에는 서강대학교 종교학과의 신설과 서울대학교 종교학과 교수진의 세대교체가 주요한 동력으로 작용한 것으로 보인다.

1980년대 말에는 종교학회와 별도로 대학 밖에 세 개의 종교학 관련 연

---

30 가톨릭 계통의 출판사인 분도출판사에서 총 10권이 발행되었는데 발간 연도와 제목은 다음과 같다. 『종교학의 이해』(1986), 『성스러움의 의미』(1987), 『도교사』(1990), 『종교의 의미와 목적』(1991), 『불교의 이해』(1994), 『종교현상학 입문』(1995), 『종교사 입문』(1997), 『이슬람의 이해』(1999), 『한국 무교의 이해』(1999), 『간디와 비교종교』(2005).

31 2011년 종교문화연구소는 '종교와문화연구소'로 개칭되었고, 2019『종교문화연구』는 제32호로 종간되었다.

32 1982년 10월 23일 한국과학기술회관 국제회의실에서 3편의 논문이 발표되었는데 제목과 발표자는 다음과 같다. 「현대 종교학의 지향」(정진홍), 「한국의 종교문화 현실」(윤이흠), 「종교운동과 사회규범」(황선명).

33 윤이흠, 「권두사」, 『종교연구』 2, 1986.

구기관 혹은 연구단체가 등장했다. 첫째는 1988년 서울대학교 윤이흠 교수에 의해 설립된 한국종교사회연구소로서 이 연구소는 초창기에는 출판사까지 운영하면서 의욕적으로 종교학 관련 도서를 발간하였다.[34] 그렇지만 개인 연구소의 성격을 벗어나지 못해 지속적인 성과를 내지는 못했다.[35] 1989년에는 서강대학교 출신 소장 연구자들을 중심으로 종교문화연구원이 창설되었는데 이 역시 꾸준한 활동을 전개하지는 못했다.[36] 비슷한 시기에 서울대학교 출신의 젊은 종교학도들을 중심으로 '한국종교연구회'라는 연구모임이 결성되었다. 1988년 창립된 이 연구회의 설립 취지는 다음과 같이 요약해 볼 수 있다.[37] 기존의 한국 종교학은 엘리아데의 종교학과 캔트웰 스미스의 종교학으로 대변되는데 양자는 종교의 자율성 강조와 신학적 선험성의 보존이라는 공통점을 지닌다. 신생학문인 종교학이 학계에서 발판을 확보하기 위해서는 자신만의 고유한 시각을 강조할 필요가 있지만 거기에 머물면 안 된다. 한국사회의 시대적 요청에 부합하는 '한국적 종교학'을 수립해야 한다. 1978년 소장 종교학자들에 의해 결성된 한국종교학연구회가 선학의 성과를 존중하면서도 새로운 목소리를 내려고 했던 것처럼, 그로부터 꼭 10년 뒤인 1988년 결성된 한국종교연구회도 기존 종교

---

34 윤이흠, 『현대인의 삶과 종교: 건강한 종교생활의 길』, 고려한림원, 1993; 한국종교사회연구소 기획, 차옥숭 편, 『기독교사 자료집: 타종교 및 전통문화의 이해를 중심으로』(1-4), 고려한림원, 1993.

35 2013년 윤이흠의 사망 이후 윤용복이 주도하여 아시아종교연구원이라는 이름으로 명칭을 변경하고 나름의 활동을 전개하고 있다.

36 오랫동안 활동을 중지하였다가 2007년 '종교간 소통'을 표방하면서 재출범하였지만 현재까지 뚜렷한 활동은 보이지 않는다.

37 장석만, 「종교학의 차이성과 인정투쟁에 대하여」, 『한국종교연구회회보』 창간호, 1989, 3-6쪽.

학의 성과를 인정하면서도 그 한계를 넘어서려는 의지를 천명하고 있다. 앞서 언급했듯이 1980년대 후반은 대내적으로는 군사정권이 종식되고 대외적으로는 사회주의 체제가 해체되어 가던 시기였다. 이러한 시대적 전환기를 맞이하여 인문사회과학 분야에서는 소장 연구자들을 중심으로 제도권 밖에서 학술단체를 결성하려는 붐이 일었는데 한국종교연구회의 출범도 이러한 시대적 흐름과 어느 정도 궤를 같이 하고 있는 것으로 보인다. 한국종교연구회는 「한국종교연구회보」(1989-1999) 발간을 통해 문제의식을 공유하는 한편 일본 도쿄대학 종교학과 소속 젊은 연구자들과 학술 교류를 하기도 하였다.[38] 이러한 활동에 힘입어 2000년대에 들어서는 사단법인 한국종교문화연구소로 확대 개편되었다.

1980년대에는 종교학의 기반 확충에 필요한 여러 종류의 저술도 활발하게 간행되었다. 정진홍의『종교학서설』(1980)을 필두로 황선명의『종교학개론』(1982)과 이은봉의『종교 세계의 초대』(1985)가 연이어 출판되었다. 종교학 개론서에 해당하는 이 저서들을 펴낸 저자는 모두 장병길 교수의 제자로서 앞서 언급한 한국종교학연구회의 주역이었다. 서강대 종교학과 교수 김승혜의『종교학의 이해』(1986)는 국내외 학자의 종교연구 방법론 관련 글을 모은 것인데 종교현상학적 접근만이 아니라 사회과학적 접근도 포함하고 있다. 이 책에서 김승혜는 서구 종교학을 중심으로 종교학의 역사를 개관하면서도 '동양적 시각'에 입각한 종교학의 가능성을 모색하고 있다. 이 무렵에는 종교학 개론서의 번역도 활발하게 이루어졌다.『종교학 입문』(엘리아데 외, 1982),『성과 속』(엘리아데, 1983),『종교학』(리처드 콤스

---

38 「한국종교연구회 활동일지」, 『한국종교연구회보』 7, 1996, 85-93쪽.

톡, 1983), 『현대 종교학』(니니안 스마트, 1986), 『종교학, 그 연구의 역사』(에
릭 샤프, 1986), 『비교종교학』(요하힘 바흐, 1988) 등 주로 영어권 학자의 책이
소개되었지만 일본 종교학자 기시모토 히데오의 『종교학』(1983)도 소개되
었다.[39] 이 책들은 종교학도의 필독서가 되었을 뿐만 아니라 학계와 사회에
종교학을 알리는 데 기여하였다. 종교 연구의 자료라고 일컬어지는 세계
종교사 안내서도 나왔는데 이 책들은 개개 종교의 자기주장을 존중하면서
도 고백적이지 않은 자리에서 저술되었다. 이 무렵에 나온 대표적인 책은
번역서인 존 노스의 『세계종교사』(1986)와 한국종교연구회 소속 연구자들
이 공동 집필한 『세계종교사 입문』(1989)으로서 두 책은 교양 대중의 지적
관심에 부응하였을 뿐만 아니라 종교학 개론 수업의 보조 교재로 널리 활
용되었다.[40]

이처럼 1980년대에 저서와 역서를 포함한 종교학 입문서가 10권이 넘게
나오면서 개론서에 대한 수요가 어느 정도 충족되자 1990년대에는 새로운
문제의식이나 형식을 지닌 개론서가 등장하였다. 정진홍의 『종교문화의
이해』(1992)는 '종교문화'라는 용어를 의도적으로 선택하여 종교의 세계를
서술한 종교학 입문서였으며,[41] 한국종교연구회 회원들이 공동으로 집필

---

39   막스 뮐러의 Introduction to Science of Religion(1873)은 1990년대에 들어와 번역되었
      다. 김구산 옮김, 『종교학 입문』, 동문선, 1995.
40   미국 대학에서 세계종교입문 교재로 가장 널리 읽히는 Houston Smith, The World's
      Religions: Our Great Wisdom Traditions(1958)는 1970년대에 발췌 번역의 형태로 소개되
      었다가 1990년대에 완역되었다. 민경배 외 옮김, 『세계의 종교들』(발췌 역본), 연세대학
      교출판부, 1974; 이종찬 옮김, 『세계의 종교』(완역본), 은성, 1993; 한편 한국종교연구회는
      소련에서 나온 책도 번역하였다. Sergei Aleksandrovič Tokarev, 『세계의 종교』, 사상사,
      1991.
41   정진홍, 『종교문화의 이해』, 서당, 1992; 정진홍, 『종교문화의 이해』, 청년사, 1995.

한 『종교 다시 읽기』(1999)와 『종교 읽기의 자유』(1999)는 학술성과 대중성의 조화를 지향한 '에세이 종교학'의 형식을 취했다. 이 무렵은 여러 대학에 교양과목으로 개설된 종교학 개론의 명칭이 '종교와 인간'으로 바뀌는 추세였는데 류성민의 『종교와 인간』은 이러한 추세를 반영한 종교학 개론서였다.[42]

한편 종교연구의 대조적 흐름이라고 할 수 있는 종교현상학과 종교사회학 분야에서도 주목할 만한 저서들이 이 무렵에 나왔다. 고전적 종교현상학을 대표하는 반 델 레우의 『종교현상학 입문』(1995)이 네덜란드어에서 직접 번역되고, 고전적 종교현상학을 넘어 1950년 이후의 종교현상학까지 포괄한 정진홍의 『종교문화의 인식과 해석: 종교현상학의 전개』(1996)가 나왔다. 전자가 서구 학자가 쓴 고전적 종교현상학의 정수라면, 후자는 국내 학자가 고전적 종교현상학과 새로운 형태의 종교현상학을 아우르면서 한 세기에 걸친 종교학의 문법을 새롭게 읽으려는 시도라고 할 수 있다. 종교사회학 분야에서는 종교사회학의 고전으로 간주되는 에밀 뒤르켐의 『종교생활의 원초적 형태』가 프랑스어에서 직접 번역되고,[43] 오경환의 『종교사회학』(1990)[44]과 이원규의 『종교사회학: 이론과 실제』(1991) 및 『종교사회학의 이해』(1997)가 나왔다. 전자는 종교에 대한 사회학적 연구의 한 모범을 제시하였다면, 후자의 책들은 서구의 종교사회학을 충실하게 소개하

---

42 류성민, 『종교와 인간』, 한신대학교출판부, 1997.

43 Émile Durkheim, *Les formes élémentaires de la vie religieuse*, 노치준·민혜숙 옮김, 『종교생활의 원초적 형태』, 민영사, 1992.

44 초판은 1979년에 나왔으나 1990년에 개정판이 나왔다. 오경환, 『종교사회학』, 서광사, 1979(1990).

였다.[45] 한편 이 시기에 번역된 월터 캡스의 『현대종교학 담론』(1999)은 종교현상학과 종교사회학을 아우르는 종교학의 형성 과정을 종교의 본질, 기원, 묘사, 기능, 언어, 비교라고 하는 여섯 가지 범주로 나누어 추적하였다.[46]

이 시기에 나온 대표적인 한국종교사로는 그레이슨의 『한국종교사』(1995)[47]와 한국종교연구회에서 펴낸 『한국 종교문화사 강의』(1998)[48]가 있다. 그레이슨의 책은 신학과 인류학을 전공한 저자가 외국인을 대상으로 쓴 책이지만 한국어로 번역되어 국내에서도 널리 읽히고 있다. 이 책은 동아시아 종교사의 맥락에서 한국종교사의 성격과 특성을 파악하려고 했다는 점에서 의의를 지니고 있지만 개별 종교 중심으로 서술하였다는 약점을 보이고 있다. 반면 한국종교연구회에서 펴낸 책은 개별 종교사의 단순한 조합을 지양하고 한국종교사의 거시적 흐름을 좇아 서술하였지만 주제로 선정된 항목 간의 유기적 연결성이 약하다는 평가를 받았다.

이 시기에는 한국종교 연구의 역사를 정리하는 작업도 등장했다. 한국종교학회는 해방 50주년을 맞이하여 한국종교에 관한 연구사적 검토를 목표

---

45 종교사회학 분야에서는 1990년대 이전부터 상당수의 번역서가 출간되었는데 대표적인 것은 다음과 같다. Thomas F. O'Dea, 권규식 옮김, 『종교사회학 입문』, 대한기독교서회, 1969; Milton Yinger, 한완상 역, 『종교사회학』, 대한기독교서회, 1973; Peter Berger, 이양구 옮김, 『종교와 사회』, 종로서적, 1981; Thomas Luckmann, 이원규 옮김, 『보이지 않는 종교』, 기독교문사, 1982; Roland Robertson, 이원규 옮김, 『종교의 사회학적 이해』, 대한기독교출판사, 1984; Meredith McGuire, 김기대·최종렬, 『종교사회학』, 민족사, 1994; Frank Whaling, 이용범·이진구 옮김, 『현대종교학과 사회과학』, 서광사, 2000.

46 Walter Capps, 김종서 외 옮김, 『현대종교학 담론』, 까치, 1999.

47 James Huntley Grayson, 강돈구 옮김, 『한국종교사』, 민족사, 1995.

48 한국종교연구회, 『한국 종교문화사 강의』, 청년사, 1998.

로 2년에 걸쳐 학술대회를 진행하였는데 그 결과물로 나온 것이 『해방 후 50년 한국종교 연구사』(1997)다.[49] 연구사 검토는 전통종교와 종교이론 분야로 나누어 진행되었는데, 전통종교에는 불교, 도교, 천주교, 개신교, 유교, 신종교, 무교, 고대종교, 인도종교가 포함되고 종교이론에는 종교사회학, 종교철학, 비교종교학이 포함되었다. 12명의 연구자가 전공별로 분담하여 각 분야의 연구성과를 충실히 소개하였지만, 자료 선택의 기준이나 분석 방법에 대한 비판적 성찰은 충분히 이루어지지 못했다. 서강대학교 종교연구소도 3년간의 공동연구를 통해 『한국 종교문화 연구 100년』(1999)을 펴냈다. 이 책은 종교이론 분야는 제외하고 유교, 불교, 도교, 무교, 민족종교, 그리스도교 전통만 연구사 검토에 포함하였지만 100년에 걸친 연구성과를 검토하고 있기 때문에 단행본으로 한정하였다. 이 책 역시 전공자들이 종교전통별로 나누어 연구성과를 꼼꼼하게 살폈지만 검토 자료의 분석과 관련한 기준이나 원칙이 잘 드러나지는 않는다. 그렇지만 이 두 책은 20세기의 끝자락에서 한국종교에 관한 연구를 조감하고 있다는 점에서 나름의 의의를 지니고 있다.[50]

한편 이 시기에는 한국종교 연구의 토대가 되는 한국종교 사전과 연감이 간행되기도 하였다. 한국종교사회연구소에서 펴낸 『한국종교문화사전』(1991)[51]은 한국종교 전반을 포괄하고 있다는 점에서 의의가 있지만 유교사

---

49   한국종교학회, 『해방 후 50년 한국종교 연구사』, 창, 1997.

50   한국종교 연구와 관련하여 이 두 책이 지니는 의의와 한계에 대해서는 정진홍·박규태·이진구, 「종교학」, 『한국의 학술연구: 서양철학·미학·종교학』, 대한민국학술원, 2000, 257-265쪽 참조.

51   한국종교사회연구소, 『한국종교문화사전』, 집문당, 1991.

전, 불교사전, 기독교사전과 같은 기존의 사전에 들어 있는 항목을 단순 요약하는 방식으로 제작되었기 때문에 널리 활용되지는 못했다. 1993년부터 동 연구소에서 펴낸 『한국종교연감』은 제4권까지 발행하고 중단되었다.[52] 이 연감은 한국종교의 현황 파악 및 소개에 주안점을 두고 여러 자료를 수록하였는데 종교 관련 통계가 연구자들에 의해 많이 이용되었다.

이처럼 1980~1990년대에는 학과, 학회, 연구기관, 학술지, 개론서, 세계종교사, 한국종교사, 사전, 연감 등 종교연구를 위한 제도적 학술적 인프라가 상당한 정도로 구축되었다. 이에 기반하여 종교학은 다양한 주제를 선택하면서도 이전보다 더 직접적이며 구체적이고 체계적인 전문적 연구를 수행할 수 있었으며 이를 감당할 수 있는 전문적인 종교학자도 그 수를 더해갔다.

(3) 2000년대 이후

'새천년' 혹은 '밀레니엄'이라는 용어의 유행과 함께 시작된 2000년대는 '세기의 전환기'라고 하는 상징적 의미만을 지닌 시기가 아니다. 이 시기는 지구화(세계화, 국제화), 정보화, 다문화 등의 키워드로 대변되는 급격한 사회문화적 변동을 실제로 경험하고 있다. 1990년대 말 IMF 사태를 계기로 그 조짐이 나타나기는 하였지만 2000년대 들어와 이러한 사회문화적 변동과 함께 우리 사회를 근본적으로 규정하고 있는 것은 신자유주의다. 주지하다시피 경쟁과 효율을 지고의 덕목으로 내세우는 신자유주의는 기업과 같은 경제 영역만이 아니라 사회의 모든 영역을 시장화하는 논리이자 이데

---

52 한국종교사회연구소 편, 『한국종교연감』(1-4), 고려한림원, 1993-1997쪽.

올로기다.

　신자유주의의 논리는 대학에도 과감한 구조조정을 요구하였고 각 대학은 무한경쟁에서 살아남기 위해 실용적인 학문 위주로 학과 통폐합을 단행하였다. 이로 인해 인문학과 같은 '순수학문'의 입지는 매우 좁아졌고 종교학 관련 학과 역시 그 영향에서 벗어날 수 없었다. 일부 종교학과는 폐과되거나 명칭을 변경하였으며, 어떤 대학의 종교학과는 신입생 모집을 중지하였다.[53] 그렇지만 서울대학교를 비롯하여 서강대학교, 한신대학교, 한국학중앙연구원 등 종교학 전공이 유지된 곳에서는 석박사급 연구인력이 꾸준히 배출되어 한국 종교학의 토대를 강화하는 요인으로 작용하였다.[54]

　학회의 경우에도 주목할만한 변화가 나타났다. 한국종교학회는 분과체제를 도입하여 학술대회의 규모를 확대하였다.[55] 연 2회의 개최 방식은 그대로 유지했지만 주제 발표를 맡은 소수의 발표자 이외에도 수십 명의 연구자가 각 분과에서 발표함으로써 매번 수십 편의 글이 나오는 체제로 개편된 것이다. 따라서 학술대회도 이틀에 걸쳐 개최하고 『종교연구』의 발간

53　강남대학교 종교철학과는 종교학 전공이 사라지면서 '참인재대학'으로 흡수되었고 대진대학교의 종교문화학과는 폐과되었다. 원광대학교 동양종교학과는 한국문화학과, 중원대학교의 종교문화학과는 종교문화재학과로 각각 명칭을 바꾸었다. 가톨릭대학교의 종교학과는 2019년부터 신입생 모집을 중단하였다.

54　한신대학교 종교문화학과에는 박사과정이 없기 때문에 석사학위 취득 이후 계속 공부하려면 박사과정이 설치된 서울대학교나 서강대학교, 한국학중앙연구원 등으로 옮겨야 한다.

55　2021년 현재 종교학 이론 분과를 비롯하여 한국종교, 불교, 유교, 기독교, 유대교 및 이슬람, 종교심리학, 종교사회학, 종교철학, 신종교, 민속종교 및 샤머니즘, 인도종교, 일본종교, 종교와 평화, 종교와 여성, 종교와 과학, 종교와 예술, 대학원 분과 등 총 15개 분과가 개설되어 있다.

횟수도 3-4회로 늘었다.[56] 그러나 이러한 분과체제는 모든 종교현상을 포괄하려는 본래의 취지와 달리 오히려 종교학 전통에 입각하여 문제를 제기하는 논문을 배제하는 결과를 초래할 수 있다는 지적을 받기도 하였다.[57]

이 시기의 학술지 발간과 관련하여 주목해야 할 것은 새로운 학술지의 등장이다. 1990년대까지 종교학 관련 학술지를 대표한 것은 『종교연구』(한국종교학회), 『종교학연구』(서울대 종교학과 산하 한국종교학연구회), 『종교와 문화』(서울대학교 종교문제연구소)였다. 그런데 2000년을 전후하여 『신종교연구』(1999), 『종교문화연구』(1999), 『종교문화비평』(2002)이라는 새로운 종교학 관련 학술지가 앞다투어 출현하였다. 1999년 최중현, 황선명, 윤승용 등 중견 종교학자의 주도로 출범한 한국신종교학회의 학술지인 『신종교연구』는 연구대상이 신종교에 국한되어 있지만 상당수의 종교학자가 적극 참여하고 있다. 매년 2회에 걸쳐 학술대회를 개최하고 있으며 발표된 논문을 중심으로 특집을 구성하고 있다. 거의 같은 시점에 창간된 한신대학교 종교와문화연구소의 『종교문화연구』는 다양한 학문적 배경을 지닌 연구자들의 논문을 게재하고 매호 시의성 있는 특집을 구성하면서 종교연구의 지평을 확장하고 있다는 평가를 받았다. 한국종교문화연구소가 발간하는 『종교문화비평』도 연 2회의 학술대회를 통해 발표된 논문을 토대로 매호 특집을 구성하는 동시에 개별 연구자의 다양한 논문을 게재하고 있으며 특히 종교학의 문화비평 기능을 강조하고 있다. 이 세 저널은 지난 20년

---

56 1997년부터 연 2회, 2000년 연 3회, 2001년부터 연 4회, 2017년부터 연 3회 발간하고 있다.
57 정진홍·박규태·이진구, 「종교학」, 『한국의 학술연구: 서양철학·미학·종교학』, 대한민국학술원, 2000, 278쪽.

간 매호 특집을 구성하여 종교연구의 심화와 다변화에 큰 기여를 하였다.[58]

한편 서강대 종교연구소에서 2000년부터 연간으로 발행하던 『한국종교연구』는 2010년부터 영문 저널 『Journal of Korean Religions』(반년간)로 전환하여 해외에 한국종교에 관한 연구성과를 소개하는 창구 역할을 하고 있다. 이 학술지는 국내 연구자들의 논문만이 아니라 외국에서 활동하는 한국종교 연구자의 글이 많이 실리고 있다는 특징을 지니고 있다. 2010년 『종교와 사회』를 창간한 한국종교사회학회도 2016년부터 『Asian Journal of Religion and Society』라는 제호의 영문 저널로 복간하면서 사회과학적 종교연구의 발판을 넓히고 있다. 이처럼 2000년대 들어와 창간된 종교학 관련 저널은 대부분 한국연구재단에서 시행하는 학술지 심사제도에 응하고 있으며 '등재지' 자격을 유지하기 위하여 힘쓰고 있다. 등재지 자격을 획득하지 못하거나 유지하지 못하면 연구자들의 논문을 싣기 힘들다. 2000년대부터 실시된 이러한 제도적 변화가 한국 종교학의 풍토에 미칠 영향에 대해서도 주목할 필요가 있다.

2000년대에 접어들어 종교학 개론서도 다수 출간되었다. 정진홍의 『열림과 닫힘』(2006), 이길용의 『종교학의 이해』(2007), 유요한의 『종교적 인간, 상징적 인간』(2009), 안신의 『종교와 종교학: 한국적 종교학을 향하여』(2011), 유요한의 『종교학의 이해』(2020)가 대표적인 개론서다. 『열림과 닫힘』은 개개 종교를 일컫는 자리와는 다른 자리에서 종교문화를 이야기한 책으로서 '인문학적 상상을 통한 종교문화 읽기'라는 부제에 그 의도가 잘

---

[58]   이 외에 종교학과 간접적으로 관련되어 있는 학술지로는 『문학과종교』(한국문학과종교학회), 『종교교육학연구』(한국종교교육학회), 『원불교사상과 종교문화』(원불교사상연구원), 『한국종교연구』(원광대학교 종교문제연구소) 등이 있다.

나타나고 있다. 경험, 물음과 해답, 믿음, 문화, 역사, 언어, 해석, 몸, 몸짓, 힘, 타자, 비교, 죽음, 사회 등 14개의 키워드를 통한 이러한 종교문화 읽기는 새로운 형식의 종교학 입문서 역할을 하고 있다고 볼 수 있다.[59] 『종교적 인간, 상징적 인간』은 '우리는 여전히 상징을 사용하는 종교적 인간이다'라는 부제에서 나타나듯이 상징을 중심으로 종교의 세계를 소개한 입문서다. 시간과 공간, 자연 등에 나타난 종교상징의 의미와 그 해석을 중심으로 종교적 인간에 대한 이해를 시도하는 이 책은 엘리아데 종교상징론의 영향을 크게 받고 있다.[60] 이길용의 『종교학의 이해』는 부제가 가리키듯이 쉽게 풀어쓴 종교학 입문서를 지향하고 있다. 이 글의 모체가 기독교인을 주된 대상으로 한 잡지에 종교학을 소개한 시리즈 물이었기 때문이다. 내용의 측면에서도 사회과학적 종교연구가 포함되어 있지만 막스 뮐러, 쇠더블롬, 루돌프 오토, 요아킴 바흐, 엘리아데와 같은 종교현상학 계열 학자들의 종교학이 더 큰 비중을 차지하고 있다.[61] 안신의 『종교와 종교학』은 종교철학, 종교현상학, 종교심리학, 종교사회학의 네 부분으로 구성되어 있으며 각 분야에 속한 다양한 학자들의 이론을 충실하게 소개하고 있다. 유요한의 『종교학의 이해』는 인문학과 사회과학 분야의 종교연구만이 아니라 인

---

59   이와 유사한 형식의 종교학 입문서로는 Mark C. Taylor, *Critical Terms for Religious Studies*, Chicago and London: The Uni. of Chicago Press, 1998; Willi Braun & Russell T. McCutcheon (ed.), *Guide to the Study of Religion*, London and New York: Cassell, 2000 참조

60   최근 『종교상징의 이해』(세창출판사, 2021)라는 제목으로 재출간되었다.

61   이길용, 『종교학의 이해: 쉽게 풀어쓴 종교학 입문서』, 한들출판사, 2007; 수정증보판인 『이야기 종교학』(종문화사, 2018)에서는 '저항의 종교현상학'이라는 이름하에 조너선 스미스의 종교학을 포함시켰다.

지종교학으로 대변되는 자연과학적 종교연구를 포함하고 있으며 21세기의 종교연구 성과도 적극적으로 논의하고 있다. 특히 알랭 드 보통, 슬라보예 지젝, 유발 하라리처럼 '무신론자'로 자처하는 지식인들이 교양 대중을 상대로 종교의 기능과 가치를 논하는 현상도 검토의 대상으로 삼고 있다.[62]

국내 학자들의 종교학 개론서 발간과 함께 해외 학자들의 종교학 입문서도 상당수 번역, 소개되었다. 대표적인 것으로는 윌리엄 페이든의 『비교의 시선으로 바라본 종교의 세계』(2004)와 『성스러움의 해석』(2005), 맬러리 나이의 『문화로 본 종교학』(2009), 다니엘 팰스의 『종교에 관한 여덟가지 이론』(2013),[63] 조너선 스미스의 『종교 상상하기』, 러셀 맥커천의 『종교연구의 길잡이』(2015) 등이 있다. 이 책들은 종교연구에서 중요한 위치를 차지하고 있는 비교의 렌즈, 성스러움의 해석, 종교이론, 현대문화 속의 종교, 상상력, 비판적 성찰 등의 문제를 각각 초점으로 하여 서술하고 있다는 점에서 의의가 있다. 신화 및 의례 연구와 관련하여 참신한 연구성과를 내고 있는 학자들의 입문서도 다수 번역되었다.[64] 세계종교를 안내하는 대표

---

62   검토의 대상이 된 대표적인 저서는 다음과 같다. 알랭 드 보통, 박중서 옮김, 『무신론자를 위한 종교』, 청미래, 2010; 슬라보예 지젝, 김정아 옮김, 『죽은 신을 위하여: 기독교 비판 및 유물론과 신학의 문제』, 도서출판 길, 2003; 유발 하라리, 김명주 옮김, 『호모 데우스』, 김영사, 2015.

63   1판의 제목은 『Seven Theories of Religion』(1996)이었으나 막스 베버를 추가한 2판 『Eight Theories of Religion』(2006), 다시 윌리엄 제임스를 추가한 3판 『Nine Theories on Religion』(2014)이 출판되었다. 조병련·전중현 옮김, 『종교에 관한 여덟 가지 이론들』, 한국기독교연구소, 2013.

64   Bruce Lincoln, 김윤성 외 옮김, 『신화 이론화하기』, 이학사, 2009; Wendy Doniger, 류경희 옮김, 『다른 사람들의 신화』, 청년사, 2007; Wendy Doniger, 최화선 옮김, 『암시된 거미』, 이학사, 2020; Robert Segal, 이용주 옮김, 『신화란 무엇인가』, 아카넷, 2017; Jonathan Z. Smith, 방원일 옮김, 『자리 잡기』, 이학사, 2009; Catherine Bell, 류성민 옮김, 『의례의

적인 입문서로는 이찬수의 『종교로 세계 읽기』[65]와 오강남의 『세계종교 둘러보기』[66]가 발간되었고, 니니안 스마트의 『세계의 종교』(2004), 로이 롭슨의 『세계종교산책』(2013), 아빈드 샤르마의 『우리 인간의 종교들』(2013)이 번역되었다. 이 책들은 종교학 개론서를 보완하면서 종교학의 보급 및 대중화에도 상당한 기여를 한 것으로 보인다. 한국종교사와 관련해서 주목해야 할 번역서로는 돈 베이커의 『한국인의 영성』(2012)[67]이 있는데 이 책은 '종교' 대신 '영성'(spirituality)이라는 개념을 통해 한국종교사와 한국인의 종교성을 새롭게 읽으려고 시도했다. 원래 외국인을 대상으로 쓴 책이지만 한국인들이 미처 간파하지 못하는 지점들을 예리하게 포착하는 미덕을 지니고 있다. 그렇지만 이 책은 '종교' 대신 '영성'이라는 용어를 사용하여 한국인의 종교와 한국의 종교문화를 읽었을 때 새롭게 얻을 수 있는 점과 이로 인해 잃어버리게 되는 점은 무엇인지를 생각하게 만든다. '종교'와 달리 '영성'은 관찰자의 용어(etic term)가 아니라 내부자의 용어(emic term)이므로 학술용어로 사용하는 데 문제가 있다는 지적은 유념할만하다.[68] 한국종교 전반을 망라하는 종교사전은 아니지만 이 시기에 나온 『신종교사전』도 주목할 만하다.[69]

이해』, 한신대학교출판부, 2007.

65 이찬수, 『종교로 세계 읽기』, 이화여자대학교출판부, 2005.

66 오강남, 『세계종교 둘러보기』, 현암사, 2003.

67 Don Baker, Korean Spirituality, University of Hawaii Press, 2008; 박소정 옮김, 『한국인의 영성』, 모시는사람들, 2012

68 Hienz Streib and Constantin Klein, "Religion and Spirituality," The Oxford Handbook of the Study of Religion, Oxford: Oxford University Press, 2016, 73-83; 송재룡, 「영성사회학」, 『21세기 종교사회학』, 다산출판사, 2013, 242-273쪽.

69 한국신종교사편찬위원회, 『한국신종교사전』, 한국신종교학회·원광대학교 원불교사상

2000년대 이후 종교학의 연구성과는 기하급수적으로 증가하고 있다. 양적 측면에서만이 아니라 연구 분야와 주제의 측면에서도 더욱 다변화되고 있다. 종교학 이론과 관련한 연구를 비롯하여[70] 종교사회학[71]·종교인류학[72]·종교심리학[73]과 같은 사회과학 분야에서의 종교연구, 유교·불교[74]·기독교[75]·신종교·민간신앙과 같은 개별종교 전통에 대한 연구, 한국종교[76]·중국종교[77]·인도종교[78]·일본종교[79] 등과 같은 지역별 연구, 종교경험

연구원, 2018.

70   정진홍, 『종교문화의 논리』, 서울대학교출판부, 2000; 강돈구, 『종교이론과 한국종교』, 박문사, 2011.

71   김종서, 『종교사회학』, 서울대학교출판부, 2013; 종교사회학연구회, 『21세기 종교사회학』, 다산출판사, 2013.

72   방원일, 『메리 더글라스』, 커뮤니케이션북스(주), 2018; Anthony Wallce, 김종석 옮김, 『종교인류학』, 한국메시아운동사연구소, 2010.

73   김재영, 『종교심리학의 이해: 죽음 인식의 논의를 중심으로』, 집문당, 2017; 김재영, 『고전 종교심리학 운동: 종교적 경험을 중심으로』, 아카넷, 2021.

74   송현주, 『현대 한국 불교 예불의 형성과 성격』, 관악사, 2015.

75   신광철, 『천주교와 개신교: 만남과 갈등의 역사, 한국기독교역사연구소, 1998; 조현범, 『조선의 선교사, 선교사의 조선, 한국교회사연구소, 2008; 이진구, 『한국 개신교의 타자인식』, 모시는사람들, 2018; 방원일, 『개신교 선교사와 한국종교의 만남』, 소명출판, 2023.

76   최중현, 『한국 메시아운동사 연구』(1,2), 생각하는백성, 1999/2009; 강돈구, 『어느 종교학자가 본 한국의 종교교단』, 박문사, 2017; 이욱, 『조선 왕실의 제향 공간: 정제와 속제의 변용』, 한국학중앙연구원출판부, 2015; 한승훈, 『무당과 유생의 대결: 조선의 성상파괴와 종교개혁』, 사우, 2021.

77   이연승, 『양웅(揚雄): 어느 한대(漢代) 지식인의 고민』, 태학사, 2007.

78   류경희, 『인도의 종교와 종교문화』, 서울대학교출판문화원, 2013; 류경희, 『인도 힌두신화와 문화』, 서울대학교출판문화원, 2016.

79   박규태, 『상대와 절대로서의 일본: 종교와 사상의 깊이에서 본 일본문화론』, 제이앤씨, 2005; 박규태, 『포스트-옴 시대 일본 사회의 향방과 스피리추얼리티: 옴 사건·일본교·네오-내셔널리즘』, 한양대학교출판부, 2015; 박규태, 『일본정신분석 라캉과 함께 문화코드로 읽는 이미지의 제국』, 이학사, 2018.

[80] · 신화[81] · 의례[82] · 공동체에 초점을 둔 연구만이 아니라 종교와 과학,[83] 종교와 경제,[84] 종교와 스포츠,[85] 종교와 동물,[86] 종교와 생태,[87] 종교와 미디어,[88] 신자유주의와 종교,[89] 인지과학과 종교[90] 등 주제별 연구가 활발하게 진행되었다. 따라서 기본적인 개념과 범주에서부터 방법론, 나아가 자료의 선택과 해석의 준거의 문제에 이르기까지 온갖 논쟁적인 사항이 분출되었다.

2) 한국 종교학이 직면해 온 과제들

지금까지는 지난 60년간 한국 종교학의 전개과정을 제도적 기반 및 개론서를 비롯한 연구 기반을 중심으로 개관하였지만 이 장에서는 그동안 한국

---

80 성해영, 『수운 최제우의 종교체험과 신비주의』, 서울대학교출판문화원, 2017.

81 김현자, 『신화: 신들의 역사 인간의 이미지』, 책세상, 2004; 김현자, 『천자의 우주와 신화』, 민음사, 2013; 김현자, 『조르주 뒤메질, 인도-유럽 신화의 비교 연구 그리스, 스칸디나비아, 인도, 로마의 신화들』, 민음사, 2018.

82 이연승 엮음, 『동아시아의 희생제의』, 모시는사람들, 20019.

83 정진홍 외, 『종교와 과학』, 아카넷, 2000; 장석만 외, 『한국의 과학과 종교』, 들녘, 2019.

84 유광석, 『종교시장의 이해』, 다산출판사, 2014; 유광석, 『현대 한국의 종교시장정책론』, 다산출판사, 2019.

85 이창익, 『종교와 스포츠』, 살림, 2004.

86 박상언 엮음, 『종교와 동물 그리고 윤리적 성찰』, 모시는사람들, 2014.

87 유기쁨, 『애니미즘과 현대세계』, 눌민, 2023; 유기쁨, 『생태학적 시선으로 만나는 종교』, 한신대학교 출판부, 2013.

88 이창익 엮음, 『종교, 미디어, 감각』, 모시는사람들, 2016.

89 한국종교문화연구소, 『신자유주의 사회의 종교를 묻는다』, 청년사, 2011.

90 구형찬, 「민속신앙의 인지적 기반에 관한 연구: 강우의례를 중심으로」, 서울대학교 박사학위논문, 2017.

종교학이 관심을 가졌던 네 가지 주제, 즉 한국 종교학의 정체성 문제를 비롯하여 비교 이론과 방법, 공교육과 종교학, 종교다원주의와 종교간 대화 문제를 차례로 살핀다.

(1) 한국 종교학의 정체성 모색

서구 종교학이 초창기부터 정체성 문제를 두고 끊임없는 논란을 벌여 왔던 것과 마찬가지로 한국 종교학 역시 정체성 문제를 둘러싸고 나름의 논의를 해 왔다. 그런데 한국 종교학의 정체성 문제는 종교학 방법론, 한국종교사 서술, 그리고 '종교문화' 개념과 밀접한 관련을 맺고 있다. 따라서 여기서는 한국 종교학의 정체성 문제를 이 세 주제와 연계하면서 논의를 전개한다.

① 종교학 방법론

한국에서 종교학의 정체성 문제를 방법론과 관련하여 최초로 다룬 글은 한국종교학회의 학술지 『한국종교』 창간호(1972)에 실린 정진홍의 논문이다.[91] 이 논문은 종교학의 과제와 관련하여 세 가지를 강조한다. 첫째, 종교학은 '선험적 규정'을 배제하고 종교현상 스스로가 말할 수 있도록 해야 한다. 둘째, 종교학은 종교현상의 역사와 의미 양자에 동등한 관심을 지녀야 한다. 셋째, 종교학은 종교현상을 사회구조나 심리구조의 부산물로 여기는 환원주의를 경계하되 종교현상이 항상 역사적·사회적·심리적 사실

---

91   정진홍, 「종교학의 과제: 그 방법론적인 반성을 중심으로」, 『한국종교』 창간호, 1972,
     116-123쪽: 이 글은 정진홍, 『종교학 서설』, 전망사, 1980, 65-74쪽에 재수록되었다.

로 존재한다는 사실을 인정해야 한다. 다시 말하면 종교학은 고백의 논리에 근거한 신학과는 거리를 두면서 경험적 학문의 입장을 고수하되, 역사와 현상학의 균형을 유지하고, 사회과학과 공동연구를 수행해야 한다. 기존의 학문 분야인 신학, 역사(학), 사회과학과의 관계에서 종교(현상)학의 자리를 이렇게 설정하는 것은 매우 균형 잡힌 태도라고 할 수 있다. 그런데 이 논문은 여기서 한발 더 나아가 '창조적 해석학'(Creative Hermeneutics)으로 종교학의 정체성을 규정한다. 이때 창조적 해석학은 인류의 역사에서 드러난 종교경험의 표상을 '종교적 범주'로 해석하는 학문으로서 '존재 자체의 질을 수정할 수 있는 영적 테크닉'이기도 하다. 여기서 '종교적 범주'는 '종교의 자율성' 테제와 관련되고 '영적 테크닉'은 '새로운 휴머니즘'(New Humanism)과 관련된다. 주지하다시피 창조적 해석학은 종교학의 재신학화를 초래하였다는 혐의를 받으면서 적지 않은 비판에 직면하게 된다. 인용한 각주에서 추정할 수 있듯이 이 논문은 종교학의 아이덴티티를 엘리아데로 대변되는 시카고학파의 자리에서 찾고 있지만 서구 종교학의 한계에 대해서도 어느 정도 유의하고 있다.[92]

엘리아데로 대변되는 시카고학파의 종교학이 이 논문을 통해 국내 학계에 처음 소개되었다면,[93] 이후 한국 종교학계에서 또 하나의 축을 이루게 되는 하버드학파의 종교학이 소개된 것은 그로부터 상당한 시간이 흐른 뒤다. 종교학회가 10년 이상의 공백기를 거치고 1986년 복간한 학회지 『종

---

92 서구 종교학이 비서구 사회의 종교만 연구하고 있는 현실에 주목하고 이는 종교학 자체를 위해 숙고되어야 할 문제라고 지적하고 있다. 정진홍, 위의 글, 119쪽.

93 이 논문 이후 반독단론과 반환원론의 입장에서 엘리아데 종교학을 좀 더 체계적으로 재구성한 작업은 정진홍, 「멀치아 엘리아데 연구」, 『현상학과 현대철학』 2, 1986, 69-110쪽.

교연구』2호에 서강대학교 종교학과의 길희성은 캔트웰 스미스의 종교학에 기초한 논문을 실었다.[94] 그는 종교학의 정체성을 종교전통과 세속적 지성의 만남에서 찾는다. 이 논문에 의하면 종교학은 '종교로부터 오는 편견'과 '종교에 대한 편견'에 의해 공격을 받고 있다. 종교전통은 종교학이 세속 학문이므로 종교의 세계를 깊이 이해할 수 없다는 편견을 지닌 반면, 세속적 지성은 종교가 비합리성에 근거하고 있으므로 학문적 연구가 불필요하다는 편견을 지니고 있다. 그는 이러한 태도를 종교전통의 편협성과 세속적 지성의 피상성으로 규정하고 양자의 편견에서 현대인의 정신적 위기와 현대사회의 혼돈이 초래된다고 주장한다. 그러면서 종교학을 통해 양자가 만날 때 종교전통은 시대에 부합하는 새로운 전통으로 거듭날 수 있고 세속적 지성은 깊이를 더할 수 있다고 주장한다. 요컨대 종교학은 종교전통의 지혜와 세속적 지성의 합리성을 연계시키면서 현대사회의 문제를 창조적으로 극복할 수 있는 제3의 길이 될 수 있다는 것이다. 사용하는 언어와 표현의 차이가 있지만 캔트웰 스미스에 근거하여 종교학의 아이덴티티를 설정하는 작업은 엘리아데의 '창조적 해석학'이 지향하는 방향과 크게 다르지 않아 보인다. 양자 모두 종교학이 현대사회의 위기 극복과 새로운 인간 이해의 길에 창조적 기여를 할 수 있다고 확신하기 때문이다

이 대목에서 함께 살펴볼 필요가 있는 글이 있다. 윤이흠은 현대 종교학이 하나의 학문분야(a discipline)라기보다는 학문의 영역(a field)이라고 불릴 정도로 방법론적 위기에 처해 있다고 보면서 나름의 대안을 제시하고

---

94 길희성, 「대학과 종교연구: 종교학의 역사적 위치와 사명」, 『종교연구』, 2, 1986, 11-20쪽;
    캔트웰 스미스의 종교학을 좀 더 체계적으로 소개한 것은 길희성, 「윌프레드 캔트웰 스미스의 인격주의적 종교연구」, 『종교·신학연구』, 1, 1988, 55-77쪽.

있다. 그는 종교현상학자로 대변되는 대형이론가(generalist)와 종교사가로 대변되는 전문가(specialist)의 입장을 조화시킨 중범위 시각(middle range perspective)을 대안으로 제시한다. 그에 의하면 대형이론가는 선험적 환원에 빠지기 쉬우며 전문가는 전문성의 좁은 울타리에 빠지기 쉽다. 이러한 양극의 문제를 극복하기 위해서는 거대한 주제가 아니라 신화, 제의, 기복, 주술, 성상, 교리와 같은 구체적인 종교현상을 연구 자료로 설정하고 선택된 자료를 엄격한 절차에 따라 분석해야 한다.[95] 그런데 이러한 방법론적 제안은 '종교사와 종교현상학의 균형을 추구하는 것'이 종교학의 과제라는 정진홍의 앞 논문(1972)에 이미 들어 있다고 볼 수 있다. 결국 이러한 문제는 구체적인 연구성과를 통해 그 설득력이 입증되고 평가되어야 할 것이다.

종교학의 방법론과 관련하여 한국적 상황의 특수성을 강조하는 입장도 있다. 류성민은 독단론과 환원론의 극복을 종교학의 주요 과제로 설정하면서도 한국적 상황에 주목한다. 그에 의하면 한국의 종교 다원 상황은 서구보다 복잡하기 때문에 기독교 신학만이 아니라 모든 종교의 신학과 교리에도 독단론의 문제가 적용되어야 한다. 또한 종교에 대한 동양적 이해와 서양적 이해가 다르기 때문에 타학문들의 환원론만 아니라 동양종교들에 대한 서구적 종교 정의의 환원도 극복해야 한다.[96] 요컨대 한국의 종교학은 기독교 신학과 동양종교 교학에서 비롯하는 이중의 독단론을 극복하는 동시에 사회과학과 서구의 종교 개념에서 비롯하는 이중의 환원론도 극복해야 한다는 것이다. 이는 '반독단론과 반환원론의 한국화'를 통한 종교학의

---

95   윤이흠, 「현대종교학 방법론의 과제」, 『종교연구』 3, 1987, 28-29쪽.
96   류성민, 「종교학 방법론 소고-한국적 정황을 중심으로」, 『종교학연구』 9, 1994, 102쪽.

아이덴티티 확립이라고 할 수 있다.

그런데 한국 종교학의 정체성 및 방법론과 관련하여 지금까지 살펴본 네 입장과 상당히 다른 견해가 있다. 강돈구는 해방 이후 종교학이 기독교 신학의 영향으로부터 벗어나기 위해 많은 노력을 하였지만 오히려 친기독교적 성격을 띠게 되었다고 말한다. 그 이유를 엘리아데와 캔트웰 스미스의 종교학에서 찾는다. 그에 의하면 엘리아데와 캔트웰 스미스는 기독교와 친화성을 지니고 있을 뿐만 아니라 종교학만의 고유한 시각과 방법론을 과도하게 강조한다. 그러나 종교학은 자신만의 고유한 방법론을 지닌 분과학문(a discipline)이 아니라 종교라고 하는 주제를 탐구하는 연구 분야(field of studies)다. 따라서 한국 종교학은 고유한 방법론의 모색이 아니라 다양한 방법론을 유기적으로 활용하여 종교라는 주제를 종합적으로 탐구해야 한다. 해양학이 자신만의 고유한 방법론 없이 다양한 방법론을 통해 해양을 연구하는 학문이듯이, 종교학도 자신만의 고유한 방법론 없이 다양한 방법론을 통해 종교를 연구하는 학문이라는 것이다.[97]

이러한 진단은 우리의 논의와 배치되는 것으로 보인다. 앞서 우리는 1960년대 후반부터 종교학이 기독교 신학의 입김으로부터 점차 벗어나 자신의 목소리를 냈다고 서술했기 때문이다. 그런데 강돈구에 의하면 그와 반대로 1970년대 이후 한국 종교학은 신학화되었다. 그가 결정적 증거로 제시하는 것은 대부분의 한국 종교학자가 종교간 대화나 종교다원주의 문제에 관여했다는 사실이다. 신학적 이슈인 이러한 문제들에 종교학자들이 관여함으로써 종교학이 신학화되었다는 것이다. 이러한 지적은 일면 타당

---

97 강돈구, 「한국 종교학의 회고와 전망」, 『정신문화연구』 18(1), 1995, 33-58쪽.

하지만 일반화하기는 곤란하다. 후술하겠지만 종교간 대화나 종교다원주의는 현대 기독교 선교신학의 맥락과 밀접한 관련을 맺고 있지만 중요한 것은 그러한 주제를 어떻게 접근하는가이다. 기독교 신학의 입장에서 접근할 수도 있지만 종교학의 자리에서 접근할 수도 있기 때문이다. 예를 들면 현재 종교간 대화를 주도하는 세력은 누구이며 어떠한 종교집단이 종교간 대화에서 정치적 이득을 얻고 있으며, 나아가 종교간 대화에서 등장하는 관용의 미덕이 어떠한 정치적 효과를 산출하는지 등을 규명하는 것은 오늘날 종교학자에게 시급히 요청되는 작업이라고 할 수 있다.[98] 물론 한국의 종교학자 중에 자신도 의식하지 못한 채 기독교 신학의 논리에 매몰되어 종교간 대화나 종교다원주의 문제에 접근한 경우가 있다. 따라서 강돈구의 지적은 한국 종교학계에 무의식적으로 자리 잡은 신학적 풍토에 경각심을 불러일으킬 수 있다는 점에서 경청할 만한 가치가 있다.

최근에는 한국 종교학의 과제와 관련하여 좀 더 구체적인 기획이나 방안을 제시하는 연구도 등장하고 있다. 서구 종교학의 이론과 방법을 한국종교의 구체적인 현상에 적용하고 검증하며 나아가 그 이론 자체를 교정하는 작업을 통해 한국 종교학 나름의 방법론과 연구 모델을 수립하자는 제안이 하나의 예다.[99] 물론 이러한 제안은 매우 바람직하지만 이 역시 구체적인 연구프로그램과 성과를 통해 그 설득력을 보여주어야 할 것이다.

---

98   나중에는 강돈구도 종교간 대화나 종교연합운동에 종교학자들이 관심을 가지는 것이 이상할 것이 없다고 말한다. 그러나 이때 종교학자들의 관심은 종교의 상호 공존을 위해 개별 종교들이 왜 어떻게 노력하고 있는지를 살피는 작업이어야 한다고 주장한다. 강돈구, 「종교 상호 공존의 논의, 그 이후?」, 『종교연구』 34, 2004.
99   조현범, 「한국 종교학의 현재와 미래」, 『종교연구』 48, 2007, 33쪽.

이처럼 한국 종교학의 정체성과 관련된 여러 논의가 있어 왔으나 한국 종교학의 정체성 수립과 관련하여 좀 더 직접적인 관련성을 지니는 것은 한국종교사 서술이다. 따라서 지금부터는 한국 종교학계에서 등장한 한국 종교사 서술과 관련한 논의를 중심으로 한국 종교학의 정체성 수립 문제를 살펴보고자 한다.

② 한국종교사 서술

1970년대 후반 황필호는 한국 종교학의 정체성 수립과 관련하여 나름의 견해를 제시한 바 있다. 그는 당시 한국 종교학이 신학의 주변적 위치에 머물고 있다고 하면서 그 이유를 한국 종교학계가 받아들인 시카고학파에서 찾았다. 그에 의하면 시카고학파는 '기독교적 종교학파'다.[100] 이는 앞서 살핀 강돈구의 지적과 비슷하다. 이러한 문제의식하에 그는 한국 종교학의 정체성 확립을 위해서는 기독교 신학 및 철학과 구별되는 방법이 요청된다고 하면서 '한국학'에 기초를 둔 '한국적 종교학'의 필요성을 제시했다. 이러한 제안은 상당한 타당성을 지니지만 그 필요성을 언급하는데 그치고 말았다.

한국적 종교학의 방향과 관련하여 좀 더 구체적인 논의를 한 학자는 황선명이다. 그는 한국 종교학의 과제를 '한국적 성(聖)의 구조와 본질'을 이해하는 것이라고 하면서 종단적 방법과 횡단적 방법의 동시적 활용을 주장

---

100   시카고학파의 거장들이 "종교학의 신학"이나 "말씀 위에 선 종교학" 등의 표현을 자유자재로 사용하고 종교학을 조직신학, 신학적 현상학, 신학사, 심지어 선교학과도 관련시키고 있기 때문이라는 것이다. 황필호, 「종교학이란 무엇인가: 종교학과 신학의 관계」, 『종교학연구』 1, 1978, 88쪽.

한다. 이는 역사적 접근과 현상학적 접근의 병행을 의미하는 것으로 보인다. 나아가 엘리트 중심의 문화사적 서술을 넘어 민중의 종교에 주목할 것을 주창한다. 그에 의하면 민중은 고통이나 불의, 운명에 대한 불확실성과 같은 난맥상의 세속적 혼돈을 제의라는 종교적 수단을 통해 상징적으로 극복하고 성화하며, 지배종교의 이데올로기를 현명하게 받아들이되 필요 없는 것은 사상함으로써 자신들의 세계관을 구체화한다. 따라서 한국 종교학의 역사적 과제는 민중의 종교성에 주목하는 것이다. 그가 『민중종교운동사』나 『조선조 종교사회사연구』와 같은 저서를 집필한 것은 이러한 문제의식과 관련되어 있는 것으로 보인다. 엘리트 계층보다는 민중의 종교에 주목해야 한다는 주장은 나름의 타당성을 지니지만 그가 한국 종교학의 과제로 제시한 '한국적 성의 구조와 본질'이 무엇인지는 여전히 모호하다. 그뿐만 아니라 '한국적 성의 구조와 본질'이라는 표현에는 본질주의적 색채가 있으므로 좀 더 세심한 논의가 필요한 것으로 보인다.[101]

이와 비슷한 문제의식에서 한국종교사 서술의 필요성을 주창한 연구자는 윤승용이다. 그는 한국 사회에서 종교학이 설득력 있는 학문으로 자리 잡기 위해서 우선적으로 추진해야 할 작업이 한국종교사 서술이라고 말한다. 그에 의하면 종교학은 '인간학적 종교학'과 '문화학적 종교학'으로 구분된다. 인간학적 종교학은 호모 렐리기오수스 명제에 근거한 인간의 보편적 종교성만 강조하는 반면, 문화학적 종교학은 구체적인 사회문화적 맥락에서 종교를 파악한다. 그가 선호하는 것은 문화학적 종교학이며 이에 근

---

101   황선명, 『종교학개론』, 종로서적, 1982, 231-237쪽; 황선명, 『민중종교운동사』, 종로서적, 1980; 황선명, 『조선조 종교사회사연구』, 일지사, 1985.

거한 한국종교사 서술의 필요성을 강조한다. 그러면서 종교학적 관점의 사회문화사, 시대상황과 연결된 종교지형, 세계관과 관련한 한국인의 삶의 의미체계의 성찰 등을 강조한다.[102] 이 용어들의 의미가 명료하지 않지만 그가 책임 편집한 『한국종교문화사 강의』(1998)는 종교사회사나 종교문화사를 염두에 두고 집필한 한국종교사라고 밝히고 있다.[103] 앞서 살핀 황선명이 종교사회사라는 용어를 선호하는 반면, 윤승용은 종교사회사와 종교문화사를 구별하지 않고 혼용하고 있다. 종교사회사라고 부르건 종교문화사라고 부르건 이러한 접근은 종교를 사회나 문화와의 관련 속에서 접근하는 방식인데 그 타당성을 부정하기는 힘들 것이다. 중요한 것은 구체적인 한국종교사 서술을 통해 그러한 접근의 가치와 효능을 보여주는 것이다.

한국종교사 서술에 관심을 갖고 또 하나의 입장을 제시한 학자는 윤이흠이다. 그는 개별종교사의 조합이 한국종교사가 될 수 없다고 하면서 한국인의 심성 혹은 정서에 근거한 한국종교사 서술의 필요성을 강조한다. 그에 의하면 한국종교사란 고유한 심성과 정서를 지닌 한국인이 유교, 불교, 기독교와 같은 여러 종교를 수용하여 나름의 방식으로 변용시킨 종교사다. 이때 그가 한국인의 정서로 제시하는 것은 '순수 전통주의'와 '관용주의'다. 순수 전통주의는 진리에 대한 열정과 정신적 지조를 추구하는 힘으로 문화 창조의 추진력을 주는 반면, 관용주의는 이념적 분쟁을 넘어선 이상의 실천을 추구하는 풍성한 정신적 향유를 누리게 한다. 한국 역사에 나타나는 문화의 창조와 갈등 그리고 혼돈은 순수 전통주의와 관용주의의 상호

---

102 윤승용, 「한국종교사 서술을 위한 제언」, 『한국종교연구회회보』 5, 1994, 41-46쪽.
103 윤승용, 「책을 내면서」, 『한국종교문화사 강의』, 청년사, 1998, 5-7쪽.

관계 속에서 빚어진 것이다.[104] 여기서 그가 한국인의 고유한 정서로 제시한 순수 전통주의와 관용주의는 정통주의(근본주의)와 자유주의(포용주의)의 개념과 유사한데 이러한 이원적 대립구도는 사실 어느 집단, 어느 민족, 어느 종교에도 적용할 수 있다. 따라서 이처럼 일반적인 도식으로 한국종교사를 서술하는 것은 너무 단순할 뿐만 아니라 선험적 본질주의라는 비판에서 벗어나기 힘들다.

이러한 접근은 문화인류학자 조흥윤의 한국종교문화론을 떠올리게 한다.[105] 조흥윤은 한국 종교문화의 특징을 '다종교 공존'으로 규정하고 한민족에게 그러한 조화의 원리를 제공한 것을 무(巫)라고 주장한다. 그에 의하면 조화성을 본질로 하는 무(巫)는 외국에서 수입된 종교들을 한국화시켰으며 음주가무와 신들림의 종교문화를 한국인의 체질로 가꾸어 주었다. 다시 말하자면 고조선 사회에서 삼국시대 초기에 이르기까지 고신교(古神敎)로서의 무(巫)가 신봉되었고 그 기반 위에 유, 불, 도가 들어와 토착화의 과정을 거치면서 널리 수용되었다는 것이다. 사실 이와 비슷한 접근은 개신교 신학자 유동식에 의해 오래전에 시도된 바 있다. 유동식에 의하면 한국의 종교사는 무교를 모판으로 하여 유교, 불교, 도교, 기독교가 차례로

---

104 윤이흠, 「한국종교사 연구의 방법론적 과제: 한국 종교사 어떻게 쓸 것인가」, 『종교연구』 12, 1996, 5-18쪽; 그는 오래전에 기복형, 구도형, 개벽형이라고 하는 세 신념체계의 상호작용으로 한국종교사를 서술한 적이 있는데 이와 비슷한 문제점을 지니고 있다. 윤이흠, 「신념유형으로 본 한국종교사」, 『한국종교의 이해』, 집문당, 1985, 17-51쪽. 이러한 문제의식을 발전시킨 작업은 미완성 유고집으로 남아 있다. 윤이흠, 『한국의 종교와 종교사: 유고집』, 박문사, 2016.

105 조흥윤, 『한국종교문화론』, 동문선, 2002, 11-22쪽.

수용되어 온 역사다.[106] 종교학자, 문화인류학자, 개신교 신학자라는 학문적 배경의 차이가 있지만 세 학자는 한국의 고유종교를 무(巫)로 규정하거나 한국인의 고유한 심성을 조화(혹은 순수 전통주의와 관용주의)로 규정하고 있는데 이러한 접근은 경험적 입증에 어려움이 있다. 이러한 접근이 어느 정도 설득력을 지니기 위해서는 역사적 자료에 근거하여 적어도 동아시아 지역에 속하는 타이완, 일본, 베트남의 종교사와 비교하는 작업이 선행되어야 할 것이다.

지금까지 살펴본 한국종교사 서술 방향과 상당히 다른 접근도 있다. 한국종교사 전반이 아니라 한국 근현대 종교사에 한정된 논의를 하고 있지만 나름의 새로운 접근을 시도한 세 작업이 눈에 띈다. 첫째는 한국학중앙연구원 강돈구 교수가 기획한 『한국 종교교단 연구』 시리즈다. 2007년부터 시작된 이 기획물은 거의 매년 1권씩 발행하여 2020년까지 총 12권이 간행되었다.[107] 이 시리즈의 특징은 분석 단위를 종교전통이 아니라 '종교교단'으로 설정하고 있다는 점이다. 예를 들면 한국불교 일반이 아니라 대한불교조계종이나 대한불교천태종, 한국개신교 일반이 아니라 대한예수교장로회(통합)나 대한예수교장로회(합동)과 같은 구체적 교단을 분석 대

---

106   유동식, 『한국 무교의 역사와 구조』, 연세대학교 출판부, 1975.

107   1-6권에 포함된 종교교단은 총 28개로 다음과 같다. 불교종단(조계종, 태고종, 천태종, 진각종, 관음종), 기독교교단(천주교, 정교회, 성공회, 성결교, 구세군, 기독교대한감리회, 한국기독교장로회, 대한예수교장로회(합동)), 여호와의증인, 몰몬교, 안식교, 통일교, 성균관, 천도교, 대종교, 원불교, 금강대도, 갱정유도, 천리교, 대순진리회, 수운교, 한국SGI, 한국이슬람; 7-12권은 주제별(종교교육, 사회복지, 조상의례, 의례, 수련문화, 연구사) 접근이므로 종교교단별 접근과 종교전통별 분석이 혼재되어 다. 강돈구는 자신이 쓴 종교교단 관련 논문 17편을 모아 별도의 책으로 간행하였다. 강돈구, 『어느 종교학자가 본 한국의 종교교단』, 박문사, 2017.

상으로 설정한다. 현재 한국불교와 한국개신교는 다양한 교단으로 구성되어 있고 각 교단은 인사나 재정 관리에서 자율성을 지니고 있다. 따라서 종교교단을 분석 단위로 삼는 것은 종교의 실제적이고 역동적인 모습을 파악하는데 매우 효과적인 통로를 제공한다. 그런데 이 시리즈는 각 종교교단의 역사, 교리, 의례, 조직을 평면적으로 접근하는 경향이 없지 않다. 이러한 서술 방식은 각 교단을 일반인에게 소통 가능한 언어로 소개하는 장점을 지닐 수 있지만 자칫하면 각 종단(교단)의 호교론적 논리를 전달하는 차원에 머물 수 있다. 연구 대상에 대한 비판적 인식과 물음이 수반되지 않는 접근은 동어반복의 회로에 갇힐 위험성이 있다. 이 시리즈가 7권부터는 종교교육, 사회복지, 조상의례와 같은 특정 주제를 중심으로 각 교단의 정체성을 파악하려고 시도한 것은 이러한 문제를 극복하려는 나름의 몸짓으로 보인다.[108]

두 번째는 한국종교문화연구소에서 펴낸 '한국/근대/종교총서'다. 장석만이 연구책임자가 되어 5인의 공동연구로 수행한 이 프로젝트는 얼핏 보면 기존의 접근과 다르지 않다. 연구 결과물로 나온 5권의 저서 제목이 유교, 불교, 개신교, 신종교 등 종교전통별로 되어 있기 때문이다. 그러나 이 총서는 '종교' 개념의 수용과 그것이 한국사회에 미친 효과에 주목하면서 접근했다는 점에서 기존의 종교전통별 접근과 구별된다. 이 연구는 고대-중세-근대-현대라는 시간의 축에서 한 부분을 차지하고 있는 근대종교를 서술하려고 한 것이 아니라 '세계종교' 패러다임이 한국사회에 정착하면서

---

108   이 시리즈의 구체적 현황과 의의에 대해서는 고병철, 「한국 종교교단 연구의 현실과 과제」, 『종교연구』 70, 2013, 67-95쪽 참조.

유교, 불교, 기독교, 신종교와 같은 종교전통이 새롭게 탄생하는 과정에 주목했다. 요컨대 개항 이후 '종교' 개념과 '세계종교' 패러다임에 의해 유교, 불교, 기독교, 신종교와 같은 종교전통이 새롭게 창출되는 과정에서 각 종교가 자신의 종교적 정체성을 재구성하는 방식에 주목한 것이다. 이러한 접근은 각 종교전통의 본질을 미리 전제하고 작업하는 것이 아니라 각 종교의 정체성이 어떠한 역사적 조건과 담론 전략에 의해 재구성되는가에 주목한다. 물론 문제의식의 공유나 서술의 치밀성 등의 측면에서 보완되어야 할 점이 적지 않지만 한국종교사 서술과 관련하여 새로운 물음을 던졌다는 점에서 의의가 있다.[109]

세 번째는 최종성의 『동학의 테오프락시: 초기동학 및 후기동학의 사상과 의례』(2009)[110]다. 저자는 한국종교사를 무속-불교-유교-서학-동학-개신교의 흐름으로 파악하면서 동학의 종교사적 의미를 천주교와 개신교의 관계 구도 속에서 새롭게 읽는다. 이 책에 의하면 서학이 가져온 '영성'이라는 커다란 충격에 능동적으로 대응하면서 유불선 및 서학의 통합만이 아니라 한국종교사에서 잠자던 신(deus otiosus)으로 경험되던 하느님을 세상사에 능동적으로 개입하는 하느님(deus industrius)으로 다시 불러낸 것이 초기동학인 반면, 20세기 전반 개신교로 대변되는 '근대성'의 도전에 적응하는 과정에서 다양한 모습을 연출한 것이 후기동학이다. 기존의 동학 연구가 초

---

109   이 연구는 2011년 한국학진흥사업단 '모던코리아 학술총서'의 일환으로 3년에 걸쳐 수행되었으며 도서출판 모시는사람들에서 총 5권으로 출판되었다. 장석만, 『한국 근대종교란 무엇인가?』(2017), 김순석, 『근대 유교개혁론과 유교의 정체성』(2016), 윤승용, 『한국 신종교의 개벽사상』(2017), 이진구, 『한국 개신교의 타자인식』(2018). 송현주, 『불교는 어떻게 근대종교가 되었는가』(근간).

110   최종성, 『동학의 테오프락시: 초기동학 및 후기동학의 사상과 의례』, 민속원, 2009.

기동학, 주류 교단, 교의 중심으로 전개된 반면, 이 책은 초기동학과 후기 동학, 주류 교단과 비주류 교단, 신학과 의례학의 통합에 근거한 접근을 시도하였다는 점에서 새롭다.[111] 나아가 이 책은 동학에 초점을 두었지만 동학을 렌즈로 한 한국종교사 읽기의 가능성을 보여준다.

지금까지 한국종교사 서술과 관련한 여러 논의를 살펴보았는데 이 지점에서 우리가 마지막으로 주목할 필요가 있는 것은 한국 종교문화의 서술과 관련한 정진홍의 제안이다. 그는 한국 종교문화의 서술과 관련하여 직면하게 되는 두 가지 문제를 제기한다. 하나는 한국의 종교문화를 서술하고 인식하는 도구로서 '종교'라는 개념의 부적합성 문제이고, 다른 하나는 종교전통별로 역사를 서술하고 이를 종합한 것을 '한국종교사'로 여기는 태도의 문제점이다.[112] 그가 첫 번째 문제에 대한 대안으로 삼은 것은 '종교 이전의 종교'와 '종교 이후의 종교'의 구분이다. '종교' 개념이 등장하기 이전 시대의 종교는 '종교 이전의 종교', 종교 개념 출현 이후의 종교는 '종교 이후의 종교'로 나누어 보는 것이다. 그렇게 하면 '종교 이후의 종교' 개념을 '종교 이전의 종교'에 부과함으로써 생기는 혼란을 잠정적으로나마 피할 수 있기 때문이다. 물론 '종교 이전의 종교' 개념이 적용되어야 하는 고려나 조선 시대의 종교에 대한 구체적 서술은 매우 섬세한 감각과 자의식을 필요로 할 것이다.[113]

---

111   이러한 문제의식과 관련하여 쓴 답사기로는 다음의 책이 있다. 최종성, 『한국 종교문화 횡단기』, 이학사, 2018.
112   앞서 보았듯이 윤이흠도 이러한 문제의식을 공유하고 있다.
113   이러한 문제의식을 잘 보여주는 것으로 다음의 책이 있다. Brent Nongbri, *Before Religion: A History of a Modern Concept*, New heaven: Yale University Press, 2013.

그가 두 번째 문제에 대한 대안으로 제시하는 것은 '종교' 개념을 '구원론' (soteriology)으로 대체하는 것이다. '종교' 개념은 '교의적 명료성'을 요청하기 때문에 혼융의 문화인 한국의 종교문화를 서술할 수 없는 반면, '문제에 직면한 인간이 존재양태의 변화를 체험하고 그 체험을 문화화한 현상'을 가리키는 구원론은 경험주체에 초점을 두기 때문에 혼융의 한국 종교문화를 서술하는 데 적합하다. 이와 관련하여 '종교문화의 지형학(topography)' 과 '종교문화의 기상학(meteorology)'이라는 용어를 제시한다. 전자는 구원론적 교리의 명료화 작업과 관련되는 반면 후자는 경험주체의 역동적 체험과 관련되는 구원론적 풍토의 서술을 의미한다. 이러한 문제의식에 따른 한국 종교문화의 기상학(구원론적 풍토의 역사와 문화)은 '하늘-경험'과 '힘-지향'이라는 처음 종교경험(구원론) 위에 불교의 미토스, 도교의 나투라 (natura), 유교의 로고스, 그리스도교의 데우스가 첨가되면서 형성되는 독특한 문화다.[114] 이를 앞서 언급한 유동식, 조흥윤, 윤이흠의 한국종교사 서술과 비교해 보자. 유동식과 조흥윤은 한국의 고유신앙(토착종교)을 무(巫) 로 규정하는 반면, 정진홍은 한국인의 처음 경험을 '하늘-경험'과 '힘-지향' (巫)의 공존으로 규정한다는 점에서 차이가 발견된다. 또 윤이흠은 한국인의 심성(정서)을 순수 전통주의와 관용주의의 이원구조로 규정하는 반면, 정진홍은 한국인의 고유한 심성(정서)을 설정하지 않고 경험주체인 한국인의 역동적 체험의 전개에 주목하고 있다는 점에서 차이가 있다. 이는 앞서

---

114   정진홍, 「한국 종교문화의 서술을 위해 몇 가지 유념하고 싶은 것들」, 『이야기를 해야 알죠!』, 모시는사람들, 2018, 203-212쪽; 이러한 논의의 단초는 다음의 글에서 이미 발견된다. 정진홍, 「한국 종교문화의 전개: 한국종교사의 유형론적 서술을 위한 시론」, 『한 국 종교의 이해』, 집문당, 1985, 53-99쪽.

보았듯이 '종교' 개념 및 '종교문화의 지형학'에 근거한 접근과 '구원론' 및 '종교문화의 기상학'에 근거한 접근의 차이에서 비롯한 것으로 보인다. 기존의 서술 범주나 개념에 대한 비판적 성찰에 근거한 이러한 작업은 시론이기는 하지만 한국종교사 서술에서 유념해야 할 통찰로 보인다.

③ '종교'와 '종교문화'

앞서 살펴보았듯이 정진홍은 한국종교사 서술과 관련하여 '종교' 개념의 문제점을 인식하고 그 대안으로 '구원론'이라는 용어를 선택하였지만[115] 그와 동시에 '종교문화'라는 용어도 사용하였다. 1980년대 중반부터 '종교문화'라는 용어를 사용하였지만 그 이유를 좀 더 분명하게 제시한 것은 1990년대부터인 것으로 보인다.[116] 이와 관련한 그의 문제의식은 다음과 같이 요약해 볼 수 있다. 종교인들의 의식 속에서는 종교가 문화의 구성요소 중 하나가 아니라 문화를 넘어서 있는 것으로 여겨지고 있다. 그러나 종교는 문화와 대칭되는 '다른 것'이 아니라 문화의 범주에 속한다. 따라서 '종교문화'라는 표현을 사용해야 하며 이러한 표현은 반문화적인 종교적 평가만이 아니라 반종교적인 지적 독선도 극복할 수 있다. 나아가 종교문화의 이해를 통하여 종교를 하나의 요소로 담고 있는 문화 자체에 대한 비판적 접근을 수행함으로써 새로운 휴머니즘을 기대할 수 있다. 따라서 종교는 '종교라는 문화'로 기술되어야 하고, 그렇게 기술된 '종교라는 문화'에 대한 분석

---

115   이처럼 나름의 문제의식에 의해 '구원론'이라는 용어를 사용하였지만 이 용어가 지닌 기독교적 의미가 너무 강하기 때문에 이후에는 거의 사용하지 않은 것으로 보인다.

116   정진홍, 『종교문화의 이해』, 서당, 1992; 정진홍, 『종교문화의 이해』, 청년사, 1995.

의 가능성을 현실화하는 것이 종교학의 과제다.[117] 요컨대 종교문화 개념을 사용함으로써 반문화적인 종교적 독단과 반종교적인 지적 독선을 극복할 수 있을 뿐만 아니라 종교문화 비평을 통한 새로운 휴머니즘의 창출이 가능하다는 것이다.

이처럼 정진홍에 의해 '종교'라는 용어의 대안으로 제안된 '종교문화'는 그의 글에 한정되지 않고 널리 확산되었다. 한신대 종교문화학과와 같은 학과의 명칭, 한국종교문화연구소와 같은 연구소의 명칭, 『현대 한국 종교문화의 이해』와 같은 저서의 제목, 『원불교사상과 종교문화』와 같은 학술지의 명칭, 심지어 동아시아종교문화학회와 같은 국제학회의 명칭에 이르기까지 광범위하게 사용되었다.

그런데 이 용어에 대해 강돈구가 문제를 제기했다. 그의 견해를 요약하면 이렇다. 정진홍의 '종교문화'는 '복음과 문화'의 용법을 넘어서기 위해서 처음 사용되다가 신학적 독단론과 사회과학적 환원론으로부터 탈피하기 위해 사용되었고 마침내 엘리아데 종교학의 구체적인 실현을 위해 적극적으로 사용되었다. 호모 렐리기오수스로서의 인간 삶의 총체적인 모습을 살펴야 하는 엘리아데 종교학의 입장에서는 종교집단만을 지칭하는 '종교'라는 개념은 불필요할 뿐만 아니라 오히려 있어서는 안되는 개념이 될 수밖에 없기 때문이다. 요컨대 엘리아데 종교학의 효과적 수행을 위한 개념적 도구로 활용되고 있다는 것이다. 그러면서 그는 현재 한국사회에서 '종교문화'라는 용어가 '종교와 문화(religion and culture)', '종교적 문화(religious culture)', '문화 안의 종교(religion in culture)' 등 매우 복합적인 맥락에서 사용

---

117 정진홍, 『종교문화의 논리』, 서울대학교출판부, 2000, 12쪽.

되고 있음을 지적하면서 종교학에서 '종교와 문화'는 종교인류학의 용어로 사용하거나 아니면 종교가 문화 일반 속에서 수행하는 역할에 초점을 맞출 때 사용하면 좋겠다고 제안한다.[118]

강돈구의 이러한 문제 제기에 대해 장석만이 응답하는 형식의 글을 썼다. 그는 '종교와 문화' 개념과 '종교문화' 개념의 차이를 먼저 지적하고 '종교와 문화' 개념의 문제점을 지적한다. 그에 의하면 '종교와 무엇'이라는 방식의 연구는 이미 정해진 범주의 틀을 그대로 받아들이고 그것들이 서로 연결되어 나타내는 효과에만 관심을 기울이게 된다. 그렇게 되면 연구자 자신이 왜 그런 주제에 관심을 쏟고 있는지 물을 필요도 없고, 자신의 분석적인 개념틀과 연구 대상 사이의 거리나 차이에 대해서도 신경 쓸 필요가 없다.[119] 이는 맥커천의 주장에 근거한 비판이다.[120]

다음에는 종교문화 개념에 대해 논한다. 그에 의하면 정진홍의 종교문화 개념은 문화의 한 요소로서의 종교에서 출발하지만 환원론을 극복한다는 명분으로 종교의 자율성과 '종교현상으로서의 문화'를 강조한다. 그 결과 종교문화 개념이 'religion in culture'에서 'culture in religion'으로 역전되는 듯한 모습을 보인다. 이는 '호모 렐리기오수스'라는 관점을 방법론적인 것이 아니라 실체화할 때 생겨나는 현상이다. 이 문제에서 벗어나는 한 가지

---

118   강돈구, 『종교이론과 한국종교』, 박문사, 2011, 159-195쪽.

119   한국학중앙연구원 종교문화연구소는 '문화와종교연구소'로 명칭을 변경하고, 한신대학교 종교문화연구소도 '종교와문화연구소'로 명칭을 변경한 바 있는데 장석만은 이 점에 착안하고 '종교와 문화'와 '종교문화'의 차이에 대해 논한 것이다. 장석만, 「종교문화 개념의 등장과 그 배경」, 『정직한 이삭줍기』, 모시는사람들, 2013, 21쪽.

120   Russell T. McCutcheon, *Critics Not Caretakers: Redescribing the Public Study of Religion*, Allbany: State University of New York Press, 2001, pp. 180; 장석만, 위의 책, 34쪽.

방법은 종교의 자율성이라는 관점이 등장하는 역사적 조건을 좀 더 분명하게 밝히고, 종교의 자율성을 강조함으로써 얻어지는 방법론적 시야가 무엇인지 명료하게 언급하는 것이라고 말한다. 나아가 장석만은 정진홍의 종교문화 개념이 의존하고 있는 총체로서의 문화 개념도 더 이상 인간 행위를 이해하는 투명하고 객관적인 도구가 아니라고 말한다. 어떠한 개념이건 역사적 개념인 한 견고할 수 없으며 잠정적 성격을 띨 수밖에 없다는 것이다.[121] 그런데 정진홍은 자신의 종교문화 개념이 언제 어디서나 타당한 고정적 기준이 되어야 한다고 주장하는 것이 아니므로 그의 종교문화 개념이 도그마로 될 위험은 없다는 것이다. "역사의 전개과정에서 종교라는 용어의 출현이 불가피했던 문화구조를 오늘 우리의 정황에서 되살펴야 하는 일이 종교문화의 이해를 위한 새로운 과제가 되어야 하는 것이다."라는 발언이나 "개념을 낳는 것이 근원적으로 경험이기 때문에 경험의 직접적 발언이 개념을 '뚫고' 솟아나는 계기가 나타날 수밖에 없다."[122]는 주장에서 정진홍의 학문적 개방성을 읽을 수 있다는 것이다. 요컨대 정진홍의 종교학은 종교문화 개념의 실체화를 방지할 수 있는 장치를 내장하고 있다는 것이다.

정진홍의 종교문화 개념에 대한 강돈구의 문제 제기를 보고 김대열도 이 문제에 관한 자신의 견해를 제시했다. 그는 정진홍이 '종교'의 대안으로 제시한 '종교문화'가 학문적으로 매우 유용한 개념이라고 주장한다. 그에 의

---

121   이러한 주장의 근거로 제시되는 책은 문화 개념의 자명성을 문제 삼은 다음의 책이다. James Clifford and George Marcus (eds), *Writing Culture: The Poetics and Politics of Ethnography*, Berkeley, Calif.: University of California Press, 1986.

122   정진홍, 『열림과 닫힘: 인문학적 상상을 통한 종교문화 읽기』, 산처럼, 2006, 387쪽.

하면 일상에서 사용되는 종교라는 용어는 '순수' 혹은 '절대'의 후광을 강하게 지니고 있기 때문에 배타적 진리에 대한 믿음이나 정체성을 강조하지 않는 전통을 포용할 수 없다. 또한 오늘날에는 종교인들만이 아니라 비종교인들도 종교적 요소들을 향유하고 있고 종교적 요소로 일컬어지는 것의 상당 부분도 사실은 문화적 요소로 부를 수 있다. 이러한 문제점들을 해결하는데 종교문화라는 용어는 매우 유용하다. 그렇지만 정진홍과 자신의 종교문화 개념은 약간 다르다고 하면서 그 차이를 비유적으로 표현한다. 정진홍이 문화라는 벽화에 박혀 있는 종교라는 보석에 관심의 초점을 두고 있다면 자신은 종교라는 보석이 박힌 문화라는 벽화와 그것을 둘러싼 다양한 인간 활동에 관심을 가진다는 것이다. 정진홍이 문화적 '생산자', '생산과정', '생산품'으로서의 종교에 주로 관심을 두었다면, 자신은 '사용자', '소비과정', '향유 대상'으로서 종교를 보려 한다는 주장도 같은 맥락이다.[123] 최근에는 "한 사회의 구성원이 종교와 관련하여 경험하는 삶의 수많은 장면과 일상의 문화적 현실"로 종교문화를 정의하면서 "특정 종교의 내부 사안에만 초점을 두는 것이 아니라 종교와 관련된다고 생각되는 삶의 수많은 장면과 일상의 문화적 현실에 대한 분석과 비평"을 종교문화 연구로 규정하는 목소리도 등장하고 있다.[124]

이처럼 정진홍에 의해 종교 개념의 대안으로 제시된 종교문화 개념은 연구자들로부터 다양한 반응을 불러일으키고 있다. 종교문화 개념의 모호성

---

123   김대열, 「종교문화와 그 다원성: 또 하나의 시각」, 『소전 정진홍의 학문 세계』, 모시는사람들, 2013, 39-72쪽.

124   구형찬, 「나는 종교문화를 연구합니다」, 『이야기를 해야 알죠! 37인이 말하는 종교문화』, 한국종교문화연구소 편, 모시는사람들, 2008, 250-253쪽.

을 지적하는 비판적 문제 제기에서부터 종교연구 기관이나 학술지의 명칭에서 보이는 것과 같은 적극적 수용, 개념의 실체화를 방지하기 위한 성찰적 태도의 요청, 그리고 강조점을 달리한 종교문화 개념의 창안에 이르기까지 매우 다양한 반응이 나타나고 있다.

주지하다시피 종교 개념은 종교연구의 출발점이자 종교학의 핵심 개념이다. 따라서 그동안 서구 학계는 물론이고 국내에서도 종교 개념을 둘러싸고 활발한 논의가 이루어져 왔다. 그 과정에서 종교라는 용어의 물화, 국지성, 이데올로기적 성격 등을 문제 삼아 이 용어의 폐기를 주장하고 다른 용어를 대안으로 제시하는 경우도 적지 않았다. '신앙(faith)'과 '축적된 전통(cumulative tradition)'으로 '종교'를 대체하자고 제안한 캔트웰 스미스가 대표적인 예다.[125] 동아시아에서도 'religion'의 번역어로 '종교'가 일상어와 학술어로 정착된 이후 연구자들 사이에서는 종교 개념의 적용이나 해석을 둘러싸고 다양한 논의가 전개되어 왔다.[126] 그런데 강돈구가 밝힌 바 있듯이 중국의 경우 '개혁개방' 이후 정부의 종교정책 변화와 더불어 종교문화 개념이 부상하고 있는데,[127] 이는 한국의 경우와는 그 맥락이 사뭇 다르다. 따라서 한국에서의 종교문화 개념은 다른 국가들과 구별되는 '한국적 종교학'의 한 단면을 보여주는 동시에 지속적인 논쟁을 통하여 한국 종교학을 더

---

125 윌프레드 캔트웰 스미스, 길희성 옮김, 『종교의 의미와 목적』, 분도출판사, 1991.

126 島薗 進, 鶴岡賀雄 編, 『'宗教'再考』, ぺりかん社 2004; 이소마에 준이치, 제점숙 옮김, 『근대 일본의 종교 담론과 계보: 종교·국가·신도』, 논형, 2016; 장석만, 『개항기 한국사회의 "종교" 개념 형성에 관한 연구』, 서울대학교 대학원 박사학위 논문, 1992; 심형준, 『종교 개념의 적용과 해석에 대한 연구: '삼교', 유교, 무속을 중심으로』, 서울대학교 대학원 석사학위 논문, 2009.

127 강돈구, 『종교이론과 한국종교』, 박문사, 2011, 159-195쪽.

욱 풍요롭게 만드는 계기가 될 수 있는 개념으로 보인다.

(2) 비교 이론과 비교 방법

지금까지 살펴본 종교연구 방법론, 한국종교사 서술, 종교문화 개념과 긴밀한 관련을 맺으면서 한국 종교학의 또 한 축을 이루고 있는 것이 '비교'를 둘러싼 논의다. 주지하다시피 비교는 종교학의 초창기부터 종교 연구의 기본 전제이자 핵심 방법으로 간주되어 왔다. 막스 뮐러는 『종교학 입문』(Introduction to the Science of Religion, 1873)에서 종교학을 "인류의 모든 종교 혹은 가장 중요한 종교들에 대한 공평하고 참으로 과학적인 비교"에 근거한 학문이라고 규정하였다.[128] 따라서 초기에 어떤 사람들은 이 책의 제목에 주목하여 종교학을 'the science of religion'(la science de religion, Religionswissenschaft)으로 불렀지만, 어떤 사람들은 종교 연구에 비교 방법이 필수적이라는 점을 강조하여 비교종교학(the comparative study of religion 또는 comparative religion)으로 불렀다. 20세기 초에 종교학의 역사를 최초로 서술한 루이스 조르단의 책 제목이 'Comparative Religion, its Genesis and Growth'(1905)였던 것은 초기 종교학에서 비교가 차지하는 위상과 의미를 잘 보여준다.[129] 20세기 후반에 나온 대표적인 종교학설사인 에릭 샤

---

128   Friedrich Max Müller, *Introduction to the Science of Religion: Four Lectures Delivered at the Royal Institution with Two Essays on False Analogies, and the Philosophy of Mythology*, London: Longmans, Green, 1873, pp. 34-35; 막스 뮐러, 김구산 옮김, 『종교학 입문』, 동문선, 1995, 44쪽.

129   이 책에서는 종교학을 "세계 여러 종교의 진정한 유사성과 차이, 그들이 서로 맺고 있는 관계의 정도, 그리고 그것들을 유형별로 파악할 때 나타나는 상대적 우열을 밝히기 위해 그 종교들의 기원과 구조, 특성을 비교하는 과학"으로 정의하고 있다. Louis Henry Jordan, *Comparative Religion, its Genesis and Growth*, Edinburgh: Clark, 1905, p. 63.

프의 책 제목도 조르단의 책 제목과 같은 'Comparative Religion: A History' (1973/1986)였다. 이처럼 종교학의 역사를 서술한 대표적인 책들의 제목이 비교종교학이었다는 사실은 종교학에서 비교가 차지하는 중요성을 상징적으로 보여주고 있을 뿐만 아니라 실제적으로도 매우 다양한 형태의 비교 작업이 수행되었다. 물론 비교의 과정에서 제기되는 여러 문제점이 논의되기는 하였지만 비교 작업 자체에 대한 심도 있는 논의는 이루어지지 않았다.

그런데 20세기 후반에 접어들어 기존의 비교 작업에 대한 전면적인 비판이 제기되었다. 포스트모더니즘으로 불리는 새로운 지적 사조가 근대성 비판의 일환으로 전통적인 비교 작업에 공격을 감행한 것이다. 포스트모더니즘은 근대 종교학에 서구 근대성의 주요 요소인 선험적 본질주의, 보편주의, 거대 서사, 총체성 등이 숨어 있음을 폭로하면서 고전적 비교 이론의 해체를 주장하였다. 이러한 비판에 직면한 종교학은 기존의 비교 작업을 전면적으로 재고하지 않을 수 없었다.

그런데 포스트모더니즘의 도전이 본격화하기 이전인 1970, 80년대에 이미 조녀선 스미스는 기존의 비교 작업의 문제점을 날카롭게 지적한 바 있다. 그는 비교에 관한 방대한 문헌을 검토한 뒤 네 가지의 비교 양식 즉 민족지적 비교, 백과사전적 비교, 형태론적 비교, 진화론적 비교를 도출했다. 그에 의하면 민족지적 비교는 고립분산적이고 피상적인 비교이고, 백과사전적 비교는 비교의 이유와 절차에 대해 아무 반성도 제기하지 않으며, 형태론적 비교는 현상의 구조와 원형을 찾으려 애쓰는 나머지 역사적 맥락을 무시하며, 진화론적 접근은 형태론이 단순성에서 복잡성에 이르는 위계로 구축해 놓은 도식을 시간의 좌표 위에 올려놓는 데 그친다. 그가 대안으로 제시한 비교 모델은 형태론 모델의 역사회 즉 형태론 모델을 역사적 맥락에서 재구성하는 것이다. 이와 동시에 그는 기존의 비교가 '유사성'에 초점을 두었다고 비판하면서 비교에서 흥미로운 것은 '차이'임을 강조하였다.[130]

조너선 스미스의 이러한 문제 제기는 한동안 주목을 받지 못하다가 포스트모더니즘의 도전이 본격화되는 1990년대에 들어서 비로소 주목을 받기 시작하였다. 미국종교학회에서 그의 문제 제기를 화두로 한 분과가 개설되고, 그 발표문들을 묶은 책인 『주술은 아직도 살고 있다』[131]가 간행되면서 본격적인 조명을 받았다. 이 무렵 종교학자 윌리엄 페이든의 비교 이론도 주목을 받았다. 그는 1988년 『종교의 세계』를 출판하고 1994년 재판을 발간하였는데 이 책을 평가하는 심포지엄이 북미종교학회에 의해 개최된 것이다.[132] 이 모임은 비교 이론과 방법에 대한 논의를 확장시키는 기폭제가 되었다. 이처럼 포스트모더니즘의 도전에 대응하는 과정에서 비교에 대한 다양한 논의가 등장하였지만 비교 자체의 필요성을 부인하는 학자는 거의 없었다. 비교가 없이는 종교 연구만이 아니라 학문 활동 자체가 불가능하기 때문이다. 다만 그동안 비교가 하나의 이데올로기 혹은 담론 권력

130　Jonathan Z. Smith, "Adde Parvum Parvo Magnus Acervus Erit," *History of Religions*, 11(1), 1971, pp. 67-90; Jonathan Z. Smith, *Map is not Territory, Studies in the History of Religions*, Leiden: Brill, 1978. pp. 240-264; Jonathan Z. Smith, *Imagining Religion*, Chicago: The University of Chicago, 1982; 조너선 스미스, 장석만 옮김, 『종교 상상하기』, 청년사, 2013, 69-103쪽; 장석만, 「인간과 관계된 것 치고 낯선 것은 없는 법이다: 조나단 스미스의 종교학」, 『현대사상』 3(1), 민음사, 1999, 268-297쪽.

131　Kimberley C. Patton and Benjamin C. Ray, *A Magic Still Dwells: Comparative Religion in the Postmodern Age*, Berkeley, Calif.: University of California Press, 2000.

132　William E. Paden, *Religious Worlds: The Comparative Study of Religion*, Boston: Beacon Press, 1988(1994); 윌리엄 페이든, 이진구 옮김, 『비교의 시선으로 바라본 종교의 세계』, 청년사, 2004.

으로 작동해 왔음을 솔직하게 인정하면서 새로운 형태의 비교작업이 필요하다는 주장이 대세였다.

서구학계에서 비교를 둘러싸고 진행된 이러한 논쟁은 국내학계에도 영향을 미쳐 2000년대부터 한국 종교학계에서도 비교에 관한 논의가 활발하게 전개되었다. 그 과정을 살피기 전에 먼저 주목할 필요가 있는 것은 국내에서 종교학과를 졸업한 뒤 미국에서 박사학위를 취득한 세 연구자의 학위논문이다. 나학진은 고대 중국 사상에서의 인(仁)과 기독교 신학자 라인홀드 니부어(Reinhold Niebuhr)의 사랑 개념,[133] 황필호는 맹자와 칸트의 인간본성론,[134] 윤이흠은 중국불교 삼론종의 길장(吉藏)과 미국 기독교 신학자 리처드 니부어(Richard Niebuhr)의 인간론을 비교하는 논문으로 각각 박사학위를 받았다.[135] 1970년대에 나온 세 논문의 내용은 각기 다르지만 동양종교(사상)와 서양종교(사상)의 비교라는 공통점을 지니고 있다. 당시 동양출신의 유학생이 서구(미국) 대학에서 박사학위 논문을 쓸 때 동서양의 비교는 선호되는 주제의 하나였던 것으로 보인다. 이러한 관행이 의미하는 바는 무엇이며 그 효과는 무엇인지, 나아가 이러한 논문에서 구사되는 '비교'는 어떠한 비교인지 면밀한 검토가 필요하다.

나학진과 윤이흠은 귀국 후 서울대 종교학과 교수로 활동했지만 비교의

---

133   Halk Jin Rah, *The Political Relevancy of Jen in Early China and Agape in the Theology of Reinhold Niebuhr*, Princeton Theological Seminary, Ph.D. Dissertation, 1975

134   Philip H. Hwang, *A Critical Study of Mencius's Theory of Human Nature, with Special Reference to Kant and Confucius*, University of Oklahoma, Ph.D. Dissertation, 1978; 황필호, 「맹자와 칸트의 비교」, 『철학논총』 20, 2000, 189-209쪽.

135   Yee-Heum Yoon, *A Comparative Study of the Religious Thought of Chi-Tsang and H. Richard Niebuhr: A Comparison and Contrast of the Buddhism and Christian Understanding of Man*, Ph.D. Dissertation. Northwestern University, 1979.

문제에 대해 본격적인 논의를 전개하지는 않았다. 이와 달리 철학과 종교학의 경계를 넘나들면서 활동한 황필호는 국제종교학회(IAHR, 1981)에서 맹자와 칸트를 비교하는 글을 발표하고, '종교학은 비교종교학이다'라는 제목의 논문을 국내 학술지에 발표하는 등 비교종교학에 많은 관심을 보였다.[136] 그는 비교의 목표가 '차이점 속의 유사성'보다 '유사성 속의 차이점'이라고 주장했는데, 이는 비교 작업에서 유사성보다 차이를 강조한 조너선 스미스의 입장과 공명한다.

1980년대 후반 요하킴 바흐의 The Comparative Study of Religions(1958)이 『비교종교학』이라는 이름으로 번역되었지만 비교에 관한 별다른 논의를 촉발하지는 못했다.[137] 1990년대에 들어서면 비교에 관한 논문이 몇 편 등장하는데 첫 번째는 배국원의 논문이다.[138] 그는 종교학의 역사에서 등장한 비교 방법을 다섯 가지 유형(신학적 비교, 진화론적 비교, 역사적 비교, 현상학적 비교, 주제별 비교)으로 나누어 서술한 뒤, 공동연구의 형태로 수행되는 주제별 비교에 상대적으로 후한 점수를 주고 있다. 나아가 그는 지금까지의 비교가 종교의 외면적이고 관찰 가능한 것만을 비교하였다고 하면서 '너'를 통해 '나'를 알고 '우리'를 알아보자는 '비교'의 취지에 충실하기 위해서는 종교에서 내면적인 것의 비교가 더 중요할 수 있다고 주장한다. 이는

---

136 국제종교학회에서 발표한 제목은 "Some Differences and Similarities between Mencius and Kant: A Comparative Study"다. 황필호,「'종교학은 비교종교학이다': 제14차 국제종교학회에 다녀와서」,『종교학연구』 4, 1981, 3-10쪽.

137 Joachim Wach, *The Comparative Study of Religions*, New York: Columbia University Press, 1958; 요하킴 바흐, 김종서 옮김,『비교종교학』, 민음사, 1988.

138 배국원,「종교학의 비교 방법론」,『비교문화연구』 2, 1995; 배국원,『현대 종교철학의 이해』, 동연, 2000.

신앙(faith)과 전통(tradition)을 구별하고 내면의 신앙에 강조점을 두는 캔트웰 스미스의 인격주의적 종교연구에 근거한 논리로서 신앙-전통 이분법이라는 비판에 직면할 수 있다.[139] 종교의 내면적 차원을 중시하고 외면적 차원을 부차적인 것으로 간주하는 이러한 시각이 개신교 자유주의의 산물임은 주지의 사실이다.[140]

이 논문과 거의 같은 시점에 나온 것이 비교종교학의 미래를 전망한 이은봉의 논문이다.[141] 그는 '1:1의 비교'라고 하는 전통적인 비교 방법 대신 '비례식 비교'라는 새로운 비교 방법을 대안으로 제시한다. 1:1의 비교는 기독교의 사랑과 불교의 자비를 비교하거나 공자와 소크라테스를 비교하는 것과 같은 작업을 가리킨다. 이러한 비교는 각 개념이나 인물이 놓여 있는 역사적 맥락을 고려하지 않고 형태상 유사점에 착안한 비교로서 심각한 오류라는 것이다. 반면 '비례식 비교'는 비교의 대상이 되는 개념이나 인물이 놓여 있는 역사적 흐름을 고려한다.[142] 이는 종적 비교와 횡적 비교를 동시

---

139   그의 박사학위 논문은 캔트웰 스미스의 '신앙' 개념에 대한 것이다. Kuk-Won Bae, *Homo fidei : a critical understanding of faith in the writings of Wilfred Cantwell Smith and its implications for the study of religion*, Ph.D. Dissertation. Harvard University, 1997.

140   Talal Asad, *Genealogies of Religion: Discipline and Reasons of Power in Christianity and Islam*, Baltimore: The Johns Hopkins University Press, 1993.

141   이은봉, 「비교종교학의 장래」, 『정신문화연구』 18(1), 1995.

142   예를 들면 공자와 소크라테스를 비교하기 위해서는 먼저 각 인물을 역사적 흐름 속에서 서술(공자와 주자의 비교, 소크라테스와 토마스 아퀴나스의 비교)한 다음 두 항을 비교한다. 이때 공자를 k로 하고 공자와 주자가 맺고 있는 더 넓은 역사적 관계를 대문자 K로 하며, 소크라테스를 s로 하고 소크라테스와 토마스 아퀴나스가 맺고 있는 더 넓은 역사적 관계를 대문자 S라 하면 k/K:s/S의 수식이 된다. Masson Qurssel, La Philosophie Comparee, Paris: Felix Alcain, 1923; 백민관, 「비교철학의 시도」, 『가톨릭대학 논문집』 2, 1976.

에 행하는 것으로서 비교 과정에서 간과하기 쉬운 역사적 맥락을 고려하고 있다는 점에서 의미가 있다. 그렇지만 사실 이러한 비교는 새로운 것은 아니다. 앞서 정진홍의 논문(1972)에서 말한 현상학적 접근과 종교사적 접근의 보완, 황선명의 책(1982)에서 제안한 종단적 접근과 횡단적 접근의 결합과 그리 다르지 않다. 또한 이 논문은 배국원처럼 외적 측면보다 내적 측면의 비교가 중요하다는 캔트웰 스미스의 주장을 그대로 수용하는 문제가 있다.[143]

앞서 언급한 바 있듯이 해방 50주년을 맞이하여 한국종교학회는 한국 종교학의 역사를 분야별로 정리하였는데 이때 비교종교학도 포함되었다. 이 부분을 담당한 윤원철은 국내의 비교종교 연구가 매우 초보적인 상태에 있다고 하면서 그 이유를 다음과 같이 말하고 있다. 한국 종교학에서는 종교와 종교를 직접 비교하기보다는 특정의 학술적 주제를 전면에 내세우고 그와 관련해서 여러 종교를 함께 서술하는 방식을 취하는데 이는 비교연구를 할 때 해당 종교로부터 예상되는 반응 때문이다. 앞서 나온 용어를 활용하여 표현하자면 '1:1의 비교'보다는 '주제별 비교'를 선호하는데 이는 '종교계의 눈치'를 보는 행위라는 것이다. 그러면서 종교학의 정체를 확실하게 하려면 종교와 종교 간의 직접적 비교가 필요하다고 주장한다. 요컨대 "비교 과정에서 시달리고, 또 그 시달림을 통해서 비교연구에 대한 권리의 확보를 위한 입지와 시각을 다듬어 가야 한다"는 것이다.[144] 종교계의 눈치를 보

---

143   Wilfred Cantwell Smith, "Comparative Religion: Whither and Why?", M. Eliade and Kitagawa, eds., *The History of Religion*, Chicago: University of Chicago Press, 1959.

144   한국종교학회 편, 『해방후 50년 한국종교 연구사』, 창, 1997, 413-442쪽; 윤원철, 「해방후 50년의 비교종교 연구사」, 『종교연구』 15, 1998, 175-176쪽.

지 말고 과감한 비교 작업을 수행하라는 의도는 충분히 이해할 수 있지만 이는 자칫하면 그동안 무수한 시행착오를 거치면서 축적되어 온 비교 이론과 방법을 무력화시킬 위험성이 없지 않다.

2000년대에 접어들면 비교에 관한 논의가 급물살을 탄다. 앞서 언급한 바 있듯이 1990년대 중반 이후 비교의 문제를 둘러싸고 서구 학계에서 활발하게 진행된 다양한 논의가 영향을 미쳤다. 이와 관련하여 우선 주목해야 할 것은 한국종교문화연구소가 공동연구의 형태로 수행한 프로젝트다. 이 연구팀은 우리의 현실에 부합하는 비교 이론과 방법의 모색을 목표로 서구사회에서 등장한 고전적 비교 이론과 최근의 비교 이론을 검토하고,[145] 그러한 검토 작업을 통해 얻은 비교론적 통찰을 한국 및 동아시아의 맥락에 적용, 검증하는 작업을 수행하였다.[146] 그렇지만 기대한 것만큼의 성과를 거뒀다고 보기는 어렵다. 이 무렵 다른 연구자들도 비교 이론과 방법에 관심을 갖고 논문을 발표하였다. 김윤성은 조너선 스미스와 윌리엄 페이든, 니니안 스마트의 비교종교이론을 검토하였을 뿐만 아니라 교회사, 순교 개념사, 젠더 연구와 관련하여 비교종교학이 어떠한 통찰을 줄 수 있는지를 모색하였다.[147] 유요한도 비교종교학 연구의 동향을 조너선 스미스,

---

145   이진구, 「고전적 비교종교학의 전개: 비교의 패러다임을 중심으로」, 『종교문화비평』 10, 2006; 임현수, 「조나단 스미스의 비교 이론과 방법: 이해와 비판」, 『종교문화비평』 10, 2006; 강은애, 「웬디 도니거의 균형적 비교 이론」, 『종교문화비평』 10, 2006; 고건호, 「윌리엄 페이든의 비교종교학과 '새로운 비교론'」, 『종교문화연구』 14, 2010.

146   이진구, 「함석헌의 한국사 서술에 나타난 비교의 정치학: 『성서적 입장에서 본 조선역사』를 중심으로」, 『종교문화비평』 12, 2007; 임현수, 「중국 전통시기 『산해경』의 비교학적 맥락과 위상」, 『종교문화비평』 12, 2007; 신광철, 「장병길의 비교종교학적 관점과 한국종교 연구」, 『종교문화비평』 12, 2007.

147   김윤성, 「차이의 놀이와 보편의 그림자: 조나단 스미스와 윌리엄 페이든의 비교종교이

월리엄 페이든, 웬디 도니거의 비교 이론을 중심으로 소개하는 동시에 구체적인 비교작업의 필요성을 강조하였다.[148] 김종서는 월리엄 페이든의 '신비교론'을 소개하였고 안신은 조너선 스미스의 종교현상학의 특징을 비교 이론과 관련하여 검토하였다.[149]

그 결과 2000년대 특히 2003년부터 2010년 사이에 비교종교에 관한 이론적 논의를 전개한 논문이 20여 편에 이르고 있다. 1990년대에 나온 비교 관련 논문이 서너 편에 불과한 것과 비교하면 놀라운 증가라고 하지 않을 수 없다. 이 무렵 서구의 종교학계에서 비교 문제가 중요한 학문적 이슈로 부상한 것이 외적 요인이라면 한국종교문화연구소의 공동과제 수행과 한두 연구자의 집중적인 비교 관련 논문 발표가 내적 요인이라고 할 수 있을 것이다. 이 두 요인이 맞물려 짧은 기간에 비교에 관한 글이 폭발적으로 증가한 것이다. 그런데 이 시기에 이루어진 비교연구는 서구학자의 비교 이론 소개에 치중하고 있다. 특히 조너선 스미스, 월리엄 페이든, 웬디 도니거의

론」, 『종교문화연구』 7, 2005; 김윤성, 「교회사와 종교학의 만남, 그 인문학적 전망: 비교종교학적 방법을 중심으로」, 『교회사연구』 23, 2004; 김윤성, 「조선 후기 천주교에서 몸과 욕망의 문제: 금욕적 실천에 관한 비교종교학적 고찰」; 김윤성, 「개념사의 비교 종교학적 유용성: '순교' 개념 분석 사례를 중심으로」, 『종교와 문화』 9, 2003; 김윤성, 「비교의 렌즈와 젠더의 렌즈: 균형 잡힌 비교 종교학을 위한 연구사」, 『종교학연구』 22, 2003; 김윤성, 「니니안 스마트의 비교종교학」, 『한신인문학연구』 6, 2005.

148   유요한, 「비교종교학 연구의 최근 동향: 학문적 엄밀성이 요구되는 비교종교연구와 종교학」, 『종교문화연구』 8, 2006; 유요한, 「새로운 비교종교방법론의 발전 가능성과 그 방향: 조나단 스미스의 "같은 지점"의 확인을 통해」, 『종교와 문화』 13, 2007; 유요한, 「종교학의 비교 방법론: 공동작업에 근거한 비교철학 연구를 위한 제언」, 『종교와 문화』 14, 2008.

149   김종서, 「현대 종교학의 비교 방법론: '신 비교주의(New Comparativism)'를 중심으로」, 『철학사상』 1(6), 2003, 15-30쪽; 안신, 「조나단 스미스의 종교 현상학 연구: 형태론과 비교론을 중심으로」, 『철학과 현상학 연구』 34, 2007.

비교 이론과 방법을 다룬 논문이 많다.[150] 물론 이들 학자의 비교 이론을 비판적으로 수용하여 한국사회의 종교문화 분석에 활용하는 작업도 없지 않았지만 충분한 결실을 거두었다고 보기는 어렵다.

주지하다시피 비교는 인지활동의 기반인 동시에 종교연구의 필수불가결한 부분이다. 따라서 비교는 선택의 문제가 아니라 어떻게 하면 좋은 비교(how to compare well)를 할 수 있는가의 문제다. 이 맥락에서 조너선 스미스가 제시한 비교 작업을 위한 4단계 절차 즉 서술(description)→비교(comparison)→재서술(redescription)→교정(rectification)으로 이어지는 비교의 절차는 다시 한번 기억할 필요가 있다. 이 도식은 비교의 대상으로 선택된 자료의 이중적 맥락화 작업과 우리가 사용하는 학문적 범주의 교정작업을 중시한다. 비교 그 자체가 목적이 아니라 비교 작업을 통해서 기존의 범주를 개정할 수 있어야 한다는 것이다. 그런데 이러한 작업은 결코 쉬운 일이 아니다. 광범위한 자료 수집과 꼼꼼한 자료 검토, 기존 연구에 대한 철저한 비판적 검토, 치밀한 논증과 검증 등 매우 고된 작업이 수반된다. 따라서 조너선 스미스가 제시한 비교 절차에 공감하면서도 실제로는 앞서 살펴본 1:1의 비교나 주제별 비교와 같은 익숙한 비교 작업으로 되돌아 가기 쉽다. 아니면 서구 학자들의 비교 이론을 소개하는 차원에 머물거나 비교 작업 자체를 기피하게 된다. 2000년대 초반 서구 학계의 자극을 받아 비교

---

150 이 시기에 세 학자의 주요 저서도 번역되었다. 조너선 스미스, 방원일 옮김, 『자리잡기』, 이학사, 2009; 조너선 스미스, 장석만 옮김, 『종교 상상하기』, 청년사, 2013; 윌리엄 페이든, 이진구 옮김, 『비교의 시선으로 바라 본 종교의 세계』, 청년사, 2004; 윌리엄 페이든, 이민용 옮김, 『성스러움의 해석』, 청년사, 2005; 웬디 도니거, 류경희 옮김, 『다른 사람들의 신화』, 청년사, 2007; 웬디 도니거, 최화선 옮김, 『암시된 거미』, 이학사, 2020.

이론 및 방법에 관한 관심이 일시적으로 급증하였으나 이후 활발한 후속 연구로 이어지지 못한 것은 이 때문일 것이다.

그러나 누누이 언급하였듯이 비교 작업 없이는 종교학 자체가 성립할 수 없다. 아무리 힘들다 하더라도 서술-비교-재서술-교정-서술의 '비교론적 순환'에 근거한 비교 작업은 계속되어야 한다. 한국 종교학의 주요 과제와 관련하여 앞 절에서 다룬 한국종교사 서술은 이 맥락에서 중요한 의미가 있다. 종교사회사, 종교문화사, 종교교단사, 그리고 종교문화의 기상학과 같은 한국종교사 서술 방안에는 이미 나름의 비교 작업이 작동하고 있기 때문이다. 다만 그 사실이 명료하게 인식되지 않고 있을 뿐이다. 따라서 이러한 한국종교사 서술 방안들이 좀 더 심화되기 위해서는 비교의 의미에 대한 철저한 자각이 필요하다. 특히 비교 주체의 자리와 의도에 대한 철저한 인식이 요청된다.[151]

(3) 공교육과 종교학

지금까지 우리는 종교연구 방법론, 한국종교사 서술, 종교문화 개념, 그리고 비교 이론을 중심으로 한국 종교학의 이론적 측면을 고찰해 왔다. 이제부터는 종교학이 사회와 만나는 접점에서 발생하는 두 사안을 중심으로 한국 종교학의 사회적 위상을 검토한다. 하나의 사안은 공교육과 관련된 것으로서 종교재단 사립학교에서의 종교교육을 둘러싼 논쟁이고, 다른 하나는 종교다원주의와 종교간 대화 문제이다. 종교학이 이 두 문제와 어떠

---

151   정진홍, 『열림과 닫힘』, 산처럼, 2006, 315쪽; 장석만·정진홍, 「종교현상학을 말한다」, 『종교문화비평』 35, 2019, 321쪽.

한 관련을 맺고 있는지 검토함으로써 한국 종교학의 또 다른 성격을 파악하고자 하는 것이다. 먼저 공교육에 편입된 종교재단 사립학교에서의 종교교육과 종교학의 관계를 검토한다.

2004년 대광고 재학생이던 강의석이 의무 채플을 거부하면서 종교자유를 주장한 사건은 사회적으로 커다란 관심을 끌었다. 학생의 종교자유와 학교의 종교교육 자유의 충돌에서 비롯한 이 사건은 법정으로 비화하면서 학생의 인권에 대한 관심의 제고만이 아니라 그동안 학교에서 관행적으로 행해져 온 종교교육에 대한 전면적 검토의 계기를 제공하였다. 거시적 차원에서 보면 이 사건의 배후에는 종교자유와 인권의 문제만이 아니라 공교육과 종교가 어떠한 관계를 맺어야 하는가 하는 물음이 깔려 있다. 좀 더 구체적으로 말하자면 공교육과 종교를 매개하는 '종교교육'의 성격이 어떠해야 하는가 하는 물음이 내재되어 있다. 이 지점이 바로 종교학과 관련된다. 따라서 이 문제를 살펴보는 것은 한국사회에서 종교학의 사회적 위상을 검토하는 작업이기도 하다.

학교에서의 종교교육이 법적 공방으로 비화한 것은 2004년 대광고 사건을 계기로 하지만 그 이전부터 갈등의 씨앗은 잠재해 있었다. 이 문제는 교육정책과 긴밀한 관련을 맺고 있기 때문에 정부 교육정책의 역사를 검토할 필요가 있다. 해방 후 교육 수요는 급증했지만 이를 감당할 국가 재정은 턱없이 부족하였다. 따라서 국가는 사학의 설립을 독려하였고 이 과정에서 종교사학 특히 기독교사학이 급증하였다. 해방 직후에는 국가의 교육정책의 근간이 되는 '교육과정'도 마련되어 있지 않았다. 1949년에 제정된 「교육법」은 헌법에 천명된 정교분리 원칙에 근거하여 국공립학교에서 특정 종교를 가르칠 수 없다고만 규정하였다. 이는 사립학교에서는 종교교육을 할 수 있다는 의미로 해석되어 종립사학에서는 학생을 대상으로 교리교육의 형태를 취한 종교교육을 자유롭게 행할 수 있었다.

정부의 교육과정이 마련된 것은 1950년대이지만 제1차 교육과정(1954-1963)에서는 종교교과에 대한 규정이 없었다. 따라서 이 시기의 종립학교들에서는 『기독교교본』이나 『불교독본』과 같은 자체 교재를 마련하여 종교 과목을 가르쳤다. 그렇지만 이러한 수업은 국가의 교과과정에 포함되지 않았기 때문에 정규과목이 아니었고 담당 교사도 정규교사가 아니었다.[152] 그런데 제2차 교육과정(1963-1973)이 시행되던 1969년에 중학교 무시험 제도가 채택되고 제3차 교육과정(1973-1981)이 실시되던 1974년에 고교 평준화 정책이 도입되면서 새로운 문제가 등장하였다. 평준화 정책에 의해 학생의 학교 선택권과 학교의 학생 선발권이 사라지자 종교 과목과 관련한 문제가 발생한 것이다. 종립학교에서는 관행에 따라 재학생을 대상으로 종교교육을 실시하였지만 타 종교인이나 무종교인 학생과 학부모 일각에서 종교교육에 반발하는 움직임이 일어난 것이다. 정부에서는 이 사태를 해결하기 위해 학생의 의사에 반한 종교교육을 시행하지 말라고 지시하였지만 대부분의 종립학교는 건학이념을 내세워 종교교육의 권리를 주장하였다.

종교계의 지속적 요구는 제4차 교육과정(1981-1987)에서 어느 정도 결실을 거두었다. 철학, 심리학, 교육학, 논리학과 함께 '종교'가 '자유선택과목'으로 지정됨으로써 '종교' 과목이 국가의 교육과정에 편입되었기 때문이다. 그러나 학생의 자발적 참여를 전제로 종교교육을 시행해야 한다는 전

---

152   고병철, 『한국 중등학교의 종교교과교육론』, 박문사, 2012, 208-209쪽.

제가 붙어 있었기 때문에 종교계는 다시 종교 교과를 교양필수선택으로 교육할 수 있도록 요구하고, 나아가 종교 교과 교사자격증을 발급해야 한다고 정부에 건의하였다.[153]

제5차 교육과정(1987-1992)에서 종교계의 요구가 수용되어 '자유선택과목'이 '교양선택과목'으로 명칭이 바뀌고 이수단위도 2단위로 바뀌었다. 따라서 학교장에게는 교양선택과목 중에서 1개 과목을 재량껏 선택하여 주 1시간씩 2학기(2단위)에 걸쳐 학생에게 이수하게 할 의무가 부여되었다. 그런데 철학이나 논리학과 같은 교양선택과목은 1개 과목만 개설하여 가르칠 수 있지만 '종교'의 경우에는 복수 개설하여 학생에게 선택 기회를 부여하도록 하였다. 이는 '종교' 과목이 교양과목에 포함되었지만 여전히 교리교육이나 신앙교육으로 간주되고 있었음을 의미한다.[154] 당시 교양선택과목은 모두 '학'이라는 명칭을 지닌 반면 종교 과목은 '종교학'이 아니라 '종교'였다는 사실도 주목할 필요가 있다.

어떻든 이때부터 종교 과목은 정규과목이 되었지만 종교 과목을 가르치는 교사들은 정규교사 자격증이 없었으므로 이 문제를 해결하기 위해 서울대학교 종교학과에 종교교사 연수 과정을 개설하였다. 종립학교에서 가르치던 종교교사들은 이 과정을 이수하여 정규 교사 자격증을 획득하였는데 이때 비로소 '종교학' 과목을 수강하였다.[155] 이로 인해 종교학은 중등학교

---

153   고병철, 위의 책, 235쪽.
154   2014년부터 학교 선택권이 허용된 종립학교에서는 단수 개설이 가능하였다.
155   현재 종교교사 자격증을 따려면 교육학과목 외에도 다음의 11개 과목 중 5개 과목 이상을 이수하여야 한다. 종교학 개론, 세계종교 또는 종교사 또는 비교종교학, 한국종교, 종교교육, 종교현상학, 종교철학, 종교사회학 혹은 종교인류학, 종교심리학, 종교학사, 종교와 과학, 현대종교 능이다. 김송서, 「현대 한국 고등학교의 종교교과서 연구」, 「송

의 종교교육과 직접 만나게 되었다. 그렇지만 이 과정을 이수한 종교교사들은 여전히 종교 교리를 가르쳤다. 종교교과가 정식 과목으로 인정되었지만 종교 과목의 교수 지침을 담은 '종교 교과과정'이 아직 마련되지 않았기 때문이다.

제6차 교육과정(1992-1997)에서 비로소 종교 교과과정이 마련되었다. 이는 종교학과 관련하여 매우 중요한 의미를 지닌다. 교육부의 위임을 맡은 종교학자들이 참여하여 만들었기 때문에 교과과정은 종교학적 인식을 토대로 구성되었다. 교육과정은 크게 6개 영역(단원) 즉 1)인간과 종교 2)세계문화와 종교 3)한국문화와 종교 4)종교경험의 이해 5)현대사회와 종교 6)특정 종교의 교리와 역사로 이루어졌다. 1-5단원은 종교 일반에 대한 내용으로서 종교학 개론의 성격을 지닌 반면, 마지막 6단원은 해당 종교의 교리와 역사에 관한 것이다. 요컨대 종교학 교육과 신앙교육이 혼재된 형태다. 교과의 분량으로 보면 종교학이 훨씬 많지만 실제로 종교 교사들은 해당 종교에 관한 내용(6단원)을 더 많이 가르쳤다. 이때 정해진 교육과정은 제7차 교육과정(1997-2007)과 그 후 개정 과정에서 약간의 변화는 있었지만 기본 틀은 그대로 유지되었다.[156] 즉 종교 일반(종교학 교육)과 특정 종교의 교리(신앙교육)가 혼재하는 형식이 유지되었다.

이와 관련하여 주목할 만한 것은 종교 교육과정의 명칭 변경이다. 교양 과목으로 처음 채택된 1980년대에는 '종교'로 표기하다가[157] '생활과 종교'

교학연구』 26, 2007, 46쪽.

156　제7차 교육과정 이후부터는 전면적 개정을 하지 않고 수시 개정을 하고 있다.

157　각 종립학교는 자기 종교의 정체성을 유지하기 위해 종교교과서의 명칭에 교단의 명칭을 병기하여 기독교계의 경우는 종교(기독교), 불교계는 종교(불교), 천주교계는 종교(

(2007) 단계를 거쳐 2011년부터 '종교학'으로 바뀌었다.[158] 따라서 각 학교에서 인정 도서로 사용하는 종교 교과서의 명칭도 이 규정에 따라 '종교학'으로 해야 한다. 실제로 현재 중등학교 종교교과서로 몇 종의「종교학」이 '인정 도서'로 간행되어 있다.[159] 그런데 이 교과서들은 종교학자들에 의해 집필되었지만 교육현장에서 채택되는 경우가 많지 않다.[160] 현재 종립학교들은 '종교학'을 '교양선택과목'으로 채택하고 있지만 각 종단에서 자체 제작한 교과서로 학생을 가르치는 경향이 있기 때문이다. 개신교계의 경우 기독교교육연맹과 같은 단체에서 제작한『종교와 생활』이나『종교와 삶』과 같은 교재를 사용하고 있다. 그 내용은 종교일반 및 타 종교 소개와 같은 인문학적 종교교육과 자기 종교의 교리를 소개하는 교리교육이 절충된 모습을 보여주고 있다. 이처럼 종립학교들이 종교학자들이 집필한 '종교학' 교과서를 채택하지 않고 자체 교단에서 제작한 교과서를 채택하는 것은 종교학이 학생들의 신앙체험을 유도하지 못한다고 보고 있기 때문이다.

천주교)라는 명칭을 사용하였다.

158 2022년부터 '삶과 종교'로 다시 바뀌었기 때문에 앞으로 교과서의 명칭이 바뀔 가능성이 있다.

159 경상북도교육청,『고등학교 종교학』, 2013;『고등학교 종교학(2015 개정 교육과정』, 세종특별자치시교육청, 2018; 2013년 경상북도교육청 발간『고등학교 종교학』의 목차는 다음과 같다. I. 인간과 종교(종교의 의미와 역할, 종교자유) II. 종교의 구성(경전과 교리, 의례, 공동체) III. 종교의 세계관(인간관, 역사관, 자연관) IV. 종교전통과 문화유산(세계의 종교, 한국의 종교, 종교와 문화의 다양성) V. 현대사회와 종교(다종교사회, 인권, 생명, 과학, 다문화사회) VI. 종교와 윤리(주요 교리와 실천 규범, 사회문화적 실천, 종교인들의 삶과 태도)

160 개신교 종립학교인 브니엘고등학교에서는 종교학과 함께 심리학을 복수선택과목으로 개설하여 운영하고 있다. 종교학은 1학년, 심리학은 3학년에서 가르치는데 교목을 맡고 있는 교사가 두 과목을 담당하고 있다. 교재는 세종특별자치시교육청에서 발간한『고등학교 종교학』(2018)를 사용하고 있다.

전국 중등학교의 90% 이상을 차지하는 공립학교와 일반사립학교에서는 철학, 논리학, 심리학, 교육학과 같은 교양과목을 개설하는 경우는 있지만 '종교학'을 개설하는 경우는 거의 없다. 종교학을 채택할 경우 대체과목으로 다른 교양과목을 반드시 개설하도록 하는 규정 때문이다. 다른 교양과목의 경우에는 복수개설 규정이 없는데 유독 종교학 과목에만 이 규정이 마련되어 있다는 것은 종교학이 특정 종교를 가르치는 과목이라는 인상을 준다. 이처럼 '종교학'은 교양과목에 포함되어 있음에도 불구하고 정부나 일선 학교에서는 '종교' 과목으로 이해되고 있다. 따라서 종교학자들이 애써 집필한 중등학교 교양과목 교과서의 하나인 「종교학」은 국공립, 사립, 종립학교 그 어디서도 채택되지 않는 경향이 있다. 이러한 현상이야말로 한국의 교육현장, 나아가 한국사회와 종교학이 맺고 있는 독특한 관계구조를 잘 드러내고 있다고 볼 수 있다.

이 문제는 결국 공교육에서 '종교교육'이 어떠한 것이어야 하는가 하는 문제와 관련되어 있다. 사실 종교학자들은 오래전부터 이 문제에 관심을 가져왔다. 1980년대 중반 종교학회가 재건되고 첫 번째로 개최된 학술대회의 주제는 '공교육과 종교'였다. 이때 정진홍은 '공교육과 종교'라는 제목으로 발표했고 윤이흠은 '다종교 문화 속에서의 종교교육'이라는 제목으로 발표했다.[161] 정진홍은 "종교교육의 목표는 종교를 위한 것도 아니고, 종교인을 만들기 위한 것도 아니며, 종교인을 위한 것일 수도 없다. 더구나 특정 종교를 배제하거나 혹은 지지하기 위한 것은 아니다. 공교육이 종교교

---

161   정진홍, 「공교육과 종교교육: 초중고교 도덕교육과정 개발과의 관련에서」, 『종교연구』 2, 1986; 윤이흠, 「다종교문화 속에서의 종교교육」, 『종교연구』 2, 1986.

육을 의도하는 것은 오로지 인간에 대한 이해, 성숙한 인간에의 지향, 그리고 인간의 삶과 역사와 문화를 긍정적으로 수용하기 위한 것이다."[162]라고 주장했다. 그리고 현대의 문화적 정황을 고려할 때 공교육이 종교교육을 맡아야 하고 그것은 '종교학의 교과과정화'를 통하여 실현되어야 한다고 말했다. 즉 종교교육이 종립학교에서만이 아니라 각급학교에서도 교양선택과목으로 채택될 수 있어야 하고 그러기 위해서는 종교과목이 종교를' 가르치는 신도교육이 아니라 종교라는 문화에 '대하여' 가르치는 인문적인 교양교육이 되어야 하고 이를 담당하는 교사도 성직자가 아니라 종교과목을 이수한 종교교사여야 한다고 주장했다. 나아가 종립학교의 설립정신이기도 한 종교적 이념은 특별활동을 중심으로 한 의례의 수행에서 나타내도록 하는 것이 바람직하다는 의견을 제시했다.[163]

이와 관련하여 건학이념의 실현 수단은 명시적 교육과정이 아닌 종교교사의 언행과 삶의 태도, 학교 분위기 등의 잠재적 교육과정, 교과서의 보조교재 활용 등 다양한 차원에서 모색될 필요가 있다는 주장도 제기된다.[164] '2015 종교학 교육과정'은 현재 종교학이 공교육에서 어떠한 위상과 문제를 지니고 있는가를 두 조항을 통해 잘 보여주고 있다. 하나는 '개별종교들의 이해' 영역의 필수 유지 조항으로서 이는 종교학 교과를 호교론적 또는 종교자유를 침해할 수 있는 교과로 인식하게 만든다. 다른 하나는 복수 과

162　정진홍, 「공교육과 종교교육: 초중고교 도덕교육과정 개발과의 관련에서」, 『종교연구』 2, 1986, 36쪽.
163　정진홍, 「제7차 교육과정과 종교교육」, 『종교교육학연구』 13, 2001, 4쪽.
164　고병철, 「국가 교육과정(종교학)의 개정 흐름과 2015 종교학 교육과정」, 『종교교육학연구』 51, 2016, 22쪽.

목 개설 조항으로서 이는 종립학교만이 아니라 다른 사립 또는 국공립학교의 교과 개설 시도 자체를 위협한다. 따라서 앞으로 종교학 교육과정은 이 두 가지 제약 조건을 해소하는 방향으로 나아가야 한다는 것이 종교학자들의 주장이다.[165]

이처럼 현재 우리 사회는 종교교육의 정체성과 방향을 둘러싸고 날카로운 견해의 대립을 보여주고 있다. 대부분의 종립학교 교사나 신학자는 종립학교의 건학이념을 내세워 종교교육은 '신앙교육'이 되어야 한다고 주장한다.[166] 반면 종교학자들은 중등학교에서의 교육은 교양교육이므로 특정 종교에 근거한 교육이 되어서는 안 되고 종교에 대한 지식을 가르치는 '종교학 교육'이 되어야 한다고 주장한다. 따라서 종교학은 종립학교만이 아니라 국공립학교에서도 가르쳐야 한다는 것이다.[167] 요컨대 종립학교와 신학자는 '신앙교육으로서의 종교교육'을 지향하는 반면, 종교학자들은 '교양교육과 종교학 교육으로서의 종교교육'을 지향한다. 한편 국가는 그 사이에서 이중적 태도를 취하고 있다. 교육부는 교양과목 제도의 취지에 따라 중등학교에 종교학 교과과정을 마련하였지만 종립학교들이 그 제도를 이용해 신앙교육을 할 수 있도록 허용하고 있기 때문이다. 종립학교들이 종교학이라는 이름 하에 신앙교육을 하고 있는 것이 오늘날 공교육 체제하 중등학교의 실상이다. 이처럼 한국의 종교학은 공교육의 장 특히 중등학

---

165   고병철, 위의 글, 24쪽.

166   일부 신학자들은 종교학적 교육과 신앙교육의 병행을 주장한다.

167   교육학계를 비롯한 일부에서는 종교학이 지적 측면만을 강조하기 때문에 종교성이나 영성에 대한 관심이 결여되기 쉽다고 주장하면서 종교교육은 건전한 인격의 함양을 위한 '영성교육'이나 '종교적 교육'이 되어야 한다고 주장한다.

교에서 교양교육으로 자리 잡고 싶어 하지만 국가에 압력을 행사하는 종교계의 '힘'에 가로막혀 자신의 '뜻'을 이루지 못하고 있다. 이는 한국 종교학이 앞으로 해결해야 할 주요 과제의 하나임에 틀림 없다.

(4) 종교다원주의와 종교간 대화 문제

공교육 체제하의 종교교육 문제와 관련하여 종교학이 논의의 대상으로 등장하였듯이 다종교 상황의 종교 갈등 문제와 관련하여 종교학의 역할이 종종 논의된다. 종교간 대화 문제가 바로 그것이다. 그런데 종교학계 내부에서는 종교간 대화에 관여하는 것이 과연 종교학자의 역할인가, 또는 종교간 대화 문제가 종교학의 주제가 될 수 있는가를 둘러싸고 견해가 갈리고 있다. 구체적 현실 속에서 종교는 사회의 한 영역으로 존재하므로 이 문제를 살펴보는 것은 한국 종교학의 사회적 성격과 위상을 파악하는 또 하나의 통로가 된다.

1958년 일본 도쿄에서 열린 국제종교학회에서 마르부르크대학의 프리드리히 하일러(F. Heiler)는 종교학을 '종교의 통일에 이르는 하나의 길'로 제시했다. 그에 의하면 종교학의 존재 이유는 서로 다른 종교전통 신자 사이의 관계 개선이며 종교인 사이의 이해 증진에 기여하지 못하는 종교학은 의미가 없다.[168] 물론 하일러의 주장에 대해 반발하는 종교학자들이 적지 않았는데 이들은 종교대화와 같은 주제를 학문적 논의에 끌어들이는 것은 학문적 엄밀성을 훼손시키는 행위이며 종교대화에 관여하는 것은 학자의 본분이 아니라고 주장했다. 이 두 입장은 서로 대립하면서 종교학계에 공

---

168 에릭 샤프, 유요한·윤원철 옮김, 『종교학의 전개』, 시그마프레스, 2017, 287-288쪽.

존하고 있다.

종교대화 문제가 종교학에서 관심의 대상이 된 데에는 나름의 배경이 있다. 19세기말부터 유물론이나 무신론 같은 세속주의 사조가 급부상하면서 종교적 세계관이 공격을 받자 종교계 일각에서는 공통의 적에 대응하기 위한 종교연대의 필요성이 제기되었다. 자유주의적 신앙 배경을 지닌 종교학자들이 이러한 움직임에 적극 가담하였다. 서구를 대표한 인물은 루돌프 오토로서 1921년 '종교연맹'(Inter-Religious League)을 발족하였다. 동양에서는 옥스퍼드 대학 종교학과 교수를 역임한 인도의 라다크리슈난이 대표적인 인물인데 그는 인류 통합에 기여하는 것을 종교학의 과제로 간주했다.[169] 캔트웰 스미스도 종교학자는 종교들 사이의 사회자가 되어야 한다는 입장을 취했다. 요컨대 이들은 인류사회의 평화를 위해 종교간 대화와 연대가 필요하며 종교학은 이러한 목표를 위한 통로가 되어야 한다는 입장이다. 한편 옥스퍼드 대학의 로버트 제너(Robert C. Zahner)는 이러한 입장에 반대하였다. 그에 의하면 위대한 종교들 사이의 조화를 추구하는 시도는 피상적이고 허구적인 작업이며 그러한 시도는 진리를 추구하는 일에 관심을 기울이는 직업에서는 혐오스러운 일이다.[170] 요컨대 종교간 대화는 정치가의 일이지 종교학자의 과제는 아니라는 것이다. 에릭 샤프는 종교학의 역사를 서술하면서 '종교간 대화를 향하여?'(Toward a Dialogue of Religions)라는 제목으로 한 장을 할애하였다. 이는 종교간 대화가 종교학의

---

169   위의 책, 297쪽.
170   이는 모든 종교의 통일성을 강조하는 '영원의 철학'(perennial philosophy)으로부터 예언자 전통(조로아스터교, 유대교, 기독교, 이슬람)을 구별하려는 그의 입장과 관련되어 있기도 하다. Robert C. *Zahner, Concordant Discord*, 1970, p. 429; 위의 책, 301쪽.

역사에서 실제로 한 부분을 차지해 왔음을 의미한다. 그런데 제목에 의문 부호가 달려 있다는 사실은 종교간 대화가 종교학의 과제인지에 대해 종교학자들의 합의가 이루어지지 못했음을 암시한다.

종교간 대화는 종교다원주의와 밀접한 관련을 맺고 있다. 주지하다시피 20세기 후반에 들어와 통신수단의 급속한 발달과 국제교류의 증대로 종교간 만남이 불가피하게 되는 한편 서구 기독교의 전통적인 선교 방식에 대한 반성이 이루어지는 가운데 종교다원주의가 하나의 대안으로 등장하였다. 종교다원주의(religious pluralism)는 여러 종교가 공존하는 현실이나 상황을 지칭하는 서술적 의미와 여러 종교의 평화 공존이 바람직한 것이라는 당위적 의미를 동시에 지니고 있다. 따라서 전자는 종교 다원 상황이라고 표현하고 후자는 종교다원주의라고 표현해야 혼동을 줄일 수 있으며, 이 경우 종교간 대화는 종교다원주의의 실천적 측면이라고 할 수 있다. 종교학이 종교간 대화나 종교다원주의와 관계 맺는 방식은 다양할 수 있다. 우선 종교 다원 상황이나 종교다원주의, 종교간 대화를 새롭게 출현한 '종교현상'으로 보고 그것의 등장 배경이나 의미를 분석하는 작업이 가능하다. 특정 종교가 종교다원주의를 수용 혹은 배척하는 과정을 분석할 수도 있다. 반면 종교학자가 여러 종교의 모임을 주선하고 중재하는 일을 하는 현상이 나타날 수도 있다.

그러면 국내에서는 이 문제가 어떻게 논의되고 있는가를 살펴보자. 해방 이후 다양한 형태의 종교대화운동이 전개되어 왔다. 1960년대 크리스챤아카데미의 대화 운동에서부터 토착화 신학과 관련된 대화 신학, 한국종교협의회, 한국종교인평화회의(KCRP)에 이르기까지 다양한 형태의 대화 운동이 전개되어 있고, 정부에서도 '평통(평화통일사문회의) 종교분과위원회'나

'종교예술제운동' 등을 통해 종교대화운동을 지원해 왔다. 반면 1992년 감리교 신학대학의 변선환 교수는 종교다원주의 신학을 수용하였다는 이유로 출교 당하였고 이 사건은 한국 개신교계만이 아니라 사회적으로도 큰 파장을 일으켰다. 종교학계에서도 종교간 대화 문제는 지속적으로 관심의 대상이 되었다. 종교학회에서는 종교협력운동, 불교와 기독교의 갈등, 한국종교의 공존과 교섭 등 종교다원주의나 종교대화와 관련된 주제를 종종 다루었다.[171] 앞서 언급한 바 있듯이 서강대학교 종교연구소는 종교간 대화를 설립 목표의 하나로 삼았고 실제로 종교간 대화 프로그램을 운영하고 있다. 종교다원주의에 대한 세계종교의 대응을 다룬 책이 종교학도들에 의해 번역되기도 한다.[172] 서울대 종교학과 나학진 교수의 정년퇴임 기념 논문집은 '종교다원주의'를 제목으로 내걸었고 많은 종교학자가 이 주제에 관한 글을 실었다. 그러면 국내 종교학자들이 종교다원주의나 종교간 대화 문제에 대해 구체적으로 어떠한 입장을 취하고 있는지 대표적인 학자들을 중심으로 살펴보도록 하자.

비교종교학자로 불리는 오강남은 종교대화의 필요성을 매우 강조한다. 특히 유교와 기독교의 대화 및 불교와 기독교의 대화의 필요성을 강조하면서 양 종교가 다원주의적 시각을 함양하여 서로를 경쟁적이거나 위협적 관계가 아니라 보완적 관계로 볼 것을 제안한다. 나아가 종교들이 "함께 일

---

171   2003년 춘계, 「종교협력운동의 재조명」, 2008년 추계, 「불교와 기독교, 갈등과 충돌」, 2009년 춘계 「한국종교의 공존과 교섭」 등이다.

172   Harold Coward, *Pluralism: Challenge to World Religions*; 해롤드 카워드, 한국종교연구회 옮김, 『종교다원주의와 세계종교』, 서광사, 1990; 해롤드 카워드, 오강남 옮김, 『종교다원주의와 세계종교』, 대한기독교서회, 1993.

하고" "함께 생각하는" 협력 및 동반자 관계를 구축하는 것이 바람직하다고 주장한다.[173] 그리고 종교 갈등과 관련하여 종교학 교육의 필요성을 강조한다.[174] 윤이흠도 종교대화운동에서 종교학의 적극적 역할을 강조한다. 그에 의하면 해방 이후 종교계를 중심으로 다양한 형태의 종교연합운동이 전개되어 왔지만 소기의 성과를 내지 못한 주요한 이유는 이론과 실천의 괴리에 있다. 종교단체들이 종교대화를 위한 이론적 기반을 충분히 확보하지 못한 채 프로그램 중심의 실천에 함몰되어 있기 때문에 실패해 왔다는 것이다. 따라서 종교연합운동이 성공하기 위해서는 종교학을 연합운동의 "정당한 파트너"이자 "영원한 파트너"로서 존중하고 지원해야 한다는 것이다.[175] 류성민은 자신이 집필한 종교학 개론서에 '종교다원상황과 종교간의 대화'라는 제목의 장을 별도로 설정하고 한국의 종교다원상황에서 종교간 대화가 시급하다고 주장한다. 종교간 갈등과 그로 인한 사회적 갈등을 줄이는 동시에 종교들이 평화적으로 공존하면서 선의의 경쟁을 하고, 더 나아가 우리 사회가 안고 있는 문제를 공동으로 해결하기 위해서는 종교간 대화가 매우 중요하다는 것이다. 국내외 현실에 비추어볼 때 대화의 중요성과 필요성은 점점 더 부각될 수밖에 없기 때문에 다양한 대화의 방법과 기술이 개발되어야 한다는 것이다.[176]

---

173 오강남, 「유교와 기독교의 만남」, 『기독교사상』 35(11), 1991, 124-161쪽; 오강남, 「깨침과 메타노이아: 불교와 기독교의 대화」, 오강남, 『종교란 무엇인가』, 김영사, 2012, 331쪽.

174 오강남·성해영, 『종교, 이제는 깨달음이다』, 북성재, 2011, 219쪽.

175 윤이흠, 「한국종교연합운동의 어제와 오늘」, 『한국종교연구(3)』, 집문당, 1991, 289쪽; 윤이흠, 「종교다원주의에 대한 경험적 접근」, 『종교다원주의와 종교윤리: 나학진교수정년퇴임기념논문집』, 집문당, 1994, 17-51쪽.

176 류성민, 『종교와 인간』, 한신대학교출판부, 1997, 247-262쪽.

그런데 이들과는 다른 입장을 취하는 종교학자들이 있다. 이길용에 의하면 종교학자는 종교 간의 대화에 나서거나 평화를 위한 구체적 행위자로 나서면 안 되고 '통역'의 역할에 만족해야 한다. 통역자는 서로 다른 문화의 이해와 소통을 위해 노력하는 전문가이다. 따라서 종교학자는 대화를 중개하는 이들이 아니다. 대화는 당사자들의 몫이지 통역자의 역할은 아니라는 것이다.[177] 앞에서 살펴보았듯이 강돈구는 한국의 종교학이 신학화되고 있다고 비판하면서 그 주요한 원인을 종교학자들의 종교대화운동 및 종교다원주의에 대한 관심에서 찾고 있다. 그에 의하면 종교간 대화나 종교다원주의는 신학적 이슈이므로 종교학자가 이러한 문제에 관심을 갖는 것은 종교학을 오도하는 것이다.[178]

이처럼 한국의 종교학자들은 종교간 대화 문제에 대해 '참여'와 '반대'의 입장으로 갈려 있다. 그런데 정진홍은 이러한 문제에 직접 개입하기보다는 종교 다원 현상의 구조나 대화의 유형을 서술하는 데 관심을 두며 구체적 작업을 통해 다음과 같은 결론에 도달한다. 현대의 종교다원문화가 분명한 '구조적 다원성'을 제시해 주고 있음에도 불구하고 종교간 대화는 '단원적 의식' 안에서 전개되고 있다. 따라서 현대의 종교다원현상에 대한 인식은 '단원 의식과 다원 인식 간의 긴장과 갈등'을 준거로 할 때 비로소 가능하다.[179] 이는 한국의 다종교 상황과 그 안에서 전개되는 종교간 대화를

---

177   이길용, 「한국 종교학 방법론의 과제와 전망」, 『종교연구』 70, 2013, 1-27쪽; 이길용, 『종교학의 이해: 쉽게 풀어쓴 종교학 입문서』, 한들출판사, 2007, 94-95쪽.

178   강돈구, 「한국종교학의 회고와 전망」, 『정신문화연구』 18(1), 1995.

179   그는 다종교상황을 여러 종교의 산술적 공존으로 보는 것이 아니라 수직적 구조와 수평적 구조로 접근한다. 수직적 구조는 종교의 사회적 힘을 기준으로 한 정점-저변의 구조이고 수평적 구조는 해당 사회의 에토스와의 거리를 기준으로 한 중심-주변의 구조

탐구의 대상으로 보고 종교학자의 자리에서 분석한 것이다.

앞서 언급했듯이 종교다원주의와 종교간 대화는 명백한 종교현상이다. 따라서 종교연구를 본업으로 하는 종교학이 당연히 관심을 가져야 할 탐구 대상이자 주제다. 그러나 이러한 지적 관심은 종교다원주의의 입장에 서서 종교간 대화에 참여하는 것과는 그 성격이 전혀 다르다. 종교다원주의를 지지하고 종교간 대화에 참여하는 것은 그 자체로 종교적 행위이기 때문이다. 따라서 종교학의 이름으로 이러한 문제에 관여하는 것은 종교학을 종교화하는 결과를 초래한다. 그러므로 종교학자는 이 문제에 개입하지 않는 것이 바람직하다. 그렇지만 개인적 차원에서는 이 문제에 관심을 갖고 얼마든지 참여할 수 있을 것이다. 물론 그 경우에는 종교학자로서가 아니라 개인적 신념에 따른 행위임을 철저하게 자각하는 것이 선행되어야 할 것이다.

맺음말

지금까지 우리는 해방 이후 한국 종교학이 걸어온 길을 제도적 차원과 학술적 차원을 중심으로 살펴보았다. 거시적으로 보면 해방 이후 1950년대까지는 종교학의 유일한 거점인 서울대학교의 종교학과가 사실상 기독교 신학에 의해 운영되고 있었고, 1960-70년대는 종교학회의 출범과 엘리아데의 소개를 통해 종교학이 학계에 자신의 존재를 알렸고, 1980-90년대

다. 이 둘을 교차시키면 5가지 이론적 유형이 구성된다. 정진홍, 「종교다원문화의 인식을 위한 이론적 가설」, 『종교다원주의와 종교윤리: 나학진교수 정년퇴임기념논문집』, 집문당, 1994, 81쪽.

는 서강대학교 종교학과의 설립과 캔트웰 스미스의 소개로 종교학의 외연이 확장되고, 2000년대 이후에는 독립적 연구기관의 등장과 연구 인력의 증대로 종교학의 저변이 더욱 확대되었다.

이러한 제도적 발전 과정을 거치면서 오늘에 이른 한국 종교학의 과제를 네 사안을 중심으로 다시 정리하면서 제시해 보도록 하겠다. 첫째는 한국 종교학의 정체성과 관련된 것으로서 '한국적 종교학'의 수립이다. 그동안 한국 종교학계에 소개된 대표적인 종교이론 혹은 방법론으로는 엘리아데의 창조적 해석학을 비롯하여 캔트웰 스미스의 인격주의적 종교연구, 대형 이론가와 전문가의 시각을 종합한 중범위이론, 그리고 분야학으로서의 종교학 등이 있다. 이러한 종교이론이나 방법론은 출현 당시의 서구적 맥락과 문제의식을 지니고 있기 때문에 한국사회에서는 현지화 작업을 거칠 필요가 있다. 물론 그동안 이러한 이론이나 방법론을 주도적으로 소개한 학자들을 중심으로 나름의 현지화 작업이 수행되었으나 한국학과의 적극적 만남을 통해 좀 더 심화될 필요가 있다. 특히 한국종교사 서술과 관련하여 각 이론이나 방법이 지닌 가치와 잠재력이 검증될 필요가 있다. 그동안 한국종교사 서술과 관련하여 등장한 종교문화사, 종교사회사, 종교교단사 등도 이러한 맥락에서 재평가될 필요가 있다. '종교'의 대안으로 제시되어 종교학자들 사이에 논쟁을 일으키기도 했던 '종교문화' 개념은 '종교문화의 기상학'과 같은 새로운 시도를 통해 한국종교사와의 만남을 시도하고 있다. 이러한 다양한 노력이 수렴될 때 '한국적 종교학'의 모습이 좀 더 가시화될 것이다.

둘째는 비교 이론과 방법에 관한 것이다. 이 주제는 원래 종교이론과 방법론 논의에 포함되어야 하지만 한국 종교학의 과제와 관련하여 '비교' 문제가 지닌 중요성을 고려하여 별도의 항목으로 다루었다. 그동안 한국 종교학계에서는 현상학적 비교, 역사적 비교, 주제별 비교 등 다양한 비교 방법이 소개되었고 이러한 방법들을 원용한 구체적 연구성과도 상당한 정도로 축적되었다. 그런데 포스트모더니즘의 도전에 의해 현상학적 비교로 대변되는 고전적 비교종교론의 근간이 흔들리게 되었고 새로운 비교 이론과 방법을 모색하는 움직임이 등장했다. 최근 한국 종교학계에서도 이러한 흐름을 타고 '비교'에 관한 논의가 일시적으로 급부상했지만 생산적인 연구로 이어지지는 못하고 있다. 이는 이론과 실천의 괴리에서 비롯하는 현상이다. 새로운 비교 이론과 방법이 소개되고는 있지만 실제로 이루어지고 있는 것은 대부분 관행에 따른 '익숙하고 편리한' 비교 작업이다. 이러한 상황을 타개하기 위해서는 비교 주체의 자리와 의도, 그리고 비교 작업에 내재한 이데올로기에 대한 철저한 비판적 성찰이 선행되어야 한다. 나아가 서술-비교-재서술-교정-서술로 이어지는 '비교론적 순환'에 대한 철저한 인식과 이러한 인식에 기반한 구체적인 비교연구가 수행되어야 한다. 한국 종교학의 최대 과제인 한국종교사 서술도 이러한 비교론적 물음을 염두에 두면서 수행되어야 할 것이다.

셋째는 공교육과 종교학의 관계에 대한 것이다. '한국적 종교학'의 수립이나 비교의 문제가 학술적이고 이론적인 성격을 지닌 반면, 이 사안은 한국사회와 관련된 매우 현실적인 문제다. 앞서 살펴보았듯이 현재 한국 사회에서는 종립학교에서의 종교교육을 둘러싸고 국가와 종교계, 시민단체 사이에 논쟁과 갈등이 존재하고 있다. 거시적으로 보면 종립학교에서의 종교교육은 평준화 제도에 의한 사학의 준공립화를 배경으로 교육의 공공성과 사학의 자율성, 학교의 건학이념과 학생의 인권, 학교 종교교육의 지유와 학생의 종교자유가 충돌하면서 빚어내는 문제이다. 따라서 이 논쟁은 매우 복잡한 구도를 보이고 있는 것으로 보이지만 관건은 '종교교육'의 성격에 관한 것이다. 종립학교에서 행하는 '종교교육'이 '신앙교육'이어야 하는가 '교양교육'이어야 하는가의 문제다. 현재 종립학교는 공교육체제에 편입되어 있기 때문에 '신앙교육으로서의 종교교육' 대신 '교양교육으로서의 종교교육'을 행해야 한다. 이때 '교양교육으로서의 종교교육'은 '종교학교육'을 의미한다. 현재 종립학교들은 국가 교육과정에 따라 '종교학' 과목을 선택하고 있지만 실제로 가르치는 내용은 '신앙교육'에 가깝다. 형식과 내용의 이러한 불일치에도 불구하고 이러한 현실이 묵인되는 것은 국가권력에 미치는 종교계의 '힘' 때문이다. 그런데 이 문제는 국공립학교나 일반 사립학교에서 종교학이 교양과목으로 채택되지 못하게 만드는 주요 요인이기도 하다. 따라서 이 문제는 한국의 종교학이 중장기적으로 풀어나가야 할 매우 현실적인 과제다.

넷째는 종교간 대화 문제와 종교학의 관계다. 이 문제에 대해 종교학자들이 서로 다른 입장에 서 있음을 살펴보았다. 어떤 종교학자들은 종교다원주의와 종교간 대화는 종교계 내부의 문제이므로 개입해서는 안 된다고 주장하는 반면, 어떤 종교학자들은 종교갈등의 예방과 종교간 평화, 나아가 사회통합을 위해 적극 참여해야 한다고 주장한다. 종교간 대화에 가장 적극적으로 참여하는 학자는 중개상이나 거간꾼, 소극적으로 참여하는 학자는 사회자, 소통의 역할만 하는 학자는 통역자에 각각 비유된다. 종교간 대화에 전혀 참여하지 않는 학자는 구경꾼 내지 관찰자에 비유할 수 있다. 반면 종교대화를 종교현상의 하나로 보고 그 현상의 출현 맥락과 의미, 효과 등을 비판적으로 인식하면서 탐구하는 학자는 분석가에 비유할 수 있다. 오늘날 한국사회의 다종교 상황과 맞물려 전개되고 있는 종교현상인 종교다원주의와 종교간 대화에 대해 종교학자에게 요청되는 것은 분석가의 작업일 것이다. 이러한 분석 작업은 현대 한국의 종교문화를 이해하는 주요한 통로를 제공하는 동시에 한국사회를 연구하는 타학문 분야에도 중요한 통찰을 제공할 수 있다. 나아가 한국사회의 한 부분을 구성하고 있는 종교계에도 도움을 줄 수 있을 것이다. 따라서 종교학자들은 종교간 대화에의 참여 여부를 두고 비생산적인 논쟁을 하는 대신 한국사회의 독특한 다종교 상황에서 일어나는 종교다원주의와 종교간 대화 현상에 대한 학문적 분석에 주력할 필요가 있을 것이다.

마지막으로 이 글의 한계와 한국 종교학이 장기적으로 추진해야 할 과제에 대해 간략히 언급하고자 한다. 한국 종교학의 흐름을 파악하기 위해서는 종교학 관련 주요 학술지에 나타난 연구 주제의 추이를 계량화 작업을 통해 검토해야 했으나 종교학 개론서의 성격을 대략 파악하는 작업으로 대체하고 말았다. 또한 한국 종교학의 흐름에서 중요한 부분을 차지하는 엘리아데 종교학과 '종교와 근대성' 연구, 그리고 2000년대 이후 등장한 인지 종교학에 대해서도 본격적으로 다루지 못한 한계를 지닌다.[180]

이번 연구를 통해 한국 종교학 사전의 필요성을 절감하였다. 지금까지 우리는 서구나 일본에서 나온 종교학 사전에 주로 의존하였다. 현재 한국 종교학에서 사용하는 주요 용어나 개념이 서구에서 형성되고 일본을 통해 수용되었기 때문이다. 그러나 앞으로 한국 종교학이 자신의 목소리를 내기 위해서는 한국인의 종교경험과 한국종교사 연구에 기초한 새로운 용어

---

180   그렇지만 이 주제들은 제3부 '한국 종교학의 전망' 부분에서 상당 부분 다루어졌다.

나 개념, 범주의 창출을 시도해야 한다. 이렇게 창출된 개념과 범주를 가지고 한국종교사를 새롭게 서술할 수 있어야 한다. 이렇게 될 때 한국 종교학의 기반이 좀 더 탄탄해지고 그 지평도 확장될 수 있을 것이다.

3. 한국 종교학의 내일을 위한 오늘의 과제

임현수

머리말

앞서 서술되었듯이 서구의 종교학은 물론 한국의 종교학도 근대성을 그 모태로 삼는다. 그러나 그 이후 2000년대에 이르면서 우리는 근대 또는 근대성이 새로운 덮개가 되고 있다고 판단해야 할 만큼 급격하고 근본적인 변화를 경험하고 있다. 이른바 세계화가 초래한 의식과 일상생활의 변화, 생태계의 위기로 일컬어지는 재앙의 예견, 생명의 조작과 휴머노이드의 출현으로 인한 과학의 무제약성, 종교의 탈종교화와 일상의 종교화로 묘사되는 절대적인 가치의 요동이 그 몇 가지 예이다. 이러한 진단은 우리가 직면한 문제가 특정한 문화권이나 국가의 일이 아니라, 온 인류가 직면한 동시간적이고 동공간적인 성격의 문제임을 드러내 주고 있다.

그러므로 한국 종교학의 미래를 전망하면서 우리는 이 사실을 간과할 수 없다. 우리가 직면한 직접적인 현실이기 때문이다. 중요한 것은 이러한 변화가 초래하는 더 구체적인 학문적 현실이다. 이를 위해 4부에서 필자는 ① 학문분과의 해체와 재편성, ② 새로운 앎이 우리에게 도전하는 내용, ③ 학문의 소통 기능과 대중성이라는 문제를 유념하면서 기술하려 한다.

간략하게 말한다면 본 연구는 한국 종교학의 미래를 '포스트휴머니즘'(탈인간중심주의)의 맥락에서 기술할 계획이다. 다만 이 주제를 본격적으로 기술하기 전에 그간 한국 종교학이 걸어온 발자취를 대략적으로나마 더듬어 볼 필요가 있다. 포스트휴머니즘에 대한 지향을 한국 종교학의 미래 자리에 올려놓는 일이 자의적인 판단에 머물지 않기 위해서는 사전에 설득력 있는 조치가 마련되어야 할 것이다. 이와 같은 선행 조건을 충족시키는 방법이 미래를 개진하기에 앞서서 한국 종교학의 지난날을 시간의 흐름에 따라서 조명해 보는 일이라고 판단하였다. 그동안 한국 종교학이 보여주었던 변화의 추세에 비추어 볼 때 포스트휴머니즘의 맥락에서 미래를 찾으려는 시도가 나름의 타당성을 갖춘 것으로 입증된다면 혹여라도 이 글의 방향성이 자의적으로 느껴지거나 자연스럽지 못하게 다가갈 우려에서 벗어날 수 있으리라 기대하였다.

본 연구는 한국 종교학의 미래로 인지종교학과 물질종교학을 거론한다. 이 둘은 탈근대성과 포스트휴머니즘 사이에서 근대성의 덮개를 돌파하려는 관심에서 출발한 것으로 판단하였다. 이 글은 양자에 관한 서술에 들어가기 전에 방금 언급한 바와 같은 선행 작업을 진행할 것이다. 이 선행 작업은 크게 두 부분으로 이루어진다. 종교현상학과 탈근대성의 종교학이 그것이다. 본 연구는 양자에 관한 서술이 한국 종교학의 미래를 조망하는 자리에서 일종의 가교가 될 것으로 예상한다. 종교현상학은 한국 종교학의 정체성을 확립하는 데 기여한 분야로 이해하였다. 탈근대성의 종교학을 서술하는 장에서는 한국 종교학이 어떻게 근대성을 문제화하고 새로움을 성취하고자 했는지가 분명해질 것이다. 종교현상학과 탈근대성의 종교학을 거치면서 한국 종교학의 미래를 포스트휴머니즘과 결부시키고자 했던 배경이 부각되기를 기대한다.

본 연구는 한국 종교학의 미래를 방법론을 중심으로 기술한다. 한국 종교학이 앞으로 다루어야 할 주제를 한껏 펼쳐 보인다면 방법론 이외에도 이목을 끌 수 있는 관심사는 매우 다양하다. 그러므로 방법론에 국한한 기술은 변명의 여지 없이 한국 종교학의 미래를 좁은 시야로 가리게 되는 단점을 피할 수 없다. 이 글은 한국 종교학의 미래를 엿보기 위한 시론적 기술에 불과하다. 비록 방법론에 치중된 논의이더라도 미래를 상상할 수 있는 하나의 단서가 될 수 있다면 그것으로 소기의 목적을 달성하였다고 보아도 무방하다.

여기서 미래라는 단어의 의미를 너무 심각하게 받아들이지 않는 태도가 필요하다. 만약 미래라는 말에 당위성이나 규범성이 담기게 된다면 그 외의 요소들은 과거의 범주로 폄하되면서 양자 사이에는 커다란 단절의 골이 형성될 것이다. 무엇보다 과거의 범주로 묶인 성과들은 부지불식간에 학문적 타당성을 상실할 위험에 노출될 것이다. 대신 미래의 의미를 앞으로 추구해 볼 가치가 있는 하나의 가능성 정도로 이해한다면 본 연구가 지향하는 바가 좀 더 개방적인 환경에서 평가될 수 있을 것이다. 한국에서 종교학은 처음 뿌리를 내린 이래 지금까지 늘 변화와 새로움을 갈구하였다. 이와 같은 변화의 전 과정은 한국 종교학의 더 나은 성취를 위하여 포기할 수 없는 자산이다. 이 글에서 기술할 미래에 대한 전망은 이러한 자산 목록에 포함될 또 하나의 가능성일 뿐이다.

1) 종교현상학과 '종교문화'

한국의 종교학은 짧지 않은 역사를 가졌음에도 불구하고 꽤 오랜 시간이 흐른 뒤에야 비로소 자신의 학문적 정체성을 찾았던 것으로 보인다. 한국의 종교학사 전체를 조망해보면 70년대에 들어와서야 비로소 종교학은 자율적인 독립 학문으로서 자신의 정체성을 확보하기 시작하였다. 이에 이르기까지는 몇 가지 전제가 필요하였다. 우선, 종교학의 연구 대상인 '종교'의 실재성을 인정하지 않으면 안 되었다. '종교'가 있어야 종교학이 성립될 수 있기 때문이다. 둘째, 종교학은 여타의 인문학이나 사회과학처럼 연구대상에 대하여 중립적이며 더 나아가 과학적인 접근을 시도한다는 점을 확인할 필요가 있었다. 종교학이 개별 종교 진영의 신학적인 혹은 교리적인 연구와 전혀 무관하다는 점을 강조하지 않을 수 없었던 것은 당연한 일이다.

한국의 종교학은 위의 두 가지 전제를 논증하기 위하여 방법론적으로 다음의 전략을 선택하였다. 첫째, 종교현상학은 '종교'의 실재성을 입증하는 중요한 방법론이었다.[1] 종교현상학에 따르면, 종교는 인간의 의식에 실재하는 보편적 현상이다. 그러므로 종교는 시간과 공간에 따라서 매우 다양한 양상으로 출현하지만, 그 본질만큼은 동일하다. 종교현상학은 종교에 대하여 실재론적인 관점을 취택함으로써 종교학의 정체성을 확립하는 데 무시하지 못할 영향을 끼쳤다. 둘째, 한국의 종교학사에서 '종교문화' 개념의 출현은 종교학의 정체성 확립에 중요한 요소로서 작용하였다. 앞의 2장 후반부에서 이미 지적된 바 있지만 '종교문화' 개념은 종교가 문화의 한 차원임을 선언하는 것이었다. 이 개념의 등장으로 종교학은 종교를 호교론적인 관심에서 연구하는 흐름과 준별되며, 철두철미 인간에 대한 이해를 지향하는 순수 학문(academic study)임을 재확인하는 계기를 마련하였다.

1970년대 한국 종교학의 현실에서 종교현상학의 위상을 학문의 정체성

---

1   정진홍, 『종교문화의 인식과 해석: 종교현상학의 전개』, 서울대학교출판부, 1996, 194쪽.

문제와 결부 짓는 데는 다음과 같은 배경을 고려하지 않을 수 없다. 당시까지만 해도 한국 종교학은 기독교와 불교 등을 포함하여 특정 종교의 교리학이나 신학을 연구의 범위에 포함할 만큼 순수 학문으로서 나아갈 방향을 선명하게 잡지 못하고 있었다. 다시 말해서 표면상으로는 인문학이나 사회과학과 같은 일반 학문과 다를 바 없는 분야임을 표방하고 있었지만 실제로는 특정 종교들의 신학적 관심사와 완전히 결별하지 못한 상태였다. 이와 같은 상황은 당시 한국의 종교학이 엄밀한 학문으로서 갖추어야 할 방법론적 고민을 온전히 수행할 수 없었다는 점을 암시한다. 종교현상학의 등장은 순수 인문학으로서 종교학의 가능성을 타진할 수 있었던 계기였다.[2]

종교현상학은 특정 종교의 교학적 연구대상으로 간주되었던 종교의 문제를 일반 학문의 영역으로 전환해서 다룰 가능성을 열어놓았다. 이는 종교를 신앙인의 특별한 삶의 양식에 국한하여 보지 않고, 보통 인간이라면 누구라도 경험할 수 있는 세계로 여긴 태도와 무관하지 않다. 다시 말해서 종교현상학은 종교가 놓여 있는 자리를 특수한 신앙의 차원에서 보편적 '경험'의 영역으로 전치시킴으로써 종교학이 인간을 연구하는 분야로 나갈 수 있는 길을 터주었다. 이른바 '종교적 인간'(Homo Religiosus)이란 종교현상학의 출발점에 세운 깃대와도 같은 발언이다.[3] 종교현상학의 이와 같은

---

2 한국에서 종교학의 정체성이 종교현상학을 통해서 확립되었다는 주장은 논란의 여지가 있음을 언급하지 않을 수 없다. 왜냐하면 이러한 주장과 달리 종교현상학으로 말미암아 한국 종교학의 정체성이 오히려 훼손되었다고 말하는 사례도 확인되기 때문이다. 강돈구, 「한국 종교학의 회고와 전망」, 『종교이론과 한국종교』, 박문사, 2011, 54-66쪽. 아마도 상반된 주장을 둘러싼 대화나 논쟁이 필요하다면 별도의 장이 효과적일 것이다.
3 정진홍, 앞의 책, 198쪽.

명제를 그대로 받아들일 경우, 그야말로 태생부터 종교적일 수밖에 없는 인간이 경험한다고 하는 그 세계는 무엇인가. 종교현상학은 이 경험의 세계를 의식에 직접 드러난 것, 즉 '현상'(phenomena)이라고 이름한다.[4] 따라서 종교현상학은 의식에 드러난 종교경험인 '종교현상'을 규명하는 분야라고 할 수 있다.

종교현상학은 철학의 현상학과 직접적인 관련성을 공유하고 있지는 않다.[5] 그렇다고 양자가 전혀 무관하다고 말하는 것도 정확한 판단은 아니다. 양자를 현상학이란 이름으로 묶는 데는 '현상'에 대한 관심사를 공통으로 드러내기 때문이다. 이 둘은 상호 직접적인 파생 관계에 있거나 상호 영향력을 행사하는 처지는 아니라 할지라도 동일한 문제의식을 공유한다. 20세기 초반부터 서구에서 일어났던 현상학 운동은 철학에만 국한된 것이라기보다는 일종의 문화 현상이라고 말해도 좋을 만큼 삶의 전 분야에 걸쳐서 영향력을 끼쳤다. 현상학 운동은 당시 과학주의의 만연으로 인해 인간 고유의 가치가 훼손되는 흐름에 맞서서 출현하였다. 현상학 운동이 지키고자 했던 것이 바로 '현상'이란 이름으로 대표되는 영역이었다. '현상'이란 과학으로 모두 설명될 수 없는 세계, 인간적 삶의 의미가 충만한 세계, 그래서 어떤 다른 것으로 환원될 수도 없고 도구화될 수도 없는 그것 자체의 고유한 가치를 지닌 세계라고 말할 수 있을 것이다. 현상학 운동은 그와 같은 '현상'을 발견하고 기술하고 연구하고 보존함으로써 서구 유럽이 겪는 인간성 상실의 위기를 벗어날 수 있다고 주장하였다.

---

4 위의 책, 198쪽; Thomas Ryba, "Phenomenology of Religion", *The Blackwell Companion to the Study of Religion*, ed., by Robert A. Segal, Malden: Blackwell Publishing, 2006, p.93.
5 정진홍, 앞의 책, 209쪽.

그러므로 종교현상학은 현상학 운동으로 말미암아 조성된 현상학적 분위기에서 탄생한 학문이라고 보아도 무방할 것이다. 종교현상학이 다른 현상학적 학문과 변별되는 지점은 '종교현상'을 연구의 목표로 채택한다는 점이다. '종교현상'은 다른 것과 구분되는 독자성(sui generis)을 지니며, 대부분의 현상학 분야에서 '현상'에 대해 주장하는 바와 마찬가지로 다른 어떤 것으로도 환원할 수 없다.[6] '종교현상학'이 '종교현상'에 접근하기 위하여 매우 독특한 방법과 장치를 마련한 배경에는 이처럼 연구대상의 고유의 가치를 손상하지 않고 있는 그대로의 본질을 포착하려는 의도가 작용했기 때문이다.

종교현상학의 등장을 지금까지 언급한 현상학 운동의 차원을 떠나서 종교학사의 맥락에서 바라보면, '현상'의 발견과 강조가 종교학의 위기와 그에 따른 새로운 정체성 확립을 향한 갈망에 얼마나 중요한 의의가 있는지를 어렵지 않게 파악할 수 있다. 종교학은 종교를 과학적으로 연구할 수 있다는 확신에서 출발한 학문이라고 해도 과언이 아니다.[7] 종교학사의 첫머리를 장식하는 학자들이 대부분 과학적 종교 연구를 기반으로 성장한 인물들이라는 점을 고려하면 이와 같은 판단에 큰 오류는 없다고 본다. 하지만 이렇게 도출된 성과는 종교를 해체하는 결과로 이어졌다는 한계가 있었다.[8] 가령 종교는 이성의 한계로 인해 발생한 부산물이라든지, 종교는 사

---

6 위의 책, 197쪽, 223쪽; Thomas Ryba, op.cit., p.109.

7 종교에 관한 과학적 연구의 한계에도 불구하고 여전히 종교 연구의 유일한 모델로서 수용해야 한다고 역설한 글로 Donald Wiebe, "Modernism", Guide to the Study of Religion, eds., by Willi Braun and Russell T. McCutcheon, New York: Cassell, 2000.

8 정진홍, 「형이상학적 반란 그 뒤: 한국종교학의 오늘과 내일」, 『문학사상』 135, 1984, 422쪽.

회의 다른 이름이라든지, 심리적 욕구 불만의 반영이라든지 하는 논의들은 결국 종교의 고유성을 인정하지 않는 상황을 초래한 것이었다. 종교학의 위기는 연구대상을 해체의 지점으로 몰아넣음으로써 학문적인 자기 부정에 이르러 발생한 것이다. 어떤 의미에서 종교학은 자기가 연구하는 대상을 부정할 정도로 실험적이며 모험적인 학문이었다. 그러나 연구할 대상이 사라진 학문이 존속을 위해서 필요한 조건은 무엇일까.

종교현상학은 다른 학문에 비하여 매우 독특한 성향, 즉 학문적 자기 부정성을 보여주었던 종교학의 흐름을 일거에 뒤바꾸는 저력을 발휘하였다. 종교현상학이 그렇게 할 수 있었던 데는 바로 '현상'이라는 '경험적 실재'(empirical reality)를[9] 종교학의 고유 연구대상으로 설정할 수 있었기 때문이다. 현상학은 '현상'의 실재성을 인정한다는 점에서 '현상'의 존재론을 전제한다. 그렇지만 '현상'이 존재하는 방식은 상식적으로 흔히 생각하는 것처럼 저 밖의 사물처럼 객관적이지 않다. 종교현상학은 '현상'이 '경험적'으로 존재한다고 한다. 그렇다면 '경험적'으로 존재한다는 것은 무슨 의미인가. 그것은 앞서 언급한 바와 같이 현상은 의식에 직접 드러난 것으로서 존재한다는 것을 의미한다. 이렇게 보면 결국 '현상'은 '의식적 실재'를 말하는 것임을 알 수 있다.

그런데 '현상'은 그저 주체의 순수한 의식 작용을 말하는 것이 아니라, 주체가 객체와 만나서 형성된 그 무엇이다. 이는 곧 '현상'이란 내용이 없이 텅 비어 있는 주체의 의식에 불과한 것이 아니라는 말이다. 현상학의 '지향성'(intentionality) 개념은 이 점을 잘 설명해준다. 이 개념은 주체의 의식은

---

9 정진홍, 앞의 책, 1996, 196쪽.

늘 무엇에 대한 의식으로 존재한다는 것을 가리킨다. 이 개념에 따르면 의식은 항상 무언가로 채워져 있기 마련이다. 그렇지 않으면 의식이란 존재할 수 없다. 이와 같은 의식의 지향성을 고려하면서 '현상'의 특징을 다시 묘사하면 '주체에 관련된 객체이자, 객체에 관련된 주체'[10]라고 할 수 있을 것이다. 주체는 객체를 지향함으로써 존재하고, 객체는 주체의 조명을 받아 비로소 드러나는 관계가 곧 '현상'이다.

종교현상학의 목표가 '종교현상'의 본질을 탐구하는 데 있다는 것은 분명하다. 종교현상학은 과거의 종교학이 종교를 지워 버렸던 오류를 더는 범하지 않기 위하여 종교의 본질에 이르는 길목에 다양한 방법과 장치를 마련하였다.[11] 이러한 다양한 방법들은 종교를 다른 범주로 환원해서 설명하는 잘못에 빠지지 않도록 제어하는 특성이 있었다. 종교현상학이 독립적이며 자율적인 분과 학문으로서 종교학의 입지를 바로 세우는 데 중요한 역할을 담당할 수 있었던 것은 이처럼 자신의 고유한 연구대상인 종교의 실재성을 확보할 수 있었기 때문이다.[12]

한국 종교학이 '종교문화' 개념의 창출을 통해서 순수 학문의 위상을 정립하고자 한 배경에는 '종교' 개념의 한계를 뼈저리게 인식하였기 때문으

---

10 위의 책, 123쪽.

11 종교현상학자들은 철학의 현상학에서 고안한 방법들, 예컨대 '자유로운 변경', '형상적 환원', '선험적 환원', '본질직관' 등을 원용하기도 한다. 위의 책, 209쪽.

12 지금까지의 언급 이외에 한국에서 종교현상학이 시작된 계기와 전개 과정에 대한 새로운 맥락을 확인하기 위하여 다음의 글이 도움이 된다. Jang Sukman, "The Grammar to Read 'Religion in Culture': An Interview with Chin-Hong Chung", *Global Phenomenologies of Religion: An Oral History in Interviews*, eds., by Satoko Fujiwara, David Thurfjell and Steven Engler, Bristol, CT: Equinox, 2021, pp.147-167.

로 판단된다. 사실 이러한 개념의 문제를 고민하기 이전에 한국 종교학의 현실에서 종교학이라는 학문 자체를 매우 충격적인 사건으로 받아들였던 흔적을 발견할 수 있다. 그 대표적인 경우가 종교학을 '형이상학적 반란'으로 표현한 사례에서 나타난다.[13] 어떻게 보면 매우 과격한 표현이라고도 할 수 있을 이와 같은 발언에는 종교학의 등장과 함께 결코 인식의 대상이 될 수 없으리라 여겼던 종교의 자리가 완전히 달라졌다는 판단이 담겨 있다. 그저 믿고 따르면 된다고 생각했던 종교가 인식의 대상으로 전환될 수 있다는 종교학의 지향은 '형이상학적 반란'이라고 표현하고 싶을 정도로 충격적일 수 있다. 무엇보다 '형이상학적 반란'이란 표현에서 포착하지 않으면 안 되는 사실은 이와 같은 발언이 종교학에 대한 방법론적 고민을 통해서 비로소 표출될 수 있었으리라는 점이다. 왜냐하면 '형이상학적 반란'이란 발언은 종교학은 종교에 대한 인식을 지향한다는 지극히 상식적인 명제를 새삼 확인하고 나서 표출된 표현이고, 이는 종교학에 관한 방법론적 탐구를 전제하지 않으면 나올 수 없기 때문이다.

한국 종교학에서 '종교문화' 개념의 의의는 이와 같은 방법론적 성찰을 개념의 수준으로까지 연장하여 이어나갔다는 점에 있다. 즉 '종교문화'는 종교의 위치가 신앙의 영역에서 인식의 대상으로 전환되는 과정에서 방법론적 성찰을 통해서 새롭게 요청된 개념이라고 할 수 있다. 물론 '종교' 대신 '종교문화'가 제기된 이유는 당연히 전자의 한계 때문이다. 그렇다면 '종교' 개념이 지닌 한계는 무엇인가. 먼저 '종교' 개념은 '인간이 경험하는 삶

---

13 정진홍, 앞의 논문, 1984, 421쪽.

의 총체인 문화'를[14] 함축하는 데 한계를 보인다는 점이다. 문화는 종교가 출현하는 토양이며, 종교는 문화의 한 요소임에도 불구하고, '종교' 개념은 이와 같은 사태를 제대로 반영하지 못하는 경향이 크다는 것이다. 가령 종교계에서 '종교'를 '문화'와 대립하는 항목으로 설정하면서 후자에 대한 전자의 우위를 강하게 주장하는 경우를 보더라도,[15] '종교' 개념만으로는 종교가 문화의 바탕 위에서 나고 자라는 현실을 제대로 담을 수 없음이 분명하다. 그러므로 '종교문화' 개념은 종교를 특정 종교의 맥락이 아니라, 일반 문화의 맥락 안에서 고찰하기 위한 장치였음이 드러난다. '종교문화' 개념의 등장으로 종교학은 신학이나 교학과 구별되는 일반적 학문의 정체성을 좀 더 용이하게 확보할 수 있었다.

또 한 가지 '종교' 개념의 한계로 지적할 수 있는 것은 거기에 배어 있는 탈문화적 속성이 반종교 이론들이 산출되는 요인으로도 작용했다는 점이다.[16] 종교가 삶의 총체적 기반인 문화의 한 요소임을 망각했을 때 앞서 언급한 바 있는 종교 해체 이론들이 양산될 수 있는 조건이 형성되었다는 사실은 흥미롭다. 문화라는 뿌리를 상실한 종교는 문화에 대한 우위를 주장하는 한편으로 반종교론에 의해 그 존재가 철저하게 무시당하는 처지에 놓이기도 한다. 그런 의미에서 특정 종교의 호교론적 주장과 종교의 해체를 내포하는 환원론은 '종교' 개념의 탈문화적 기반 위에서 나온 쌍생아라고 할 수 있다. '종교문화' 개념의 의의는 이러한 한계로부터 종교학의 정체성

---

14 정진홍, 『종교문화의 이해』, 청년사, 1995, 13쪽.
15 위의 책, 12쪽.
16 위의 책, 13-14쪽.

을 확보하려는 관심에서 출현했다는 점에 있다.

2) 탈근대성의 종교학과 '종교' 개념

70년대 이후 종교현상학을 중심으로 자신의 정체성을 확보하기 위한 기틀을 마련할 수 있었던 한국의 종교학은 80년대 후반 새로운 출구를 모색하기 시작하였다. 이 새로운 연구 풍토는 '종교' 개념에 대한 성찰을 둘러싸고 조성되었다. 홀연 '종교' 개념의 문제가 관심의 대상으로 떠올랐던 배경에는 이른바 '언어적 전회'(linguistic turn)로 알려진 학계의 흐름이 자리하고 있었다. '언어적 전회'는 탈근대성(postmodernity)의 맥락에서 근대적 주체의 선험적 자율성을 부정하는 구성주의(constructivism)의 관점을 내포한다. 언어적 전회를 통해서 새롭게 등장한 연구 방법으로서 담론 분석은 근대적 주체가 담론 내부의 구조에 의하여 어떻게 구성되는지를 여실히 보여주는 성과를 거두었다.

한국 사회에서 탈근대성을 주장하는 논의들이 80년대 후반 본격적으로 개진되었던 주요 계기 중 하나가 동독과 구소련을 중심으로 한 공산권이 붕괴한 사건이었다. 이 사건은 합리적 이성을 통해서 세계의 지속적인 진보를 약속했던 계몽주의 프로젝트가 실패로 끝났음을 알리는 신호로 받아들여졌다. 18세기 이후 서구에서 발흥한 계몽주의 프로젝트는 이성적 사유 능력을 지닌 합리적 주체를 중심으로 세계를 변혁하려는 시도였으며, 인류의 미래에 대한 낙관적 비전을 제시하였다. 브뤼노 라투르는 이와 같은 낙관적 전망이 헛된 희망에 불과하다는 것을 보여준 사건으로 두 가지를 꼽는다. 하나는 1989년 베를린 장벽이 붕괴로 사회주의의 종말을 입증한 사건이고, 다른 하나는 같은 해 국제환경회의에서 자본주의의 무제한적인 자연 정복이 대재앙을 불러오는 실패였음을 선언한 사건이다.[17] 탈근대성 논의는 이와 같은 계몽주의 프로젝트의 기반이었던 근대성에 대한 신뢰가 무너진 상황에서 대안으로 제시된 것이었다.

탈근대성은 근대성의 존재론적 기초를 근본적으로 부정한다. 근대성은 합리적 주체의 존재를 인정한다는 전제하에서 성립한다. 근대성의 입장에서 합리적 주체가 존재한다는 것은 누구도 부정할 수 없는 것이다. 존재론과 인식론은 상호 긴밀히 연결되어 있듯이, 근대성의 이분법적 인식론도 이와 같은 합리적 주체를 전제함으로써 성립된다. 합리적 주체가 오감과 이성을 통해서 객관적 외부 사물에 대한 진리를 확보할 수 있다는 주장은 근대성에 내포된 인식론적 명제이다.[18] 그러나 탈근대성은 이러한 합리적 주체의 존재를 부인한다는 점에서 근대성과 전혀 다른 지향점을 제시한다.

탈근대성은 합리적 주체보다 언어를 우선시한다. 탈근대성에 따르면 언어는 근대성이 주장하는 합리적 주체보다 선행한다. 탈근대성은 언어를 주체가 객체를 표상하기 위하여 동원하는 수단이라고 보지 않는다.[19] 오히려 언어는 주체와 객체에 앞서 선재하면서 이 둘을 구성한다는 의미에서 훨씬 근원적인 존재이다. 다시 말해서 우리가 주체와 객체라고 부르는 것

17 Bruno Latour, *Nous n'avons jamais été modernes*, Paris: La Découverte; 브뤼노 라투르, 홍철기 옮김, 『우리는 결코 근대인이었던 적이 없다: 대칭적 인류학을 위하여』, 갈무리, 2009, 35-36쪽.

18 Johannes Wolfart, "Postmodernism", *Guide to the Study of Religion*, eds., by Willi Braun and Russell T. McCutcheon, New York: Cassell, 2000, p.386.

19 Colin Campbell, "Modernity and Postmodernity", *The Blackwell Companion to the Study of Religion*, ed., by Robert A. Segal, Malden: Blackwell Publishing, 2006, pp.313-314.

은 언어가 만들어낸 효과이지 실체가 있는 것이 아니다. 언어의 선재성을 표방한다는 점에서 탈근대성은 언어의 존재론을 기반으로 성립된 세계라고 할 수 있다. 이와 같은 탈근대성의 언어의 존재론은 언어 이외의 세계에 어떠한 실재성도 부여하지 않는다. 존재하는 것은 오직 언어와 그것이 구축한 의미의 세계일 뿐이다. 따라서 탈근대성의 언어의 존재론을 언어 결정론(linguistic determination)으로 규정하려는 시도는 나름의 설득력을 갖춘 의론으로 판단된다.[20] 또한 한편에서는 근대성에서 탈근대성으로 무게의 중심이 이동한 현상을 두고 '언어적 전회'로 표현하기도 한다.[21] 진리의 담지자로서 합리적 주체의 입지가 흔들리는 가운데 이제 관심은 언어가 구축한 개념의 세계로 전환하게 된다.

1980년대 한국의 지식인 사회에서 탈근대성 논의가 본격적으로 이루어지기 시작하면서 종교학 진영도 '언어적 전회'를 새로운 방법론적 전환의 계기로 활용하려는 움직임이 일어났다. 사실 '언어적 전회'의 함의는 방법론적으로 상당히 중요한 변화를 예고하는 것이었다. 탈근대성 논의에서 언어는 마치 물고기들이 노니는 어항과도 같은 것이다. 인간을 비롯한 모든 사물은 언어라는 어항을 통해서만 현존할 수 있으며 그 안에서 적용되는 질서와 구조의 영향을 받지 않을 수 없다. 언어는 사물을 표상하는 것이 아니라 창조하며, 인간의 사유와 행동을 결정한다. 그렇다면 종교도 언어가 구축한 세계의 일원이 아닐 수 없으며 그 세계 내부의 규칙을 따를 수밖에 없는 것이 아닌가. 또한 종교가 무엇인지를 묻기 전에 종교가 언어를 통

---

20 Johannes Wolfart, op. cit., pp.387-388.
21 Kevin Schilbrack, "The Material Turn in the Academic Study of Religions", The Journal of Religion 99, 2019, p.219.

해서 어떻게 구성되었는지를 묻는 것이 선결 과제가 되어야 할 것이 아닌가. 한국 종교학에서 이와 같은 언어에 관한 관심은 '담론 분석'이란 방법으로 구체화 되어 출현하였다.

한국 종교학계에서 이 방법을 최초로 적용한 연구는 근대 초기 형성된 '종교 담론'을 분석한 것이었다.[22] 이 연구는 '담론'을 "기호 과정이 조직화 되어 표현되는 방식 전체", "어떤 언술적 실재를 통해서 조직된 일련의 정합적인 언어적 사실들", "좁은 의미의 언어적 체계 이외에 실천된 모든 기호적 체계" 등으로 규정하였다. 요컨대, 담론은 정합적인 질서를 갖춘 언술 체계이다. 이 연구에 따르면 담론은 권력과 표리를 이룬다. 그리하여 담론의 질서는 권력의 작용에 따라서 어떤 목표를 향하여 비대칭적으로 구축된다. 그 결과 담론 내부의 다양한 대상들이 그와 같은 목표와 노선에 부합하도록 선택, 분류, 배제된다. '담론 분석'은 바로 담론 내부의 질서와 구조를 파악함으로써 그와 같은 체계의 배후에서 작동하는 권력의 실체를 드러내는 것이 목적이다. 이와 같은 목표를 가지고 이 연구는 근대성과 '종교 담론'의 관계, 한국 근대 초기 '종교 담론'의 형성, '종교 담론'의 유형과 성격, 각각의 '종교 담론'의 담지자 등을 분석하였다.

한국 종교학사에서 연구대상이 종교라는 어떤 실재에서 '종교 담론'으로 선회하는 장면은 매우 낯선 것이었지만 그만큼 신선한 것이기도 하였다. '종교 담론'이란 말 자체에 종교는 담론으로만 존재하는 것으로서 실체가 없다는 의미가 내포되어 있다. 종교에 대한 상식적 견해는 종교라는 말

---

22 장석만, 「개항기 한국사회의 '종교' 개념 형성에 관한 연구」, 서울대학교 종교학과 박사학위논문, 1992.

에 대응하는 어떤 보편적 실체가 존재한다고 간주한다. 그러나 '종교 담론'에 관한 연구는 우리가 종교라고 믿는 어떤 대상이 담론의 산물이며 그것이 자아내는 효과에 불과하다는 점을 강조한다. 이 지점에서 앞서 언급한 바 있는 종교현상학을 소환한다면 종교가 담론의 차원으로 환원되는 부조리를 지적할 가능성이 크지 않을까. 종교현상학자는 종교가 해체되는 상황이 다시 도래한 것에 우려를 표명하고 종교학의 정체성을 심각하게 고심하지 않을까.

요컨대 종교를 개념적 구성물로 치환하여 그것이 형성되는 과정과 효과를 분석하려는 탐구는 탈근대성에 대한 지향성을 언어적인 담론 분석을 통해서 관철하려는 의지의 발로였다. 이 연구는 종교의 실재성을 근원적으로 부정한다는 점에서 앞서 종교현상학이 달성한 성과를 해체하는 결과를 초래한다. 이 연구에 따르면 종교란 언어의 구성물에 불과하므로, 종교라는 개념에 대응하는 실재란 존재하지 않는다. 이를테면 현상학적 실재론이 언어학적인 유명론(nominalism)에 자리를 내어주는 결과를 낳은 것이다.

하지만, 현상학적인 연구와 담론 분석을 오로지 양립 불가능한 관계로만 이해하는 것은 학문의 전체적인 변동 상황을 너무 단순화하는 오류로 이어질 가능성이 크다. 왜냐하면, 종교현상학을 통해서 구해낸 '종교'라는 실재가 '종교문화'라는 개념으로 치환되는 과정은 향후 펼쳐질 한국 종교학의 전개를 예고하는 것이기도 하였기 때문이다. 일반적으로 새로운 방법론이나 이론의 출현은 앞선 시대의 성과를 비판하거나 수정하는 과정에서 도출되기 마련이다. 여기서 주목할 사실은 이전에 쌓아 올린 지적 유산은 비판의 대상이기도 하지만, 새로운 해답을 위한 출구를 자체적으로 내포하기도한다는 점이다.

먼저 종교현상학은 근대성의 자장 안에서 발생하고 성장하였지만, 다른 한편으로 탈근대적인 지향성을 내포하고 있는 분야이다. 종교현상학에서 종교를 의식적 실재라고 언급할 때, 여기서 말하는 '현상학적 의식'은 근대적인 주체의 이성적 사유가 작동하는 층위보다 훨씬 더 심층적인 자리에서 발견되는 세계를 가리킨다. 이는 마치 심층심리학의 '무의식'이나 구조주의의 '구조'가 근대적 이성보다 더 근원적인 차원에서 작동하는 것과 유사하다. 현상학은 근대적 주체성이 자리한 영역을 넘어서 전반성적이며 선술어적인 근원의 세계를 지시한다는 점에서 다분히 탈근대적이다. 생활세계(Lebenswelt)로 일컬어지기도 하는 이 세계는 현상학에서 주객 이분법적인 인식의 구도에서 주체가 사물을 파악하기 이전에 이미 의식에 주어져 있는 것으로 본다. 주체가 무언가를 파악할 수 있는 것은 이와 같은 생활세계가 배경적으로 주어져 있기 때문이다. 생활세계가 주체와 객체보다 더 근원적이며 원초적인 층위에서 존재하면서 양자의 작용을 가능하게 만드는 근거라고 말하는 이유가 여기에 있다. 생활세계는 거의 무의식과 유사하다고 말할 수 있을 정도로 조명이 비추어지지 않아서 아직 드러나지 않은 어두움을 간직하고 있지만, 실은 그 안을 의미로 가득 채우고 있는 저장고이기도 하다. 생활세계를 염두에 두고 주체와 객체의 인식론적 관계를 설명한다면, 주체는 객체를 파악하기 위하여 늘 이 의미의 창고에서 인식을 위한 자양분을 꺼내서 쓰는 것이다. 현상학의 목표는 주객의 이분법을 넘어서 이와 같은 심층의 층위에 자리한 생활세계로 직접 다가가서 거기에 충만해 있는 의미의 세계를 파악하는 것이다. 현상학이 의미 해석을 목표로 삼는 해석학과 긴밀한 연결성을 유지할 수밖에 없는 사정이 이로부터 기인한다.

그런데 여기서 한 가지 흥미로운 사실은 '언어적 전회'를 기반으로 탈근대적인 출구를 모색하려는 입장이 생활세계를 강조하는 현상학과 마찬가지로 의미의 세계에 강한 집착을 보인다는 점이다. 왜냐하면 '담론'이란 결국 언어로 쌓은 의미의 세계를 가리키기 때문이다. 물론 각 진영에서 말하는 의미의 세계가 작동하는 층위나 방식은 다르다. 하지만 주객의 이분법을 훨씬 넘어선 근원의 자리에 의미의 세계를 배치한다는 점에서는 유사성을 공유한다. 학계 일각에서 탈근대주의자들을 가리켜 '해석학자'(hermeneuticists) 혹은 '텍스트주의자'(textualists)라고 부르는 것도 이들이 의미에 관한 관심을 방법론적인 기본 방향으로 설정하기 때문일 것이다.[23]

둘째, 한국의 종교학사에서 현상학적 실재로서 도출된 '종교'가 '종교문화'라는 개념으로 탈바꿈하는 과정에는 언어에 대한 민감한 감각이 반영되어 있다. 연구대상을 어떤 언어로 범주화하느냐에 따라서 학문의 정체성과 방법이 달라질 수 있다는 인식은 추후 전개될 '언어적 전회'를 예감하는 것이기도 하였다. 물론 '언어적 전회'는 '종교'를 구성주의적 측면에서 조명하였다는 점에서 '종교문화' 개념에 대한 현상학적 변용과 일치하지 않는다. '종교문화' 개념은 거기에 상응하는 경험적 실재를 전제한다. 그와 같은 차이에도 불구하고 현상학 진영에서 개념의 문제를 거론한 것은 실재론과 유명론이 반드시 대립적인 관계를 형성하는 것은 아니라는 사실을 보여주었다. 이와 같은 학문적인 변동과 이행의 과정에서 나타나는 연속과 불연속의 관계는 앞으로 기술할 물질종교학에도 그대로 나타난다.

---

23 Johannes Wolfart, *op. cit.*, pp.386-387.

3) 종교학과 문화연구

앞 장에서 '종교 담론' 연구가 권력의 문제에 매우 민감한 관심을 표출하고 있다는 점을 언급한 바 있다. 이 연구는 일반적으로 담론의 지형이란 중립적으로 형성되는 것이 아니라 권력의 작동 방식과 긴밀하게 연계되어 있다는 점을 보여주었다. 당장 '종교'라는 개념은 서구 근대성의 산물로서 특수한 역사성을 지닌 것임에도 불구하고 근대 초 한국 사회에 수용되어 마치 보편성을 지닌 것처럼 유통되고 있는 현실 자체가 서구가 비서구에 대해서 가지고 있는 우월성을 보여주는 것이었다. 그뿐만 아니라 '종교' 개념은 한국 사회 내부에서도 다양한 세력의 이해관계에 따라서 분화하였다. 가령 어떤 세력은 종교를 공사의 구분 속에서 후자의 영역에 국한하는 개념으로 사용하는가 하면, 또 다른 세력은 종교를 과학과 대립하는 것으로서 부정적인 의미로 이해하였으며, 그 밖에 종교를 문명화를 달성하고 집단의 정체성을 확보하는 데 유용한 개념으로 보는 세력도 나타났다. 또 어떤 세력은 종교가 집단 정체성을 유지하는 데 중요하다고 주장하였다.[24] 무엇보다 이러한 '종교 담론'들은 상호 경쟁을 통해서 비교 우위의 차이를 드러낸다. 이는 '종교 담론'들이 권력관계에 따라서 비대칭적으로 형성되었음을 보여준다.

'종교 담론' 연구가 암시하는 바와 같이 담론 분석의 이점은 담론의 배후에서 담론의 생산과 유통, 증식, 변형 등을 가능하게 만들었던 권력의 실체를 드러냄으로써 담론 자체를 해체하는 효과를 가져온다는 점이다. 즉 담

---

24 장석만, 앞의 논문, 41-58쪽.

론 분석을 통해서 지금까지 아무런 의심 없이 받아들여졌던 담론의 진리성이 해체되는 것이다. 여기서 담론 분석이 문화연구(cultural studies)와 만날 수 있는 통로가 열린다는 점에 주목할 필요가 있다. 담론 분석이 문화연구가 지향하는 권력에 대한 비판과 저항의 한 방법으로 원용될 소지가 충분하기 때문이다.

문화연구는 1950년대 영국에서 시작되어 1980년대 이후에 세계적으로 확산한 분야이다. 처음에는 문학비평에서 출발했지만, 점차 외부의 여러 비판 이론들을 수용함으로써 내부적으로 다양한 경향성이 존재하는 영역이기도 하다. 문화연구는 문화 안에서 작동하는 권력관계를 분석하고 지배문화의 헤게모니를 해체하기 위한 대안을 모색하는 것이 목표이다. 문화연구는 문화를 하나의 포괄적인 체계나 실체로 바라보는 태도를 거부한다. 그 대신 문화란 이질적이며 다양한 체계들이 서로 복잡하게 얽혀 있는 연결망과 같은 것이다.[25] 지배문화와 하위문화라는 표현은 이와 같은 정황을 좀 더 구체적으로 묘사하는 데 도움이 된다. 즉 문화는 지배문화 이외에도 이해관계를 달리하는 수많은 하부문화가 층위를 달리하여 복합적으로 얽혀 있다는 것이다.[26] 문화연구는 이처럼 지배문화와 하위문화의 권력관계를 드러내는 데 목적이 있다.

지금까지 언급한 바와 같이 담론 연구와 문화연구는 권력의 실체와 작동 방식을 분석하는 데 공통의 관심을 지니고 있다. 게다가 담론은 문화의 일

---

25 Timothy Fitzgerald, "Religious Studies, Cultural Studies, and Cultural Anthropology", *The Ideology of Religious Studies*, Oxford: Oxford University Press, 2000, p.227.

26 Malory Nye, *Religion: The Basics*, Routledge, 2008; 맬러리 나이, 유기쁨 옮김, 『문화로 본 종교학』, 논형, 2013, 70-79쪽.

부로 이해할 수 있으므로, 담론 분석을 문화연구로 수렴해도 크게 무리는 아니다. 이 논리에 따르면 '종교 담론' 분석도 당연히 문화연구에 포섭된다. 다음은 '종교 담론' 분석의 의의를 평가한 발언이다. "종교는 문화의 일부이고, 종교학은 문화연구의 일부이므로, 종교학은 지식의 흐름 안에 내재되어 있는 권력관계를 드러내고 은폐되어 있는 이데올로기적 요소를 폭로하고 해체시키는 작업을 해야 하며, 종교학의 문화비평 기능이란 바로 이런 것이어야 한다."[27] 여기서 말하는 종교학의 문화비평 기능이란 문화연구를 달리 표현한 것에 불과하다는 점은 분명하다. 하지만 종교학과 문화연구의 경계가 모호해지는 사태도 부인하기 어렵다. 사실 문화연구 분야에 발을 내딛는 순간 제반 분과 학문의 구분이 어렵게 되는 현상이 나타나는 것은 비단 종교학에 국한하지 않는다. 문화연구는 '인문학에 발을 담그고 있는 모든 연구'를[28] 포괄한다고 보아도 과언이 아니기 때문이다. 문화연구의 탈학과적(transdisciplinary) 성격은 기존 분과 체제를 유지하려는 태도와 대립할 가능성이 크다.

실제로 종교학과 문화연구의 차이를 인정하지 않을 때 취할 수 있는 한 가지 입장이 '종교' 범주의 독자성을 인정하지 않는 태도이다. 이 입장을 대표하는 피츠제럴드에 따르면 종교를 경험적 측면이든 제도적 측면이든 종교 아닌 것과 구별할 수 있다는 주장은 오류에 불과하다. 왜냐하면 '종교' 범주에 대응하는 실재는 존재하지 않기 때문이다. '종교'는 17세기 서구 기독교 전통에 뿌리를 둔 개념으로서 제국주의와 식민주의의 확산과 함께 비

---

27 김윤성, 「종교학과 문화비평의 관계에 대한 성찰과 전망」, 『종교문화연구』 33, 2019, 274쪽.
28 Mark Hulsether, "Religion and culture", *The Routledge Companion to the Study of Religion*, ed., by John R. Hinnells, New York: Routledge, 2005, p.489.

서구 지역으로 전파되었다.[29] 사정이 이러함에도 불구하고 '종교' 범주의 보편성을 주장하는 것은 굳이 말하자면 신학적인 발언이라고 하지 않을 수 없다는 것이다. 종교학에서 종교를 비종교와 구별되는 독자적인 실재라고 주장하는 대표적인 진영이 종교현상학이다. 피츠제럴드의 주장에 따르면 종교현상학은 신학을 위장한 종교학이 아닐 수 없다.[30]

그런데 종교학이 문화연구로 수렴될 수 있다는 주장의 배후에는 종교와 문화가 구별될 수 없다거나[31] 종교는 문화의 부분집합이라는[32] 관점이 자리하고 있다는 점을 간과할 수 없다. 다시 말해서 종교는 문화를 초월한다든가 문화는 종교의 부분집합이라는 관점으로는 문화연구로서 종교학의 입지를 확보하기 어려운 것이다. 여기서 앞서 언급한 바 있는 '종교문화' 개념을 상기할 필요가 있다. '종교문화'는 종교를 문화에 속하는 것으로 바라보는 관점에서 도출된 개념이었다. 문화연구로서 종교학을 이 개념을 이용하여 다시 표현한다면 종교문화연구(the study of religious cultures)[33]가 된다. '종교문화' 개념은 종교학과 문화연구의 일치를 성사시키는 매개라고

---

29 Timothy Fitzgerald, *op. cit.*, p. 224.

30 *Ibid.*, p. 225.

31 피츠제럴드는 일반적인 차원에서 작동하는 비신학적 범주로서의 종교는 문화와 구별되지 않는다고 말한다. 그에 따르면 인문학 텍스트를 보면 상당히 많은 대상이 종교로 분류되고 있을 정도로 종교라는 말은 매우 일반적인 차원에서 작동하고 있으며 실제로 문화와 구별되지 않는다. 그는 예를 들어 영국의 마그나 카르타, 인도의 마누 법도론, 일본의 제국 국민교육헌장, 미국의 독립선언서 등의 텍스트가 종교와 관계가 있는지 혹은 없는지를 따지는 작업이 분석적으로 유용한 차이를 지닌다고 전제할 수 있느냐고 반문한다. 그에 따르면 이러한 텍스트를 다루는 분과가 무엇이건 상관없이 적합한 맥락을 고려하면서 연구하는 것이 중요하다. *Ibid.*, pp. 224-225.

32 Mark Hulsether, *op. cit.*, pp. 500-501.

33 *Ibid.*, p. 501.

할 수 있는 것이다. 그러나 이와 같은 상황은 한국 종교학에서 '종교문화'가 처음 출현할 때 종교학의 정체성을 확보하려는 의도로 형성된 개념이었다는 점을 고려하면 같은 개념이라도 맥락에 따라서 그 쓰임새가 어떻게 다르게 드러나는지를 그대로 보여준다. 즉 종교학의 정체성을 찾기 위해서 사용되었던 '종교문화' 개념은 문화연구의 맥락에 합류하면서 오히려 종교학의 경계를 흐릿하게 만드는 쪽으로 동원되기도 하는 것이다.

4) 포스트휴머니즘의 종교학

(1) 탈근대성에서 포스트휴머니즘(posthumanism)으로

한국 종교학이 근대성의 영향에서 벗어나 탈근대성의 자기장 안으로 진입하는 과정은 방법론적으로 심각한 성찰과 전환이 이루어지는 계기였다. 탈근대성의 구성주의는 근대적 인식론의 전제를 근본적으로 부정하는 결과를 초래하였다. 근대적 인식론은 선험적으로 의심할 수 없는 주체가 외부 대상을 감각과 이성을 통해서 알 수 있다는 전제하에서 성립한 것이다. 구성주의는 이와 같은 근대적 주체의 선험적 명증성을 해체함으로써 주체와 객체의 이원론적 인식론을 극복할 수 있었다. 구성주의는 주체와 객체보다 더 근원적인 차원에서 작동하는 언어의 세계에 눈을 돌림으로써 근대적 이원론을 넘어서고자 하였다.

한국 종교학도 이와 같은 궤적을 따라서 방법론적으로 새로운 방향에 눈길을 돌린 바 있다. 다만 한국 종교학의 정체성을 종교현상학에서 찾고자할 때 근대적 인식론에서 구성주의로의 이행이라는 식으로 논의를 단순화하는 것은 매우 위험할 수 있다. 왜냐하면 종교현상학을 근대적 주객 이원론과 동일시할 수는 없기 때문이다. 오히려 종교현상학은 이러한 근대적 이원론을 극복하려는 문제의식에서 나온 것이므로 탈근대적인 성격을 지닌 것이기도 하다. 따라서 한국 종교학의 방법론적 변천을 근대적 인식론에 대한 비판적 태도의 심화로 규정해도 큰 오류는 없을 것으로 보인다.

근대성과 탈근대성은 서로 모순적이며 대립하는 것처럼 보이지만 인간 중심주의에 머물렀다는 점에서는 같은 범주로 묶일 수 있다. 근대성의 체제에서 유지되는 주체와 객체의 이분법은 후자에 대한 전자의 우위를 기반으로 성립된 것이다. 인간 주체는 자유롭게 사유하고 행동할 수 있는 능력을 지녔지만, 비인간 객체는 외부의 힘과 자극에 수동적으로 반응하는 존재로 간주된다. 인간 주체는 비인간 객체를 인식의 대상으로 취할 뿐만 아니라 자신의 필요에 따라 독자적으로 이용할 수도 있다. 그 과정에서 주체는 객체를 다양한 방식으로 변형하거나 조작을 가할 수 있다. 그만큼 근대성 내부에서 인간 주체가 차지하는 위치는 절대적이다. 탈근대성은 이러한 인간 주체의 절대적 우위를 무너뜨리고자 한 데 중요한 의의가 있다. 그러나 탈근대성의 구성주의에서 말하는 '구성'의 중심에는 인간이 존재한다는 점을 간과할 수 없다. 왜냐하면 언어를 통해서 세계를 구성한다고 했을 때 불가피하게 그러한 구성을 실행하는 주체로서 인간을 상정하지 않을 수 없기 때문이다.[34] 다시 말해서 담론의 세계에서는 인간 외의 존재가 개입할 여지는 전혀 없는 것이다. 가령 비인간 존재는 담론의 구성 과정에 영향을 줄 수 없으며, 이미 구성된 담론의 세계 밖에는 어떠한 실재도 인정될

---

34 Tamsin Jones, "New Materialism and the Study of Religion", *Religious Experience and New Materialism: Movement Matters*, eds., by Joerg Rieger and Edward Waggoner, Palgrave Macmillan, 2016, pp.7-8.

수 없다. 그런 의미에서 탈근대성의 구성주의 역시 근대성 체제와 마찬가지로 인간중심주의에서 완전히 벗어나지 못했다.

포스트휴머니즘은 탈근대성의 이와 같은 한계를 인식하고 인간중심주의의 철저한 거부를 목표로 출현하였다.[35] 포스트휴머니즘은 기본적으로 근대성의 해체를 지향한다는 점에서 탈근대성과 다르지 않다. 하지만 탈근대성이 앞서 언급한 바와 같이 인간중심주의에서 벗어나지 못한 점을 강하게 비판한다. 포스트휴머니즘의 전제는 인간 외에 비인간도 동등한 행위자(agent)로 간주해야 한다는 것이다. 이는 근대성의 이원적 인식론에서 가정하는 바와 같이 능동적인 주체와 수동적인 객체라는 구도를 전면적으로 거부한다는 의미이다. 근대성의 이원적 구도에 따라서 우주의 중심에 설 수 있게 된 인간은 비인간에 대한 주권을 행사한다는 점에서 특별하고 예외적인 존재이다.[36] 인간은 자신의 의도대로 비인간을 재료 삼아 세계와 역사를 창조할 수 있는 존재로 간주된다. 그러나 포스트휴머니즘은 인간만이 지니고 있다고 여겨졌던 행위력(agency)이 비인간 존재에게도 주어져 있다는 사실을 인정한다. 우리가 살아가는 삶의 환경은 인간과 비인간의 상호작용이 끊임없이 일어나는 공간이다. 이 점을 제대로 고려하지 않고 비인간 세계에 대한 인간의 일방적 지배권만을 고집할 때 에너지 고갈, 기후 변화, 자연환경의 훼손, 생태계의 파괴 등과 같은 생존 조건의 위기가 발생하는 것이다. 이러한 위기는 이를테면 인간의 행위에 대하여 비인간

---

35 Eduardo Kohn, *How Forests Think: Toward an Anthropology beyond the Human*, Berkeley: University of California Press, 2013; 에두아르도 콘, 차은정 옮김, 『숲은 생각한다: 숲의 눈으로 인간을 보다』, 사월의책, 2018, 22쪽.

36 *Ibid.*, p.6.

존재가 보내는 반응이라고 할 수 있을 것이다.

그런데 근대성과 탈근대성을 거쳐 포스트휴머니즘에 이르면서 논의의 차원이 급격히 변하는 분위기가 포착되는 것은 무슨 이유 때문일까. 앞서 검토한 바 있듯이 근대성과 탈근대성 논의는 주로 인식론적인 차원을 중심으로 전개되었다고 해도 과언이 아니다. 이른바 '표상'과 '구성'의 대조는 근대성의 인식론과 탈근대성의 인식론이 드러내는 차이를 집약한 표현이라고 할 수 있을 것이다. 인식에 이르는 길로서 주체가 객체를 표상하는 방법을 채택하는가, 아니면 언어가 실재의 세계 위 혹은 너머에 드리운 의미의 그물망에 의지하는가. 그런 의미에서 근대성과 탈근대성 사이의 대립은 인식론적인 경쟁이었다.

포스트휴머니즘의 논의는 인식론보다 존재론적인 차원을 우선시하는 분위기가 강하게 감지된다. 무엇보다도 인간과 비인간의 행위 능력을 문제 삼는 방식은 근대성과 탈근대성 논의에서는 결코 없었던 일이다. 포스트휴머니즘이 던지는 물음, 즉 오로지 인간만이 행위자인가 하는 물음은 인식론이 아니라 존재론적인 영역에 속한다. 인식론이 무언가에 대한 앎에 이르는 길을 모색하는 분야라면 존재론은 인식론이 전제하고 있는 그 무엇 자체를 문제 삼는다. 인식론은 이미 존재하는 무엇에 대한 앎을 추구하지만, 존재론은 인식론이 전제한 그 무엇이 과연 존재하는지를 묻는다. 존재하는 대상이 달라진다면 그 이전에 무언가를 알기 위해 길을 닦았던 인식론은 아무 소용이 없게 될 것이다. 바꿔 말해서 존재론적 전제가 달라진다면 그에 따라서 인식론도 달라질 수밖에 없다.

포스트휴머니즘이 인간과 비인간을 행위자로 동시에 인정한다는 것은 근대적 인식론의 존재론적 기반을 더는 용인하지 않겠다는 의미가 담겨 있다. 근대적 인식론의 배경이 되는 존재론은 인간과 비인간을 이분법적으로 분리하고 양자의 차이를 절대적이라 본다. 인간은 자유의지와 사유할 수 있는 능력, 삶의 가치와 의미를 창출할 수 있는 능력이 있지만, 비인간은 기계적이며 수동적인 존재로서 외부 자극과 힘에 따른 인과의 법칙에서 벗어날 수 없는 것으로 묘사된다. 근대적 인식론은 바로 이와 같은 존재론적 전제에 근거하여 성립된 것이다. 그러나 포스트휴머니즘에 따르면 이와 같은 존재론은 보편성이 없다. 이 세계에는 수많은 존재론이 있을 수 있다. 그런 맥락에서 근대적 존재론은 그저 하나의 특수 존재론에 불과하다.

포스트휴머니즘은 근대적 존재론이 보편성을 주장할 때 전 세계에 산재한 특수 존재론들이 빛을 잃는다고 주장한다. 근대적 존재론에 상응하는 인식론은 특수 존재론 내부의 다양한 존재자들을 일반론으로 포괄하는 오류를 저지른다. 지금까지 서구가 비서구를 인식한 방식이 바로 그런 잘못의 대표적 사례이다. 포스트휴머니즘이 던지는 메시지는 분명하다. 나와 타자에 관한 앎을 추구하기 위해서는 그 전에 그들이 서 있는 존재론적 지평을 검토해야 한다는 것이다. 따라서 포스트휴머니즘을 '존재론적 전회'(ontological turn)에서 비롯한 조류로 평가하는 것은 매우 자연스럽다.

'존재론적 전회'는 서구 외의 타자에 관심을 가진 인류학자들이 자신들이 걸어왔던 학문적 여정을 근본적으로 성찰하는 과정에서 도달한 결론이라고 해도 무방하다. 그동안 서구중심주의가 학문의 영역에서 타자의 삶을 왜곡하고 심지어 식민화하는 형태로 표출된 상황에 대해서는 수많은 비판이 제기된 바 있다. 근대성에 대한 비판도 따지고 보면 이러한 서구중심주의를 향한 것이었다고 해도 과언이 아니다. 그러나 이와 같은 서구의 자성이 타자에 대한 정당한 이해로 곧바로 이어진다는 보장은 없었다. 가령 인류학이라는 학문의 목표는 타자를 얼마나 제대로 이해했는가에 있을 것이다. 인류학에서 제기된 서구중심주의에 대한 비판은 자기반성의 기회가 되어 오히려 자신을 더 잘 이해할 수 있는 계기가 되었을망정[37] 타자 이해로 가는 진정한 길을 찾았다고 스스럼없이 말할 수는 없는 것이 아닌가. 이와 같은 인식의 한계에서 돌파구로 찾은 것이 '존재론적 전회'였다.

인류학자 홀브라드와 피더슨에 따르면 '존재론적 전회'는 인식론이란 존재론에 종속된 것이므로 타자에 대한 앎을 추구하기 전에 타자의 존재론을 파악하는 일이 급선무라는 점을 강조한다.[38] 존재론적 물음이란 앞서 언급한 바 있듯이 어떤 사물이 존재하는가를 묻는 일이다.[39] 이를 좀 더 구체적으로 말하면 존재하는 것은 무엇인가, 존재하는 것의 속성은 무엇인가, 존재하는 것들의 관계는 무엇인가 등의 물음이 포함될 것이다. 가령 처음 접하는 어떤 세계를 이해하고자 할 때, 인간과 인간 아닌 것이 존재한다는 사실을 확인하고, 그들이 각각 어떤 속성을 지녔는지, 그들 간의 관계는 어떤지 등을 파악하는 작업이 존재론적 과제이다.

홀브라드와 피더슨은 이와 같은 존재론적 물음은 결국 새로운 개념의 구축이라는 과제를 떠안고 있다고 강조한다.[40] 타자를 연구하는 인류학자는

---

37 Eduardo Viveiros de Castro, *Métaphysiques cannibales: Lignes d'anthropologie poststructurale*, Paris: Presses Universitaires de France, 2009; 에두아르두 비베이루스 지 까스뜨루, 박이대승, 박수경 옮김, 『식인의 형이상학: 탈구조적 인류학의 흐름들』, 후마니타스, 2018, 310쪽.

38 Martin Holbraad and Morten Axel Pedersen, *The Ontological Turn: An Anthropological Exposition*, Cambridge: Cambridge University Press, 2017, pp.4-5.

39 *Ibid.*, p.10.

40 *Ibid.*, pp.11-12.

자신이 가지고 있는 설명 도구인 기존 개념을 가지고 타자를 이해하려 할 것이다. 그러나 그가 새롭게 접한 존재론적 범주나 속성을 기존 개념으로 파악하려고 할 때는 마치 몸에 맞지 않는 옷처럼 너무나도 명백한 한계에 부딪힌다. 이때 기존 개념 대신 타자의 몸에 맞는 새로운 개념을 창출하는 것이 요청된다. 이렇게 구축된 개념은 존재론적 전제와 같은 것이다. "존재론적 전제가 어떤 것이 무엇인지를 묻는 것이라면, 그와 같은 존재론적 전제는 그 무언가를 어떤 개념을 가지고 정의할 수 있는가에 달려 있다."[41]

타자의 존재론적 지평과 만나서 이루어지는 새로운 개념의 구축은 방법론적으로 인식론의 퇴조를 의미한다. 그동안 인류학자를 비롯하여 연구자들은 자신이 펼쳐 놓은 인식의 그물로 연구대상을 포획하는 데 관심을 몰두하였다. 그 결과 이들이 사용한 인식론적 도구는 인간 중심적인 한계를 그대로 드러내고 말았다. 존재론적인 전회는 이러한 상황을 거꾸로 뒤집는다. 연구자는 연구대상이 자리한 존재의 그물에 거침없이 뛰어든다. 거기서 연구자의 기존 개념은 아무 쓸모 없음이 드러난다. 연구자는 연구대상의 존재론적 전제에 부합하는 새로운 개념을 도출하기 위하여 각고의 노력을 기울일 것이다. 왜냐하면 연구자는 지금까지 전혀 경험하지 못한 낯선 환경에서 아직 상상해 본 적이 없는 개념을 조탁해야 하기 때문이다. 존재론적 전회는 자기를 버리는 일이다. 자기가 서 있는 존재론적 지평을 고집하지 않는다. 따라서 존재론적 전회가 포스트휴머니즘을 향한 의지가 싹트는 곳에서 등장하는 것은 매우 자연스러운 일이다.

---

41 *Ibid.*, p.15.

(2) 필립 데스콜라의 존재론적 전회

필립 데스콜라의 연구는 인류학자의 존재론적 전회가 실제로 어떻게 구현되는지를 잘 보여주는 한 가지 사례라고 할 만하다. 그의 논의를 잠깐 언급함으로써 존재론적 전회의 구체적인 실례를 살펴보고자 한다. 필립 데스콜라는 인간이 얼마나 다양한 유형의 존재론에 기초하여 삶의 환경을 조성하였는지에 관심을 집중하였다. 이를 규명하기 위하여 그는 한 가지 사유 실험을 진행하였다. 만약 인간이 이미 자신에게 주어진 제도화된 세계의 울타리에서 벗어나서 어떠한 선입견도 없이 순수한 비자아(non-self)의 상태로 돌아간다면 무슨 일이 벌어질까. 원점 상태에서 주변 환경과 적응하면서 생존을 위해 인간으로서 동원할 수 있는 유일한 자원은 아마도 몸(body)과 의지(intentionality)일 것이다. 즉 인간은 육체적으로 활동할 수 있는 운동능력(physicality)과 내면적으로 사유할 수 있는 능력(interiority)을 통해서 주변 세계를 파악하거나 관계를 맺으려고 할 것이다.[42] 이때 인간은 세계 안의 여러 불특정한 비인간 타자들과 조우한다. 인간은 이들의 정체를 어떻게 파악하고 상호 관계를 이어나갈까.

필립 데스콜라에 따르면 인간이 비인간 타자의 정체를 확인하는 방식에는 다음 네 가지가 있다. 첫째, 타자는 인간과 같은 내향성을 가지고 있지만, 운동능력은 다르다. 둘째, 타자는 인간과 같은 운동능력과 내향성을 가지고 있다. 셋째, 타자는 인간과 다른 운동능력과 내향성을 가지고 있다. 넷째, 타자는 인간과 다른 내향성을 가지고 있지만, 운동능력은 같다. 이처

---

42 Philippe Descola, "Beyond nature and culture", *The Handbook of Contemporary Animism*, ed., by G. Harvey, New York: Routledge, 2014, pp.78-79.

럼 경우의 수가 네 가지로 나온 것은 운동능력과 내향적 능력이라는 항수에 동일성과 차이라는 변수를 적용하여 분류하였기 때문이다. 필립 데스콜라는 이 네 가지 비인간 타자의 정체성 확인 양식(a mode of identification)을 존재론과 동일시하고, 각각을 애니미즘(animism), 토테미즘(totemism), 유비주의(analogism), 자연주의(naturalism)라 부른다.[43]

여기서 필립 데스콜라가 말하는 존재론이란 인간이 실재를 지각하고 해석하는 데 토대가 되는 구조물이다.[44] 인간이 자신을 둘러싼 세계를 파악할 수 있는 근거는 이와 같은 존재론 때문이다. 인간은 특정한 존재론에 기초하여 그 존재론이 정한 방향으로 실재를 파악하거나 관계를 맺는다. 필립 데스콜라에 의하면 인간과 비인간 타자의 관계도 네 가지 유형의 존재론에 따라서 각각 다르게 나타난다. 그런데 인간과 비인간 타자가 함께 모여 이루는 관계의 세계는 일반적으로 이해하고 있는 '사회'(society)와 근본적으로 다른 성격을 지닌다. '사회'는 인간들만을 중심으로 형성되는 관계를 가리킨다. 필립 데스콜라는 이와 달리 인간과 비인간 타자의 관계를 사회와 구별하기 위하여 '집합체'(collective)로 지칭한다.[45] '집합체'란 용어는 브뤼노 라투르에게서 빌려온 것으로서[46] 다양한 존재론의 토대 위에서 인간이 인간 이외의 다른 비인간과 형성하는 관계의 특수성을 강조하기 위하여 사용한 것이다.

이러한 점을 고려하면 '사회'는 '집합체'의 종속 개념으로 보는 것이 타당

---

43 *Ibid.*, p.79.
44 *Ibid.*, p.84.
45 *Ibid.*, p.85.
46 브뤼노 라투르, 앞의 책, 26쪽.

할 것이다. 필립 데스콜라는 19세기 이후 사회성(sociality)이 연구의 기본 전제로 등장하게 된 배경을 지적한다. 예를 들어 에밀 뒤르켐은 종교를 설명하기 위한 기본 공리로 사회를 강조한 바 있다. 그에 의하면 종교란 사회라고 하는 실재의 한 표상에 불과한 것이다. 그러나 필립 데스콜라에 따르면 사회는 무언가를 설명하기 위하여 동원되는 전제라기보다는 그 자체로 설명이 필요한 개념이다.[47] 왜냐하면 사회는 다양한 집합체들이 형성되는 과정에서 발생한 하나의 파생물이기 때문이다. 인간이 사회와 자연을 엄격하게 구별한 것은 근대 이후에 나타난 현상이다. 이러한 구별은 뒤이어 언급할 자연주의 존재론의 등장과 더불어 나온 것이다.

필립 데스콜라가 언급한 네 가지 존재론은 단지 사유 실험을 통해서 분류한 가정에 불과한 것이 아니라 현실 세계에서도 확인할 수 있다. 애니미즘은 남북 아메리카, 시베리아, 남동 아시아 일부에서 출현하였다.[48] 애니미즘은 비인간 타자들이 인간과 내면적으로는 동일한 본질을 공유하지만, 육체적으로는 다른 형태를 지닌다고 보는 존재론이다. 간단히 말해서 인간과 비인간은 내면은 같지만, 겉모습이 다를 뿐이다. 이와 같은 존재론이 활성화된 환경에서는 인간과 비인간은 인간성(humanity)을 공유한다.[49] 다시 말해서 비인간이라도 인간과 마찬가지로 인간성을 지닌 존재로 인식된다. 비인간 타자는 인간 이외의 인간인 것이다.

애니미즘의 존재론을 따라서 살아가는 사람들은 비인간도 인간이기 때

---

47 *Ibid.*, p.85.
48 *Ibid.*, p.79.
49 *Ibid.*, p.80.

문에 이들과 인격적인 관계를 맺는 것이 가능하다고 여긴다. 다만 외형적인 능력과 형태만 다를 뿐이므로 서로 인격적인 소통 관계에 이르기 위해서는 변형(metamorphosis)의 단계를 거칠 필요가 있다.[50] 가령 인간이 동물과 소통하려면 동물의 형상을 취하는 것이 중요하다. 샤먼과 같은 의례 전문가가 꿈이나 트랜스 상태에서 동물의 모습을 하고 동물 공동체를 방문하는 경우가 이러한 사례에 해당한다. 마찬가지로 동물이나 식물도 인간과 소통하기 위하여 인간의 모습으로 자신들의 외형을 바꾼 후 인간의 세계를 방문할 것이다.

필립 데스콜라는 토테미즘의 전형적 사례를 보여주는 사람들로 오스트레일리아 원주민을 지목한다.[51] 토테미즘은 비인간 타자들이 인간과 내면은 물론 육체적인 측면에서도 같은 속성을 공유한다는 존재론이다. 토테미즘의 존재론에서 같은 토템에 속하는 인간과 비인간 타자는 같은 집합체에 속한 구성원들이다. 이들은 내면적 속성과 외형적 속성이 같다. 식물이나 동물처럼 형태상으로 명확하게 구분되는 것처럼 보이는 종이라 하더라도 같은 토템에 속한 이상 이들은 공통의 속성을 분유하는 구성원들로 여겨진다. 같은 토템에 속하는 구성원들은 종들의 경계를 가로지른다. 이러한 사실은 일반적으로 토템을 가리킬 때 특정 동물이나 식물 등을 동원한다는 점을 고려하면, 토템이란 그와 같은 종들이 지닌 속성과 무관하다는 것을 암시한다. 예를 들어 캥거루를 토템으로 삼는 집합체가 있다고 가정할 때 여기에 속하는 구성원들의 속성은 캥거루라는 동물의 속성과 아무런

---

50 *Ibid.*, pp.80-81.
51 *Ibid.*, p.82.

상관이 없다. 오히려 이 집합체의 구성원들이 공유하는 속성은 거기에 속한 모든 종에 적용할 수 있을 정도로 추상적인 성격을 지닌 것으로 보는 것이 타당하다.[52] 오스트레일리아 원주민들은 이처럼 종의 경계를 가로지르는 토템의 속성을 꿈의 시대에 활동했던 원형적 힘이 구체화 된 것으로 본다.[53]

유비주의가 지배적인 영향력을 발휘했던 지역은 중국을 비롯한 아시아 일부, 서아프리카, 메소아메리카와 안데스 등이다.[54] 필립 데스콜라는 서구 중세와 르네상스 시대도 유비주의 존재론의 영향권에 속했던 것으로 평가한다. 유비주의는 비인간 타자와 인간이 내면의 세계는 물론 외형적인 측면에서도 서로 다르다고 보는 존재론이다. 그러므로 인간을 포함한 세계의 모든 종은 내면과 외면에서 공유하는 속성을 가지고 있지 않다. 가령 인간과 동물은 내적인 본질과 외적인 형태에서 공통점이 전혀 없다. 이러한 차이는 비단 인간과 동물에 국한되지 않는다. 같은 인간, 같은 동물이라도 공통의 속성을 공유하지 않을 수도 있다. 그렇다면 세계의 다양한 종들이 각자 독립적인 존재로 할거하고 있는 상태를 상상해 볼 수 있을 것이다.

그러나 유비주의는 이와 같은 독립적이며 자율적인 존재자들을 유비의 관계망으로 끌어들여 하나의 전체적인 조직을 형성한다.[55] 유비는 불연속적인 실체들을 결합하고 조직하기 위하여 동원된 매개이다. 가령 중국의 음양오행설은 다양한 존재자들이 지닌 속성을 음양오행이라는 매개적 요

---

52 *Ibid.*, p.83.
53 *Ibid.*, p.87.
54 *Ibid.*, p.83.
55 *Ibid.*, p.84.

소에 따라서 각각의 동일 범주로 분류한다. 이렇게 분류된 각 범주는 서로 독립적으로 존재하는 것이 아니라 상생이나 상극의 관계로 연결된다. 이러한 연결 관계를 무한 확장하면 결국에는 우주에 존재하는 어떠한 요소도 유기적인 전체로부터 분리될 수 없을 것이다. 필립 데스콜라는 유비주의 존재론의 지배를 받는 환경에서 다양한 존재자들이 모여 형성된 집합체는 위계적 질서가 작동하는 영역이라고 말한다.[56] 유비 관계를 통해서 서로 다른 속성을 지닌 존재자들을 날줄과 씨줄로 함께 결합하는 과정은 위계화를 통한 차별이 이루어지는 계기이기도 한 것이다.

자연주의는 근대성의 세계를 뒷받침하는 존재론이다. 자연주의에 따르면 비인간 타자와 인간은 내향성의 측면에서는 불연속적이지만, 육체성의 측면은 연속적이다. 자연주의 존재론에서 인간은 자유로운 정신과 영혼, 의지, 도덕성, 언어 사용 능력 등을 지녔다는 점에서 비인간 타자와 절대적으로 구별된다.[57] 이와 달리 비인간 타자는 인간이 지닌 정신적 자유를 결여한 채 외부 요인에 의하여 발생하는 필연적 법칙에 종속된 것으로 여겨진다. 근대 이후 비인간 타자의 이와 같은 특성은 자연(nature)이라는 개념으로 범주화된다. 자유의지를 지닌 인간과 인과의 법칙에 종속된 자연의 이분법은 자연주의 존재론의 기본적인 구도이다. 이러한 이분법은 자연에 대한 인간의 우위를 전제한다. 인간은 자유롭게 자신들이 살아갈 환경을 조성할 수 있으며, 관습과 규칙을 정하거나 혹은 해제할 수도 있으며, 서로

---

56 *Ibid.*, pp.88-90.
57 *Ibid.*, p.84.

소통하기 위하여 다양한 기호와 가치의 체계를 창조할 수 있다.[58] 이에 반해 비인간 타자들의 세계인 자연은 인간의 창조적 능력을 위한 물적 자원에 불과하다.

(3) 존재론적 전회의 종교학적 함의

필립 데스콜라의 논의는 존재론적 전회의 한 가지 사례에 불과하다. 이밖에 포스트휴머니즘의 존재론적 전회에 속하는 것으로 신애니미즘(neo-animism)이나 신물질주의(new materialism) 등이 거론되기도 한다. 신물질주의에 관한 논의는 앞으로 이 글에서 개진될 예정이지만 우선은 지금까지의 논의를 바탕으로 존재론적 전회가 종교학에 어떤 함의를 지닐지에 대하여 잠시 짚고 넘어갈 필요가 있다.

앞서 언급한 바와 같이 존재론적 전회는 인식에 앞서 존재를 묻는 일을 우선시한다. 만약 종교학이 존재론적 전회의 잠재력을 진지하게 수용하면 내부적으로 상당한 변화가 불가피할 것으로 예상된다. 왜냐하면 존재론적 전회는 종교를 묻기 전에 무엇이 존재하는지를 먼저 문제 삼기 때문이다. 종교학이 종교의 존재를 전제하고 그것의 인식을 목표로 하는 학문이라면 존재론적 전회는 이와 같은 종교의 존재를 당연하게 받아들이는 것을 허용하지 않을 것이다. 필립 데스콜라의 존재론적 논의에서 확인한 바와 같이 전 세계적으로 보편적이며 일관된 존재론을 적용하는 일은 불가능하다. 다양한 존재론을 가로지르며 종교의 보편성을 긍정하는 것은 매우 성급한 태도일 수 있다.

---

58 *Ibid.*, p.86.

포스트휴머니즘의 존재론적 전회는 탈근대성의 구성주의와 일면 상통한다. 탈근대성의 구성주의는 종교의 실체를 보편적으로 인정하는 주장을 배격한다. 대신 구성주의는 종교가 언어의 구축물로서 근대 이후에 출현한 산물이라고 말한다. 종교의 역사성을 강조하는 구성주의의 이와 같은 입장은 종교의 본질 규명보다는 종교의 해체를 지향한다. 존재론적 전회도 구성주의와 마찬가지로 종교의 보편성을 부인하는 효과를 낳는다. 종교에 관한 탐구에 앞서 무엇이 존재하는지를 먼저 따지는 작업은 결과적으로 종교의 보편성을 자연스럽게 해체하는 결과로 이어질 것이기 때문이다. 그러나 존재론적 전회가 구성주의와 다른 점은 인간과 비인간을 포함한 존재의 영역 전반에 대한 재검토를 우선시함으로서 종교의 보편성 주장에 제약을 가한다는 사실이다. 이는 구성주의가 개념의 한계를 강조함으로써 실체론적 주장을 비판하는 전략을 채택하는 방식과 대조된다. 존재론적 전회는 존재의 한계를 강조함으로써 실체론적 주장을 오히려 확장하는 전략을 취한다. 어떤 대상에 관해 묻기 전에 존재하는 것이 무엇인지를 규명하는 일이 시급하다는 주장은 분명 구성주의의 유명론과 달리 실재론적 노선에 가깝다.

존재론적 전회는 실재론을 지향한다는 점에서 종교현상학과도 유사한 측면이 있다. 종교현상학은 의식적 실재로서 종교현상의 보편성을 긍정한다. 그러나 존재론적 전회를 통해서 구해진 다양한 존재론에서도 이와 같은 종교적 실재를 보편적으로 발견할 수 있을지는 불확실하다. 종교현상학에서 말하는 종교현상이 인간중심적인 존재론에 기반하여 확인할 수 있는 실재라는 점은 분명하다. 따라서 탈인간중심적인 존재론에서도 과연 종교현상의 보편성을 인정할 수 있을지는 불분명한 것이다.

지금까지의 논의를 종합하면 포스트휴머니즘의 존재론적 전회는 종교학의 정체성에 심각한 위기를 초래할 가능성이 크다. 왜냐하면 존재론적 전회의 일차적 관심은 종교가 아니라 존재이기 때문이다. 존재론적 전회로 인한 학문적 정체성의 동요는 비단 종교학에 국한되지는 않는다. 존재론적 전회는 근대적 학문 체계 자체의 정체성을 훼손할 잠재성을 내포한다. 근대적 학문의 모든 연구대상은 인식의 대상이 되기에 앞서 존재론적 전회가 던지는 존재론적 물음의 심연 속으로 사라진다. 근대적인 학문 체계가 인간중심주의의 한계 안에서 성립되었다는 점은 의심의 여지가 없다. 존재론적 전회는 이와 같은 한계 밖에서 펼쳐지는 존재론적 지평을 새롭게 기술해야 할 과제를 떠안는다. 새로운 과제를 해결하기 위해서는 기존 학문분과의 경계를 뛰어넘을 필요가 있다. 왜냐하면 기존 분과 체계로는 여태껏 접해 보지 못한 존재론적 지평을 제대로 포착하기 어렵기 때문이다. 기존 분과의 완전한 해체와 새로운 체제의 등장만이 존재론적 전회에 부응하는 성과를 낼 수 있을 것이다.

그러나 공고한 분과 체계가 일시에 해체되기를 바라는 것은 비현실적이다. 아직은 기존 분과 내에서 존재론적 전회의 통찰력을 최대한 흡수하는 태도가 좀 더 현실적인 것으로 여겨진다. 그렇다면 종교학이 존재론적 전회를 통해서 얻을 수 있는 통찰력은 무엇일까. 앞서 필립 데스콜라는 인간과 비인간이 함께 모여 이루는 집합체에 주목한 바 있다. 집합체의 존재는 인간의 삶이 인간의 독자적 역량만으로 이루어지는 것이 아니며, 비인간 타자와 상호작용을 통해서 영위된다는 사실을 암시한다. 집합체 내부에서 동물이나 식물, 무생물, 신적 존재 등의 비인간들과 인간이 각각 어떤 속성을 지니며 서로 어떻게 관계를 맺는지를 밝히는 작업은 다른 어떤 분과보다 종교학에 더 친화적이다. 그러나 이와 같은 연구는 종교에 관한 고정 관념을 유보한 상태에서 특정 집합체의 존재론적 지평을 탐구하는 것이 일차적 목표이므로 기존 종교학의 시선을 통해서는 포착할 수 없는 현실을 마주할 가능성이 크다. 이때 기존 종교학의 주요 개념과 이론으로는 새로운 현실을 온전히 담아낼 수 없는 한계가 역력히 드러난다. 결국 존재론적 전회는 기존 종교학의 관점과 방법을 가능성과 한계의 측면에서 전반적으로 재고할 수밖에 없는 상황으로 몰고 갈 것으로 예상한다.

그런데 최근 종교학계에서 포스트휴머니즘의 존재론적 전회가 적극적으로 수용되는 조짐이 나타나고 있어 시선을 끈다. 물질종교학으로 지칭되는 새로운 경향은 이른바 신물질주의의 영향을 받은 것으로 평가된다. 물질종교학은 기존 종교학의 기초를 다시 구축해야 할 만큼 신선한 자극을 주고 있다. 서구 종교학계에서 출발한 물질종교학은 한국 학계에도 서서히 영향력을 확장하는 중이다. 이 글은 한국 종교학의 미래 중 하나로서 물질종교학을 거론한다. 한국의 종교학이 물질종교학에 반응하는 배경과 효과는 무엇인지 고찰할 필요가 있다.

5) 한국 종교학의 미래와 물질종교학

(1) 물질종교학의 등장과 신물질주의

한국의 종교학은 1970, 80년대 현상학을 기반으로 하여 학문적 정체성에 관한 문제의식을 본격적으로 표출한 이후 방법론적 사유의 깊이를 더욱 심화시켜 나갔다. 1980년대 후반 언어적인 전회에 기초한 구성주의적 담론 분석의 출현은 이러한 성과 가운데 하나였다. 2000년대 이후에 한국 종교학계에서 간헐적으로 등장하기 시작한 물질종교학에 관한 관심도 크게 보면 이와 같은 학문적 성과의 토대 위에서 싹이 튼 것이라고 할 수 있다. 한국에서 물질종교학은 아직 그 가능성과 한계를 모색하는 단계에 있다. 일부 선구적인 종교학자들을 중심으로 서구에서 이루어진 물질종교학의 성과를 소개하거나 실제 종교현상에 관한 분석 결과를 제출한 바 있다.[59]

본 연구는 물질종교학을 앞으로 전개될 한국 종교학의 미래를 장식할 새로운 경향 가운데 하나로 선택하였다. 물질종교학은 지금까지 종교학이 걸었던 방법론적 전제를 근본적으로 재검토할 것을 요구한다. 물질종교학

---

59 한신대학교 종교와문화연구소는 2011년 12월 「종교, 구체성의 문화」를 주제로 심포지엄을 개최하고, 여기서 발표된 논문을 『종교문화연구』 17(2011) 특집에 게재하였다. 권두언은 "종교가 단지 관념의 세계가 아니라는 것은 이미 상식이다. 종교는 구체성의 세계이며, 그 토대는 다름 아닌 몸과 물질이다."로 시작하고 있다. 특집에 실린 논문은 다음과 같다. 최화선, 「기억과 감각: 후기 고대 그리스도교의 순례와 성지를 중심으로」; 임현수, 「웃음과 죽음의 관계를 바라보는 두 가지 시선: 보들레르와 바흐친의 경우」; 이창익, 「종교와 미디어 테크놀로지: 마음의 물질적 조건에 관한 시론」. 또한 한국종교문화연구소는 2013년 11월 「감각의 종교학」이란 주제로 심포지엄을 개최하였다. 당시 발표된 논문은 『종교문화비평』 25(2014) 특집에 실었다. 권두언은 특집 논문을 게재한 동기를 다음과 같이 기술하고 있다. "그동안의 종교 연구가 대부분 종교의 역사나, 사회적 기능, 교리와 사상에 대한 탐구에 치중하고 종교의 감각적, 물질적(예술적) 부분의 문제를 소홀히 해 왔다는 반성이 최근 제기되고 있다. 종교의 물질성과 미학을 주 관심사로 삼으며 부상하고 있는 종교 연구 경향의 하나가 바로 그 예이다." 여기에 실린 논문은 다음과 같다. 최화선, 「이미지와 응시: 고대 그리스도교의 시각적 신심(visual piety)」; 안연희, 「중세 후기 열리는 성모상과 그리스도 신앙의 물질적 상상력」; 박규태, 「소노 시온 영화와 '응시'의 종교: 환상·욕망·사랑」; 유기쁨, 「생태의례와 감각의 정치」; 우혜란, 「'사이버 법당'의 의례적 구성과 감각의 배치에 관하여」. 이 밖에 물질종교학에 관하여 다음의 글이 있다. 우혜란, 「성물(聖物), 전시물, 상품: 진신사리의 현대적 변용에 대하여」, 『한국교수불자연합학회지』 23(3), 2017; 최화선, 「중세 여자 성인들의 음식, 몸, 물질의 종교: 캐롤라인 워커 바이넘의 저작을 중심으로」, 『종교문화비평』 32, 2017; 안연희, 「그리스도교의 성물의 신학과 물질의 종교」, 『평화와 종교』 7, 2019; 정진홍, 이창익, 「종교/문화/종교문화: 한국종교의 '종교 공간 만들기'와 관련하여」, 『학술원논문집(인문·사회과학편)』 59(1), 2020.

의 배경을 형성하는 포스트휴머니즘은 근대성과 탈근대성의 맥락에 위치하였던 종교학의 방향성에 의미심장한 이의를 제기한다. 물질종교학은 기존의 종교학이 인간중심주의의 장벽에 갇혀 있다고 비판한다. 하지만 물질종교학은 그 이전의 성과와 완전히 단절된 상태에서 갑자기 솟아 나온 것은 아니다. 물질종교학 이전과 이후는 연속과 불연속의 관계를 이룬다. 여기서는 이러한 사실을 중심으로 물질종교학의 학문적 위치와 의의를 간단히 살펴볼 것이다.

물질종교학이 출현하게 된 배경에는 1990년대 이후 서구학계에서 '물질적 전회'(material turn)로 불리며 등장했던 새로운 흐름이 자리 잡고 있다.[60] '물질적 전회'는 종전까지 정신의 우위를 주장하는 가운데 물질에 종속적이며 수동적인 지위를 부여하였던 태도를 비판하며, 물질의 역동적 힘과 가치를 회복하는 것을 목표로 나타났다. 이 새로운 학풍은 그동안 학계 전반에 걸쳐서 막강한 영향력을 행사하였던 근대성의 구도, 즉 정신과 물질, 주체와 객체, 인간과 비인간, 문화와 자연 등의 이분법에서 벗어나고자 한다.[61] 이러한 이분법은 존재론적으로 실재 세계가 지닌 진상을 왜곡하며, 동시에 각각의 항들 사이에 위계적인 차이를 전제한다. 따라서 세계는 마치 이분법적인 대립 항으로 구성되어 있으며, 하나의 항이 다른 항을 지배하는 것처럼 묘사된다. 그리하여 물질이나 자연은 인간의 자의적인 정신

---

60 Sonia Hazard, "The Material Turn in the Study of Religion", *Religion and Society*: *Advances in Research* 4, 2013, p.58.

61 Peter J. Bräunlein, "Thinking Religion Through Things: Reflections on the Material Turn in the Scientific Study of Religion\s", *Method and Theory in The Study of Religion* 28, 2016, p.1.

작용에 따라서 수동적인 영향을 받을 뿐 스스로 어떠한 능력도 지니지 못한 사물에 불과한 것으로 취급된다. 인간은 자신들의 관념을 통해서 물질에 형상을 부여함으로써 세계를 창조하는 존재로 간주된다.[62]

'물질적 전회'는 어느 특정 분과라기보다는 다양한 학문에서 동시다발적으로 표출되었다. '신물질주의'(new materialism)는 이처럼 다양한 흐름의 공통의 기반, 즉 물질성에 대한 강조에 주목하여 붙인 용어라고 할 수 있다. 신물질주의라는 말에는 마르크시즘의 사적 유물론(historical materialism)과 다르다는 함의가 내포되어 있다.[63] 주지하는 바와 같이 사적 유물론은 생산력과 사회적인 생산 관계로 이루어지는 경제적 하부 구조가 역사의 변화를 추동하는 근본적인 힘이라고 주장한다. 경제적인 하부 구조는 세상을 움직이는 거시적인 힘으로서 법률, 정치, 도덕, 예술 등의 상부 구조는 이와 같은 경제적 토대에 종속된다. 그러나 같은 물질주의지만 신물질주의가 가리키는 물질성은 경제적인 차원으로 국한하지 않는다.

신물질주의는 사적 유물론처럼 세계와 역사를 움직이는 물질적 힘이 외부에 초월적으로 존재한다고 보지 않는다. 신물질주의에 따르면 "세계와 역사를 생산하는 힘은 물리적이며 생물학적인 차원부터 심리적, 사회적, 문화적인 차원"[64]에 이르기까지 존재의 모든 영역에 걸쳐서 내재해 있다. 이러한 물질성이 내재한 영역을 구체적으로 열거하면, 인간의 몸, 유기체, 사물, 공간과 장소, 자연환경, 인공적 환경, 중력, 시간 등을 들 수 있으며,

---

62 Kevin Schilbrack, *op. cit.*, p. 220.

63 Nick J. Fox and Pam Alldred, "New Materialism", *SAGE Research Methods Foundations*, London: Sage, 2019, p. 2.

64 *Ibid.*, p. 2.

상상력, 기억, 사유, 추상적 개념 등은 물질 자체는 아니지만, 물질적인 효과를 일으키는 요소로써 물질의 범위에 포함된다.[65] 이렇게 보면 신물질주의는 인간과 비인간을 포함한 실재 세계 전체의 물질성을 인정하는 태도라는 점을 알 수 있다. 따라서 신물질주의가 인간을 예외적이고 특별한 존재로 취급하는 주장에 대하여 반감을 표시하는 것은 당연한 일이다. 앞서 언급한 바와 같이 근대성의 체제는 인간과 비인간의 이분화를 초래했다. 이와 같은 이분법적 구도 안에서 인간은 세계의 창조자이자 지배자로서 예외적인 위상을 차지하였다.[66]

신물질주의는 인간중심주의를 단호하게 배격하며 오히려 인간이 비인간 세계의 일부라는 점을 강조한다.[67] 물질에 대한 정신의 우월성을 강조하던 이분법의 구도에서 인간은 무엇보다 정신적 존재였다. 이제 신물질주의의 등장으로 인간은 비인간과 다를 바 없이 물질적 존재로서 새로운 정체성을 얻게 되었다. 신물질주의에서 물질은 행위자(agent)의 위상을 지닌다. 물질은 강력한 활동성과 생명력을 지니며 인간의 행동에 영향을 준다. 오로지 인간에게만 부여되었던 행위자의 위상이 물질에도 주어진 것이다.

물질이 지닌 행위 능력을 인정하기까지는 20세기 초반부터 시작된 자연과학 분야의 혁명적 연구가 중요한 역할을 하였다는 평가가 있다.[68] 그 이전까지 지배적인 패러다임으로서 영향력을 발휘하였던 데카르트와 뉴턴의 물질관은 수동성과 부동성을 특징으로 하고 있었다. 이로부터 살아 움

65 Ibid., p.1.
66 Sonia Hazard, op. cit., pp.67-68.
67 Tamsin Jones, op. cit., p.6.
68 Ibid., p.4.

직이며 주변 사물에 영향을 주는 물질관으로 전환된 것은 매우 획기적인 일임이 틀림없다. 게다가 생명과학의 비약적 발전은 물질의 경계에 관한 고정 관념을 타파하는 데 상당한 공헌을 하였다. 예컨대 생명공학의 발달로 종이 다른 유기체 간의 물질적 교환이 가능해진 현실은 물질세계가 지닌 역동성과 상호 침투성에 대한 인식을 제고하는 계기가 되었다. 또한 생명공학이 나노 기술과 정보 기술, 인지과학 등과 융합함으로써 유기체와 비유기체의 결합이 가능해진 상황도 특기할 만하다.

지금까지의 논의를 고려하면 세계는 물질성을 지닌 인간과 비인간의 상호작용을 통해서 형성되며 변화한다고 보는 것이 합당하다. 신물질주의의 존재론은 일원론, 좀 더 정확하게 표현하면 물질주의적 일원론이다.[69] 물론 여기서 물질은 정신과 물질의 이원론에서 언급되는 물질과 달리 역동적인 능력을 지닌 행위자(agent)로서 파악된다. 이와 같은 일원론적 존재론은 인간과 비인간 중 어느 것에도 예외성이나 우월적 특권을 인정하지 않는다. 세계는 인간과 비인간의 연속체로서 거기서는 서로 영향을 주고받는 양자의 상호작용만이 있을 뿐이다.

신물질주의는 이처럼 인간과 비인간이 서로 구분할 수 없을 정도로 뒤엉켜서 세계와 역사를 추동하는 역동적 형상을 아상블라주(assemblage)라는 용어를 사용하여 묘사한다. 다음은 아상블라주의 특징을 언급한 대목이다. "아상블라주를 구성하는 요소들은 서로 다른 요소들에 영향을 끼치거나 변화를 일으킨다. 아상블라주 내부에서는 종속이나 지배와 같은 어떠한 안정적 관계도 지속될 수 없다. 아상블라주는 쉽게 체계화되지도 않고,

---

69 *Ibid.*, p.4.

개념들로 포섭되지도 않는다. 왜냐하면 그것은 잠시 안정적인 상태를 유지할 수는 있어도 고정된 것은 아니기 때문이다. 대신 아상블라주는 매 순간 특별하고, 무제한적이며, 무언가를 형성하는 과정 중에 있다. 그것은 늘 해체와 재결합을 통해서 주변의 다른 요소들과 함께 다양한 구성체를 생산할 수 있는 잠재력을 지니고 있다. 하나의 아상블라주를 구성하는 부분들은 동시에 다른 크기와 규모의 아상블라주와 접속할 수 있다."[70] 행위 능력을 지닌 물질들의 집합체인 아상블라주의 특징을 잘 묘사한 발언으로 판단된다.

신물질주의는 근대적 이원론을 부정하기 때문에 의심의 여지 없이 탈근대성과 같은 노선에 있다. 하지만 언어적 전회에 기반하여 전개되었던 탈근대성 논의의 한계를 전면적으로 비판한다는 점에서 탈근대성의 끝자락에 서 있다. 신물질주의가 탈근대성의 경계를 넘어서 새로이 진입해 들어간 곳에는 담론의 힘을 물질의 힘이 대체한다. 신물질주의는 언어 혹은 담론이 세계에 관한 모든 지식을 매개한다는 구성주의에 이의를 제기한다.[71] 언어적 구성주의는 물질 고유의 능력마저도 담론의 효과로 치부한다. 그러나 신물질주의에 따르면 물질은 담론의 매개 없이도 직접적으로 접근할 수 있다. "인간이 세계에 대하여 알고 있는 지식은 몸의 감각 능력이 자연 및 문화 환경과 관계를 맺는 과정에서 획득된다."[72] 물질의 재발견이라고

---

70 Sonia Hazard, *op. cit.*, p.65.

71 언어적 구성주의에 대한 신물질주의의 비판에 관해서는 Peter J. Bräunlein, *op. cit.*, p.2; Kevin Schilbrack, *op. cit.*, p.219; Tamsin Jones, *op. cit.*, p.8; Nick J. Fox and Pam Alldred, *op. cit.*, p.1 참조.

72 Kevin Schilbrack, *op. cit.*, p.219.

할 수 있을 신물질주의는 언어의 매개 없이도 물질에 대한 직접적인 접촉을 통해서 세계에 관한 지식을 확보할 수 있다고 주장한다. 신물질주의의 흐름을 따라서 물질종교학도 담론 너머에 존재하는 물질에 주목함으로써 종교학의 방향성을 새롭게 정립하고자 한다.

(2) 물질종교학의 물음과 목표

신물질주의의 '물질적 전회'는 이원론적 존재론을 일원론적 존재론으로 대체했다는 의미에서 '존재론적 전회'(ontological turn)로 불러도 무방하다. 신물질주의를 지지하는 견지에서 본다면, 이로써 학문적인 대전환을 위한 출발점이 마련되었다고 해도 과언이 아닐 것이다. 물질종교학은 이와 같은 신물질주의의 기본 취지에 공감하는 학자들을 중심으로 시작되었다. 물질종교학은 종교의 물질성을 종교 인식을 위한 토대라고 본다. 물질종교학에 따르면 그동안 종교는 내면적 '신앙'이나 '의미'의 차원과 관련된 것으로 이해되었다.[73] 종교의 본질은 정신적이거나 영적인 것으로서 거기에는 어떠한 물질적 요소도 배제된다. 종교의 물질적인 차원은 신앙을 강화하거나 표현하기 위한 보조적인 수단에 불과한 것이지 그것 자체로는 어떠한 가치도 없다. 그런 의미에서 신물질주의의 입지는 얼핏 종교와 어울리지 않는 것처럼 보인다. 종교에 대한 이와 같은 태도는 서구 프로테스탄티즘이 낳은 유산으로서 오늘날까지 막강한 영향력을 발휘하고 있다.[74]

---

73 Sonia Hazard, *op. cit.*, p. 58.
74 브로인라인에 따르면 서구 프로테스탄티즘은 종교를 비물질화하는 전략을 통해서 진짜 종교는 비물질적임을 강조하였다. 또한 종교 개념의 출현과 종교학 분과의 형성에도 서구 프로테스탄티즘의 영향이 컸다. Peter J. Bräunlein, *op. cit.*, pp. 6-7. 종교를 내면의 신

물질종교학은 종교학도 서구 프로테스탄티즘의 자기장에서 벗어날 수 없었다고 비판한다. 즉 종교를 내면의 문제에 속하는 것으로 비물질화한 것과 궤를 같이하여 종교학도 비물질화될 수밖에 없었다. 그러나 물질종교학은 이와 같은 관념론적 종교관을 "모든 종교는 물질종교이다."[75]라는 표현으로 반박한다. 물질성은 종교의 부차적인 요소가 아니라 종교를 구성하는 본질에 해당한다. 그렇다면 종교학의 시선은 마땅히 종교의 물질성으로 향해야 할 것이다. 물질종교학은 이와 같은 방향 전환을 통해서 종교학을 재정립하려는 시도를 종교학의 물질화(materializing the study of religion)로 명명한다.[76]

물론 종교학의 물질화를 강조한다고 해서 기존의 종교학이 종교의 물질적 차원에 전혀 관심을 기울이지 않았다는 말은 아니다. 지금까지의 종교학도 물질종교학이라고 강변해도 어색하지 않을 정도로 그동안 수많은 물적인 연구가 축적된 것이 사실이다. 그러나 이때 물질은 진정한 종교의 본질을 드러내기 위한 매개물로서밖에는 그 어떠한 위상도 주어지지 않는다. 종교학에서 자주 언급하는 '상징'은 이와 같은 매개적 수단을 가리키기 위하여 동원된 대표적 용어 가운데 하나이다. 물질이란 종교의 '의미'로 수

앙과 경험으로 제한하면, 물질적인 요소에 의존하는 종교들, 예를 들어 가톨릭, 애니미즘이나 페티시즘과 같은 원주민 종교 전통 등은 세속적인 영역에 깊이 뿌리 박은 것으로 취급된다. Birgit Meyer and David Morgan and Crispin Paine and S. Brent Plate, "The Origin and Mission of Material Religion", *Religion* 40, 2010, p.210.

75 Matthew Engelke, "Material religion", *The Cambridge Companion to Religious Studies*, ed., by Robert A. Orsi, Cambridge: Cambridge University Press, 2012, p.209.

76 Birgit Meyer and David Morgan and Crispin Paine and S. Brent Plate, *op.cit.*, p.209.

렴되는 내면의 신앙과 개념을 표현하기 위한 상징으로 취급된다.[77] 물질은 그보다 더 중요한 의미의 차원을 지시하기 위하여 동원된 수단에 불과한 것이다. 여기서 물질이란 의미를 해석하기 위한 상징일 수는 있어도 물질 자체가 지닌 종교적 힘을 수긍하는 태도는 찾아보기 어렵다.

물질종교학은 물질에 관한 기존 연구의 흐름을 완전히 반대 방향으로 전환하려는 프로젝트이다. 기존 종교학이 물질을 종교를 수식하는 보조물로 보았다면, 물질종교학은 오히려 물질을 종교를 생산하는 원천이라고 본다. 예를 들어 전자의 경우에 물질이 부재한다고 하여 종교의 존재가 부정되지는 않지만, 후자의 경우에는 물질은 종교의 상수이다. 물질이 없이는 종교는 존재할 수 없다. 전자는 종교를 묘사하기 위하여 물질을 동원하지만, 후자는 종교를 설명하기 위하여 물질을 동원한다. 그러나 이와 같은 언급은 신물질주의의 물질 일원론을 고려한다면 동어반복에 불과하다. "비물질적 종교와 같은 것은 없다. 종교는 사물, 장소, 몸이 없이는 아무것도 아니며, 물질성에 관한 이론 없이는 어떠한 설명도 불가능하다. 종교학은 물질성을 진지하게 생각하는 이론이 필요하다.… '물질종교'는 종교학의 하위분야가 아니라 핵심 분야이다."[78] 그렇다면 무엇보다 중요한 것은 종교와 물질의 관계를 구체적으로 어떻게 연구하고 기술하는가의 문제일 것이다. 물질종교학의 전제를 받아들이면 어떤 물음을 던질 수 있을까.

물질종교학이 제기하는 물음은 매우 역동적일 수 있다. 이를테면 다음과

---

77 종교를 상징과 의미의 관련성에서 해명하고자 했던 기존 인류학의 한계는 사물과 장소, 몸에 대한 강조가 두드러진 비서구 세계의 종교를 설명할 때 가장 선명하게 노출된다. 이러한 한계가 종교의 물질화를 향한 인류학자의 발걸음을 재촉한 요인이었다. *Ibid.*, p.210.
78 *Ibid.*, p.210.

같은 질문을 열거할 수 있을 것이다. 종교를 생산하는 물질적 요소로는 어떤 것들이 있는가. 종교를 형성하는 물질적 요소들은 어떻게 작용하는가. 물질적 요소들이 종교를 생산하기 위해서는 어떤 조건이 필요한가. 다시 말해 우리가 무언가를 종교라고 부르기 위해서는 어떤 물질적 힘이 작용해야 하는가. 도대체 종교를 생산하는 물질성이 존재하는가. 물질종교학의 관점에서 종교는 어떻게 정의할 수 있는가. 물질종교학에서 '신앙'이란 무엇인가.[79] 종교 변동에 끼치는 물질적 힘은 무엇인가. 물질종교학이 던지는 여러 문제를 탐구하는 데 필요한 구체적인 방법으로는 어떤 것이 있는가.

엄격하게 말해서 신물질주의의 맥락에서 보면, 종교란 물질적 힘들의 상호작용이 빚어내는 수많은 '사건' 가운데 하나이다.[80] 종교라는 사건은 종교 아닌 다른 사건들과 서로 연결되거나 중첩되어 있으며, 종교라는 사건 안에서도 무수한 사건들이 발생한다. 그렇다면 여기서 근본적인 물음이 제기된다. 종교라는 사건을 생성하는 물질적 작용이란 과연 존재하는가. 수많은 '사건' 중에서 유독 어떤 것을 종교라고 지칭하는 까닭은 무엇인가.

---

79 물질종교학의 중요한 과제 중 하나는 '신앙'을 어떻게 설명하는가 하는 것이다. 어떤 물질적 작용이 있어야 신앙이 발생하는가 하는 물음은 해명하기 쉽지 않다. 물질종교학에서 신앙을 설명하는 사례 한 가지를 소개하면 다음과 같다. 쉴브락은 책상의 예를 들어 신앙을 설명한다. 책상에 팔을 기대고 있는 사람은 의식하지는 않지만, 책상이 자신을 받쳐줄 것이라는 믿음 때문에 그와 같은 행위를 망설이지 않고 할 수 있는 것이다. 여기서 이러한 믿음은 감각이나 느낌의 차원에 자리하는 전제이거나 기대감이라고 할 수 있다. 책상이 자신을 받쳐줄 것이라는 믿음은 책상과의 상호작용을 통해서 형성되고 유지되는 것이다. 신앙이란 실천으로부터 쌓인 침전물 혹은 응축물이다. 쉴브락은 신앙을 '무언가의 진실성을 고수하는 일'로 정의한다. 그에 의하면 신앙은 집단적인 실천을 통해서 학습되어 몸속에 각인된 성향이다. 이러한 성향은 반성 이전의 정서적인 차원에서 느낌으로 지각된다. 이처럼 물질종교학은 신앙의 발생을 특별한 감각을 생산하는 일상적이며 구체적인 실천을 통해서 설명한다. Kevin Schilbrack, *op. cit.*, p.227.

80 Nick J. Fox and Pam Alldred, *op. cit.*, p.3.

신물질주의가 주장하는 것처럼 세계란 복합적이며 상관적인 물질들의 상호작용에 따라서 생성되는 것이라면 본래 종교라고 불릴 만한 것은 존재하지 않는다고 보는 것이 타당하지 않을까. 그렇다면 우리는 어떤 근거에서 종교를 물질적으로 연구해야 한다고 말하는가. 신물질주의의 취지에 충실할 때 물질종교학의 물음은 종교는 물론 종교학 자체의 성립 근거나 정체성까지도 되묻는 수준에 이를 수 있다.

하지만 현재까지 전개된 물질종교학은 이와 같은 심각한 물음을 해명하는 데 집중적인 관심을 쏟고 있지는 않은 것 같다.[81] 물질종교학은 아직 구체적인 연구대상과 방법을 여전히 개발하고 있는 신생 분야이다. 지금까지 주로 종교의 현존을 전제한 상태에서 물질적 요소들이 작용하는 방식과

---

81 치데스터는 종교학이 신앙, 교리, 텍스트라는 제한된 범위를 넘어서 물질성에 대한 해명으로 나아가는 경향을 매우 긍정적인 변화로 평가한다. 그런 의미에서 신물질주의의 취지에 기본적으로 공감하는 태도를 보인다. 그러나 그는 신물질주의가 자칫 형이상학적인 논의로 빠질 가능성에 대해 우려를 표명하기도 한다. 신물질주의가 물질 일원론적 존재론에 기초하여 성립된 학풍임을 고려하면 물질의 본질에 관한 형이상학적 관심이 발화될 가능성은 늘 상존한다. 치데스터는 암석과 같은 물질의 생명력을 인정하는 사례에서 볼 수 있듯이 물질의 행위 능력을 강조하는 신물질주의의 주장에는 동의하지 않는다. 그에 따르면 신물질주의는 인간중심주의적인 존재론에 반대하여 출현하였다. 그렇지만 물질의 네트워크, 물질의 아상블라주 등을 거론하면서 인간은 물론 비인간 물질을 행위자로 인정한 것은 인간화의 오류를 반복하는 것이다. 그는 이러한 형이상학적인 관심사에서 벗어나 물질성의 정치경제(the political economy of materiality)로 시야를 돌리는 일이 바람직하다고 주장한다. 물질성의 정치경제란 어떤 행위는 허용하고 확장하지만, 또 어떤 행위는 축소하거나 배제하는 물적 조건을 가리킨다. 예컨대 종교적인 어떤 실천이 서구 제국주의 식민지라는 물적 조건에서 행해지는 상황을 가정해 볼 수 있을 것이다. 이때 종교적인 실천 행위 및 그러한 행위가 가로놓여 있는 제국주의적 상황은 모두 물질성을 내포한다. 종교적 실천은 특수한 정치경제적 조건에서 특정한 방향으로 범주화되거나, 특별한 구성체 안으로 편입되거나, 일정한 경로를 따라서 순환됨으로써 예상하지 못한 일련의 결과를 초래한다. D. Chidester, *Religion: Material Dynamics*, Oakland: University of California Press, 2018, p.14.

그 결과에 주목하는 연구들이 대부분이다. 물질종교학의 연구대상은 매우 다양하지만, 범주별로 묶으면 대체로 네 가지로 정리할 수 있다.[82]

첫째, 몸은 물질종교학의 중심 주제이다. 인간의 몸은 종교를 구성하는 물질적 요소로서 외부 대상이 들어오는 첫 번째 관문이며, 한 개인이 외부 세계로 나아가는 출구이다. 몸의 감각 능력은 외부와 접촉할 때 발생하는 반응이다. 종교는 몸을 중심으로 외부 물질과 만나면서 형성되는 감각을 전제하지 않으면 발생할 수 없으며 설명할 수도 없다. 그런 의미에서 모든 종교는 '감각의 종교'이다.[83]

둘째, 종교를 구성하는 물질적 요소로서 외부의 사물이 있다. 회화, 조각, 유골, 부적, 경전 등의 성물이 이 범주에 속한다. 성물은 그 자체가 행위자로서 몸의 감각적 능력과 만나 상호작용을 불러일으킨다. 또한, 성물은 인간들 사이를 순환하며 새로운 가치와 관계를 형성한다.[84] 성물을 중심으로

---

82 Birgit Meyer and David Morgan and Crispin Paine and S. Brent Plate, *op.cit.*, p.209.

83 D. Chidester, *op.cit.*, p.86. 몸의 감각을 중심으로 물질종교학을 전개하기 위하여 현상학을 소환하는 사례가 있다. 현상학이 물질종교학과 접점을 이루는 배경은 전자의 생활세계 개념 때문이다. 현상학의 생활세계는 외부 사물과 몸의 감각이 만나서 형성되는 의식적 실재를 가리킨다. 생활세계는 비록 의식적 실재의 형태로 존재하지만, 외부 사물을 지각하는 과정에서 형성되었으므로 물질성(hyle)을 지닌 것이다. 따라서 생활세계에 속하는 '종교현상'은 외부 사물에 대한 지각에서 비롯된 것이라는 결론에 이른다. 모건(D. Morgan)은 현상학적 물질종교학을 연구하는 대표적 학자로 평가된다. 그는 외부 물질과 인간의 접촉면인 몸의 감각에 주목한다. 그에 따르면 종교는 감각의 한 양식(a form of sensation)이다. 무엇보다도 종교는 감각되는 것이다. 종교는 시각, 청각, 미각, 촉각, 상상의 대상이다. 예를 들어 순례의 여정을 거치거나, 어떤 이미지를 바라보거나, 기도하기 위해 특정한 몸동작을 취하는 것은 외부 사물을 몸의 감각 기관을 통해서 접하는 것이다. 이에 비하여 환영, 꿈, 비전 등은 상상력과 같은 내면적 능력을 통해서 이루어지는 감각 작용이다. 모건은 이러한 감각 작용이 어떻게 성스러움이나 신앙을 유발하는지를 고찰한다. Sonia Hazard, *op.cit.*, pp.62-63.

84 Birgit Meyer and David Morgan and Crispin Paine and S. Brent Plate, *op.cit.*, p.209.

구성되는 종교의 역동성은 물질종교학의 주요 관심사이다.[85]

셋째, 장소의 물질성은 물질종교학에서 빼놓을 수 없는 주제이다. 장소
는 몸이 활동하는 구체적인 공간이면서, 성물의 배치와 이동, 교환이 이루
어지는 경로이다. 또한, 장소에서는 종교와 관련된 각종 실천 행위가 거행
된다. 장소의 선택과 조성, 변경 및 해체 등에 관한 연구는 종교의 물질성
을 이해하는데 중요한 과제이다.[86]

---

85 중세 유럽 가톨릭의 성인 유골 숭배는 사물이 지닌 종교적 힘이 어떻게 발휘되는지를 잘
    보여주는 사례이다. 중세 가톨릭의 유골은 성인의 상징물이 아니라, 그 자체로 성스러운
    힘을 지닌 것으로서 숭배되었다. 특히 성인의 유골은 교회 건축 시 많은 수요가 따랐던
    성물이었다. 왜냐하면 당시 교회는 산 자와 죽은 자의 만남이 이루어질 수 있는 장소로
    여겨졌기 때문이다. 이와 같은 상황에서 성인 유골을 조달하기 위하여 전문 상인들이 출
    현하기도 하였다. 나중에는 성인 유골을 직접 구매하는 것보다는 다른 곳에서 훔치는 것
    을 선호하는 사태가 벌어졌다. 절도라 하더라도 성공하기만 하면 그 자체가 성인의 인정
    을 받았다는 사실을 인증하는 것이고, 또한 유골이 진품임을 입증하는 것으로 여겼기 때
    문이다. D. Chidester, op. cit., p.82.
86 현대 한국종교의 '종교 공간 만들기'에 초점을 맞춘 한 연구는 다종교, 다문화 상황 속에
    서 각각의 종교가 자신들만의 정체성을 드러내기 위하여 어떻게 공간을 축조하는지를 잘
    보여준다. 이 연구의 기본 관심은 '종교는 물(物, material) 현상'이라는 전제를 가지고 한
    국종교의 물화(物化)가 종교 공간에서 어떤 방식으로 나타나는지를 규명하는 데 있다. 여
    기서 '물'(物)이란 말을 사용한 배경은 '물질', '물질성', '물질주의'라는 용어에서 풍기는 이
    원론적 흔적을 제거하려는 의도가 담겨 있다. 이 연구에 따르면 종교 공간은 물(物)이다.
    한국의 종교들이 종교 공간이란 물(物)을 통해서 자신의 정체성을 드러내는 양상은 '종교
    는 물(物) 현상'이라는 이 연구의 전제를 입증해준다. 좀 더 구체적으로 말하면 한국의 불
    교, 유교, 천주교, 개신교, 민족종교, 신종교 등은 성역화 사업 혹은 성지화 기획이란 명분
    으로 '종교 공간 만들기'에 경쟁적으로 참여하고 있다. 각 종교가 종교 공간 조성에 힘을
    기울이는 이유는 종교 공간이 영성이나, 성스러움, 교리, 가르침 등을 반영하는 거울이거
    나 상징물이기 때문이 아니다. 오히려 각 종교는 종교 공간을 구축하는 과정을 통해서 자
    기의 정체성과 지향을 새롭게 다지는 기회를 얻는다. 종교 공간을 조성함으로써 종교를
    생산하는 힘이 발휘되는 것이다. 이 연구는 공간이라고 하는 지극히 일상적이며, 물성을
    지닌 실재를 통해서 보통 비일상적이라고 이해되는 종교를 설명하고자 한다. 또한 이 연
    구는 각 종교의 공간 조성이 국가와 맺는 관계의 성격에 따라서 서로 다르게 나타난다는
    점에 주목한다. 현대 한국종교의 공간 조성은 국가 지원 성역화 사업과 밀접한 관련성이

넷째, 실천 행위는 앞에서 언급한 몸, 외부 사물, 장소를 활성화 상태로 전환하는 힘을 발휘한다. 예컨대 의례는 잠잠해 있던 몸을 움직여 외부 사물을 지각할 기회를 제공한다. 또한 정지해 있던 외부 사물을 이곳저곳으로 순환하게 만들거나 관계자들 사이에서 교환이 이루어지도록 장을 펼친다. 또는 의례는 수많은 사람을 운집하도록 하거나 노래를 부르거나 춤을 추게 한다. 희생 동물처럼 전시되거나 살해되거나 조리되거나 섭취되는 일이 벌어지기도 한다. 의례는 한동안 출입이 금지되었던 공간을 개방한다. 혹은 특정 공간을 평소와 다른 방식으로 구획하고 활용하기도 한다. 이렇게 개방된 공간에 인간과 사물이 함께 자리한다. 실천 행위의 가장 중요한 특징은 종교의 각종 물질적 차원을 매개하는 역할에서 찾을 수 있다.[87]

있다. 각 종교는 공간 구축에 국가 재정 지원을 받기 위해 경쟁한다. 한편 국가는 성역화 사업의 성과를 지역 경제 활성화나 관광사업과 같은 경제적 부가 가치 창출에 활용하고자 한다. 이와 같은 점을 고려하면 현대 한국종교의 종교 공간 만들기는 정치경제적 조건에 상당한 영향을 받는다는 점을 알 수 있다. 정진홍, 이창익, 앞의 논문, 4-44쪽.

87 인도네시아 숨바(Sumba) 지역의 점복에 관한 웹킨의 연구는 점복이라는 실천 행위가 다양한 사물을 매개하는 가운데 종교적 힘이 어떻게 형성되고 전달되는지를 잘 보여주는 사례이다. 웹킨의 연구에서 방법적으로 중요한 개념은 '기호 이데올로기'(semiotic ideology)와 '기호 양태의 변환'(transduction across semiotic modlities)이다. 기호 이데올로기란 기호가 무엇이고, 기호는 어떤 기능을 하며, 기호를 사용함으로써 발생하는 결과는 무엇인지에 관하여 사람들이 공유하는 기본 전제를 의미한다. 이러한 기호 이데올로기는 사회적이며 역사적인 맥락에 따라서 다르다. 어떤 공동체에 속하는가에 따라서 기호로 인정되는 범위와 그러한 기호를 사용하는 목적 및 결과에 대한 견해가 다르다. 숨바 지역에서 행해지는 점복의 경우에 인간은 조상에게 자신들의 궁금증을 발화된 말을 통해서 전달한다. 이때 반드시 닭이나 돼지와 같은 동물을 희생하는데 그 이유는 이 동물들이 발화된 말을 조상들에게 전달한다고 생각하기 때문이다. 또한 인간이 던진 물음에 상응하는 조상들의 답변은 희생 동물의 내장에 나타난 형상을 통해서 전달된다. 숨바 지역 사람들은 인간의 말과 희생 동물 및 그 내장을 모두 기호의 범위에 포함한다. 이러한 기호들은 인간과 조상의 의사소통을 매개한다고 여긴다. 그런데 사제가 조상에게 던지는 발화는 문자의 변환으로 여겨진다는 점이 흥미롭다. 사제를 통해서 발화된 '신성한 음절'은

물질종교학의 관심 분야를 네 가지로 정리한 것은 매우 자의적인 방식이다. 이 글에서는 단순히 한 가지 사례를 제시하는 수준에서 만족하기로 한다. 여기에 대한 비판과 대안은 늘 열려 있다. 그런데 앞의 네 가지 분류를 관통하는 공통점도 눈에 띄기 때문에 이를 잠깐 언급하고 넘어가기로 한다. 아마도 종교의 특징 하나를 상식적인 수준에서 말한다면 초월적인 세계와 인간의 세계를 연결하는 매개라는 점을 떠올릴 수 있을 것이다. 종교를 초월적인 것과 인간적인 것을 연결하는 미디어라고 해도 큰 오류는 아니라고 본다. 따지고 보면 종교는 양자를 잇는 수많은 장치들을 구비하고 있는 것이 사실이다. 미디어를 종교와 같은 것으로 볼 수는 없지만, 적어도 종교만큼은 미디어임이 분명하다. 종교와 미디어는 동전의 양면이다.[88] 종교를 미디어의 관점에서 조망해도 무리는 없을 것이다.

이 점을 염두에 두고 앞의 네 가지 관심 분야를 바라보면 각 분야에 속하는 주제가 한결같이 미디어와 불가분의 관계에 있다는 점을 발견할 수 있다. 인간의 몸과 감각, 성물, 장소, 실천 모두 미디어라고 해도 무리는 없다.

사실 사제의 몸속에 있는 문자가 밖으로 나온 것이다. 앞서 언급한 기호 양태의 변환이란 숨바 점복에서 보는 바와 같이 사제의 발언과 신의 메시지가 전달되는 과정에서 하나의 기호가 다른 기호로 전환되는 현상을 가리킨다. 사제의 물음이 신에게 전달되는 과정은 몸속 문자가 발화의 형태로 전환되어 희생 동물에 의하여 운반되는 것이었다. 또 보이지 않는 신의 의지는 희생 동물의 내장 형태를 통해서 전달되었다. 웹킨에 의하면 하나의 기호가 지닌 종교적 힘은 기호 양태의 변환으로 말미암아 형성된다. 이는 마치 수력 발전소에서 물의 힘이 터빈으로 전해지고, 터빈의 회전력은 또 다른 기계로 전달되어 결국에는 전기를 생산하는 이치와 같다. 기호도 변환이 이루어질 때마다 힘을 발휘하여 외부 세계에 영향을 끼친다. Webb Keane, "On spirit writing: materialities of language and the religious work of transduction", *Journal of the Royal Anthropological Institute* 19, 2013, pp. 2-4; Webb Keane, "On Semiotic Ideology", *Signs and Society* 6, 2018, p. 65.

88 Matthew Engelke, *op. cit.*, p. 228.

이와 더불어 종교의 다양한 미디어들은 물질성을 기본적인 속성으로 지닌다는 사실도 밝혀졌다. 각 분야에서 진행된 사례 연구에서 확인한 바 있듯이 미디어는 종교의 부산물이거나 보조적인 수단에 머무는 것이 아니라 종교를 견인하는 동인으로 작용하고 있었다. 그러므로 어떤 미디어인가 하는 문제는 그 종교의 성격을 파악하는 데 핵심적인 부분이라고 할 수 있다.

물질종교학의 관점에서 종교의 미디어를 연구할 때 미디어의 가변적 측면을 간과하지 않도록 주의를 기울일 필요가 있다. 종교의 미디어는 주변 미디어 환경에 많은 영향을 받는다. 미디어 환경은 늘 변하기 때문에 종교도 이와 같은 흐름에 민감하게 반응할 가능성이 크다. 특히 20세기 이후 미디어 테크놀로지의 급격한 변화는 종교의 영역에도 무시하지 못할 영향을 끼친 것이 사실이다.[89] 어떤 미디어인가가 한 종교의 성격을 파악하는 데 주요 요인이라면 달라진 미디어에 주목하고 그것이 어떤 변화를 낳았는지를 연구하는 것은 당연하다. 물질종교학의 등장으로 기존 종교학이 소홀히 취급했던 종교 미디어가 새로운 관점과 방법으로 조명을 받게 된 점은 매우 흥미롭다.

지금까지 신물질주의의 지향성과 물질종교학의 과제에 관하여 간단히 소개하였다. 앞서 언급한 바 있듯이 물질종교학의 학문적 의의는 이원론적 존재론과 인간중심주의를 넘어서는 데서 찾을 수 있다. 그런데 이원론에 대한 물질종교학의 비판은 탈근대성의 문제의식을 계승한 것임을 기억할 필요가 있다. 탈근대성의 지향성에 관해서는 한마디로 말할 수 없을 만

---

89 Birgit Meyer and David Morgan and Crispin Paine and S. Brent Plate, *op.cit.*, p.210. 문자, 인쇄술, 사진, 라디오, 영화, 텔레비전, 인터넷 등의 미디어는 성스러움의 규모와 범위, 이동, 제한, 축소, 증식의 기반이었다. D. Chidester, *op.cit.*, p.88.

큼 다양한 논의가 개진될 수 있을 것이다. 다만 그중에서 탈근대성은 근대성이 형성한 이분법을 극복하려는 목표를 지니고 출발하였다는 점을 간과해서는 안 된다. 탈근대적 구성주의에서 언어가 문제 해결의 핵심적인 열쇠로 등장한 배경에는 주체와 객체의 이분법을 넘어서는 지점에서 언어가 구심적인 역할을 담당한다는 인식이 작용했기 때문이다.

그러나 주지하는 바와 같이 물질종교학은 '언어적 전회'가 물질적인 차원을 배제한 채 여전히 인간중심주의에 머물러 있다는 비판을 피력하였다. 물질종교학의 견지에서 볼 때 '언어적 전회'는 주체 중심의 관념론에 불과한 것이었다. 여기서 우리는 물질종교학을 통해서 실재론(realism)이 다시 떠오르는 장면을 보게 된다. 앞장에서 종교현상학에서부터 구성주의적 담론분석으로 넘어가면서 실재론이 유명론에 자리를 내어주는 과정을 확인한 바 있다. 신물질주의와 물질종교학의 등장은 '언어적 전회'의 유명론을 물질주의적 실재론으로 대체하려는 시도로 이해할 수 있다. 종교현상학과 물질종교학은 많은 부분에서 상이함을 드러내면서도 실재론으로 수렴된다. 게다가 물질종교학의 관심사 가운데 하나인 몸의 감각이 현상학의 생활세계와 소원하지 않은 관계에 놓여 있다는 점은 자못 흥미롭다.[90] 생활세

---

90 치데스터는 종교현상학자 중에 물질성을 종교적 창조력의 원천으로 보았던 사례를 제시한다. 예를 들어 엘리아데(M. Eliade)는 종교의 기원이 물질과 관련되어 있다는 점을 강조한 바 있다. 종교는 인간이 돌의 견고함, 물의 유동성, 하늘의 광활함과 같은 물질성과 접하면서 발생한다. 엘리아데는 물질성을 자연에서 구한다. 자연의 물질성은 인간의 감각을 뚫고 들어와 종교를 형성하는 토대가 되었다. 찰스 롱(Charles H. Long)은 의미의 생산 기반으로서 물질성에 주목한다. 엘리아데가 자연의 물질성을 강조하였다면, 찰스 롱은 물질성을 식민지 상황과 같은 역사적 변곡점과 관련시킨다. 물질을 감각하고 상상하는 행위는 엘리아데의 언급대로 원초적 존재론에 국한하여 일어나는 것도 아니고, 불변하는 시적 현상학을 통해서 정의되는 것도 아니다. 그러한 일은 식민지 시대라고 하는 역

계에 근거하여 종교현상학을 새롭게 전개한다면[91] 물질종교학과의 거리는 더 좁혀질 것으로 예상된다.

6) 한국 종교학의 미래와 인지종교학

(1) 종교의 '고향'은 어디인가[92]

종교학 방법론에서 쟁점이 되는 주제 가운데 반환원주의(anti-reductionism)에 관한 논의가 있다. 반환원주의는 주로 종교현상학에서 '종교현상'의 독자성을 강조하면서 나온 주장으로 알려져 있다. '종교현상'은 다른 무엇으로도 환원될 수 없는 고유성을 지니므로, 아무런 왜곡이나 훼손 없이 있는 그대로의 본질을 제대로 파악하는 일이 중요하다는 것이다. 종교현상학의 다양한 방법은 이러한 '종교현상'의 본질을 포착하기 위하여 착안한 것으로 평가되기도 한다. 그러나 반환원주의라는 말에는 좀 더 유심히 살펴볼

사적 조건에 영향을 받을 수 있다. 두 문화의 상호 교섭이 일어나는 식민지 상황에서 시장(market)이라고 하는 전 지구적 차원의 종교는 상품이 순환하는 궤도와 같은 것이다. 이러한 조건에서 물질에 대한 전통 종교의 태도는 불가피하게 갈등의 소용돌이에 휘말릴 수밖에 없다. 물론 식민지 시대의 물적 조건이 의미를 생산하는 양상은 이전과 다를 것이다. *Ibid.*, p.80.

91 Thomas Ryba, *op. cit.*, p.119.

92 정진홍, 「신의 고향은 어디인가?: 인지과학의 종교 담론에 관하여」, 『정직한 인식과 열린 상상력: 종교 담론의 지성적 공간을 위하여』, 청년사, 2010, 653, 658쪽. 이 글은 인지과학을 종교 연구에 끌어오면서 "도대체 신은 어디에서 태어나는가?"라고 묻는다. 이 물음을 던진 취지는 인지종교학의 관점이 신의 고향은 '저기 하늘'이라고 여기는 태도와 전혀 다르다는 점을 강조하기 위한 것이다. 인지종교학은 신의 고향이라고 여겼던 '저기 하늘'이 사실 인간이 지은 집이었음을 보여준다. 본고는 이 글에서 말한 '고향'의 의미와 맥락을 인지종교학에 국한하지 않고 종교학 일반에도 적용할 수 있다고 보았다. 즉 종교학이란 다름 아니라 종교의 '고향'을 찾는 작업이다.

필요가 있는 맥락적 의미가 내포된 것으로 판단된다.

반환원주의라는 말은 방금 언급했듯이 어떤 연구대상이나 주제가 다른 것으로 환원되지 말아야 한다는 당위성을 함축한다. 종교의 고유한 가치를 보존하고 싶은 욕망을 누구보다도 강하게 표출하는 진영이 있다면 아마도 특정 종교의 신학이나 교학을 담당하는 주체일지도 모른다. 이들은 오로지 신앙이나 이를 뒷받침하는 신학적 논리 이외에 자기 종교의 본질을 제대로 파악할 방법은 존재하지 않는다고 여길 것이다. 다시 말해서 이들의 관점에서 보면 자신들의 종교가 허용하는 범위 밖의 어떠한 연구도 환원주의의 오류를 범하는 것으로 비추어질 가능성이 크다. 특히 근대 이후 종교 연구의 커다란 한 축으로 성장한 종교학은 특정 신학이나 교학의 관점에서 보면 종교를 환원주의적으로 연구하는 대표적인 학문일 것이다. 그렇다면 '종교현상'의 고유성에 초점을 맞추어 환원주의적인 연구에 반대한 종교현상학도 이들의 관점에서 바라보면 마찬가지로 환원주의의 오류를 범한 것으로 평가받을 수밖에 없다.

종교학은 그동안 인문학의 범주에 속한 학문으로서 종교를 해명하는 일에 골몰하였다. 종교학의 소명이란 결국 종교의 '고향'을 찾는 작업이었다고 말할 수 있을 것이다. 그러나 종교학이 찾는 종교의 고향은 특정 종교의 신학이나 교학의 그것과는 다르다. 신학이나 교학은 해당 종교가 내세우는 초월적 대상과 그 가르침의 진리성을 신앙하는 데서 출발하기 때문에 종교의 고향은 당연히 초월적 세계 자체라고 할 것이다. 이에 반하여 종교학이 말하는 종교의 고향은 경험 가능한 한계 안으로 제한된다. 애당초 근대 인문학은 신학의 영향에서 벗어나 인간학을 지향하면서 성립된 것이다. 그러므로 종교학이 종교를 인간에 대한 이해를 처종 목표로 설정하였던 것은 자연스러운 일이다.

종교학은 종교의 기원 혹은 본질을 설명하기 위하여 근거가 될 만한 실재를 다양한 방식으로 제시한 바 있다. 예를 들어 종교학 초창기에 종교의 기원을 이성적 사유의 결핍에서 찾았던 적이 있다. 이 논의는 이성적 사유가 완숙의 경지에 이르면 종교는 소멸하리라는 주장을 함축한 것이었기 때문에 결국 설득력이 떨어지는 이론으로 판명되었다. 하지만 종교의 실체를 파헤치기 위하여 이성적 사유라는 근거가 동원되고 있다는 점이 중요하다. 종교는 성숙함 여부와 관계없이 인간의 사유가 낳은 산물로 이해되었다. 이때 종교의 고향은 사유였다. 이 외에도 종교학은 종교의 고향으로 다양한 실재를 지목하였다. 뒤르켐이나 프로이트 등의 영향을 받아서 종교를 사회적 실재나 심리적 실재의 표상 혹은 의식화로 보았던 입장도 따지고 보면 종교의 고향을 각각 사회와 심리의 세계에서 찾았던 것이라고 해석할 수 있다.

종교현상학에 따르면 종교란 의식적 실재이다. 선험적 환원을 통해서 표층에서 심층으로 파고 들어간 후에 드러난 것이건, 생활세계로부터 기인한 것이건 상관없이 현상학적 의식의 세계는 종교가 발원한 발생지로 규정된다. 그러나 신학의 관점에서 종교현상학은 초월적 실재를 의식 현상으로 환원한 오류에 빠졌다고 판단할 것이다. 탈근대적 구성주의 관점에서 종교는 담론의 부산물이었다. 주지하는 바와 같이 근대적인 담론의 구조는 종교를 낳은 근본적 동력이었다. 여기서 종교의 발생지는 언어이다. 물질종교학은 물질을 종교가 발생하고 유지되고 변형되는 모태로 보았다. 물질종교학은 이러한 사정을 "모든 종교는 물질종교이다."라는 명제로 표현하기도 하였다.

특정 종교의 신학이나 교학의 입장에서 지금까지 종교학이 종교의 생산 기반으로 제시했던 실재들, 사유, 사회, 심리, 의식, 언어, 물질 등은 종교의 본질과 동떨어진 것으로 여길 가능성이 크다. 또한 종교학은 종교를 인간 학적인 범주로 자의적으로 재단한 한계에서 벗어날 수 없다고 비판할지도 모른다. 한마디로 종교학은 종교를 모른다는 것이다. 그러나 이러한 비판 은 신학의 경계 안에서 수긍할 수 있는 주장일 수는 있어도 종교학의 취지 와 의도에서는 너무도 당연한 결과이다. 종교학은 환원주의적 태도를 둘 러싼 논쟁과 원칙적으로 무관한 학문이다. 다만 종교학은 앞서 언급한 바 와 같이 종교를 이해하기 위한 이론적 토대를 다양하게 제시하는 과정을 거치면서 학문적 성과를 축적하는 데 몰두하였을 따름이다. 그렇다면 종 교학의 이론적 기반이 이렇게 다양해진 원인은 무엇일까.

대체로 두 가지 요인을 지적할 수 있을 것이다. 첫째는 종교학이 인문학 의 범주에 속한 학문인 이상 주변의 영향에서 벗어날 수 없다. 사실 종교의 '고향'으로 제시된 사유나, 심리, 사회, 물질 등은 인문학 전체에 지대한 영 향을 끼친 이론적 성과물로부터 차용한 것이다. 둘째는 종교를 설명하는 데 기존 이론의 한계가 분명해질 경우 자연스럽게 새로움에 대한 요청이 분출한다.[93] 과거의 이론이 새로운 현실을 제대로 설명하지 못하거나 불충

---

93 예를 들어 물질종교학의 현실 적합성을 보여주는 좋은 사례가 있어 소개한다. 버짓 메이 어에 따르면 유럽에서 종교학은 근대성의 산물로서 그동안 종교학-신학의 이분법 아래 신학의 세속적 타자(secular Other)였다. 그러나 꾸준히 진행된 탈 교회 현상은 이와 같 은 상황에 변화를 가져오는 요인이 되었다. 네덜란드의 경우 기독교 신도 및 신학 전공자 들의 지속적인 감소로 인하여 공립대학교의 신학과가 인문학으로 통폐합되는 사태가 일 어났다. 대부분의 공립대학교에서 종교학이 신학을 대체하게 되면서 종교 연구와 관련 된 제도와 개념의 재조직화가 진행되었다. 무엇보다 이와 같은 변화는 종전까지 신학이 종교 연구를 위한 배경으로서 중요한 타자의 시위를 차지하였던 상황에서 벗어나서 종

분한 설명을 제공하는 데 그친다고 판단되면 좀 더 적합한 이론을 찾기 마련이다.

종교의 고향을 찾아 길을 떠나는 종교학의 여행은 언제까지 계속될까. 만약 이 여행의 끝이 있다면 분명 종교학뿐만 아니라 인문학의 종언을 고하는 사건이 될 것이다. 인지종교학은 종교의 고향 찾기 작업에서 만난 또 하나의 새로움이다. 이 글은 한국 종교학의 미래로서 인지종교학을 거론할 것이다. 과연 인지종교학은 어떤 계기를 통해서 등장하였으며 방법론적으로 어떤 의의를 지닌 것일까. 인지종교학의 새로움은 어디에 있는가.

교학이 순수 인문학으로 설 수 있는 계기가 되었다. 버짓 메이어는 네덜란드에서 탈 교회 현상과 함께 두드러지게 나타난 변화로 '기독교의 문화화' 과정에 주목한다. 기독교의 문화화란 과거 기독교의 물질적 자원이 문화유산으로 재평가되는 현상을 가리킨다. 특히 버짓 메이어는 우파 정치인들에 의해서 이와 같은 기독교의 유산이 네덜란드의 국가적 정체성을 구성하는 요소로서 배타적으로 동원되는 현실에 주목한다. 버짓 메이어에 따르면 세속주의와 탈교회 현상에 관한 연구는 미래 종교학의 중심 주제가 될 것이다. 그는 세속화의 결과로 기독교의 과거 유산들이 파괴되고, 재활용되고, 관광 자원으로 전환되고, 문화유산이 되는 방식은 물질종교학의 관점이 필요하다고 강조한다. Birgit Meyer, "Remapping our mindset: towards a transregional and pluralistic outlook", *Religion* 50(1), 2020, pp.113-115. 그런데 네덜란드에서 기독교가 문화화되는 현상은 한국의 상황과 비교할 만하다. 두 나라에서 나타난 종교의 문화화 현상은 완전히 다른 맥락에서 진행된 것일 뿐만 아니라, 서로 다른 결과로 이어진다. 하지만 양국에서 종교가 문화화되면서 물질종교학을 소환하는 계기가 마련된 것은 매우 흥미롭다. 앞장에서도 언급한 바 있듯이 현대 한국종교는 성역화 사업을 통해서 '종교 공간 만들기'에 경쟁적으로 참여하고 있다. 국가는 재정을 투입하여 각 종교의 성역화 사업을 지원한다. 각 종교의 문화화 현상은 국가지원을 결정하는 데 매우 중요한 요소로 작용한다. 특히 불교와 유교는 '문화가 된 종교', 기독교와 천주교는 '문화가 되려는 종교'의 특징을 드러낸다. 정교분리 원칙에 따라서 국가가 종교의 성역화 사업을 지원하는 정책은 법률적으로 매우 부담스러운 일이다. 그러나 종교의 문화화는 국가의 부담을 상당 부분 덜어준다. 한국종교의 '종교 공간 만들기'가 물질종교학의 관심사로서 어떻게 조명되었는지는 이미 언급한 바 있다. 이처럼 종교의 문화화는 종교 공간 만들기의 배경이 되고, 이는 다시 물질종교학의 조명을 받게 된 계기로 작용한다. 정진홍, 이창익, 앞의 논문, 27-30쪽.

인지종교학을 한국 종교학의 미래로 소개하는 배경은 무엇인가.

(2) 인지종교학의 물질성: 탈근대성과 포스트휴머니즘의 사이

한국 종교학계에서 인지종교학이 본격적인 관심을 끌기 시작한 시기는 2000년 이후이다.[94] 물질종교학에 대한 관심이 2010년 이후 시작된 것을 고려하면 인지종교학은 이보다 약간 앞서 있다. 양자 사이에 시간의 격차는 별로 크지 않은 편이다. 그런데 거의 유사한 시기에 두 가지 흐름이 한국 종교학계에 출현한 사실이 단순한 우연에 불과한 것일까.

인지종교학은 서구에서 1950년대 이후 성장한 인지과학의 성과에 힘입어 출현하였다. 인지종교학은 1990년대 이후 종교학의 새로운 사조로 부각되었다. 인지과학의 뿌리는 19세기 후반 유럽 심리학에서 정신 과정을 실험적 방법을 통해서 과학적으로 해명하려는 시도에서 찾을 수 있다. 그후 신경과학, 뇌과학, 컴퓨터 공학, 인공지능 등의 발전은 인지과학의 성장에 큰 영향을 끼친 것으로 평가된다.[95]

---

94 한국종교문화연구소는 2008년 6월 「종교학과 인지과학의 만남」이란 주제로 심포지엄을 개최하였다. 여기서 발표된 논문들은 같은 해 12월 『종교문화비평』 통권 14호에 특집으로 게재되었다. 특집에 실린 논문들은 다음과 같다. 장대익, 「종교는 스팬드럴인가?: 종교, 인지, 그리고 진화」; 현우식, 「인지과학으로 본 종교 연구」; 이창익, 「인지종교학과 숨은 그림 찾기」; 김윤성, 「인지적 종교 연구, 그 한계와 전망」. 이때를 기점으로 한국에서 인지종교학에 대한 관심이 학계의 주목을 받았다고 해도 큰 문제는 없다. 이후 인지종교학에 관한 글들이 꾸준히 발표되었다. 이 자리에서 지금까지 나온 글을 모두 소개하지는 않는다. 다만 번역서와 박사학위논문에 국한하면 다음과 같다. Pascal Boyer, *Religion Explained: The Evolutionary Origins of Religious Thought,* New York: Basic Books, 2001; 파스칼 보이어, 이창익 옮김, 『종교, 설명하기』, 동녘, 2015; 구형찬, 「민속신앙의 인지적 기반에 관한 연구: 강우의례를 중심으로」, 서울대학교 종교학과 박사학위논문, 2017.

95 Armin W. Geertz, "Cognitive Approaches to the Study of Religion", *New Approaches*

인지과학은 한마디로 인지 메커니즘을 밝히는 것을 목표로 한다. "인지란 우리가 세계를 인식하는 일련의 과정이다. 인지과학은 이와 같은 인지과정을 설명할 수 있는 이론을 도출하는 것을 목표로 하는 분과들을 가리킨다."[96] 정신 혹은 마음은 인지가 이루어지는 장이다. 이를 참고하여 인지과학의 목표를 달리 표현하면 마음에서 일어나는 인지 메커니즘을 규명하는 분야라고 할 수 있다. 그런데 마음은 몸과 불가분의 관계에 있다. 인지과학은 마음을 신경세포와 시냅스로 구성된 두뇌의 작용이라고 이해한다. 말하자면 두뇌의 신경망이 작동하여 정신의 인지과정이 이루어지는 것이다. 그렇다면 인지과정은 뇌 안에서 이루어지는 모종의 사태이다. 인지를 정신 작용이라고 말하는 대신 두뇌라고 하는 육체의 활동이라고 해도 틀린 말은 아니다. 여기서 육체와 정신이 더는 구분되지 않는 형국을 보게 된다. 이와 같은 상황은 인지과학이 근대적 이분법의 틀 안에 사로잡혀 있지 않

---

to the Study of Religion, vol. 2: Textual, Comparative, Sociological, and Cognitive Approaches, eds., by Peter Antes, Armin W. Geertz, Randi R. Warne, New York: Walter de Gruyter, 2004, pp.349-351.

96 E. Thomas Lawson, "Cognition", Guide to the Study of Religion, eds., by Willi Braun and Russell T. McCutcheon, New York: Cassell, 2000, p.75. 인지에 속하는 정신 작용으로는 '관심 집중, 기억, 학습, 추론, 문제 해결, 동기부여, 행동, 지각, 언어 능력' 등이 포함된다. 이러한 인지 작용의 공통점은 정신적인 조작(창조, 변형, 삭제 등)을 통해서 무언가를 표상한다는 점이다. Armin W. Geertz, op.cit., p.353. 전통적인 인식론이 앎에 대한 개념적이며 규범적인(normative) 연구라면, 인지과학은 그와 같은 앎의 과정을 경험적으로 연구한다. 인식론이 선험적인 연구라면 인지과학은 경험과학이다. 인지과학에서 말하는 인지의 주체는 넓은 의미에서 인간 이외에 동물과 기계도 포함한다. 그러므로 인지과학은 인지과정을 설명하는 데 그치지 않고, 실용적인 목적을 위하여 인지 메커니즘을 설계하기도 한다. Frederick F. Schmitt, "Epistemology and Cognitive Science", Handbook of Epistemology, eds., by I. Niiniluoto, M. Sintonen and J. Wolenski, Kluwer Academic Publishers, 2004, p.841.

다는 점을 잘 보여준다.

인지과학의 탈근대적인 지향이 도달한 지점은 몸이다. 몸은 인지의 기반이다. 인지과학이 물질주의적인 토대 위에서 성립한 분야라고 판단할 수 있는 까닭은 이처럼 인지의 배후에 몸을 두고 있기 때문이다. 이렇게 보면 인지과학의 문제의식과 성과를 수용하면서 성립한 인지종교학도 물질주의적인 노선으로 평가할 수 있을 것이다.[97] 한국 종교학계에서 인지종교학과 물질종교학은 거의 같은 시기에 관심의 대상으로 떠올랐다고 언급한 바 있다. 이 둘이 물질주의적인 지향성을 함께 드러낸 것은 매우 흥미로운 일이다. 한국의 종교학계가 양자를 동시에 불러낸 것은 그동안 물질성을 등한시했던 방법론에 제동을 걸고자 하는 의도가 담겨 있는 것이 분명하다. 물질종교학은 포스트휴머니즘을 향한 지향을 유감없이 드러낸 바 있다. 마찬가지로 인지종교학도 포스트휴머니즘의 관점에서 이해할 수 있을까. 이 점을 파악하기 위하여 인지종교학의 관심사를 좀 더 구체적으로 살펴볼 필요가 있다.

인지과학은 지식의 형성과 획득, 전달이 마음(뇌)[98]에서 어떤 방식으로 이

---

97 다음 인용문은 인지종교학의 문제의식이 어떤 기반에서 싹튼 것인지를 묻고 이렇게 답한다. "흔히 일컫듯 생물학적인 진화론이기도 하고 뇌과학일 수도 있습니다. 그런데 저는 이를 개념화하여 오히려 잠정적으로 '물질' 또는 '물질주의'(materialism)라고 하고 싶습니다.…인지과학의 뿌리는 '몸'입니다." 또한 인지과학에서 말하는 몸이 정신과 육체의 이원론에서 벗어난 것임을 다음과 같이 강조한다. "주목할 것은 인지과학에서 일컫는 몸은 '얼과 몸'이라는 이원론에서 택일된 몸이 아니라 몸에서 비롯하고 몸으로 귀착한다는 의미에서의 자존(自存)하는 몸입니다." 정진홍, 「종교현상학을 말한다(2)」, 『종교문화비평』 36, 2019, 362-363쪽.

98 인지과학에서 마음과 뇌는 구별되지 않는다. 로슨은 이러한 사실을 표현하기 위하여 'mind/brain'으로 표기한다. E. Thomas Lawson, op. cit., p. 78.

루어지는지를 파악하는 학문이다. 일반적으로 지식은 후천적인 경험을 통해서 얻어진다고 생각하는 경향이 보통이다. 교육이나 사회화 과정은 이러한 후천적인 경험에 속한다. 그러나 후천적인 경험만으로 이 모든 것을 설명할 수 있을까. 인지과학은 인지과정을 이처럼 경험적인 수준에서만 해명하려는 시도는 불완전하다고 여긴다. 왜냐하면 인지과정은 선천적으로 마음에 주어진 인지 장치(cognitive equipment)가 작동하여 이루어지는 측면을 간과할 수 없기 때문이다.[99] 물론 마음에 갖추어진 인지 장치가 마치 외부 환경적 요인과 상관없이 고정 프로그램에 따라서 작동하는 것은 아니다. 인지과학은 마음과 뇌는 가소성(plasticity)이 강하여 환경의 영향을 많이 받는다고 강조한다.[100] 그렇지만 여기서 주목할 부분은 인지과정은 마음이라는 인지 체계의 작용이 없으면 결코 성립할 수 없다는 점이다. 마음의 인지 체계는 생래적이며 자연적이다. 인지과학이 타 분과와 차별되는 지점은 이처럼 지식의 비문화적 기초 혹은 지식의 자연적 기초를 해명하려는 데 있다.[101]

그러므로 인지종교학의 기본 관심사도 '종교의 자연적 기초'를 파악하는 데 있으리라는 점은 쉽게 예상할 수 있다.[102] 인지종교학에서 종교는 대

---

99 *Ibid.*, p.77.

100 *Ibid.*, p.77.

101 *Ibid.*, p.77.

102 "종교는 어떤 형이상학적인 주장을 펼치건 상관없이 생래적으로 주어진 지각과 인지의 범위 안에서 소통되고 규정되는 인간 현상들의 집합체이다." Justin L. Barrett, "Exploring the Natural Foundations of Religion", *Religion and Cognition: A Reader*, ed., by D. Jason Slone, London: Equinox, 2006, p.87.

체로 '초인간적 존재와 관련된 신앙과 행위의 공유 체계'로 정의된다.[103] 인지종교학은 종교가 무엇보다 인지과정의 산물이라는 점에 초점을 맞춘다. 무언가를 믿고 그와 관련된 모종의 행위를 하려면 우선 그러한 존재에 대한 표상 작용이 전제되어야 한다. 이러한 표상은 마음에서 작동하는 인지 작용을 통해서 가능한 것이다. 초자연적 존재라는 관념은 마음의 인지 체계가 어떻게 작동하여야 형성될 수 있는가? 또 인지 체계가 어떻게 작동하기에 종교적 관념들이 다른 사람들에게 전달될 수 있는가? 종교의례의 참여자나 관찰자는 그와 같은 행위를 표상하기 위하여 인지 자원을 어떻게 활용하는가? 종교적인 행위가 반복적으로 거행되기 위해서는 그 전제 조건으로 참여자나 관찰자의 인지 체계에서 가장 적합한 방식으로 표상되어 있어야 할 것이다. 인지종교학이 이와 같은 물음을 해명하는 데 집중하는 것은 종교가 비록 초자연적 존재에 관한 신앙이지만 평범한 인지과정이 없이는 결코 성립할 수 없다고 보기 때문이다.

인지종교학은 종교의 인지적 기반을 규명하는 과정에서 여러 가지 주목할 만한 성과를 도출하였다. 예를 들어 초자연적 존재에 대한 표상을 반직관적 인지과정으로 설명하거나[104] '행위자 과잉 탐지 장치'(Hyperactive

---

103 *Ibid.*, p.87.
104 인지종교학자들에 따르면 초자연적 존재에 대한 관념은 반직관적인 인지과정을 통해서 형성된다. 인간의 인지 체계는 주위 사물을 직관적으로 범주화하는 능력이 있다. 가령 인간, 동물, 식물, 인공물, 무생물은 인간을 둘러싼 다양한 사물들을 분류하는 기본 범주이다. 이러한 범주들은 직관적으로 형성된 것으로서 보편성을 지닌다. 또한 이러한 범주가 지닌 속성에 대해서도 암묵적인 전제가 공유된다. 가령 인간이나 동물은 자발적으로 움직이지만, 인공물과 무생물은 그렇지 못하다는 사실은 직관적으로 모두가 공유하는 가정이다. 인지종교학자들은 초인간적 존재는 이와 같은 직관적 존재론의 기본 가정을 위배될 때 표상된다고 한다. 예를 들어 눈으로 볼 수는 없지만, 의지를 지닌 행위자라

Agent-Detection Device)가[105] 작동함으로써 형성된 것으로 설명한 이론은 그러한 성과 중 하나이다. 또한 종교의례에 대한 표상을 '종교의례 인지 능력'(religious ritual competence)으로 설명한 사례도 있다.[106] 종교상징에 대한 기호학적 접근의 한계를 지적하고 인지종교학 방법이 지닌 생산성을 강조한 연구도 있다.[107] 위의 사례들은 기술의 편의를 위하여 무작위로 몇 가지 열거

는 관념은 인간이 지닌 물리적 속성의 일부를 위반할 때 형성된다. 보이지 않는다는 것은 육체를 지닌 인간의 물리적 속성을 위반한 것이다. 이와 같은 사태는 인지 체계에서 직관적인 전제를 위반하는 절차, 즉 반직관적인 과정이 개입됨으로써 발생한다. 인지종교학자들에 따르면 종교적 관념들은 반직관적이다. 반직관적인 종교 관념들은 쉽게 표상되고 기억된다. 이러한 장점 때문에 종교 관념은 획득과 전달에도 용이하다. *Ibid.*, pp.88-91; E. Thomas Lawson, *op.cit.*, p.78; Armin W. Geertz, *op.cit.*, pp.359-362.

105 '행위자 과잉 탐지 장치'는 뜻밖의 상황에 부닥치거나, 모호하거나 불완전한 정보로 상황 파악이 어려울 때 그 원인을 인간과 같은 행위자에게 돌리는 인지 장치를 말한다. 이 인지 장치는 주어진 사태를 파악하거나 적응하기 위하여 민감하고 과도하게 반응하는 특징이 있다. 초자연적 존재와 같은 반직관적 행위자 관념도 이 장치가 작동하여 표상된 것이다. '행위자 과잉 탐지 장치'는 특정 상황의 원인을 의지를 지닌 행위자로 돌리는 성향 때문에 반직관적 행위자를 찾는 데 매우 적합하다. Justin L. Barrett, *op.cit.*, pp.91-92.

106 누군가 종교의례에 참여하기 위해서는 우선 이 의례를 인지하고 있어야 한다. 종교의례에 대한 표상은 평범한 인지 능력을 통해서 형성된다. 다시 말해서 종교의례를 거행하기 위해서 특별한 인지 자원이 필요하지 않다. 종교의례의 표상은 일상 행위에 대한 표상에 초인간적 존재의 행위를 포함하는 것으로 충분하다. E. Thomas Lawson, *op.cit.*, pp.81-82.

107 파스칼 보이어는 종교적인 상징체계를 대하는 두 가지 오류를 지적한다. 첫째는 영역 특수성의 오류(domain-specificity fallacy)이고, 둘째는 암호학적 오류(cryptological fallacy)이다. 전자는 종교적인 상징체계를 생산하는 인지 메커니즘은 일상적인 인지과정과 다르다는 주장이다. 다시 말해서 종교적인 영역과 대응하는 별도의 인지 메커니즘이 존재한다는 것이다. 그러나 이러한 견해는 설득력이 없다. 종교적인 상징을 담당하는 인지 기능과 일상적인 인지 기능은 서로 연관되어 있다. 후자는 종교상징을 의미의 담지자로 여기는 태도를 가리킨다. 이런 견해를 취하면 종교상징은 의미 해석의 대상이 된다. 그러나 상징 해석 작업은 그 자체로 상징적이라서 새로운 상징의 탄생을 초래하며 무한정 반복된다. 종교상징에 대한 인지종교학적인 접근은 인지 메커니즘을 밝히는 것이 목적이다. 한마디로 인지란 다양한 정보를 처리하는 과정이다. 합리적 양태의 인지과정은 감각 정보를 기억 내부의 표상들을 이용하여 연역적으로 처리한다. 상징

한 것에 불과하다. 인지종교학의 성과는 지속해서 넓고 두터워지고 있다.

인지종교학의 성과를 넘어 의의를 지적한다면 종교의 발생 배경을 뇌와 마음의 인지 능력에서 찾았다는 점에 있을 것이다. 인지종교학의 물질적 기초를 언급하면서 물질종교학을 떠올리는 것은 매우 자연스럽다. 양자는 모두 종교의 기반으로서 물질성을 강조한다는 점에서 비교의 상황을 조성하기도 한다.

우선 물질과 정신의 양분법을 거부한다는 점에서 이 둘은 탈근대적인 성향을 공유한다. 물질종교학은 인간 이외에 비인간적 존재들로부터 종교의 발생 가능성을 긍정하는 태도를 보인다. 물질종교학이 탈근대성을 넘어서 포스트휴머니즘의 범주에서 이해되는 사정이 여기에 있다. 인지종교학은 물질종교학과 사정이 다른 것처럼 판단된다. 왜냐하면 인지종교학은 종교가 발원하는 처소를 인간의 몸에 국한하는 것으로 보이기 때문이다. 이러한 사정은 뇌와 마음이 지닌 가소성으로 말미암아 사회 및 자연환경으로부터 유인되는 영향력이 인지 메커니즘을 파악하는 데 중요한 변수로 작용한다는 점을 십분 인정한다고 해도 달라지지 않는다. 물론 외부 환경에 따라서 마음의 인지 체계에 변화가 일어날 수 있다는 점은 인간 중심성에 제한을 가하는 요인으로 작용할 여지가 있다. 그러나 이렇게 유입된 외부 요소는 여전히 마음과 뇌의 인지 체계를 중심으로 작용한다는 점에서 인간중심

적 양태의 인지 메커니즘은 정보를 합리적인 양태의 인지과정에서 처리하지 못할 때 활성화된다. 합리적인 정보 처리 과정은 일반적인 몇 가지 전제를 가지고 수많은 정보를 처리하는 반면 상징적 과정은 경험을 통해서 얻은 최소한의 단편적 정보를 가지고 검증이 필요 없는 가정을 최대한으로 구축한다. Pascal Boyer, "Cognitive aspects of religious symbolism", *Cognitive aspects of religious symbolism*, ed., by Pascal Boyer, Cambridge: Cambridge University Press, 1993, pp. 23-27.

주의의 한계를 완전히 벗어났다고 볼 수는 없다. 이 점을 고려하면 인지종교학을 탈근대성과 포스트휴머니즘 사이에 자리한 학문으로 평가해도 크게 무리는 없을 것이다.

맺음말

이 글은 한국 종교학의 미래를 주제로 몇 가지 주목할 만한 경향을 다루어 보았다. 물질종교학과 인지종교학이라는 매우 제한된 두 흐름이 앞으로 한국 종교학의 미래를 대표하리라 단언할 수는 없다. 다만 본 연구는 미래라는 말의 함의를 하나의 가능성이나 새로움을 가리키는 것으로 받아들이면서 양자가 지닌 변화의 잠재력에 주목했을 따름이다. 물질종교학과 인지종교학을 선택한 배경에는 한국 종교학이 그 이전부터 걸어왔던 발자취를 되돌아본 측면도 적지 않게 작용하였다. 이 글은 한국 종교학의 방법론적 고민을 중심으로 미래의 문제를 다루고자 하였다. 물질종교학과 인지종교학을 기술하기 전에 종교현상학과 탈근대성의 종교학을 먼저 언급한 것은 어쩌면 미래의 가능성이 지금까지 한국 종교학이 달성하였던 기존 성과에 이미 담겨 있을지도 모른다는 기대 때문이었다.

이 글은 종교현상학의 성취를 한국 종교학의 정체성 확립과 연계하였다. 탈근대성의 종교학은 종전까지 근대성의 구도 안에서 전개되고 있었던 종교학의 방향성에 새로운 물꼬를 튼 것으로 평가하였다. 종교현상학과 탈근대성의 종교학은 적어도 방법론적으로 한국 종교학에서 뚜렷한 흔적을 남겼다고 해도 큰 오류는 아니다. 양자는 각각 종교에 대한 실재론적 관점과 유명론적 관점을 드러낸 바 있다. 한국 종교학의 미래로 묘사한 포스트휴머니즘의 종교학이 실재론적 관점을 견지하고 있음을 상기하면 언젠가 종교학 방법론의 흐름과 변화를 재구성하는 자리에서 두 관점의 교체와 반복을 확인할 수도 있을 것이다.

이와 같은 차이에도 불구하고 종교현상학과 탈근대성의 종교학은 완전한 단절을 통해서 상호 독립적인 방법론을 전개한 것만은 아니었다. 탈근대성의 종교학이 보여준 바 있는 '종교' 개념에 대한 구성주의적 태도는 종교현상학을 통해서 이미 예고된 것이기도 하였다. 종교현상학은 탈근대성의 종교학과 문제를 제기하는 방식은 달랐지만 '종교' 개념이 지닌 한계를 절감하고 있었다. 언어에 대한 민감한 반응은 종교현상학과 탈근대성의 종교학에서 공통으로 드러나는 특성이라고 할 수 있다. 마찬가지로 탈근대성의 종교학과 포스트휴머니즘의 종교학도 중첩적인 관계를 형성하는 것으로 판단된다. 포스트휴머니즘은 근대적인 세계 너머를 지향한다는 점에서 기본적으로 탈근대성을 내재한다. 다만 포스트휴머니즘은 탈근대성이 도달하지 못한 인간중심주의를 철저하게 거부한다는 차이가 있을 뿐이다.

이 글에서 한국 종교학의 미래로 선택한 물질종교학과 인지종교학은 유사성과 차이를 함께 지닌 것이었다. 본 연구는 포스트휴머니즘의 종교학으로 물질종교학만을 지칭한 바 있다. 인지종교학을 미래의 범주에 포함하면서도 물질종교학과 구분한 배경은 후자처럼 탈근대적이지만 여전히 인간중심성에서 탈피하지 못한 것으로 판단하였기 때문이다. 그렇지만 양자는 물질에 대한 진지한 관심을 통해서 종전까지의 종교학과 다른 노선과 경향을 보여주고 있음은 분명하다. 이처럼 물질성에 대한 강조는 물질종교학과 인지종교학을 한국 종교학의 미래로 설정하게 만든 주요 요인이었다.

물질종교학과 인지종교학은 이미 2000년대 이후 한국 종교학계에서 새로운 흐름으로 주목을 받는 중이다. 양자가 아직 종교학의 주류로서 확고한 입지를 구축하지 못한 것도 분명하다. 앞으로 물질종교학과 인지종교학이 한국 종교학계에서 어떤 성과를 창출할지는 불확실하다. 양자가 추구하는 탈 인간중심주의와 물질성에 대한 강조가 한국 종교학을 어떤 방향으로 이끌지 지켜볼 일이다.

좌담: 연구를 마치면서

일시: 2021년 7월 2일, 9일
장소: 이촌동 정진홍 연구실
참여자: 정진홍, 장석만, 이진구, 임현수, 김태연

정진홍 거의 두 해에 걸쳐 우리는 '한국 종교학'을 두루 살펴보는 작업을 했습니다. 그리고 이를 '한국 종교학: 성찰과 전망'이라고 제(題)했습니다. 누구나 '한국의 종교학사를 쓰려는구나!' 하고 생각할 법한 제목이죠. 뭐 그렇게 이해해도 그르다고 할 수는 없습니다. 이미 한국 종교학사는 여러 자리에서 다양한 준거를 두고 꽤 넉넉히 기술되었다고 해서 새로운 학사를 쓰지 말아야 하는 것은 아닙니다. 역사는 바라보는 눈길의 바뀜에 따라 얼마든지 새로 기술될 수 있고, 또 그래야 역사가 그 나름의 역할을 하게 되니까요. 하지만 우리가 의도한 것은 그러한 맥락에서 일컫는 것과는 달랐습니다. 단순한 사실의 기술이 아니라 그야말로 한국의 종교학을 지난날부터 오늘까지 두루 '되살피고(성찰)', 바로 그 오늘에서 앞을 '내다보고(전망)' 지금 우리가 여기에서 해야 할 일이 무언지 다듬고 싶은 거였습니다. 아주 소략하게 말하면 우리 종교학에 대해 '할 말'을 좀 해보자는 거죠.

그런데 우리가 모두 공유했던 문제가 있습니다. '한국 종교학' 그러면 어쩐지 수입품을 다루는 느낌이 드는 게 그겁니다. 어쩔 수 없습니다. 종교(religion)라는 말이 본래 우리말이 아니니까요. 게다가 종교학은 정말 우리한테서 비롯한 학문이 아닙니다. 여타 학문도 근대 이후에 정착한 사실을 유념하면 종교학이 유난히 이를 강조하고 호들갑을 떠는 것 같기도 하지만 지금 우리의 종교학이 외국의 이론들이나 방법을 상당한 정도 공감하고 공유하고 있음을 생각하면 '한국 종교학'은 어떤 건지, 서양을 포함한 글로벌한 차원에서 도대체 어떤 자리에 있는지, 그래서 우리 종교학은 어떤 같음과 다름을 보여주는지 궁금하지 않을 수 없습니다. 이런저런 생각을 하면서 우리는 한국에서의 종교학을 살피는 일을 우리를 포함한 '세계의 종교학이라는 경관'(景觀, landscape, 보이는 모든 것을 아우른다는 의미에서)을 기술하면서 시작해 보자고 했습니다.

우리의 연구를 세 부로 나눠 각기 종교학의 경관, 한국 종교학, 미래를 위한 한국 종교학의 과제로 나눈 것은 이 때문입니다. 우선 1부가 좀 뜹니다. 한국 종교학을 살핀다면서 온통 우리 아닌 쪽의 이야기로 가득 차 있으니까요. 논지를 탈선한 것으로 보이기 십상입니다. 그러나 우리가 궁금한 것은 '우리 주변의 경관과 더불어 있는 우리'였습니다. 그 '함께 있음'을 간과하고 우리의 경험만을 기술하는 것에 대한 성찰이 비롯되어야 그 성찰이 제대로 되는 게 아닐까 하는 생각 때문입니다. 그래서 종교학이라는 학문의 탄생을 알아보기 위해 독일 종교학을 우선 집중적으로 다뤘습니다. 언필칭 종교학은 Religionswissenschaft라고 일컬어지는 데서 비롯했다고 하는데 그렇게 말만 할 뿐, 그것이 어떤 '가계'(家系)에서 태어났는지는 묻지 않고 그저 겉핥기로 스치지 않았나, 그런 가벼움이 우리 한국 종교학을 채색하고 있어 뭔지 색깔이 말끔하게 드러나지 않고 불투명한 건 아닌가 하는 생각이 들었기 때문이죠. 그리고 이에 이어 세계의 여러 나라나 지역에서 이뤄지고 있는 종교학을 조망하는 글을 넣었습니다. 비록 당해 현지의 학자들에게 일정한 서술 기준을 주고 자료를 수집한 것이라 할지라도 여전히 서양의 시각을 피할 수는 없지만 그래도 그 만한 정보가 없어 특정한 편지의 책을 긴추렀습니다. 그리디 보니 서양 종교학의 어제의 오늘을 니름 전체적으로 다듬을 필요가 있다고 판단되어 마련된 글이 '서양 종교학의 미로'입니다. 우리의 노작이 책으로 묶여 나와도 어쩌면 낯설게 느낄 이 1부를 독자가 공감적으로 잘 이해해 준다면 그다음은 한국 종교학을 직접 살피는 내용이어서 읽기에 별로 걸림돌이 없을 것 같습니다.

제법 문제의식은 투명한 듯했지만, 실제 작업은 쉽지 않았습니다. 하고 싶은 일과 할 수 있는 일이 이리 현실적인 괴리를 짓나 하는 조금은 좌절감 같은 것도 느꼈습니다. 이제 우리 작업을 마무리하면서 우리가 설정한 문제, 우리가 의도한 방법, 우리가 다룬 자료들에 대해 수없이 대면/비대면 모임을 통해 논의했던 일들이 새삼 떠오릅니다. 어떨 때는 모두 한꺼번에 가로막힌 벽에 부닥친 것 같기도 했고, 어떨 때는 헤어 나오지 못하는 소용돌이에 빠지는 것 같기도 했지만 때로 희미한 출구, 갑작스러운 열림 등을 겪는 즐거움도 있었습니다. 우리의 작업을 마무리하면서 이제는 자유롭게 미처 글에 담지 못한 이런저런 이야기, 그러니까 아쉬움과 답답함, 즐거움과 기대 등을 털어놓았으면 좋겠습니다.

각자 담당한 주제와 연관해서 기술하고 싶었던 내용을 간략하게 말씀해 주시면 어떨까요? 책의 편집 순서대로 김태연 선생님께서 먼저 말씀해 주시면 어떨까요. 선생님께서는 오랫동안 독일에서 공부하셨고, 그 쪽 종교 학계를 훤히 들여다보고 계시니까요.

김태연 서구에서 종교학이 어떤 필요로 인해 탄생할 수밖에 없었는지에 대해 역사적 맥락을 짚어보는 것이 제가 담당한 부분이었습니다. 작업 초반에는 막연히 종교학의 역사를 연대순으로 정리해 본다면 이에 대해 무엇인가 드러나지 않을까 생각했습니다. 그러나 종교학의 연구대상인 '종교'

개념 문제를 건드리지 않고서 종교학이라는 학제의 출발 계기와 그 정체성에 대한 근본적 논의는 어렵다는 생각이 들었습니다. 'religion'에 대한 기존의 개념사적 성과를 압축적으로 정리한 후에야 종교학이라는 개념을 거론할 만한 영역에 진입할 수 있었습니다. 또한 저는 보편적 종교 개념과 종교학 탄생의 배경 서술에 머물지 않고 더욱 근본적으로 초기 종교학에서의 문제의식과 연구자들의 삶의 자리를 파악하고 싶었습니다. 새로운 학문분과로서의 종교학 탄생을 일직선적이며 필연적으로 서술해내기보다는 비고백적 학문으로서 종교학 형성을 추동한 그들의 배경과 상황이 어떠했는지 제시하고 싶었습니다. 동시에 서구인들이 늘 간과하는, 비서구라는 타자를 통해 얻는 새로운 통찰이 있었음을 잊지 않으려 했습니다. 아쉬운 점은 한정된 시간 속에서 서구 종교 연구자들의 문제의식, 각자의 실존적 삶의 자리와 연관된 종교학사 부분까지 다다르지 못한 것입니다.

정진홍 김태연 선생님의 고뇌가 머릿속에 그려집니다. 지금 못다 하신 문제가 논문으로 저술로 앞으로 나오기를 기대합니다. 다음 순서는 저군요. 저는 세계종교학의 현황과 서양의 종교학을 조감하는 부분을 맡았습니다. 저는 한국의 종교학이 서양, 그것도 미국의 종교학에 의해 압도되어 있다는 느낌을 늘 가지고 있었습니다. 그것은 불가피한 일이기도 했지만 불편한 것이기도 했습니다. 그게 왜 불가피하고 왜 불편한지를 이번 기회에 살펴보고 싶었습니다. 그러면서 제가 느낀 것은 새삼 '종교와 종교학과의 관계'였습니다. 종교학은 언필칭 종교에 대한 객관적인 연구라고 일컫습니다. 옳은 말입니다. 그런데 아무리 살펴보아도 그것이 현실화되지 않는 것이 아닌가 하는 것이 서양 종교학의 한계이면서 동시에 그럼에도 불구하고 종교에 대한 학문적인 천착을 해야겠다고 끈질기게 주장하는 것이 그 종교학의 가능성이지 않은가 하는 생각을 했습니다. 그래서 이를 중심으로 제 글을 이끌어 갔습니다.

그러고 보니 우리 종교학계도 이런 문제를 안고 있으면서 그것을 드러내지 않으려 애쓰고 있는 것은 아닌가? 그런 현실이 종교학을 결국은 학계일반에서 잘 소통되지 않는 학문으로 여기게 했고, 현장에서는 도대체 종교학은 무엇을 하겠다는 거냐? 하는 정체성에 대한 회의를 일으키는 요소이지 않은가 하는 생각이 들었습니다. 장석만 선생님께서는 이미 한국에서의 '종교 개념'의 문제에서 비롯하여 근대성과 한국의 종교학에 대한 충분한 천착을 하셨기 때문에 이번 연구에서 별로 고생을 하시지 않으시리라 짐작했는데 그렇지 않으셨던 것 같습니다. 이제까지의 연구와는 달리 사람을 중심으로 한 이야기를 펼치고 계십니다. 선생님 말씀을 듣고 싶습니다.

장석만 그동안 종교학의 성립이나 정착은 제도화의 기준이 될 수 있는 학과(學科)와 학회(學會)를 중심으로 하여 논의되는 경우가 많았다고 생각합니다. 연구소도 대학 연구소가 주로 언급되었습니다. 열악한 종교학의 상황에서 제도적인 기반을 가진 활동이 아무래도 두드러지기 때문이었을 것입니다. 그런 식으로 진행되다 보니, 종교학의 연구 활동에 대한 서술이 비슷해지는 결과로 나타나게 되었습니다. 그래서 이번 프로젝트에서는 그런 상투성을 벗어나서 서술되기를 바라는 기대가 있었습니다. 제가 맡은 부분은 19세기 말에서 20세기 초, 그리고 일제 시기로서, 종교학 성립의 이른바 전사(前史)에 해당이 됩니다. 이 시기의 종교학에 대한 연구는 그다지 많지 않습니다. 그나마 있는 연구물도 이능화나 최병헌을 종교학의 시조(始祖)로 삼으려는 것이나 종교학에 해당된다고 간주되는 내용을 골라서 서술하는 글입니다. 저는 이번 글에서 이능화나 최병헌을 치켜올리지도 않고, 평면적으로 나열하는 것도 피하려고 했습니다. 이 시기의 연구자를 대충 건너뛰려고 하지 않고, 그들의 텍스트를 좀 더 면밀하게 살피는 것이 필요하다고 생각했습니다. 이 시기를 전사(前史)로 취급하지 말고, 좀 더 중심에 놓고 다루는 것도 좋을 것이라고 봅니다.

정진홍 종교학이 비롯한 독일 지성계에 상응하는 또는 비견되는 그러한 지적 고뇌가 우리의 종교학이 시작되던 때에서도 찾아볼 수 있는지요?

김태연 한국 종교학의 본격적인 시작과 전개 가운데 한국 지성계에도 지적 고뇌가 치열하게 진행되었으며, 이 책에서 한국종교사 파트를 맡으신 선생님들께서 이러한 역사를 성찰하는 첫걸음을 떼셨다고 생각합니다. 앞으로 이에 대해 심도 있는 논의가 이루어지기 위해서는, 종교학 소속 연구자라 하더라도 종교학에서 한발 물러서서 그 시대적 흐름과 정신, 종교학적인 사유를 전개한 인물들을 역사적 객체로서 다각도로 조명할 필요가 있다고 생각됩니다. 저는 독일의 지성사적 연구 성과들을 참조하면서, 저들만의 한계가 있을지라도, 결코 무시하기 어려운 어떤 근성을 경험했습니다. 첫째는, 장기간 연구를 통해 치밀하게 사료를 정리해 나가며 그에 대한 평가가 계속 개정되어 가는 점입니다. 둘째, 현재적 관점에서는 구식이 되어버린 사고와 방법론이라 할지라도 그 한계를 지적하는 데에서 끝나지 않고 당대의 의미를 발굴하여 거기에서 또 현재의 통찰을 얻는 태도입니다.

정진홍 '평가의 지속적인 개정'이라든지 이미 구식이 된 사고나 방법이라 할지라도 '당대의 의미를 발굴'한다든지 하는 말씀이 매우 새롭게 들립니다. 이 문제에 관해서는 장석만 선생님께서도 의견이 있을 것 같은데요.

장석만 저는 최남선과 손진태의 작업을 좀 더 살펴봐야 할 것이 아닌가 하는 생각이 들었습니다. 이들이 종교학을 거론하면서 자신의 작업을 하게 되는 배경이나 과정이 재미있을 것 같습니다. 일본 유학생, 김효경과 김태흡의 관점도 서로 상이하고, 신학자인 채필근과 박형룡의 차이점도 흥미롭습니다. 종교학에 긍정적인 학자 가운데 대다수가 친일파로 간주되어 '뒷방 신세'가 된 것도 중요한 점으로 보입니다.

정진홍 손진태에 관한 논구는 이번 글에 들어 있지 않은데 앞으로 기대되는 매우 흥미로운 연구가 될 것 같습니다. 이진구 선생님 말씀을 듣고 싶습니다. 필자가 자기의 주장을 소개하는 것이 조심스러워 그러셨는지 기술해주신 내용에서 선생님의『한국개신교의 타자인식』이나『한국 근현대사와 종교자유』에 관한 언급이 없으셔서 아쉬웠습니다. 이건 이진구 선생님의 경우뿐만 아니라 우리 연구팀 전체에도 해당하는 것 같습니다. 과공비례(過恭非禮)라던데 우리가 그런 우를 범한 것은 아닌지 모르겠습니다.

이진구 먼저 이 프로젝트에 참여하여 여러 선생님과 많은 대화를 나눌 수 있었던 점에 대해 감사의 말씀드립니다. '한국 종교학: 성찰과 전망'이라는 이번 프로젝트는 저에게는 매우 뜻깊은 작업이었습니다. 제가 종교학에 입문한 해가 1981년인데 올해로 꼭 40년째가 됩니다. 이번 작업을 통해 한국 종교학이 걸어온 길을 돌아보면서 종교학과 맺어온 저의 지난 40년의 세월을 돌아볼 수 있었기 때문입니다.

제가 종교학과에 처음 들어왔을 때 읽었던 책 중에 지금도 가장 기억에 남는 책은 스트렝의 『종교학 입문』과 엘리아데의 『우주와 역사』였습니다. '존재 양태의 변화'와 관련하여 종교를 말하는 스트렝의 책이나 '역사의 공포'를 말하는 엘리아데의 책은 종교학에 갓 입문한 저에게 매우 신선하고도 놀라운 메시지로 다가왔습니다. 첫 번째로 들었던 수업은 '종교와 문화'였는데 강의 내용은 정확하게 기억나지 않지만 매우 인상적이었습니다. 어떻든 이번 작업을 하면서 종교학과 만났던 첫 장면들을 회상할 수 있었던 것은 매우 즐거운 경험이었습니다.

이번에 제가 맡은 부분은 '한국 종교학의 전개와 현황'이었습니다. 시간적으로는 1960년대부터 현재에 이르는 60년의 기간에 해당합니다. 사실 이 작업은 저에게 엄청난 부담으로 다가왔습니다. 이렇게 방대한 과제를 어떻게 홀로 감당할 수 있을까 하는 부담이었습니다. 그렇지만 믿을 구석이 하나 있었는데 그것은 20여 년 전에 정진홍 선생님, 박규태 선생님과 함께 '한국의 종교학'이라는 주제로 수행한 공동 작업이었습니다. 그때 저는 한국 종교학의 전개과정을 서술하는 일을 맡았습니다. 그래서 이번에는 그때 다루지 않았던, 아니 다룰 수 없었던 최근 20년의 역사만 채워 넣으면 되겠구나 하고 쉽게 생각했습니다. 그런데 다들 아시다시피 이번 프로젝트의 기본 취지는 기존의 종교학사에 또 하나의 종교학사를 추가하는 것이 아니었습니다. 이것이 저에게는 큰 고민거리로 다가왔습니다.

그래서 고민 끝에 제 나름대로 결론을 내렸는데 그것은 일종의 타협책이었습니다. 종교학사의 형식을 어느 정도 취하지 않고 이번 작업을 하는 것은 불가능하므로 과거의 작업을 최대한 활용하되, 다만 이번 프로젝트의 취지에 맞게 단순한 연대기적 서술이 아니라 한국 종교학에 대한 나름의 평가를 시도하자는 것이었습니다. 그래서 먼저 기존의 종교학사 작업을 참조하면서 연대기적 순서에 따라 한국 종교학의 제도적 변천 과정을 서술했습니다. 그리고 한국 종교학이 축적한 연구 성과와 관련한 부분은 논의의 범위를 대폭 제한했습니다. 한국 종교학의 정체성, 비교 이론과 방법, 공교육과 종교학의 관계, 종교다원주의와 종교간 대화 문제 등 네 가지 주제로 좁혔습니다. 선택과 집중의 전략을 취한 것입니다. 따라서 제가 선택한 네 가지 주제가 한국 종교학의 성과를 대표할 수 있는가 하는 물음이 충분히 제기될 수 있습니다. 당연합니다. 제가 생각하기에도 이러한 주제들 말고 중요한 것이 많이 있기 때문입니다. 선택의 기준은 저의 관심과 능력이었습니다. 중요하다고 판단되지만 이번에 다루는 것은 현실적으로 불가능하다고 판단한 주제는 과감하게 제외하였습니다. 따라서 이번에 제가 맡은 부분에 대해서는 주제가 한쪽으로 치우쳤다거나 균형이 잘 맞지 않는다는 지적이 충분히 나올 수 있고 그것은 제가 감당할 몫이라고 생각합니다.

정진홍 '선택'은 언제나 긴장을 수반합니다. 그보다 더 구체적인 '자유'의 행사(行使)는 없으니까요. 그런데 그 '자유'가 없으면, 그러니까 선택의 자유가 없으면 학문은 없는 것 아닌지요.

장 선생님께서 이미 지적하신 거지만 만약 경성제대의 종교학 풍토가 해방 후에 서울대에서 이어졌다면 틀림없이 민속학 쪽이 강화된 종교학이 펼쳐졌을 것입니다. 그러나 이는 동시에 이른바 '식민지 담론'을 우리가 건너뛰는 것일 수도 있습니다. 이진구 선생님께도 여쭤보고 싶은 건데, 신사훈 교수로 대표되는 개신교 신학이 한국 종교학으로 하여금 서양에서의 신학과 종교학의 긴장을 압축 경험하게 했듯이, 장병길 교수로 대표되는 한국 종교학의 출범이 '식민지 담론'을 어떤 이유에서든 간과하거나 직면하지 않았던 것은 어떻게 이해해야 할는지요. 나아가 기피한 것은 아닐까 하는 생각조차 하게 됩니다. 물론 이것도 제 사사로운 견해입니다만 경성제대의 학문적 업적을 비판적인 과정 없이 그대로 지금도 '자료'로 사용하고 있지는 않는지요. 우리 나름으로 이에 상응하는 전국적인 조사도 이루어지지 않았고요. 그런 기획이 없었던 것은 아니었습니다만 우리가 수행한 것을 이전의 것과 비견될 만한 무게를 지닌 것으로 평가할 수 없을 것 같습니다. 결국 한국 종교학사는 식민지를 극복한 경험을 담을 수 있는 자료를 결하고 있는 것은 아닌지요.

장석만 선생님. 우리 종교학은 일제의 식민지 경험을 어떻게 서술하고 있는지요? 흔히 탈식민지 담론은 자칫 재식민지 담론이 되는 것이기도 하다는 의견들도 있습니다. 말씀을 듣고 싶습니다.

장석만 경성제대의 종교학 분위기가 한국인 학자에 의해 전달되고 해방 후에도 서울대에 이어졌다면 판이한 학문 풍토가 형성되었을 것입니다. 하지만 그런 연구 풍토가 이어지는 일은 없었으며, 뜻밖에도 그 자리에 어울리지 않은 골수 근본주의 개신교 신앙이 이식되었습니다. 일제 시기의 연구 분위기를 일제의 식민지 담론을 비판하는 시각에서 볼 수는 있겠습니다만, 최소한 비판할 만한 연구물은 있으며, 무조건 내쳐버릴 수 있는 것도 아닙니다. 하지만 해방 후 자리 잡은 개신교 근본주의에서는 비판할 만한 수준에 있는 것도 없습니다. 논의할 수 있는 범위를 넘어서 있는 불모의 상태이기 때문입니다. 그에 비하면 1930년대의 박형룡이 괜찮게 보일 정도입니다. 해방 후, 개신교 근본주의가 주류의 자리를 차지하고, 타협주의와 토착주의 신학을 '친일파'로 몰아서 배제한 것도 종교학의 발전을 위해서는 매우 부정적인 결과로 나타났습니다. 종교학과 신학의 연계를 주장하던 학자들은 친일파로 제거되거나 활동이 제한되었습니다. 종교학과 리버럴 신학은 상호비판을 통해 서로 긴장을 유지하며 발달할 수 있는 관계입니다. 그러나 해방 후 한국에서는 리버럴 신학의 영역이 급격하게 축소되었기 때문에 종교학이 발전하는 데도 좋지 않았습니다.

또한 해방 후에 일제 시기 총독부 연구물은 아무런 검토 없이 객관적 자료처럼 사용되었습니다. 그리고 그런 것을 나열하면서 종교학의 초창기를 서술하는 일이 많았습니다. 자료의 객관성 자체를 다시 묻는 자세가 필요한 것처럼, 친일 청산의 이데올로기가 학문의 원칙처럼 거론되는 것도 문제입니다. 최남선, 김효경, 김태흡, 채필근 등 모두 친일파 칭호가 붙어 있습니다. 그럴 필요가 있었다는 주장과는 별도로 연구가 친일 청산의 구호에 가로막힐 필요는 없습니다. 따라서 이 시기를 간편하게 전사(前史)로 취급하거나 친일청산의 이념으로 사소하게 만들지 말고 좀 더 중요한 연구 주제로 삼을 필요가 있다고 생각합니다.

정진홍 말씀을 듣고 보니 온갖 상념이 떠오릅니다. 일제 식민지 시대의 연구는 최소한 비판할 만한 성과를 내고 있는데 비해 해방 후 개신교 근본주의는 아예 비판할 만한 수준의 연구 성과조차 내지 못하고 있다는 말씀, 친일청산의 이념이 학문의 원칙처럼 거론되고 있는 데 대한 우려 등이 예사롭게 들리지 않습니다. 언젠가는 단단히 짚어야 할 문제라고 생각합니다. 이진구 선생님께서는 이러한 문제에 대해 어떤 생각을 하시는지요.

이진구 해방 후 서울대학교 종교학과만이 아니라 한국 개신교 자체가 근본주의 신학에 의해 주도되면서 자유주의 신학이 주변화 되고 그로 인해 한국 종교학은 자유주의 신학과 상생 관계를 맺으면서 발전할 수 있는 기회를 상실했다는 장석만 선생님의 말씀은 매우 타당하며 중요한 지적이라고 생각합니다. 그런데 저도 이 문제와 관련하여 지적하고 싶은 점이 하나 있습니다. 제가 종교학과에 처음 들어왔을 때 선배들에게서 느낀 일종의 반기독교적 분위기가 그것인데 신사훈 교수로 대변되는 근본주의 신학의 후유증이 그 원인이라는 사실을 뒤늦게 알게 되었습니다. 그런데 저는 이 때문에 오히려 한국 종교학이 기독교를 탐구의 대상으로 놓고 차분하게 분석할 수 있는 기회를 상당 기간 차단당한 것은 아닌가 하는 생각을 종종 합니다. 정 선생님께서 이번 프로젝트에서 자주 강조하셨다시피 서구 종교학은 자신의 모태이기도 한 기독교를 물음의 대상으로 삼기 어렵습니다. 기독교에 대해 거리를 두고 정직한 물음을 던질 수 있는 것은 비서구 사회의 종교학이고 특히 한국 종교학의 중요한 몫이 그것이 아닐까 생각합니다. 한편 근본주의 신학과 대결하는데 많은 에너지를 투여한 장병길 교수의 종교학에 경성제대 혹은 일본 종교학의 색채가 농후한 것은 부인할 수 없습니다. 종교학 이외 분야의 한국종교 연구도 일제강점기 관변(官邊)학자들에 의해 이루어진 한국종교 연구를 무비판적으로 수용해 온 것이 사실입니다.

그런데 이러한 상황은 어느 정도 불가피했던 것이 아닐까 합니다. 한국 종교에 대한 학문적 접근을 위해서는 '근대학문'의 도구가 필요했는데 해방 이후 이를 제공할 수 있었던 유일한 통로는 식민지 시기 일본인 학자들의 연구였기 때문입니다. 물론 최근에는 이러한 상황이 상당히 극복되었다고 봅니다만 지적하신 대로 이 문제에 대한 좀 더 철저한 비판적 성찰이 필요하다고 봅니다. 이를 위해서는 중장기적 차원에서 서구 오리엔탈리즘과 그것의 변형인 일본적 오리엔탈리즘이 일본의 종교학과 경성제대의 종교학에 어떻게 자리 잡았고, 그것이 조선총독부의 자료조사 사업과 종교 연구에 어떻게 적용되었으며, 나아가 해방 이후 연구자들을 통해 어떻게 변용되었는지에 대한 좀 더 근본적인 검토 작업이 필요하다고 봅니다.

정진홍 이진구 선생님께서 식민지 경험의 그림자만이 아니라 어떤 의미에서 밝음으로 치환할 수 있는 측면까지 지적해 주셔서 감사합니다. 임현수 선생님은 섭렵하시는 분야의 폭이 넓어 늘 제가 놀라곤 합니다. 고대 중국으로부터 인지과학에 이르는 그 넓은 폭을 조금도 빈구석 없이 치밀하게 채우니까요. 선생님 말씀을 듣고 싶습니다.

임현수 한국 종교학이 걸어온 길을 회고하고 전망하는 작업에 참여한 지 햇수로 3년이 되었습니다. 그동안 여러 차례 모임을 통해서 집필에 필요한 준비 작업을 하였습니다. 집필에 들어갔을 때는 이미 대면 모임이 불가능해진 상황이었지만 다행히도 사이버 공간에서 각자 기술한 원고를 놓고 다양한 의견을 교환할 수 있었습니다. 저는 이 작업에 참여하면서 처음 종교학을 접했던 시절을 떠올리곤 했습니다. 이때의 경험이 지금까지 종교학에 대한 저의 관점을 형성하는 데 중요한 역할을 했던 것 같습니다. 제가 종교학과 대학원에 진학하기로 어렴풋이나마 마음먹은 시기는 대학 3학년 때였습니다. 당시 저는 종교학이 인문학으로서 상당히 매력적인 학문이라는 인상을 받았습니다. 신앙적인 배경이 없었던 제가 결국 종교학을 평생 함께할 학문으로 선택한 배경은 인문학으로서 비전을 찾았기 때문입니다. 종교학과에 진학하는 학생들은 기독교든 불교든 개인적인 신앙이 있는 경우가 많습니다. 종교학을 업으로 삼을 때도 이러한 자기 신앙이 종교에 관심을 불러일으키는 매개로 작용하는 사례를 많이 보았습니다. 저의 선택에는 당시 종교학과의 분위기가 한몫했던 것으로 기억합니다. 80년대 초 서울대학교 종교학과는 70년대까지만 해도 신학이나 교리학적인 분위기가 만연해 있던 단계를 벗어나 이미 인문학으로서 자기 자리를 다지고 있었습니다. 저는 그러한 분위기의 수혜자라고 할 수 있습니다.

종교학은 다른 학문과 비교하면 정체성 문제에 상당히 예민한 것 같습니다. 아마도 종교를 연구하는 분야가 종교학 이외에도 여럿이기 때문이라고 생각합니다. 서구에서 종교학이 신학과 차별화되는 과정에서 탄생했던 배경을 떠올리면 이해하기 어렵지 않습니다. 그런데 다른 학문의 경우를 생각하면 이렇게까지 민감한 것 같지는 않습니다. 예를 들어 문학의 경우 작품으로서 문학 활동과 문학 연구의 경계가 확연하게 구분되는 것 같지는 않습니다. 문학 연구자가 동시에 작품 활동에 종사한다거나 그의 연구물이 문학적이라고 해서 비난받는 일은 없는 것 같습니다. 정치학이나 경제학을 예로 들어도 유사한 이야기를 할 수 있습니다. 하지만 종교학은 종교학자의 발언이 종교적인 색채를 띠는 것을 극도로 경계합니다. 종교학과 그 외 다른 학문의 이와 같은 차이가 과연 종교학의 탄생 배경이나 종교학이 처한 특수한 환경을 거론하는 것만으로 모두 설명될 수 있는 문제인지는 곰곰이 따져볼 필요가 있습니다. 이와 관련하여 서구 종교학을 평가하면서 종교와 종교학의 중첩에 관해 말씀하신 정진홍 선생님의 지적은 종교학의 정체성에 관하여 새로운 고민거리를 던지고 있다고 생각합니다.

이번 프로젝트에서 제가 맡은 과제는 한국 종교학의 미래를 전망하는 것이었습니다. 지금 집필 작업이 모두 끝난 자리에서 되돌아보면 결국 제가 관심을 가졌던 것은 한국 종교학의 정체성 문제였습니다. 다시 말해서 한국 종교학의 정체성이 어디서 시작하여 어떤 방향으로 흘러갈 것인지 이야기하고 싶었습니다. 그 과정에서 반드시 다루었어야 할 내용을 누락시킨 잘못이 있을지도 모릅니다. 그런 실수로 말미암아 제 작업 자체가 설득력을 상실할 가능성에 대해서도 두려운 마음을 가지고 있습니다. 저는 이 프로젝트를 통해서 그동안 미처 몰랐거나 간과하고 지나갔던 것을 새로 배우거나 깨달을 수 있었습니다. 다만 이러한 성과를 글 속에 제대로 담는 데는 역부족이었던 것 같습니다.

정진홍 임현수 선생님 말씀처럼 종교학은 종교학자의 자질을 논하는 특이한 학문이기도 합니다. 다른 어떤 학문에서도 이런 일은 없죠. 그런데 종교학의 경우에는 종교경험 여부가 종교학자가 되는 일에 긍·부정적으로 평가됩니다. 말씀하신 대로 이를 단단히 천착할 필요가 있는 것 같습니다. 아무래도 이 문제는 색깔을 달리하거나 결을 달리 지어 다시 이야기해야 할 것 같습니다.

잠깐 쉬는 기분으로 여쭤보고 싶은 것이 있습니다. 각기 자기 작업을 수행하면서 가장 힘들었던 일은 어떤 것이었습니까?

김태연 세 가지 정도로 요약해 보면, 방대한 자료를 마주하는 당혹감, 서구의 자기 재현에 거리를 두는 긴장감 유지의 필요성, 초기 종교학과 신학의 관계에 대한 것이었습니다. 먼저, 원자료와 그에 대한 상세한 해설 등, 정교하게 축적된 연구 성과가 매우 풍부해서 외국인인 저로서는 이를 헤쳐 나가기가 버거웠습니다. 외국어 자료를 다루는 모든 이들이 겪는 어려움이겠지요. 부러움도 컸습니다. 다양한 분과의 학자들이 힘을 합쳐 장기간에 걸쳐 자기 문화권에 대한 연구를 면밀히 진행하고 있었기 때문입니다. 다음으로는 제게 설득력 있게 다가오는 이론을 주장하는 서구 학자에 사로잡혀 안주할까 조심스러웠습니다. 자신이 선호하는 관점과 이론이 생기고 그와 씨름하는 것은 자연스러운 과정이라 생각합니다. 몇몇 학자들의 주장을 필자의 관점에서 선택해서 그에 기대어 나아가는 한계는 늘 존재합니다. 그럼에도 불구하고 외국의 사상이기에 거리를 두고 긴장을 유지하기 위한 노력으로, 최대한 그 글이 탄생한 역사적 맥락과 시대정신을 파악하려 했습니다. 마지막으로 서구 초기 종교학사가 신학에 대한 종교학의 반동사로 다루어지기는 어렵겠다는 점이었습니다. 종교학의 형성 중에 신학과의 관계는 그 역사적 문화적 맥락상 불가피한 과정이었습니다. 어쩔 수 없던 맥락을 있는 그대로 바라보는 것이 또한 종교학적 시각이며, 이를 통해 우리가 종교학적 정신이 출현하는 과정을 적절히 포착할 수 있으리라 생각했습니다.

장석만 역시 자료 문제였습니다. 이 시기는 별로 정리된 것이 없어서 부지런히 도서관 출입을 해야 하는데 근자의 상황이 이를 허락하지 않았습니다. 그래서 주로 헌책방에서 주문을 해서 조달했는데 당연히게도 빠진 부분이 많습니다. 일본어 자료는 아카마츠 책을 주로 이용했는데, 종종 당시 독특한 용어가 등장해서 사전을 찾느라고 시간이 걸리기도 했습니다. 이 과정에서 아카마츠뿐만 아니라, 최남선, 채필근 등 이들이 인용하고 있는 원자료를 추적하여 비교하는 작업도 흥미로울 것이라고 생각했습니다. 작업량이 많아서 집단 협업이 필요할 것으로 봅니다.

정진홍 저에게도 가장 힘들었던 문제는 자료를 충분히 섭렵하지 못한 제 한계였습니다. 무엇보다도 저는 서양의 학계 일반에서 종교학이 어떻게 평가받고, 어떤 자리를 차지하고 있고, 어떻게 여타 학문과 소통을 하는지를 살펴보고 싶었습니다. 이를테면 사회학이나 인류학 또는 심리학에서 "종교학계에서는 이 문제에 대하여 이런 발언을 한다."는 지적을 얼마나 하고 있는지 참 궁금했습니다. 그러나 종교학이 타 학문의 발언을 인용하거나 심지어 '의존하는' 경우는 수없이 만났어도 제가 기대한 내용은 찾기 힘들었습니다. 제 천착이 부족하기 때문이라고 생각되기도 하지만 또 그게 현실이지 않나 하는 생각도 듭니다. 그렇다면 '종교학은 왜 있어야 하나?' 하는 문제에 부닥치고, 그런데도 있어야 한다면 그 까닭은 무엇인지 물을 수밖에 없는데 이에 대한 해답을 선명하게 그들의 종교학사를 통해 발견하기 힘들었습니다. 오히려 서양인이 아닌 우리가 종교에 대한 학문적 탐구를 제대로 하고 있는 것은 아닌지 하는 막연한 기대도 했고요. 그런데 실은 우리 현실도 '불안'하기는 마찬가지였습니다. 우리는 종교학자들의 모임에는 참석하지만 특별한 경우가 아니고는 다른 학계의 모임에 별로 가지 않습니다. 자학적인 표현인지는 모르지만 그들이 우리를 별로 필요하다고 느끼지 않는 거죠. 이런저런 생각에 시달리는 게 그들의 형편을 기술하는 일보다 더 힘들었는지도 모릅니다.

김태연 선생님과 장석만 선생님 두 분 말씀을 들으면서 두 가지를 느꼈습니다. 하나는 내가 공감하는 어떤 이론도 그것이 나와 다른 정황에서 출현한 것이라는 사실을 유념하면서 이를 소화할 수 있는 '긴장'을 유지하는 일이 필요하다는 말씀과, 이제는 개인 위주의 연구로는 감당할 수 없을 만큼 자료가 넘치고 있어 학문적 협업이 절실하다는 말씀입니다. 학문하는 풍토의 구조적 변화를 추구하는 일이 불가피한 것 같습니다. 우리의 이번 연구가 이런 문제를 잘 담고 있는 하나의 예일 수도 있다는 생각도 들고요. 이진구 선생님은 이번 작업 중에 가장 힘든 게 어떤 것이었습니까? 한국 종교학의 지층이 이제는 꽤 두껍던데요.

이진구　검토해야 할 자료의 방대함이 가장 큰 어려움으로 다가왔습니다. 앞서 말씀드렸듯이 제가 맡은 부분이 60여 년에 걸친 한국 종교학의 역사와 그동안 축적한 연구성과에 대한 진단과 평가였기 때문에 다루어야 할 범위를 대폭 줄였습니다. 그럼에도 불구하고 최소한 7가지의 주제를 다루게 되었습니다. 한국 종교학의 역사 60년, 한국 종교학의 정체성과 방법론, 한국종교사 서술 방안, 종교문화 개념, 비교 이론과 방법, 공교육과 종교학, 종교다원주의와 종교간 대화가 그러한 주제들이었습니다. 약간 과장하자면 7편의 논문을 쓰는 셈이었습니다. 물론 이는 현실적으로 불가능한 일이었습니다. 따라서 7편의 주제를 다루면서 기존 연구에 상당히 의존하였고 반드시 검토해야 할 자료 중 상당 부분을 누락시킬 수밖에 없었습니다. 그러므로 한국 종교학의 성과에 대한 저의 진단과 평가가 상당히 많은 한계를 지닐 수밖에 없습니다. 선부른 평가나 잘못된 이해에 근거한 진단도 적지 않으리라 생각됩니다만 이 역시 제가 감당할 몫이라고 생각합니다.

정진홍 말씀을 듣고 보니 이진구 선생님께서 이번 작업에서 기술하고 싶으셨던 내용이 아주 많았던 것 같습니다. 이미 말씀해 주셨지만 좀 더 정리해주시면 어떨까요.

이진구 앞서 말씀드렸듯이 제가 맡은 부분은 한국 종교학의 전개와 현황이었습니다. 기존의 종교학사나 연구사 검토와 중복을 피하기 위해 저는 크게 두 가지 물음을 밑에 깔고 작업을 하고 싶었습니다. 하나는 다른 나라의 종교학과 구별되는 한국 종교학의 특징은 무엇인가 하는 것이고 다른 하나는 한국 종교학이 사회와 만나는 지점은 어디인가 하는 것이었습니다. 첫 번째 물음에 대한 해답은 한국종교사 서술에서 찾을 수 있다고 보고 한국 종교사와 관련한 논의를 집중적으로 살펴보고 싶었습니다. 그 과정에서 한국적 성(聖)의 구조, 한국인의 심성과 정서, 한국종교사회사, 한국종교문화사, 한국종교교단사, 한국 종교문화의 기상학 등의 서술 범주와 개념을 만날 수 있었습니다. 두 번째 물음은 종교학의 사회적 역할과 관련된 것이기 때문에 한국의 공교육 체제하에서 종교학이 구체적으로 어떠한 역할을 하고 있으며 한국 종교계의 중요한 이슈인 종교다원주의와 종교간 대화 문제에 종교학자들이 어떻게 개입하고 있는가를 살펴보고 싶었습니다.

정진홍 우리 종교학이 우리가 겪은 사건들, 이를테면 6.25 전쟁, 독재타도, 군사쿠데타, 민주화, 산업화, 정보화 등과 직접적으로 연계된 영향은 없는지요?

이진구 6.25전쟁에서 정보화에 이르는 이러한 사건이나 사안이 종교나 종교계에 미친 영향은 비교적 쉽게 찾아볼 수 있을 것 같은데 종교학과 이러한 사건들과의 관련성은 쉽게 떠오르지 않습니다. 다만 학생운동과 관련이 있는 독재타도, 군사쿠데타, 민주화 등과 관련해서는 나름대로 연결하여 생각해 볼 점이 있을 것 같습니다. 1970~80년대에 대학을 다닌 종교학도들의 경우 학생운동에 적극 참여하지 않았다 하더라도 간접적인 영향은 대부분 받았습니다. 이때의 경험이 종교학을 공부하는 데 나름의 영향을 미쳤다고 봅니다. 당시 학생운동의 이념적 지주였던 마르크스주의는 종교를 아편으로 규정하였기 때문에 종교에 대한 학문적 연구의 필요성을 부정하였습니다. 반면 철학이나 미학은 마르크스주의 철학이나 사회주의 리얼리즘을 통해 이른바 진보적 학문으로서의 기반을 확보할 수 있었습니다. 따라서 학생운동의 영향을 받고 종교학을 전공으로 선택한 경우에는 마르크스주의 종교론 대신 종교의 사회변혁 역할을 인정하는 이론, 혹은 종교운동사나 민중종교사에서 학문적 기반을 찾으려는 경향이 있었던 것 같습니다. 정보화가 종교학에 미친 영향은 좀 더 분명한 것 같습니다. 2000년대 이후 국가가 문화강국을 기치로 내걸고 문화콘텐츠 산업을 장려하는 과정에서 종교나 신화가 주목을 받게 되었고 그때 상당수 종교학자나 신화 연구자가 이러한 사업이나 과제에 적극 참여하였기 때문입니다.

정진홍 방법론과 연관된 것일지, 한국종교사 서술과 연계된 것일지, 아니면 종교라는 자료와 관련된 것일지 분명하지는 않습니다만 저는 2010년 경부터 이어진 일련의 '추신'(推燊)을 자료로 한 '종교 연구'가 흥미로웠습니다. 종단도 아니고, 결속된 공동체도 없고, 교리나 신앙체계도 분명하지 않지만 분명하게 종교적 이상을 지닌 정치적 '저항집단'에 대한 연구라는 의미에서 그랬습니다. 이진구 선생님께서는 이러한 연구를 어떻게 평가하시는지요.

이진구 네, 저도 추안 자료를 활용한 최근의 종교 연구에 주목하고 있습니다. 주지하다시피 추안은 반란이나 역모 사건과 관련된 조선 후기의 심문 및 재판 기록으로서 당시 지배체제의 이념만이 아니라 그 체제에 저항한 민중의 세계관을 엿볼 수 있는 귀중한 자료입니다. 조선왕조실록은 내용이 소략한 반면 추안은 상세한 내용을 담고 있기 때문에 많은 연구자의 관심을 끌었습니다. 그런데 추안이 처음 발굴된 1970년대, 그리고 1980년대에는 이른바 진보적 지식인들이 추안 연구를 통해 부분적으로 드러난 사실들을 자신들의 사회변혁 운동의 이념적 근거로 성급하게 활용하는 경향이 있었습니다. 민중신학의 모티프나 민중운동의 전거 또는 〈장길산〉과 같은 소설의 모티프로 활용된 것이 대표적인 예입니다. 거시적으로 보면 황선명 선생님의 민중종교운동사 연구도 이러한 흐름 속에 있었던 것으로 보입니다. 이러한 접근 방식들은 현재의 관심이나 이념, 관점을 과거의 자료에 무비판적으로 투영하는 문제점을 지니고 있습니다. 그런데 2010년경부터 최종성 교수와 그 제자들을 중심으로 한 추안 연구는 문제의식이 조금 다른 것 같습니다. 이들은 추안 자료를 '사회변혁의 이념적 근거'로 삼거나 '역사적 사실의 규명'에만 주력하는 태도를 넘어 당시 사람들의 '종교적 상상력'에 주목하고 있습니다. 따라서 이들은 미시사나 심성사, 일상사, 사회사, 문화사 등으로 불리는 역사 연구의 다양한 방법론을 '종교사'에 접목시키면서 연구를 하고 있는 것으로 보입니다. 아직은 연구 성과가 많지 않지만 한국종교사 연구 나아가 한국 종교학의 장래와 관련하여 계속 주시해야 할 필요가 있을 것 같습니다.

정진홍 가볍게 넘어가자 했던 어려움의 진술이 아주 무거운 주제를 쏟아낸 것 같습니다. 그런데 그 무게가 짊어지고 싶은 무게라는 느낌도 듭니다. 견디기 힘든 것은 아닐 겁니다. 앞으로 즐겁게 해야 할 새로운 과제들이니까요. 임현수 선생님은 한국종교학의 미래에 관한 조망을 해주셨습니다. 선생님 말씀을 듣고 싶습니다.

임현수 저는 한국 종교학의 미래를 기술하는 일이 매우 막연한 과제라고 생각했습니다. 어디에 초점을 맞추는가에 따라서 다양한 서술이 가능했기 때문입니다. 방법론에 주목하여 한국 종교학의 미래를 그려보기로 한 것도 따지고 보면 이렇게 광범위한 주제를 포함하고 있는 과제를 일정한 방향으로 제한하려는 의도였습니다.

방법론은 한 학문의 존립 근거와 인식론적 기반을 따지는 분야입니다. 바로 이와 같은 이유로 방법론을 통해서 특정 학문의 성격을 가늠해 볼 수 있습니다. 또한 방법론은 고정된 것이 아니라 시대적 환경에 따라 늘 가변적입니다. 그래서 한국 종교학이 앞으로 방법론의 수준에서 어떤 변화를 겪게 될 것인지 조망해보는 작업도 의미 있는 일이라 생각했습니다. 미래에 대한 전망에 앞서 한국 종교학이 그동안 어떤 방법론적 고민을 보여주었는지를 기술할 수밖에 없었던 것은 불가피한 일이었습니다. 지금까지 한국 종교학이 걸어왔던 방법론적 변화의 궤적을 함께 언급함으로써 좀 더 넓은 맥락 속에서 미래에 대한 전망을 피력할 수 있으리라 판단했습니다.

어떤 학문이든 방법론의 변화는 아무런 근거 없이 일어나지 않습니다. 이전 방법론에 대한 비판과 대안의 출현이 새로움의 변화를 이끄는 동력입니다. 그렇다고 이전 방법론과 이후의 방법론이 완전히 단절되지는 않습니다. 연속과 불연속의 관계는 방법론 분야에서도 흔히 관찰되는 현상입니다. 따라서 방법론적 흐름을 추적할 때 이전과 이후의 관계가 어떻게 계승되고 차별화되는지를 파악하는 일이 중요합니다. 그런데 우리가 흔히 범하는 오류가 있습니다. 변화의 맨 첨단의 자리에서 그 이전을 평가할 때 무심코 저지르는 잘못이 있습니다. 변화의 끝자리는 그동안의 모든 방법론적 성과를 한눈에 바라볼 수 있는 유리한 위치입니다. 그 이전까지 쌓아올린 다양한 학문적 성취를 동일한 사유의 공간에 병렬시킨 다음, 마치 모든 것을 예상했다는 듯이 전지전능한 시점으로 평가하는 일은 변화의 과정을 기술할 때 빠지기 쉬운 함정입니다. 이러한 오류를 피하려면 하나의 방법론이 지닌 의의를 그것이 원래 위치했던 시계열상에서 평가할 필요가 있습니다. 그렇지 않으면 한국 종교학의 미래가 과거와 현재의 지양인 것처럼 오해될 수 있습니다.

정진홍 방법론을 통해 미래를 조망한다는 말씀이 매우 설득력 있게 들립니다. 방법에 대한 자상한 서술이 이를 뒷받침해 주고요. 그런데 이런 질문을 드리고 싶습니다. 우리의 전제이기도 해서요. 우리 종교학은 글로벌한 보편적 문제와 국지적인 특수한 문제를 어떻게 다루고 있는지요?

임현수 서구에서 한국으로 도입된 종교학은 학문적 정체성을 둘러싸고 극심한 혼란을 겪은 바 있습니다. 종교학의 정체성을 찾기 위하여 불가피하게 서구 이론에 눈을 돌릴 수밖에 없었습니다. 그 과정에서 이론과 현실의 괴리를 실감하게 되는 일이 발생합니다. 서구 종교학 이론을 한국의 현실에 그대로 적용할 때 온전히 설명할 수 없는 불일치가 나타난다는 자각은 한국 종교학을 정체성 혼란기에서 한 단계 도약을 위한 발판이 되었습니다. 저의 관심사였던 방법론적 영역에 국한하면 예컨대 '종교' 범주를 두고 벌어진 현실 적합성이나 보편성에 대한 고민은 한국 종교학이 자기 문제가 무엇인지 분명하게 표출했던 한 가지 사례였습니다. 한국의 종교학자들은 한국종교에 대해 매우 높은 관심을 표명하고 있는 것으로 보입니다. 아마도 한국종교 전공자의 비중이 다른 분야에 비하여 상당히 높을 것으로 예상합니다. 다른 지역의 종교학과 비교할 필요가 있지만 이러한 현상도 한국 종교학이 자신만의 문제를 풀어가는 하나의 방식이 아닐까 생각합니다.

정진홍 종교학의 정체성, 종교의 범주 등과 관련된 문제는 한이 없을 것 같습니다. 그리고 당해 지역의 종교학이 관심 가지는 대상의 문제도요. 이와 무관한 것일 수도 있지만 이런 말씀을 들으면서 갑자기 여쭙고 싶은 게 떠올랐습니다. 제가 제대로 이해했는지 모르겠습니다만 선생님께서는 본문에서 종교현상학과 실존적 전회의 이어짐을 함축한 말씀을 하신 것으로 짐작되는데 저는 지금 한국 종교학이 이러한 이슈를 어떻게 감당하고 있는지 좀 막연한 느낌이 들었습니다. 그러면서 최종성 교수의 『한국종교문화횡단기』를 읽었을 때의 어떤 느낌이 들었습니다. 여행기라는 형식, 묻혀있는 역사기 아니라 현실과 역사의 '드러난 중첩', 행간에 담는 '실존적

읊음' 등이 연상되어서요. 선생님께서는 어떻게 생각하시는지요.

임현수 저는 한국 종교학의 미래를 조망하는 자리에서 최근 학계 전반에 걸쳐서 많은 관심을 촉발하고 있는 포스트휴머니즘을 언급하였습니다. 사실 포스트휴머니즘의 문제의식은 한국 종교학에 이미 반영되고 있습니다. 한국 종교학계에서 점차 주목도를 높이고 있는 물질종교학은 포스트휴머니즘의 조류를 타고 형성된 것입니다. 포스트휴머니즘은 우리에게 존재론적인 차원을 환기한다는 점에서 새로움이 있습니다. 포스트휴머니즘이 인간을 예외적인 존재로 인정하지 않고 비인간 존재 역시 인간과 동등한 행위자로 주장하는 배경에는 이와 같은 존재론적 전회가 자리하고 있습니다. 포스트휴머니즘이 주도하는 존재론적 전회를 실존적 전회의 의미로 읽으면 약간의 오해가 빚어질 수 있을 것 같습니다. 왜냐하면 실존적 전회라는 말에는 여전히 인간중심적인 함의가 배어 있는 것으로 보이기 때문입니다.

종교학계에서 종교현상학은 누가 어떻게 바라보는가에 따라서 다양한 평가가 이루어지는 것 같습니다. 제 개인적인 생각을 말씀드리면 종교현상학은 종교를 인식하는 데 매우 중요한 통로를 열어주었다고 평가하고 있습니다. 그런데 다른 한편으로 종교현상학은 종교의 기원에 관한 이야기가 아닐까 하는 느낌이 들기도 합니다. 저는 종교현상학이 철학의 현상학에서 방법적으로 도움을 받을 수 있는 측면이 많다고 생각합니다. 가령 현상학에서 말하는 생활세계 개념을 종교현상학에 적용하면 종교는 외부 물질세계를 몸이 감각적으로 수용하는 과정에서 발생하는 것으로 볼 수 있습니다. 다시 말하면 외부 물질세계의 자극 없이는 종교는 불가능한 것입니다. 이 점에서 물질종교학과 종교현상학이 상통하는 측면이 있습니다. 물질종교학은 물질이라는 비인간 존재가 행위자로서 어떻게 인간의 고유한 산물로 알려진 종교를 생산하거나 변형하거나 혹은 전달하나 등의 문제를 탐구합니다.

종교학자가 종교현상학의 통찰력에 따라 종교를 감각의 산물로 보는 데 적극적이면 실제 연구 분위기도 많이 달라질 것입니다. 예컨대 텍스트에서 경험할 수 없는 감각과 물질의 세계를 찾아서 살아 있는 종교 현장을 중시한다든지, 같은 텍스트라도 예전과 다른 시각으로 독해함으로써 새로운 정보를 발굴한다든지 하는 변화가 생기지 않을까 생각합니다. 선생님께서 사례로 들어 말씀하신 한국 종교문화 현장은 가령 한국종교에 관심을 가진 연구자들에게 매우 유익한 실험실이라 생각합니다. 연구자는 이러한 현실과 조우하는 과정에서 현재의 시간 속에 흙먼지처럼 켜켜이 쌓인 감각의 지층들을 발굴할 수 있을 것입니다. 현상의 역사성을 기술하는 작업이 완성된 후 나의 실존이 거기에 공명한다면 아마도 그것은 연구자로서 얻을 수 있는 뜻밖의 소득이 될 것입니다.

정진홍 말씀을 들으면서 저에게 모호했던 많은 것이 밝아지는 느낌입니다. 그런데 또 궁금한 게 있습니다. 종교현상학은 1980년대 후반까지 우리 종교학계에서 상당한 주목을 받았고, 나름의 기여를 했다고 생각합니다. 임현수 선생님께서 이를 말씀해 주셨는데요. 그런데 제 경험으로는 1990년대에 들어서면서 종교현상학은 급격하게 '몰락'하면서 종교현상학은 물론 예를 들어 엘리아데조차 금기어가 되다시피 했습니다. 특히 서울대학에서요. 우리만의 사정이 아니고 종교학의 세계적인 현상이고 이는 지금도 지속되고 있는 것 같습니다. 그런데 흥미로운 것은 2010년을 전후해서 갑자기 엘리아데에 대한 관심이 급등합니다. 그것도 서울대를 중심으로요. 역서, 저술 등을 통해서요. 이 현상을 어떻게 보시는지요.

임현수 1990년대에 종교현상학이 갑자기 내리막길을 걷게 된 것은 매우 아쉬운 일입니다. 종교현상학이 한국 종교학계에서 자신의 역할을 충분히 소화하고 나서 그런 현상이 빚어졌다면 오히려 학문의 발전을 위하여 바람직하다고 할 수도 있을 것입니다. 하지만 당시 한국에서 종교현상학은 뿌리를 내리고 성장하기 위한 발판을 마련했을 뿐 완전히 만개한 상태는 아니었습니다. 저는 가끔 한국 종교학계에서 이루어지고 있는 종교현상학에 대한 비판이 피상적인 수준에 머물고 있다는 느낌을 가질 때가 있습니다. 어떤 학문에 대한 비판이 설득력 있으려면 그것에 대한 심도 있는 이해가 전제되어야 합니다. 또 그와 같은 깊이에 도달하려면 그 학문에 관한 연구 역량이 상당한 정도로 축적되어야 한다고 봅니다. 이러한 단계를 거치지 않으면 비록 비판의 목소리일지언정 판에 박은 듯 상투성을 벗어날 수 없을 것입니다.

2010년대 이후 엘리아데에 관한 관심이 높아진 배경에 대하여 솔직히 제가 말씀드릴 만한 처지에 있지 않습니다. 종교학계에서 엘리아데가 주로 어떤 그룹에 의하여 어떻게 이해되고 있는지는 좀 더 면밀한 분석이 필요하다고 봅니다. 다만 엘리아데는 종교학계의 범위를 벗어나서 매우 폭넓게 읽히고 있는 것 같습니다. 엘리아데 저서의 번역자 중에는 종교학을 전공하지 않은 사람들도 여럿 포함된 것으로 알고 있습니다. 엘리아데는 종교학자나 종교현상학자이기 이전에 사상가로서 수용되고 있는 듯합니다. 가령 엘리아데가 니체나 들뢰즈 같은 사람들과 더불어 영원회귀, 반복, 차이 등의 주제를 논의하는 장에 호명되는 경우를 보면 종교학 밖에서 엘리아데가 어떻게 평가되는지 짐작할 수 있습니다. 무엇보다 종교학계에서 2010년 이후 나타난 엘리아데의 귀환이 종교현상학의 재평가로 이어질지도 관심을 가지고 지켜볼 일입니다.

정진홍 매우 흥미로운 진단과 전망을 해주셨습니다. 그러면 이제 앞으로의 한국 종교학을 위해 부탁하고 싶은 것을 선생님들께서 구체적으로 말씀해주시면 어떨까요.

김태연 종교학이라는 분과의 특수성과 그 의미에 대한 사유를 지속적으로 발전시키며 나아가는 노력이 필요하다는 생각을 합니다. 그런데 종교학의 정체성이 신학이나 종단 교학의 안티테제만일 수는 없을 것입니다. 이에 집중하다 보면 오히려 또 다른 의미에서 종교학의 유사 종단화 현상이 발생할지도 모릅니다. 종단 대학에서 수학하다가 더 자유로운 학문적 연구를 위해 종교학과의 문을 두드리는 경우도 많을 것입니다. 종교학의 자리에서뿐만 아니라 종교의 자리에서도 새겨들을 수 있는 내용에도 종교학이 개방적으로 나아가 사회적으로 그 저변이 확장될 수 있으면 좋겠습니다. 이를 위해서는 학문으로서의 종교학이 오늘날 비합리적, 비과학적으로 간주되지만 약동하는 '종교'에 대해 더욱 관심을 가져야 할 것 같습니다. 그리고 종교내부자 측에서는 학문적 잣대로는 가늠될 수 없으리라고 주장하는 신앙과 연관된 종교적인 것들을 연구한다는 것은 무엇이며 어떠한 의미가 있는지에 대해 종교학적으로 계속 고민해 나아가야 할 것 같습니다. 종교학은 종교학 자체를 위한 학문은 아닌 데니까요.

저의 생각을 더 직접적으로 말씀드린다면 다음과 같습니다. 종교학은 대학 내의 제도화된 분과만을 가리키는 것일까요, 종교에 대한 학문적 연구를 모두 포괄하는 것일까요? 일반적으로 종교학은 전자를 가리키는 것 같습니다. 그리고 종교학의 경계는 신학과 종교학과의 차이를 강조함으로써 이루어집니다. 그렇다면 종교학은 종교학을 수학한 이들만이 할 수 있는 학문분과입니다.

또 다른 종교학에 대한 이해로는 그것이 종교이해에 얼마나 기여하는가 하는 것을 준거로 생각해 볼 수 있습니다. 이 경우 타 학문분과에서 수학한 이들이 종교를 다룬 글이 종교학적 성과에 포함될 것입니다. 그렇다면 여기에서 타학문 분과 전공자라 하더라도 누구나 종교학적 글을 쓸 수 있다는 것인가 하는 문제가 생깁니다. 이것은 신학, 교학과의 관계 설정보다 훨씬 더 복잡해지는 부분입니다. 사회학, 인류학, 철학, 정치학 등 모든 학문분과 전공자들의 종교에 관한 연구 작업은 종교학적인 것일까요? 현장의 경우 이미 종교학의 범위는 매우 넓습니다. 종교학회는 개개 종교의 교학과 타 분과를 포괄하여 종교를 연구하는 모든 연구자들이 활동할 수 있습니다. 이러한 상황 속에서 종교학이 어떻게 열린 학문으로 나아갈 수 있을지 고민이 됩니다.

정진홍 김태연 선생님의 말씀을 들으면서 이제까지 생각하지 않았던 것들을 새삼 살펴보게 되는군요. 일반적으로 학문이 이뤄지는 기구가 둘로 나뉘는 것 같습니다. 하나는 '가르침과 연구'가 함께 이루어지는 '대학'이고, 다른 하나는 '연구'만을 수행하는 '연구기관'입니다. 이렇게 나누고 보면 흥미로운 사실이 기술될 수 있습니다. 대학에서는 종교를 연구하고 종교를 가르치는데 이에 더해 종교학도 가르치고 종교학도 연구합니다. 그런데 연구소에서는 다만 종교를 연구합니다. 종교를 가르치거나 종교학을 가르치거나 연구하지는 않습니다. 물론 산뜻하게 구분되는 것은 아닙니다만 윤곽을 그렇게 묘사할 수 있습니다.

북아메리카나 서유럽의 경우는 대학을 중심으로 학문이 운영됩니다. 그래서 많은 경우 종교학자들이 '강의실 정황'을 유념한 언급이 많습니다. 종교학과에서 학생들에게 무엇을 어떻게 가르칠 거냐 하는 것이 상당한 비중을 차지합니다. 종교에 관한 연구와 더불어 종교학에 관한 관심이 무게를 지니는 거죠. 대학은 이른바 아카데미즘으로 이념화되어 있는 일정한 '기억의 전승'을 학문이 의존하거나 아니면 자기를 보존해주는 권위의 원천으로 전제합니다. 이에서 비롯하는 규범적 당위가 보이게 또는 보이지 않게 틀을 잡고 있는 거죠. 신학과 종교학의 갈등도 실은 그러한 전승의 내용이 드러내는 한 표상이라고 할 수 있을 것 같습니다. 타 학문과의 긴장도 제도적 틀 안에 있는 한 어쩔 수 없습니다.

그러나 중국의 경우는 종교를 연구하거나 가르치는 대학의 학과가 따로 있는 곳이 거의 없는데도 종교 연구는 활발합니다. 사회과학원 안에 종교 연구실이 따로 있기 때문입니다. 그곳에는 '종교학적 종교 연구'라고 할 것도 따로 없습니다. 수십 명의 학자들이 그것이 철학이든 사회학이든 정치학이든 역사학이든 인류학이든 신학이든 제각기 자기 자리에서 종교와 관련된 주제들을 연구하니까요. 적어도 학문의 분과 체제라는 것이 항구적인 것이 아니라면 학제 간 연구나, 또는 그것을 넘어서는 새로운 학문분과의 등장을 이러한 연구소에서는 대학보다 용이하게 이뤄낼 수 있을 겁니다. 물론 중국사회과학원의 경우, 사회주의 국가의 당 주도적 전제적 권력

체계 안에서의 연구소라는 '한계'가 뚜렷합니다만. 문제는 제도보다 종교라는 대상, 이에 이르는 방법론, 그리고 학문 주체의 자리인 것 같습니다. 고전적인 '환원론 논쟁'이 불가피한 거죠. 그러나 만약 '환원'을 존재론적인 것으로 여기지 않고 방법론적인 것으로 여긴다면 이것도 그리 커다란 문제가 될 것은 없습니다. 사회학자가 종교를 사회현상의 부수현상으로 여기는 것은 당연합니다. 종교학자가 사회를 종교의 부수현상으로 읽는 것도 마찬가지죠. 이러한 다양한 시각이 결과적으로 종교의 모습을 더 충분히 드러낸다고 여기면 되는데 그러한 다른 시각 때문에 종교의 모습이 훼손되거나 일그러진다고 여기는 '신념'이 종교학에, 또는 개개 학문에 깃들여 있는 것이 장애인 것 같습니다. 그것은 학문성과 상관없는 '태도'니까요.

장석만 한국종교학은 전체 학계에서 주변적인 위치에 있습니다. 이런 주변적 상황에서 이른바 종교 연구자가 주변부의 위치를 탈피해서 중심부로 진입하고 싶은 욕망을 가지는 일은 충분히 이해할 수 있습니다. 문제는 제도권에 진입한 이들이 주변부에 속한 자들이 지닐 수 있는 '게릴라적인 속성'까지 털어버린다는 점입니다. 대부분 제도적인 안정을 얻은 이들은 샐러리맨이 되어 아직도 주변부에 남아 있는 자들과 거리를 두는 경향이 있습니다. 이들이 샐러리맨이라는 자신의 처지에 자족하지 말고 종교학 전체의 상황에 대해 의식을 하고 활동을 한다면 지금과는 좀 더 다른 방향을 모색하지 않을까 생각합니다. 그리고 이른바 제도적인 혜택을 입지 못한 이들도 단지 학계의 인정만을 갈구하지 말고, 현 학계의 프레임 자체를 바꾸려는 노력을 해야 한다고 봅니다. 어느 시인이 말한 바, 기존의 단어에 머물지 않고, 새로운 언어를 찾아내려는 노력을 부단히 해야 한다고 봅니다.

이진구 과거보다는 상당히 개선되었지만 아직도 한국사회의 상당수 사람이 종교학을 신학이나 교학과 동일시하는 것 같습니다. 특히 정치지도자나 정부의 정책 입안자들이 그런 것 같습니다. 국립대학이나 일반 사립대학에 종교학과가 개설되지 않는 가장 주요한 이유의 하나는 종교학을 신학이나 교학과 동일시하는 사고방식이 입법이나 정책에 간여하는 지도자들의 무의식에 아직도 뿌리 깊게 남아 있기 때문이 아닌가 합니다. 이는 종교학 과목이 중등학교의 교양과목의 하나로 존재하고 있음에도 불구하고 대다수 국공립학교나 일반사립학교에 종교학 과목이 개설되지 않는 현상과 일맥상통한다고 봅니다.

한편 종교계 특히 기독교 신학에서는 종교학을 신학의 보조학문으로 생각하는 경향이 있습니다. 제가 직접 경험한 것인데요. 어떤 교회에 갔는데 거기에서 일하던 전도사 한 분이 저의 전공이 종교학이라는 것을 알고 저에게 '이단비판론'을 강의해 달라고 부탁했습니다. 이들의 눈에는 종교학은 비교종교학으로서 기독교의 정통과 이단을 분별하는 일을 담당하는 신학의 한 분야입니다. 실제로 지금도 대부분의 신학교에는 비교종교학이 개설되어 있고 이 과목에서는 이단 비판이 주된 과제가 되고 있습니다.

이처럼 우리 사회에는 종교학자들이 생각하는 종교학과는 전혀 다른 의미로 종교학이 이해되고 있습니다. 이러한 풍토는 한국의 종교학이 자신의 발언을 확대하는 데 매우 커다란 장애물입니다. 아직도 이러한 풍토가 남아 있는 데에는 한국의 종교학도 일말의 책임이 있다고 봅니다. 따라서 이러한 풍토의 개선을 위해 한국의 종교학이 적극 힘써야 할 것입니다.

임현수 저는 과제를 수행하는 과정에서 줄곧 한국 종교학의 제도적 빈곤함을 마음 한편에서 지울 수 없었습니다. 현실적으로 제도가 뒷받침되지 않으면 인력 양성이 어렵고 연구 분야도 확장될 수 없습니다. 저는 심지어 이런 생각마저 들었던 적이 있습니다. 한국에서 종교학이 서울대학교 종교학과가 없다면 과연 유지될 수 있을까. 서울대학교 종교학과는 종단과 무관하게 공적 자금으로 운영되는 유일무이한 학과입니다. 이런 상황에도 불구하고 스스로 종교학자로서 정체성을 주장하는 학자들은 점차 늘어나는 추세입니다. 이 많은 종교학자가 어디서 배출되는지 궁금할 정도입니다. 종교학과 종교학자라는 타이틀이 학계에서 거부감 없이 유통되고 있는 현실과 달리 종교학과가 늘지 않는 이유를 어떻게 설명해야 할지 모르겠습니다. 한국연구재단에서 매년 실시하는 연구비 지원 사업에는 종교학자가 신학자나 불교학자 등과 함께 같은 공모 단위에 응모하여 심사를 받습니다. 이들의 연구계획서를 심사하는 사람들도 구별되지 않습니다. 솔직히 말씀드리면 저는 한국 종교학은 제2의 정체성 위기에 처해 있는 것은 아닐지 의구심을 품기도 했습니다. 이 자리에서 한국 종교학의 성찰과 전망을 지향하는 본 프로젝트가 새삼 각별하게 느껴집니다.

정진홍 학자의 '샐러리맨화', 종교학의 신학 보조학문화, 종교학자를 배출하는 곳이 없는데도 양산되는 종교학자 등의 말씀들이 섬뜩하게 느껴집니다. 진지하게 고민해야 할 문제들입니다. 깊이 공감합니다.

저는 종교학이 좀 더 '현장'에 다가갔으면 좋겠습니다. 초기 인류학자들의 이른바 '현장답사'를 권하는 것은 아닙니다. 그것이 여전히 의미를 지닙니다만 좀 막연하지만 제가 바라는 것은 '언어에 갇히지 않기를' 바라는 그러한 의미에서의 '현장에 다가가기'입니다. 아예 '거기에 머물러도 좋겠다' 싶기도 합니다. 그곳이 개인의 경험의 자리든, 공동체의 삶의 자리든, 기억이 쌓인 자리든, 진술이 축적된 자리든, 꿈이 어린 자리든, 그곳에 있었으면 좋겠습니다. 그리고 그곳에서 '언어를 낳으면' 좋겠습니다. 개념과 범주가 거기서 솟아 기존의 것을 되 짓고, 해석이 빚는 의미가 그래서 늘 가변적이었으면 좋겠습니다. 그런데 그 언어들이 한꺼번에 부서지고, 그래서 열린 출구로 새로운 자리가 확보되고. 이렇게 이어져 흘렀으면 좋겠습니다. 어설픈 계몽주의적 태도나 넘치는 가부장적 권위나 조심스러워 망설이는 피해의식이나 두려워 자기 안에만 함몰되어 스스로 즐기는 나르시시즘을 넘어설 수 있는 길은 그것이라고 생각합니다. 종교학은 종교와 친화적일 수밖에 없습니다. 그러나 그렇다고 해서 종교학이 종교화되는 것은 아닙니다.

늘 그랬듯이 종교학의 자리에서는 여전히 탐구대상이 운위될 거고, 방법이 논의될 것이며, 누가 왜 그것을 묻느냐는 인식주체에 대한 총체적인 물음이 끊이지 않을 겁니다. 당연하죠, 그것이 끊기면 이미 그것은 학문이 아니죠. 학문의 효용이, 그것이 어떻게 규정되든, 아직은 요청될 만한 가치가 있다고 여겨진다면 학문은 그러한 물음의 지속으로 비로소 그 현존의 의미를 확보할 겁니다. 종교학도 예외가 아니죠. 조나단 스미스의 책 *Drudgery Divine*을 처음 만났을 때 저는 그 표제가 지닌 표현의 적절성에 놀랐습니다. '힘들고 단조로운 일을 끝도 없이 지속하는' 것이 이른바 종교라고 일컬어지는 현상을 만나는 종교학자의 본디 모습이라고 여겨졌기 때문입니다. 그렇다고 이제 다시 서양학자들의 그늘에 들어가자는 이야기는 아닙니다. 이제는 종교획을 성이로 무이라고 히느냐 히는 등의 논의는 기억 저편으로 보내도 괜찮을 것 같습니다. 어느 때 또 끌어오더라도. 그저 우리말로 '종교-학', 곧 '종교학'이면 됩니다. 서양 사람들이 아쉽다면 이제는 우리의 '종교학'을 너희가 원하는 대로 번역해서 사용하라고 하면 되니까요.

그런데 이런 맥락에서 또 다른 말씀을 이어 드리고 싶습니다. 종교학의 글로벌한 경관을 살피면서 우리가 확인한 것 중의 하나는 여러 지역이나 나라에서 각기 일컬어지고 또 수행되는 종교학이 당해 역사나 문화나 현실에 의하여 색깔을 달리한다는 사실이었습니다. 이를테면 사하라 남부지역의 여러 나라에서는 종교학이란 아프리카 전통종교를 연구하는 학문으로 한정짓고, 서아시아에서는 religion을 준거로 하여 고대종교학과 현대종교학을 선명하게 나누기도 합니다. 서유럽에서는 종교에 대한 학문적 관심이 정치화되어 있음을 지적하기도 하고, 동유럽에서는 공산주의 과학적 무신론에 대한 반론으로 종교학이 자리를 잡고 있기도 합니다. 일본에서는 'religion'과 관련해서는 '종교가 없는 나라'라고 할 수 있지만 삶의 현장에서는 '종교적이지 않은 것'이 아무것도 없다는 입장에서 자국의 특이한 종교학의 전개를 주장하기도 합니다. 만약 우리가 이러한 현상을 승인한다면 우리 한국 종교학의 특성을 그러한 현실과 마주해서 서술할 수는 없을는지요. 다시 말하면 우리 스스로 의식하는, 그리고 타자에게 우리의 것이라고 전할 수 있는, '우리 나름의 종교학'을 기술할 수는 없을는지요.

이미 우리는 이를 유념하고 본문에서 제각기 논의를 펼쳤고 앞의 이야기에서도 간헐적으로 등장한 것이기 때문에 직접적인 해명의 형식으로 이를 다시 언급하여 마무리하지 않아도 될지 모릅니다. 또 물음 자체가 다양한 시각을 포함한 복합적인 것이어서 단순하게 정리될 수 있는 것이 아닙니다. 따라서 그 물음에 상응하는 어떤 대답이 마련된다 하더라도 그 대답에 대한 많은 물음이 이어져 어떤 대답도 대답이 아니라 오히려 물음의 증폭만을 낳게 할지도 모릅니다. 아마 그럴 것입니다. 하지만 이에 대한 생각을 우리 서로 이 자리에서 나누어 지녔으면 좋겠습니다. '우리 나름의 종교학', 그러니까 '한국 종교학'을 운위할 수 있는가 하는 것을요.

이진구 누군가 처음 만났을 때 종교학을 공부한다고 하면 제일 먼저 듣게 되는 질문의 하나는 "신을 믿습니까?"였습니다. 이 물음은 "당신은 종교를 가지고 있습니까?" 하는 것과 다르지 않았습니다. 그런데 이때 이러한 물음을 던지는 사람들이 말하는 '신'은 '귀신'이나 '산신령'이라기보다는 유일신이었습니다. 현재 우리 사회에서 쉽게 볼 수 있는 유신론-무신론 논쟁이나 종교-과학의 대화 프로그램에도 '유일신' 개념이 배후에 깔려 있습니다. 신관의 유형론과 관련하여 등장하는 다신론, 범(재)신론, 이신론(理神論) 등의 개념도 모두 유일신 개념의 파생물로 보입니다. 더 나아가 종교 연구에서 널리 수용되고 있는 초월(성)/내재(성), 인격(성)/비인격(성)의 도식에도 유일신 개념이 깔려 있는 것 같습니다.

주지하다시피 이러한 개념 군이나 "신을 믿습니까?"와 같은 질문이 우리 사회에 등장한 것은 그리스도교의 유입 이후입니다. 유일신 개념이 전제되지 않으면 이러한 개념적 도식이나 물음 자체가 성립하기 힘들기 때문입니다. 그런데 현재 우리 사회에서 유일신에 관한 논의는 그리스도교 신앙에 바탕을 둔 토착화 신학, 종교간 대화, 종교다원주의 신학 등에서 주로 행해지고 있는 것으로 보입니다. 이번 프로젝트에서 정 선생님께서 누누이 강조하셨듯이 서구의 종교학도 그리스도교의 자장에서 자유롭지 못한 태생적인 한계를 지니고 있습니다. 그런데 한국의 종교학은 서구 종교학을 수용하면서 시작되었지만 한국 사회 자체가 서구와는 다른 역사적 경험과 문화적 전통을 지니고 있기 때문에 그리스도교와의 거리두기가 어느 정도 가능하다고 봅니다. 따라서 앞으로 한국 종교학은 유일신 신앙 연구를 핵심 과제의 하나로 설정하고 중장기적 프로젝트를 수행할 필요가 있을 것입니다. 이러한 작업이야말로 한국 종교학이 세계 종교학에 기여하는 방안의 하나가 아닐까 하는 생각이 듭니다.

정진홍 누구나 막연하게 느끼는 것을 이진구 선생님께서 명쾌하게 밝혀 주신 것 같습니다. 제 경험을 말씀드리죠. 클래스에서 신의 존재 여부에 대한 질문이 제기되면 강의자인 저는 거의 논의에 끼어들 여지없이 학생들 간의 토론으로 이어집니다. 돈독한 신도들이 있기 때문입니다. 그들은 신이 존재한다는 것을 선명하게 직설적으로 주장합니다. 그러면 대체로 질문자의 반응은 그 주장을 실증하라는 요구로 이어집니다. 그런데 흥미로운 것은 신이 존재하지 않는다는 주장을 한 학생에게는 인간이 어떻게 신이 없다는 태도로 살아가느냐는 투로 힐문합니다. 신 존재 여부에 대한 논쟁은 실증과 윤리의 얽힘으로 번집니다. 이 특이한 '혼재 현상'이 어쩌면 한국 종교의 실상을 드러내 주는 것이면서 한국 종교학의 특성으로 자리 잡을는지도 모르겠습니다. 그저 막연한 느낌뿐입니다만. 장석만 선생님께서는 어떤 생각을 하고 계신지요.

장석만 이미 김태연 선생님의 본문에서 살펴볼 수 있는 내용입니다만 종교학이라는 학문적 관점이 문제로 나타나기 시작한 지역은 네덜란드, 독일, 프랑스, 그리고 북구 등의 유럽이라고 할 수 있습니다. 흥미를 불러일으키는 물음은 바로 그 역사적, 사상적 배경이 무엇인가 하는 점일 것입니다. 저는 종교학사에서 하나의 '서론'으로 다루어지는 이 부분이 좀 더 천착되기를 바라며, 이에 대해 공부할 필요가 있다고 봅니다. 이 시기의 유럽인들은 어째서 종교학이라는 문제의식이 필요하다고 생각하게 된 것일까? 그저 본론으로 들어가기 위해 스쳐 지나가는 정도가 아니라, 이 물음을 둘러싸고 있던 그들의 상황이 이해되었으면 하는 바람입니다. 정리가 되기에는 좀 더 시간이 필요하다고 봅니다만, 당시 전반적인 지식 체제가 새롭게 편성되는 상황 속에서 기독교의 처지가 중요한 요인으로 작용했다고 생각합니다. 종교라는 보편성 안에서 기독교가 하나의 부분으로 간주될 수밖에 없게 된 점, 과학의 지평에서 종교가 새롭게 자리매김해야 했던 점, 그리고 국민국가의 대두 안에서 종교가 차지한 위치 등의 요인이 복합적으로 작용하면서 종교학이 등장하지 않았나 하는 생각입니다. 따라서 종교학의 등장은 19세기 유럽 사상사 흐름과 함께 이해해야 할 문제로 보이고 유럽인의 시대적 문제 상황과 연결되어 있다고 볼 수 있을 것입니다.

그렇다면 유럽의 풍토에서 등장한 종교학이 유럽과는 다를 수밖에 없는 우리의 상황에서 나타난 것은 도대체 어떤 의미를 갖는 것인가? 이것이 이제 우리가 고민해야 할 물음이 아닐까 합니다. 그리고 정 선생님께서 말씀하신 '우리 나름의 종교학', 혹은 '한국 종교학'의 성격도 이 물음에 답하면서 찾아지지 않을까 생각합니다. 여기에 20세기 전반 일본 종교학의 영향이 적지 않았기에 이 시기 일본 학계의 동향 및 파급 효과 혹은 한국인 학자의 반응 등이 서로 교차하면서 연구가 이어졌다고 봅니다. 비슷한 시기 중국의 종교 연구 경향을 비교하면서 살피는 것도 필요할 것입니다. 해방후의 독특한 상황과 구불구불 이어진 종교 연구의 흐름 자체가 바로 '한국

종교학'의 성격을 잘 드러낸다고 생각합니다. 과연 이 역사적 족적 이외에 다른 곳에서 '우리 나름의 종교학'을 찾을 수 있을까요?

정진홍 과연 "우리 나름의 우리다운 종교학이 운위될 수 있을까?" 하는 물음에 대한 장석만 선생님 말씀 잘 들었습니다. 종교학이 등장하던 서양의 경우를 예거하면서 결국 당해 지역의 시대적-문화적 상황이 이를테면 '새로운 학문'을 낳게 했듯이 한국의 종교학도 그것이 출현한 '족적'을 살핌으로써 비로소 '다른 종교학'과 견주어지는 '우리 나름'의 모습을 일컬을 수 있으리라는 말씀, 곧 이른바 '전사(前史)의 천착'이 이를 드러내 주리라는 주장에 전적으로 공감합니다.

그런데 한 가지 궁금한 것은 서양종교학의 전사가 우리의 근대화와 유비될 수 있을 것인지 하는 겁니다. 이를테면 서양의 경우, 그리스도교의 덮개를 벗겨내는 일과 지식의 재편성은 병행하는 것이었는데 그것이 지루할 정도로 더디게 진행되어 아직도 이어지고 있다고 판단됩니다. 서양 종교학의 모습이 그렇습니다. 이에 비해 우리는 유교를 비롯한 모든 종교의 덮개를 걷어내는 일과 지식의 재편이 급격하게 병행한 것 같다는 느낌이 듭니다. 이진구 선생님이 지적하신 신관의 문제도 그 하나의 예라고 할 수 있습니다. 그래서 우리 종교학의 경우, 비 고백적이고 비봉헌적인 종교 연구에 전혀 거북함을 느끼지 않습니다. 적어도 서양의 경우에 비해 상대적으로 그렇다고 말하고 싶습니다. 이 점이 우리 나름의 종교학이기도 하다는 생각을 하곤 합니다. 오그번(William Ogburne)이 알면 자기의 '문화지체개념'을 전혀 모르고 하는 말이라고 화를 내겠지만, 엉뚱하게도 저는 가끔 이른바 '문화의 특정 부분이 뒤쳐져 변화하는 문화지체(cultural lag)현상'만을 이야기할 것이 아니라, '문화의 특정 분야가 서둘러 급하게 변화하는 문화급진(cultural rush)현상'도(이런 용어를 만들어 사용한다면) 논의해야 할 것 같은 생각을 절실하게 할 때가 있습니다.

이런 문제와 무관하지 않다고 생각됩니다만 임현수 선생님께서 평소에 늘 관심을 가지는 한국 종교학의 외연의 문제라고 할까요. 이것도 이 계제에 아울러 생각해 보고 싶습니다.

임현수 앞에서 말씀하신 문제와 이에 대한 이런저런 의견을 들으면서 제가 생각한 바를 말씀드리겠습니다. 우리는 지금까지 '한국 종교학'의 역사를 기술하였습니다. '한국 종교학'은 '한국'이란 수식어로 인하여 종교학이 보편성 이외에도 특수성을 지닌 용어일 수 있다는 사실을 은연중 표명하고 있습니다. 다시 말해서 '한국 종교학'이란 말은 다른 나라 혹은 다른 지역의 종교학과 구분되는 개별적 특수성을 전제하고 있다는 뜻입니다. 결국 '한국 종교학'은 '한국'이라는 매우 특수한 시공간에서 종교학을 한다는 것이 과연 무슨 의미를 지니는지를 되묻는 작업과 관련될 수밖에 없습니다. 그런 의미에서 '한국 종교학'의 발자취를 더듬고 전망을 살피는 작업에 공동으로 참여한 것은 뜻깊은 일이었습니다.

그런데 '한국 종교학'의 형식과 내용을 가다듬는 과정에서 어떤 무언의 합의가 저변을 흐르는 현상이 감지되기도 합니다. 일종의 범주 혼동이라고도 할 수 있을 이 현상이란 다름이 아니라 '한국 종교학'을 '한국종교' 혹은 '한국종교사'와 중첩되는 용어로 이해하는 태도를 가리킵니다. 양자를 거의 무의식적으로 겹쳐서 바라보는 경향성은 아마도 '한국'이라는 수식어가 자아내는 동일화 효과 때문이 아닌가 생각합니다. 그러나 이러한 태도가 자칫 '한국 종교학'의 외연을 제한하는 결과로 이어질 가능성은 분명합니다. 어쩌면 '한국 종교학'의 정체성을 온전히 따져보기 위해서라도 그것에 속한 무수한 인자들의 범위와 폭을 가늠하는 작업이 우선되어야 하는 것은 아닐까 하는 생각이 들기도 합니다. 혹 이런 식의 고민을 한국 종교학사를 서술하기 위한 방법론적 성찰이라는 그릇에 담아 진지하게 전개할 필요성은 없을까요. 그래야 한국적인 종교학이라는 것도 비로소 이야기할 수 있게 되는 것이 아닐까요?

정진홍 임현수 선생님께서 '한국 종교학'은 한국이라는 특수성에 집착하여 한국에서의 종교에 대한 관심에만 갇혀 있지 않나 하는 지적을 해주셨습니다. 매우 적절하고 중요한 말씀이라고 생각합니다. 우리 연구가 이 물음을 처음부터 물었다면 내용이 상당히 달라졌을 것 같습니다. 글로벌한 경관을 이야기하면서도 그 경관에 둘러싸인 우리 자리를 살펴보려는 작업은 했어도 그 경관을 바라보는 우리의 시각을 살펴보는 작업은 하지 못했으니까요. 지금 생각하니 참 아쉽습니다. 이를테면 한국의 종교학은 중국종교나 일본종교, 나아가 북미종교에 대한 연구를 무엇을 주제로, 얼마나, 어떻게 수행하고 있으며, 그 업적은 당해 국가나 문명권에서 이루어지는 종교학과 어떤 교류를 하고 있는지, 또는 어떤 영향을 미치고 있는지를 살폈다면 '한국 종교학'이 지금 우리 연구가 수행한 것과는 다르게 온전히 자기 모습을 드러낼 수 있었을 것이기 때문입니다. 실제로 그러한 연구가 상당한 깊이와 넓이를 지니고 지속적으로 이루어지고 있으니까요.

그러나 우리가 이러한 문제의식 없이 당연하게 '한국 종교학'을 '한국종교'나 '한국종교사'에 한한 것이 의도적인 방법론적 제약이었던 것은 아니었습니다. 임현수 선생님께서 지적하신 대로 '무의식적으로' 그렇게 된 것이죠. 어쩌면 우리가 지닌 '잠재적 기억' 때문인지도 모릅니다. 그러나 다행히 이러한 지적을 해주셔서 앞으로는 이 과제를 '한국 종교학'을 운위하는 자리에서 피해갈 도리가 없을 것 같습니다. 따라서 저는 이 문제를 '방법론적 성찰'에 담을 것이 아니라 '한국 종교학'의 당연한 한 분야로 설정할 필요가 있다고 생각합니다. 그렇게 되면 그 이후에 할 작업은 한국의 특수성을 전제한 '한국 종교학'과 '한국에서 이루어지는 한국 이외의 여타 문화권이나 지역의 종교에 관한 연구'가 어떻게 서로 '한국에서의 종교학'을 성숙하게 하는가를 살피는 일이 될 것 같고, 그렇게 되면 비로소 우리는 '한국 종교학'을 글로벌한 자리에서 '한국적 종교학'이라는 이름으로 불리도록 하는 자리에 이를 수도 있지 않을까 싶습니다. '한국'이라는 특수성을 고집하려는 것이 아니라 어떻게 '한국'에서 세계의 종교학을 위해 기여할 수 있을까를 유념하면서요.

장석만 제가 제기하고 싶은 문제가 있습니다. 두 가지입니다. 이에 대해 의견을 주시면 많은 도움이 될 것 같습니다. 하나는 종교적 주제가 포함된 통사적 저술의 문제점을 살피는 것입니다. 예컨대 한국사를 통시대적으로 서술한 대표적 저작들에서 종교를 어떤 관점에서 보았는지 그 '암묵적 지식'(tacit knowledge)을 찾아내어 논의하는 것입니다. 구체적 서술 내용이 아니라, 그 안에 들어있는 '당연시된 관점'입니다. 원시시대와 고대사를 망라하는 국사책, 예술사 책, 종교사의 책에서 상식적으로 전제하고 있는 관점이 무엇인지 드러내는 것이 필요하다고 봅니다. 이원복의 『먼나라 이웃나라』처럼 대중적인 만화책도 대상이 될 수 있습니다. 또 다른 하나는 흔히 종교학의 논의 영역에서 다루어지지 않았지만, 종교학의 관심 영역으로 새롭게 포함시켜도 될 만한 주제가 무엇인가? 그동안 종교학의 연구자로 여겨지지는 않았지만, 이제는 관심을 가지고 논의할 필요가 있는 학자는 누구인가? 예컨대 최근 동학 경전에 대해 책을 쓴 김용옥과 그 출간을 기회로 3인이 대담을 나누고 그 내용을 계간지에 게재한 것은 종교학적으로 다룰 필요가 있지 않은가 하는 등의 문제 제기입니다.

  정진홍 장석만 선생님께서 제기하신 문제는 매우 흥미롭습니다. '종교적 주제가 포함된 통사적 저술의 문제점을 그것이 지닌 암묵적 지식을 통해 살펴보는 일'이 첫 번째 문제입니다. '종교'는 그것이 학문적으로 정의되기 이전에 이미 일정한 '지식'으로 개개인의 이해 안에, 그리고 사회적 상식으로, 문화적 실재로 들어나지 않게 잠겨있습니다. 그것이 무언지 드러내 보자는 주장으로 이해됩니다. 견강부회적인 이해입니다만 '종교란 무엇인가?'를 이야기하기 전에 '사람들이 무엇을 종교라고 일컫는가?'를 살피는 것이 종교학자의 '일'이 아닐까 하는 생각을 늘 하고 있었기 때문에 장석만 선생님의 문제 제기가 더없이 반갑습니다.
  그런데 저는 그 일이 실제로 이뤄질 수 있는 작업일까 하는 데 대해 늘 곤혹스럽습니다. 암묵적 지식을 명시적 지식과 병치해 놓으면 더욱 그렇습니다. 적어도 논리적으로 그 둘은 충돌할 수밖에 없습니다. 드러나지 않아, 그래서 드러낼 수 없어, 일컬은 것이 암묵적 지식이니까요. 그러나 명시적 지식을 충동하는 그 이전의 어떤 것은 분명히 있습니다. 폴라니(Polanyi)의 주장을 충분히 이해하지 못해 조심스럽습니다만 저는 그것이 오히려 '암묵적 태도'라고 해야 할 그런 것이 아닌가 싶습니다. 예를 들어준 이원복의 만화도 그렇습니다. 그의 『신의 나라, 인간의 나라: 세계의 종교』는 비록 그것이 종교를 주제로 한 것이라 할지라도 그의 다른 만화, 곧 『먼 나라, 이웃 나라』 등과 거의 동일한 구조를 지니고 있습니다. 이원복 교수의 일련의 만화에서 제가 늘 느끼는 것은 그 안에 들어있는 '당연시된 관점'이 아니라 어떤 주제든 거기서 발견되는 갈등적인 사실들을 찾아 이를 부각시켜 흥미를 돋우려는 작가의 '태도'입니다. 그것이 말씀하신 '암묵적 지식'과 이어질 수 있는 것인지 아직 확인을 못하겠습니다. 제가 보기에는 그렇습니다. 그런데 더 흥미로운 것은 '종교'를 주제로 한 이원복의 만화는 초기 종교학의 이론을 그대로 옮겨 놓은 것이기도 합니다. 그것은 암묵적 지식이기보다 자기물음을 배제한 채 이미 이루어진 지식을 그대로 차용하거나 복사하는 일과 다르지 않습니다. 작가의 암묵적 지식이 아니라 이미 이뤄진 명시적 지식을 옮겨 담는 거죠. 저는 갈등의 모티브를 찾는 것이든 이미 있는 지식을 차용하는 것이든 이를 작가가 지닌 암묵적 지식이 아니라 '암묵적 태도'에서 말미암은 것이라고 짐작합니다. 명시적 지식을 충동하는 것은 이러한 암묵적 태도가 아닐는지요. 달리 말하면 태도는 지식 이전인 것 같다는 생각이 듭니다. 물음을 제기하니까요. 그렇다면 그 태도는 또 어떻게 지어지느냐 하는 물음이 뒤따르겠지만요. 아무튼 종교학 이외의 학문적-문화적 소산들이 어떤 상식적인 전제를 자기네 관점으로 하여 종교를 서술하는지 살펴보는 일은 분명히 도전적인 새로운 인식론적 과제임에 틀림없습니다. 저는 이러한 문제 제기가 매우 의미 있는 새로움을 우리에게 마련해주리라고 생각합니다.

두 번째 문제도 흥미롭습니다. 종교학이 배제한 종교 담론이 있다는 사실을 기저히면서 그러한 담론주체, 그리고 그 주제를 종교학이 수용할 필요가 있지 않은가 하는 문제 제기로 저는 받아들였기 때문입니다. 저는 이에 관해 전혀 이견이 없습니다. 누가 무엇을 어떻게 이야기 하든 그것이 내게 일정한 관심을 가지게 한다면 이를 천착하는 일은 어떤 학자에게도 제약할 수 없는 일입니다. 더구나 종교학자가 다른 학자의 종교 논의를, 비록 그가 종교학자가 아니라 하더라도, 간과하는 것은 게으름일 수밖에 없습니다.

그러나 저는 이 상황에서 좀 조심스럽게 구분해서 유념해야 할 일이 있다고 생각합니다. 예를 드신 김용옥 교수의 경우가 그렇습니다. 그의『동경대전』풀이는 이를 서양 이원론을 넘어선 전형으로, 그리고 모든 존재가 하느님이 된 경우로, 그것은 나아가 '우리 문화의 정수'로, 더 나아가 우리 동학은 세계의 모든 사상과 종교의 정점으로 귀착하는 데 이릅니다. 종교학은 이러한 주장에 대한 관심을 가질 필요가 있습니다. 그런데 또 하나 관심을 기울여야 할 것은 이러한 주장에 대한 호응입니다. 지적하신 대로 이러한 주장에 대한 반응은 상당합니다. 저는 이 반응에 대한 관심을 우리는 김용옥의 주장과 아울러 살필 필요가 있지 않을까 하는 생각을 합니다. 이 둘은 분리된 것일 수 없습니다. 그 주장이 그 반응을 불러일으켰기 때문입니다. 또 그 반응이 그러한 주장을 강화하는 측면도 있기 때문입니다. 이 둘은 서로 상승작용을 하는 거죠. 저는 이를 '연예계 현상'(celebrity culture)으로 이해하고 싶기도 합니다. 스타와 팬덤의 문화로요. 저는 이러한 자리에서 장석만 선생님의 두 번째 물음을 "종교학은 이제 학문의 연예계 현상에 대한 관심을 가져야 하지 않나?" 하는 문제 제기로 저 나름대로 바꿔 이해하고 싶습니다.

그런데 장석만 선생님의 말씀을 들으면서 새삼 느껴지는 게 있습니다.

이런 겁니다. 왜 종교학은 특정한 어떤 주장을 배제할까? 왜 어떤 학자들의 주장은 처음부터 차단해 버릴까? 그러한 '규범적 판단'을 하게 한 종교학의 '암묵적 지식'은 무엇일까? 그리고 왜 이런 문제들이 새삼 '터득'되어 문제로 제기되는 것일까? 그리고 이 현상을 '종교학적으로' 어떻게 다룰 수 있을 것인가? 학문의 대중화가 새로운 문제로 제기되는 상황에서 종교학의 좌절과 실의가 이러한 문제를 충동한 것은 아닌가? 하는 생각도 하게 됩니다. 상당히 무거운 주제를 저희들에게 제시해주셨습니다. 그러나 종교학 이외의 학문적-문화적 소산들이 어떤 상식적인 전제를 자기네 관점으로 하여 종교를 서술하는지 살펴보는 일은 분명히 도전적인 새로운 인식론적 과제임에 틀림없습니다. 저는 이러한 문제 제기가 매우 '의미 있는 새로움'을 우리에게 마련해 주리라고 생각합니다.

끝으로 즐거웠던 일을, 그런 일이 있을까 싶습니다만, 말씀해 주시는 것으로 우리 대담을 마치도록 하겠습니다.

김태연　제가 한국 종교학사 연구 모임에 참여하게 된 동기는 매우 소박했습니다. 격변하는 우리 사회 속에서 그리 오래되지 않았으나 너무나 빨리 잊혀 버리고 마는 과거의 생생한 이야기를 듣고 배우고 싶어서였습니다. 사실 이렇게 학술원 프로젝트로 연결되어 글로 참여할 수 있으리라고는 전혀 예상치 못했습니다. 종교와 종교학에 대해서뿐만 아니라 학문이란 무엇인지에 대해 성찰할 수 있는 소중한 기회를 허락해 주신 선생님들께 진심으로 감사드립니다.

장석만　이번 모임의 소득은 일제 시기의 종교 연구를 난시 이행기로 간주해서 전사(前史) 취급하지 않고, 그 자체의 중요성을 지닌 것으로 다루는 것이 필요하다는 생각을 하게 된 것입니다. 그리고 연구가 끝나고 난 후에 정리하는 저의 버릇을 고쳐야겠다고 생각한 것이 또 다른 소득입니다. 예상치 못한 변수를 없애기 위해 연구 중간중간마다 정리를 해놓는 것이 좋을 것이라고 반성하게 되었습니다. 모임이 대면으로 이루어지지 못해 많이 아쉬웠지만, 그래도 가상의 장(場)에서 모여 구성원과 함께 하나의 주제에 대해 이야기하는 것은 늘 즐거움을 주었습니다. 그리고 이 모임이 아니라면 미뤄 두었을 자료를 읽느라고 애쓰던 일 역시, 돌아보면 즐거운 한때였습니다. 그리고 굳이 말할 필요 없이 정 선생님의 질문이나 논평, 그리고 동료 연구자 분들의 여러 귀한 이야기를 들을 수 있어서 즐거웠습니다. 틀림없이 좋은 추억으로 남을 것입니다.

이진구 앞서 말씀드린 바와 같이 제가 다루는 시기가 저의 생애사와 일치하여 한국 종교학의 역사를 살피면서 제 삶의 궤적을 다시 따라가 보는 여행을 한 것이 가장 즐거운 경험이었습니다. 예를 들면 1970년 3월 2일 YMCA 기도실에서 종교학회 창립총회가 개최되었을 때, 1977년 10월 29일 종교학연구회가 창립총회를 열었을 때, 1988년 6월 한국종교연구회가 결성될 때 나는 어디서 무엇을 하고 있었지 하면서 그 시절을 회상해 보았습니다. 이 시점들은 제 기억의 범위에 다 들어오기 때문에 그 시절을 떠올리며 입가에 희미한 미소를 짓기도 하였습니다. 한국 현대사의 사건을 돌이켜 볼 때도 이러한 경험을 종종 했었습니다만 제 삶의 한 축을 이루고 있는 종교학의 역사를 돌아보면서 이번에 했던 회상 여행은 더욱 즐겁고 의미 있는 시간이었던 것 같습니다. 다시 한 번 이번 프로젝트를 함께 한 여러 선생님께 깊은 감사의 말씀드립니다.

임현수 한국 종교학의 미래를 방법론을 중심으로 기술하면서 그동안 개별적으로 이해하고 있었던 각각의 주제들을 하나의 '전통'으로 엮을 수 있었던 것은 흥미로운 경험이었습니다. 물론 이 과제를 수행하는 중에 저의 자의적 판단이 영향을 미쳤을 가능성도 없지 않습니다. 설령 그렇더라도 한국 종교학의 방법론적 성과들은 틀림없이 상호 긴밀한 영향 관계로 연결되어 있으리라 믿습니다. 그동안 함께해 주신 선생님들께 감사의 말씀을 드립니다.

정진홍 우리의 작업이 어떤 평가를 받을지 모르겠습니다. 그러나 그것과 상관없이 저는 그동안 참 행복했습니다. 제가 미처 몰랐던 것, 생각하지 못했던 것, 갑자기 무언지 열려지는 것 같은 느낌이 내내 제게 이어졌기 때문입니다. 눈 덮인 겨울에 한국종교학회의 창립에 참여하신 유동식 교수님을 찾아뵙던 일도 기억됩니다. 백수(白壽)의 교수님으로부터 우리가 바란 정보를 얻지는 못했지만 참으로 많은 것을 생각하게 한 경험이었습니다. 그것으로 충분합니다. 비대면 모임도 드문 즐거운 경험이었습니다. 이 작고 어설픈 우리의 작업이 날카로운 비판을 받고 넉넉히 보완되면서 한국 종교학의 앞으로의 펼침에 징검다리가 되면 참 좋겠습니다.

맺음말

정진홍

연구를 종합하고 마치면서 우리가 목표했던 일, 곧 글로벌한 경관을 유념하며 한국 종교학을 조망하고자 했던 것과 관련하여 이에 상응하는 두 가지 사실을 새삼 반추하고자 한다. 하나는 한국 종교학이 차지하고 있는 자리, 그곳의 풍토, 거기서 벌어지고 있는 일들, 그리고 그렇게 이루어진 '모습'을 우리 아닌 '다른 곳'과 견주어 그려 보는 일이고, 다른 하나는 그러한 한국 종교학이 스스로 의식하는 '성찰과 전망의 태도'가 함축하고 있는 것은 무엇인가 하는 것이다.

첫 번째 문제부터 살펴보자. 글로벌한 조망으로부터 우리가 확인할 수 있었던 우선하는 것은 두 흐름이 겹쳐 흐른다는 사실이다. 북미와 서유럽의 종교학이 현실적으로 세계 종교학계에서 주도적인 역할을 하면서 그것이 실제 '힘'으로 기능한다는 것이 한 흐름이고, 국가 또는 지역을 단위로 한 제각기 산재하는 다른 영역에서의 종교학이 스스로 자기 나름의 종교학을 짓고 있다는 것이 또 하나의 흐름이다.

종교를 정의하는 일에서부터 인식을 위한 방법론의 문제에 이르기까지, 또는 종교학의 이념적 지향에서부터 제기하는 문제의 적절성에 이르기까지, 서양 종교학의 영향은 여전히 절대적이다. 이러한 현실이 글로벌한 종교학의 펼침에 장애가 된다는 사실을 비판적으로 되살피는 일조차 바로 그 서양 종교학의 주도로 비롯했다는 사실은 이를 선명하게 보여준다.

한국의 종교학도 예외가 아니다. 우리는 그들의 것을 배워 익히고 실천하는 과정을 거쳐 종교학을 우리의 학문으로 정착시켜 왔다. 그들이 정의한 "종교란 이런 것이다." 하는 것조차 받아들이면서 우리의 '종교적 경험'을 재단하여 "이것은 종교고, 저것은 종교가 아니다."라는 판단을 했던 것을 유념하면 아예 '종교'마저 들여온 바와 다르지 않다는 판단이 비현실적이지 않을 만큼 그 영향은 절대적이다. 이러한 사정은 아직 이어진다. 단적인 예를 든다면 종교학을 영어로 어떻게 '번역'해야 할 것인가 하는 문제가 종교학의 정체성을 모색하는 데서 가장 핵심적인 주제가 되고 있음이 그러하다.

그러나 우리가 살펴본 바에 따르면 서양 종교학의 '힘'은 이전과 같지 않다. 그 힘의 줄어듦이 반드시 그 종교학이 '건강하지 못함'을 일컫는 것은 아니다. 그들은 그들 나름의 진지하고 정직한 학문적 고뇌를 이어가고 있다. 그러나 바로 그러한 '고뇌'가 당위적으로 '여타 지역'의 종교학에서 공유되어야 하는 것은 아니게 되었다는 의미에서 그렇게 묘사하고 싶은 것이다. 그렇게 반응할 만큼 '여타 지역'에서 펼쳐지는 종교에 대한 학문적 관심이 자기를 이미 구축하고 있다. 근대라는 역사적 전기(轉機), 온갖 문화적 함의를 포함하여 읽어야 할 '탈-식민 현상'은 이를 격발한 '사건'으로 읽힌다. 한국의 종교학도 이 경험에서 예외가 아니다. 그렇다는 것은 우리 종교학도 우리 나름의 '자기구축'을 진행해 왔음을 의미한다. 유입된 종교학과 우리의 기억 속에 축적되어 있는 '종교'에 대한 지적 관심을 접목하는 일, 그래서 빚어지는 '저쪽 종교학'과 '이쪽 종교학'의 무늬의 다름, 이에서 이어지는 '같음과 다름'을 넘어서는 '아무 쪽에도 없던' 새로운 개념이나 범주나 방법이나 서술 체계의 모색이 우리 종교학을 채색한 지 오래다.

우리가 실행한 이곳에서의 연구만을 자료로 하여 살피더라도 이는 확실하다. 이를테면 최남선에서 드러나는 계몽적주의적인 '종교에 대한 관심'은 막스 뮐러와 비견하는 일이 그리 부적합하지 않다는 여운을 지닌다. 아카마츠가 운위되는 경우는 마치 타일러가 되불려 온 느낌을 가지게 한다. 박형룡과 채필근은 서양의 종교학과 신학의 오랜 긴장을 그대로 압축하고 있다. 키펜베르크나 콜마-파울렌츠가 낯설지 않은 것도 그들의 주장에서 우리의 경험과 기억과 학문적 천착이 메아리치고 있음을 확인하기 때문이다. 조너선 스미스의 발언이 파격으로만 전해지지 않는 것도 다르지 않다. 공감하는 문제의식이 없었다면 있을 수 없는 일이다. 모더니즘의 지양이 포스트모더니즘을 거쳐 포스트휴머니즘에 이르는 '험난한 고뇌의 굽이'도 낯설지 않다. 그들이 자기네 전통적인 인식론의 궁경에 도달했다는 자의식에서 비롯했다고 읽혀지는 신물질주의나 인지과학도 지금여기에서 한국의 종교학이 씨름하는 당면한 '사태'다. 배워서가 아니다. 우리도 그러한 물음을 물을 수밖에 없는 현실을 겪기 때문이다.

종교학이 그 발전을 기하기 위해서는 학제(學制) 안에서 자리를 잡아야 한다는 사실도 다르지 않고, 그러한 과정에서 당해 영역에서의 정치, 경제, 사회적 여건이 적합성을 확보해 주어야 종교학이 가능하다는 것도 여기나 저기나 상관없이 보편성을 가진다. 우리 한국의 종교학도 예외가 아니다. 한국 대학에서의 종교학과의 부침(浮沈)이 이를 보여준다.

그러나 우리에게만 있는 예외적인 사실도 있다. 대학이라는 제도권 안에 들지 않은 종교를 연구하는 기관이 우리에게는 있다. 정부나 공공기관 또는 사설기관 어디와도 직접적인 연계를 맺지 않은 채 운영되는 연구소다. 한국종교문화연구소가 그렇다. 분명하게 이 일은 어떤 국가 어떤 지역에서도 찾아볼 수 없다. Eranos가 일컬어지기도 하지만 우리의 연구기관은 이와 전혀 다르다. 그것이 어떻게 출현되었는지 어떻게 지속되는지를 살피는 일은 앞으로 우리 아닌 다른 곳에서의 종교학이 담당해야 할 과제라고 단언할 수 있다.

당면한 현실적인 문제도 다르지 않다. 어디에서나 공교육에서의 종교의 문제는 종교학과 관련하여 다양한 모습으로 나타난다. 이 주제와 무관한 곳은 없다. 다종교 상황에서 다문화적 종교 상황에 이르면서 종교 간의 긴장과 갈등을 둘러싼 대화의 문제가 등장하지 않는 곳도 없다. 우리도 그렇다.

그렇다고 해서 이 두 흐름이 서로 역류하면서 소용돌이를 빚는 것은 아니다. 함께 흐른다. 서양 종교학의 '종주국다움'이 사라지진 않았다. 그것은 비록 세(勢)가 연해졌다 할지라도 여전하다. 특별히 학계의 소통언어가 영어라는 사실은 이를 지울 수 없는 현실이게 한다. 이를 불평하는 소리도 없지 않다. 그러나 이러한 현실이 '제국주의적인 현상'은 아니다. 영어는 이제 학계의 '소통 기호'가 된 거나 다름없다. 따라서 이른바 '여타 지역'에서의 종교학도 자기를 발언할 경우 영어에 의존한다. 그러므로 이러한 현상이 갈등만을 일으키는 것은 아니다.

한국의 종교학은 이런 정황에서 스스로 하나의 종교학으로 자기 흐름을 흐른다. 우리가 확인하는 것은 바로 이러한 한국 종교학의 자존(自存)하는 모습이다. '종교에 대한 비 고백적인 인식'의 필요에 범지구적 공감이 일고 있음을 승인하면서 우리는 그 공감의 자리에서 우리 나름의 그 승인의 표상을 지어내고 있다. 이제까지 우리가 앞에서 다양한 주제로 기술한 내용들에서 이를 확인할 수 있다.

그러나 우리만이 아니다. 어느 곳의 종교학도 다르지 않다. 이러한 사실은 바야흐로 종교학이 글로벌한 차원에서 서로 교차하며 소통하게 되었음을 시사한다. 종교학은 이제 하나에로의 수렴이 아니라 여럿이 제각기 주체이고 중심인 채 제각기 함께 있다. 세계의 종교학의 경관은 이러하다. 이는 한국의 종교학도 이제는 글로벌한 종교학의 장에서 하나의 '소통 주체'로서의 몫을 다해야 하는 때에 이르렀음을 뜻한다. 한국의 종교학도 그러한 주체의 자리에 있다. 우리가 확인한 것은 이것이다. 그리고 다행한 것은 이와 더불어 한국의 종교학은 이를 담당할 만큼 충분히 성숙했음을 확인한 일이다.

두 번째 문제를 살펴보자. '성찰과 전망'은 정태적인 현상에 대한 기술이 아니다. 무릇 모든 현상에 대한 기술이 그렇다. 이를 수행하는 주체의 자리도 다르지 않다. 머물러 있지 않다. 그러므로 학문적 서술은 그것이 어떤 인식의 체계를 구축한다 할지라도 그 서술이 담고 있는 '인식 내용'이 항구적인 것은 아니다. 그러나 이렇다고 하는 사실이 '인식 작용'을 제한한다거나 '인식 내용의 불완전성'을 필연적인 것으로 단정하는 것은 아니다. 그것이 학문의 현실이기 때문이다. 그렇다고 해서 특정한 방법론의 등장이 이러한 '조건'을 지양하면서 이른바 '참된 인식'을 낳게 하는 것도 아니다. 현장과 분리된 방법론이란 실은 없다. 방법은 인식 주체와 객체가 만난 정황에서 스스로 비롯한다. 방법은 주체에 전속되는 것도 아니고 객체가 담고 있는 것도 아니다.

이러한 사태를 하나의 '정황'이라고 한다면 주목할 것은 이 정황에서의 물음 주체의 태도다. 왜 묻는가? 왜 그 물음을 하필 이 계기에서 물어야 하는가? 무엇이 그 물음을 충동했는가? 그리고 가능하다면 그래서 기대하는 '물음에의 반향(反響)'은 무엇인가 하는 것이 '물어져야' 하는 것이다. 결국 그렇기 때문에 우리가 한국의 종교학을 성찰하고 전망하고자 한 것은 종교학을 수행하는 우리 자신에 대한 '성찰과 전망'과 다르지 않다.

더 소박하게 말해 보자. 기존의 앎이, 그때 아니면 거기서 유용했던 범주나 개념이나 논리가, 그때 아니면 거기서 물었던 주제나 그 물음에 메아리친 해답이, 그것이 '권위'든, 관행이든, 편의든, 습관이든, 그런 틀로 '일상'이 되어 학문 주체를 '한가롭게' 지내게 하는 사이, 본디 학문이란 때로 섬처럼 대륙에 접해 있지 못함을 오히려 '존재 이유'로 들곤 하지만, 어느 틈에 그 묘사만으로는 감당 못할 '표류하는 섬'으로 부유(浮遊)한다는 사실을 문득 깨달을 때 되돌아보는 우리 자신의 모습 찾기가 '성찰과 전망'이다. 우리의 자리에서 묘사하니까 이렇게 기술할 수 있을 뿐 우리를 바라보는 타자의 입장에서 기술한다면 이미 우리는 '쓸데없는 것'이 되어 있다고 판단되는 바로 그 계기에서 우리가 우리를 향해 하는 일이 성찰과 전망인 것이다.

우리는 이렇다는 사실을 승인하고 수용하면서 우리의 논의를 시작했다. 그리고 '성찰과 전망'은 마침내 그 '쓸데없음'의 '쓸 데 있음'을 확인하는 데 이르도록 하고 싶었던 것이다. '과거 종교 연구의 역사에서 드러나는 오류와 관점의 편협함을 비판하는 데 머무르기보다 종교 연구를 추동한 당대의 맥락과 종교 연구가들의 문제의식에 주목하는 관점'이 우리에게 유용하다는 김태연의 주장이 이를 유도한다. 정진홍의 "종교학사는 왜 기술되어야 하는가? 그것은 종교학의 발전과 쇠퇴를 기억하려는 것인가? 현재의 자신(自信)을 강화하기 위한 과거의 소환인가? 아니면 미래의 비전을 구축하기 위한 회상인가? 그것도 아니라면 지금 여기에서 종교학의 과거를 모두 용해(鎔解)하여 새 종교학의 처음을 열려는 것인가? 아니면 현실 적합성을 유효하게 펼치기 위한 실용성의 확보를 위한 것인가? 아니면 지금 종교학사의 살핌을 통해 구축되는 종교학의 정체성이 유의미하게 작동할 정치적 계기가 인지되었기 때문인가?" 하는 물음은 앞의 주장을 다만 수식할 뿐이다.

장석만은 이를 긍정적 서술형식으로 유도해 간다. 그는 "한국에서 사용되는 종교학 혹은 종교 연구라는 용어는 실증과학을 모델로 하는 관점은 물론이고 그런 관점의 독단성을 비판하는 관점 모두를 포괄한다. 즉 특정 종교집단의 신앙에서 출발하여 그 신앙 노선을 공고히 하는 것으로 마무리되는 신학적, 교학적 태도와는 결별하면서 근대과학의 인식과 해석에서 작동하는 여러 가지 관점에서 종교를 탐구하는 연구를 일컫는다."고 주장한다. 이진구는 그의 자상한 자료 분석을 통해 이를 확인하면서 '결국 이러한 문제는 구체적인 연구 성과를 통해 그 설득력이 입증되고 평가되어야 할 것'이라고 주장한다. 실증에 자신이 담긴 발언이다. 임현수의 다음과 같은 발언은 '성찰과 전망'의 그루터기에 대한 신뢰마저 담고 있다. 한국의 종교학이 가용(可用)하다는 사실을 깊은 뿌리에서부터 더듬어 확인하는 것이다. "일반적으로 새로운 방법론이나 이론의 출현은 앞선 시대의 성과를 비판하거나 수정하는 과정에서 도출되기 마련이다. 여기서 주목할 사실은 이전에 쌓아 올린 지적 유산은 비판의 대상이기도 하지만, 새로운 해답을 위한 출구를 자체적으로 내포하기도 한다는 점이다." 성찰과 전망이 함축하는 것은 바로 이러한 것이다.

연구를 마감하면서 우리는 작업 과정에서 각기 자기가 겪은 어려움, 그러면서도 지닐 수 있었던 보람, 그리고 새롭게 확장되는 지평과 마주하는 즐거움을 터놓고 말할 수 있는 기회를 마련하였다. 작업 내용에 담지 못했던 내용, 앞으로 반드시 천착하고 싶은 과제들, 그리고 우리가 처한 현실에 대한 불편함이 그 이야기에 담겼다. 종교학에 입문했던 실존적인 계기마저 스스럼없이 발언되었다. 한국 종교학을 성찰하고 전망하는 긴 여정을 마무리하면서 무릇 학문이 '메마른 여울'이지 않기를 바라는, 그리고 이른바 연구자가 딜레탕트이지 않기를 바라는 우리의 마음을 그렇게 다듬었다.

물음은 열림이지만 그 열림은 닫힘을 지향한다. 물음과 해답의 구조가 그렇다. 그러나 그 닫힘이 다시 열림을 향해 자신을 열어 놓지 않으면 그것은 학문이 아니다. 한국의 종교학을 성찰하고 전망하면서 우리가 도달한 귀결은 이렇게 다시 이어질 열림이다.

우리의 작업을 지원해준 대한민국 학술원과 심사를 해주신 분들, 그리고 관계자 모든 분께 깊은 감사를 드린다.

참고문헌

'종교학'이라는 학문의 탄생 배경 / 김태연

김태연, 「슐라이어마허 종교론의 수용사적 의미」, 『신학연구』 74, 2019.
박형룡, 「한국 교회에 있어서의 자유주의」, 『신학지남』 31(1), 1964.
장석만, 『한국 근대종교란 무엇인가?』, 모시는사람들, 2017.
Alles, Gregory D, (ed.), *Religious Studies: a Global View*, London and New York: Routledge, 2008.
Bayertz, Kurt; Gerhard, Myriam; Jaeschke, Walter (eds.), *Weltanschauung, Philosophie und Naturwissenschaft im 19. Jahrhundert: Der Materialismus-Streit*, Hamburg: Felix Meiner Verlag, 2012.
Bayertz, Kurt; Gerhard, Myriam; Jaeschke, Walter (eds.), *Der Ignorabimus Streit*, Hamburg: Felix Meiner Verlag, 2012.
Bayly, Christopher A., *The Birth of the Modern World 1780-1914: Global Connections and Comparisons*, Oxford: Blackwell Publishing, 2004.
Bergunder, Michael, "Das Streben nach Einheit und Wissenschaft und Religion: Zum Verständnis von Leben in der modernen Esoterik," Eilert Herms(ed.), *Leben: Verständnis. Wissenschaft. Technik-Kongreβband des XI. Europäischen Kongresses für Theologie 15.-19. September 2002 in Zürich*, Gütersloh: Gütersloher Verlagshaus, 2005.
_____, "Religionen," Jaeger, Friedrich (ed.), 2009, *Enzyklopädie der Neuzeit 10, Stuttgart, Weimar*: J. B. Metzler, 2009.
_____, "What is Religion? The Unexplained Subject Matter of Religious Studies," *Method and Theory in the Study of Religion* 26, 2014.
Beutel, Albrecht, "Theologische Richtungen," Friedrich Jaeger (ed.), *Enzyklopädie der Neuzeit 13*, Stuttgart/Weimar: J. B. Metzler, 2011.
Braun, W; McCutcheon, R. T. (eds.), *Guide to the Study of Religion*, London/New York: T & T Clark, 1999.
Chakravarty, Dipesh, *Provincializing Europe: Postcolonial Thought and Historical Difference*, Princeton: Princeton Uni. Press, 2000; 디페쉬 차크라바티, 김택현, 안주범 옮김, 『유럽을 지방화하기: 포스트식민 사상과 역사적 차이』, 그린비, 2014.
Chadwick, Owen, *The Victorian Church Part 1: 1829-1859*, New York: Oxford University Press. 1966.

Chidester, David, *Savage Systems: Colonialism and Comparative Religion in Southern Africa,* Charlotteville & London: The Uni. Press of Virginia, 1997; 데이비드 치데스터, 심선영 옮김, 『새비지 시스템: 식민주의와 비교종교』, 경세원, 2008.

Feil, Ernst, "II. Religion und Geschichte," Hans Dieter Betz u. a. (eds.), *Religion in Geschichte und Gegenwart, Bd. 7.* Tübingen: Mohr Siebeck Verlag, 2004.

_____, *Religio Bd. I: Die Geschichte eines neuzeitlichen Grundbegriffs vom Frühchristentum bis zur Reformation,* Göttingen: Vandenhoeck & Ruprecht. 1986.

_____, *Religio Bd. II: Die Geschichte eines neuzeitlichen Grundbegriffs zwischen Reformation und Rationalismus (ca. 1540-1620),* Göttingen: Vandenhoeck & Ruprecht, 1997.

_____, *Religio Bd. III: Die Geschichte eines neuzeitlichen Grundbegriffs im 17. und frühen 18. Jahrhundert,* Göttingen: Vandenhoeck & Ruprecht, 2001.

_____, *Religio Bd. IV: Die Geschichte eines neuzeitlichen Grundbegriffs im 18. und frühen 19. Jahrhundert,* Göttingen: Vandenhoeck & Ruprecht, 2012.

Figl, Johann (ed.), *Handbuch Religionswissenschaft: Religionen und ihre zentralen Themen,* Innsbruck, Wien: Tyrolia-Verlag, 2004.

Fujiwara, Satoko, "Japan," Gregory Alles (ed.), *Religious Studies: A Global View,* London & New York: Routledge, 2008.

Gericke, Wolfgang, *Theologie und Kirche im Zeitalter der Aufklärung: Kirchengeschichte in Einzeldarstellungen, Bd. III/2.* Berlin: Evangelische Verlagsanstalt, 1990; 볼프강 게릭케, 이은재 옮김, 『KGE 교회사 전집: III/2-계몽주의 시대의 신학과 교회』, 호서대학교 출판부, 2015.

Gierl, Martin, 2012, "Wissenschaft", Jaeger, Friedrich (eds.), *Enzyklopädie der Neuzeit 15,* Stuttgart, Weimar: J. B. Metzler, 2012.

Herder, Johann Gottfried von, *Abhandlung über den Ursprung der Sprache,* Berlin: bey Chriſtian Friedrich Voß, 1772; 요한 고트프리트 헤르더, 조경식 옮김, 『언어의 기원에 관하여』, 한길사, 2003.

Hjelde, Sigurd, 2014, "Das Aufkommen der Idee einer Religionswissenschaft," *Zeitschrift für Religionswissenschaft* 1, 2014.

Hock, Klaus, *Einführung in die Religionswissenschaft,* Darmstadt: WBG, 2006.

Isomae, Junichi, *Religious Discourse in Modern Japan: Religion, State, and Shintó, Leiden:* Brill, 2014.

Kehrer, Günter, "Definitionen der Religion," Cancik, Hubert; Gladigow, Burkhard; Laubscher, Matthias Samuel (eds.), *Handbuch religionswissenschaftlicher Grundbegriffe, Bd. IV,* Stuttgart, Berlin, Köln, Mainz: W. Kohlhammer, 1998.

Kant, Immanuel, *Kritik der reinen Vernunft*, Timmermann, Jens (ed.), Hamburg: Felix Meiner Verlag, 1998; *The Critique of pure reason as illustrated by a sketch of the development of occidental philosophy*, F. Max Müller(trans.), Macmillan & Co., 1881; 임마누엘 칸트, 「머리말」, 『순수이성비판』 A판, 1781.

_____, *Die Religion innerhalb der Grenzen bloßen Vernunft(1794)*, Stangneth, Bettina(ed.), Hamburg: Felix Meiner Verlag, 2017; 임마누엘 칸트, 백종현 옮김, 『이성의 한계 안에서의 종교』, 아카넷, 2011.

King, Richard, *Orientalism and Religion: Post-Colonial Theory, India and 'The Mystic East,* Abingdon and New York: Routledge, 1999.

Kippenberg, Hans G., "Rivalität in der Religionswissenschaft Religionsphänomenologen und Religionssoziologen als kulturkritische Konkurrenten," *Zeitschrift für Religionswissenschaft* Vol. 2 Issue 1, 1994.

_____, *Die Entdeckung der Religionsgeschichte: Religionswissenschaft und Moderne,* München: C. H. Beck, 1997.

_____, *Discovering Religious History in the Modern Age,* Harshav, Barbara (trans.), Princeton, N. J.: Princeton Uni. Press, 2002.

_____, Stuckrad, Kocku von, *Einführung in die Religionswissenschaft: Gegenstände und Begriffe*, München: C. H. Beck, 2003.

_____, "Constructing Modernity by Writing Religious History," *Nederlands Theologisch Tijdschrift* 57, 2003.

_____, "Rationality and the Study of Religion," Jeppe Sinding Jensen; Martin, Luther (eds.), *Rationality and the Study of Religion*, New York: Routledge, 2003.

_____, "Response: "The Wrong Way through the Telescope": Observing Historians of Religions at Work," *Journal of the American Academy of Religion*, Vol. 71, No. 4, December 2003.

_____, "Nachwort," Max Weber, *Religiöse Gemeinschaften, MWS I/22-2*, Kippenberg, Hans G. (ed.), Tübingen: J.C.B Mohr(Paul Siebeck), 2005.

_____, "Religionswissenschaft," Friedrich Jaeger, Wolfgang Knöbl, Ute Schneider (eds.), *Handbuch Moderneforschung*, Stuttgart, Weimar: J. B. Metzler, 2015.

Klimkeit, Hans-Joachim, "Friedrich Max Müller(1823-1900)." Axel Michaels (ed.), *Klassiker der Religionswissenschaft*, München: C. H. Beck, 1997.

Kollmar-Paulenz, Karénina, "Auß ereuropäische Religionsbegriffe," Michael Stausberg (ed.), *Religionswissenschaft*, Berlin, Boston: Walter de Gruyter, 2012.

_____, "Lamas und Schamanen: Mongolische Wissensordnungen von frühen 17. bis zum 21. Jahrhundert. Ein Beitrag zur Debatte um auß ereuropäische Religionsbegriffe,"

Peter Schalk (ed.), *Religion in Asien?: Studien zur Anwendbarkeit des Religionsbegriffs*, Uppsala: Acta Universitatis Upsaliensis, 2013.

Kraus-Kristof, Hans, *Kultur, Bildung und Wissenschaft im 19. Jahrhundert*, München: R. Oldenbourg Verlag, 2008.

Löwith, Karl, *Von Hegel zu Nietzche*, Zürich/New York: Europa Verlag 1941; 칼 뢰비트, 강학철 옮김, 『헤겔에서 니체로; 19세기 사상의 혁명적 결렬』, 민음사, 2006.

Lüdemann, Gerd; Özen, Alf, "Religionsgeschichtliche Schule," Müller, Gerhard; Balz, Horst; Krause, Gerhard (eds.), Berlin: *Theologische Realenzyklopädie XXVIII*, Walter de Gruyter, 1997.

McCutcheon, Russel T., *Studying Religion: Introduction*, New York: Routledge, 2007; 러셀 T. 맥커천, 김윤성 옮김, 『종교연구 길잡이』, 한신대학교 출판부, 2015.

Molendijk, Arie L., *Friedrich Max Müller and the Sacred Books of the East*, Oxford: Oxford Uni. Press, 2016.

_____, *The Emergence of the Science of Religion in the Netherlands*, Leiden, Boston: Brill, 2005.

Moleschott, Jakob, *Der Kreislauf des Lebens*, Mainz: von Zabern, 1854¹, 1857³.

Morscher, Edgar (ed.), *Bernard Bolzanos geistige Erbe für das 21. Jahrhundert, Academia: Beiträge zum Bolzano-Symposium der Österreichischen Forschungsgemeinschaft im Dezember 1998 in Wien*, Österreichische Forschungsgemeinschaft Academia, 1999.

Müller, Friedrich Max, *Einleitung in die vergleichende Religionswissenschaft*, Strasbourg: Verlag von Karl Trübner, 1874,

Müller, Friedrich Max, *Introduction to the science of Religion*, London: Longmans, Green and Co., 1873.

Nehring, Andreas, *Orientalismus und Mission: die Repräsentation der tamilischen Gesellschaft und Religion durch Leipziger Missionare 1840-1940*, Wiesbaden: Harrassowitz Verlag, 2003.

Nipperdey, Thomas, *Religion im Umbruch: Deutschland 1870-1918*, München: Verlag C. H. Beck, 1986.

Pollack, Detlef "Evolution: II. Religionswissenschaftlich," *Religionen in Geschichte und Gegenwart 4. Auflage, Bd. 7*, Tübingen: Mohr Siebeck, 2007.

Schleiermacher, Friedrich, *Über die Religion: Reden an die Gebildeten unter ihren Verächtern*, Stuttgart: Philipp Reclam Jun., 2003; 프리드리히 슐라이어마허, 최신한 옮김, 『종교론: 종교를 멸시하는 교양인을 위한 강연』, 한들, 1997.

Sharpe, Eric J., *Comparative Religion: A History*, London: Duckworth, 1986; 에릭 샤프, 유요한, 윤원철 옮김, 『종교학의 전개』, 시그마 프레스, 2017.

Smith, Jonathan Z., *Imagining Religion: From Babylon to Jonestown*, Chicago: Chicago Uni.
Press, 1982; 조너선 Z. 스미스, 장석만 옮김, 『종교상상하기』, 청년사, 2013.

Strauβ, David Friedrich, *Die christliche Glaubenslehre in ihrer geschichtlichen Entwicklung
und im Kampfe mit der modernen Wissenschaft, Bd. 1*, Tübingen: C. F. Osiander,
1840.

Stuckrad, Kocku von, "Religionswissenschaft," Jaeger, Friedrich (ed.), *Enzyklopädie der
Neuzeit 10*, Stuttgart, Weimar: J. B. Metzler, 2009.

Stuckrad, Kocku von, "Religionsbegriff", Jaeger, Friedrich (ed.), *Enzyklopädie der Neuzeit
10*, Stuttgart, Weimar: J. B. Metzler, 2009.

Taylor, Mark C. (ed.), *Critical Terms for Religious Studies*, Chicago/London: Uni. of Chicago
Press, 1998.

Vial, Theodore M., *Modern Religion, Modern Race*, Oxford: Oxford Uni. Press, 2016.

Wolfes, Matthias, *Protestantische Theologie und moderne Welt*, Berlin, New York: Walter
de Gruyter, 1999.

Wuchterl, Kurt, *Bausteine zu einer Geschichte der Philosophie des 20. Jahrhunderts*, Bern,
Stuttgart, Wien: Verlag Haupt, 1995.

Zolotukhin, Vsevolod V., "Friedrich Max Müller und die idealistische Wurzel der
Religionswissenschaft," *Zeitschrift für Religionswissenschaft*, 26(2) 2018.

조지형, 「지구사(Global History)란 무엇인가?」: http://webbuild.knu.ac.kr/~gchistory/rb/?r
=home&m=upload&a=download&uid=29 2021년 3월 2일 접속.

권내현/이정일, "Global History and East Asia: A Late Chosŏn Perspective," *International
Journal of Korean History* 17(2), 2012, pp.77-108: https://ijkh.khistory.org/journal/
view.php?number=414 2021년 3월 2일 접속.

서양 종교학의 미로 / 정진홍

강돈구, 『종교이론과 한국종교』, 박문사, 2011.
길희성, 「대학과 종교연구: 종교학의 역사적 위치와 사명」, 『종교연구』 2, 1986.
데이비드 치데스터, 심선영 옮김, 『새비지 시스템: 식민주의와 비교종교』, 경세원, 2008.
리타 그로스, 옥복연 옮김, 『불교 페미니즘: 가부장제 이후의 불교』, 동연출판사, 2020.
맥커천, 김윤성 옮김. 『종교연구 길잡이』, 한신대학교출판부, 2015.
맬러리 나이, 유기쁨 옮김, 『문화로 본 종교학』, 논형, 2013.
월터 캡스, 김종서 외 옮김, 『현대종교학 담론』, 까치글방, 1999.
이창익, 「종교는 결코 끝나지 않는다: 조너선 스미스의 종교이론」, 『종교문화비평』 33,

2018.

장병길, 『종교학 개론』, 박영사, 1975.

장석만, 『한국 근대종교란 무엇인가?』, 모시는사람들, 2017.

정진홍, 『M. 엘리아데: 종교와 신화』, 살림출판사, 2003.

정진홍, 『종교문화의 인식과 해석: 종교현상학의 전개』, 서울대학교 출판부, 1996.

정진홍, 이창익, 「종교/문화/종교문화: 한국종교의 '종교공간 만들기'와 관련하여」, 『학술원논문집』 550(1), 대한민국학술원, 2020.

조너선 스미스, 장석만 옮김, 『종교 상상하기』, 청년사, 2015.

파스칼 보이어, 이창익 옮김, 『종교, 설명하기: 종교적 사유의 진화론적 기원』, 동녘, 2015.

Alles, Gregory D, ed., *Religious Studies: a Global View*, London and New York: Routledge, 2008.

Antes, Peter et al., ed., *New Approaches to the Study of Religion*. Volume 2. Berlin: Walter de Gruyter, 2004.

Banton, Michael, ed., *Anthropological Approaches to the Study of Religion*, New York: Frederick A Praeger, 1966.

Boyer, Pascal, *Religion, Explained: The Evolutionary Origins of Religious Thought,* New York: Basic Books, 2001.

Capps, Walter Holden, *Religious Studies: The Making of a Discipline*, Minneapolis, MN: Augsburg Fortress, 1995.

Chidester, David, *Savage Systems: Colonialism and Comparative Religion in Southern Africa,* Charlottesville and London: The University of Virginia Press, 1996.

Cox, James L., *A Guide to the Phenomenology of Religion: Key Figurers, Formative Influences and Subsequent Debates*, London & New York: T&T Clark International, 2006.

Derrida, Jacques and Cianni Vattimo, eds., *Religion: Cultural Memory in the Present,* Stanford, CA: Stanford University Press, 1996.

Downes, William, *Language and Religion: A Journey into the Human Mind*, Cambridge: Cambridge University Press, 2011.

Eliade, Mircea and Joseph Kitagawa, eds., *The History of Religions: Essays in Methodology,* Chicago: University of Chicago Press, 1967.

Fitzerald, Timothy, *The Ideology of Religious Studies*, New York: Oxford University Press, 2000.

Fodor, Jerry, *Concepts: Where Cognitive Science Went Wrong*, New York: Oxford University Press, 1998.

Fujiwara, Satoko et al., eds., *Global Phenomenologies of Religion: An Oral History in Interviews*, Bristol, CT: Equinox, 2021.

Godfrey-Smith, Peter, *Theory and Reality: An Introduction of Philosophy of Science*, Chicago: The University of Chicago Press, 2003.

Gross, Rita M., *Buddhism After Patriarchy: A Feminist History, Analysis, and Reconstruction of Buddhism*, Allbany: The State University of New York Press, 1993.

Haar, Gerrie ter et al, *Religion and Society: An Agenda for the 21st Century*, Boston: Brill, 2007.

Hinnells, J. R. ed., *The Routledge Companion to the Study of Religion*, London and New York: Routledge, 2005.

Jackendoff, Ray, *User's Guide to Thought and Meaning*. New York: Oxford University Press, 2012.

Jackendoff, Ray, *Language, Consciousness, Culture: Essays on Mental Structure*, Cambridge, Mass. and London: MIT Press, 2007.

Jakelić, Slavia & Lori Pearson, eds., *The Future of the Study of Religion: Proceeding of Congress 2000*, Leiden and Boston: Brill, 2004.

Kippenberg, Hans G., *Discovering Religious History in the Modern Age*, Princeton, N.J.: Princeton University Press, 2002.

Light, Timothy et al. eds., *Religion as a Human Capacity: A Festschrift in Honor of E. Thomas Lawson*, Leiden and Boston: Brill, 2004.

Long, Charles, *Signification: Signs, Symbols, and Images in the Interpretation of Religion*, Philadelphia: Fortress Press, 1986.

McCutcheon, Russell T., *Manufacturing Religion: The Discourse on Sui Generis Religion and The Politics of Nostalgia*, New York: Oxford University Press, 1997.

McCutcheon, Russell T., ed., *The Insider/Outsider Problem in the Study of Religion: A Reader*, London & New York: Cassell, 1999.

McCutcheon, Russell T., *Guide to the Study of Religion*, London & New York: Cassell, 2000.

McCutcheon, Russell T., *Critics, Not Caretakers: Describing the Public Study of Religion*, Albany: State University of New York Press, 2001.

McCutcheon, Russell T., *The Discipline of Religion: Structure, Meaning, Rhetoric*, London and New York: Routledge, 2003.

McCutcheon, Russell T., *Studying Religion: An Introduction*, London: Equinox, 2007.

Masuzawa, Tomoko, *In Search of Dreamtime: The Quest for the Origin of Religion*, Chicago: The University of Chicago Press, 1993.

Masuzawa, Tomoko, *The Invention of World Religions: Or, European Universalism Was*

Preserved in the Language of Pluralism, Chicago: The University of Chicago Press, 2005.

Miles, Margaret, "Becoming answerable for what we see," *Journal of the American Academy of Religion,* 68(3), 2000.

Mizruchi, Susan L., ed., *Religion and Cultural Studies*, Princeton, N.J.: Princeton University Press, 2001.

Molendijk, Arie L. et al., ed., *Religion in the Making: The Emergence of the Scientific Study of Religion*, Leiden and Boston: Brill, 1998.

Nongbri, Brent, *Before Religion: A History of a Modern Concept,* Newhaven & London: Yale University Press, 2013.

Nye, Malory, *Religion: The Basics*, London and New York: Routledge, 2003.

Rennie, Bryan, ed., *The International Eliade*, Albany: State University of New York Press, 2007.

Ricoeur, Paul, *Critique & Conviction: Conversations with Francois Azouvi and Marc de Launay. translated from French by Kathleen Blamey*, New York: Columbia University Press, 1998.

Sharma, Arvind, *Religious Studies and Comparative Methodology: The Case for Reciprocal Illumination*, Albany: State University of New York, 2005.

Sharpe. Eric J., *Comparative Religion: A History*, New York: Charles Scribner's Sons, 1975.

Smith, Jonathan Z., *Imagining Religion*, Chicago: The University of Chicago Press, 1982.

Sperber, Dan, *Explaining Culture: A Naturalistic Approach*, Cambridge, MA: Blackwell, 1966.

Taylor, Mark C., ed., *Critical Terms for Religious Studies*, Chicago: The University of Chicago Press, 1998.

Wiebe, Donald, *The Politics of Religious Studies: The Continuing Conflict with Theology in the Academy*, New York: Palgrave, 1999.

한국 종교학의 처음 / 장석만

개혁주의신행협회, 『박형룡박사저작전집 XIII: 신학논문 상』, 서울: 한국기독교교육연구원, 1978.

경성제국대학강좌령, https://www.law.go.kr/%EB%B2%95%EB%A0%B9/%EA%B2%BD%EC%84%B1%EC%A0%9C%EA%B5%AD%EB%8C%80%ED%95%99%EA%B0%95%EC%A2%8C%EB%A0%B9/(00597, 19441016) 2021년 6월 20일 접속.

고려대학교 아세아문제연구소 육당 최남선선집 편찬위원회 편, 『육당 최남선전집』 2간:

한국사 II, 서울: 현암사, 1974.

고려대학교 아세아문제연구소 육당 최남선전집 편찬위원회 편, 『육당 최남선 전집』 9권: 논설·논문 I, 서울: 현암사, 1974.

김광식, 「김효경의 불교에 대한 몇 가지 문제: 조선불교단의 재일 불교유학생 사례」, 『근대서지』, 15, 2017.

김성연, 「일제강점기 잡지 '佛教'의 간행과 그 성격」, 『선문화연구』, 제5집, 2008.

김소하(金素荷), 「學窓을 떠나면서」, 「불교」 제46·47합호, 1928.

김종서, 「한말-일제하 한국종교 연구의 전개」, 『한국사상사대계 6』, 성남: 한국정신문화연구원, 1993.

김태흡, 「宗教와 社會事業發達의 研究」, 『불교』 제25호, 제26호, 1926년 7월, 8월.

대학 연역(大學沿革). https://www.tais.ac.jp/guide/outline/history/ 2021년 6월 25일 접속.

무라야마 지준(村山智順), 『조선의 귀신』, 노성환 옮김, 동문선, 1990.

무라야마 지준(村山智順), 『조선의 귀신』, 김희경 옮김, 동문선, 1993.

무명, 「광고란」, 『괴기(怪奇)』 1호, 1929년 5월.

무명, 「논설」, 『독립신문』, 1897년 1월 26일. 한국역사정보통합시스템, http://viewer2.nl.go.kr:8080/viewer/viewer.jsp. 2020년 7월 15일 접속.

무명, 『每日申報』, 1929년 5월 24일.

무명, 「불교소식(佛教消息): 김태흡군(金泰洽君)의 學位獲得」, 『불교』, 제24호, 1926.

『불교』, 제24호, 1926년 6월. 제25호, 1926년 7월. 제26호, 1926년 8월. 제46·47합호, 1928년 5월.

『신학지남』 19권 1집(제91호), 1937년 1월, 19권 2집(통권 제92호), 1937년 3월, 19권 3집(제93호), 1937년 5월, 19권 5집(제95호), 1937년 9월, 19권 6집(제97호), 1937년 11월, 20권 1집(제98호), 1938년 1월.

아카마츠 지조(赤松智城), 『輓近宗教學說의 研究』, 東京: 同文館, 1929年(昭和 4年).

오사와 코지(大澤広嗣), 「김효경과 다이쇼대학 종교학연구실」(金孝敬と大正大学宗教学研究室), 『근대서지』, 제15집, 2017.

유길준, 『서유견문』, 서울: 대양서적, 1978.

윤기엽, 「일제강점기 朝鮮佛教團의 연원과 史的 변천: 조선불교단 임원진의 구성과 이력을 중심으로」, 『대동문화연구』, 제97집, 2017.

이능화, 『백교회통』, 조선불교월보사, 1912.

이능화, 『백교회통』, 강효종 옮김, 운주사, 1989.

이능화 편, 『역주 조선불교통사1』, 동국대학교출판부, 2010.

이민용, 「불교의 근대적 전환: 이능화의 문화론적 시각과 민족주의」, 박헌호·류준필 엮음, 『1919년 3월 1일에 묻다』, 성균관대학교출판부, 2009.

장석만, 「개항기 한국사회의 "종교" 개념 형성에 관한 연구」, 서울대학교 대학원 박사학위

논문, 1992.

장석만, 「민족과 인종의 경계선-최남선의 자타인식」, 『종교문화비평』 통권 7호, 한국종교문화연구소, 2005.

장석만, 「한국 개신교의 또 다른 모색: 기독교조선복음교회와 도시산업선교회」, 『역사비평』, 통권 70호, 2005년 봄호.

장석만, 『한국 근대종교란 무엇인가?』, 모시는사람들, 2017.

전경수, 「宗敎民族學者 金孝敬의 學問訓鍊과 帝國背景」, 『민속학연구』, 36, 2015.

전경수, 「해제: 宗敎民族學者 金孝敬의 學問訓鍊과 帝國背景」, 『김효경저작집 1: 저서편』, 2017.

전경수 엮음, 『김효경저작집 1: 저서편』, 민속원, 2017.

전경수 엮음, 『김효경저작집 3: 논고편』, 민속원, 2017.

채필근, 「종교신앙과 종교연구」, 『신학지남』, 12권 1집 (통권 49호), 1930.

채필근, 「종교학이란 무엇인가(What is the science of Religion?)」, 『신학지남』, 15권 5집(통권 71호), 1933.

최병헌, 『만종일련』, 조선예수교서회, 1922.

Tiele, C. P. (Cornelis Petrus), Elements of the Science of Religion, Being the Gifford lectures delivered before the University of Edinburgh in 1896, New York: Scribner, 1897. https://archive.org/details/cu31924009700000 2021년 4월 5일 접속.

한국 종교학의 펼침 / 이진구

강돈구 외, 『근대 한국 종교문화의 재구성: 근대성의 형성과 종교지형의 변동 II』, 한국학중앙연구원 종교문화연구소, 2006.

강돈구 외, 『근대성의 형성과 종교지형의 변동 I』, 한국학중앙연구원 종교문화연구소, 2005.

강돈구, 『어느 종교학자가 본 한국의 종교교단』, 박문사, 2017.

강돈구, 『종교이론과 한국종교』, 박문사, 2011.

강돈구 외, 『한국 종교교단 연구』(1-11), 한국학중앙연구원출판부, 2007-2020.

강은애, 「웬디 도니거의 균형적 비교이론」, 『종교문화비평』 10, 2006.

고건호, 「윌리엄 페이든의 비교종교학과 '새로운 비교론'」, 『종교문화연구』 14, 2010.

고병철, 「국가 교육과정(종교학)의 개정 흐름과 2015 종교학 교육과정」, 『종교교육학연구』 51, 2016.

고병철, 「한국 종교교단 연구의 현실과 과제」, 『종교연구』 70, 2013.

고병철, 『한국 중등학교의 종교교과교육론』, 박문사, 2012.

구형찬, 「나는 종교문화를 연구합니다」, 『이야기를 해야 알죠! 37인이 말하는 종교문화』, 한국종교문화연구소 편, 모시는사람들, 2008.

구형찬, 「민속신앙의 인지적 기반에 관한 연구: 강우의례를 중심으로」, 서울대학교 박사학 위논문, 2017.

길희성, 「대학과 종교연구: 종교학의 역사적 위치와 사명」, 『종교연구』 2, 1986.

길희성, 「윌프레드 캔트웰 스미스의 인격주의적 종교연구」, 『종교 · 신학연구』 1, 1988.

길희성, 『포스트모던 사회와 열린 종교』, 민음사, 1994.

길희성, 『종교에서 영성으로: 탈종교시대의 열린 종교 이야기』, 북스코프, 2018.

길희성, 『보살 예수』, 현암사, 2004.

길희성, 『신앙과 이성 사이에서』, 세창출판사, 2015.

김대열, 「종교문화와 그 다원성: 또 하나의 시각」, 『소전 정진홍의 학문 세계』, 모시는사람 들, 2013.

김순석, 『근대 유교개혁론과 유교의 정체성』, 모시는사람들, 2016.

김윤성, 「개념사의 비교종교학적 유용성: '순교' 개념 분석 사례를 중심으로」, 『종교와 문화』 9, 2003.

김윤성, 「교회사와 종교학의 만남, 그 인문학적 전망: 비교종교학적 방법을 중심으로」, 『교회사연구』 23, 2004.

김윤성, 「니니안 스마트의 비교종교학」, 『한신인문학연구』 6, 2005.

김윤성, 「비교의 렌즈와 젠더의 렌즈: 균형 잡힌 비교종교학을 위한 연구사」, 『종교학연구』 22, 2003.

김윤성, 「조선 후기 천주교에서 몸과 욕망의 문제: 금욕적 실천에 관한 비교종교학적 고찰」, 『한국사상사학』 21, 2003.

김윤성, 「차이의 놀이와 보편의 그림자: 조나단 스미스와 윌리엄 페이든의 비교종교이론」, 『종교문화연구』 7, 2005.

김재영, 『고전 종교심리학 운동: 종교적 경험을 중심으로』, 아카넷, 2021.

김재영, 『종교심리학의 이해: 죽음 인식의 논의를 중심으로』, 집문당, 2017.

김종서, 「현대 종교학의 비교방법론: '신 비교주의(New Comparativism)'를 중심으로」, 『철학사상』 1(6), 2003.

김종서, 「현대 한국 고등학교의 종교교과서 연구」, 『종교학연구』 26, 2007.

김종서, 『종교사회학』, 서울대학교출판부, 2013.

김현자, 『신화: 신들의 역사 인간의 이미지』, 책세상, 2004.

김현자, 『조르주 뒤메질, 인도-유럽 신화의 비교 연구 그리스, 스칸디나비아, 인도, 로마의 신화들』, 민음사, 2018.

김현자, 『천자의 우주와 신화』, 민음사, 2013.

류경희, 『인도 힌두신화와 문화』, 서울대학교출판문화원, 2016.

류경희, 『인도의 종교와 종교문화』, 서울대학교출판문화원, 2013.

류성민, 「종교학 방법론 소고-한국적 정황을 중심으로」, 『종교학연구』 9, 1994.

류성민,『종교와 인간』, 한신대학교출판부, 1997.

박규태,『상대와 절대로서의 일본: 종교와 사상의 깊이에서 본 일본문화론』, 제이앤씨, 2005.

박규태,『일본정신분석 라캉과 함께 문화코드로 읽는 이미지의 제국』, 이학사, 2018.

박규태,『포스트-옴 시대 일본 사회의 향방과 스피리추얼리티: 옴 사건 · 일본교 · 네오-내셔널리즘』, 한양대학교출판부, 2015.

박상언 엮음,『종교와 동물 그리고 윤리적 성찰』, 모시는사람들, 2014.

방원일,『메리 더글라스』, 커뮤니케이션북스(주), 2018.

방원일,『개신교 선교사와 한국종교의 만남』, 소명출판, 2023.

배국원,「종교학의 비교방법론」,『비교문화연구』2, 1995.

배국원,『현대 종교철학의 이해』, 동연, 2000.

백민관,「비교철학의 시도」,『가톨릭대학 논문집』2, 1976.

서울대학교,『서울대학교 일람 1955』, 서울대학교 디지털컬렉션.

성해영,『수운 최제우의 종교체험과 신비주의』, 서울대학교출판문화원, 2017.

송재룡,「영성사회학」,『21세기 종교사회학』, 다산출판사, 2013.

송현주,『현대 한국 불교 예불의 형성과 성격』, 관악사, 2015.

신광철,『천주교와 개신교: 만남과 갈등의 역사』, 한국기독교역사연구소, 1998.

신광철,「장병길의 비교종교학적 관점과 한국종교 연구」,『종교문화비평』12, 2007.

심형준,「종교 개념의 적용과 해석에 대한 연구: ‘삼교’, 유교, 무속을 중심으로」, 서울대학교 대학원 석사학위 논문, 2009.

안신,「조나단 스미스의 종교 현상학 연구: 형태론과 비교론을 중심으로」,『철학과 현상학 연구』34, 2007.

안신,『종교와 종교학』, 배재대학교학술정보처, 2011.

안진태,『엘리아데 · 신화 · 종교』, 고려대학교출판부, 2005.

오강남,『세계종교 둘러보기』, 현암사, 2003.

오강남,『종교란 무엇인가』, 김영사, 2012.

오강남 · 성해영,『종교, 이제는 깨달음이다』, 북성재, 2011.

오경환,『종교사회학』, 서광사, 1979(1990).

오지섭,『종교연구』수록논문(1972-2010) 분석: 한국 종교학과 종교학회의 학문적 발전 논의를 위하여,『종교연구』64, 2011.

유광석,『종교시장의 이해』, 다산출판사, 2014.

유광석,『현대 한국의 종교시장정책론』, 다산출판사, 2019.

유동식,『한국 무교의 역사와 구조』, 연세대학교 출판부, 1975.

유요한,「비교종교학 연구의 최근 동향: 학문적 엄밀성이 요구되는 비교종교연구와 종교학」,『종교문화연구』8, 2006.

유요한,「새로운 비교종교방법론의 발전 가능성과 그 방향: 조나단 스미스의 "같은 지점"의 확인을 통해」,『종교와 문화』 13, 2007.

유요한,「종교학의 비교방법론: 공동작업에 근거한 비교철학 연구를 위한 제언」,『종교와 문화』 14, 2008.

유요한,『종교상징의 이해』, 세창출판사, 2021.

윤승용,「책을 내면서」,『한국종교문화사 강의』, 청년사, 1998.

윤승용,「한국종교사 서술을 위한 제언」,『한국종교연구회회보』 5, 1994.

윤승용,『한국 신종교의 개벽사상』, 모시는사람들, 2017.

윤원철,「해방 후 50년의 비교종교 연구사」,『종교연구』 15, 1998.

윤이흠,『한국종교연구(1-6)』, 집문당, 1986-2004.

윤이흠,『한국의 종교와 종교사: 유고집』, 박문사, 2016.

윤이흠,『현대인의 삶과 종교: 건강한 종교생활의 길』, 고려한림원, 1993.

윤해동·이소마에 준이치,『종교와 식민지 근대』, 책과함께, 2013.

이길용,「한국 종교학 방법론의 과제와 전망」,『종교연구』 70, 2013.

이길용,『이야기 종교학』, 종문화사, 2018.

이연승,『양웅(揚雄): 어느 한대(漢代) 지식인의 고민』, 태학사, 2007.

이연승 엮음,『동아시아의 희생제의』, 모시는사람들, 20019.

이욱,『조선 왕실의 제향 공간: 정제와 속제의 변용』, 한국학중앙연구원출판부, 2015.

이은봉,「비교종교학의 장래」,『정신문화연구』 18(1), 1995.

이진구,「고전적 비교종교학의 전개: 비교의 패러다임을 중심으로」,『종교문화비평』 10, 2006.

이진구,「함석헌의 한국사 서술에 나타난 비교의 정치학:『성서적 입장에서 본 조선역사』를 중심으로」,『종교문화비평』 12, 2007.

이진구,『한국 개신교의 타자인식』, 모시는사람들, 2018.

이진구 편저,『우리에게 종교란 무엇인가』, 들녘, 2016.

이찬수,『종교로 세계 읽기』, 이화여자대학교출판부, 2005.

이창익 엮음,『종교, 미디어, 감각』, 모시는사람들, 2016.

이창익,『종교와 스포츠』, 살림, 2004.

임현수,「조나단 스미스의 비교 이론과 방법: 이해와 비판」,『종교문화비평』 10, 2006.

임현수,「중국 전통시기『산해경』의 비교학적 맥락과 위상」,『종교문화비평』 12, 2007.

장병길,『종교학 개론』, 박영사, 1975.

장병길,『(장병길 교수 논집)한국종교와 종교학』, 청년사, 2003.

장석만,「인간과 관계된 것 치고 낯선 것은 없는 법이다: 조나단 스미스의 종교학」,『현대사상』 3(1), 민음사, 1999.

장석만,「종교문화 개념의 등장과 그 배경」,『정직한 이삭줍기』, 모시는사람들, 2013.

장석만, 「종교학의 차이성과 인정투쟁에 대하여」, 『한국종교연구회회보』 창간호, 1989.

장석만, 「개항기 한국사회의 "종교" 개념 형성에 관한 연구」, 서울대학교 대학원 박사학위 논문, 1992.

장석만, 『한국 근대종교란 무엇인가?』, 모시는사람들, 2017.

장석만 외, 『종교 다시읽기』, 청년사, 1999.

장석만 외, 『한국의 과학과 종교』, 들녘, 2019.

장석만 · 정진홍, 「종교현상학을 말한다」, 『종교문화비평』 35, 2019.

전주신흥고등학교90년사편찬위원회, 『전주신흥고등학교90년사』, 전주신흥고등학교, 1990.

정진홍 외, 『종교와 과학』, 아카넷, 2000.

정진홍, 「공교육과 종교교육: 초중고교 도덕교육과정 개발과의 관련에서」, 『종교연구』 2, 1986.

정진홍, 「제7차 교육과정과 종교교육」, 『종교교육학연구』 13, 2001.

정진홍, 「종교학」, 『서울대학교 학문연구 50년』 (I), 서울대학교, 1996.

정진홍, 「종교학과」, 『1946-1996년 서울대학교 50년사(하)』, 서울대학교50년사편찬위원회 편, 1996.

정진홍, 「종교학연구회 창립에 즈음하여」, 『종교학연구』 1, 1978.

정진홍, 「한국 종교문화의 서술을 위해 몇 가지 유념하고 싶은 것들」, 『이야기를 해야 알죠!』, 모시는사람들, 2018.

정진홍, 『M. 엘리아데, 종교와 신화』, 살림, 2003.

정진홍, 『열림과 닫힘: 인문학적 상상을 통한 종교문화 읽기』, 산처럼, 2006.

정진홍, 『종교문화의 논리』, 서울대학교출판부, 2000, 12.

정진홍, 『종교문화의 이해』, 서당, 1992.

정진홍, 『종교문화의 인식과 해석: 종교현상학의 전개』, 서울대학교출판부, 1996.

정진홍, 『종교학 서설』, 전망사, 1980.

정진홍, 『정직한 인식과 열린 상상력: 종교 담론의 지성적 공간을 위하여』, 청년사, 2010.

정진홍, 『지성적 공간 안에서의 종교: 종교문화에 대한 비판적 인식을 위하여』, 세창출판사, 2015.

정진홍, 『한국 종교문화의 전개』, 집문당, 1986.

정진홍 · 박규태 · 이진구, 「종교학」, 『한국의 학술연구: 서양철학 · 미학 · 종교학』, 대한민국학술원, 2000.

조현범, '종교와 근대성' 연구의 성과와 과제, 『근대 한국 종교문화의 재구성: 근대성의 형성과 종교지형 변동 II』, 한국학중앙연구원 종교문화연구소, 2006.

조현범, 「한국 종교학의 현재와 미래」, 『종교연구』 48, 2007.

조현범, 『조선의 선교사, 선교사의 조선』, 한국교회사연구소, 2008.

조흥윤, 『한국종교문화론』, 농분선, 2002.

종교사회학연구회, 『21세기 종교사회학』, 다산출판사, 2013.

최종성, 『동학의 테오프락시: 초기동학 및 후기동학의 사상과 의례』, 민속원, 2009.

최종성, 『한국 종교문화 횡단기』, 이학사, 2018.

최중현, 『한국 메시아운동사 연구(1)』, 생각하는백성, 1999

최중현, 『한국 메시아운동사 연구(2)』, 생각하는백성, 2009.

한국종교문화연구소, 「특별좌담회: 한국 종교학의 회고와 전망」, 『종교문화비평』 1, 2002.

한국종교문화연구소, 『신자유주의 사회의 종교를 묻는다』, 청년사, 2011.

한국종교문화연구소 기획, 소전 회수기념문집편찬위원회 엮음, 『정직한 이삭 줍기: 소전 정진홍 교수 종교 연구의 지평』, 모시는사람들, 2013.

한국종교문화연구소 편, 『한국의 종교학: 종교 · 종교들 · 종교문화』, 모시는사람들, 2019.

한국종교사회연구소 기획, 차옥숭 편, 『기독교사 자료집: 타종교 및 전통문화의 이해를 중심으로』(1-4), 고려한림원, 1993.

한국종교사회연구소 편, 『한국종교문화사전』, 집문당, 1991

한국종교사회연구소 편, 『한국종교연감』(1-4), 고려한림원, 1993-1997.

한국종교연구회, 『한국종교연구회회보』(1-8), 1989-1999.

한국종교연구회, 『세계종교사입문』, 청년사, 1989.

한국종교연구회, 『한국종교문화사 강의』, 청년사, 1998.

한국종교학회 편, 『해방후 50년 한국종교 연구사』, 창, 1997.

한성숙, 『미르체아 엘리아데, 슨지에네의 밤』, 커뮤니케이션북스, 2016.

한승훈, 『무당과 유생의 대결: 조선의 성상파괴와 종교개혁』, 사우, 2021.

황선명, 「근세한국 종교문화와 후천개벽 사상에 관한 연구」, 서울대학교 박사학위논문, 1987.

황선명, 『민중종교운동사』, 종로서적, 1980.

황선명, 『조선조 종교사회사연구』, 일지사, 1985.

황선명, 『종교학 개론』, 종로서적, 1982.

황필호, 「'종교학은 비교종교학이다': 제14차 국제종교학회에 다녀와서」, 『종교학연구』 4, 1981.

황필호, 「맹자와 칸트의 비교」, 『철학논총』 20, 2000.

황필호, 「종교학이란 무엇인가: 종교학과 신학의 관계」, 『종교학연구』 1, 1978.

Allen, Douglas, *Myth and religion in Mircea Eliade*, New York: Garland Pub- lishing, Inc., 1998; 더글라스 알렌, 유요한 옮김, 『엘리아데의 신화와 종교』, 이학사, 2008.

Alles, Gregory D. ed., *Religious Studies: A Global View*, London & New York: Routledge, 2008.

Asad, Talal, *Genealogies of Religion: Discipline and Reasons of Power in Christianity and*

Islam, Baltimore: The Johns Hopkins University Press, 1993.

Baker, Don, *Korean Spirituality*, Honolulu: University of Hawaii Press, 2008; 도널드 베이커, 박소정 옮김, 『한국인의 영성』, 모시는사람들, 2012.

Bell, Catherine, *Ritual Theory, Ritual Practice*, New York: Oxford University Press, 1992; 캐서린 벨, 류성민 옮김, 『의례의 이해: 의례를 보는 관점들과 의례의 차원들』, 한신대학교출판부, 2007.

Berger, Peter, *The Sacred Canopy: Elements of a Sociological Theory of Religion, Garden City*, New York: Doubleday and Company, Inc., 1967; 피터 버거, 이양구 옮김, 『종교와 사회』, 종로서적, 1981.

Braun, Willi and McCutcheon, Russell T. eds., *Guide to the Study of Religion*, London & New York: Cassell, 2000.

Capps, Walter, *Religious studies : the making of a discipline*, Minneapolis, MN: Augsburg Fortress, 1995; 월터 캡스, 김종서 외 옮김, 『현대종교학 담론』, 까치, 1999.

Chung, Chin-hong and Lee Chang-yick, "Korea", *Religious Studies: A Global View*, Alles, Gregory D. ed., London & New York: Routledge, 2008.

Clifford, James and George Marcus (eds). *Writing Culture: The Poetics and Politics of Ethnography*, Berkeley, Calif.: University of California Press, 1986.

Coward, Harold, *Pluralism: Challenge to World Religions*, Maryknoll, N.Y: Orbis Books, 1985; 해롤드 카워드, 한국종교연구회 옮김, 『종교다원주의와 세계종교』, 서광사, 1990.

Doniger, Wendy, *Other Peoples' Myths: The Cave of Echoes*, New York: Columbia University Press, 1988; 웬디 도니거, 류경희 옮김, 『다른 사람들의 신화』, 청년사, 2007.

Doniger, Wendy, *The Implied Spider : politics and theology in myth,* New York: Columbia University Press, 2011; 웬디 도니거, 최화선 옮김, 『암시된 거미』, 이학사, 2020.

Durkheim, Émile, *Les formes élémentaires de la vie religieuse*; 에밀 뒤르켐, 노치준 · 민혜숙 옮김, 『종교생활의 원초적 형태』, 민영사, 1992.

Eliade, Mircea, *Cosmos and History: The Myth of the Eternal Return*; M. 엘리아데, 정진홍 옮김, 『우주와 역사』, 현대사상사, 1976.

Eliade, Mircea, *Patterns in Comparative Religion*, Translated by Rosemary Sheed, London and New York: Sheed and Ward, 1958; M. 엘리아데, 이은봉 옮김, 『종교형태론』, 형설출판사, 1979.

Eliade, Mircea and Claude Henri Rocquet, *Epreuve du labyrinthe*; 미르체아 엘리아데, 김종서 옮김, 『미로의 시련: 엘리아데 입문』, 북코리아, 2011

Grayson, James Huntley, *Korea: a religious history*, Oxford: Oxford University Press, 1989,

제임스 헌틀리 그레이슨, 강돈구 옮김, 『한국종교사』, 민족사, 1995.

Hinnells, John R. ed., *The Routledge Companion to the Study of Religion*, London & New York: Routledge, 2005.

Jordan, Louis Henry, *Comparative Religion, its Genesis and Growth*, Edinburgh: Clark, 1905.

Lincoln, Bruce, *Theorizing myth : narrative, ideology, and scholarship*, Chicago, The University of Chicago Press, 1999; 브루스 링컨, 김윤성 외 옮김, 『신화 이론화하기』, 이학사, 2009.

Luckmann, Thomas, *The Invisible Religion*, MacMillan Publishing Company, 1967; 토마스 룩크만, 이원규 옮김, 『보이지 않는 종교』, 기독교문사, 1982.

Craig, Martin, *A Critical Introduction to The Study of Religion*, 2nd. London & New York: Routledge, 2017.

McCutcheon, Russell T. *Critics Not Caretakers: Redescribing the Public Study of Religion*, Allbany: State University of New York Press, 2001.

McGuire, Meredith, *Religion: The Social Context*, Belmont, California: Wadsworth Publishing Co., 1981; 맥과이어, 김기대 · 최종렬 옮김, 『종교사회학』, 민족사, 1994.

Müller, F. Max, *Introduction to Science of Religion*, London : Longmans Green And Co., 1873, 막스 뮐러, 김구산 옮김, 『종교학 입문』, 동문선, 1995.

Nongbri, Brent, *Before Religion: A History of a Modern Concept*, New Heaven: Yale University Press, 2013.

O'Dea, Thomas F, *The Sociology of Religion*, Englewood Cliffs, New Jersey: Prentice-Hall, 1966; 토마스 F. 오데아, 권규식 옮김, 『종교사회학 입문』, 대한기독교서회, 1969.

Orsi, Robert A. ed., *The Cambridge Companion to Religious Studies*, New York: Cambridge University Press, 2012.

Patton, Kimberley C. and Benjamin C. Ray, *A Magic Still Dwells: Comparative Religion in the Postmodern Age*, Berkeley, Calif. : University of California Press, 2000.

Paden, William E., *Interpreting the Sacred: Ways of Viewing Religion*, Boston: Beacon Press, 1992; 윌리엄 페이든, 이민용 옮김, 『성스러움의 해석』, 청년사, 2005.

Paden, William E., *Religious Worlds: The Comparative Study of Religion*, Boston: Beacon Press, 1988(1994); 윌리엄 페이든, 이진구 옮김, 『비교의 시선으로 바라본 종교의 세계』, 청년사, 2004.

Pals, Daniel, *Eight Theories of Religion*, Oxford: Oxford University Press, 2006; 대니얼 팰스, 조병련 · 전중현 옮김, 『종교에 대한 여덟 가지 이론들』, 한국기독교연구소, 2013.

Robertson, Roland, *Sociological interpretation of religion*, Oxford: Basil Blackwell, 1970; R. 로버트슨, 이원규 옮김, 『종교의 사회학적 이해』, 대한기독교출판사, 1984.

Segal, Robert, *Myth: a very short introduction*, Oxford University Press. 2004; 로버트 시걸,

이용주 옮김,『신화란 무엇인가』, 아카넷, 2017.

Segal, Robert A. ed., *The Blackwell Companion to the Study of Religion*, West Sussex, UK: Blackwell Publishing, 2009.

Sharpe, Eric, *Comparative Religion: A History*, 2nd ed., London: Duckworth, 1986; 에릭 샤프, 유요한 · 윤원철 옮김,『종교학의 전개』, 시그마프레스, 2017.

Smith, Jonathan Z, *To Take Place: Toward Theory in Ritual*, University of Chicago Press, 1987; 조너선 스미스, 방원일 옮김,『자리잡기』, 이학사, 2009.

Smith, Jonathan Z, *Map is not Territory, Studies in the History of Religions*, Leiden: Brill, 1978.

Smith, Jonathan Z, *Imagining Religion*, Chicago: The University of Chicago, 1982; 조너선 스미스, 장석만 옮김,『종교 상상하기』, 청년사, 2013.

Smith, Wilfred Cantwell, *The Meaning and End of Religion: A New Approach to the Religious Traditions of Mankind*, Macmillan, 1962; 윌프레드 캔트웰 스미스, 길희성 옮김,『종교의 의미와 목적』, 분도출판사, 1991.

Smith, Wilfred Cantwell, "Comparative Religion: Whither and Why?", M. Eliade and Kitagawa, ed., *The History of Religion*, Chicago: University of Chicago Press, 1959.

Stausberg, Michael and Engler, Steven, eds., *The Routledge Handbook of Research Methods in the Study of Religion*, London & New York: Routledge, 2011.

Streib, Hienz and Constantin Klein, "Religion and Spirituality," *The Oxford Handbook of The Study of Religion*, Oxford: Oxford University Press, 2016.

Streng, Frederic J., *Understanding Religious Man*, Belmont, Calif., Dickenson Pub, 1969; 프레드릭 스트렝, 정진홍 옮김,『종교학입문』, 대한기독교서회, 1973.

Taylor, Mark C., *Critical Terms for Religious Studies*, Chicago and London: The Uni. of Chicago Press, 1998.

Wach, Joachim, *The Comparative Study of Religions*, New York: Columbia University Press, 1958; 요하킴 바흐, 김종서 옮김,『비교종교학』, 민음사, 1988.

Whaling, Frank, *Contemporary approaches to the study of religion: The social sciences*, Berlin: Walter de Gruyter, 1984; 프랭크 훼일링, 이용범 · 이진구 옮김,『현대종교학과 사회과학』, 서광사, 2000.

Wallace, Anthony, *Religion: An Anthropological View*, New York: Random House, 1966; 앤서니 윌러스, 김종석 옮김,『종교인류학』, 한국메시아운동사연구소, 2010.

Yinger, Milton, *Religion, Society, and the Individual: an Introduction to the Sociology of Religion*, New York : Macmillan, 1957; 밀턴 잉거, 한완상 옮김,『종교사회학』, 대한기독교서회, 1973.

島薗 進, 鶴岡賀雄 編,『'宗教' 再考』, ぺりかん社, 2004; 이소마에 준이치, 제점숙 옮김, 『근대 일본의 종교 담론과 계보: 종교 · 국가 · 신도』, 논형, 2016.

한국 종교학의 내일을 위한 오늘의 과제 / 임현수

강돈구, 「한국 종교학의 회고와 전망」, 『종교이론과 한국종교』, 박문사, 2011.
구형찬, 「민속신앙의 인지적 기반에 관한 연구: 강우의례를 중심으로」, 서울대학교 종교학과 박사학위논문, 2017.
김윤성, 「인지적 종교연구, 그 한계와 전망」, 『종교문화비평』 14, 2008.
김윤성, 「종교학과 문화비평의 관계에 대한 성찰과 전망」, 『종교문화연구』 33, 2019.
박규태, 「소노 시온 영화와 '응시'의 종교: 환상·욕망·사랑」, 『종교문화비평』 25, 2014.
안연희, 「그리스도교의 성물의 신학과 물질의 종교」, 『평화와 종교』 7, 2019.
안연희, 「중세 후기 열리는 성모상과 그리스도 신앙의 물질적 상상력」, 『종교문화비평』 25, 2014.
우혜란, 「'사이버 법당'의 의례적 구성과 감각의 배치에 관하여」, 『종교문화비평』 25, 2014.
우혜란, 「성물(聖物), 전시물, 상품: 진신사리의 현대적 변용에 대하여」, 『한국교수불자연합학회지』 23(3), 2017.
유기쁨, 「생태의례와 감각의 정치」, 『종교문화비평』 25, 2014.
이창익, 「인지종교학과 숨은 그림 찾기」, 『종교문화비평』 14, 2008.
이창익, 「종교와 미디어 테크놀로지: 마음의 물질적 조건에 관한 시론」, 『종교문화연구』 17, 2011.
임현수, 「웃음과 죽음의 관계를 바라보는 두 가지 시선: 보들레르와 바흐친의 경우」, 『종교문화연구』 17, 2011.
장대익, 「종교는 스팬드럴인가?: 종교, 인지, 그리고 진화」, 『종교문화비평』 14, 2008.
장석만, 「개항기 한국사회의 '종교' 개념 형성에 관한 연구」, 서울대학교 종교학과 박사학위논문, 1992.
정진홍, 「신의 고향은 어디인가?: 인지과학의 종교 담론에 관하여」, 『정직한 인식과 열린 상상력: 종교 담론의 지성적 공간을 위하여』, 청년사, 2010.
정진홍, 「종교현상학을 말한다(2)」, 『종교문화비평』 36, 2019.
정진홍, 「형이상학적 반란 그 뒤: 한국종교학의 오늘과 내일」, 『문학사상』 135, 1984.
정진홍, 『종교문화의 이해』, 청년사, 1995.
정진홍, 『종교문화의 인식과 해석: 종교현상학의 전개』, 서울대학교출판부, 1996.
정진홍, 이창익, 「종교/문화/종교문화: 한국종교의 '종교 공간 만들기'와 관련하여」, 『학술원논문집(인문·사회과학편)』 59(1), 2020.
최화선, 「기억과 감각: 후기 고대 그리스도교의 순례와 성지를 중심으로」, 『종교문화연구』 17, 2011.
최화선, 「이미지와 응시: 고대 그리스도교의 시각적 신심(visual piety)」, 『종교문화비평』 25, 2014.

최화선, 「중세 여자 성인들의 음식, 몸, 물질의 종교: 캐롤라인 워커 바이넘의 저작을
중심으로」, 『종교문화비평』 32, 2017,
현우식, 「인지과학으로 본 종교연구」, 『종교문화비평』 14, 2008.

Barrett, Justin L., "Exploring the Natural Foundations of Religion", *Religion and Cognition: A Reader*, ed., by D. Jason Slone, London: Equinox, 2006.

Boyer, Pascal, "Cognitive aspects of religious symbolism", *Cognitive aspects of religious symbolism*, ed., by Pascal Boyer, Cambridge: Cambridge University Press, 1993.

Boyer, Pascal, Religion Explained: *The Evolutionary Origins of Religious Thought*, New York: Basic Books, 2001; 파스칼 보이어, 이창익 옮김, 『종교, 설명하기』, 동녘, 2015.

Bräunlein, Peter J., "Thinking Religion Through Things: Reflections on the Material Turn in the Scientific Study of Religion\s", *Method and Theory in The Study of Religion* 28, 2016.

Campbell, Colin, "Modernity and Postmodernity", *The Blackwell Companion to the Study of Religion*, ed., by Robert A. Segal, Malden: Blackwell Publishing, 2006.

Chidester, D., *Religion: Material Dynamics*, Oakland: University of California Press, 2018.

Descola, Philippe, "Beyond nature and culture", *The Handbook of Contemporary Animism*, ed., by G. Harvey, New York: Routledge, 2014.

Engelke, Matthew, "Material religion", *The Cambridge Companion to Religious Studies*, ed., by Robert A. Orsi, Cambridge: Cambridge University Press, 2012.

Fitzgerald, Timothy, "Religious Studies, Cultural Studies, and Cultural Anthropology", *The Ideology of Religious Studies*, Oxford: Oxford University Press, 2000.

Fox, Nick J. and Alldred, Pam, "New Materialism", *SAGE Research Methods Foundations*, London: Sage, 2019.

Geertz, Armin W., "Cognitive Approaches to the Study of Religion", *New Approaches to the Study of Religion, vol. 2: Textual, Comparative, Sociological, and Cognitive Approaches*, eds., by Peter Antes, Armin W. Geertz, Randi R. Warne, New York: Walter de Gruyter, 2004.

Hazard, Sonia, "The Material Turn in the Study of Religion", *Religion and Society: Advances in Research* 4, 2013.

Holbraad, Martin and Pedersen, Morten Axel, *The Ontological Turn: An Anthropological Exposition*, Cambridge: Cambridge University Press, 2017.

Hulsether, Mark, "Religion and culture", *The Routledge Companion to the Study of Religion*, ed., by John R. Hinnells, New York: Routledge, 2005.

Jones, Tamsin, "New Materialism and the Study of Religion", *Religious Experience and New Materialism: Movement Matters*, eds., by Joerg Rieger and Edward Waggoner,

Palgrave Macmillan, 2016.

Keane, Webb, "On Semiotic Ideology", *Signs and Society*, vol. 6, 2018.

Keane, Webb, "On spirit writing: materialities of language and the religious work of transduction", *Journal of the Royal Anthropological Institute* 19, 2013.

Kohn, Eduardo, *How Forests Think: Toward an Anthropology beyond the Human*, Berkeley: University of California Press, 2013; 에두아르도 콘, 차은정 옮김, 『숲은 생각한다: 숲의 눈으로 인간을 보다』, 사월의책, 2018.

Latour, Bruno, *Nous n'avons jamais été modernes*, Paris: La Découverte; 브뤼노 라투르, 홍철기 옮김, 『우리는 결코 근대인이었던 적이 없다: 대칭적 인류학을 위하여』, 갈무리, 2009.

Lawson, E. Thomas, "Cognition", *Guide to the Study of Religion*, eds., by Willi Braun and Russell T. McCutcheon, New York: Cassell, 2000.

Meyer, Birgit and Morgan, David and Paine, Crispin and Plate, S. Brent, "The Origin and Mission of Material Religion", *Religion* 40, 2010.

Meyer, Birgit, "Remapping our mindset: towards a transregional and pluralistic outlook", *Religion*, vol. 50(1), 2020.

Nye, Malory, *Religion: The Basics*, Routledge, 2008; 맬러리 나이, 유기쁨 옮김, 『문화로 본 종교학』, 논형, 2013.

Ryba, Thomas, "Phenomenology of Religion", *The Blackwell Companion to the Study of Religion*, ed., by Robert A. Segal, Malden: Blackwell Publishing, 2006.

Schilbrack, Kevin, "The Material Turn in the Academic Study of Religions", *The Journal of Religion* 99, 2019.

Schmitt, Frederick F., "Epistemology and Cognitive Science", *Handbook of Epistemology*, eds., by I. Niiniluoto, M. Sintonen and J. Wolenski, Kluwer Academic Publishers, 2004.

Sukman, Jang, "The Grammar to Read 'Religion in Culture': An Interview with Chin-Hong Chung", *Global Phenomenologies of Religion: An Oral History in Interviews*, eds., by Satoko Fujiwara, David Thurfjell and Steven Engler, Bristol: Equinox, 2021.

Viveiros de Castro, Eduardo, *Métaphysiques cannibales: Lignes d'anthropologie post-structurale*, Paris: Presses Universitaires de France, 2009; 에두아르두 비베이루스 지 까스뜨루, 박이대승, 박수경 옮김, 『식인의 형이상학: 탈구조적 인류학의 흐름들』, 후마니타스, 2018.

Wiebe, Donald, "Modernism", *Guide to the Study of Religion*, eds., by Willi Braun and Russell T. McCutcheon, New York: Cassell, 2000.

Wolfart, Johannes, "Postmodernism", *Guide to the Study of Religion*, eds., by Willi Braun and Russell T. McCutcheon, New York: Cassell, 2000.

찾아보기

[용어명]

한국종교문화연구소 종교문화비평총서 12

한국 종교학

등록 1994.7.1제1-1071
1쇄 발행 2024년 1월 15일

지은이 정진홍, 김태연, 장석만, 이진구, 임현수
펴낸이 박길수
편집장 소경희
편 집 조영준
디자인 조영준
관 리 위현정
펴낸곳 도서출판 모시는사람들
　　　　03147 서울시 종로구 삼일대로 457(경운동 수운회관) 1207호
전 화 02-735-7173 / 팩스 02-730-7173
홈페이지 http://www.mosinsaram.com/

인 쇄 피오디북(031-955-8100)
배 본 문화유통북스(031-937-6100)

값은 뒤표지에 있습니다.
ISBN 979-11-6629-182-1 　　94100
세트 978-89-97472-32-1 　　94100